领导干部读本

YIDAI YILU ZHANLUE

"一带一路"战略

胡正塬◎著

中共中央党校出版社

图书在版编目（CIP）数据

"一带一路"战略/胡正塬著．—北京：中共中央党校出版社，2017.2 （2018.3重印）

ISBN 978-7-5035-5971-6

Ⅰ．①—⋯ Ⅱ．①胡⋯ Ⅲ．①区域经济合作-国际合作-经济发展战略-研究-中国 Ⅳ．①F125.5

中国版本图书馆 CIP 数据核字（2017）第 038515 号

"一带一路"战略

责任编辑	王 君 高 颖
版式设计	宗 合
责任印制	宋二顺
责任校对	李素英
出版发行	中共中央党校出版社
地　址	北京市海淀区大有庄 100 号
电　话	（010）62805830（总编室）　　　（010）62805821（发行部）
	（010）62805034（网络销售）　　　（010）62805822（读者服务部）
传　真	（010）62881868
经　销	全国新华书店
印　刷	北京柏力行彩印有限公司
开　本	787 毫米×1092 毫米　1/16
字　数	586 千字
印　张	30.25
版　次	2017 年 2 月第 1 版　　2018 年 3 月第 5 次印刷
定　价	89.50 元

网　　址：www.dxcbs.net　　　邮　箱：cbs@ccps.gov.cn

微 信 ID：中共中央党校出版社 新浪微博：@党校出版社

"一带一路"建设秉持共商共建共享原则，弘扬开放包容、互学互鉴的精神，坚持互利共赢、共同发展的目标，奉行以人为本、造福于民的宗旨，将给沿线各国人民带来实实在在的利益。

——习近平

序

党的十八大之后，习近平总书记高瞻远瞩，审时度势，统筹国际国内两个大局，适时抓住世界发生重大变革的历史契机，于2013年提出共同建设"丝绸之路经济带"和"21世纪海上丝绸之路"的重大倡议。在党的十八届三中全会上，我们党又郑重地把"一带一路"建设上升为国家战略。"一带一路"战略的确立和实施，标志着我国进入双向性、全方位、高水平开放的新阶段，体现了以习近平总书记为核心的党中央面向世界、面向未来、面向构筑"人类命运共同体"的睿智、创新和担当。

"大道之行也，天下为公"。"一带一路"战略这一跨越时空的宏伟构想，高举和平与发展的旗帜，从历史深处走来，融通古今、连接中外，顺应时代潮流，赋予古老丝绸之路以崭新的时代内涵，承载着丝绸之路沿线各国共同发展与繁荣的梦想。"一带一路"建设秉承共商共建共享的原则，弘扬开放包容、互学互鉴的精神，坚持互利共赢、共同发展的目标，奉行以人为本、造福于民的宗旨，以推动实现区域内政策沟通、道路连通、贸易畅通、货币流通、民心相通为重点，将促进沿线国家经济发展和社会进步，给沿线各国人民带来实实在在的利益和福祉，推进实现"环球同此凉热"进程。

在近年来世界经济复苏乏力、逆经济全球化思潮涌动的复杂形势下，"一带一路"战略的实施，不仅为世界经济走出危困阴霾、实现持续复苏发展提供了新思路新平台，而且为推动经济全球化发展注入新的动力和活力。三年多来，已经有100多个国家和国际组织积极响应支持、40多个国家和国际组织同中国签署合作协议。中国企业对沿线国家和地区投资达500多亿美元，一系列重大项目落地开花，带动了相关国家经济发展，创造了大量就业机会。2017年5月，我国即将在北京主办

"一带一路"国际合作高峰论坛,为解决当前世界经济和区域经济面临的一系列问题寻找方案,为实现开放、包容、公平、创新、联动式发展注入新能量。可以相信,令世人瞩目的"一带一路"是一条为沿线国家带来发展新境界的康庄大道、"一带一路"是一条为国际社会带来新繁荣的金光大道。

"一带一路"战略气势宏伟,意义非同凡响,内涵十分丰富,蕴义博大精深,需要持续深入阐释、研究和推动。

胡正塬同志所著《一带一路战略》一书,对"一带一路"战略的提出和实施作了系统深入的研究。从当前国际国内新情势出发,深刻解析历史缘起、区域新经济、生态新文明、金融新平台、国内"新泵站"、发展新思路、国际新格局及其相关政策和战略重点,全面阐述中国与"一带一路"沿线国家和地区及其世界人民,协同共建全球新秩序;全景式展现"一带一路"战略作为"国家开放重大纲领、全球发展共同愿景"这一伟大使命,关乎中国和"一带一路"沿线国家和地区的共同发展。

胡正塬同志作为我国新一代中青年理论工作者,思路开阔,善于思索,对"一带一路"伟大战略潜心研究与分析,读本视野宽宏、内容丰富、资料翔实,为各方面深化、研究和实施"一带一路"战略提供了有益的参考和启迪。

在本书付梓之际,应邀写出以上文字,是为序。

魏礼群

中国国际经济交流中心常务副理事长
国务院研究室原主任 国家行政学院原常务院长
2017 年 1 月 20 日

目录

下　篇　与全球齐飞，与世界共舞

开 篇

"一带一路"
The Belt and Road

引　言

国家开放重大纲领　全球发展共同愿景

中国和平与发展全球战略。"一带一路"战略面对世界云谲波诡的政经形势和国内经济社会转型发展的迫切需求，秉持"和平与发展"之精髓，向世界展示中国崛起的宏伟蓝图与历史使命："一带"（丝绸之路经济带）和"一路"（21世纪海上丝绸之路）建设，不仅托起中华民族复兴的"中国梦"，更承载着沿线国家和地区以及世界人民共同发展的"和平梦""世界梦"，是中国以"硬实力""软实力"和"德实力"构筑人类命运共同体的历史工程。

全球和谐与共赢发展战略。反全球化浪潮、民粹主义浪潮、极端主义浪潮和保守主义浪潮不断冲击下的世界秩序正面临前所未有的挑战，社会失序、人心失矩、西方"普世价值"失灵呼唤新的发展理念和治理体系。"一带一路"战略统筹中国和世界两个大局，强调同沿线国家和地区与世界人民一道，完善发展新规则、构建共享新机制、树立生态和谐观念、优化治理新秩序，以"协同""共赢"理念推动世界和平和经济良性发展。

2013 年 9 月，习近平总书记在访问中亚四国期间，首次提出共同建设"丝绸之路经济带"战略构想重大倡议；2013 年 10 月，在访问东盟期间，习近平总书记又率先提出共建"21 世纪海上丝绸之路"战略构想重大倡议。2013 年 12 月，党的十八届三中全会通过《中共中央关于全面深化改革若干重大问题的决定》，进一步明确提出，要"加快同周边国家和区域基础设施互联互通建设，推进'丝绸之路经济带'和'海上丝绸之路'建设，形成全方位开放新格局"。至此，"一带一路"战略正式确立并上升为国家战略。2015 年 3 月，国务院授权国家发展改革委、外交部和商务部共同发布了《推动共建丝绸之路经济带和 21 世纪海上丝绸之路的愿景与行动》，明确了"一带一路"路线图。

"一带一路"战略倡议是以习近平同志为核心的党中央肩负由世界大国向世界强国奋力迈进，实现中华民族伟大复兴历史使命，立足中国当前所处的历史背景和条件，凝聚全国人民的共识，积极主动应对全球形势的深刻变化，统筹国际国内两个大局做出的重大战略思考、战略抉择和战略布局。这一战略构想是新时代中国对外开放的总纲领和全球发展的共同愿景，承载着中华民族伟大复兴的梦想。这一战略构想跨越时空，连接中外，融通古今和未来，顺应和平、发展、合作、共赢的时代潮流，是中华优秀文化在当代的传承与发展，更是以习近平同志为核心的党中央面对未来的开拓与进取、担当与创新。

一、国家开放重大纲领

"一带一路"战略是新时代中国对外开放的重大纲领。这一国家战略为实现"中国梦"创造了新机遇，构建了中国全方位开放新格局，丰富了高水平开放战略新内涵，对优化经济发展模式，实现经济跨越式发展，推动经济结构转型升级具有重大的指导意义。

（一）"中国梦"实现新机遇

"中国梦"即是"实现中华民族伟大复兴，是中华民族近代以来最伟大梦想"。"中国梦"是党的十八大以后，以习近平总书记为核心的党中央针对中国未来发展目标提出的重要指导思想和重要执政理念。"中国梦"关乎中国未来的发展方向，是整个民族孜孜以求的梦想和世代相传的夙愿，承载着全世界华夏儿女对中华民族伟大复兴的憧憬和期待。

"一带一路"是"中国梦"走向"世界梦"的桥梁。习近平总书记强调，要把世界的机遇转变为中国的机遇，把中国的机遇转变为世界的机遇，在中国与各国良性互动、互利共赢中开拓前进。"一带一路"建设、强化并发挥现有国际区域组织既有机制作用，如上合组织、东盟"10 + 1"等，推动中国与相关国家实现战略对接和国家间战略协作；"一带一路"建设加速整合各类资源形成新的载体和平台，促进区域内经济要素有序自由流动和优化配置，带动沿线国家经济转型和发展。因此，"一带一路"战略既为实现"中国梦"提供了良好的条件，更为促进沿线国家和地区以及世界各国的加速发展提供了良机。"一带一路"充分彰显中国敢于担当的精神风貌和互利共赢的合作态度，有助于同沿线国家和地区一道推动政治、经贸、人文、安全等多领域合作再上新台阶，共同打造政治互信、经济融合和文化包容的"利益共同体""命运共同体"和"责任共同体"，真正使"中国梦"与"世界梦"交相辉映。

"一带一路"为中国彰显中华文化魅力提供战略机遇。历史经验告诉我们，一个世界性大国的崛起，不仅仅是经济实力和军事实力的强大过程，更包含文化及价值观在全球范围的强力传播。在近代西方国家发展和崛起过程中，"人权、自由、民主、市场"等西方所谓"普世"文化价值观实现了全球扩展，并成为现代国际秩序的基石。"普世价值观"近似于"一元价值论"，"霸权稳定论"和"民主和平论"是其典型内核，这个内核同西方"普世价值观"脱胎于同一个逻辑起点。但世界反对的声音和力量分布明显不均，几乎集中火力于"明显流血"的"世界霸权"，而非让人"中毒身亡"的"普世价值"。究其根本原因在于自由市场下，西方意识形态和制度设计所形成的文化价值之"魅惑力"。世界因此而发生着一系列重大变化，这些变化告诫世界、也告诉我们，文化价值和魅力是大国崛起的关键。

"一带一路"发展倡议，是中国共产党人和中国政府一贯积极倡导的和平发展和正确义利观的全面体现。政治上，秉持公道正义、坚持平等相待、遵守国际关系基本原则，反对霸权主义和强权政治，反对为一己之私损害他人利益、破坏地区和平稳定；经济上，坚持互利共赢、共同发展。"一带一路"作为开放性平台，"包容性发展"的内核既源自中国传统文化价值观又带有浓烈的"中国特色"现代感，中国共产党人将优秀文化传承和现代制度创新全面耦合，在自己和平发展并同世界一道联动发展中向世界做出庄严承诺。

当前，国际政治多极化和民主化成为趋势，因"一元价值论"的非包容性特质及"损人利己"的内核，世界正在徐徐拨开"普世价值观"的面纱致使其影响式微。此刻，秉持"义利合一""和而不同""德行天下"的中国传统文化价值观越来越被世人所关注，越来越符合世界发展的大趋势，越来越成为解决国际国内问题的新思路和新方法，世界影响力和全球吸引力悄然升起。"一带一路"战略的实施，是中国共产党和中国政府在国际舞台上的又一次精彩亮相，为中国崛起过程中中国文化价值和文化魅力的彰显，提供了全新而广阔的舞台及重大的战略机遇。

（二）构建全方位的开放格局

面对国际国内形势发生的深刻变化，中国共产党人审时度势，高瞻远瞩，适时提出"一带一路"建设，加速实现国内与国际的互动合作、对内开放与对外开放的相互促进，以全新理念推动新一轮开放，从而更好地利用两个市场、两种资源，拓展发展空间、释放发展潜力。"一带一路"赋予了中国全方位开放新内涵，是我国改革开放进入内外相互开放、相互促进新阶段的重要标志，为中国区域经济的深化发展打开了崭新的空间：在提升向东开放水平的同时加快向西开放步伐，助推内陆沿边地区由对外开放的边缘迈向发展前沿，整体提升内陆开放水平，形成全国高水平开放新格局。

"一带一路"更加注重我国东、中、西部的互动发展，以及沿海与内地的联动发展。随着国际大势的变化和国内产业转型的深化，传统的以东部地区为重心的发展格局与发展方式将面临越来越多的挑战。我国迫切需要对现有的经济发展格局做出进一步的优化升级。"一带一路"将构筑新一轮对外开放，提升向东开放水平、加快向西开放步伐，推动东部沿海地区开放型经济率先转型升级、促进中西部地区和沿边地区对外开放升级，在实现东西互动过程中促进中部心脏地带的崛起，进而形成海陆统筹、东西互动、面向全球的开放新格局。

东部地区，中国加强了与东盟的经贸往来，积极推进中国—东盟自贸区升级版建设，强化推动《区域全面经济伙伴关系协定》谈判，加强成员国之间的政治互信，加大长期制度安排，优化相互间的经济合作和政治互信。为东部地区适应经济全球化新形势、扩大同其他国家和地区的深入合作提供了新契机，亦是东部地区构建开放型经济新体制的重要机遇，启动了东部地区新一轮发展的强大引擎。

中部地区，地处向东和向西开放的交接地带，就中国传统产业分工而言，东部主要是制造业和高新技术产业基地。在传统中国单一的开放格局下，中部地区的枢纽地位主要体现在西部地区原材料向东部地区的流动，随着"一带一路"建设的深化，中部地区的枢纽地位将真正得到体现，并有望真正成为中国经济发展的心脏地带。

西部地区，"一带一路"的提出，使得西部边陲华丽转身而成为中国开拓新兴市场的前沿和新兴经济发展的排头兵。西部与中亚等丝绸之路沿线国家和地区有着天然的渊源和地缘优势，"一带一路"建设将全面加速西部和周边国家与地区的全面合作，尤其是随着重大基础设施建设，如能源管道、铁路、公路、电网等全面建设，国际区域合作将更加纵深，互联互通将更加全面，西部地区经济也将得到更快的发展。西部地区幅员辽阔、纵深绵长，特别是西部和欧洲并不遥远的地缘距离，"一带一路"建设将西部推上了国家发展的核心和未来发展的战略高地，西部庞大的市场规模和巨大经济发展潜力，将使其成为中国发展的强大驱动地区，也将成为欧亚融合发展的重大驱动地区。

"一带一路"更加注重各区域间的开放程度和对外开放程度，构建全面对外开放新格局。十八届三中全会通过的《中共中央关于全面深化改革若干重大问题的决定》提出构建开放型经济新体制，"一带一路"建设作为新一轮对外开放的战略重点，进一步拓展对外开放的广度和深度，培育参与和引领国际合作竞争新优势，促进我国与沿线国家生产要素有序自由流动、资源高效配置、市场深度融合，推动内陆沿海地区由对外开放的"旧边缘"转变为"新前沿"，提升沿海开放水平，形成海陆统筹、东西互济的开放新格局。对东部地区而言，在"一带一路"战略背景下，尤其是"海上丝绸之路"的持续发展，需要若干沿海港口经济区作为支撑，东部地区应在上海自贸区建设的基础上，推动沿线地区发展港口经济和自由贸易区，形成面向全球的高标准自由贸易区集群；对中部地区而言，通过建设陆桥经济带和长江经济带两条战略轴线，连接东部地区和西部地区，加强合作，在向东开放上注重质量提升，向西开放上实现全面发展，支撑国家全方位开放和区域协调发展；对西部地区而言，加速打造一批城市群作为向西开放和向北合作的重要载体，使这些城市群构建成为带动整个西部经济发展的新增长极。另外，推动南亚大通道和西藏边境口岸及东北新通道建设，构建孟中印缅经济走廊，推动环喜马拉雅经济合作带建设，加快中俄蒙经济走廊，深化开放依托带及沿边稳定与发展的联动区建设。

"一带一路"战略，优化我国对外开放格局加速区域结构转型发展。一直以来，我国对外开放的重点长期集中在东部地区，东南沿海地区的广东、福建、浙江、江苏、上海等省市成为最先受益的地区和"领跑者"，而中西部省区多数在"追随"与"奉献"，我国东、中、西部的区域发展失衡，与此有相当的关联。"丝绸之路经济带"发端于西部，并通过西部连接欧洲与东北亚，我国对外开放的地理格局将由此发生重大调整和变化，中西部地区一跃成为我国新一轮对外开放和发展新的"排头兵"，承担开发与振兴占国土面积 2/3 广大区域的重任，同时还承担着与东部地区一起"走出去"的重任；东部地区作为建设"21 世纪海上丝绸之路"的生力军，通过连片式"自由贸易区"建设，对外开放水平将整体提升，为我国全面对外开放再添新彩。

（三）跨越式发展新模式

"一带一路"战略，是适应我国供给侧改革的重大举措，是强化内引外联扩大开放促进经济发展和经济转型升级的务实之举，是我国改革穿越"深水区"极为重要的组成部分。

改革开放初期，我国生产力水平低下，经济发展模式落后、增速缓慢，主要依赖沿海城市的对外开放，引进西方发展资金、先进技术和管理模式，市场推广也以发达国家为主。但是30多年之后的今天，"引进来"的发展模式开始面临系列困局，能源数量与结构、劳动力类型与成本、生态环境以及国际经济形势等都已经或正在发生天翻地覆的变化，面对发达国家的贸易出口也愈发困难。因此，改变我国传统经济战略成为必须，面对全球经济新形势和我国经济新常态，扩大"引进来"范围、升级"引进来"内涵、强化"走出去"战略成为必须。一方面，在谋求与发达国家更深层次合作的同时增加与其他发展中国家的互相学习；另一方面，平衡进出口，将我国的先进技术与模式拿出来与其他国家共享，以双向交流与合作替代过往的单纯引进与学习，促进互利共赢。"一带一路"战略是我国改变现有经济发展模式的一大举措，在更好地开拓国际市场的同时，增加与发展中国家，尤其是"一带一路"沿线国家和地区及全球的合作，加深技术、资金和劳动力交流共享，注重基础设施建设方面的合作，"引进来"和"走出去"并举，开放与发展共进。

全球金融危机爆发以来，产能过剩、市场降温和成本提高成为世界范围内的"流行病"，全球性的国际贸易保护思潮再起、大宗能源价格持续"打摆子"，使中国产能过剩压力加剧、经济结构性矛盾突出。致使我国外向型经济发展空间收窄，尤其是传统产业趋近产业增长峰值，市场消费力迟滞，出现资源、环境承载能力危机。显然，决定中国经济持续发展之路的三大关键要素必须做出良性选择：发展方式转变、产业结构调整和企业转型。"一带一路"战略的实施，通过构建新型对外开放格局的构建，促进我国进一步参与国际分工与合作，通过不断改善企业运营、提高商品质量和服务体系升级，增强国际竞争力。此外，在贸易进出口、技术交流方面展开更加深入的国际合作，进一步促进我国经济的持续健康发展。

"一带一路"战略的实施，将加速拓展国内西部市场和国际市场，强化解决需求问题；在产能过剩及产业结构方面，也将促进我国东部剩余产能向西部产能不足地区的有效转移，同时增加与沿线国家和地区的产能互动，实现均衡发展；在要素成本方面，有利于加快东南沿海地区制造业的向西转移，拉动中西部地区基础设施投资建设，加大与沿线国家和地区在电力、高铁、汽车等方面的合作力度。显然，"一带一路"战略对于推动我国经济转型升级具有巨大的推动作用，对于推动沿线国家和地区经济转型升级也具有非常积极的作用。

二、全球发展共同愿景

历史上，欧亚大陆曾饱经战火洗礼，但战争与动乱并未彻底隔断东西方的融合发展。今天，当东西方"冷战"结束，世界开启了新的发展模式探索，而新的探索之路也不乏新的"战火"。回眸人类发展长河中长期发挥"和平与发展"作用的"丝绸之路"对世界的今天与未来有着重大的意义。这条路一直传唱着"和平与合作""友好与发展"。从张骞出使西域到郑和七下西洋，从大漠驼铃声响到海上云帆高张，这条始于2100多年前的商旅通道，作为连接亚欧贸易的桥梁、融汇东西方文明的纽带，抒写了千古传诵的华彩乐章。沿线各国通过商品、技术、文化和思想的交流，实现了经贸的往来、促进了不同文明之间的对话和融合，在人类历史上书写了灿烂的篇章。古"丝绸之路"所展现的"和平合作、开放包容、互学互鉴、互利共赢"精神，成为中华民族传承至今的重要财富，也成为世界各国人民共同享有的重要精神财富。"一带一路"战略继承和弘扬古代"丝绸之路"精神，同时注入新的时代内涵促进世界和平与发展，是中国共产党人面临的重要时代课题，是中国政府和人民对世界新一轮发展的伟大担当。

"其形含其势，其势张其义"。"一带一路"倡议从地理意义上，形象地勾勒出一幅以亚欧大陆为世界中心的宏伟蓝图，中国便成为真正的"中心之国"——"中"国（见图引—1），中国位居欧亚非陆地和全球海洋中心，"一带一路"战略凸显"居中之国"与沿线国家和地区与世界人民共同构建繁荣共享的新世界。在通常所见的地图中，中国处于亚欧大陆的东部边缘，虽称中国，但"中"之意义并不凸显（见图引—2）。世界在近现代一百多年历史中，逐渐形成了一个以美欧为中心的世界格局，"中"国远离世界"中心"。今天，"一带一路"战略这一宏伟蓝图以"开放与包容"为思想准则，以"平等与合作"为方法路径，以"和平与发展"为目标理念，构建出以中国"公平""公正""绿色""共享""共赢"为基础的世界和平与发展新格局。

（一）"和平崛起"的中国

古老的中国从"海上丝路"与"陆上丝路"为世界传唱着一幕又一幕和平与发展的大戏。

"驰命走驿，不绝时月；商胡贩客，日款塞下"，张骞出使西域，屡屡展现

图引—1 "一带一路"与世界

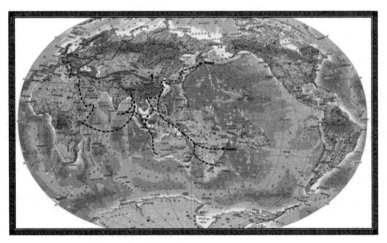

图引—2 "一带一路"与世界

古老华夏文明和平与发展之志；"惊涛蟾月，奉旨联朋；光耀民族，频展雄风"，郑和七下西洋，带给世界中华民族共荣发展与自强的精神。从漫漫历史长河到当下峥嵘世界，"丝路"精神一直被中国人民所秉持"和平合作、开放包容、互学互鉴和互利共赢"的"丝路精神"，已融入中华民族的血液，成为中华民族抗击外来凌辱、发展邻国友谊、协同国际合作以及担纲世界和平与发展责任的灵魂与脊梁！

中华民族五千年的文明史让我们铭记：国家的发展与繁荣，需要把握并顺应世界发展大势，否则会被滚滚洪流所碾压、所抛弃。世界近代史，几乎是一部西方大国武力崛起的"铁血史""刀枪史""炮舰史"，而西方这样的一部血腥史与崇尚和平、和睦、和谐发展的中华民族发展理念格格不入，"德行天下""天下大同"，早已"深深植根于中华民族精神世界之中，深深融化在中国人民的血脉之中"，作为历史上曾经长期身居世界上最强大的国家之一的中国，不曾有殖民和侵略他国的历史。中国将坚定不移地走和平发展道路，也是对几千年来中华民族热爱和平的文化传统的继承和发扬。当今世界潮流的主旋律是"和平、发展、合作、共赢"，"一带一路"战略就是这个主旋律的最强音。"一带一路"战略作为时代要求，持续发展是其关键与内核；"一带一路"战略的根本目标是"和平崛起"，这一根本目标的实施，将对中国的全面发展起到重要的战略支撑作用。

"一带一路"战略作为推动地区与世界和平发展的重大方略，首先在亚太地区和平发展中发挥着关键作用。亚洲是当今世界魅力十足的地区：最具活力，也最具风险；最富潜力，也是博弈的焦点。面对亚太地区领土领海主权争端不断、大国地缘政治博弈加剧、民族宗教矛盾泛起等棘手问题"一波未平一波又起"的态势，中国政府秉持"亲、诚、惠、容"理念，积极倡导共同、综合、合作、可持续的亚洲新安全观，坚持共建、共享、共赢的和平之路。随着"一带一路"建设深化，亚太各国将强化合作、助推安全共建，加强有效管控分歧与争端，良化国家间的协调及和谐，使沿线国家和地区走上和平发展之路，助推世界健康发展。

"一带一路"战略作为国家顶层战略设计，和平、交流、理解、包容、合作、共赢的精神深植其中，"一带一路"战略是中国倡议、中国率先垂范，但绝不是中国一国的事业，而是各国共同的事业；不是中国一国的利益独享地带，而是各国的共同利益；"一带一路"不是翻版的"马歇尔计划"，而是顺应和平、发展、合作，实现共赢的新理念。无论是"丝绸之路经济带"还是"21世纪海上丝绸之路"，都坚持不干涉别国内政，都不谋求地区事务主导权和势力范围，都坚持开放包容的合作理念，都以经济合作为基础和主轴，都以人文交流共享为重要支撑。

"一带一路"是对"中国威胁论"的有力回应，更是中华民族"和平崛起"向世界人民的庄严宣告。

（二）担纲国际责任的中国

"一带一路"战略倡议，明确向世界昭示，中国将主动承担更多的国际责任，在亚欧非等国际区域和全球经济合作中，中国有能力、有必要，更有责任发挥引领作用，推动相关国家和地区及世界各国增信释疑、互利合作，加速推动全球"利益共同体""责任共同体"和"命运共同体"。

1. 中国有能力在国际合作中发挥引领作用

2008 年爆发的国际金融危机，直接推动了全球经济格局的重大调整和变革，对世界产生着现实而深远的影响：欧美日等发达国家在金融危机中受到重创，以金砖国家为代表的新兴经济体脱颖而出，成为推动国际经济发展的强劲动力。后金融危机时代，世界各大经济体普遍面临经济复苏的压力，经过 30 多年改革开放的中国，在经济发展和综合国力方面取得了举世瞩目的成就——经济总量世界第二（见图引—3），进出口贸易额世界第一，外汇储备世界第一，外商投资额世界第一，对外投资额跃居世界第三，等等，当前，中国已成为资本净输出国。全球大面积的经济式微与中国这一成长中的强劲新兴经济体，形成了强烈的反差。这一增长与迟滞的反差为中国通过发展影响世界经济良性增长、改善国际经济格局创造了有利契机。当前全球贸易体系正经历自 1994 年"乌拉圭回合"谈判以来最大的一轮重构。中国第一阶段的对外开放是利用经济全球化机遇参与国际分工，在下一个阶段的对外开放中，中国将主动为自己

图引—3　中国经济走势及 2016 年生产总值

和世界其他国家与地区创造经济发展的机会，积极参与、推动国际规则的优化。

中国不仅是经济全球化的积极参与者和坚定支持者，也是重要的建设者和受益者。为了有效实施"一带一路"建设，中国先后创立"亚洲基础设施投资银行（亚投行）""上海合作组织开发银行（上合银行）""金砖国家新开发银行（金砖银行）"和"丝路基金有限责任公司（丝路基金）"等新型地区开发银行和基金，强化"一带一路"发展战略融资工具，改善由美国主导的国际金融和货币体系，进一步促进国际金融货币体系的优化改革，甄善国际金融新体系，拓宽新兴大国在世界金融体系中自主权强化路径，强化发展中国家在世界治理体系中的话语权。

"一带一路"战略正在稳步推进，中国在国际区域经济合作中的引领作用正在稳健显现，足见"有担当""一心向善"的中国有足够的能力为亚欧非及世界经济的繁荣创造新的发展空间。

2. 中国有责任在国际合作中发挥引领作用

随着中国经济实力的显著增强和中国对世界经济的贡献不断增大，中国在国际事务中的影响力不断提升。世界各国日益重视与中国建立稳定的、更高层次合作的经贸关系，希望分享中国发展带来的机遇。同时，世界人民对中国在国际社会承担更多责任、发挥更大作用的期待迅速攀升，尤其表现在：促进全球经济复苏、世界经济格局变革和区域一体化发展。中国作为区域大国，要维护该地区的和平与发展，就必须积极主动地发挥引领作用，构建符合国家和地区共同利益的区域发展战略。"一带一路"战略是中国在新时期面向国际社会和区域社会发展做出的新的战略安排，其战略目的是共同打造沿线区域经济一体化和沿线国家命运共同体的新格局。该战略体现了中国当前所应承担的大国责任，即通过实施"一带一路"战略，将中国的发展与沿线各国的发展对接起来，以此带动自身内部的国内发展和外部沿线国家的共同发展，形成更为开放的经济体系，为亚洲和世界的发展带来新的机遇和空间。

（三）世界永续和平与发展

1. "一带一路"推动世界秩序的合理构建

20 世纪 80 年代末 90 年代初，苏联解体、东欧剧变，持续了近半个世纪的全球"冷战"结束。20 多年前世界发出的那声"悄无声息的惊雷"，诱发的强劲"引力波"至今在全球蔓延……东西方意识形态对立、南北发展矛盾依旧。面对这些源于旧体制、更源于"零和"对抗性思维的"全球性产品"，占据世界舞台中央的国家费尽心机，结果却是：旧难未解，新难又来。全球经济出现大面积滑坡，全球发展改革的浪潮一浪高过一浪，全球和平的呼声一波高过一波。此刻，体现着开放、包容、合作发展逻辑的"一带一路"战略应运而生：以互惠合作实现经济文化融合发展优化改造失衡的国际秩序，意识形态和政治经济制度不作为划分阵营的标准，地区、经济发展水平和宗教信仰不作为区分敌友的杠杆；"一带一路"战略秉持开放包容精神，倡导国与国之间和谐共处、平等相待、合作互惠、共同进步，推进全球经济的共同发展和国际秩序的平等和谐，符合世界各国人民的共同利益，是中国同世界人民一道积极构建合理世界秩序的战略号角，是世界走向更加和平与繁荣的新希望。

2. "一带一路"加速营造世界和平发展环境

经济发展、世界繁荣需要和平稳定的国际环境。然而，世界并不安宁，传统安全威胁并未消失，非传统安全威胁已甚嚣尘上。全球间地区冲突和局部战争此起彼伏，恐怖主义影响越来越大，气候变化、能源安全等挑战紧迫而严峻，我们正面临着一个复杂而又多变的急速变革的国际环境。

传统战争多源于国家利益纷争，非传统安全威胁的产生很大程度上多源于发展不平衡。安全问题的根源是发展问题，经济发展是各国的共同利益。"一带一路"战略关注点首先聚焦于经济发展这一核心利益关切，将中国的发展与他国的利益目标相契合，通过经济共同繁荣发展促进政治和安全分歧的解决。"一带一路"战略，作为一个开放的体系，通过"以点带面、从线到片"的方式，逐步形成国际区域大合作的局面和国际大区域合作格局，辐射、带动并惠及世界上绝大多数国家和人民。

中国共产党作为一个即将迎来百岁华诞的政党，成熟与稳健，先进与开放、责任与作为是我党典型的标志，而这些标志都将深深融入经天纬地的百年战略——"一带一路"，这一战略源自对自身长达百年发展成长史的总结、源自对中华民族丰富深邃精华的吸纳，展现着新一代共产党人崭新的执政理念。这一理念全面体现着中国共产党人对世界公平发展与和平建设的深厚愿望，这一以全球共同发展为路径并完善既有国际秩序、升级世界公平发展的战略，无疑是21世纪伟大的创举。

历史和现实会再一次告诉世界：中国共产党人无愧于历史重托，中国共产党人无愧于世界厚望！

上 篇

书写"中国梦"、
唱响"世界梦"
Realize a Chinese Dream,
Create a Global Dream

丝绸之路源远流长，唱响着一幕又一幕中华文明与世界友好交往、互利共赢的不朽篇章。面对复苏乏力的国际经济情势和国内亟待转型发展的迫切需求，秉承"和平与发展"精髓的"一带一路"战略顺势而来。

　　"一带一路"战略从多层次书写着厚重的"一体二翼"历史使命：通过"一带"（丝绸之路经济带）和"一路"（21世纪海上丝绸之路）之二翼实现"海强陆健"的"强国之体"，托起中华民族复兴的"中国梦"；用陆翼"一带"与海翼"一路"之二翼托起的"发展之体"，书写着沿线国家和地区及世界人民的"和平梦"；全球海洋之"一路"（21世纪泛海上丝绸之路）及全球陆地之"一带"（泛丝绸之路经济带）形成的"二翼"与世界共命运之"一体"协同唱响的"世界梦"。

第一章　"一带一路"战略解析

浓墨重彩的丝绸之路，是中华文明与世界友好交往、互利共赢的历史见证。当今，纷繁复杂的国际和地区"新局势"、国内改革进入深水区与创新的"新常态"，传承和弘扬"丝绸之路"精神，加快"一带一路"建设，深化我国新腹地建设构筑强大的发展战略支点，深化促进沿线国家和地区间区域经济合作与经济繁荣，深化升级与世界不同文明交流互鉴和平发展，"一带一路"倡议，是一项造福于本国人民又给世界各国人民带来福祉的宏伟大业，正徐徐展现给世界人民。

第一节　历史的回顾

2000 多年前，在亚欧人民的辛勤努力和苦苦探索下，开拓出多条连接亚、欧、非几大文明的贸易和人文交流通道，形成了世人耳熟能详的"丝绸之路"。千百年来"和平合作、开放包容、互学互鉴、互利共赢"的"丝绸之路"精神薪火相传，成为联通沿线各国横跨亚欧非的全球重要纽带和东西方交流合作的典型象征，推动了欧亚非及全球合作，推动了世界文明进程，成为世界各国共有的历史文化遗产。

一、古代丝绸之路

历史上的"丝绸之路"由中国人民开启推动、弘扬光大并绵延至今，但是"丝绸之路"的称谓却是"舶来品"，我们从浩瀚的中国古籍中没能找到"丝绸之路"这一称谓。由于"丝绸之路"是在东西方交流中逐渐产生的一种贸易和文化交流通道，而丝绸又是这一交流通道中最重要的代表商品，从而使"丝绸之路"名副其实。1860 年前后，德国地理学家李希霍芬结合实际情况对照中国历史，提出约从公元前 2 世纪开始，在欧亚大陆逐渐形成了一条"丝绸之路"。李希霍芬是最早提出"丝绸之路"概念的学者。其后，德国人胡特森在多年研究的基础上，撰写成专著《丝路》。从此，"丝绸之路"这一称谓得到中国和世界的认可。

（一）古代丝绸之路的起源——玉石之路

在距今 1.2 万年前，先民就发现了普通石块中卓尔不群的玉石，古代先民从昆仑山、和田一带，由近及远向东西两翼延伸，把和田玉运向远方：向东经甘肃、宁夏、山西入河南；向西经乌兹别克斯坦到地中海沿岸的欧亚各国，这便是最早的"玉石之路"。先秦时期，中原的美玉大都来自西域。史籍对于西域的玉有诸多记载。西晋时期，在汲县战国墓中出土了一批古简，其中整理出一篇《穆天子传》，记载了当年周穆王驾八骏马车西巡游猎之事。周穆王从中原出发，途经甘肃、内蒙古和新疆，最终抵达昆仑山西麓。当时仍是母系社会的部落首领西王母，不仅款待周穆王，还赠予他八车宝石，留下一段佳话。周穆王返途中，又在一些采玉、琢玉的部落处获取不少玉石，满载而归。延续千年万载的"玉石之路"，正是沙漠"丝绸之路"的前身。

2000 年前的汉朝与约略同时期欧洲的罗马帝国并列为当时世界上最强盛的帝国。汉朝的"丝绸之路"是在古"玉石之路"上延续拓展而来，"丝绸之路"的开通，促进我国中原地区与欧亚草原之间密切的商品和文化交流，在一定程度上也促进了当时欧亚两大文明程度最高的帝国的发育。中原的青铜器、车器和兵器等常常出现在中国北方地区草原民族的墓葬中，战国时期中原的丝绸、漆器和铜镜等经由草原民族远播至新疆、哈萨克斯坦阿尔泰地区以及欧洲的希腊。

（二）古代丝绸之路的兴起——张骞出塞

约 2000 年前，汉武帝（公元前 139 年）派使臣张骞联系大月氏国（今阿富汗）等西域诸国，开启了张骞第一次出使西域历经十几载的所谓"凿空之旅"。张骞第二次出使西域（公元前 119 年），人员浩浩荡荡，带着中国的丝绸和金银财宝与沿途各国交流，巩固了汉朝同西域诸国友好交往。之后中亚、西亚各国将丝绸带到了罗马帝国，中国丝绸成为紧俏商品，是当初相当长时期的顶级"奢侈品"。丝绸适合长途贩运，利润高，逐步成为主要流通商品，这也成为后人将这条路命名为"丝绸之路"的首要原因。

公元 73 年，东汉班超重新打通隔绝 58 年的西域。公元 166 年，古罗马大秦王安敦派使者至洛阳朝见汉桓帝，东西方两大帝国正式建立外交关系，"丝绸之路"首次正式开启了官方版的"欧亚通"，"丝绸之路"也全面开启了亚洲与欧洲之间，民间到官方的贸易与交流。这条横贯欧亚大陆北部的商路，与南方的"茶马古道"遥相呼应。古代"丝绸之路"（见图1—1—1）沿线国家和地区通过丝绸、毛皮、玉石、珠宝和香料等商品交换而繁荣发展，文化、宗教等人文交流也日益活跃，"丝绸之路"成为亚欧国家互通有无的商贸大道，促进着亚欧各国与中国的友好往来，为沟通东西方文化的友谊之路。

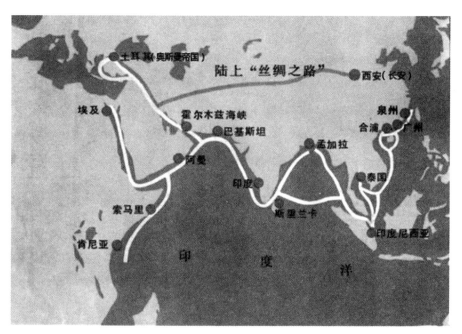

图1—1—1 古代"丝绸之路"示意图

（三）古代丝绸之路的发展——经营西域

魏晋南北朝时期（公元220—589），"丝绸之路"不断发展，并演变为"西北丝绸之路"（或绿洲丝绸之路或沙漠丝绸之路）、"西南丝绸之路"（或永昌丝绸之路）和"海上丝绸之路"三条线路。这一时期，中西方之间的交流主要体现在政治、经济和文化三方面：政治上增进了各国之间的了解，促进了东西方国家联系与交流；经济上促进了双方经济贸易、生产技术交流；文化上促进了中国佛教的兴盛和礼乐文化的发展。

隋炀帝杨广即位（公元604年）后，亲自畅游"丝绸之路"，开始经略四方。一方面开拓西域疆域；一方面遣使与海、陆丝路沿线国家进行交流沟通。大业年间，隋炀帝遣使侍御史韦节、司隶从事杜行满出使西域各国，与西域开展大规模联系和交往，隋炀帝遣裴矩前往张掖主持互市，促成了"西域诸藩，往来相继"的态势。

唐朝政府对"丝绸之路"加大了开发和建设力度，尤其是隋唐大运河的通航，极大地加强了江南富庶地区与中原地区的联系，南方的丝绸、瓷器和茶叶等商品源源不断地通过大运河运往洛阳、长安，并通过"丝绸之路"远销西方。唐朝贞观十四年（公元640年），粟特人（今乌兹别克斯坦）将制造葡萄酒的技术传入中国，大批犹太商人涌入中国，"丝绸之路"上的通使及商业往来更加活跃。受到这条贸易路线巨大影响的国家还有日本，公元8世纪，日本遣唐使节从中国带着许多西域文物回到日本首都奈良，这些宝贵的古代文物在奈良正仓院得以保存，通过"丝绸之路"传往日本的还有日本最大的宗教——佛教。

蒙元时期（始自公元1206年），随着版图的扩展、驿路的设立和欧亚交通网的强化，欧亚国际商队长途贸易再度兴盛。蒙元时期一些中外关系史名著，如《马可·波罗游记》《通商指南》《柏朗嘉宾蒙古行记》《卢布鲁克东行记》《大可汗国记》《马黎诺里游记》和《鄂多立克东游录》等，都大量记载着"丝绸之路"的历史。

（四）古代"陆上丝绸之路"的没落——海运兴起

"陆上丝绸之路"固有的致命弱点，致使它走向衰落：一是"关卡众多"。陆路运输经过沿线许多国家和地区，像"西夏"和"奥斯曼土耳其帝国"对商路的控制严重影响贸易线路的畅通。二是"产销地天各一方"。"陆上丝绸之路"的起点位于我国西部，深处内陆，而我国主要的外销产品，如丝绸、瓷器和茶叶等产品产区大多在东南沿海，陆路外运既不经济又不方便。三是"行程极其艰难"。陆路的自然条件十分恶劣，穿越崇山峻岭和戈壁沙漠，风沙弥漫，行程艰苦，以骆驼为运载方式的运输量极其有限，耗时长，运费高，还有民风彪悍的"路霸"，都在限制着"陆上丝绸之路"的发展。而海上运输的长处恰恰填补了陆路运输的短处，这也成为"海上丝绸之路"兴起的主要原因。14世纪至16世纪世界地理大发现后，"海上丝绸之路"逐渐兴起，陆上"丝绸之路"逐渐走向衰落。

二、古代"海上丝绸之路"

古代"海上丝绸之路"主要有"东海航线"和"南海航线"两条主线路，其历史与"陆上丝绸之路"同样悠久。

（一）古代"海上丝绸之路"的形成——两大航线

"海上丝绸之路"东海航线形成于秦汉之际，约公元前200年左右。最初的海上航线，是沿着辽东半岛及朝鲜半岛海岸线南下，越过对马海峡到达日本列岛北部。隋唐时期，在中日两国民众的共同努力下，又陆续出现了横渡黄海及东海的多条海上航线。通过这些海上航线，中国的商品源源不断地输往日本及朝鲜半岛，中国文化也被大规模地传播，包括儒家思想、律令制度、汉字、服饰、建筑，甚至武术和饮茶习俗等。中国文化对日本及朝鲜半岛的伦理道德、政治制度、文学艺术、生活习惯和社会习俗等产生了全方位的影响，一直延续至今。

"海上丝绸之路"南海航线也约形成于秦汉之际，珠江三角洲地区发现的南越国时期（公元前203年至公元前111年）非洲象牙等舶来品对此形成验证。公元前111年，汉武帝派军队灭掉了南越国，从而直接控制了"南海航线"的门户。汉武帝凭借强盛的国力大力拓展海上交通，开辟了第一条从中国南方沿海直接通往印度洋地区的远洋航线，最远到达现在印度半岛的东海岸及斯里兰卡，汉代典籍《汉书·地理志》明确记载了这条航线。

公元1世纪，罗马人借助季风直接横渡印度洋，往返于红海和印度之间，而不再沿着印度洋海岸线航行，罗马帝国的商人甚至远航到印度半岛东南沿海建立起贸易据点。希腊文航海文献《厄立特里亚海航海记》（成书于公元1世纪后半叶）记载了从红海前往印度半岛南端的航线。

2000年前，汉代中国人由东向西拓展，罗马人自西而东航行，最后在印度半岛相遇，"海上丝绸之路"（见图1—1—2）延伸至波斯湾和红海，世界历史上第一条跨越印度洋的海上航线，当时世界上最长的航线由此诞生。"海上丝绸之路"南海航线与穿越中亚内陆的"陆上丝绸之路"构成了连接东西方的两条交通大动脉。

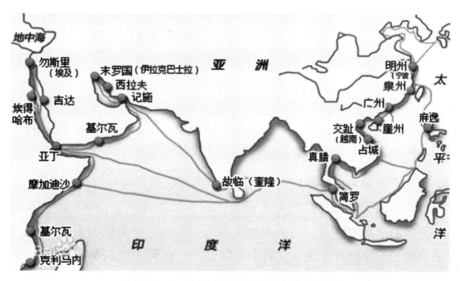

图1—1—2　古代"海上丝绸之路"路线图

（二）古代"海上丝绸之路"的发展——扬帆出海

公元前221年秦始皇统一中国后，即修"秦直道"，以"胶海内"，同时派遣徐福率宠大船队扬帆东渡。公元3世纪，罗马帝国陷入危机后退出印度洋。公元476年，西罗马帝国灭亡，欧洲进入中世纪。东汉王朝于220年灭亡后，中国一度进入了分裂与战乱时期，但"海上丝绸之路"却从未中断。公元7世纪，东西方出现了两大帝国——唐朝（公元618年）和阿拉伯帝国（公元632年）。在两大帝国的共同努力下，"海上丝绸之路"进入全面发展时期。

公元907年，唐朝灭亡，中国四分五裂，战火四起，契丹、女真等少数民族政权也逐鹿中原，"陆上丝绸之路"被战乱阻断。"海上丝绸之路"便成为联通东西方的主要通道。公元960年，宋朝建立后，采取了比较开放的政策，鼓励发展海外贸易，南宋政权更加重视海外贸易，促进了"海上丝绸之路"的持续繁荣。

13世纪初，蒙古军队快速崛起，在短短半个多世纪里将国土从太平洋西岸扩大至黑海沿岸。1271年，忽必烈建立元朝，其他地区的蒙古贵族也建立起各自的汗国并奉元朝为宗主国。元朝与各蒙古汗国之间的密切联系保证了东西方陆上交通和海上往来的畅通。当时，中国造船技术及航海技术处于世界领先水平，泉州港与埃及亚历山大港并列成为"世界第一大港"。宋元年间，是"海上丝绸之路"的鼎盛时期，同世界上60多个国家有着直接的海上商贸往来，引发西方一窥中华文明的热潮。

（三）古代"海上丝绸之路"从极盛到衰落——郑和远航到闭关锁国

公元1405年起，明朝政府派遣郑和率领一支200多艘的庞大船队七次远渡西太平洋和印度洋，开辟了亚洲、非洲、大洋洲的直达航线，大大弘扬了国威，传播了中华文化，郑和的舰队无论规模和实力都是当时世界上无可比拟的"无敌船队"，标志着"海上丝绸之路"达到了极盛。公元1572年隆庆皇帝实施开海政策，明朝出现了一个全面开放的新局面，有学者称"隆庆开放是中国近代史的开端"。可是时间不长就进入了"无许片帆入海，违者立置重典"的"大清朝"海禁期，明初及清初的海禁，致使广州港长时间处于"一口通商"局面，也使广州成为世界海运交通史上200多年长盛不衰的唯一大港。

15世纪，随着资本主义的孕育成长，一种扩张性的社会体制在西欧出现。这种扩张体制有两大特点：一是全社会参与。上自君王贵族，下至平民，全社会都狂热地投身于海外扩张。二是全方位展开。这种扩张行为不仅仅图谋建立殖民地，还包括商业竞争、军事占领、文化渗透和宗教传播等。

16世纪，欧洲人初至亚洲时，明王朝虽然正在内外冲击下摇摇欲坠，但无论是葡萄牙人还是西班牙人，都没有足够的力量撼动中国。清王朝建立后，经过几位皇帝的励精图治，很快发展为强大的帝国，荷兰人和英国人都无力与之抗衡。因此，"海上丝绸之路"从区域性航线转变为环球航线后的 300 年间，尽管中国封建政府对海洋"时禁时开"，但中国与西方国家大体仍维持着一种平衡关系。

公元 1800 年，闭关锁国的清王朝日益腐败衰落，以英国为首的西方列强挟工业革命雄风勃然兴起，中国与西方之间的力量平衡被彻底打破。1840 年中英鸦片战争是结果，更是导致中国沦陷为饱受屈辱的半殖民地国家的开端。自 1894 年起，经过明治维新日渐强盛的日本也明目张胆地加入到了瓜分中国的行列中。显然，环球海上航线的性质自鸦片战争起发生了根本性变化，成为西方列强及日本侵略中国的"炮舰之路""武力征服之路"。从航海技术上讲，鸦片战争之前穿梭于"海上丝绸之路"的船舶多是木帆船，1840 年之后，蒸汽轮船主导海上交通。东西方往来沟通的"海上丝绸之路"最终融入西方的全球侵略网，因此鸦片战争标志着传统"海上丝绸之路"的终结。

第二节 时代背景与历史传承

"一带一路"战略旨在"借古明今"，借用古代"丝绸之路"的历史符号，高举和平与发展旗帜，主动推动沿线国家和地区及世界人民的友好合作与经济发展。"一带一路"倡议源于"古代丝绸之路"和"海上丝绸之路"的历史概念，并赋予了新的时代特质。"一带一路"秉持着"和平合作、开放包容、互学互鉴、互利共赢"的发展原则，与以往经济全球化有着明显不同的发展理念。

一、时代背景

"一带一路"倡议是古代丝绸之路开放包容、兼收并蓄传统精神的继承和发展，其科学内涵和战略意义都是在传统"丝绸之路"上的升级与发展。

"一带一路"战略深刻的国内外背景：

第一，中国国内经济社会改革进入深水区。我国当前经济发展进入了"三期叠加"期：由经济发展客观规律决定，经济增长速度进入换挡期；主动选择经济发展方式实现绿色转变，社会及经济结构调整进入阵痛期；主动化解多年来深层次矛盾积累，前期刺激政策进入深度消化磨合期。据此，我党提出了"改革开放再出发""深化改革、扩大开放"新方略，制定一系列经济发展

"新常态"政策，逐步实现国民经济从高速增长到平稳增长的"常态化发展"，实现可持续发展和适度增长。

第二，世界经济进入转型升级关键期。自2008年全球金融危机爆发以来，世界经济复苏艰难，全球产业结构处于持续调整期，发达国家增长乏力、新兴经济体增长趋缓，全球经济增长速度不断回落；世界工业生产收缩，制造业下行明显，曾经具有全球产业竞争优势的工业化国家普遍出现了结构性失衡，新兴经济体和发展中国家的制造业发展速度均趋下滑；全球金融资产增长趋缓、世界资本流动趋慢；发达经济体对外投资收紧、资本输出国更多将目光由国外转向国内、新兴经济体与发展中经济体资本市场跌宕起伏，效益空间普遍下滑；经济增长疲软致使世界贸易持续低迷，出口形势整体表现不佳，拖累着世界贸易的有效增长。

第三，国内能源安全形势愈发严峻。在当今国际舞台上，能源领域的竞争已经超过了纯商业的范围，成为世界大国经济、军事、政治斗争的重要武器。近年来美俄因乌克兰局势交恶掀起的原油价格较量战，还在进一步发酵。我国原油进口来源主要集中在中东、北非等国家和地区，80%的原油进口需要经过马六甲海峡，原油进口对外依存度高达58%，远超世界通常安全红线。作为国家重要的战略物资，原油安全保障对国家经济发展和国家安全意义重大，我国原油进口过度依赖中东地区和马六甲海峡，在中东局势动荡、美国插手南海的情况下，我国的能源安全愈受到严重挑战，潜在威胁愈发增大。开辟新的原油供应市场，开通新的安全输送管道，实现原油进口多元化已经成为亟待解决的重大战略问题。

第四，恶意相向的"中国威胁论"致使中国发展的国际安全形势更加复杂多变。习近平总书记曾指出："尽管这种论调像天方夜谭一样，但遗憾的是，一些人对此却乐此不疲。"早在19世纪末20世纪初，德国威廉二世就抛出了所谓的"黄祸论"；20世纪50年代新中国成立之初，美国曾炒作过"红色威胁"。1950年麦克阿瑟公开辱骂新中国是"共产主义黄祸"；20世纪中苏关系紧张时，苏联也兜售过"中国威胁论"。冷战结束后，"中国威胁论"经历了四波：第一波，1992—1993年，哈佛大学教授亨廷顿在《文明的冲突与世界秩序的重建》中断言，儒教文明与伊斯兰教文明的结合将是西方文明的天敌；第二波，1995—1996年，李登辉访美导致两岸关系紧张，中美围绕台湾问题发生军事对峙；第三波，1998—1999年，亚洲经济危机发作期间中国经济逆势崛起，经济影响力迅速扩大；第四波，进入21世纪后，"中国威胁论"的内容"从点到面"急剧扩散，"中国威胁论"的内涵"从量到质"急剧变化，从军事安全到经济安全、从食品安全到粮食安全、从生态环境安全到网络安全、从金融安全到地缘政治……"中国的威胁"几乎无处不在。消解"中国威胁论"带来的发展阻力非一日之功，在加强宣传"讲好中国故事"的基础上，还要采取一系列实际行动，证明中国的崛起是和平崛起，中国的崛起以同他国"共享共荣共进"发展为前提。

第五，完善国际政治经济新秩序，推动主导权建设将更加尖锐。奥巴马政府执政以来，美国推行"经济再平衡""亚太再平衡"两大"再平衡"战略。通过"重返亚洲"，推动"亚太再平衡"，意图围堵中国，压缩中国的发展空间。美国强化"美日安保"，企图拉拢日、韩、菲、澳等国缔结"小北约"，打造环绕中国东部的"三条岛链"，构建从日本首都东京到阿富汗首都喀布尔的"新月形"包围圈，插手东海、南海问题，搅局东北亚，驻军澳大利亚、重返菲律宾、炒作海空一体战、离岸作战，恶意在中国周围制造紧张形势，图谋"再平衡"掉中国的发展空间和发展环境；强化"经济再平衡"，在 APEC 之外提出"跨太平洋伙伴关系协定"（TPP），形成将中国排除在外的新的"经济共同体"，进一步抑制中国经济发展，恶意压缩中国发展空间，遏制中国发展。

2017 年 1 月 20 日，高举"美国优先"旗帜的新任总统特朗普上台。特朗普对美国在中美贸易中所存在的巨额贸易逆差及汇率问题大为不满，声称将对中国征收高额关税、汇率操纵国等系列制裁。未来，中美关系将面临更大的不确定性，中美经贸关系将变得更为复杂，国际政治经济新秩序将面临新的挑战。

二、历史传承

回眸历史，我们可以清晰地发现，古代"丝绸之路"在三个方面具有积极作用：经贸合作、文化交流和民族团结与稳定。"一带一路"建设将充分体现这三大积极作用，中国将以负责任大国的风范与真诚包容的大国姿态同世界分享发展红利。今天，中国提出的"一带一路"倡议，将在古代"丝绸之路"的基础上，深化发展为"友爱之路""繁荣之路""交流之路"。

"友爱之路"。当今的"一带一路"建设，立足于古代"丝绸之路"对民族团结、和谐共处的贡献，将"一带一路"打造成一条福泽各国民众的发展之路，促进沿线不同国家、不同民族间的友好往来与和睦共处。随着中国的崛起，西方世界宣称的所谓"中国威胁论"使得各国对中国崛起心存疑虑，将中国的强大看作是对"别人篮子里苹果的掠夺""别人盘子中蛋糕的切割""对他国利益的威胁"，而一条"友爱之路"将表明，中国坚持走和平崛起的道路，不谋求世界霸权。在国力日益强大的今天，通过"引进来"和"走出去"同世界各国共同分享发展红利，在互联互通的基础上，同世界各国平等发展、互利共赢。

"繁荣之路"。"一带一路"建设依古代"丝绸之路"走向为基线，贯穿亚、欧、非大陆，联系东西方贸易，创造社会财富的繁荣发展。"一带一路"将致力于推动亚太与欧洲两大市场的繁荣发展，并为沿线国家和地区及世界人民创造发展机遇、挖掘发展潜力。"一带一路"建设设置了一系列相关议程，包括自贸区（如中日韩自贸区、中国—东盟自贸区）以及各类经济走廊（如孟中印缅经济走廊、中蒙俄经济走廊）的建设升级，将有效促进国际产业合理分工、减小各国间的贸易壁垒、便利各国进出口运营以及经贸投资，从而建立起高效运行的"财富流通网""物资运输网"与"货币交换网"。

"交流之路"。"一带一路"保持古代"丝绸之路"交流功能，实现现代版的经贸交流之路、文化交流之路、民众交往之路。随着基础设施的进一步完善以及经贸合作的不断深化，各民族的文化交流将会异彩纷呈。

"一带一路"建设将全面秉持"丝路精神"，推动沿线国家和地区及世界各民族间的交流与合作，大力推动"民心相通"的早日实现，极大地推动文化多样性丰富发展，从经济层面到人文层面全面实现"共商""共建""共享"。

三、时代新走廊

"一带一路"由"丝绸之路经济带"和"21世纪海上丝绸之路"协同组成，"一带"与"一路"既有分工更有协作，是中国人民奉献给欧亚非各国及世界人民的一个由"和平"与"发展"书写而成的"时代新走廊"。

"丝绸之路经济带"，是一个全新的国际区域经济合作概念，建立在"古丝绸之路"概念基础上的"丝绸之路经济带"，被称为"世界上最长、最具有发展潜力的经济大走廊"，"丝绸之路经济带"首先作为一个经济概念，体现着经济带上各个国家和地区协同发展协作共荣的普惠思想。

"21世纪海上丝绸之路"战略构想，基于历史，着眼中国与东盟战略伙伴关系建立十周年这一新的历史起点，"21世纪海上丝绸之路"将进一步深化中国与东盟各国和地区的合作，构建更加紧密的命运共同体，增进区域内及世界各国人民的福祉。

"一带一路"贯穿亚欧非大陆，联通活跃的东亚经济圈和发达的欧洲经济圈，中间腹地国家经济发展潜力巨大。以中巴经济走廊为代表的"六大经济走廊"建设将成为贯彻"一带一路"战略的主要推手，对"一带一路"沿线国家和地区的区域安全、国家间和平共处以及经济繁荣都有巨大的利好和实惠，对世界范围内的和平与发展也具有重要的战略意义。

（一）中巴经济走廊

"中巴经济走廊"主要涉及中国和巴基斯坦两个国家，主要路线为中国新疆乌鲁木齐—喀什—红其拉甫—巴基斯坦苏斯特—洪扎—吉尔吉特—白沙瓦—伊斯兰堡—卡拉奇—瓜达尔港，全长4625公里，是贯通南北丝路关键枢纽，北接"丝绸之路经济带"、南连"21世纪海上丝绸之路"，是一条包括公路、铁路、油气和光缆通道在内的贸易走廊。中巴经济走廊（见图1—2—1）将在保证边境区域安全，增加中国新能源出口路径等方面发挥重要作用。

图1—2—1 中巴经济走廊路线图

中巴经济存在很大合作机遇。一是中巴贸易增长迅速，合作关系更趋健康稳定，中国对巴基斯坦包括基础设施建设、能源、矿产等多方面的投资保持稳定增长；二是两国政治关系牢固，为经贸合作奠定重要基础，中巴两国作为"全天候战略合作伙伴"，巴基斯坦制定了"中巴经济一体化战略"，推动双方经贸发展。建设"中巴经济走廊"对于中国也具有十分积极的意义。

一方面，经济走廊将缩短运输时间，节约经济成本。在没有"中巴经济走廊"的情况下，从中国新疆运出的货物需要绕一大圈才能够抵达巴基斯坦港口。一旦建成经济走廊，从乌鲁木齐达到瓜达尔港的距离将从15858公里缩短至4712公里；从乌鲁木齐到迪拜的距离将从16833公里缩短至5772公里；从乌鲁木齐至伦敦的距离将从27436公里缩短至16552公里，从而大大节约了时间和成本。

另一方面，建设"中巴经济走廊"将有力促进中国西部发展，扩展市场范围。巴基斯坦与中国西部省份天然接近，经济结构互补，具有广阔的合作空间。大力发展与巴基斯坦的贸易，可以有效加快西部地区的经济发展速度，并且利用巴基斯坦作为中转站，可以大力发展与中东、中亚各国的贸易。

（二）孟中印缅经济走廊

李克强总理 2013 年 5 月访问印度期间提出"孟中印缅经济走廊建设倡议"，得到印度、孟加拉国、缅甸三国的积极响应。2013 年 12 月，孟中印缅经济走廊联合工作组在昆明签署了各方会议纪要和"孟中印缅经济走廊"联合研究计划，正式建立了四国政府推进孟中印缅合作机制。

"孟中印缅经济走廊"主要涉及孟加拉国、中国、印度和缅甸四国，主要路线是从中国西南地区出发，连接印度东部、缅甸，最终连接孟加拉国。这条经济走廊将成为发展中国西南地区，促进"西出南下"战略的支撑，将强化四国间的经贸往来，充分发挥孟中印缅四国比较优势。

"孟中印缅经济走廊"将成为连接太平洋与印度洋的一座桥梁，"孟中印缅经济走廊"的打造将通过四国，延伸带动中国、东南亚和南亚的联动发展，使亚洲最重要的三大板块成为协同发展的经济增长区。"孟中印缅经济走廊"覆盖的地区大多为四个国家的经济欠发达地区，区域内的中国西南、印度东部、缅甸、孟加拉国等国家发展相对而言均不发达，但是资源丰富。"孟中印缅经济走廊"建设，将有效发展这一地区的铁路、公路、通信等基础设施建设，大力促进孟中印缅地区以及整个亚洲的经济繁荣，促进沿线国家和地区人民生活水平的提高。

（三）新亚欧大陆桥

"新亚欧大陆桥"又叫"第二亚欧大陆桥"，是从江苏连云港到荷兰鹿特丹港的国际化铁路交通干线，国内由陇海铁路和兰新铁路组成。新亚欧大陆桥途经江苏、安徽、河南、陕西、甘肃、青海、新疆 7 个省区，到中哈边界的阿拉山口出国境。出国境后分三条线路抵达荷兰鹿特丹港，中线与俄罗斯铁路友谊站接轨，进入俄罗斯铁路网，途经斯摩棱斯克、布列斯特、华沙、柏林到达荷兰鹿特丹港，全长 10900 公里，辐射世界 30 多个国家和地区。"新亚欧大陆桥"理论上具备明显优势。第一是地理优势。"新亚欧大陆桥"是连接亚欧两大制造中心距离最短的陆路物流通道，它比西伯利亚大陆桥缩短了路上运距 2000~5000 公里，比海运距离缩短了上万公里。整个"新亚欧大陆桥"避开了高寒地区，港口常年无封冻期，吞吐能力强，东方桥头堡的自然条件好，一年四季可以不间断作业。"新亚欧大陆桥"作为连接亚欧大陆，沟通太平洋和大西洋的国际运输通道具备先天优势。

同时，"新亚欧大陆桥"还具有贸易驱动优势。在"后危机"时代，全球范围内正在历经新一轮产业布局调整。东北亚、中亚、中北欧不断推进的产业分工与合作，为"新亚欧大陆桥"带来了巨大的贸易驱动力。

（四）中蒙俄经济走廊

"中蒙俄经济走廊"分为两条线路：一是从京津冀到呼和浩特，再到蒙古和俄罗斯；二是由东北地区从大连、沈阳、长春、哈尔滨到满洲里和俄罗斯的赤塔。两条走廊互动互补形成一个新的开放开发经济带，统称为"中蒙俄经济走廊"，"中蒙俄经济走廊"东北通道连接东北三省，向东可以抵达海参崴出海口，向西到俄罗斯赤塔进入亚欧大陆桥。现已开通"津满欧""苏满欧""粤满欧""沈满欧"等"中俄欧"铁路国际货物班列，基本实现常态化运营。

"中蒙俄经济走廊"的建设，将我国东北地区实力最强、经济活跃度最高的城市连接在一起，其中包括辽宁省的"沈大经济带"、吉林省的"长吉图先导区"和黑龙江省的"哈大齐工业走廊"，这种"强强联合"又将促生新的经济增长。"中蒙俄经济走廊"将使东北三省获益明显，作为"物流带、产业带、开放带"，"三带合一"的黑龙江最为突出，一个大开放大贸易的新格局，将形成黑龙江新的地位和功能，促进我国东北地区新发展。同时包括华北和东北两大地区，华北地区"京津冀协同发展"的外溢效能将为东北地区的发展提供"正效能"，随着京津冀地区北京非首都功能的疏解，对东北地区有效的资源要素流动加速，东北地区承接相关产能，深化产业效用功能将十分明显，从而深化东北与华北两大区域的互补融合，促进两大区域的升级发展。

（五）中国—中南半岛经济走廊

中南半岛位于中国和南亚次大陆之间，西临孟加拉湾、安达曼海和马六甲海峡，东临太平洋的南海。中南半岛包括越南、老挝、柬埔寨、缅甸、泰国及马来西亚西部，是世界上国家数目最多的半岛之一，面积206.5万平方千米，占东南亚面积的46%。海岸线长1.17万千米，港湾数量多，战略地位重要。大河有伊洛瓦底江、萨尔温江、湄南河、湄公河与红河等，河谷地区为工农业基地，河口形成肥沃的三角洲。湄公河为半岛最大的国际河流，水利资源丰沛，具有重要的经济及交通地位。中南半岛南端扼南海、新加坡海峡和马六甲海峡的咽喉，是国际航运的要道，交通与战略意义十分重要。

"中国—中南半岛经济走廊"，东起我国珠三角经济区，沿南广高速公路、桂广高速铁路，经南宁、凭祥、河内至新加坡，以沿线中心城市为依托，以铁路、公路为载体和纽带，以人流、物流、资金流、信息流为基础，加快形成优势互补、区域分工、联动开发、共同发展的区域经济体，开拓新的战略通道和战略空间。

（六）中国—中亚—西亚经济走廊

"中国—中亚—西亚经济走廊"，从新疆出发，抵达波斯湾、地中海沿岸和阿拉伯半岛，主要涉及中亚五国（哈萨克斯坦、吉尔吉斯斯坦、塔吉克斯坦、乌兹别克斯坦、土库曼斯坦）、伊朗、土耳其等国，中国同中亚、西亚共建经济走廊具有非常重要的现实意义和深远的战略意义。

中亚，自古以来地理位置颇具战略性，是连接高加索地区、欧洲、俄罗斯、中东、东亚和南亚的陆上桥梁，是古代"丝绸之路"必经之地；西亚，因位居亚洲、非洲、欧洲三大洲的交界地带，位于阿拉伯海、红海、地中海、黑海和里海（内陆湖）之间，西亚也被称为"五海三洲之地"。西亚的波斯湾及里海沿岸是著名的石油产区，是目前世界上石油储量最丰富、产量最大和出口量最多的地区，是典型的"世界石油宝库"。

"中国—中亚—西亚经济走廊"建设，将中国同这两大战略要地连接起来，不仅能够发挥中国在多方面的禀赋优势，也将拓展和强化中国的能源来源，同时，中国也为中亚、西亚发展注入强劲的动力。

"中巴经济走廊"、"孟中印缅经济走廊"、"新亚欧大陆桥"、"中蒙俄经济走廊"、"中国—中南半岛经济走廊"、"中国—中亚—西亚经济走廊"，六大经济走廊的建设将中国发展与沿线国家和地区发展紧紧联系在一起，由于地理区位、资源禀赋和发展特色的差异，各经济走廊的发展重点也各有不同。但是，作为"一带一路"的载体，六大经济新走廊犹如六条战略大动脉，将驱动"一带一路"沿线国家和地区释放经济活力，实现经济腾飞。

第三节　超越"马歇尔计划"

2009年1月5日，《纽约时报》发文称中国的"走出去"战略是"北京的马歇尔计划"。"一带一路"倡议提出后，这种说法更是甚嚣尘上。不管西方国家如何认为，"一带一路"倡议不是中国版的"马歇尔计划"，其在战略设计上全面超越了"马歇尔计划"，从而为更广大区域的国家和人民带来福祉。"一带一路"倡议与"马歇尔计划"确有貌似之处，例如，两者都是向海外投资来消化充足的资金、优质的富余产能和闲置的生产力，促进本国货币的国际化。但是，"一带一路"战略与"马歇尔计划"存在着本质上的差异。

一、时代背景差异

美国推动马歇尔计划是为了使欧洲资本主义国家尽快实现战后复兴，防止希腊、意大利等欧洲国家的共产党乘机夺取政权，以及苏联和共产主义运动向西扩展渗透。本质上讲，"马歇尔计划"是经济上的"杜鲁门主义"，同时也是"冷战"的产物，是为美国最终实现称霸全球服务的工具。"马歇尔计划"为后来形成的区域军事集团——北大西洋公约组织（北约）奠定了经济基础，开启了"冷战"的大门，具有强烈的"霸权"意识形态色彩。

"一带一路"战略，作为"丝绸之路"的现代复兴，继承和弘扬了"和平合作、开放包容、互学互鉴、互利共赢"的"丝绸之路"精神；"一带一路"战略作为国际合作倡议，是在后金融危机时代，中国作为世界经济重要增长极，将产能优势、技术与资金优势、经验与模式优势转化为市场与合作优势的必然选择，也是中国全方位开放的必然结果。

"一带一路"建设，既无冷战背景，更不带有"霸权"意识形态。

二、基本内涵差异

"马歇尔计划"的主要内容，是美国对西欧提供物质资源、货币、劳务和政治支持，其中美国援助的资金要求用于购买美国货物。附加条件包括：受援国要尽快撤除关税壁垒，取消或放松外汇限制；接受美国监督，把本国和殖民地出产的战略物资供给美国；设立由美国控制的本币对应基金（作用是将马歇尔计划的援助资金转换成为由当地货币构成的资金）；保障美国私人投资和开发的权利。其结果是，美国为本国商品打开了欧洲市场，使美元成为西欧贸易中的主要结算货币，这也成为美国建立战后金融霸权，巩固和扩大美国在欧洲政治经济影响力的重要途径。此外，"马歇尔计划"还包含削减同社会主义国家的贸易，放弃"国有化"计划等带有强烈冷战色彩的内容。

"一带一路"战略，倡议中国与丝路沿途国家和地区分享优质产能、共商项目投资、共建基础设施、共享合作成果，以"五通"——"政策沟通、设施联通、贸易畅通、资金融通、民心相通"促发展。

"一带一路"战略内涵与马歇尔计划具有本质性差异。

三、战略意图差异

"马歇尔计划"的最基本意图是美国通过援助使欧洲经济恢复，尤其要使欧洲成为对抗苏联的重要力量和工具，同时控制和占领欧洲市场。马歇尔复兴计划附加有苛刻的政治条件，所有亲苏联的欧洲国家都被排斥在外。美国甚至为自己的盟国制定了进入该计划的标准和规则，受援的西欧国家只能无条件接受。该计划最终导致了欧洲的东、西分裂。"马歇尔计划"没有掩饰美国控制欧洲以对抗苏联扩张的战略意图，也没有掩饰催促"北约"诞生的目的。

"一带一路"倡议本质上是一个国际合作的平台，倡导建立新型国家关系，成为21世纪地区合作模式的典范。"一带一路"倡议建立在合作共赢的基础上，提倡沿线国家平等、自愿、友好地发展经贸关系，加强文化交流，共同促进区域经济发展、地区和平稳定的实现。

"一带一路"战略意图与"马歇尔"计划的战略意图迥异。

四、参与国家差异

"马歇尔计划"的参与国家是以美国、英国、法国等欧洲发达国家为主的20世纪资本主义强国，广大社会主义国家和第三世界国家被排除在外。

"一带一路"以古代"陆上丝绸之路"和"海上丝绸之路"沿线国家和地区为主，以点带面，点轴推进，最终实现亚欧非国际区域经济合作的繁荣发展，参与方既有发达国家，也有新兴国家，更多的是发展中国家。"一带一路"致力于推动各国家间的经济合作和文化交流，推动各类国家优势互补、错位竞争和经济整合，在开创南南合作的基础上，创新区域合作与洲际合作新模式。

"一带一路"参与方广泛，是开放的，"马歇尔计划"针对性明确、具有排他性。

五、实施方式差异

"马歇尔计划"对西欧各国的金融、技术和设备等援助合计130亿美元，相当于计划启动当年美国GDP的5.4%，整个计划期间美国GDP的1.1%。若考虑通货膨胀因素，这笔援助相当于2006年的1300亿美元。该计划的核心是以美国为主导，依靠美国战后强大的经济实力，通过对西欧各国提供赠款贷款、重建协助、经济援助、技术支持，使欧洲快速完成战后经济重建，体现的是"美国—西欧诸国"一对多的援助形式。

"一带一路"由中国发起倡议，由"丝路"沿线国家共同参与合作完成实施。沿线国家积极开放边境口岸，共同完善交通建设，为经济合作与文化交流创造条件，体现的是"丝路"沿线国家多对多的合作模式。

"一带一路"战略的实施周期比"马歇尔计划"长远得多，"一带一路"战略是中国倡议，多家共同参与、共同运作，而"马歇尔计划"时间短，是一家主导，典型的"一言堂"。

综上，"一带一路"并非中国版的"马歇尔计划"，也不是"马歇尔计划倍增版"，而是新时代国际区域合作的新范式、新战略。

第四节 时代新方略

"一带一路"战略，是新时期中国针对日益复杂的内外部环境，统筹国际国内两个大局、协调推动沿海内陆开放，致力于深化沿线国家和地区多领域合作交流，促进共同繁荣进步而实施的一项全局性战略部署。

在这一战略大势下，全国各地和各系统也加快形成区域产业协同融合、资源互补共享的发展格局；中国与沿线国家和地区共同规划建设"六大经济走廊"，加速推进"一带一路"战略。

一、战略框架

"一带一路"是中国政府向世界发出的庄严倡议。"一带一路"是促进共同发展、实现共同繁荣的合作共赢之路，是增进理解互信、加强全方位交流的和平与友谊之路。"一带一路"贯穿亚欧非大陆，将东亚经济圈和欧洲经济圈及中间广大腹地国家联系在一起，发展潜力巨大。

"丝绸之路经济带"的重点线路：中国经中亚、俄罗斯至欧洲（波罗的海）；中国经中亚、西亚至波斯湾、地中海；中国至东南亚、南亚、印度洋。

"21世纪海上丝绸之路"的两大重点方向：从中国沿海港口经南海到印度洋，延伸至欧洲；从中国沿海港口经南海到南太平洋。

"一带一路"建设，是沿线国家和地区开放合作的宏大经济愿景。"一带一路"建设，首先要实现区域基础设施更加完善，基本形成安全高效的陆海空通道网络，促使互联互通达到新的水平；进一步提升投资贸易便利化水平，基本形成高标准自由贸易区网络，使得国家和地区间的经济贸易联系更加紧密，政治互信更加深入；更加广泛深入地促进人文交流，促进不同文化文明互鉴共荣，促进各国人民的和平友好。

二、共建原则

中国政府为推动"一带一路"共建，提出了五大共同遵循的基本原则。

（一）恪守联合国宪章的宗旨和原则

"一带一路"共建，需要遵守和平共处五项原则，即尊重各国主权和领土完整、互不侵犯、互不干涉内政、和平共处、平等互利。这一由中国倡导、被各国广泛赞同接受认可的国际合作原则是现代国际法的一项基本原则，是指各国不问政治、经济及社会制度有何不同，都有义务在国际关系的各个方面彼此合作，以维护国际和平和促进国际经济的发展。在国际关系中，国际合作的普遍性和重要性已是不争的事实，但作为一项现代国际法基本原则是在第二次世界大战结束，联合国成立以后才正式确立的。

2015年2月23日，中国外交部部长在联合国安理会公开辩论会上，就21世纪履行《联合国宪章》的宗旨和原则精神，提出了中国的主张：第一，要和平，不要冲突；第二，要合作，不要对立；第三，要公平，不要强权；第四，要共赢，不要零和。同时，要倡导双赢、多赢、共赢的新理念，树立利益与命运共同体新观念，践行权责共担、义利并举的新做法，追求各美其美、美人之美、美美与共的新前景。可以说，中国提出的"中国主张"，就是"一带一路"建设的基本主张和基本原则。

（二）开放合作原则

"一带一路"建设，基于但不限于古代"丝绸之路"所涉及的国家范围，世界各国和国际组织、地区组织均可参与，让共建成果惠及更加广泛的区域。"一带一路"建设是全面开放的新型国际合作范式，向所有国家和地区开放，无论是沿线国家，还是域外国家；无论国家大小、人口多寡、国力强弱，都可以通过参与共建，为本国和区域经济的繁荣发展带来更多的利益，中国都愿与其开展互利共赢的合作，寻求利益契合点和合作最大公约数。"一带一路"建设不同于双边或多边自由贸易区，"一带一路"对所有参与方都秉持开放、平等参与的态度，谋求包容性发展。

（三）和谐包容原则

"一带一路"建设，倡导文明宽容，尊重各国发展道路和模式选择，加强不同文明之间的对话，求同存异、兼容并蓄、和平共处、共生共荣。党的十八大报告指出，"在国际关系中弘扬平等互信、包容互鉴、合作共赢的精神，共同维护国际公平正义。"这既体现了我们对国际关系的一贯主张，也符合世界各国的共同利益与愿望，是共建"一带一路"的重要指导原则。我国历来主张，处理新世纪国与国之间的关系，无论历史文化有哪些差异，发展水平有什么区别，发展目标有什么不同，都可以本着求同存异、互相包容的精神，和谐相融，共存共荣。

（四）市场运作原则

"一带一路"发展，遵循市场规律和国际通行规则，充分发挥市场在资源配置中的决定性作用，发挥各类企业的主体作用，同时发挥好政府的作用。在发挥市场在资源配置中的决定性作用方面，关键是要建立并推行一整套符合市场规律和国际规则的运行机制。在发挥企业主体作用，推进"一带一路"建设方面，中国企业已经做了许多成功的探索与实践，业绩可圈可点。

目前，中国已成为世界最大工程承包输出国之一，在"一带一路"直接相关的60多个国家新签合同额926.4亿美元，占比高达44.1%。对外工程承包带动了中国企业国际化，加速了中国装备制造"走出去"。无论发挥市场的资源配置作用，还是发挥企业的主体作用，都离不开政府的主导，这也正是在共建"一带一路"过程中加强各国间合作与协商的要点。

（五）互利共赢原则

建设"一带一路"，要兼顾各方利益和关切，寻求利益契合点和合作最大公约数，体现各方智慧和创意，各施所长，各尽所能，把各方优势和潜力充分发挥出来。共建"一带一路"，对任何国家和地区而言，都绝不可能是此消彼长的零和游戏，而一定会是互助互利的和谐共赢。

2013年习近平总书记访问中亚四国首次提出"丝绸之路经济带"重大概念后，西班牙经济学家、《中国的觉醒》作者路易斯·托拉斯评论，"习主席在讲话中再次强调了中国将坚定不移全面深化改革、坚持互利共赢的开放战略……当前世界经济复苏势头尚未企稳，各国应把本国经济发展好，并寻求与他国实现互利共赢，以邻为壑、实施贸易保护主义不可取。"

利益融合原则将越来越成为"一带一路"建设的共识。

三、"一带一路"国际合作宗旨

"一带一路"战略旨在通过"政策沟通、设施联通、贸易畅通、资金融通、民心相通"，促进沿线各国合作交往，实现资源禀赋差异巨大的国家间经济互补、互利共赢。作为"一带一路"战略的主要内容，"五通"将为各参与国家和地区带来巨大的合作空间，爆发合作潜力并生成新的合作潜力。

（一）加强各国间政策沟通

加强政策沟通是"一带一路"建设的重要保障。加强政府间合作，积极构建多层次政府间宏观政策沟通交流机制，深化利益融合，促进政治互信，达成合作新共识。沿线各国就经济发展战略和对策进行充分交流对接，共同制定推进区域合作的规划和措施，协商解决合作中的问题，共同为务实合作及大型项目实施提供政策支持。

世界进入后金融危机时代以来，国际经济金融秩序发生着新的变化，出现了一系列新问题，并且这种变化还将持续。金融危机期间，以世界银行、国际基金组织为代表的传统国际金融体制遭遇了一定的冲击。

"一带一路"战略将加强各国间政策沟通作为主要内容之一，强化改善低效的国际政策沟通机制，从而做出应有的贡献和示范。在政治互信的基础上，针对宏观政策、发展战略和区域规划三个层面，形成更为务实合作、协调有序的政策支持机制。

（二）实现国家间设施联通

基础设施互联互通是"一带一路"建设的优先领域。在尊重相关国家主权和安全关切的基础上，沿线国家和地区宜加强基础设施建设规划、技术标准体系的对接，共同推进国际骨干通道建设，逐步形成连接亚洲各次区域以及亚欧非之间的基础设施网络。交通基础设施、能源基础设施以及通信干线网络基础设施是实现设施互联互通的主要抓手。

第一，抓住交通基础设施的关键通道、关键节点和重点工程，优先打通缺失路段，畅通瓶颈路段，配套完善道路安全防护设施和交通管理设施设备，提升道路通达水平。推进建立统一的全程运输协调机制，实现国际运输便利化。推动口岸基础设施建设，加强海上物流信息化合作。拓展建立民航全面合作的平台和机制，加快提升航空基础设施水平。

第二，加强能源基础设施互联互通合作，共同维护输油、输气管道等运输通道安全，推进跨境电力与输电通道建设，积极开展区域电网升级改造合作。

第三，共同推进跨境光缆等通信干线网络建设，提高国际通信互联互通水平，畅通信息"丝绸之路"。加快推进双边跨境光缆等建设，规划建设洲际海底光缆项目，完善空中（卫星）信息通道，扩大信息交流与合作。

（三）实现各国间贸易畅通

"一带一路"建设，投资贸易合作是非常重要的内容之一。

第一，努力促成沿线国家和地区间加强信息互换、监管互认、执法互助的海关合作，以及检验检疫、认证认可、标准计量、统计信息等方面的双边与多边合作，深化推动世界贸易组织《贸易便利化协定》生效和实施。

第二，拓宽贸易领域，优化贸易结构，挖掘贸易新增长点，促进贸易平衡。

第三，加快投资便利化进程，消除投资壁垒。

第四，拓展相互投资领域，开展农林牧渔业、农机及农产品生产加工等领域深度合作，积极推进海洋产业和海上旅游等领域合作。加大传统能源资源勘探开发合作，积极推动清洁、可再生能源合作，形成能源资源合作上下游一体化产业链。

第五，推动新兴产业合作，按照优势互补、互利共赢的原则，促进沿线国家加强在新一代信息技术、生物、新能源、新材料等新兴产业领域的合作，推动建立创业投资合作机制。

第六，优化产业链分工布局，推动上下游产业链和关联产业协同发展，鼓励建立研发、生产和营销体系，提升区域产业配套能力和综合竞争力。扩大服务业相互开放，推动区域服务业加快发展。

第七，探索投资合作新模式，鼓励合作建设境外经贸合作区、跨境经济合作区等各类产业园区，促进产业集群发展。在投资贸易中突出生态文明理念，加强生态环境、生物多样性和应对气候变化合作，共建绿色丝绸之路。

在贸易畅通的建设目标中，各国本着平等互利的原则，积极鼓励本国企业参与沿线国家基础设施建设和产业投资。

（四）探索和促进资金融通

资金融通是"一带一路"建设的重要支撑。参与各国应就深化金融合作，推进亚洲货币稳定体系、投融资体系和信用体系建设，做出积极努力。扩大沿线国家双边本币互换、结算的范围和规模。推动亚洲债券市场的开放和发展。共同推进亚洲基础设施投资银行、金砖国家开发银行筹建，有关各方就建立上海合作组织融资机构开展磋商。加快丝路基金组建运营。深化中国—东盟银行联合体、上合组织银行联合体务实合作，以银团贷款、银行授信等方式开展多边金融合作。支持沿线国家政府和信用等级较高的企业以及金融机构在中国境内发行人民币债券。符合条件的中国境内金融机构和企业可以在境外发行人民币债券和外币债券，鼓励在沿线国家使用所筹资金。

（五）促进各国间民心相通

民心相通是"一带一路"建设的社会根基。传承和弘扬"丝绸之路"友好合作精神，广泛开展文化交流、学术往来、人才交流合作、媒体合作、青年和妇女交往、志愿者服务等，为深化双边与多边合作奠定坚实的民意基础。

第一，扩大相互间留学生规模，开展合作办学，中国每年向沿线国家提供一万个政府奖学金名额。

第二，加强旅游合作，扩大旅游规模，互办旅游推广周、宣传月等活动，联合打造具有"丝绸之路"特色的国际精品旅游线路和旅游产品，提高沿线各国游客签证便利化水平。

第三，强化相关国家与地区间合作处理突发公共卫生事件的能力，强化在传染病疫情信息沟通、防治技术交流、专业人才培养等方面的合作。

第四，加强科技合作，共建联合实验室（研究中心）、国际技术转移中心、海上合作中心，促进科技人员交流，合作开展重大科技攻关，共同提升科技创新能力。

第五，整合现有资源，积极开拓和推进与沿线国家在青年就业、创业培训、职业技能开发、社会保障管理服务、公共行政管理等共同关心领域的务实合作。

第六，充分发挥政党、议会交往的桥梁作用，加强沿线国家之间立法机构、主要党派和政治组织的友好往来。

第七，加强沿线国家民间组织的交流与合作，重点面向基层民众，广泛开展教育医疗、减贫开发、生物多样性和生态环保等各类公益慈善活动，促进沿线贫困地区生产生活条件改善。加强文化传媒的国际交流合作，积极利用网络平台，运用新媒体工具，塑造和谐友好的文化生态和舆论环境。

四、构建"一带一路"国际合作机制

当前，世界经济融合加速发展，区域合作方兴未艾。"一带一路"建设，积极利用现有双边、多边合作机制，强化推动区域合作蓬勃发展。

第一，加强双边合作，开展多层次、多渠道沟通磋商，推动双边关系全面发展。推动签署合作备忘录或合作规划，建设一批双边合作示范项目。建立完善双边联合工作机制，研究推进"一带一路"建设的实施方案、行动路线图。

第二，强化多边合作机制作用，发挥上海合作组织（SCO）、中国—东盟"10＋1"、亚太经合组织（APEC）、亚欧会议（ASEM）、亚洲合作对话（ACD）、亚信会议（CICA）、中阿合作论坛、中国—海合会战略对话、大湄公河次区域（GMS）经济合作、中亚区域经济合作（CAREC）等现有多边合作机制作用，在相关国家加强沟通的基础上，让更多的国家和地区参与"一带一路"建设。

第三，继续发挥沿线各国区域、次区域相关国际论坛、展会以及博鳌亚洲论坛、中国—东盟博览会、中国—亚欧博览会、欧亚经济论坛、中国国际投资贸易洽谈会，以及中国—南亚博览会、中国—阿拉伯博览会、中国西部国际博览会、中国—俄罗斯博览会、前海合作论坛等平台的建设性作用。支持沿线国家地方、民间挖掘"一带一路"历史文化遗产，联合举办专项投资、贸易、文化交流活动，办好丝绸之路（敦煌）国际文化博览会、丝绸之路国际电影节和图书展。

第四，在条件允许和时机成熟时，各国间建立"一带一路"国际高峰论坛，为"一带一路"战略提供更加宽阔、更加有效的沟通渠道，促进"一带一路"合作议题的交流沟通，为丰富、完善、实现"一带一路"战略提供丰富的智力支持。

第五节 从"雄鸡"到"和平鸽"

众所周知，我国的地理版图如同一只报晓雄鸡昂然屹立在世界东方。"雄鸡一唱天下白"，开国领袖毛主席的豪迈诗句，挥去了久压在四亿五千万人民心头的郁结，极大激发了几代中国人的爱国热情。

"审世界变化之时，度中国发展之势。"面对波诡云谲、洪流激荡的世界大势，我们必须拓宽视野、深邃目光，在全球化的思维模式下谋划中国的未来。中国的发展需要一种全新的视角，随着我国"一带一路"战略的制定与实施，海陆空天并重、"海强陆健"及"空天强国"的战略意义将更加凸显。

一、塑中国版图新视角，"和平鸽"傲然飞翔

新的世界格局，要求我们用全新的、动态的视角来重新审视我国的版图：如果视"丝绸之路经济带"核心区新疆为"首"，我国广大腹地为"体"，东北的白山黑水为"陆翼"，浩瀚的南海为"海翼"，台湾及其岛屿为"尾翼"，就可以看到一只满怀和平希冀、昂首向西的"和平鸽"正傲然飞翔（见图1—5—1）。展翅翱翔的"和平鸽"，需要发达睿智的大脑、动力强劲的心脏、宽广有力的翅膀、刚柔并济的"连接带"。这些元素，共同构成了名副其实的"和平鸽"之完美形象。

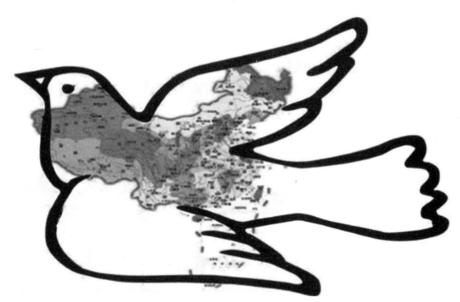

图1—5—1 中国版图新视觉——从"雄鸡"到"和平鸽"

　　"和平鸽"之首，位于我国的新疆地区。新疆地处欧亚大陆中心，是古代"丝绸之路"的重要通道，"第二亚欧大陆桥"的必经之地，拥有 17 个国家级一类口岸、喀什和霍尔果斯两个国家级经济开发区，经济规模可以和许多中亚邻国相媲美。新疆是我国矿产资源最为丰富的省区之一，与中亚、中东的丰富资源连为一体，共构世界极为重要的能源中心。新疆担负着"一通道三基地五中心"的重任，即：国家能源资源陆上大通道，国家大型油气生产加工和储备基地、大型煤炭煤电煤化工基地、大型风电基地，"丝绸之路经济带"上重要的交通枢纽中心、商贸物流中心、金融服务中心、文化科技中心、医疗服务中心。新疆向东有 13 亿人的国内市场，向西有 13 亿人的国际市场，在明确为"一带一路"核心区后，新疆不仅成为中国向西开放的陆上"前沿"、"一带一路"发展战略的核心区，而且更将成为整个"一带一路"沿线国家共同发展的核心区，也将成为欧亚共同发展的核心区。

　　"和平鸽"的心脏，位于我国陕甘宁晋蒙交汇处——黄河几字湾地区。这一地区是我国的能源核心区，也是世界罕见的能源富集区，这一地区向中部和东部地区输送的能源从占全国 1/5 攀升到 1/2 之多，是我国名副其实的"动力源"。同时，该区域文化底蕴丰厚，既有世界最古老的文明遗迹之一（山西芮城西侯度遗址发现距今 180 万年前远古人类用过的石器，是目前我国已知的最古老的一处旧石器时代遗址），也有以古长安为都城的上千年全国政治经济文化中心的悠久历史，更是我国新民主主义革命时期最重要的红色根据地。"红色陕北"不仅孕育了以"延安精神"为代表的红色文化，而且成为我党培育大批治党治国治军杰出人才的基地与摇篮，为新中国的成立与发展奠定了坚实的基础。可见，这一地区是由强大的"动力源"、古老的"文明源"、先进的"红色源"组合而成的"和平鸽"的心脏，也是"和平"与"希望"动力的源头。

　　"和平鸽"宽广有力的"双翼"："陆翼"为东北，"海翼"为南海。

　　"陆翼"为东北。东北地区三省辽宁、吉林、黑龙江，是我国的老工业基地，其中，石化工业占全国的 1/3；重点钢铁企业占全国的 1/6；装备制造业占全国的 1/9；医药工业占全国的 1/9。东北三省地势平坦，土地肥沃，是我国主要的商品粮产区之一，非常适于大规模机械化耕种的现代化大农业。东北三省地处东北亚经济圈的中心，具有与俄、日、韩、朝、蒙等国开展经济技术合作的天然优势，是我国向北开放的重要窗口。东北三省可以立足"先发优势"，加快"走出去"步伐，以优势换资源、以优势换资本、以优势换市场，加速提升辽宁沿海经济带、沈阳经济区、长吉图开发开放先导区、黑龙江沿边开放带等重点区域的开放水平，加快推进大连东北亚国际航运中心、珲春国际合作示范区和满洲里重点开发开放试验区建设。东北三省还拥有充分利用日韩资金与技术、加强与俄朝蒙在资源矿产领域合作的优势，加速优势发挥，推动与东北亚各国形成共赢新格局。

"海翼"为南海。南海以其特殊的地理位置，决定了在建设"21世纪海上丝绸之路"中，具有不可替代的地位与作用。南海由东沙群岛、西沙群岛、中沙群岛、南沙群岛的200多个岛、礁、沙、滩共同组成，南北绵延1800公里，东西分布900多公里，总面积360万平方公里。海洋生物资源、海底油气资源极其丰沛。南海战略地位重要，是往来"两洲"（亚洲、大洋洲）和"两洋"（太平洋、印度洋）的必经之地，也是通往"两亚"（东南亚、东北亚）的"十字路口"。南海自古就是中国的固有领海，2000多年前的汉朝就有："交趾七郡贡献皆从涨海出入"（中国古代称南海为涨海）。中国是最先发现、使用并管辖南海的国家。南海航道密集，每年大约有4万多艘船只经过南海海域。日本、韩国和中国台湾省，90%以上的石油输入要依赖南海航道，经过南海航道运输的液化天然气，占世界总贸易额的2/3。作为连接亚太地区与世界最主要的海上运输通道之一，每年经过南海海域的船舶达10万余艘，其中万吨级船舶4万多艘，我国3/4的外贸出口货物、全球1/3以上的国际贸易都要经过南海航线。由此奠定了南海作为东亚各国经济生命线地位、作为"海上丝绸之路"关键节点地位，更是"环南海经济圈"的核心地区以及中国海洋强国"和平海洋"建设的核心区。

"和平鸽"的"尾翼"，位于我国的台湾及附属岛屿。台湾自古就是中国领土，连同"钓鱼岛"一起作为中国领海近海岛屿，天然属于"海上丝绸之路"的一部分。时至今日，台湾与大陆经济已经融为不可分割的一个整体。台湾参与"一带一路"建设，具有多方面的比较优势：其一，现代服务业。台湾现代服务业优秀品牌有3000多家，大陆目前仅有150家左右。台湾金融服务业比较成熟，大陆正在推动的亚投行、丝路基金和金砖国家发展银行的建设都需要进行金融服务布局，台湾可以利用在金融体系、金融分工、金融产品、金融基础设施、金融人才培养体系方面的优势与大陆开展金融合作。其二，国际产业转移经验丰富。随着"一带一路"建设的推进，会有更多中国优质产能需要"走出去"。台湾企业有较丰富的海外投资经验和产业转移经验，熟悉国际法律、惯例，拥有一定的国际市场和声誉。海峡两岸企业在"走出去"过程中，有着携手共进的宏大空间，"一带一路"建设为台湾企业提供了千载难逢的发展机遇，为台湾及其所有岛屿提供了优化全球产业布局、发挥全球产业链比较优势的强大契机。

"和平鸽"刚柔并济的"连接带":

"海翼"连接带——"粤闽港"。粤闽两省地域相连、人文相近，对外开放早，经济外向型水平较高，交流合作紧密，在交通区位、产业发展、人才交流、旅游文化资源等方面有很强的互补性和合作空间。2014年厦深铁路顺利通车，梅大高速二期及东延线正式通车，天汕高速、汕汾高速等高速通道建成，大大缩短粤闽间距离，"三小时经济生活圈效应"初显。粤闽两省布局着深圳、珠海、汕头、厦门四个经济特区，拥有海陆丰、闽浙赣两个革命老区，建设粤闽经济带既可以打通珠三角与海西经济区的联系，又可以集聚特区效应，带动革命老区加快发展。"粤闽港"三地山水相依、习俗相通，经济依存度高、互补性强，三地的协同将奉献给世界一个不低于10万亿元经济规模的巨大市场，这个市场有着巨大的深化发展空间，在"海上丝绸之路"建设中起承转合、带动作用巨大。

"陆翼"连接带——"京津冀"。京津冀总人口有1亿多，土地面积21.6万平方公里，是我国三大经济带之一。京津冀地缘相接、人缘相亲，地域一体、文化一脉，历史渊源深厚、交往半径相宜，完全能够相互融合、协同发展。京津冀协同发展的历史、文化、区位、交通等优势突出，经济渗透性强，各自比较优势强劲，随着"京津冀协同发展"上升为"重大国家战略"，"京津冀"地区协同发展的战略意义将更加凸显。习近平总书记在谈到"京津冀协同发展"时，一连用了四个"需要"强调这一问题的重大与重要：一是面向未来，打造首都新的经济圈，推进区域发展体制和机制创新的需要；二是探索完善城市群布局和形态，为优化开发区域发展提供示范性样板的需要；三是探索生态文明建设有效路径、促进人口经济资源与环境协调发展的需要；四是实现京津冀优势互补、促进环渤海经济区域发展，并带动北方腹地发展的需要。京津冀协同发展是中华民族实现"中国梦"的伟大实践，面对世界新一轮发展新形势，"京津冀"协同发展，承载着民族富强的重任，担负着创新大城市及特大城市集群可持续发展新路径的责任，肩负着打造世界新驱动，升级首都经济圈的重大使命。

二、"和平鸽"与"一带一路"

（一）和平鸽的故事与传说

"和平鸽"，曾经有过一段故事。1940年，希特勒法西斯匪徒攻占了法国首都巴黎。大画家毕加索的邻居米什老人的孙子，一个喜欢养鸽子的孩子，被惨无人道的法西斯匪徒扔到楼下，惨死在街头，匪徒还用刺刀把他鸽笼里的鸽子全部捅死。悲痛欲绝的老人手捧一只鲜血淋淋的鸽子，敲门请求毕加索画一只鸽子，以纪念他那惨遭法西斯杀害的孙子。毕加索怀着悲愤的心情，画了一只飞翔的鸽子，这就是和平鸽的雏形。1950 年 11 月，在华沙召开的世界和平大会上，毕加索又欣然挥笔画了一只衔着橄榄枝的飞鸽，智利著名诗人聂鲁达称其为"和平鸽"，"和平鸽"由此而生。

"和平鸽"，曾经有过一段动人的传说。《圣经·创世记》和《古兰经》分别记载着这样一则故事：一天，上帝告诉"诺亚"洪水就要来了，"诺亚"立即造了一艘叫作"方舟"的巨型大船。滔天洪水到来之前，"诺亚"一家带着各种动物一同登上了"方舟"。洪水淹没了田野和高山，"方舟"载着"诺亚"一家漂泊在无边无际的汪洋大海上，连续几十天的大雨过后，"诺亚"放出鸽子去探听消息，不久鸽子衔着新鲜的橄榄枝飞回来了，"诺亚"看到橄榄枝，得知洪水正在退去，绿洲就在不远处。

从此，人们便用鸽子和橄榄枝来象征和平与希望。

（二）中国的"和平鸽"战略构想

中国是爱好和平的国家，中国人民是热爱和平的民族。2008 年，中国社会科学院发布的《中国现代化报告 2008》，通过对国际现代化 300 年进程的系统分析，归纳了 42 个事实和 10 条经验，阐述了国际现代化的基本原理，首次提出了中国国际现代化的"和平鸽"战略构想。

"和平鸽"战略的基本思路：遵循宪章、促进和平，立足亚洲、面向全球，东西比翼、南北协作，互利共生、协同发展。

战略目标：提升中国国际地位，晋级发达国家行列；提高中国国际互动能力，关键指标位居世界前列；改善国际环境，促进世界和平与发展。

政策目标：在 2050 年前，国家发展水平晋级中等发达国家行列，客观国力、经济实力和客观影响力位居世界前列，国际化程度、客观竞争力和人均竞争力达到世界中等水平，国际关系比较和谐，国际环境相对良好；在 2100 年前，国家水平晋级发达国家行列，国际互动能力位居世界前列，国际环境和国际关系令人满意。

（三）"一带一路"发展战略中的和平理念

"一带一路"发展，首先强调要与相关各国共同打造互利共赢的"利益共同体"和共同发展繁荣的"命运共同体"。

"一带一路"战略，顺应了我国对外开放区域结构转型的需要。改革开放以来，我国先后建立了 5 个经济特区，相继开放了 14 个沿海、13 个沿边、6 个沿江和18个内陆省会城市,建立了众多特殊政策园区。但开放重点基本分布在东部沿海地区,幅员辽阔的中西部地区始终充当着"追随者"的角色,一定程度上导致东、中、西部区域发展失衡。"一带一路"尤其是"一带"始于西部,经过西部通向中亚、西亚和欧洲,必将使我国对外开放格局发生重大调整,由中西部地区作为新的牵动者,承担开发与振兴占国土面积2/3广大区域的重任,承担中国向西"走出去"的重大历史责任。

"一带一路"战略,顺应了我国要素流动转型和国际产业转移的需要。我国早期的对外开放以引进外资、国外先进的技术和管理模式为主。经过30多年的技术引进、消化与吸收,我国在许多领域已经具备了自主创新、要素输出的能力。2016年,我国对外投资突破千亿美元,已经成为资本净输出国。"一带一路"战略顺应了我国要素流动新趋势,能够同沿"带"沿"路"的国家和地区共享我国的发展成果。

"一带一路"战略,顺应了我国发展新型经济贸易合作的需要。我国早期的对外开放主要针对发达国家和地区,目前世界上仍有许多发展中国家面临着当初我国同样的局面。通过"一带一路"建设,帮助发展中国家和贫困国家和地区基础设施建设,发展民生产业和基础工业,提高区域内国家和地区经济发展水平及生产能力。

(四)"和平鸽"与"一带一路"发展战略

中国未来的发展战略重点将沿着"一带一路"建设顺次展开。

中国版图"和平鸽"形象地向世人展示着"一带一路"建设路线图:以新疆为首,东北为"陆翼",南海为"海翼",台湾及附近岛屿为"尾翼",一只"和平鸽"展翅翱翔。"和平鸽"飞翔方向的定位,将加速"陆地丝绸之路"的深化,全面推进"中国板块"与"中亚、西亚及欧洲板块"的协同,加速世界格局的调整。

中国版图"和平鸽"形象地向世人宣示了"一带一路"的"一体两翼"蓝图:"和平鸽"为"和平之体","丝绸之路经济带"为"陆翼","21世纪海上丝绸之路"为"海翼"。"一带一路"之"和平梦""中国梦"和"世界梦"正由"一体两翼"之"和平鸽"承载着并展翅劲飞。

千百年来,"和平鸽"是"和合"精神与希望的象征,是中华民族的文化精髓,是"一带一路"的追求目标,也是世界发展的方向。这种由"雄鸡"变"和平鸽"的视觉形象转变,是发展战略、发展理念和思维模式的转变。这种转变将给中国的未来提供更加广阔的发展空间,"和平鸽"新视觉同"一带一路"战略相随而行,"和平鸽"新理念同实现中华民族伟大"中国梦"相伴而生。

抬望眼，中国正像一只"头脑睿智、心脏强劲、羽翼丰满、尾羽灵活"的"和平鸽"，在湛蓝的天空振翅高飞。"一带一路"战略，将全面放飞这只承载着伟大"中国梦"的"和平鸽"——翱翔于天，为世界人民带来新的和平与新的希望！

第六节 风险与挑战

"一带一路"战略作为人类有史以来最伟大的战略性构想之一，是一个包容性极强、开放程度极高的制度安排，也必将给所有参与方提供巨大的、前所未有的发展机遇。同时，无疑也将面临相当大的风险与挑战，当我们清晰地认识这些风险与挑战，就为很好化解风险、应对挑战指明了方向，"防患于未然"，也就能更好地完善和深化"一带一路"战略。

国内基本风险：从国内软性条件来看，我国各地发展不均衡，诉求不尽一致，政府及企业在"一带一路"的定位及作用还有待进一步清晰与完善；全国各地文化、宗教、民族之间的沟通与理解需要进一步强化，西藏、新疆等地区在受宗教极端势力影响方面还存在着一定的隐患，这些地区的任务将更为艰巨；国内普遍缺乏具有境外项目管理经验、处理境外复杂事务能力的高端人才等。从国内硬性条件来看，我国沿线地区社会经济发展及基础设施建设还有待进一步完善；国内经济转型和产能过剩压力巨大；国内企业的科技水平、品牌影响力等还有待深化提高。

国外基本风险："一带一路"沿线国家和地区属于传统、非传统安全因素集聚地区，风险形式复杂多样，不仅包括：经济发展方面，沿线各国水平参差不齐，基础设施建设普遍落后；政治安全方面，局部冲突、恐怖袭击、粮食危机、天灾人祸、土壤荒漠化等多种风险并存；区域风险方面：呈现出冲突对手难觅、原因错综复杂、解决无从下手的棘手状况。同时，广大沿线地区还有为数不少的国家和地区综合治理能力较弱，管理水平低下，政治稳定性、法律监管、金融税收管理等水平较低，政府治理能力弱，社会风险突出。显然，多重风险叠加更加重了经济、投资风险。此外，沿线一些国家和地区充斥着"中国威胁论""中国污染论""中国崩溃论"等负面舆情，中国与不少沿线国家和地区还存在领土争端等。

这些都构成"一带一路"战略实施的主要风险和挑战。

一、战略风险

（一）政治安全风险

地缘政治风险。"一带一路"沿线，有一批正处于社会和经济结构转型时期的发展中国家和待发展国家，而这些国家和地区在安全和发展方面普遍存在大量不确定性矛盾：

一是大国角力。"一带一路"沿线国家和地区具有重要的地理位置和战略价值，东南亚、南亚、中亚、西亚、北非乃至中东欧都是大国角力的焦点区域，区域内热点问题不断，世界大国和主要势力博弈加剧，地缘政治关系相对紧张，区域和国家风险显著。

二是文明冲突。由于历史和现实的原因，"一带一路"沿线国家和地区处于东西方多个文明交汇地区，宗教矛盾与冲突、不同民族与种族的矛盾与冲突，呈现出多样性、复杂化、长期化、易突发的特点，某一特定事件的爆发可能对周边国家乃至多个国家产生较强的国家风险外溢效应。

三是国内矛盾。"一带一路"沿线国家和地区多处于现代化建设和转型阶段，面临着异常复杂的"三转"问题：政治转制、经济转轨、社会转型任务艰巨，国内政治经济的稳定性和成熟度较差，容易引发一系列社会风险和国家风险。

四是新旧规则融合矛盾。"一带一路"战略实施过程中很多新规则与沿线国家和地区现行政策与规则需要融合，不排除一些地区、一些行业的部分领域存在抵触甚至冲突的问题。

五是区域内整体风险居高。根据"中国信保"的国家风险评价2013年底的最新国家风险参考评级（未包括巴勒斯坦），评级为1级的国家只有新加坡，国家风险水平较低；评级为3级的国家有3国，国家风险水平中等偏低；评级为4级的国家有5国，国家风险水平中等偏高；评级为5级的国家有俄罗斯、哈萨克斯坦等20国，占比30.8%，国家风险水平较高；评级为6级的国家有印度、印度尼西亚等16国，占比24.6%，国家风险水平显著；评级为7级的国家有伊朗、越南等17国，占比26.2%，国家风险水平显著偏高；评级为8级的国家有阿富汗，国家风险水平非常高；评级为9级的国家有叙利亚。整体来看，"一带一路"国家评级为5~9级的国家占比为84%，区域绝对风险水平处于相对高位（见表1—6—1）。

表1—6—1 "一带一路"重点区域和国家风险状况列表

地区	地区风险	风险国家	风险评定	风险点
南亚	恐怖主义和分裂势力严重；政治派系斗争激烈、政局稳定性不足；领土、宗教和种族矛盾重重；经济增速缓慢、基础设施严重不足、能源短缺、货币疲软、通货膨胀压力居高不下	阿富汗	8级展望为稳定	恐怖主义和地方军阀力量强大；民族和宗教矛盾突出；地缘政治问题突出
		巴基斯坦	7级	经济增长动力依然不足，能源短缺问题十分突出
		印度	6级展望为稳定	新政府受国内政治、地方政党及内部低烈度内战的影响，改革进程受制。通货膨胀率、财政赤字经济增长困境短期内难以根本改观
东南亚	东南亚各国因面临政治、经济发展转型压力不确定因素抬头。恐怖主义和国内分裂势力不同程度存在；经济结构单一，内生动力不强；过于依赖外资，抗外部冲击能力较弱	缅甸	7级展望为稳定	处于民主化转型初期，原有"一党专政"政治格局难以维系，民众维权意识高涨，同时引发社会和政治动荡风险加剧，民族宗教矛盾显露
		越南	7级展望为负面	在西方势力推波助澜下，越南民主化思潮开始抬头，要求政治多元化呼声越来越大，乌克兰危机外溢效应有一定影响
中亚	中亚地区总体形势保持稳定，政治局势有所动荡、经济增速趋缓，但前景依然可期。外交安全方面，"俄进美退"态势相对明显，俄罗斯与中亚国家的经贸合作更趋紧密；安全风险不容忽视，宗教极端主义和恐怖主义仍是重大安全威胁；各国边境冲突时有发生，在一定程度上影响了地区稳定			
西亚	西亚地区局势的不稳定、不确定性有增无减，未来发展趋势仍扑朔迷离	叙利亚	9级	巴沙尔政府与反政府武装之间的僵局短期内难以打破，虽然巴沙尔政府承受了巨大的外部压力，但战局对其略微有利；经济增长为负，通货膨胀严重
		埃及	7级	局势仍将长期动荡，军方仍是主导政局走向的重要力量，总统与议会选举难以从根本上解决政治难题，各派政治力量斗争短期内难以平息
		伊拉克	7级	三派政治势力分歧依旧，宗教分歧威胁着国家的统一和稳定，恐怖主义袭击时有发生，政治风险较高
		伊朗	7级	与西方国家关系紧张，核问题处理不明朗。西方国家经济制裁未有实质性缓解，国内经济形势严峻，经济增长为负，通货膨胀严重

（续表）

地区	地区风险	风险国家	风险评定	风险点
中东欧	欧债危机爆发后外资大幅、迅速撤出，经济衰退	乌克兰	6级展望为负面	乌克兰政局动荡仍将持续，经济增长前景堪忧
		俄罗斯	5级展望为负面	俄罗斯目前是政治风险保险市场风险程度最大的国家，如果西方加大制裁，政治风险保险费率将会上升
		波　兰	政治局势维持稳定	乌克兰局势会对波兰经济政策及货币政策产生不利影响

（二）经济风险

一是"亚投行"与"丝路基金"的运行风险。

"一带一路"倡议，迅速得到国际社会的广泛响应。尤其是作为"一带一路"战略实施的金融支持机构，亚洲基础设施投资银行（亚投行）与丝路基金的设立得到国际社会的广泛响应，"亚投行"与"丝路基金"的治理机制与运作方式同样备受国际社会关注。2014年10月成立的"亚投行"与2015年2月启动的"丝路基金"运行都坚持并遵循"市场主导原则"，但我国作为东道国在运作大规模、宽范围的国际金融机构方面并无成熟的经验，也不具备丰富的阅历，"亚投行"与"丝路基金"等国际金融机构的运营效率与风险把控直接影响着"一带一路"战略的实施和走向。

二是投资相关风险。

相关投资收益率偏低。"一带一路"战略投资有大部分集中在国际基础设施投资领域，投资回收期偏长，投资收益率偏低。从而使政府资金投入成为主体，在很大程度上决定了私人资本一般不会大量进入这一投资领域，而作为东道主的我国政府将大量财政资金长期用于境外基础设施投资，也会有许多影响因素。资金不确定的风险将影响收益风险，也将影响投资基础设施周边土地的增值收益。

国企压力增大，改革倒逼态势强化。"一带一路"战略的客观效能是释放国内剩余产能、强化库存消解。作为经济唱响主力军的"国企"，无论作为新产品的提供，还是新产能的升级，面临压力都将持续增大，改革动力降低的可能性及垄断的可能性增加。为此，倒逼国企改革，强化国企改革，使参加"一带一路"项目的国企跨过一定的改革门槛。此外，现有产能的粗放释放还存在着削弱国家和企业技术创新动力的风险。

监督机制及"自我保护"能力不足，新债务隐患犹存。长期以来我国投资监管、借贷监管、融资监管机制尚待完善，债权维护能力、债务处置能力均显不足，监督约束机制尚待进一步形成，国际通行规则及蜂拥而起的互联网金融等现代金融规则还没有完全适应，面对"一带一路"建设投资机会众多、融资需求旺盛、涉猎产业广泛、涉及地域宽广，各地监督机制不完善，债权主体"自我保护"能力缺失，如果一哄而起而不是有序而行，可能会形成新债务隐患，所以有必要加强风险管控，严防债务风险失控。

三是国际金融风险。

"一带一路"建设面临着2015年美联储逐步退出"量化宽松"、欧洲和日本央行在扩大"量化宽松"，国际货币市场的动荡不定进一步加剧，全球债务规模膨胀加速，并远远高于全球GDP增速的局面。为此，需要加强合作方之间的具体分析，防范汇率波动和债务风险冲击。

四是税务和法律风险。

根据"四大会计所"调研显示，国内企业在海外投资过程中从未聘请税务顾问，对海外项目所在国的税收环境、征管体系、税务风险进行评估的比例高达67%，对海外项目在可能的情况下进行适当的税务优化安排的国内企业比例也非常低。国内企业"走出去"，对投资对象国的法律体系详细了解程度不够，"走出去"的企业思维往往还停留在国内，想当然地套搬国内的思维方式，开展工作、安排投资，往往埋下了风险、留下了隐患。

（三）国内安全稳定发展风险

"一带一路"战略顺利实施最根本的基础保障，是国内的安全稳定与发展局面。1978年以来，我国经济经历了30多年的高速增长，近年来发展过程中的各种潜在问题也在逐渐暴露，逐步进入"深层问题外显"集中爆发期。当前，经济转型发展与经济体制改革及政治体制改革都已渐入深水区、反腐形势仍然严峻、产业结构转型升级问题重重、人口老龄化问题加速、分配不均等造成的社会不稳定因素加剧，"疆独""藏独""台独""港独"及极端宗教势力隐患，百姓巨大资产"房价居高难下"，食品安全问题、环境安全问题仍面临巨大考验，等等，如何稳定国内安全、稳定发展局面，既是我党提升执政能力的关键课题，也是推进"一带一路"战略面临的客观风险。

二、外来挑战——秩序之争

"一带一路"战略，是在当前联合国总框架下的一项多国共惠的计划与安排，但仍将面临一系列实施层面的"战略风险"和比这种实施层面更大更高更严峻的外来挑战风险，而这种风险才是更加急迫也更具战略影响的"战略风险"，即中美、中欧的新旧秩序建设之争，以及中俄、中印和中（东）盟的新新秩序建设之争。

显然，"争"并不可怕，重要的是面对"争"所秉的"德"及所持的"道"。

当然，自古以来，秩序建设深具战略影响力和宏观影响力。

（一）新旧秩序之争

近年来，中国在"和平崛起"过程中，越来越受到国际间一股股"唱空中国""唱衰中国"势力、从武装到牙齿的挤压，这种挤压从海上从陆地从四面八方扑面而来，其中以海上尤甚。

"一带一路"沿线国家和地区存在着多种、各类区域合作组织，目标追求各异，对"一带一路"共建也不完全排除不相同的立场，沿线国家和地区期望在"一带一路"共建实施过程中，尽可能多地从经济上获益的意图非常明显，但在政治和安全领域多有另一种表现。

"一带一路"共建，通过开放性的平台，推动开放性的合作，尽管"一带一路"不作为制度安排，但是客观上将推动完善现有国际秩序，打破"唱衰中国"势力对中国的"封锁"，"新旧秩序之争"将不期而至、迎面而来。

新旧秩序之争具有客观必然性。

目前现存国际体系最"大块头"的主导者并且公开宣称还要再主导100年的国家就是美国。曾经的世界政治和经济中心的欧洲，时至今日依然是多极世界最重要的"极"之一。"一带一路"战略，旨在欧亚共建、欧亚沟通，实现欧亚共同发展，在"一带一路"深化过程中，完善现有秩序的过程，客观上也在改变着现有欧亚秩序。作为东道主的中国，被一些既得利益的守成国或者别有用心的势力视为客观上的"挑战国"，也将是一种必然。这种必然性，很大程度上不在于中国完善构建新秩序的美好愿望，而在于美欧一批"冷战思维"者，将一种新的更加完善的新秩序统统视为"中国威胁"，正是这种"中国威胁论"恰恰成为美欧对中国推动完善现有秩序的极度忧虑。

当国际上"冷战思维"或"唯我独霸"势力一波又一波袭来时，中国崛起的方式已经被忽略，而只关心"中国崛起"将改变"自己的国际权力和地位"。自然，中国的"和平崛起"会被屏蔽、也会被自然转换为意象中的"中国威胁"。"中国崛起"会使东北亚、东南亚、中亚等周边地区的国际力量对比发生本质性变化，亚太地区的主导权将发生变化，加速改变冷战后形成的权力和秩序结构。当"中国崛起"已经成为不可逆转的事实时，美国遏制中国可能的方式之一，也是最经济的方式就是通过国际机制，包括地区国际机制"框"住中国，通过最大限度地约束中国的行为，实现"他们想象中的成长"。显然，美国等"冷战"势力并不希望中国主导某项改变现存秩序的战略布局，而更希望中国以"他认为合适的"合作方式参与美国主导的全球和地区秩序构建。近年来，美国实施了建设"新丝绸之路"和"印太走廊"等一系列战略部署，欧盟也积极推动了"东部伙伴计划"和"新丝绸之路计划"，加强欧盟与中亚及周边国家的联系，增强欧盟在这一地区的战略影响力。

"一带一路"战略是旧秩序走向新秩序的建设完善，与"冷战思维"下的旧秩序守成的博弈，这种由旧向新的过程是历史的客观。

新秩序理念更符合国际政治发展趋势。

"一带一路"战略，是一项非常明确的普惠制经济发展战略，这项惠及沿线国家和地区及世界人民的伟大工程，处处提倡和体现着中国人民"惠行""善义"的"国际秩序观"。

"一带一路"建设强调共建、共享、共赢理念，强调开放、包容原则，既不具有排他性，也不具有结盟对抗性。"一带一路"建设要求沿线国家不仅要与本地区已有的合作架构兼容，还要与域外力量相包容，不排挤任何一种建设力量，包括俄美欧日等域外势力。"一带一路"不是一个具体的经济联盟，仅仅具有"合作发展性"，换句话说，"一带一路"战略就是对"和平与发展"时代主题的积极践行。

"一带一路"战略在亚欧及世界更广泛区域内实施，是中国对"和谐世界"等现代新"国际秩序"观的践行与宣示。"一带一路"战略直接涉及的国家和地区，政治经济制度不同、宗教社会文化各异，需要相应的"和谐"理念将众多差异巨大的国家联系在一起。"和谐世界"主张不同政治制度、经济制度、文化和宗教的国家和谐共处，而美欧在中亚、西亚及世界多地推行的"颜色革命"与"和谐世界"政治主张截然相悖。

"一带一路"战略的实施，不仅涉及区域主导权之争，也存在全球和区域秩序规则的完善与改变。

（二）新新秩序之争

在"一带一路"战略实施中，中国与新兴经济国家所形成的集团也存在着一定的秩序之争，即新新秩序之争。

在一定程度上讲，中美欧之间的新旧秩序之争是大格局之争，通常属于全球秩序调整的范畴；中国与新兴国家集团的新新秩序之争一般是局域之争，通常属于地区秩序协调和冲突层面。

中俄新新秩序之争。苏联解体后,俄罗斯一跃成为一个中等二流国家,但俄罗斯的大国情怀使其不会因此放弃地区主导权。为此,俄罗斯进行了一系列的战略安排:2002年,俄罗斯与印度、伊朗三国提出建设从印度经伊朗、高加索、俄罗斯直达欧洲的多种国际运输通道,即"北南走廊计划",以抗衡西方国家主张的"欧亚经济走廊",保持区域传统影响力;2010年俄、白、哈三国关税同盟启动;2014年,俄罗斯、白俄罗斯和哈萨克斯坦成立欧亚经济联盟等,对中国与中亚地区外经贸合作产生了较大影响。而"丝绸之路经济带"与俄罗斯不久前提出的"欧亚经济联盟"存在重合,并经过中亚等俄罗斯传统"势力范围",倘若"一带一路"战略,在实际实施过程中有助于俄罗斯对这些地区的把控,俄罗斯当然持欢迎态度;但如果在实施过程中损害了俄罗斯的主导地位,可能导致中俄在相关地区的新新秩序之争。

中印新新秩序之争。印度一部分旧势力视中国为主要对手由来已久,南亚是印度的"势力范围",同时又是"海上丝绸之路"的重点区域。中国在南亚地区推动大规模的战略布局,存在着与印度主导的地区战略发生冲突的可能。近年来,印度一直在增强军事力量积极防范"中国崛起"带来的安全威胁,世界其他势力也在尽情使用印度的这种"中国威胁"溢出效益。"一带一路"战略实施中,印度邀请外部力量"介入"南亚地区以对冲中国地区影响力上升的可能性在加大。当然,中印之间宽阔的合作空间将使这些争议变得可控。

中(东)盟的新新秩序之争。东盟的成立,经济方面固然是一个原因,同时政治与外交诉求是更大的内生成因,东盟国家有意以联盟形式主导地区发展,提高自身国际和地区事务发言权。因此,中国在该地区主导力量的增强与东盟在该地区主导发展存在着秩序之争的风险。

三、变风险挑战为战略机遇

"一带一路"战略实施中,面临着一系列的风险和挑战,厘清并正确面对风险及挑战,有助于持续推进"一带一路"战略的顺利实施。

风险与挑战有深刻的历史背景和现实原因,风险与挑战也有着转变与切换的空间与方略。面对风险与挑战,我们需要思考关键问题,推动关键切入点,建立关键路径,最终解决关键问题。如:如何化解新旧秩序之争的必然性,以协调代替冲突?如何通过相关交易安排与项目设计提高基础设施投资的回报率?如何加强与东道国的双边或多边合作渠道以保障投资项目的安排?如何约束各相关国家政府行为,最大限度确保政策的稳定性?如何在投融资领域吸引私人部门与沿线政府的积极而有效的参与?如何通过双边与多边制度或机制安排强化同周边邻国的合作质量与友好关系？如何通过"一带一路"战略的实施切实改善中国与沿线国家的全方位关系？如何通过"一带一路"战略的实施推进国内产能结构性调整？如何推进企业信誉建设及保证产品和服务质量？如何加速"中国产品""中国企业"全面优化成为"一带一路"建设中的强大品牌？为此，我们有必要做好以下工作：

开展风险治理研究。支持并强化"一带一路"公共风险的基础性研究，搜集风险信息建设综合风险数据库；建设定期交流机制，分享动态信息资源；重点开展社会安全类，兼顾自然灾害、事故灾难、公共卫生等多类型风险研究，着重分析风险类型、频率、危害程度、涉及人群、区域范围等关键风险要素。

建立风险评估体系。建立风险登记册、绘制风险地图、制定风险指数、实施风险管控措施等，定期进行风险评估，供投资方决策方参考。

制定风险预案制度。根据风险评估分析结果，针对不同地区的风险隐患点，预测极端情形，构建风险、危机模拟情境，制定情境预案。按照预案要求，定期进行危机压力测试，找出项目系统性和非系统性风险点。

利用风险"政策窗"，协同推进制度变迁。风险既是挑战也是机遇，风险也常常成为制度渐进变迁、形成的起点，为我国国际地位转变提供契机。

寻求危机事件止损获利点。按照风险治理原则，建立危机事件的研判、沟通、协调、推进机制，由利益相关方共同参与风险治理，分析、发现确定危机事件中的止损、获利点，推进风险收益的互利共赢。

"德行天下，恒者至远"。"一带一路"战略，是中国人民秉中华民族和平发展之美德、聚中国持续发展之优长、图世界公平正义发展之未来而提出的倡议，中国政府和人民有足够的智慧同沿线国家和人民及世界各国人民一道，依靠既有的双边多边机制，借助既有的、行之有效的区域合作平台，高擎和平发展旗帜，积极发展与沿线国家的经济合作、主动构建友好伙伴关系，相信一个"和合共荣"的"利益共同体""发展共同体""命运共同体"将应运而生。

第二章 "一带一路"基本政策

"一带一路"战略构想提出后，国家发改委、外交部、商务部于 2015 年 3 月受国务院委托联合发布《推动共建丝绸之路经济带和 21 世纪海上丝绸之路的愿景与行动》的纲领性文件。结合"一带一路"的合作重点，国务院相关部委和各级地方政府积极出台支持政策，为"一带一路"战略的实施保驾护航。

第一节 基本政策

一、财税支持政策

财政部提出，要结合实施"一带一路"战略规划，加快推进基础设施互联互通。国税总局表示，将积极研究和认真落实服务"一带一路"等三大战略的税收措施。"一带一路"建设将迎来更加积极的财税支持政策。

国家层面支持"一带一路"的相关政策正在紧锣密鼓地筹备，一批地方政府在充分调研的基础上，积极探索更好的服务"一带一路"战略扶持政策，准备先行先试。一批地方政府以"一带一路"建设为契机，搭建涵盖财政、地税、海关、经贸等多部门涉税信息共享平台、争取国家级东中西经济合作示范区先行先试等税收政策。

"一带一路"建设中，积极的财政税收政策将发挥更好的引领作用，包括政府购买服务，增加公共工程投入，运用"PPP模式"加强公私合营、财政贴息等手段撬动多种资金参与"一带一路"建设等，都是大有作为的。

二、金融支持政策

"一带一路"建设需要巨额资金，资金融通是深化"一带一路"建设的重要支撑。目前，针对"一带一路"建设的金融支持政策主要是"亚投行"和

"丝路基金"的运营，未来将适时推出地方版"丝路基金"并加大多种类型基金建设。

进一步壮大开发性金融。开发性金融是政策性金融和商业性金融之间的融合金融业态，在实现政府与市场机制连接、解决"政府失灵"和"市场失灵"问题拥有一定优势，强化开发性金融机构资本金补充力度，完善国家开发银行、中国进出口银行等开发性金融机构的资本金补充机制。引导商业银行与开发性金融机构开展合作，以定向宽松、税收优惠等手段，鼓励国内外商业金融机构与开发性金融机构之间的合作，加大对"一带一路"基础设施项目投资。

完善多元化的筹资机制。"一带一路"建设需要巨额资金，政府不可能一家独揽，创新筹资机制、鼓励社会多元化投资是必然选择。需要进一步激励民营资本的积极性强化混合所有制改革，强化"一带一路"股权投资基金。加快PPP、BOT等投融资模式的配套制度建设，适度给予一定税收减免和财政补贴。充分依托政府信用，在境内外金融市场发行"一带一路"战略专项债券，引导多方资金参与"一带一路"建设与投资。

大力发展跨境保险产业。强化跨境产业、贸易和投资合作的支撑和保护能力，补齐短板。大力发展出口信用保险和海外投资保险，引导商业保险公司开展与海外投资有关的人身和财产保险。鼓励商业保险公司在沿线国家建立分支机构或者与本地保险公司开展合作；鼓励保险公司与银行开展合作，拓宽服务产品。

加快推进人民币国际化。"一带一路"建设给沿线国家和地区带来经贸合作新机遇，同时，加速了人民币国际化进程。大力培育人民币离岸市场，进一步加强金融基础设施建设，充分利用自贸区、沿边金融综合改革试验区等推动跨境人民币业务创新。鼓励境内外银行为跨境项目提供人民币贷款，引导更多的沿线国家政府和机构在香港等离岸市场发行人民币债券，优先允许重点拓展的沿线国家在中国境内发行人民币债券。

三、投资贸易合作支持政策

投资贸易合作是推进"一带一路"建设的传统领域，也是"一带一路"建设的重中之重，需要各方加强力量研究解决投资贸易便利化等相关问题，消除投资和贸易壁垒，构建良好的营商环境，共同商建自由贸易区，激发释放合作潜力。

提高贸易自由化便利化水平。改善边境口岸通关条件，降低通关成本，提升通关能力和工作效率。加强供应链安全与便利化合作，推动检验检疫证书国际互联网核查，开展"经认证的经营者"（AEO）互认。

促进贸易转型升级。进一步拓宽贸易领域，优化贸易结构，挖掘贸易新增长点，促进贸易平衡。

加快投资便利化进程。协调解决工作签证、投资环境、融资需求、优惠政策等问题。

拓展相互投资领域。继续推动在农林牧渔业及生产加工等领域深度合作，加大传统能源资源勘探开发合作，促进新一代新兴产业领域深入合作，推动建立创业投资合作机制。

探索投资合作新模式。扩大服务业相互开放，积极与有关国家合作建设境外经贸合作区、跨境经济合作区等，促进产业集群发展。

四、海关支持政策

海关是全球供应链上的重要节点，海关间的互联互通在维护贸易安全与便利、保障货物顺畅流动和人员自由流动方面发挥着关键性作用。

中国海关总署制定出台 16 项支持措施，加强跨部门、跨地区以及国际海关合作，推动形成全方位、立体化、网络化的互联互通，全力服务"一带一路"建设。海关出台的措施主要聚焦于顺畅大通道、提升大经贸、深化大合作三个方面。海关制定了统筹口岸发展布局、创新口岸管理模式等多项举措，对"一带一路"沿线地区项目给予优先考虑、扩大内陆地区口岸对外开放。

中国、匈牙利、马其顿和塞尔维亚四国海关署长共同决定全面深化合作，为中欧货物从希腊比雷埃夫斯港沿途经马其顿、塞尔维亚并通过匈塞铁路进入欧盟腹地打造一条便捷、快速、高效的"绿色通关走廊"。

中国海关与欧亚经济联盟建立了有效对接的战略安排。作为区域经济一体化发展的重要推动者，海关将把"主动融入丝绸之路经济带建设"与欧亚经济联盟建设进行对接。重点推动中国海关与联盟成员国海关互联互通，有效提升贸易便利化水平。

中国海关与哈萨克斯坦海关宣布携手促进战略对接。中哈双方把目前在通关监管等方面开展的合作，统筹纳入共建"丝绸之路经济带"合作框架，如农产品"绿色通道"、AEO 互认、预先信息交换等，并共同探讨了在哈境内中哈铁路沿线重要节点城市建设按照《京都公约》制度监管的自由贸易园区。

五、交通运输支持政策

"一带一路"建设的关键是交通节点的打造和交通服务的一体化，前者是硬件，需要完善，后者是软件，需要兼容。只有软硬兼施，"一带一路"才能真正发挥应有的作用，成为中国和沿线国家的商贸、文化联通大动脉。

2015年6月1日，交通运输部制订的《落实"一带一路"战略规划实施方案（送审稿）》已获批通过，其主要方向包括"一带一路"中交通运输大布局定位、大通道发展、重要项目节点、运输便利化、多平台合作、双边关系以及政府引领作用等方面。同日，商务部对外印发了《全国流通节点城市布局规划（2015—2020年）》，提出落实"一带一路"战略规划，提升陆路、海路通达水平。在多个会议和文件中，中央层面均突出强调交通基础设施建设对于推进"一带一路"战略的先导性作用，明确提出要把交通一体化作为先行领域。

"一带一路"交通项目的重点，包括推进中老泰、中蒙、中俄、中巴、中吉乌、中哈、中塔阿伊、中印、中越等互联互通交通基础设施建设。依托京津冀、长江三角洲、珠江三角洲，以福建为核心区，建设对内连接综合运输大通道、对外辐射全球的海上丝绸之路走廊和环绕我国大陆的沿边沿海铁路公路、渤海海峡跨海通道工程等。

第二节 外交政策

当前我国对外开放的外部环境产生一个重大变化，即经济全球化的重心从多边主义转到了区域主义。世界上主要大国都从多边主义的倡导者转变为区域主义的支持者，构建和参与以自由贸易区为主体的区域经济合作机制已经成为世界潮流，以至于世界贸易组织（WTO）都开始认同区域主义的发展方向。在这种背景下，我国新一轮的对外开放要适应区域主义兴起的发展新趋势。

一、"亲诚惠容"的外交原则

"一带一路"实际上就是通过区域经济合作参与经济全球化，全方位扩大对外开放。"一带一路"不仅是经济合作，也是外交合作，协调两类合作关系是我国对外关系中的新课题，也是我国经济外交的新平台，同时又是我国开展周边外交的总抓手。习近平总书记提出处理中国周边关系的"亲诚惠容"原则成为指导中国当前经济外交和周边外交的基本理念。

在2014年的中央外事工作会议上，习近平总书记明确提出要推进中国特色大国外交。中国特色大国外交的内涵很丰富，包括坚持党的领导和社会主义制度，坚持独立自主的和平外交政策，坚持走和平发展道路，坚持大小国家一律平等，坚持履行正确义利观等。这些理念都发端于中华民族的优秀传统，也是社会主义制度的本质属性。

2014 年习近平总书记提出要构建以合作共赢为核心的新型国际关系，这个倡议顺应了时代发展潮流，也是对国际关系理论的重要创新。随着全球化趋势加速，国家间利益日益融合，尽管国家之间也许存在着文化、信仰、制度等不同，但都有着合作共赢的愿望。显然，"合作共赢"就是这个时代最鲜明的特色，将开启一个崭新的时代。

中国外交的关键词是"一个重点、两条主线"。"一个重点"就是全面推进"一带一路"。我国将强化与各国的政策沟通，建设互利互惠的有效途径，最大限度地扩大双方利益的契合点。"两条主线"就是围绕和平与发展这两大主轴展开，在相关国际事务中，积极发挥中国的建设性作用。

二、中国特色大国外交

推进中美新型大国关系、中俄全面战略协作伙伴关系、中欧互利共赢的全面战略伙伴关系，妥善处理中日关系。深化争取美、俄、欧、日等域内外大国对"一带一路"战略的认同和支持，主动强调倡议的合作性、开放性、非排他性和互利共赢性，淡化零和博弈与对抗色彩；主动阐述"一带一路"建设基于自愿，不强求以双边或多边条约为基础，不预设区域经济一体化等目标；主动寻求与美俄欧日的利益契合点和合作面，同时也不回避分歧和竞争面，积极开展对话，形成良性互动的氛围；主动对"一带一路"与其他倡议及机制的合作呈现宽松开放性姿态，欢迎现有倡议和机制发挥多边合作的延展效应。

三、中国周边外交

秉承"亲、诚、惠、容"的周边外交理念，以"一带一路"为纲领，推进与各个国家的全方位友好合作，打造命运共同体：一是充分考虑"一带一路"沿线国家特别是中小国家的利益和诉求，以平等互利的姿态开展合作，充分倾听和考虑相关国家内部企业、社会及民众的利益诉求；二是提升与相关国家非能源资源领域合作的比重，多开展涉及民生、教育、文化等领域、惠及普通民众、提升中国软实力的合作项目，以实际行动降低弱化以至消除"中国威胁论""中国掠夺论"等论调的舆论基础；三是与沿线存在争端的国家妥善处理好影响"一带一路"建设的敏感问题，在中国—东盟"2+7"合作框架、中国—东盟海上合作基金、亚洲基础设施投资银行等框架下落实相关合作项目和倡议，为扩大与东盟国家特别是南海争端国的利益交汇点夯实基础。

四、加强公共外交

加强公共外交的一项重要任务，是积极向世界各国，首先是"一带一路"沿线国家和地区说明，中国的崛起是和平崛起，即使将来强大了，中国也将始终不渝地坚持走和平发展道路，始终不渝地奉行互利共赢的开放战略。坚持和平发展道路，是中国永远不会改变的既定方针；奉行互利共赢的开放战略，是中国处理对外关系的基本准则。中华民族是一个爱好和平的民族，"和谐文化"是中华文化的精髓，在新世纪仍需传承和发展。中国要把始终不渝走和平发展道路，始终不渝奉行互利共赢的开放战略的道理向世界讲清楚，也要用实际行动诠释我们的和平发展政策。通过持久的、不间断的努力，用国外民众可以理解和接受的方式，向世界介绍中华文化，让世界了解中华文化。

第三节 "六协同"发展原则

"一带一路"倡议体现了中国共产党人的胆识与智慧。认识"一带一路"战略的精髓，是提纲挈领地把握"协同发展"思想。"一带一路"协同发展集中体现在对"六个协同"策略的践行上。

一、新旧协同

所谓"新旧协同"，是指恰当处理历史与当下的关系，发掘新旧"丝路"的契合点，以历史服务现实，体现继承性和发展创新性。

历史上的"丝绸之路"与当前的"一带一路"存在共通之处：就内容来讲，历史上的"丝绸之路"以丝绸、茶叶和瓷器等中国特色商品"走出去"为主要内容，在此过程中，东西文化传来播去，社会交融发展，这也成为早期区域经济发展的典型案例。

当前"一带一路"与历史上的"丝绸之路"面临着迥异的社会背景和异常复杂的国际国内环境。

从国际社会看，国际格局在发生巨大变化：首先，美国重返亚太，亚太主导权竞争加剧。其次，中国国家综合国力发生了根本性变化，地区力量对比产生了结构性影响。双重变化下，中国与相关国家的"小摩擦、大合作"成为常态。

从国内情况看，中国经济目前正处于深度转型期，增长模式也从资源消耗型向创新支撑发展型转变，"稳增长、调结构"成为新常态。较长时期以来，中国在"韬光养晦、有所作为"上更多的倾于前者，近年来注意了二者的平衡并开始"适度作为"。

国际国内大势要求中国"有所作为"，"一带一路"倡议即是其集中体现："一带一路"不替代既有地区合作机制和倡议，而是推动沿线各国经济战略相互对接、互补发展，为地区秩序注入"平等、开放、包容"的新内涵。换言之，"新丝路"战略与相关地区的"旧（既有）合作机制"，不是"以新压旧"的关系，而是"新旧协同"发展的关系。目前，中国"丝绸之路经济带"建设与俄罗斯"欧亚经济联盟"已经开始实质性对接，成为"一带一路"战略"新旧协同"最直观、最典型的案例之一。2015 年 5 月 8 日，中俄领导人就"丝绸之路经济带"与"欧亚经济联盟"对接达成协议，发表《关于丝绸之路经济带建设和欧亚经济联盟建设对接合作的联合声明》。

中国政府提出的"一带一路"倡议，体现出强劲的历史继承性和创新发展性：新旧"丝路"在内容和逻辑上体现出许多"共通之处"，但"一带一路"战略格局更加宏大，内容更加广泛，程度更加深入，发展更为科学。毋庸讳言，"一带一路"战略实施过程中，中国的优势产能与产品将加速"走出去"步伐、中国的产业结构也将加速升级，"中国获益"是肯定的。

今天，中国人民郑重地告诉世界人民："一带一路"建设，带着中国人民的深情厚谊、带着中国人民的血汗钱、带着中国长期建设实践中的成功经验与失败教训、带着开放的胸怀和共同筛选的项目、带着你我他和大家都重要的市场与渠道，沿着 2000 多年前古代"丝绸之路"传承而来的文明足迹，同沿线国家和地区及世界人民共同搭建平台，共同安排经济建设，共促东西方深度交流和融合发展。

"以史为鉴，以史为师""青出于蓝而胜于蓝"，从旧"丝路"到新"丝路"，让中国人民和沿线国家和地区及世界人民一起诠释着"传承与创新"的历史大剧。

二、远近协同

所谓"远近协同"，即处理好近期目标"利益共同体"和远期目标"命运共同体"构建的关系，共享发展成果，共筑地区安全和平。

（一）构建"利益共同体"

中国经历了三次开放：第一次是建设经济特区；第二次是加入 WTO；第三次即是"一带一路"战略的实施。第三次开放是在前两次开放基础上更大视角、更深层次、更高水平、更优质量的开放。因此，我们今天有着充分的自信，在共建"一带一路"过程中，无论是基础设施建设还是公共产品提供，无论是产能输出还是产品共享，无论是制度安排还是机制设置，中国都有着足够的胸怀去推动互利和共赢，而不是为了一国之私牺牲他国的利益。在"一带一路"建设中，中国将始终坚持"合作共赢"的原则，中国利益和他国利益实现不是"零和"而是"互利"，在此过程中坚持以"互利互信"为基础的利益协调机制，打造"利益共同体"。

（二）构建"命运共同体"

2015 年博鳌亚洲论坛上，习近平总书记发表了"迈向命运共同体，开创亚洲新未来"主题演讲，系统阐述了"命运共同体"的概念，提出各国要相互尊重、平等相待，要尊重各国自主选择的社会制度和发展道路，尊重彼此核心利益和重大关切，客观理性看待别国发展壮大和政策理念，努力求同存异、聚同化异。同时强调了大国对地区和世界"和平与发展"的责任。归根结底，"命运共同体"是"一带一路"沿线各国和地区的最终选择，是亚欧非人民的终极追求、是世界各国关系未来的本质，"地球村"中的大家是一个休戚与共的关系，"你中有我、我中有你""一损俱损、一荣共荣"。

（三）从"利益共同体"到"命运共同体"

如果说"利益共同体"更侧重经济层面，那么"命运共同体"则包含了更多的政治理念和哲学追求。从"利益共同体"到"命运共同体"，恰好就是从"低级政治"——经济合作向"高级政治"——政治互信的一个"溢出"过程，最终形成经济、政治、安全良性互动的局面。

"一带一路"战略覆盖亚欧非三大洲，首先连接亚欧两大经济圈，这一区域是世界和平稳定的基础。通过"一带一路"战略，构建亚欧非"利益共同体"，进而促进"命运共同体"建设，通过实现亚欧非大陆的和平与可持续发展促进全世界的和平与发展，是中国人民对世界的又一次重大贡献。

三、东西协同

所谓"东西协同"，于国内层面讲，是东部和西部的协同；于国际层面讲，是东方与西方的协同。

（一）东西部协同

由于历史和现实的种种原因，中国西部发展远落后于中国东部发展。在市场经济条件下，资源要素大多流向了基础设施较好、经济发展水平较高的东部省份，西部省份长期面临资金、技术、人才匮乏的艰难发展局面，长期陷于

"孔雀东南飞"的尴尬境地，致使西部地区拥有的资源优势长期难以形成经济优势。尽管有着"西部大开发"的国家战略，政策实施中的"撒胡椒面"及规模协同不足，难以使社会经济发展的要素有效流动到广大的西部地区。"一带一路"战略的实施，西部省份（如"丝绸之路经济带"核心区新疆）成为对外开放的前沿和核心，政策、项目、资金、人才等全方位发展资源和市场要素开始加速向西部流动，加速东西部协同，即在"一带一路"战略布局下，全国一盘棋，东西部政策资源、市场资源和自然资源实施合理配置，形成良性互动、共同转型升级的发展格局。

（二）东西方协同

冷战时期，东西方曾分别代指"社会主义阵营"和"资本主义阵营"；以地理分区看，东西方分别指亚洲和欧洲；以经济发展程度划分，东方多指发展中国家，西方常指发达国家。

今天的世界，要求我们将三层含义"糅合起来"谈，则"东西方协同"意味着：不同政治制度、经济制度，不同经济社会发展水平，不同宗教信仰的国家和地区共同发展、和谐相处。这恰好正是中国政府一直主张的"和平共处五项原则""求同存异""和谐世界"等中国特色国际政治理念核心和国际秩序观的要义。

"一带一路"战略，致力于亚欧大陆的联通发展，这一发展客观上将加速改变地区力量对比，面对这种重大"势力版图"变化的预期，东西方国家和地区因利益诉求各异，也有着不尽相同的表现：

亚洲地区，新加坡合作经验丰富，认为该战略有助于提高其在亚洲的经济地位；印尼的海上发展战略与"21世纪海上丝绸之路"高度契合；日本受美国影响，在"一带一路"及加入"亚投行"等问题上举棋不定；韩国循利跟进；港、澳、台地区政治经济优势突出，持积极推进态度。

欧洲地区，英国、葡萄牙、意大利、荷兰和德国等欧洲主要国家对"一带一路"战略认可度高，积极加入亚投行，参与"一带一路"建设。

美洲地区，即便"一带一路"战略实施可以为美国在亚洲发展提供新的契机，但因中美战略冲突，美国对该战略持消极态度。而同处北美的加拿大则对该倡议态度积极。"一带一路"的建设将直接或间接推动拉丁美洲阿根廷、委内瑞拉和巴西等国家的转口贸易，因此相关国家持肯定态度。

大洋洲地区，澳大利亚、新西兰积极加入亚投行，以向沿线各国提供先进的企业管理技术和公司治理方案而深入参与"一带一路"建设。

"亚投行"作为"一带一路"战略推行的主要工具之一，于2013年10月2

日由习近平总书记提出倡议后，世界各国积极响应，参与国涵盖了除美国、日本和加拿大之外的主要西方国家和亚欧大部分国家。

只要做好"东西方协同"的工作，"一带一路"战略就会为区域内大多数国家所认可、为世界大多数国家所支持。"一带一路"战略符合世界发展潮流，多数国家愿意在这一框架内、平台上进行合作，实现"东西方协同"发展，互利共赢。

四、陆海协同

所谓"陆海协同"，从战略构想层面讲，是将"陆海共强"提升至同一战略高度，打破传统的"陆强与海强之争"观念；从战略实施层面讲，是指平行推进"丝绸之路经济带"和21世纪"海上丝绸之路"建设，实现政策、资源协同，避免陆海相互掣肘，有效推动"一带一路"战略实施。

中国是传统意义上的陆地大国，长期"陆上称雄"，长期耳濡目染的英雄传奇，或是拉弓射箭、攻城略地，或是扬鞭跃马、戈壁驰骋，都是陆地英雄。同时，中国是一个传统农业大国，创造过辉煌的农业文明，有着丰富而深邃的农业发展史，这些都在演绎着一出出"陆上强国"的故事，而"海洋强国"之路似乎很遥远。

今日中国的"和平崛起"，需要陆地发展和海洋建设同时发力，才能实现真正的强国梦。"陆与海"全方位开放的"陆海大国"，才能支撑一个富裕、强大、自尊的中国。"一带一路"战略，作为中国新时代对外开放总纲领，在强化"陆上大国"建设丝绸之路经济带的同时，也为中国"海洋强国"建设海上丝绸之路指明了发展方向。"一带一路"战略将全面促进海陆协同发展，推进"陆海大国"建设。

五、内外协同

所谓"内外协同"，一是协同国际国内两个市场；二是驱动国内外合作双引擎。

（一）协同国际国内两个市场

"一带一路"战略不是简单的对外释放产能，而是一个"走出去"与"引进来"相融合的开放性平台，全方位对外开放是发展的必然要求。中国必须要打开国门搞建设，既立足国内，充分运用国内资源、市场、制度等优势，又高度重视国内国际经济联动效应，积极应对外部环境变化，利用好国际国内两个市场、两种资源，推动互利共赢、共同发展。

（二）驱动国内外合作双引擎

"一带一路"沿线国家合作的主要动力在于：

第一，资源产地和消费市场不统一，资源格局具有很强的互补性。"丝绸之路经济带"石油、天然气资源极其丰富，分布高度集中，但消费区与生产区并不一致：中东、俄罗斯、北非、中亚是主要油气产区，但自身消费能力有限，而欧洲、中国、南亚、东南亚为主要消费地区，但自己产量无法满足本地区需求。2012年，"丝绸之路经济带"煤炭探明储量占世界54.1%，但煤炭产量和消费量却分别高达87.6%和88.7%。其中，中国又是该地区最为重要的煤炭开采国和消费国，分别占"丝绸之路经济带"的54.2%、56.6%，但煤炭探明储量只占到丝绸之路经济带的24.6%。

第二，地区经济发展不平衡，国际梯度分工明显。以"丝绸之路经济带"为例，该区域经济发展水平呈现东部、中部和西部三大梯度（见表2—3—1）。

表2—3—1　"丝绸之路经济带"三大经济发展板块情况列表

板块	代表国家	特　点
东部板块	中国、俄罗斯、印度等	新兴经济体，国家规模较大，进入工业化中期，依靠体制改革与扩大开放，持续高速增长
中部板块	中东石油输出国家	资源型高收入国家
	中亚等资源型国家	资源型欠发达国家，处于较低的工业化阶段，国家依靠资源贸易，处于欠发达阶段，经济增长缓慢
西部板块	欧盟等发达国家	已进入后工业阶段，为技术驱动为主的经济增长模式，经济总量大，受国际金融危机影响，经济增长相对缓慢

资源分布不平衡及国际分工呈现的三级梯度格局，使"一带一路"相关国家具备相当强的发展互补性（见表2—3—2、表2—3—3）。

表2—3—2　"丝绸之路经济带"三大板块经济发展情况列表　（单位：美元）

板　块	收入评价	人均GDP	GDP占比	非农比重	经济增长率
西部板块发达国家	高收入	37419	48.9%	98%	0.34%
东部板块新兴经济体	中高收入	7210	31.6%	90%	5.32%
中东石油国家	高收入	43939	4.2%	99%	4.99%
其他发展中国家	低收入	4955	15.3%	86%	3.55%

数据来源：世界银行2012年数据。

表 2—3—3 "一带一路" 相关区域/国家的合作方向列表

区域	经济梯度特征	合作方向
欧盟	后工业化阶段，经济发达，科技先进	能源限制；扩大对亚洲的战略影响力，尤其是对中亚、外高加索地区的影响
俄罗斯	资源丰富，工业基础好，科技实力较强	打破区域合作困境，融入东亚经济圈，提高国家经济影响力
中国	全球制造工厂，工业化中后期，经济规模大，增长迅速，工业体系完善，资金、劳动力丰富	能源、原材料限制；获取广阔的海外产品和投资市场
印度	经济规模大，高科技人才资源丰富，工业化水平低，产业结构不平衡	发挥人口红利，削减人口重负；缩小悬殊的贫富差距；改善基础设施；能源短缺
中亚	资源丰富，经济主体薄弱，工业化落后	国际资本和技术投入；完善国家产业体系；公路、铁路、电力、通信、信息等基础设施建设
西亚	能源丰富，资本充裕，经济结构单一	生态环境限制，农产品领域的合作诉求高；完善产业体系
北非	能源丰富，工业化水平较低，依赖出口石油、旅游和外资，经济结构相对单一，抵抗外界影响的能力差	完善的基础设施建设；打造丰富的产业体系，融入全球分工

东部板块——东亚、东南亚部分国家经济区为全球制造工厂，具有相对完备的产业体系，资金、劳动力、技术资源丰富，是最为瞩目的制造加工品输出地，服装、木材制品、半导体等其他电子产品从这里输向全球，大部分产业处于全球产业微笑曲线中端。同时中国部分产业产能过剩，促进产业转型升级，需要广阔的海外产品和投资市场。

西部板块——欧洲国家科技先进，工业发达，占据产业微笑曲线研发和制造、品牌和知识产权高端，掌握着全球化下高附加值的收入链，但是主要自然资源缺乏，迫切需要对外拓展发展空间。

中部板块——中东、北非和中亚地带主要依靠石油输出发展经济，西亚、中亚经济水平相对落后，产业体系单一，东南亚、南亚部分国家产业具有一定基础，但中部板块国家总体处于产业微笑曲线传统制造、资源输出低端，但是能源、矿产等资源富集，这也是与"丝绸之路经济带"其他国家合作发展的重点领域。

六、软硬协同

所谓"软硬协同",国内层面上讲,是指在"一带一路"战略实施中,既要发挥中国的硬实力,又要增强中国的软实力——"中华力"建设;国际层面上讲,是指既要推动区域经济发展这个硬任务,又要推动区域社会文化交流融合这个软任务,为地区秩序注入新内涵,达到经济发展与社会安全稳定的协同发展;从世界发展的层面讲;既要实现全球升级发展这个硬理想,更要保护世界和平这个必须实现的"软目标"。

(一)"中华力"助推"中国梦"实现

"一带一路"的提出、亚投行的设置和丝路基金的开启,标志着我国开始在世界舞台上扮演新角色——由过去的"韬光养晦"转向"有所作为"。这就需要中华民族凝心聚力,调动国内外中华儿女的积极性,不断在国际舞台上彰显"中华力"的作用。强大的"中华力",将成为"中国梦"实现的根本力量,推动"一带一路"建设的深化与发展,推动世界历史跨入新征程。

(二)"中国特色"助推世界秩序完善

当前国际体系正处于多极化发展过程中,旧的国际秩序式微与新的国际秩序形成正在同步进行。这一变化过程中最重要的变量是国家(或国家集团)间实力对比和国际秩序(规则)的变化。

"中国特色"的国际政治理念——"求同存异""和平共处五项原则""和谐世界""开放、包容性发展"是"一带一路"战略实施过程中所秉持的重大原则。"一带一路"建设,在国际相关问题的处理和解决中,将持续秉持这一原则,同时将进一步深化"中国特色"的相关思路和协同方法。随着"一带一路"战略的进一步实施,"中国特色"发展理念将融入其中,并将深入人心,从而,助推"一带一路"建设全面深化展开。加速"中国特色"在相关国际区域的影响,这一因果可逆、良性互动的发展过程,将使新的国际区域合作悄然迎来建设未来所必需的崭新的地区秩序。

(三)和平与发展协同解决原则

习近平总书记指出:"要跟上时代前进步伐,就不能身体已进入 21 世纪,而脑袋还停留在过去,停留在殖民扩张的旧时代里,停留在冷战思维、零和博弈老框框内。"面对持续推进的经济全球化、世界多极化、文化多样化、社会信息化趋势,今天的世界人民,比以往任何时期都更有条件朝着和平与发展的目标迈进;今天的国际社会,面对"和平与发展"这个古老而崭新的世界主题,越来越有条件实现"和平与发展"的协同解决。显然,"一带一路"所倡导的合作共赢就是实现这一目标的有效途径。

1. 和平与发展两大世界主题，合作共赢是解决问题的根本出路。当今世界正发生着深刻复杂的变化，但和平与发展仍是时代不变的主题。一方面，和平发展、合作共赢的时代潮流更加强劲。一大批新兴市场国家和发展中国家走上发展的快车道，多个发展中心在世界各地区逐步形成。国际总体形势稳定，国际力量对比朝着有利于和平与发展的方向发展；另一方面，世界仍很不安宁，局部战争和冲突以及遍布世界的暴恐持续，走向战争的历史因素泛起、时代因素增多，人类依然面临诸多难题和严峻挑战。国际金融危机影响深远，全球发展不平衡加剧。地缘政治因素更加突出，霸权主义、强权政治有所上升，非传统安全因素不断增多，维护世界和平、促进共同发展依然任重而道远。

2. "能战方能止战" 的新 "和平与战争" 观。树立用正义的战争维护国际公正，推动世界和平的新 "和平与战争" 观。中国及世界人民对和平的追求愈发强烈、对战争的认识愈发清晰。和平与战争是人类发展的古老话题，又是崭新课题。"帝国主义是战争的根源" 这句话越来越被实践所证实。中华民族曾遭到列强长期侵略和欺凌，但中国人民从中学到的不是弱肉强食的强盗逻辑，而是坚定了维护和平的决心。中国推动共建 "一带一路"、设立丝路基金、倡议成立亚洲基础设施投资银行、推进金砖国家新开发银行建设等，目的是支持各国共同发展，而不是要谋求政治势力范围。中国欢迎周边国家参与到 "一带一路" 建设框架内各领域的交流合作，共同打造开放、包容、均衡、普惠区域合作架构。中国既要做地区经济增长的推动者和全球发展的贡献者，也要做世界和平的建设者和国际秩序的维护者。这就必须强化正义的力量，以正义的战争应对世界上的新干涉主义、分裂势力及其破坏活动，防范国际暴力恐怖活动，尤其是建设足够的国家能力防范 "地区霸权""国际霸权" 所导致的战争。新中国成立以来，中国在一穷二白的时候敢于维护国家利益，反对世界霸权，从未在外来压力下弯过腰、低过头，同时，携手广大第三世界国家和人民促进着世界和平进程；今天，随着中国的强大，不仅没有理由屈服于任何外来压力，同时，将拥有更多的国际义务维护并推进地区和世界和平进程。在 "一带一路" 战略实施的长期进程中，贯彻 "能战方能止战" 的新 "和平与战争" 观，既有利于保护和平，又有利于有效抑制战争，是维护中国同周边国家关系及地区和平稳定大局，构建和平世界的必然选择。

中国人民同世界广大爱好和平的人民一样，不需要战争、厌恶战争、排斥战争，但我们必须有赢得战争的能力与准备，从 "陆海空天网" 全方位建设赢得战争的 "硬能力"、从推动和平需要能力思维及驱动发展需要动力思想建设的"软能力"，都需要全方位的"软硬"能力构建，从而，使我们有能力建设公正、维护和平。

3. 铭记历史展望未来，共谱和平华彩乐章。2015年10月，习近平总书记在访英期间，表示"志合者，不以山海为远"，专门提到中国舟山渔民冒着生命危险营救日本"里斯本丸"沉船上数百名英军战俘的事迹。"里斯本丸"号沉船事件在展示日本军国主义丑恶及中国人民热爱和平的同时，也使中英两国人民在战火中结下深厚情谊，尤其是世界和平走向新的发展进程之际，中国舟山人民勇救英国士兵的事迹，拥有了新的时代内涵。

铭记历史是为了总结过去，尤其是为人类带来巨大灾难的世界战争，更为值得铭记与总结并进行深刻的偿赎。1945年，日本军国主义无条件投降，为给人类带来重大灾难的第二次世界大战画上了句号。但是，日本对战争的反思远未结束，甚至在倒行逆施——强行解禁集体自卫权、架空和平宪法、炒作"邻国威胁"，进而扩充军备、激化争端……推动着日本这个本该深深汲取教训的国家朝着更危险的方向走去。历史的经验告诉人们，一个罪孽深重者如果不能真诚反思、重塑自我，无异于身染重疴的"狂犬"，结果只有两种：撞倒在历史的巨墙下、摔碎在万丈的深渊中。

世界各国人民人文交流与文明互鉴不断增强，相逢相知、互信互敬不断深化，对和平与公正的追求愈来愈成为世界各国人民的强烈要求和共同愿景。世界人民面对地区强权和世界霸权越来越多的发出正义的声音，最近所谓的"南海仲裁"，被来自世界近百个国家和地区痛斥与批驳，包括联合国等国际组织也积极出面澄清是非。这一切都说明，在正义与邪恶的较量中，最终的胜利只会属于正义一方。推进世界发展，实现世界和平是"一带一路"战略的核心内容。

中国政府和人民有能力开创性地解决区域性乃至全球性的"和平与发展"问题，中国人民有过近代以来苦难深重的遭遇，懂得和平之弥贵，拥有和平建设的信心与能力；中国人民有过千年的辉煌和由弱走强的经验，懂得共赢与发展之真理，拥有自我发展及协同大家一起发展的经验与胸怀。中国人民将和世界爱好和平的人民一起完善并构筑全球和平建设新秩序、构建世界发展新动力，推动世界新的"和平与发展"进程。

第四节　地方配套政策

随着中央"一带一路"倡议的提出和"一带一路"战略的制定，各地发挥先发优势，纷纷制订出台与国家规划相衔接的方案，以新疆、福建等省区为先导，全国呈现出一派深化实施"一带一路"工作的新景象。

一、新疆

新疆作为"丝绸之路经济带"核心区，率先启动国家"一带一路"战略对接方案，根据工作进展进行良性动态调整。新疆率先成立推进丝绸之路经济带核心区建设工作领导小组，全面规划协调核心区建设工作，加速推进"一带一路"建设。

2015年12月，新疆发布《新疆维吾尔自治区国民经济和社会发展第十三个五年规划纲要》，加速"三通道""三基地""五大中心"和"十大进出口产业集聚区"建设，强调在改革开放中加快"丝绸之路经济带"核心区建设，以核心区建设统领各项工作，发展更高层次的开放型经济，加快喀什、霍尔果斯经济开发区和综合保税区建设，加大"走出去"支持力度，重点加快铁路项目进程，推进中欧班列集结编组中心和货物分拨中心建设，增加国际道路和航空运输线路，进一步畅通拓宽"大动脉"，建设好境外产业集聚区。

二、福建

福建作为"21世纪海上丝绸之路"核心区，制订"福建省建设21世纪海上丝绸之路核心区实施方案"，将充分发挥福州、厦门、泉州等沿海城市港口优势，完善集疏运体系和口岸通关功能，积极打造海上合作战略支点。

随着"一带一路"战略的深化，福建将积极打造"21世纪海上丝绸之路"核心区战略通道和综合枢纽，构筑"21世纪海上丝绸之路"博览会、"福建品牌'21世纪海上丝绸之路'行"等经贸合作重要平台，形成"21世纪海上丝绸之路"城市联盟、国际文化交流基地、多边商务理事会等人文交流重要纽带，创新开放合作新机制，为"走出去"企业在"21世纪海上丝绸之路"沿线国家和地区开展资本、产能合作提供信息、金融等服务。拓展闽港澳合作，加强与侨界更紧密合作，创新闽港澳侨工作机制，提升闽港澳侨合作水平。

三、陕西

陕西积极对接"一带一路"，着力打造综合交通枢纽中心、国际商贸物流中心、科教文化旅游中心、能源金融中心、经贸合作中心，加强关中板块发展，打造内陆开放高地，加速构建陕西全面开放立体格局。

四、甘肃

2014 年 5 月，甘肃制订《"丝绸之路经济带"甘肃段建设总体方案》，打造"丝绸之路经济带"黄金段，着力构建兰州新区、敦煌国际文化旅游名城和"中国丝绸之路博览会"三大平台，努力将甘肃建成丝绸之路黄金通道、向西开放战略平台、经贸物流区域中心、产业合作示范基地、人文交流桥梁纽带。

五、上海

上海致力打造"一带一路"全球投资贸易核心节点城市：构筑国际贸易网络，特别是建设亚太地区之间的"投资贸易标准"；集聚"一带一路"沿线优质投资贸易机构，与"一带一路"国家和地区建立城市间的经贸战略关系，鼓励企业加速海外布局。

六、广东

广东制订《广东省参与建设"一带一路"的实施方案》，着力打造"一带一路"战略枢纽、经贸合作中心和重要引擎；推进中欧区域合作试点，积极参与中国—东盟自由贸易区升级版建设；打造海外华人华商参与"一带一路"建设的合作平台。

七、江苏

江苏发布《贯彻落实"一带一路"建设战略规划》实施方案，打造国际产业和物流合作基地、提升经贸产业合作层次和水平。依托"一带一路"交汇点和新亚欧大陆桥经济走廊东方起始区域优势，打造辐射带动力强劲的重要开放门户。

八、江西

江西出台《参与丝绸之路经济带与 21 世纪海上丝绸之路建设实施方案》，畅通对外通道，扩大经贸投资，深化人文交流，不断拓展国际合作新空间，构建"一带一路"内陆战略通道、内陆开放合作新高地。

九、河北

河北颁布《关于主动融入国家"一带一路"战略促进河北省开放发展的意见》，加快港口建设和功能调整，联合京津共同构建衔接中蒙俄、新亚欧大陆桥等经济走廊和海上丝绸之路枢纽港群体系，打造"一带一路"东部北方起点，打造国际产能合作新样板。

十、重庆

重庆制定《贯彻落实国家"一带一路"战略和建设长江经济带的实施意见》，构建大通道、大通关、大平台开放体系，升级"渝新欧"国际铁路联运，形成"一带一路"和长江经济带在内陆地区的重要联结点，以及与欧洲、南亚等地区的物流主通道。

十一、辽宁

辽宁颁发《关于贯彻落实"一带一路"战略推动企业"走出去"的指导意见》，深度参与"一带一路"建设，推进更大范围、更高水平、更深层次的对外对内开放。着力推进国际产能和装备制造合作，加强国际综合交通运输体系建设。

十二、黑龙江

黑龙江发布《"中蒙俄经济走廊"黑龙江陆海丝绸之路经济带建设规划》，加速陆海丝绸之路建设规划与国家"一带一路"规划的衔接；充分发挥对俄地缘优势，深化对俄罗斯及东北亚全方位合作。

十三、宁夏

宁夏发布《关于融入"一带一路"加快开放宁夏建设的意见》，全面落实宁夏内陆开放型经济试验区规划，着力打造成辐射西部、面向全国、融入全球的中阿合作先行区、内陆开放示范区、丝绸之路经济带战略支点。

十四、湖南

湖南印发《湖南省对接"一带一路"战略行动方案（2015—2017年）》，全面对接"一带一路"、长江经济带建设、促进中部崛起等国家战略，强化长沙作为"一带一路"重要节点城市，形成核心引领、板块联动、多点支撑的竞相发展新格局。

十五、四川

四川发布《推进"一带一路"建设重点工作》，加快构建进出四川国际大通道、提升经贸合作水平、大力推进国际产能合作。发挥"一带一路"和长江经济带两大发展战略的交汇点地缘优势，规划建设新机场国际空港经济区。

十六、云南

云南随着《国务院关于支持云南省加快建设面向西南开放重要桥头堡的意见》发布，提速耿马（孟定）边境经济合作区建设，积极参与构建区域互动合作机制，深度开展资本和产业合作，深化泛珠三角区域合作，逐步建成面向南亚、东南亚辐射中心。

十七、青海

青海在西部省区率先举办"丝绸之路"沿线国家经贸合作圆桌会议，深化"一带一路"建设，着力提升枢纽功能，加大对国际航线的支持，构建进入中亚、西亚、南亚及欧洲国家的战略通道，建设特色优势产品出口加工基地和商贸物流集散基地。

十八、海南

海南积极参与"一带一路"建设，紧紧围绕南海资源开发服务保障基地和海上救援基地两大国家定位，构建面向世界的重要国际经济合作和文化交流平台，打造国家外事活动基地、构建"环南海经济合作圈"、打造"丝路国家邮轮旅游经济带"。

第三章 "一带一路"战略合作重点

"一带一路"战略，中国将以主导者身份主动融入国际社会发展，一个正在崛起的古老而又现代的东方大国，将在世界大舞台上诠释着现代大国责任和中国贡献。

第一节 国际合作重点

"一带一路"战略将通过政策、贸易、设施、资金、民心五通促进交往实现共赢。

一、深化合作平台

习近平主席在 2017 年 1 月的达沃斯论坛上，宣布将在 2017 年 5 月于北京召开"一带一路"国际合作高峰论坛，为"一带一路"建设搭建新的重大平台，标志着"一带一路"建设迈向新台阶。我应积极围绕"一带一路"国际合作高峰论坛，发展建设相关地方政府、企事业、智库等一系列合作平台，全力打造共同合作、中国主推的高端合作平台。

"一带一路"建设，将深化发挥沿线国家和地区国际区域、次区域所有相关国际论坛、展会等平台建设性作用。在平台建设中，注重提升现有合作交流平台的规格和水平，强化国际影响力，同时开发建设新平台。"欧亚论坛"在推动"一带一路"建设方面具有重要地位，可与"博鳌论坛"分别承担起"一带"与"一路"两大制高点。平台建设中要进一步完善组织机构，推出具有强大影响力的核心人物，强化国际影响力和战略推动力。

二、创新发展模式和机制

在"一带一路"国际合作中，要积极创新发展模式和机制。"一带一路"

战略要推动签署合作备忘录或合作规划，要建设一批双边或多边合作示范项目。完善双边或多边联合工作机制，研究推动"一带一路"建设实施方案和行动路线图，还要充分发挥现有指导委员会、管理委员会等双边机构机制作用，积极协调推动合作项目实施。

（一）战略理解的创新

"一带一路"与现有区域经济一体化的制度安排（自由贸易区、关税同盟、共同市场、经济一体化与政治经济一体化）有相同之处，却不属于其中的任何一种。"一带一路"远景战略本身就是一个具有中国特色、国际风范的发展创新。"一带一路"战略实施中，应强化中国特色、突显中国软实力，例如，"一带一路"资金支持中，中国主导筹建亚投行、丝路基金等举措，在国际合作共赢中，凸显完善国际世界金融格局的重大功能。

（二）合作模式的创新

1. 建设双边合作产业园，创新发展模式。如中俄产业园实施一园两区发展模式；中马钦州产业园区实施合作开发，按现代企业制度管理和运营，成为推动中国与东盟合作持续发展的新平台、新动力、新亮点；中欧中心项目加速了中国企业与欧洲企业的对接和合作。

2. 签署合作备忘录或合作规划。中俄针对中俄产业园项目相关各方签署了《关于合作开发建设中俄丝路创新园的合作备忘录》；中国和印度签署了《中华人民共和国商务部与印度共和国商工部关于在印度开展产业园区合作的谅解备忘录》，促进了中印双边投资和产业园区合作。

3. 启动跨境自贸区建设。如上海自贸区跨境通的运行、网上丝绸之路的建设、中俄蒙自由贸易区的倡导等。

4. 金融国际合作创新。中国出资 400 亿美元成立丝路基金，秉持开放合作的态度，接纳亚洲域内外的投资，为"一带一路"沿线国基础设施建设、资源开发、产业合作等有关项目提供投融资。

三、推进开放纵深合作

"一带一路"战略，在国际合作中要强化开放意识和创新思维，让更多国家和地区参与到"一带一路"建设中来。"丝绸之路经济带"沿线共有 35 个境外经贸合作区，21 世纪"海上丝绸之路"沿线涉及 42 个境外经贸合作区。"一带一路"建设必然会增强中国与沿线国家的经贸往来和金融合作，在共建中形成新型合作伙伴关系，加强彼此之间的互信互助。中国与沿线国家可以协调发展规划，共同抵御国际经济金融风险、积极探索多种经济合作模式，进一步消除贸易壁垒，推动新型区域合作平台的形成。

第二节　国内合作重点

一、海陆融合，战略统筹

在"一带一路"战略路线内，目前已形成珠三角、长三角和环渤海三大成熟经济区，长江经济带和黄河几字湾地区潜力巨大，一系列重大经济区建设初现端倪。

在国内段，"一带一路"战略融合主要包括以下几方面：

（一）海陆融合，良性互动

"一带一路"战略由"丝绸之路经济带"和"21世纪海上丝绸之路"共同构成。"丝绸之路经济带"在陆地方向涵盖了东南亚、中亚、西亚与东北亚经济整合带，最终联通欧洲，形成亚欧大陆经济圈；"21世纪海上丝绸之路"经济带从海上联通亚欧非三大洲，最终与"丝绸之路经济带"形成一个海陆闭环。"一带一路"战略的务实推进，首要重点是保障海陆融合及良性互动，统筹好局部利益和整体利益。根据"一带一路"走向，陆上依托国际大通道，以沿线中心城市为支撑，以重点经贸产业园区为合作平台，共同打造国际经济合作走廊；海上以重点港口为节点，共同建设畅通安全高效的运输大通道，形成区域合作。

（二）战略协同，融合共建

"十三五"时期，区域发展战略的重点是进一步优化国土空间开发格局，统筹协调各区域，构建以城市群、经济带、重点经济区为支撑的功能清晰、分工合理、各具特色、协调联动的多中心、网络化的区域发展格局：

1. 加强群区耦合。我国已初步形成京津冀、长三角、珠三角、长江中游、成渝、中原、哈长等城市群。下一步，将以城市群为核心，形成东北、泛渤海、泛长三角、泛珠三角、海峡两岸、中部、西南、西北八大经济区。

2. 加强轴带引领。一级开发轴带主要有沿海经济带、长江经济带、京广京哈经济带、珠江—西江经济带、陇海兰新经济带和包昆经济带等。这些主要交通干线形成了比较明显的经济隆起带，对强化统筹东中西、协调南北方具有重要意义。除上述发展轴线外，二级轴带包括沪昆经济带、沿边经济带、汉江经济带、胶济邯经济带、大（同）太（原）运（城）经济带和呼（和浩特）包（头）鄂（尔多斯）集（宁）银（川）经济带等。

3. 加强开放合作。不仅要继续深化沿海地区的对外开放水平和对内陆地区开放的带动能力，还要加快推进沿边、沿江和内陆地区开放，积极构建国际区域合作机制与交流平台，全面促进国际国内区域和次区域合作。

以上区域发展战略与"一带一路"战略高度契合：通过"丝绸之路经济带"深化与中亚国家的合作，加强与南亚、俄罗斯等国家和地区的合作，把新疆建成向西开放的前沿基地；通过深化东北亚国际区域、次区域合作，将东北地区建成我国向东北亚开放的核心区和重要枢纽；"21世纪海上丝绸之路"方面，以陆海国际大通道为依托，通过珠江—西江经济带，充分利用中国—东盟自由贸易区平台，深化珠三角与东南亚国家的合作；将长江经济带与孟中印缅经济走廊进行连接，深化澜沧江—湄公河国际次区域合作。

（三）东西融合，和谐发展

在"一带一路"战略推进中，应当高度重视国内东西部融合发展问题。"一带一路"战略中涉及新疆、福建等18个省区。其中东西部所涉地区较多，融合发展问题更加突出。东西部在经济规模、产业结构、发展实力、开放水平、金融支撑、执政理念、技术创新、社会管理、投资环境等各方面差距较大，这与改革开放初期"先东后西"的政策和资源导向密切相关。"一带一路"战略推进中，东西部应以大局为重，协调地方和国家利益，在思想上坚持开放合作、市场运作、和谐包容、互利共赢的理念，抛开狭隘的地方保护主义和小我意识，寻求利益契合点和合作最大公约数，促进东西部合作交流的全面化和纵深化。

二、协同推进，规划对接

（一）规划协调，协同推进

"一带一路"战略路线上分布着多个大小不等或成型或尚未成型的经济带、经济区、城市群，其中一部分已获得国务院认定并出台长远规划，一部分正处于理论论证和推进阶段，如黄河几字湾经济区、高铁经济带、两广一体化等。其中个别省市涵盖在几个经济带（区）中，如陕西同时被纳入了西咸经济区、关天经济区和黄河几字湾经济区，广西则同时包含在西江经济带、北部湾经济区和高铁经济带中。为此，在"一带一路"战略发展中，各地区应统筹大战略与各类经济带规划和相关近中远期规划的关系，避免重复建设，最大限度实现"一带一路"大战略与经济区、经济带规划的协同促进，以点带线，以线带面，全面推进。

（二）战略对接，借力发展

"一带一路"大战略布局初期，国内沿线各省市积极响应，在"丝绸之路经济带"建设上,地方政府站在本地纷纷提出"新起点""新支点",定位上大有你争我夺之势。随着国家三部委联合出台《推动共建丝绸之路经济带和21世纪海上丝绸之路的愿景与行动》,"一带一路"大战略思路愈加清晰。文件明确阐述了国内段沿线重点省市的发展方向和战略重点,为各有关省市区指明了着力点,加大"陆上丝绸之路"和"海上丝绸之路"一盘棋发展与建设。

三、强化合作,联动发展

在世界多极化、经济全球化、文化多样化、社会信息化背景下,"一带一路"倡议的本质,就是合作发展。"一带一路"战略旨在推动沿线国家和地区开展更大范围、更高水平、更深层次的区域合作,共同打造"开放、包容、均衡、普惠"的区域经济合作架构。

(一)加强合作,共建平台

国内沿线地区要有大局意识,秉持合作精神,推行开放举措,形成合力,共同推进"一带一路"战略实施。搭建合作平台是地区合作的重要方面,如共建丝绸之路研究院、海上丝绸之路研究院等科研平台,设立国内港口协会陆港分会,举办"一带一路"高峰论坛,搭建港口群平台,打造文化、旅游、产业合作联盟等。

(二)开放思维,创新模式

在新战略、新格局下,走出合作新思维、新模式。在发展模式上创新布局"一带一路"自贸区战略,初步形成上海自贸区引领,以及福建、广东等自贸区辐射,内陆自贸区升级的开放格局;创新区域合作发展战略,出台经济一体化发展规划,创建东西合作示范区;构建沿边经济带,发展跨境合作。

在"一带一路"建设中,要加大思维模式创新、合作模式创新。例如,相邻省区探索建立两省直管、区域行政管理和社会管理一体化的新型区域合作模式,开展特别合作;在东西部结合带,探索建立两省直管、东西部优惠政策共享叠加示范区,在经济发展战略衔接、区域行政管理和社会管理一体化等方面先试先行。

四、深化开放,共建共享

"一带一路"战略将开启国内开放新格局,重塑世界开放新模式。"一带一路"战略是落实《中共中央关于全面深化改革若干重大问题的决定》提出的"对内对外开放相互促进、引进来和走出去更好结合"的深化和具体体现。《推动共建丝绸之路经济带和21世纪海上丝绸之路的愿景与行动》对国内沿线省市的开放态势做了定位，明确了京津冀协同发展、珠江—西江经济带、粤港澳大湾区、港口群建设、高铁经济带等重点战略；中欧班列的开通运营，南广、贵广高铁的开通，以及京津冀海关区域通关一体化启动，"泛珠"四省区海关区域通关一体化改革实施，建设网上丝绸之路，以及发展跨境电子商务等一系列重大举措的谋划与实施，将极大提高我国对外开放的规模和水平。

五、各地区推动"一带一路"建设重大进展

"一带一路"建设是一项宏伟的国家战略，"一带一路"战略的实现不仅需要国家间实现合作，更需要国内各地区各部门共同建设、共同努力。在国内，一是加强各地区间道路互联互通。内陆城市要增开国际客货运航线，发展多式联运，形成横贯东中西、联结南北方的对外经济走廊。二是加强地区间产业对接合作。西部地区要抓住机遇，把扩大向西开放与承接东中部产业转移结合起来，同时坚持"引进来"与"走出去"相结合，推动国内外产业间的对接与合作。

"一带一路"建设，是我国充分发挥国内各地区比较优势，加强东中西互动合作，全面提升开放型经济水平的重大机遇。"一带一路"战略一系列建设内容，将直接推动未来更长时期内全国各省市各地区社会经济的全面发展。

（一）西北、东北地区建设的主要内容

在西北、东北地区的建设中，一是发挥新疆独特的区位优势和向西开放重要窗口作用，打造丝绸之路经济带核心区；二是发挥陕西、甘肃、宁夏、青海独特优势，形成面向中亚、南亚、西亚国家的良好通道、商贸物流枢纽、重要产业和人文交流基地；三是构建"黄河几字湾"战略"新泵站"，打造陕甘宁晋蒙交错区能源转型发展区，推动陕甘宁革命老区率先实现全面小康建设，使20多年来持续保持高速增长的黄河几字湾地区能够形成良性发展态势，在实现这一地区升级发展的同时，传导促进"一带一路"沿线国家和地区的发展与成长；四是发挥内蒙古联通俄蒙以及黑龙江、吉林、辽宁与俄远东地区陆海联运优势，推进构建北京—莫斯科欧亚高速运输走廊，建设向北开放的重要窗口。

（二）西南地区建设的主要内容

"一带一路"战略实施，将加速西南地区的发展，发挥开放前沿的引领作用。为此，一是加快北部湾经济区和珠江—西江经济带开放发展，构建面向东盟区域的国际通道，形成"21世纪海上丝绸之路"与"丝绸之路经济带"有机衔接的重要门户；二是发挥云南区位优势，将云南建设成为面向南亚、东南亚的辐射中心；三是推进西藏与尼泊尔等国家边境贸易和旅游文化合作。

（三）沿海和港澳台地区建设的主要内容

利用长三角、珠三角、海峡西岸、环渤海等经济区开放程度高、经济实力强、辐射带动作用大的优势，加快推进中国（上海）、中国（天津）自由贸易试验区建设，支持福建"21世纪海上丝绸之路核心区"建设。充分发挥前海、南沙、横琴、平潭等开放合作区作用。加强沿海城市港口建设，强化国际枢纽机场功能，构建"江海联动"一体化发展升级版，打造"一带一路"特别是"21世纪海上丝绸之路"建设的排头兵和主力军。发挥香港、澳门特别行政区独特优势，在合适的时机，为台湾地区参与"一带一路"建设做出妥善安排。

（四）内陆地区建设的主要内容

利用内陆纵深广阔、人力资源丰富、产业基础较好的优势，推动重点区域互动合作和产业集聚发展，打造内陆开放型经济发展新高地。加快推动长江中上游地区和俄罗斯伏尔加河沿岸联邦区的合作。建立中欧通道铁路运输、口岸通关协调机制，加强内陆口岸与沿海、沿边口岸通关合作，开展跨境贸易电子商务服务试点。优化海关特殊监管区域布局，创新加工贸易模式，深化与沿线国家的产业合作。

（五）各地推动"一带一路"战略新进展

2015年前11个月我国企业对"一带一路"沿线的49个国家进行了直接投资，投资额140.1亿美元；已有60多个国家和国际组织积极响应"一带一路"倡议，这些国家总人口约44亿，经济总量约21万亿美元，分别约占全球63%和29%。

截至2015年5月底，在国家层面，"一带一路"战略启动的重点项目约900余个。首期启动项目有50个，包括海路项目近20个、陆路项目近30个；地方政府和企业正在推进的国际合作项目有近200个，包括基础设施、贸易、产业投资、能源资源、金融、生态环保、人文以及海洋八个方面。

全国相关地区全面加速部署和推进"一带一路"建设：

广东省，制订《广东省参与"一带一路"建设重点工作方案（2015—2017年）》，设立广东丝路基金。

浙江省，组织企业参加"一带一路"沿线重点国际性会展，促进"浙货品质、行销天下"工程宣传。

上海市，通过搭建贸易网络、参与投资贸易标准制定、汇聚国际投资贸易服务机构三大举措，成为"一带一路"战略落实的先行者和领跑者。

黑龙江省，建设联结亚欧的国际货物运输大通道，重点打造装备制造、能源采矿、农业林业为重点的跨境产业链，形成大宗出口货源供应基地。

陕西省，"丝绸之路经济带"城市圆桌会议机制正式建立，"西洽会"和"农高会"向"丝绸之路经济带"国际会展转型。

甘肃省，围绕"打造丝绸之路经济带甘肃黄金段"构想，着力经济、文化和经贸合作三大战略平台，加速"丝绸之路经济带"重要交通枢纽和进出口货物集散地建设。

山东省，2015 年在"一带一路"50 个沿线国家和地区设立境外企业（机构）158 家，产能合作企业近 300 家，在"一带一路"沿线国家建设境外经贸合作区 5 家。

河北省，2015 年对"一带一路"国家进出口总值 1004.8 亿元人民币。曹妃甸港正在形成中国北方最大的矿石物流基地、钢材出海口及国际煤炭中转中心。

天津市，2015 年 11 月《天津市参与丝绸之路经济带和 21 世纪海上丝绸之路建设实施方案》发布，探索"东北亚—天津港—大陆桥—中西亚和欧洲"双向多式联运；推进大宗商品境外生产基地建设。

内蒙古自治区，2015 年全区与"一带一路"沿线 58 个国家进出口总值为 77.09 亿美元；内蒙古连接俄罗斯乃至欧洲腹地的重要古商道——"茶叶之路"成功入选首批"中国十大国际旅游品牌"。

江西省，2015 年江西企业在"一带一路"沿线 25 个国家对外承包工程承揽项目 52 个，新签合同额 5.99 亿美元。

湖南省，2015 年在"一带一路"沿线国家设立企业 62 家，累计核准境外企业 1156 家，对外直接投资逾 71 亿美元，涉及投资国家和地区 86 个。

安徽省，2015 年对"一带一路"国家累计进出口 865.2 亿元人民币，与"一带一路"沿线国家签订 1000 万美元以上项目 46 个。

贵州省，立体构筑"一带一路"大通道，破解"黔道难"。2015 年，沪昆高铁贵州东段开通，实现全省 88 个县"县县通"高速公路，"黔深欧"海铁联运列车正式开行。

重庆市，2015 年建成重庆江北国际机场和万州、黔江"一大两小"民用机场，进一步巩固长江上游航运中心地位。

江苏省连云港市，借力"一带一路"加快组合大港建设。实现与京杭大运河三级航道贯通，促成上合组织国家设立办事机构，共同筹建国际矿产交易中心。

海南省三亚市，加快筹划建设 28 平方公里的临空经济区和新机场，着力打造面向东南亚的国际枢纽空港，构建集航运物流、电子交易、旅游于一体的千亿元规模的开放型产业集群。

第三节　国家相关机构加速"一带一路"战略布局

中华全国供销合作总社，2015 年 12 月在上海举办了 2015 中欧合作社峰会。2015 年 10 月与"一带一路"沿线国家合作社签署了《促进合作社间开展国际合作与电子商务活动共同行动宣言》，同俄罗斯、土耳其、以色列、罗马尼亚、保加利亚、韩国、印度、泰国、斯里兰卡、伊朗、埃及、沙特阿拉伯等 12 个沿线国家合作社签署了双边合作协议。加速相关国家合作社合作的步伐，优先强化与沿线国家和地区百姓息息相关产业，加速农资、棉花、果品、茶叶、乳制品等领域的经贸合作，积极发挥"一带一路"建设生力军作用。

中国民航局，深化服务"一带一路"建设，全力打造"丝绸之路经济带"核心区乌鲁木齐机场国际航空枢纽建设，通过加强机场保障能力、提高机场服务质量、提升枢纽运行能力、夯实安全运营基础、打造综合交通枢纽五大战略重点，力争在 2030 年，将乌鲁木齐机场全面建成亚欧核心国际航空枢纽、向西开放综合交通枢纽和助力"丝绸之路经济带"产业升级的重要平台，机场业务规模进入全球前 50 位。

中国航空工业集团公司，积极发挥技术和资本优势，加强国际合作，加速在"一带一路"沿线国家和地区投资建厂，推动中航工业的国际化发展布局。如在金边设立柬埔寨航空公司，强化中国国产飞机国际市场占有率，用"中国制造"和"中国运营"打造中国航空工业国际品牌，为亚太地区及世界各国提供"中国服务"，促进共同发展。

中国石油天然气集团公司，2015 年率先建成中亚、中哈、中俄、中缅油气跨国战略管道，培育形成"一带一路"建设先发优势。"十三五"期间，中石油将深化"突出中亚、做大中东、推进亚太"的思路，构建"一带一路"建设转型升级版，全面带动工程服务业务技术和标准"走出去"。

国家电网公司，发起成立全球能源互联网合作组织，打造"特高压"品牌，抢占世界能源技术制高点，全面统筹境外投资运营、工程总承包和国际投融资平台建设。加快技术、装备、管理、品牌、文化全方位"走出去"，投资运营"一带一路"沿线骨干能源网，强化与周边国家电网互联互通和洲际联网示范，强化智慧化电网建设，加速电网智慧化社会化进程。

中国华电集团公司，紧密围绕"两片一链"（以印度尼西亚为代表的东南亚片区和以俄罗斯为代表的中东欧片区，以能源生产运营为核心的产业链）选点布局。在与全球 30 多个国家和地区合作的基础上，坚持能源生产运营为核心，坚持"能力可及、风险可控、效益可观"发展原则，大力推动中国电力技术、装备"走出去"。

中国远洋海运集团有限公司，重点发展欧洲、意大利、荷兰、德国和东南亚地区的集装箱码头项目，打造若干重要枢纽港口，构建战略支点，围绕支点打造码头、航线、物流设施、延伸服务所组成的点线面结合立体网络，加大喀麦隆和牙买加等港区及产业园建设，强化布局"海上丝绸之路"新兴市场和战略要地。

中粮集团有限公司，面向国际市场，积极谋划舌尖上的"一带一路"等新课题，加强与全球业务伙伴的深入合作，形成可协调运作的采购平台和贸易网络。加速亚太地区仓储加工港口中转能力布局，并强化从欧洲粮食主产区黑海转运亚洲粮油产品的能力。积极参与国际标准制定，引导推动产业链上下游共同提升食品安全管理水平。

中国煤炭科工集团公司，积极发挥先进技术、装备和规模优势，紧贴国外市场需求，采取贸易、投资、园区建设和技术合作等灵活多样的发展方式，紧密联系煤炭上下游企业，在全产业链一体化、规模化方面创出新路径，打造"走出去"新模式，为俄罗斯、乌克兰、乌兹别克斯坦、巴基斯坦等"一带一路"沿线国家成功提供高效绿色清洁能源产品和优质服务。

中国建筑材料集团有限公司，积极发展海外业务，大幅提升玻璃和新型建材等板块的国际市场占有率，加速海外并购并设立世界级大型海外生产基地。构建建材产品跨境现货交易"易单网""大宗网"和"优备网"平台，修订国家行业标准 200 多项，主导发布国际标准 3 项，加速推动中国标准"走出去"，助力"一带一路"建设。

中国农业发展集团总公司，积极深化与"一带一路"沿线国家和地区的合作，率先拉开中国远洋渔业的序幕，目前与全球 30 多个沿岸国家和地区进行合作，为当地国家和地区增加了税收促进了就业，深化了中外友谊，在产品满足国内市场的同时，主张了我国在公海的权益，扩大了国际影响，发挥了政治、外交等方面的积极作用。

中国供销集团有限公司，深化拓展与"一带一路"沿线国家和地区的经贸合作，推动资本和管理"走出去"。中国供销集团在老挝和乌兹别克斯坦等国家和地区投资建厂，系统内企业与乌克兰、保加利亚等国家和地区强化经贸合作，与东盟、印度、巴基斯坦等化肥、棉花和棉纱等主要出口市场及生产地深化合作交流。

中国邮政储蓄银行，积极推动金融机制创新和产品结构创新，提供跨境结算与担保、跨境专项贷款与境外银团、并购融资服务及汇率风险管理多层次解决方案，为企业提供境外融资支持，激励新产业、新业态和新技术的生长发展，助推企业与"一带一路"沿线国家和地区在基础设施建设等领域的跨境合作。

中国民生银行，充分发挥综合性金融服务平台作用，大力推动全新小微金融服务模式。积极投身中巴经济走廊等"一带一路"重点项目建设，创新拓展保函等金融产品，使中资企业赢得15亿美元的重大工程——巴基斯坦蒲遮省光伏电站的投资开发权，助推项目于2015年开工兴建，获得巴基斯坦政府好评。

第四节　中国装备走出去

党的十八大提出，要"全面提高开放型经济水平"。"一带一路"和"中国装备走出去"正是按照十八大部署，推动更高水平对外开放目标的重大战略举措。

李克强总理2013年11月出访欧洲时指出："中国制造已是风靡世界。现在我们要做的是让中国的装备走向世界、誉满世界。"近年来，中国制造的竞争优势在逐步增强。2013年，我国装备制造业产值规模超过20万亿元，占全球装备制造业总产值的1/3，居世界首位。我国历经早期的大型工程机械及中国高铁，如今技术含量高水准的核电领域，中国装备出口一次又一次实现了转型升级，中国外贸实现了"大进大出"向"优进优出"的新跨越。在航空装备业、卫星制造与应用业、轨道交通设备制造业、海洋工程装备制造业和智能制造装备业等高端装备制造业领域，中国也正迎头赶上。高新技术商品的竞争优势逐步增强，部分产品和欧美日水平相当，甚至实现了部分超越。"中国加工"正迅猛地成长为真正的"中国制造"，并稳步向"中国创造"迈进。技术先进、功能可靠、使用安全、低碳环保、具有自主知识产权都是当今国际市场对一批中国高新技术商品的积极评价，大批中国技术和中国商品正走出国门，走向世界。

一、国内外发展态势

（一）装备走出去的背景环境

从国际来看，全球经济环境形势深刻变化。一是国外市场复苏乏力，加大了发达国家装备制造企业的经营负担，中国企业海外整体并购、获取先进技术和高端人才的成本不断降低。二是世界发展格局深刻调整。新一轮产业变革和再分工加速，智能制造、工业4.0及发达国家再工业化进程加剧了国际产业竞争，也推动了我国装备制造业国际竞争力的提升。三是国际刚性需求依然存在。全球基础设施建设方兴未艾，交通、电力等国际需求依然旺盛，同时，发展中国家正大力推进工业化和城镇化进程，巨大的国际市场为我国装备制造业走出去提供了重大机遇。

从国内来看，中国装备走出去是经济发展进入"新常态"的必然要求和战略选择：

首先，我国经济发展已进入"新常态"。当前国内经济运行出现了新形势、新变化，投资增长乏力，新的消费热点有待开发，发展中深层次矛盾凸显，困难和挑战加大。尽管国内经济总体向好、稳中有进的基本面没有改变。但经济结构和增长动力正在发生深刻变化。今后发展，既要打造新引擎，推动大众创业、万众创新，也要改造传统引擎，扩大公共产品和公共服务供给，更要着眼全球，优化消费、出口、投资"三驾马车"的拉动作用，支持中国装备走出去。

其次，我国自主创新能力显著增强。中国科学技术发展战略研究院发布的《国家创新指数报告2014》显示，当前中国的创新能力稳中有升，在世界40个主要国家中，中国创新能力与创新型国家的差距进一步缩小。2015年，中国国家创新指数排名第18位，与先进国家的差距大幅缩小。2015年，中国研发经费达到1.4万亿元，超过日本，升至世界第2位，与美国之间（位居第一）的差距也在加速缩小。中国SCI论文数量近22万篇，居全球第2位。高技术产业出口占制造业出口的比重达26.3%，居世界第2位。在中国创新资源投入持续增加的同时，企业创新能力也在得到显著增强，创新环境也在日益改善，科技服务及经济社会发展能力不断提高。

最后，政策引导作用加强。国家开始实行更加积极主动的开放政策，"一带一路"战略、周边互联互通规划、中非"三网一化"、中巴及孟中印缅经济走廊等重大对外合作战略的实施，中国与冰岛、瑞士、海合会、以色列及中美、中欧、中国—东盟、亚太等多双边自贸区谈判和建设不断推进，亚太经济合作组织、中非合作论坛、上海合作组织作用日益增强，为我国装备走出去奠定了坚实的基础。

（二）装备走出去的现状特征

近年来，中国装备制造业走出去的步伐不断加快：

首先，装备产品出口稳步提升。2015 年，我国装备制造业出口额达 6.78 万亿元，占全部工业产品出口的 57.2%，境外投资、工程承包带动装备出口快速增长，电力、通信、船舶、航天航空等大型成套设备出口增速超过 10%，铁路装备出口增幅高达 100%。目前，我国 60 万千瓦电力机组已成为批量出口主力机组，印尼雅万高铁项目成为高铁走出去的标志性突破，核电主设备批量进入国际市场并实现顺利签约英国、阿根廷等国家，地铁、通用飞机成功进入美国市场，钢铁、有色、建材等优质产能生产线开始规模化向外转移，装备产品出口结构不断提升（见表 3—4—1）。

表 3—4—1　中国装备走出去重点行业分布表（2015 年）

	行业名称	出口	分布地区
	轨道交通装备	约 350 亿元	美国、老挝、泰国、印度尼西亚、俄罗斯、巴基斯坦、匈牙利、阿根廷、尼日利亚、阿尔及利亚等
	能源电力装备	6000 亿元	法国、意大利、韩国、南非、巴西、阿根廷、印度、伊朗、巴基斯坦、哈萨克斯坦、吉尔吉斯斯坦、菲律宾、柬埔寨、叙利亚、埃塞俄比亚等
	信息通信设备	2148 亿美元	全球主要国家和地区均有涉及
	石油石化装备	约 800 亿元	俄罗斯、南非、沙特、印度、荷兰、苏丹、土库曼斯坦、哥伦比亚等
	工程机械	约 200 亿美元	美国、南非、印度、肯尼亚、泰国、阿尔及利亚、埃塞俄比亚、巴西、伊朗、沙特、独联体等
	冶金装备	约 1000 亿元	巴西、土耳其、伊朗、印度、马来西亚、尼日利亚、日本、俄罗斯、波兰等
	汽车	800.46 亿美元	伊朗、阿尔及利亚、智利、哥伦比亚、越南、埃及、俄罗斯等

（续表）

	行业名称	出口	分布地区
	船舶和海洋工程装备	280.2亿美元	中国香港、新加坡、缅甸、巴布亚新几内亚、文莱、伊朗等
	航空航天	约200亿元	印度尼西亚、菲律宾、老挝、缅甸、刚果（布）、津巴布韦、赞比亚等

其次，对外投资步伐明显加快。经过多年发展，我国装备制造业已经从最早的加工贸易、产品出口，逐步向技术、资本、能力相结合的综合输出方向发展。以工程总承包、援建项目带动产业链上下游配套走出去不断增多，建立境外工业园、设立分支机构、建立研发中心、成立合资公司等全球布局发展趋势越来越快。目前，我国装备制造企业海外并购交易金额占到制造业海外并购交易总额的45%左右。工程机械、发电设备、航空、机床、农机等行业企业通过收购国外知名企业，迅速步入行业全球领先地位。

最后，装备企业国际化水平大幅提高。近年来，已经有十余家装备制造企业在美国、新加坡等国家和地区上市。部分企业通过设备融资租赁等方式获取海外发展资金，在海外设立分支机构、研发中心，成立合资公司，建立国际营销网络和全球运营中心等，以获取核心技术、知识产权、研发平台和研发团队等为主要目标，通过"境外研发、中国制造、全球销售"的跨境运营模式实现利益最优。高铁、核电等领域装备制造企业通过中标国外重大项目，带动了技术、标准、设计、施工、服务、运营管理等全方位走出去，一批优质产能实现向境外有序转移。同时，国际标准转化取得明显进展，目前我国装备制造业国际标准转化率已达70%以上。

我国装备制造业产值规模占全球装备制造业的比重超过1/3，连续多年位居世界首位，多数装备产品产量位居世界第一，一大批重要技术装备研制取得重大进展，部分高端装备在市场上得到应用，智能制造装备、海洋工程装备、先进轨道交通装备、新能源汽车等新兴产业发展取得明显成效，一大批装备制造企业成功并购国际知名企业、品牌和技术，实现了在发达国家建立生产基地、设立研发中心等。但是，与先进国家相比，我国装备制造业在某些方面还存在较大差距，自主创新能力薄弱、基础配套能力不足、产业结构不合理、发展质量效益不高等问题依然突出。为了有效解决这些问题，一方面要加快自主创新步伐，着力突破核心技术和关键零部件；另一方面要加快走出去步伐，整合利用全球市场、技术及创新资源，提升综合竞争力。

（三）装备走出去的战略意义

《国务院关于推进国际产能和装备制造合作的指导意见》提出，推进国际产能和装备制造合作，是保持我国经济中高速增长和迈向中高端水平的重大举措，是推动新一轮高水平对外开放、增强国际竞争优势的重要内容，是开展互利合作的重要抓手。中国装备走出去具有重大战略意义：

一是有利于拓展经济发展空间，推动区域经济发展。我国装备产品在质量、性价比上有较强竞争力，可有效对接发展中国家基础设施建设及扩大投资拉动的需求，有效推动目标国家和地区经济发展。中国装备走出去有助于缓解经济下行压力，拓展中国发展新空间；有利于相关国家加快发展，扩大就业；有利于为中国与发达国家合作开拓第三方市场创造更多机遇。

二是有利于倒逼企业改革，提高企业竞争力。"通过支持中国装备走出去，让中国企业在国际市场上与技术先进、实力雄厚的跨国公司同台竞争，这将倒逼中国企业不断提高技术、质量和服务水平，提高企业的整体素质和核心竞争力"。同时也为国内企业参与中高端国际产业竞争，以国际高标准严要求提升发展质量和水平、抢占发展制高点提供了条件。

三是有助于构建全球价值链。中国正在从消费品世界工厂转变为向世界提供制造业装备的大基地和吸纳各国优势产品的大市场。推动中国装备走出去，有利于充分发挥国内产能优势和自主知识产权优势，做到设计、生产、销售、服务等产业链全覆盖，有利于中国企业参与整合全球市场资源，构建互利共赢的全球价值链。

二、装备走出去战略

中国装备走出去是目标和结果，"一带一路"是实现战略和路径。要加快装备走出去，归根结底还是要契合"一带一路"沿线的市场需求和合作意愿，顾及双边、多边利益，灵活采取多种方式，推动中国装备"装备"世界。

（一）"一带一路"的引领作用

"一带一路"沿线国家的区域经济总量约为21万亿美元，占全球29%。区域内很多国家在基础设施、通信设备、装备制造领域存在发展短板，具有迫切的改善需求，并与我国有着悠久的经贸文化交流历史，市场潜力巨大。

"一带一路"战略的发力点在于通路、通航、通商，通过共同推进国际骨干通道建设，逐步形成连接亚洲各次区域以及亚欧非大陆之间的基础设施网络，配套完善道路安全防护设施和交通管理设施设备；同时，开展农机及农产品生产加工等领域的深度合作，加强能源资源深加工技术、装备与工程服务合作等，并推动新兴产业合作，将给我国高铁、电力装备、通信设备、工程机械、汽车、飞机、电子设备等装备制造业"走出去"带来多重市场机遇；拓展稳定的油气资源进口途径与电力设施产业走出去良性互动是"一带一路"建设的重要领域和战略目标。随着我国海陆能源通道的建设，相关产业如电站建设和电力设备等都将迎来重大的市场机遇。目前，绝大多数"一带一路"沿线国家和地区年人均用电量低于5000度，电源项目设备老化、管理不善等问题突出，电网等基础设施建设落后使电力投资成为刚性需求。

交通运输是"一带一路"建设的优先发展领域。交通基础设施建设和运营产业走出去将推动铁路、公路、港口、民航和油气管道建设与相关整机、设备和服务走出去。"一带一路"战略实施将推动我国装备产业链上下游协同走出去，促进产业转型升级。国务院提出，要构建上下游协同的产能合作链条，注重技术交流，做好后期维护服务，做到装备走出去与配套服务共推进，产能合作和技术升级双丰收。"一带一路"建设要优化产业链分工布局，推动关联产业协同发展和上下游产业链深化，鼓励强化建设研发、生产和营销体系，进一步提升综合竞争力和产业协同能力。

从区域上看，"一带一路"战略向东连接日本和韩国，向西通过俄罗斯延伸至欧洲地区。这一地区中的日本和德国是新一轮技术革新的关键国家。在"一带一路"战略指引下，我国高端装备制造业将积极参与国际合作，利用"海上丝绸之路"的优势扩大出口，强化与日本和德国企业同台竞技。"一带一路"在迫使国内企业深化改革、增强创新、推动产业结构转型升级的同时，也有利于我国企业吸收周边国家新兴技术，为产业升级和竞争优势发挥提供技术支撑。

"一带一路"战略实施拓展了装备制造企业参与国际投资和金融合作的空间。未来，我国装备制造业将充分利用陆上、海上丝绸之路优势，通过投资沿线国家基础设施建设，参与大型工程建设，扩大重大成套设备出口，鼓励企业进行海外兼并重组，特别是具有自主技术、知识产权和品牌的轨道交通、核电等行业的跨国并购。与此同时，区域性金融机构和基金的构建，将推动资本流向"一带一路"资源富集国家，推动装备制造业形成中国—沿线发展中国家—发达国家的制造、资源、技术、资金产业分工新格局。

（二）装备走出去的支撑效应

国务院《关于推进国际产能和装备制造合作的指导意见》指出，推进装备制造业走出去，是推动新一轮高水平对外开放、增强国际竞争优势的重要内容。

制造强国建设推动装备走出去，有助于提升"一带一路"战略实施水平。为了有效应对发达国家再工业化并抢占先进制造业制高点，我国在对外实施"一带一路"战略的同时，提出了《中国制造2025》战略，这一实施制造强国战略的行动纲领，着眼长远，积极应对新一轮科技革命和产业变革，抢占未来竞争制高点。围绕先进制造和高端装备制造，前瞻部署了重点突破的十大战略领域，包括高档数控机床和机器人、航空航天装备、海洋工程装备及高技术船舶、先进轨道交通装备、节能与新能源汽车、电力装备、农机装备等装备制造领域，描绘了未来30年建设制造强国的宏伟蓝图和梯次推进路线图。

高端装备走出去奠定了"一带一路"战略的建设基础。"一带一路"战略构想之一是通过合作投资推动周边国家的基础设施建设，支持装备制造业走出去，特别是鼓励具有自主知识产权且技术水平相对较高的产业到沿线国家投资，如核电、轨道交通、工程机械、汽车等产业，推进国内产能过剩行业到资源富集、市场需求大的国家建立生产基地，满足所在国和地区的消费。

当前，中国装备制造企业已经重点开拓了非洲和拉美等国际市场，积累了丰富的国际项目运作经验，国有和民营等多种类型的装备制造企业，通过直接投资、工程承包、技术合作等方式，在"一带一路"沿线国家和地区从事相关合作项目。"中国制造2025"和"互联网＋"等国家战略，推动了装备制造业转型升级和国际竞争力提升，有效促进了"一带一路"装备制造业领域的国际合作，丰富深化了"一带一路"战略的实施内涵。以运输类高端装备为例，主要表现在以下三个方面：

第一，轨道交通装备走出去推动"一带一路"沿线高铁建设。我国轨道交通装备制造业历经60多年的发展，已经形成了完备的轨道交通装备制造体系，特别是近十年来在"高速""重载""便捷""环保"技术路线推进下，大功率机车和高速动车组取得了举世瞩目的成就，在全球市场具有一定优势。中国目前至少与20多个国家进行了高铁合作或洽谈，涉及世界五大洲等区域，合计高铁里程数达10000公里。面对全球新一轮技术创新浪潮，全球轨道交通装备领域也孕育着新一轮全方位的革新，凭借我国自主研发的大功率机车和高速动车组的优势，我国轨道交通装备制造业将加快走出去步伐，加速推进"一带一路"沿线国家铁路及高铁的建设和发展。

第二，海洋工程装备为"海上丝绸之路"建设提供支撑。近年来，我国船舶工业实现了跨越式发展，经济总量持续增长，综合实力不断增强。船舶工业在符合国际新公约、新规范、新标准的新船型研发上取得了较大成绩；与此同时，在高技术、高附加值的船舶研发制造领域不断取得突破，海工装备发展明显提速，深海装备设计建造水平大幅提升。2025 年，我国将建成较为完备的科研开发、总装制造、设备供应、技术服务紧密协同的产业体系，基本实现设计制造全过程的信息化、敏捷化，自主创新水平达到国际领先水平。这些都将为"一带一路"战略的落地实施，特别是"海上丝绸之路"战略实施提供支撑。

第三，航空装备走向世界，促进"一带一路"空中交通畅通。当前，我国航空装备的研发能力、系统综合集成能力和数字化生产能力获得快速提升，先进航空装备自主保障能力不断提高，若干具有一定国际竞争力的航空产品和企业正在逐步形成之中，产业规模快速扩张。经过数十年努力，我国目前已建立起较为完整的航空技术体系、产品谱系和产业体系，在民用机方面"新舟"系列已投向国外市场，ARJ21 系列支线客机已交付使用，大型干线客机 C919 的研制取得重大突破并获得大量意向订单，我国航空装备制造业已步入发展快车道。随着大型客机研发和运营的逐步成熟，我国航空产品在国际市场所占份额也将逐步提升。航空装备走出去将推动中国在"一带一路"战略实施中，尤其是在大交通领域的国际合作。

三、提升中国全球贡献

经过 60 余年的发展，中国装备制造业已形成了门类齐全、具有相当规模和一定水平的产业体系，成为国家的支柱产业之一。制造业的培育和发展是一个长期持续的过程。成熟的装备制造业需要成熟的市场体系和持续的市场需求。同时，高端装备制造业初期高投入、高风险的特征十分突出，需要强有力、系统性的投融资政策支持。

（一）抢占高端装备制造业制高点

大型装备制造型企业可以探索产融结合的发展模式，利用产业资源和品牌优势支持金融业发展，并以金融资本为后盾，为发展高端制造业提供资金保障，从而使产业与金融产生协同效应而获得竞争优势。国家将进一步鼓励有实力的装备制造企业通过并购重组的方式，针对"一带一路"沿线国家与地区的特点进行横向以及纵向整合。强化对高端装备制造业的核心技术领域进行战略性卡位，抢占产业链的价值制高点，在产业规模上，装备制造业的产业规模需要再上一个新的台阶，同时进一步优化产业结构，在"一带一路"地区建成若干产业链完善、创新能力强、特色鲜明的装备制造先行区。我国装备制造业对"一带一路"建设的贡献，也是对全球的贡献。

(二) 构建"一带一路"支撑平台与合作机制平台建设

"一带一路"已成为我国广泛开展对外经贸往来、推进国际合作、形成全方位开放新格局的国家战略。为此,我国强化统筹各种资源,加大对"一带一路"建设的政策支持。加强与"一带一路"沿线国家的交流与磋商,推进一批条件成熟的装备制造重点合作项目建设。强化多边合作机制作用,充分利用"一带一路"既有多边合作机制,建立和完善双边联合工作机制,积极推进互联互通平台建设,为装备产品走向"一带一路"沿线国家提供支撑条件。

(三) 明确走出去重点领域和方向

习近平总书记特别指出,要提出一批能够照顾双边、多边利益的项目清单,包括交通、电力、通信等基础设施领域。因此,要加强与沿线有关国家的沟通磋商,在基础设施互联互通、产业投资、资源开发、经贸合作、金融合作、人文交流、生态保护和海上合作等领域发挥我国的优势,通过对外工程承包、对外投资等方式,成套转移过剩产业链和配套服务能力,推进相关装备出口和装备制造项目投资。

(四) 发挥骨干装备走出去的拉动作用

加大政府合作项目、国际合作交流平台对装备走出去的拉动作用,引导各地方政府、企业、行业协会与"一带一路"沿线国家及重点地区对接,既要有利于推动我国装备、技术、标准输出,实现优势装备制造业企业通过链条式对外转移、集群式发展、园区化经营等方式走出去,发挥骨干装备制造业企业的带动作用,吸引上下游产业链转移和关联产业协同布局,建立海外研发、生产和营销体系,考虑对方在产业发展上的实际需求,努力形成良好的经济效益和社会效益。同时,还要加强装备制造领域科技合作,共建联合实验室(研究中心)、国际技术转移中心、海上合作中心,促进科技人员交流,合作开展重大科技攻关,共同提升装备制造科技创新能力。

第五节 夯实中国发展基础

在"一带一路"战略实施中,要善于抓住并对接当地发展需求,坚持创新合作模式,坚持市场导向和商业运作原则,以项目为载体,注重质量信用品牌服务提升,注重装备标准、技术管理同进,注重自身发展与造福当地并重,推动形成优进优出格局,促进新一轮高水平对外开放,为我国发展增添新动能,实现经济提质增效升级,夯实中国发展基础。

一、市场和企业主体作用

（一）增强企业的市场主体地位

为加速推进"一带一路"战略，各级政府首先要简政放权，增强企业的市场主体地位。通过简政放权深化对境外投资管理体制的改革，该放的坚决放掉，该管的管住管好，在融资上为企业提供更大便利，取消企业在境外发行债券以及在境外商业银行融资的审批，减少环节、简化手续，落实企业投资自主权，推进企业境外投资。各类企业特别是装备制造企业，需要在"一带一路"建设中，明确工作重点，积极开展国际装备制造合作，拓展国际发展新空间。

（二）企业主动融入"一带一路"战略

各行业主管部门、各级政府应在"走出去"模式和"走出去"发展空间拓展上下足功夫，推动系统龙头和地方龙头企业"走出去"，通过参与国际市场竞争锤炼企业，提升企业的核心竞争力。由于一些沿线国家存在较大的投资和贸易风险，因此装备制造企业需要认真做好所在国政治、经济、法律、市场的分析和评估，加强项目可行性研究和论证，建立效益风险评估机制，注重经济性和可持续性，完善内部投资决策程序，落实各方面配套条件，精心组织实施。

（三）加强企业品牌和形象建设

品牌建设是"一带一路"战略实施的重要载体，是中国发展的新动力，是中国走向世界的有效工具，这个工具要充分体现中国文化与中国风格；积极适应新常态下的"供给侧改革"。基于全球化、国际化的视野全力打造品牌文化，提升品牌影响力、强化国际话语权、加速世界发展新驱动。品牌建设在"一带一路"战略和我国强国建设中作用重大，"十三五"期间是品牌建设的重大机遇期，各地要加快探索品牌建设新模式、研究品牌建设新路径，培育品牌文化、引领创新创业，培植核心优势凝聚下的支柱产业链，突出核心竞争力，围绕先发优势下功夫，探索"一带一路"发展新动力。中国企业的海外形象不仅对企业自身长远发展至关重要，而且对我国国家形象和国家利益产生越来越重要的影响。在对接"一带一路"战略中，装备制造企业需要增强塑造海外形象和品牌，通过优质工程、服务和品牌来提升企业价值，树立"中国制造""中国创造"的良好形象。

（四）发展"中国味道"的优质产能

当前，中国产能面临严重的结构性过剩——高端产能不足，中低端产能严重过剩。同时，中国的产能发展模式还缺乏"中国味道"，即中国的产能特色。

国外产能发展模式给我们提供了多层面的启示：德国工业 4.0 的特点是工厂智能化，美国产能模式的特点是物联网，日本产能的突出特点是节能增效。发达国家工业革命的道路是从 3.0 到 4.0，而中国则是从 2.0 甚至 1.0 直接到 4.0，因此，我们只能采取"三边"战略：一边追赶、一边调整、一边超越。而这一过程中，使产能发展具有中国味道才是灵魂和关键。中国产能应该有精工细作的"工匠味道"、厚德载物的"文化味道"，这样才能做强走远。

二、政府引导和驱动功能

政府应从以下几个方面加强对企业的引导和驱动功能：

第一，加强战略统筹和指导。对接"一带一路"建设，需要在国家总体战略框架下，结合周边互联互通、铁路"走出去"等对外战略规划，制订推动装备走出去实施方案，明确战略构想重点和实施路径，通过异地投资、兼并重组、合资合作等资本运营手段，实现由装备产品输出到产品、技术、标准、服务输出的转变。充分发挥"一带一路"现有双边、多边机制作用，协调推动装备制造合作项目实施。

第二，加强政策沟通和交流合作。加强政策沟通是"一带一路"建设的重要保障，也是推进装备"走出去"的重要保障。加强政府间合作，积极构建多层次政府间宏观政策沟通交流机制，深化利益融合，促进政治互信，达成合作新共识。推动加强与沿线各国就经济发展战略和具体对策进行充分的交流对接，共同制定推进区域合作的规划和措施，协商解决合作中的问题，共同为务实合作及大型项目实施提供政策支持。

第三，规范走出去市场秩序。加强与沿线国家信息互换、监管互认、执法互助的海关合作，以及检验检疫、认证认可、标准计量、统计信息等方面的双边多边合作，推动装备制造业有序走出去。按照"政府指导、中介协调、企业自律"的原则，强化装备制造企业走出去的法律意识，规范企业境外的经营行为，维护行业声誉和国家形象。发挥行业协会、商会等行业组织和中介机构的作用，加强与所在国沟通，规范行业秩序，加强行业自律。

三、政策支持和服务保障

（一）落实《指导意见》政策措施

国务院《关于推进国际产能和装备制造合作的指导意见》针对国际产能和装备制造合作，在完善财税、金融、保险等支持政策方面提出了一系列措施，在加快中国标准国际化推广、强化行业协会和中介机构作用、加快人才队伍建设等方面明确了一系列服务保障措施。对接"一带一路",装备"走出去"也要围绕《指导意见》要求,加快政策制定和实施。政府部门应积极成为国际经贸规则制定的参与者,加快中国标准向"一带一路"沿线及其他国家推广,构建多双边、全方位经贸合作新格局,形成深度交融的互利合作网络。

(二)完善和强化战略支持

结合"一带一路"战略实施,鼓励按照中国标准设计、施工的装备制造对外投资和工程承包。对认同、接受中国标准的沿线国家,给予更多的相关援助和贷款支持。加强金融监管合作,推动签署双边监管合作谅解备忘录,逐步在区域内建立高效监管协调机制;完善风险应对和危机处置制度安排,构建区域性金融风险预警系统,形成应对跨境风险和危机处置的交流合作机制;加强征信管理部门、征信机构和评级机构之间的跨境交流。整合现有资源,积极开拓和推进与沿线国家在装备制造相关领域的务实合作。

第四章 "一带一路"与国内区域发展

改革开放近40年，中国经济进入了一个新的发展阶段。经济转型期表现出的系列经济问题突出，结构性产能过剩、消费内生动力不足、投资预期率下降，资源和环境约束日益明显。同时，中国区域经济发展差距依然巨大，单纯依靠劳动力流动和资金流动以及产业转移承接等方式都已难有理想表现。

"一带一路"战略，站在未来引领今天的发展、站在世界规划全国的发展，对全国各地做出了纲领性指引。同时，实行更加主动的政策，推动我国全方位改革开放，充分发挥各地优势，加强东中西互动合作，全面提升开放型经济水平，随着"一带一路"战略的深化实施将对我国区域经济的可持续发展产生强烈而深远的影响（见图4—1）。

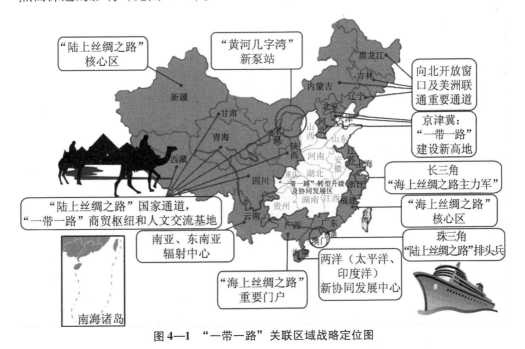

图4—1 "一带一路"关联区域战略定位图

第一节　核心区发展

今天的"一带一路"建设，是古代"丝绸之路"形象符号的借用和精髓的延伸，随着这种伟大精神的延展，在整个区域内外将延展出更多的现代版"丝绸之路"。"一带一路"相当于互联网的基干网，网络互联将产生难以估量的乘数效应，而作为"一带一路"核心区的新疆与福建就是互联网基干网上的两大核心节点。

"一带一路"中的"一带"发端于西部，主要经过西部通达西亚和欧洲，西部将一改过去的随从建设地位，变为改革开放的前沿，占国土面积 2/3 的西部地区的开发与振兴将再度成为热点，作为"丝绸之路经济带"核心区的新疆发展尤为瞩目。

"一带一路"中的"一路"起始于沿海，经过东部沿海通达印度洋、北非与欧洲，东部地区将发挥先发优势、聚优先开放和产业集聚优势，连江达海通洋，加大"走出去"步伐，成为率先实现产业升级的排头兵，作为"21世纪海上丝绸之路"核心区的福建最具亮点。

一、新疆

新疆自古即是"丝绸之路"的核心地带。随着"一带一路"战略核心区的确立，新疆加速了从理念到实践的进程，对社会经济发展进行了全面升级，为核心区的建设与打造做出了全面安排。

新疆维吾尔自治区，位于祖国西北边陲，面积 166 万平方公里，现有 47 个民族，主要居民有维吾尔、哈萨克、回、蒙古、柯尔克孜、锡伯、塔吉克、乌兹别克、满、达斡尔、塔塔尔、俄罗斯等民族，是我国五个少数民族自治区之一。新疆地处亚欧大陆腹地，周边与俄罗斯、哈萨克斯坦、吉尔吉斯斯坦、塔吉克斯坦、巴基斯坦、蒙古、印度、阿富汗八国接壤，在历史上是古"丝绸之路"的重要通道，是现代版"亚欧大陆桥"的必经之地，战略位置异常重要。新疆作为中国陆地面积第一大的省级行政区，总面积占中国陆地面积 1/6，（5600 多公里的）边界线长度占全国 1/4，面积比江苏、浙江两省面积总和的 8 倍还要多（见图 4—1—1）。2016 年，新疆实现地区生产总值 9550 亿元（见图 4—1—2），按可比价计算，比上年增长 7.6%。

深化新疆与中亚、南亚、西亚等国家和地区的交流合作，打通能源与多种资源陆上国际大通道，形成"丝绸之路经济带"上重要的交通枢纽、商贸物流和文化科教中心,意义十分重大。

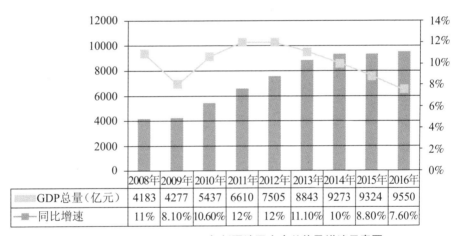

图4—1—1 "丝绸之路经济带"核心区新疆维吾尔自治区区位图

	2008年	2009年	2010年	2011年	2012年	2013年	2014年	2015年	2016年
GDP总量(亿元)	4183	4277	5437	6610	7505	8843	9273	9324	9550
同比增速	11%	8.10%	10.60%	12%	12%	11.10%	10%	8.80%	7.60%

图4—1—2 2008—2016年新疆地区生产总值及增速示意图

在"丝绸之路经济带"核心区新疆建设中,除国家总体规划外,新疆应在以下几方面实现突破和大的发展:

第一,依托核心区建设,提速"西合北开"战略进程。"一带一路"战略推动区域经济一体化进程,为相对落后的我国中西部地区以及相邻的欠发达中亚、东欧等国际区域提供广阔的发展空间。作为"丝绸之路经济带"建设的核心区,可以依托"黄河几字湾"等中西部内陆腹地强大引擎集群及坚实"泵站",发挥我国的先进制造和技术优势,提速"西合北开"(向西合作向北开放)进程。

第二,充分挖掘新疆重点城市和开放口岸的发展潜力。

一是加速喀什地区规划建设进程。喀什地区地位独特,作用明显,需要群策群力共同发展。喀什的发展，一要打破常规，全面调动各种积极力量；二要全面运用政策工具，协同推动；三要发挥新疆生产建设兵团的作用与功能；四要全面衔接周边国家和地区的有益资源。喀什地区只有超常规发展才能担负起"一带一路"重要支点城市的功能，从一定程度上说，喀什的繁荣与发展，是"一带一路"战略实施进程的"晴雨表"。

二是加速伊犁成为欧亚交界处核心城市建设。伊犁拥有：天赐的伊犁河谷、深厚的文化历史、和谐的民族氛围、齐全的基础设施、一定基础的工业水平，尤其是已经发挥重大作用并深具潜力的霍尔果斯口岸。伊犁拥有的这些得天独厚的优势，正是欧洲亚洲协同发展区核心城市建设的必备要素，伊犁有条件作为大型城市甚至特大型城市规划建设，这都将为深化"一带一路"发展发挥强大的驱动作用。我们需要全面认识和评估伊犁的地位，将其纳入国家重大发展规划，霍尔果斯口岸应成为"一带一路"建设先行区，使我国形成"南有深圳前海，北有伊犁霍尔果斯"的开放格局。

第三，充分发挥新疆生产建设兵团独特作用，使其成为"一带一路"建设先行军。"一带一路"战略的深化，给新疆生产建设兵团提供了前所未有的发展空间，这就需要新疆生产建设兵团强化功能，强化创新，为"丝绸之路经济带"稳健发展及我国广大沿边地区发展闯出一条新路，当好"一带一路"战略实施的"先头部队""工兵部队"和"直属部队"。

二、福建

福建，作为中国建设"21世纪海上丝绸之路"的核心区，将从丰厚的历史积淀中汲取营养，主动顺应时代发展要求，加强互联互通、深化多元贸易往来、推进海洋合作、密切人文交流等方面，全方位推进与"海上丝绸之路"沿线国家的交流和合作，为建设"21世纪海上丝绸之路"谱写新乐章。

福建省位于中国东南沿海，是东海与南海的交通要冲，是古代"海上丝绸之路"、郑和下西洋的重要起点，也是海上极其重要的商贸集散地。其东北方与浙江省毗邻，西部和西北与江西省接界，西南与广东省相连，东隔台湾海峡与台湾相望（见图4—1—3）。福建省国土面积12.14万平方公里（是台湾省的3.4倍），截至2015年末，福建省总人口为3898万人。2016年，福建省实现地区生产总值28519亿元，全年公共财政总收入4295亿元，农村居民人均可支配收入14999元，城镇居民人均可支配收入36014元。

2014年12月12日，国务院决定设立中国（福建）自由贸易试验区。截至2015年5月底，福建自贸试验区新设企业9296家，注册资本总额达1258.43亿

图 4—1—3 "21 世纪海上丝绸之路"核心区福建省区位图

元。区内已有金融机构 62 家，类金融机构 77 家。

福建是世界公认的古代"海上丝绸之路"重要的东方起点，如今，在国家"一带一路"战略引领下，福建省全力打造"21 世纪海上丝绸之路"核心区，致力在新起点上实现新跨越。独具特色的历史传承和开放包容的人文性格，是福建融入"21 世纪海上丝绸之路"建设的一个突出优势。打造"21 世纪海上丝绸之路"核心区，福建要进一步发挥对台优势，加大协同两岸发展、凝聚海内外侨胞作用，巩固闽港澳侨合作。

福州，正努力打造"21 世纪海上丝绸之路"战略枢纽城市，在对接台湾、联通东盟、辐射内陆中发挥更加积极的作用。福州结合重点产业发展规划，在互联互通、产业合作等方面，挖掘、生成了 78 个融入"一带一路"建设的重大项目；古城泉州，提出加快建设"21 世纪海上丝绸之路"先行区和国家开放门户的战略构想。2015 年，泉州与海上丝绸之路沿线国家和地区贸易总额达 130 亿美元，泉州与沿线国家和地区双向投资也全面提速；特区厦门，提出通过在重点国家、重点领域推进实施重点项目，努力推动与"一带一路"沿线国家和地区的经贸合作、人文交流，到 2020 年，基本把厦门建设成为"21 世纪海上丝绸之路"中心枢纽城市；综合实验区平潭着力打造"闽台合作的窗口"和"国家对外开放的窗口"，把握"海上丝绸之路"先行区、自贸区叠加实验区建设，努力成为"一带一路"的桥头堡和中转枢纽；漳州在谋划"海丝路上再出发"，锻造蓝色经济新平台；莆田正借力妈祖文化融入"一带一路"。

"海上丝绸之路"核心区具有政策优势、独特的区位优势和先行创新优势，适当时机，成立"海上丝绸之路"工作委员会，全面创新核心区工作，真正发挥核心区作用，全面引领并驱动"海上丝绸之路"发展与建设工作。

第二节　沿线地区及关联地区发展

　　新疆与福建，是"一带一路"建设核心区。其他地区，国家也有了指导性的定位，例如：宁夏，推进内陆开放型经济试验区建设，加快西部开发，开放形成面向中亚、南亚、西亚国家的通道、商贸物流枢纽、重要产业和人文交流基地；北京，构建北京—莫斯科欧亚高速运输走廊，建设向北开放的重要窗口；广西，加快北部湾经济区和珠江—西江经济带开放发展，构建面向东盟区域的国际通道，打造"21世纪海上丝绸之路"与"丝绸之路经济带"有机衔接的重要门户；云南，打造大湄公河次区域经济合作新高地，建设成为面向南亚、东南亚的辐射中心，等等。

　　目前，全国各省区市都在主动规划和对接"一带一路"建设，搭乘"一带一路"高速发展"动车"。按照现代经济网络理论，新时代的"一带一路"将难言起点、难敲终点。起点和终点以及最终地位的敲定都将以"成败论英雄"，发展快、建设好将成为敲定地位的标准。各个地区和城市都可以在"一带一路"建设中，根据自己的优势寻求自己的定位，展示自己的特色。

一、西北地区

　　西北地区包括陕西、甘肃、青海、宁夏、新疆五省区（见图4—2—1）。西北地区幅员辽阔、资源丰富，南倚青藏高原，北傍内蒙古高原。国土面积429.6万平方公里，占全国土地面积的44.8%。西北地区处于欧亚经济带的核心区域，是未来欧亚经济区的黄金地段。西北地区拥有丰富的矿产资源和富集的能源，石油、天然气、煤、太阳能、风能等资源丰富，是我国的能源富集区，在世界上也占有重要地位，其中的黄河几字湾地区地处"丝绸之路经济

图4—2—1　西北地区示意图

带"腹地,有着"丝绸之路经济带"新泵站之称。

西北地区在"一带一路"建设中的功能特殊,西北地区的发展,将首先使毗邻国家和地区获益,改变历史上中亚等古代"丝绸之路"典型区常常只是作为东西方贸易和文化交流的通道而成为发展"洼地"的状况。

西北地区五省区 2016 年社会生产总值分别为陕西 19165.39 亿元、甘肃 7152.04 亿元、新疆 9550 亿元、宁夏 3150.06 亿元、青海 2572.49 亿元。陕西是西北五省区中经济体量最大的省份,在西部 12 省区中仅次于四川并与内蒙古基本持平。陕西省会西安 2016 年全年生产总值 6257.18 亿元,按可比价格计算,比 2015 年增长 8.5%,高于全国 1.8 个百分点,高于全省 0.9 个百分点。虽与重庆、成都有一定距离,但在西北一枝独秀,并且已经初步形成了对整个西北乃至西部的辐射带动作用。

陕西作为古代"丝绸之路"起点,紧紧抓住"丝绸之路经济带"建设的重大机遇,确定了"建设丝绸之路经济带新起点"的基本定位,切实发挥自身优势,推动区域合作向更大范围、更宽领域、更高水平拓展;甘肃东接陕西,南控巴蜀青海,西倚新疆,北扼内蒙古,在实施"一带一路"战略中的地位十分重要。甘肃充分发挥地域优势和比较优势,抓好兰州新区、华夏文明传承创新区和国家生态安全屏障综合试验区三大战略平台建设。

宁夏位居古代"丝绸之路"东段要塞,丝路文化与黄河文明交织区。宁夏体量虽小、发展天地很宽。宁夏是我国唯一整个省级行政区整建制的"内陆开放型经济实验区",拥有"中阿国际合作论坛"平台,与中东世界有着天然的联系和贸易往来,宁夏迎来了前所未有的"黄金发展期"。

青海具有至关重要的生态安全屏障战略地位,还是"稳藏固疆"的战略通道。青海正打造"丝绸之路经济带"的绿色通道、战略基地和重要节点,同时,"三江源"自然保护区举世瞩目。青海成为"丝绸之路经济带"向西开放的主阵地和推动青藏高原经济发展的新增长极。

二、东北地区

东北地区三省经济起步较早,为新中国的发展壮大做出过历史性贡献,有力支援了全国的经济建设。广义的东北地区包括辽吉黑和内蒙古东五盟市(呼伦贝尔市、通辽市、赤峰市、兴安盟、锡林郭勒盟)(见图 4—2—2)。东北地区经济以重工业、农业以及第三产业旅游业为主。

2015 年东北地区三省国内生产总值分别为:黑龙江 15083.70 亿元、吉林 14274.11 亿元、辽宁 28700 亿元。2015 年,东北地区三省生产总值增长率分别

图4—2—2 东北地区示意图

为 - 0.29%、3.41% 和0.26%，已近乎 "硬着陆"，形成的原因是多方面的，经济结构不合理、转型迟缓、重工业发展拖累、世界大宗能源价格大跌等。随着 "一带一路" 战略的实施，东北地区三省将迎来发展的新曙光。

在 "一带一路" 沿线，东北企业 "走出去" 以俄罗斯远东地区和蒙古以及欧美、日韩等市场等为主体区域。在中亚、中东欧地区，东北企业注意提升机械设备、建材等产品的市场占有率，逐步拓展吉尔吉斯斯坦、乌兹别克斯坦等国家市场；推进与塞尔维亚、罗马尼亚、波兰等东欧国家在制造业等领域的投资合作；在东盟及南亚地区，引导企业积极参与东盟和南亚地区的基础设施开发建设；在非洲地区，承揽国际工程，促进电力、冶金、装备制造等优势企业开展境外投资合作。

"一带一路" 战略的深化，使东北地区战略地位更加凸显，作为东北亚重要组成部分的东北地区的意义将会得到进一步提升。东北亚地区包括中国东北和部分环渤海地区、俄罗斯远东地区、朝鲜、韩国、日本。东北亚地区能源资源丰富，除朝鲜外各地区工业经济基础良好，劳动力丰富。随着 "一带一路" 战略的深化，尤其需要加速整个辽东半岛的全面升级与创新发展，加速 "辽东半岛自贸区" 的构建，使其成为整个东北地区及东北亚地区全面发展的 "金钥匙"。对内推动中国东北地区转型发展，对外推动东北与俄罗斯远东地区、朝鲜、韩国、日本的共同市场建设，加速电网互联、石油、天然气市场融合，从而有望形成人口和经济总量不亚于欧盟的世界级经济新增长极。

三、西南地区

西南地区，通常指西南六省（市、区），包括指广西、重庆、四川、云南、贵州、西藏六省区（见图4—2—3）。西南地区以山地为主，地形结构十分复杂，自然资源丰富，有着绚丽多姿的民族文化，人口稠密，交通、经济相对发达。2016年六省市区国内生产总值分别为：重庆17558.26亿元、贵州11734.43亿元、西藏1148亿元、云南14869.95亿元、四川32680.5亿元。在全国经济面临大考时期，全国有三个省区增速超过10%，它们分别为西南地区的重庆、贵州、西藏，西南板块表现最为"抢眼"。

图4—2—3　西南地区示意图

西南地区与"一带一路"渊源深厚，古有"茶马古道"（见图4—2—4）"南方丝路"，今有"东盟10＋1""南向大通道"，连接东西贯穿南北，尽管在国内经济发展未进入第一方阵，但先发优势明显、后发优势强劲，同周边国家和地区形成不小的发展"势差"优势，随着"一带一路"发展的深入，西南地区将迎来一个高速成长期；无论是"丝绸之路经济带"西部新起点的打造，还是长江经济带上游核心区的构建，"一带一路"的深化使西南地区加快转型升级实现带动发展使命凸显。有着先发优势的地区已经加快升级布局，有着西南第一县（区）之称的成都双流区，着力打造内生动力与国际新形象建设，构筑陆、水、空、天立体枢纽，着力推升现代绿色物流产业与现代智慧制造业，内纳百川外协海外。加速推进与俄罗斯伏尔加河上游地区的产业衔接，着力"一带一路"战略与长江经济带战略核心增长极建设，加快"一带一路"国内深化国际联动示范探索新征程。

图4—2—4 "茶马古道"示意图

"一带一路"建设，对于西南地区近邻的东南亚各国发展将发挥巨大的推动作用，将进一步加速东南亚各国的经济发展，使得原本短缺的电力能源供给问题将更加突出。为此，水电及火电资源丰富的西南地区，与东南亚各国在水电和电网建设及能源合作方面有着巨大的发展空间。西南地区加快探索"一带一路"沿线各国重大项目合作模式，将对能源体系薄弱的东南亚各国是一个重大利好。

随着"一带一路"建设的深入，西南地区的广西、云南、西藏的区位优势将更加明显、潜在优势将进一步发挥。

广西地处中国南部沿海，北回归线横贯全区中部，接壤广东、湖南、贵州、云南，与海南省隔海相望，毗邻越南，国境线全长800多公里；海岸线长度约达1500公里。2016年广西全区生产总值18245.07亿元，比上年增长7.3%，高于全国生产总值增速，有着不俗的表现。在"一带一路"建设中，广西要加快北部湾经济区和珠江—西江经济带开放发展，构建面向东盟区域的国际通道，打造成为西南、中南地区开放发展新的重要战略支点。

北部湾地理位置十分重要，为我国"海上丝绸之路"建设，衔接东盟、深化亚太地区发展发挥着重大作用。位居北部湾地区的合浦郡（现合浦县）素有"南珠故郡，海角名区"的美称，更以"合浦还珠"的传说广为人知，合浦古港作为世界五大古港之一，为中华文明走向世界、通过北部湾地区建立与世界的沟通、将中华大地纳入世界体系产生着深远的影响。作为"一带一路"战略的重要支点，泛北部湾地区的崛起（见图4—2—5），对我国构建21世纪"海上丝绸之路"、强化全球战略地位具有重要战略意义。

云南有着美丽的"彩云之南"的别称。北回归线穿过省境南部，云南的东面是广西壮族自治区和贵州省，北面是四川省，西北面是西藏自治区。云南的

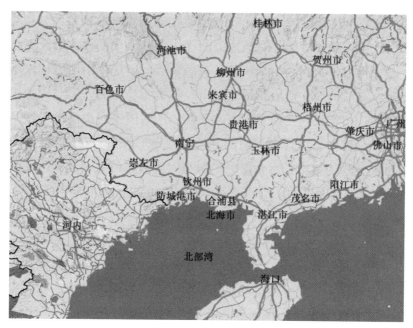

图4—2—5 北部湾区位示意图

国境线长4060公里，与3个国家接壤：西面是缅甸（主要口岸有瑞丽），南面是老挝（主要口岸有磨憨），东南方是越南（主要口岸有河口—老街）。云南2013年、2014年、2015年、2016年生产总值增幅连续实现12.1%、8.15%、8.7%、8.7%，持续高于全国增幅，表现夺目。要进一步发挥云南区位优势，推进与周边国家的国际运输通道建设，打造大湄公河次区域经济合作新高地，建设成为面向南亚、东南亚的辐射中心。云南的加速发展对于邻近国家的产业改造和升级现实意义重大，对于我国优化西南口岸，提升次区域国际合作水平都具有重大战略意义。

西藏自治区素有"世界屋脊"之称，位于青藏高原西南部，平均海拔在4000米以上，全区面积120.223万平方公里，约占全国总面积的1/8，北邻新疆，东接四川，东北紧靠青海，东南连接云南；周边与缅甸、印度、不丹、尼泊尔、克什米尔等国家及地区接壤，国境线4000多公里，是中国西南边陲的重要门户。西藏风光瑰丽，地貌壮观、资源丰富，有着丰富灿烂的民族文化。2012年至2016年间，西藏全区生产总值增速连续位居全国前茅，表现出良好的增长势头。"一带一路"战略，为西藏实现新的跨越式发展带来了新机遇。与新疆、广西、云南、四川等省（区）相比，地处西南边陲的西藏具有独特的区位优势。西藏作为我国南亚地区开放的前沿和通道，要进一步抢抓机遇，积极主动作为，不断提升对外开放水平，加快经济结构调整和转型升级，形成新的经济增长点，进一步促进经济社会持续健康发展。从历史层面来看，"藏独"

等"西藏问题"的根源在于西方帝国主义挑拨离间，培植西藏的分裂势力，企图侵略瓜分中国。随着中国在全球地位的逐步提升，个别西方国家更是企图将西藏这一敏感问题作为制约中国快速发展的利器。正是个别西方国家不断在西藏地区制造、鼓吹分裂，造成西藏地区出现各类不稳定因素，与周边国家的摩擦也时有发生。由于长期受西方国家的影响，这些国家对中国的发展一直抱有防范戒备之心，这种态势为相互间的开放与互通形成了不利影响。因此，"一带一路"战略构想的提出，旨在谋求中国与周边国家的互利共荣，促进与其他国家的友好关系，共同发展，加强西藏周边国家的共同发展与繁荣。

四、东部沿海地区

在"一带一路"建设中，东南沿海和港澳台地区被赋予"21世纪海上丝绸之路"建设的排头兵和主力军的重任，要充分发挥深圳前海、广州南沙、珠海横琴、福建平潭等开放合作区作用，深化与港澳台合作，打造粤港澳大湾区；利用这些地区开放程度高、经济实力强、辐射带动作用大的优势，加快推进沿海自由贸易试验区建设，支持福建建设"21世纪海上丝绸之路"核心区。推进浙江海洋经济发展示范区、福建海峡蓝色经济试验区和舟山群岛新区建设，加大海南国际旅游岛开发开放力度。以扩大开放倒逼深层次改革，创新开放型经济体制机制，加大科技创新力度，形成参与和引领国际合作竞争新优势。发挥海外侨胞以及香港、澳门特别行政区独特优势作用，积极参与和助力"一带一路"建设。为台湾地区参与"一带一路"建设做出妥善安排。

"上海自贸区"是国家"一带一路"建设战略性安排，"一带一路"建设也是上海金融中心建设以及自贸试验区开放创新的重大机遇。上海在金融方面，将加快金融市场的开放，推动人民币国际化，将上海建设成为人民币全球中心。同时，支持金融机构参与"一带一路"建设，发挥好保险优势和保障功能，进一步加强金融合作机制的建设和完善。上海自由贸易试验区扩区以后，各类证券期货经营机构集聚度进一步提高。随着"一带一路"的深化，上海自贸试验区金融改革将更加稳步推进，社会各界对此投入了越来越多的关注。

第三节　港澳台升级发展新空间

在"一带一路"建设中，中国两岸四地应加强产业合作，相互补充优势，合作打造中华经济圈，深耕欧亚大市场。两岸四地，居身"21世纪海上丝绸之路"中心区域，活跃的东亚经济圈与港澳台地缘关系密切；"丝绸之路经济带"

经过资源丰富的中亚、中东，连接经济发达的欧洲经济圈，具有巨大的商贸潜力，有利于拓展港澳台发展空间。两岸四地面临着共同发展的难得机遇期，需要强化共同合作、协同对外投资、提升整体实力，富裕自己、造福国人、惠及"一带一路"地区人民。"一带一路"深化建设将在沿线国家和地区逐步形成新的产业转移、产业升级、产业协同国际区域经济区，推动与发展中国家和地区的合作层次升级，预计到2020年，大陆人均国内生产总值有望超过1万美元，届时将完成工业化、城镇化、市场化的任务，逐步形成以国内市场回购为主体、国内企业为主导的对外贸易新格局，大大提升两岸四地发展水平，惠及沿线国家和地区人民。

一、香港

香港在"一带一路"中拥有区位、先发、服务业专业化和人文四个独特优势，并要积极发挥四大作用：综合服务平台、人民币国际化和"一带一路"投融资平台、加强文教合作打造人才交流平台、与内地"拼船出海"构建多层次合作格局。

随着世界一体化步伐的加快，香港作为一个国际性商业平台，发展空间极大。中央关于"南沙自贸区"的发展规划为香港提供了一个巨大的发展机遇。南沙自贸区的发展应紧密结合当前国际和国内形势，把握中国制造"2025"及新技术革命的时代契机，关键是要找准定位：一是中国装备走出去需要建设各具特色的示范区，南沙责无旁贷；二是粤港澳长期作为开放前沿，需要新的驱动力，尤其是广东自贸区需要狠抓焦点，精抓模式，南沙独具优势；三是香港发展喜忧参半，找出新定位、解决宽就业、提升高附加、强化新连接是香港亟待解决的问题，南沙软硬件独具。

"一带一路"建设会让香港进一步发挥"一国"和"两制"的双重优势，香港应不失时机地将机遇转化成发展动力，在此过程中，香港作为国际上重要的金融商贸和航运中心，可以为"走出去"的内地企业提供金融、法律等专业服务，包括国际市场投资、跨境贸易结算、人民币债券融资、资产和风险管理，加强包括巩固和提升香港作为全球离岸人民币业务枢纽和国际资产管理中心的地位、巩固香港作为区内具有领导地位的国际投融资平台、深化和扩大两地金融市场的互联互通。在国家金融事业的改革和开放的过程当中，香港在全国众多城市中可以发挥独一无二的作用，为国家提供独具特色的贡献。"一带一路"建设为香港带来新的发展机遇，推动多项政策的深化发展，包括香港《财政预算案》提出发展香港成为企业的财资中心，伊斯兰金融与"一带一路"沿线国家商讨税务协定、推动保险业专业自保及再保服务，等等。随着"一带一路"的深化，将会派生更多的契机，将为香港展现一个更加广阔的发展天地。

二、澳门

澳门特别行政区政府于2014年向中央提交了有关澳门特别行政区参与国家"十三五"规划的建议文本，明确表达了积极参与"一带一路"建设的意愿。澳门2015年度施政报告也清楚列明，将致力联结"一带一路"建设的方向，加强与东盟国家的经贸往来和文化交流。

"一带一路"建设，使澳门发展的大门打开：广东自贸试验区深化与澳门合作的最重要平台——横琴片区，将同澳门合力打造葡语国家贸易平台，联手融入国家"一带一路"战略，在推进"一带一路"建设中形成叠加效应。国家"一带一路"开放合作区"横琴"拟定了三大路线图：一是通过巴西发展跟拉美地区的经贸关系；二是通过葡萄牙发展与欧洲的经贸关系；三是通过安哥拉发展与非洲的经贸关系，并通过一些发展基金的支持来实现这一战略构想。横琴自贸片区产业经济功能定位包括发展旅游休闲、商务服务、金融服务、文化创意、中医保健、科教研发和高新技术等产业，打造促进澳门经济多元发展新载体、共建珠澳国际新都会，都将发挥澳门旅游业、中医药等产业的巨大潜力。同时，为澳门大批有志服务国家和特别行政区的归侨侨眷发挥潜能提供了大舞台。

三、台湾

目前，大陆为台湾最大的贸易伙伴、第一大出口目的地和第一大进口来源地。两岸签署ECFA有涵盖的早收清单539项产业，平均成长率达36%，未纳入ECFA的7000多项，平均成长率只有6%。海峡两岸应积极推动互联互通，着力在"自贸区＋""互联网＋""金融＋"等领域实现突破，共享自贸区创新成果，共推"一带一路"发展。"一带一路"建设为台湾提供了发展新契机，台湾通过与大陆的合作，降低与"一带一路"沿线国家和地区的贸易及投资障碍，开拓新兴市场，加大贸易便利化，使台湾厂商减少将产品出口到这些地区的时间及成本。

"一带一路"建设，为台湾与大陆的经济融合、协同发展、捆绑走向世界提供了新契机和新路径。两岸在强化经贸合作、相互融入区域经济整合合作空间大，在掌握与合作经营全球产业链方面有着大空间。台湾应加大推动两岸新兴产业合作，结合台湾六大新兴产业，即生物科技、观光旅游、绿色能源、医疗照护、精致农业及文化创意，与大陆的七大战略新兴产业，即新能源、节能环保、生物育种、新医药、新材料、电动汽车、资讯产业顺畅对接。由于"一带一路"沿线国家多数属于发展中国家，对于台湾制造技术与先进服务业有很大的互补性，预期在贸易、医疗、资讯、环保等领域可能衍生许多投资和进口需求的商机。同时，在"一带一路"国家加速都市化发展过程中，在能源基础设施、农业、中小企业、消费、民生等领域，所衍生出的商品和服务需求也将增加台湾产业发展业务的空间。

"一带一路"建设，为台湾地区以合适的身份参与留下了机会，为促进台湾地区和平发展提供了巨大空间。基于"九二共识"，两岸关系在 2008 年后有了较快发展，取得五个方面的成果：一是两岸在"九二共识"共同政治基础上，增进了政治互信，为两岸交流合作、协商谈判营造了必要环境，为维护台海和平、保持两岸关系发展的正确方向和势头提供了保障；二是协商取得积极成果，签署了 23 项协议，提高了两岸交往合作的制度化、规范化水平；三是经济合作扩大深化，增进了两岸民众的共同利益，实现两岸全面直接双向"三通"，签署实施两岸经济合作框架协议，推动两岸经济关系朝着正常化、自由化，以及经济融合的方向发展；四是各领域交流蓬勃发展，融洽了同胞感情，为两岸关系和平发展增加了动力；五是两岸通过务实沟通，妥善处理涉外事务，减少了内耗。

2015 年，海峡两岸领导人实现了历史性会晤，这是两岸关系发展史上具有里程碑意义的大事件：一方面，"习马会"是对近八年两岸关系大交流、大发展的肯定和阶段性总结；另一方面，两岸最高层的直接碰面，也是两岸关系踏入深水区、不避难题、奋力前行的象征。2016 年 5 月 20 日，"绿营"重新上台执政，如何确保两岸关系的和平发展局面，是海峡两岸需要考虑的重大问题。推动台湾深入参与"一带一路"战略，不断落实惠及两岸基层民众的民生政策，推进两岸经济社会金融发展，加强两岸民间社会交流往来等，都将有助于促进两岸的和平与发展。

"一带一路""亚投行"对全球所有经济体都有着巨大的吸引力，台湾地区也不例外。大陆对此态度非常明朗：在不造成"两个中国""一中一台"的前提下，大陆欢迎台湾以适当名义加入亚投行，以适当身份参加"一带一路"建设。

第四节　特殊地区协同创新发展

"八仙过海，各显其能"。一批地方政府在"一带一路"建设中，独领风骚，政策出台迅速，落实到位，对周边、对"一带一路"沿线正在产生着积极的影响。

辽宁省

辽宁是我国东北地区唯一既沿海又沿边的省份，位于东北亚中心地带，作为国家重要的老工业基地，在联结亚欧海陆及美洲大通道、东北亚合作及新格局形成以及"一带一路"中蒙俄经济走廊发展中发挥着重要作用。辽宁深化"一带一路"建设的总体思路。第一，加强陆海空综合交通运输体系，构建对外开放战略平台。积极复制上海自由贸易试验区试点经验，创建大连自由贸易试验区。推进大连东北亚国际航运中心、国际物流中心和区域性金融中心建设，主动对接落实中韩自由贸易协定成果，加快推进辽东半岛实现立体综合交通体系。第二，加强国际产能和装备制造合作。积极推进辽宁优势产业"走出去"、技术标准带出去，统筹产业境外整体布局，良性疏解"过剩产能"，增强国际竞争力。加快推动具有知识产权和较高技术水平的优势产业"走出去"。第三，坚持"走出去"与"引进来"相结合。巩固传统市场，积极开发外贸新业态和新兴市场。鼓励出口贸易从传统生产成本优势向技术、品牌、质量、服务等新优势转化。鼓励企业承揽国际工程设计与施工，实现从单一工程承包向总集成总承包转变。第四，推进能源和矿产资源合作。支持辽宁企业发挥技术、装备与工程优势，通过"以工程换资源""以项目换资源"等途径，积极参与能源资源富集国家的管道建设、勘探开采和资源深加工合作，积极参与南海能源资源开发合作与建设。第五，推进人文交流合作。发挥辽宁历史文化底蕴深厚、人文资源丰富的优势，引导和动员社会力量，创建文化品牌，积极推进与"一带一路"沿线国家文教科旅等领域的交流合作。

辽宁省沈阳市

沈阳首先发挥"一带一路"重要节点城市、沈阳经济区核心城市和东北区域中心城市的区位优势，推动产业结构调整、转型升级，提高开放型经济发展水平，促进老工业基地全面振兴，加快国家中心城市建设，打造国际装备制造业产能合作重要基地、区域国际物流集散中心和区域金融中心。

辽宁省大连市

大连处在欧亚大陆东岸、东北亚中心地带，是东北亚经济圈经贸往来和国际海陆联运的重要枢纽，是中蒙俄经济走廊的重要一环。大连以扩大双向贸易投资为重点，以体制机制创新为保障，加强与沿线国家地区全方位、宽领域、深层次的开放合作，将大连打造成为融入"一带一路"战略的核心枢纽。

辽宁省丹东市

丹东，在第二次世界大战后重构东北亚和平格局及新时期东北亚和平与发展进程中拥有重要战略地位。丹东与朝鲜新义州隔江相望，是东北地区重要出海口，是中国与朝鲜半岛开放合作的战略先导区。2015年丹东设立国门湾中朝边民互市贸易区，强化与朝鲜边民商品贸易。丹东正充分利用自身沿江、沿海、沿边"三沿"地缘优势以及生态优势，积极融入"一带一路"建设，努力打造为东北沿边经济带核心城市、对朝鲜半岛开放合作的重要窗口和美丽生态宜居滨城，以推动东北地区转型升级发展，为朝鲜半岛和平进程发挥独特贡献。

山西省

山西省位于太行山以西，黄河中游东岸，资源丰厚、文化深厚，是融入"丝绸之路经济带"与"21世纪海上丝绸之路"的重要衔接区与陆路枢纽。山西省计划到21世纪中叶，国家"五通"目标全面实现，国际合作机制全面建立。第一，加强国际合作，拓展开放空间。支持大型企业参与"一带一路"建设，建立境外原料开采和加工基地、装备制造基地和农产品生产加工基地。第二，加强平台建设，完善合作载体。着力完善以公路网、铁路网、航空网、互联网为核心的"四网立体平台"；完善海关监管加快"开放功能平台"；以"中国国际能源产业博览会""山西品牌丝路行"为战略契机的经贸合作平台；培育引进外向型经营主体为支撑的"多元主体平台"。第三，创新机制建设，提升合作能力。深化境外投资管理权、企业投资境外园区和对外劳务输出等涉及"走出去"的管理体制改革，支持企业通过链条式转移、集群式发展、园区化经营等方式走出去；提升贸易、人员往来及投资进程便利化。第四，加大战略投入，完善政策支持。完善财政支持政策、金融支持政策、保险保障政策和人才支撑政策，大力支持企业和产品"走出去"，全面提升"一带一路"服务软环境。

山西省临汾市

临汾位于山西省西南部，居黄河几字湾大拐弯要冲，文化底蕴丰厚，历史积淀丰富，矿产资源丰足，生产要素丰裕，后发优势明显，是"一带一路"建设中中华优秀传统文化走向世界的重要城市和传统能源转型实现全面升级的重要示范基地。为此，将重点抓好：第一，深化开放融入。加强黄河金三角区域合作，推动临汾与运城、三门峡、渭南一体化发展；大力引进和发展高新技术、现代物流等新兴产业，鼓励企业"走出去"，打造临汾品牌。第二，加快基础设施融入。重点推进临汾机场、沿黄高速和黄河金三角四市间城际轻轨规划建设。发挥侯马市保税物流中心功能优势，建设山西国际陆港园区。第三，加快产业融入。发挥临汾在煤炭、钢铁等传统产业及新能源、电子商务等新兴产业方面的优势，发挥优质农产品品牌优势，推进临汾农业产业化国际合作。第四，加快文化旅游融入。构建以临汾壶口瀑布、洪洞大槐树、尧庙、丁村等旅游"金字招牌"为核心的现代旅游经济。

西藏自治区拉萨市

拉萨地处青藏高原中部，区位优势特殊、资源禀赋独特、民族文化悠久，是西藏向南亚开放的桥梁和窗口，作为西藏的首府，经济总量占全区的1/3，肩负着"七区合一"的重任：重要的生态屏障区、经济带动区、产业聚集区、功能核心区、特色文化区、资源整合区、旅游始发区。深化"一带一路"，拉萨的重点工作是：第一，加强基础设施互联互通。加快西南西北经西藏的快速通道建设，形成内接中西部地区，外连尼泊尔、印度、缅甸等周边国家的立体交通枢纽；加强物流园区规划，发展跨境电子商务，推动物流信息平台建设。第二，加强产业结构提档升级。发展特色优势产业，充分利用光能、地热能、风能等优势，推进新能源开发建设，加强跨境电力与输电通道建设，积极开展区域电网升级改造合作；重点扶持和培育旅游、文化、净土健康等环境友好型、文化和谐型、成果共享型产业；促进以旅游业为龙头的第三产业快速发展，打造世界级旅游胜地。第三，加强区域交流合作。抓住国家沿边地区开发开放"三圈三带"新机遇，积极开拓国内外市场，深化合作层次，推动拉萨新崛起。

新疆维吾尔自治区霍尔果斯市

霍尔果斯位居伊犁河谷中心地带，与哈萨克斯坦接壤，处于"上合组织"成员国与观察员国整体区域的核心位置，是"丝绸之路经济带"亚欧连接的关键口岸。霍尔果斯口岸、中哈霍尔果斯国际边境合作中心、霍尔果斯经济开发区和霍尔果斯市"四合一"建制彰显霍尔果斯的机制独特性，肩负"丝绸之路核心区"开放"尖刀班"重任。为此，霍尔果斯精心谋划发展战略：第一，当好西向开放排头兵，强力搭建对外开放平台。加快建设国际信息港先行区、国际航空港先行区、国际物流港先行区、国际金融港先行区、国际旅游谷先行区及强化霍尔果斯国际跨境电子商务产业园功能。第二，开创改革新路子，打造融合示范区。重点推进行政管理体制、财税体制、投融资体制、农村户籍制度等领域改革，深化人才管理改革试验区建设。第三，弘扬先发优势，实现跨越式发展。发挥区位优势、平台优势、先行优势、和谐优势、生态优势、国际优势、政策优势，建设国际化精品城市，构建中西合璧现代化的新城乡体系，形成"20 世纪发展看深圳""21 世纪发展看霍尔果斯"新局面。

新疆维吾尔自治区阿勒泰地区

阿勒泰地处新疆北部、阿尔泰山南麓，是"丝绸之路经济带"核心区北通道的重要支点，阿勒泰生态环境优良、旅游资源丰厚、矿产能源资源集聚，发展优势明显：拥有"四国六方"良好的合作机制。2000 年新疆阿勒泰地区、俄罗斯联邦的阿尔泰边疆区和阿尔泰共和国、哈萨克斯坦共和国的东哈萨克斯坦州、蒙古国的科布多省和巴彦乌列盖省联合构建"四国六方"合作平台；具备构建环阿尔泰山跨国合作示范区特质。建设环阿尔泰山跨国合作示范区，加速形成新疆对外开放新格局；与周边国家基础设施互联互通日趋完善。中哈萨拉布雷克至吉木乃跨境天然气管道贯通、从蒙古国大规模进口焦煤实现常态化。

内蒙古自治区包头市

包头是国家"一带一路"战略中的重要节点城市，既是呼包银榆城市群的重点城市，又是内蒙古向北开放的战略支点。向东，处于京津冀一体化协同发展的腹地；向西，是国家实施西部大开发战略的重要桥头堡；向南，是联通内蒙古与关中经济带的重要枢纽，也是连接鄂晋陕能源富集地的重要城市；向北，是呼包鄂城市群向北开放的前沿窗口，也是连接蒙古国、俄罗斯的重要通道。包头是享誉国内外的"草原钢城"和"稀土之都"，"包钢""包铝"是国家重要的钢铁冶金基地；军工产业居国内领先水平，2016 年军工产品订单较往年增加了 40% 左右；"煤化工"产业及电力产业发展迅速，具备大规模外送的条件和能力；包头将充分利用紧邻俄、蒙的区位和交通优势，加快满都拉口岸基础设施和中蒙跨境经济合作区建设，抓好"大平台"；推动包头满都拉—蒙古国赛音山达跨国铁路公路、包头—西安—海口高铁通道建设，抓好"大通道"；重点推动能源化工、特色产业、文化旅游等领域与周边地区的产业协同，抓好"大增长"。

内蒙古自治区满洲里市

满洲里北接俄罗斯西临蒙古国，是我国东北部重要的沿边陆路口岸和国家重点开发开放试验区，是"中蒙俄经济走廊的重点产业园区和陆海联运的重要节点"城市。满洲里市正着力做好：一是设施联通。加快综合保税区、互市贸易区、跨境经济合作区建设，加快自由贸易区申报建设进程，推动国家自由贸易园（区）试点落地。二是贸易畅通。加速境内外工贸一体化进程，建设跨境电子商务产业园、跨境电商信息平台，完善跨境电商服务体系。三是货币流通。发挥好"国家首批卢布现钞使用城市试点"作用，探索人民币和卢布汇率直接形成机制。四是政策沟通。创新中俄蒙地方政府互访会晤和协调联络机制，完善双边、多边贸易和交流中存在的政策性问题，积极消除非贸易性壁垒。

吉林省白山市

白山市位于长白山核心区，与朝鲜隔江相望，是我国重要边陲城市。坐拥水清、山秀、林绿和鸭绿江大峡谷等天然资源和独特地缘优势。白山市聚焦先发优势，着力创新发展。一是打造绿色产业示范基地：聚焦生态优势，着力实施生态建设产业化、产业发展生态化；二是打造青山绿水与金山银山融合发展基地：聚焦"绿水青山就是金山银山"绿色发展新路径，着力探索"增绿、增质、增效、增收"发展新模式；三是打造沿边经济带重要城市：聚焦兴边富民固防新理念，着力鸭绿江千里开发开放经济带新动力重要城市建设；四是打造东北亚地区生态物流产业示范区：聚焦绿色产业升级和现代物流产业发展，着力国际物流大通道建设，加速融入国家"一带一路"战略。

宁夏回族自治区石嘴山市

石嘴山是呼包银兰经济带、宁夏沿黄经济带、宁蒙陕乌金三角经济区的重要节点城市，是黄河流域重要的水旱码头，是国家"一五"和"三线建设"时期重要的煤炭和重工业基地。为深化"一带一路"建设，石嘴山倾心打造：一是升级承接产业转移示范基地。深化"宁夏银川—石嘴山承接产业转移示范区"、开发区和石嘴山生态经济区、宁夏精细化工基地作用，强化开放合作和产业分工协作，共建"飞地产业园"，着力承接东中部地区产业转移。二是打造"丝绸之路经济带"现代物流业基地。完善石嘴山陆港经济区和惠农陆港口岸政策，加强与天津、新疆等沿海沿边口岸合作，建设区域性综合服务基地。三是着眼未来打造现代技能人才输送基地。发挥老工业城市职业教育和高技能人才培养优势，创新职业教育模式，打造全国及世界现代技能人才输送基地。

陕西省西安市

西安，"古丝绸之路的起点"、拥有世界重大影响的历史文化名城，在"一带一路"建设中极具特殊性和影响力。第一，加强政策沟通，着力谋划互利合作平台。制定《建设丝绸之路经济带新起点战略规划》。成功举办丝绸之路经济带城市圆桌会议，签署《丝绸之路经济带城市加强合作协议书》。第二，构筑互联互通，着力打造立体交通枢纽。西安向西开通"长安号"国际货运班列常态化运营，向东开行"西安至青岛"的国际货运班列，西安咸阳国际机场开通欧亚国家27条国际航线，并成为西北地区首个72小时过境免签口岸。第三，促进贸易畅通，着力加大对外开放步伐。西安综合保税区和西安高新综合保税区封关运行，"西安港"成为中国首个获得国际、国内代码的内陆港、国家跨境贸易电子商务服务试点。第四，推动资金融通，着力营造金融发展环境。举办欧亚经济论坛金融合作会议、西安（浐灞）金融高峰论坛，加快西安金融商务区建设。第五，实现民心相通，着力深化人文交流合作。重新编排大型歌剧《张骞》，举办丝路文化发展论坛，赴海外举办"西安文化周"，参与世界文化遗产联合申遗。

陕西省榆林市

"东方红，太阳升，中国出了个毛泽东……"《东方红》的发源地——榆林市，系陕甘宁晋蒙五省区接壤地区中心城市，拥有丰富的能源矿产资源，煤炭、天然气、岩盐储量在全国名列前茅；拥有雄厚的煤电气化工产业基础、具有黄土高原和沙地产业特色优势、具备多民族融合与鲜明的特色历史文化和红色文化；书写了连续30多年经济高速增长的传奇，实现了生产总值从1978年3.59亿元到2014年3005.74亿元的历史跨越，同周边城市一起形成了中国少有的迅速崛起的城市集群，为构建成为"一带一路"战略先行城市奠定了雄厚的基础。面临经济结构亟待优化和难得的再发展机遇，榆林进一步强化发展战略。第一，以"高新技术＋"为抓手，打造世界新型能源化工基地。以清洁高效综合利用为核心，打造全产业链绿色能源化工转型发展和升级发展基地。第二，以"绿色＋"为抓手，打造现代能源与特色农牧业相契合的绿色发展基地。以"陕北（榆林）生态产业园区"建设为示范，优化沟壑高塬、沙地草原特色产业与能源化工生态经济协调持续发展。第三，以"红色 +"为抓手，全力推动老区升级建设。率先实现全面小康建设，打造"红色思想促绿色产业"文化创意发展基地。第四，以"互联网 +"为抓手，构建信息交通物流基地。以"互联网 +"思想统领综合交通运输体系建设，加速升级机场、高铁、高速公路及立体交通网，推进各类保税物流园区建设，构建现代跨境电商新平台。第五，以"创新 +"为抓手，打造新型开放发展基地。发挥"能源大市""经济强市"作用，积极凝聚高新技术实力企业，秉持开放创新，构建"处处充满活力"的现代新都市。

江西省景德镇市

"CHINA"译为中国，也译为陶瓷。世界上许多国家对中国的了解，很大程度从瓷器开始，位于皖（安徽）、浙（浙江）、赣（江西）三省交界处的景德镇，曾是中国四大名镇之一，是国务院首批公布的全国 24 个历史文化名城之一和甲类对外开放城市。景德镇有陶瓷史 2000 年，官窑史 1000 年，御窑史近 700 年，在西方工业革命之前就已经成为世界陶瓷之都，为古老的中国赢得了世界声誉。景德镇市对接"一带一路"战略，将坚持：第一，打造世界陶瓷文化圣地和世界陶瓷创意中心。陶瓷是中国文化的重要代表，是重要的世界语言，弘扬陶瓷文化在"一带一路"战略中有着特殊意义。第二，构筑世界陶瓷产业高地，搭建世界陶瓷服务业枢纽。以申报世界文化遗产为引领，深度发挥"世界手工艺与民间艺术之都"，推进陶瓷产学研用一体化。第三，做大做强直升机研发生产基地。在景德镇布局直升机研发生产基地基础上，打造直升机产业综合体系。

四川省自贡市

自贡是四川盆地南部低山丘陵区，国务院最早命名的"历史文化名城"，素有"恐龙之乡""南国灯城"和"美食之府"之称，我国"千年盐业"生产交流核心区。第一，抓设施建设，为全面接入"一带一路"战略奠定基础。构建高速公路、高铁、水运、航空"四位一体"立体交通枢纽，通达出海口，接入欧亚大陆桥和长江黄金水道，全面接入"一带一路"大动脉。第二，抓优势产业，为全面深化"一带一路"战略再创新高。深化文化品牌优势，创新彩灯文化、井盐历史文化、恐龙文化和传统杂技、歌舞曲艺等特色文化及其特色旅游，加快川南通用航空产业园基地建设。第三，抓好软环境，为全面践行"一带一路"战略提供硬支撑。探索适应经济创新发展新机制，加大国内外优质人才引进，加速川南经济区一体化发展。

贵州省安顺市

安顺位于贵州省中西部，全国六大黄金旅游热线，风景区面积占全域12%以上，远高于全国1%和贵州省4.2%的比例，素有"中国瀑乡""蜡染之乡""西部之秀"之称。第一，抓住旅游资源独特禀赋，创新实现全域型美好旅游。着力发挥"放眼处处是景、俯首物物是宝"全景式旅游资源和"黄果树""夜郎国"等品牌优势，将"创一流精品、传千年经典"的理念贯穿城乡建设全过程，着力打造"青山绿水"就是"金山银山"生态发展型全域美好旅游示范区。第二，聚力"先发"产业，发挥"后发"优势。引脑借智，创新"促进多种经济成分共生繁荣"改革试验区、"民用航空产业国家高技术产业基地"和"贵安新区"政策实践，综合协同资源优势和政策优势，探索实现喀斯特地貌地区现代化发展的新路子。第三，聚焦旅游产业化，协同新型工业化、新型城镇化、农业现代化同步发展，打造"四个轮子"一起转的发展新模式。

河南省信阳市

信阳作为鄂豫皖三省交界地区中心城市，具备天然区位优势，拥有陆水空铁立体交通网；坐拥中原经济区、武汉经济圈、皖江城市带结合部发展优势；凸显青山绿水就是金山银山升级转型先行优势，既具有以现代工业为主导构成的13个省级产业集聚区又具有森林覆盖率占35.2%的宜居环境；饱含红色精神和厚重历史传承，居三省九市"大别山革命老区振兴发展规划"核心地区，拥中原侨乡闽台祖地，尤其是作为丝绸之路主体内涵的茶叶之路核心城市，为信阳在"一带一路"建设中提供了丰厚的先行发展优势。为此，信阳将着力构建内陆开放型经济新高地。一是全力构建交通枢纽。加快推进完善"铁公机" ＋水运等综合交通运输体系，畅通向西与"丝绸之路经济带"融合、向东与"21世纪海上丝绸之路"连接通道。二是全力构建信息枢纽。优先发展信息化基础工程建设，积极推进信息兴业工程、信息强政工程、信息惠农工程和信息便民工程，夯实人才信息平台、金融信息平台和产业服务信息平台。三是全力构建物流枢纽。以交通枢纽和信息枢纽为支撑，重点发展区域电商物流和冷链物流，稳步发展成为鄂豫皖区域性电商物流中心、冷链物流中心以及现代物流服务中心。

浙江省舟山市

舟山，我国大陆地区唯一深入太平洋的海上战略支撑基地。背靠长三角广阔经济腹地，坐拥我国东部黄金海岸线和长江黄金水道的交汇处，是我国沿海最大的群岛和"海上丝绸之路"的重要始发港和枢纽港。舟山在"一带一路"战略中肩负着特殊使命，发挥着独特作用。2016年8月，中央进一步明确，将"探索建设舟山自由贸易港区"作为舟山新区的重大任务。一、构建发展新动力源。以舟山自由贸易区建设为契机，建设绿色石化基地、国际海事服务基地、油品储运交易基地等，积极探索油品等大宗商品投资贸易自由化，构建全产业链核心动力源；二、构建国际贸易开放新通道和现代服务基地。强化与周边区域的联动升级，实现"一带一路"和长江经济带等国家战略之间的无缝对接，实现国际商贸物流的贸易中转和集散中心及现代服务基地；三、构建高端产业集聚新平台。通过国家高新区、中澳（舟山）现代产业园、舟山航空产业园建设，形成大石化、大航运、大飞机、大旅游等千百亿级产业集群，为全国海洋经济的转型升级提供可资借鉴的经验。

第五节 "一带一路"与黄河几字湾新"泵站"

"黄河几字湾"由黄河流经的甘肃、宁夏、内蒙古、陕西、山西五省区接壤地的21市（盟）164个县区（旗）组成，国土面积55.7万平方公里，人口4140万。这片区域是中国乃至世界十分罕见的能源富集区，也是整个欧亚板块中难得一见的一片拥有雄厚工业基础和强劲发展势头的区域。黄河几字湾区域的稀土储量约占全国总储量的90%，煤炭和煤层气探明储量约占全国储量的70%和50%，天然气、原油储量约占全国总储量的38%和21%。同时，该区域不仅是我国同蒙古、俄罗斯、东北亚地区以及中亚和阿拉伯国家交流、合作的重要窗口，也是西煤东运、西气东输、西电东送的重要基地。该区域是我国典型的"七区合一"地区：能源集聚区、典型革命老区、特色农牧区、多民族融合区、贫困连片区、生态脆弱区、人文历史重要传承区。自20世纪80年代以来，这一区域出现了鄂尔多斯、包头、榆林、延安等一批连续保持近30年经济高速增长的城市群，被称为"黄河几字湾"现象，而被世人所瞩目（见图4—5—1）。

近年来，由于中央对这一地区的持续关注，在这片占全国国土面积不足6%的区域内，密集分布着纵横交错、点面相间的国家级规划区10多个，在全

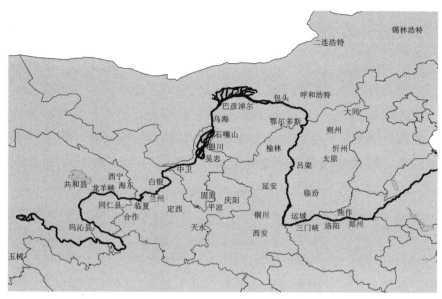

图 4—5—1 黄河几字湾区域示意图

国实属罕见。充分说明这一区域极其重要的战略地位和不可替代的重大作用。短短几年内，一批国家规划的出台，促动了这一区域的发展。然而，问题也逐步显现：一个自然的资源整体被碎片化、一个天然的文化历史区域被碎片化、一个巧夺天工而又承载着民族情怀的天然水系被碎片化、一个完整的工业产能体系被碎片化，一个本该具有明显世界影响力的城市集群被割裂，产业间良性互动缺失、恶性竞争加剧，优质区域布局和良性合作格局没能形成；鉴于以上原因，同时由于近年来国际大宗能源商品价格持续走低、国内经济转型持续深入，黄河几字湾区域传统能源结构性调整迟缓，致使该区域经济下滑。同时，这一地区沙漠黄土与油气煤盐并存，面临着发展的同时保护环境，让特色资源产业化的同时优化生态，在实现金山银山的同时保持青山绿水，这一地区已经进行了长期的探索，积累了丰富的经验和教训，实现产业聚集与生态优化间的良性互动，应该说，这一地区颇具典型性和示范性。

"一带一路" 战略深化，为这片 "罕见富矿" 形成一个完整的国家规划提供了良机，在现有 10 个国家规划区基础上，整体形成一个国家战略规划，整体形成一个完整的产业布局，形成像京津冀、珠三角、长三角一样的国家战略规划区，那么，"黄河几字湾" 地区的发展红利还将出现爆发期，将会出现一个生态优化与产业协同绿色增长的新高潮，对占全国近 70% 的广大西部地区的带动作用将会更加明显。同时，该地区作为 "一带一路" 新泵站的作用就会更加强大。"黄河几字湾" 地区所蕴藏的巨大发展潜力和地缘优势，将为 "一带一路" 战略的深化提供不可或缺的强大动力。

"黄河几字湾"地区具有独特的战略地位和地缘价值，具备构建新战略腹地经济区的必要性和可行性。随着"丝绸之路经济带"建设提速，其独特的地缘价值和战略地位将更加凸显。随着世界经济的变化、"一带一路"战略的深化和我国能源战略的调整，"黄河几字湾"地区将在新的起点上拓展更加广阔的发展空间，进一步促进产业结构转型升级，建设成为我国战略新腹地和我国经济发展新引擎。该地区对打造我国经济发展新增长极、保障国家能源安全、推动中俄蒙经济走廊建设，深化"一带一路"战略具有重要意义。

一、战略"泵站"

"黄河几字湾"是"海上丝绸之路"坚实的战略纵深。"21世纪海上丝绸之路"战略的实施，将更多打破原有点状、块状的区域发展模式，突出国内省区间及沿线国家间的互联互通，产业承接和转移、促动经济升级，是中国目前所有经济区域的优势整合版。"海上丝绸之路"以我国沿海为前沿，连通东盟、中东、北非直至地中海北岸的广大地区，我国广大的西北部地区将成为包括国家能源安全、经济安全、社会安全在内的国家综合安全的战略纵深。

（一）"海上丝绸之路"的安全战略纵深

目前，我国形成了珠三角、长三角、环渤海等在国家发展中占有举足轻重地位的经济驱动区。面对复杂多变的国际态势，这些在沿海地区一字排开的空间布局将使我国综合发展成本大幅增加，也增大了国家发展的战略风险。强化沿海、巩固西北成为我国优化空间布局的理想选择。在"一带一路"建设中需要进一步强化我国沿海地区与西北部发展的战略呼应，形成协调共进的战略格局。我国四周地缘政治环境云谲波诡，东南西三面事端频发，唯北部相对平静。北面的俄蒙与我国有着许多重大共同关切，面临巨大的战略合作机遇。东北亚安全机制短期内难以形成，我国可以充分利用中俄蒙利益共同点，尽快形成次区域国际合作热点，以中俄蒙三国毗邻的"黄河几字湾"经济区建设为切入点，进一步稳固中俄蒙关系，强化中俄蒙战略合作，吸引朝韩日。随着"一带一路"建设启动，蒙古将愈加强化与中国的经贸合作，搭乘顺风车。俄罗斯社会经济欠发达地区分布在"丝绸之路经济带"的主要沿线上，急于将远东地区交通线并入"丝绸之路经济带"交通网，打通从太平洋到波罗的海和地中海的交通走廊，谋求促动俄罗斯东西部经济均衡发展，形成统一的经济空间。"一带一路"建设为蒙俄提供了巨大的分享红利，愈将有助于我国北部及西北部的安全，同时，"黄河几字湾"地区也将愈多地为"海上丝绸之路"建设提供更多更好的战略依托与安全纵深，还将为我国从容应对国内外各种不确定因素与突发事件提供有力的安全战略纵深。

（二）"海上丝绸之路"的资源战略纵深

"黄河几字湾"地区相对于在"丝绸之路经济带"建设中直接的"泵站"效应而言，在"海上丝绸之路"建设中将更多地发挥"战略纵深基地"的基础性作用。作为传统的能源中心，该地区为我国改革开放30多年来的高速增长提供了重要的能源支撑。我国几乎所有的重大能源项目，包括西电东送、西气东输、西煤东运等工程的支撑地和发源地均来自这一地区，该地区能源资源富集，仅煤炭资源产量和外运量就分别占到了全国的近70%和60%，稀土储量则占到了全国的90%。随着我国能源产业的有序调整和经济发展的升级，东部地区对这一地区资源能源的"路径依赖""区域依赖""资源依赖"以及"品牌依赖"将进一步加剧。随着国际大势的变化和国内产业转型的深化，传统的以东部地区为重心的发展格局与发展方式将面临越来越多的挑战。我国迫切需要对现有的经济发展格局及相关模式做出进一步的优化升级。"黄河几字湾"地区具备良好工业基础、强劲的后发优势、丰沛的能源资源和新颖的创新发展模式，在我国新一轮发展和全球经济升级中具有得天独厚的优势，并将不断深化与"海上丝绸之路"沿线国家的交流与合作。拥有富集能源、巨大发展空间、民族和谐共融、边境安全、强劲驱动力的"黄河几字湾"地区，作为实施"21世纪海上丝绸之路"战略强大的资源战略纵深，责无旁贷。

（三）"海上丝绸之路"协同发展的战略纵深

"海上丝绸之路"所涉国家众多，区域广阔，发展极不平衡，但互联互通、共同繁荣，凝聚了各国的共识。"丝绸之路经济带""21世纪海上丝绸之路"战略互为依托、相互支撑，"海上丝绸之路"发展需要发挥优势，强化协同与融合。我国面临着经济传统增长模式亟须转型升级，"历史后遗症"形成的发展战略空间亟须开拓、国家安全亟须强化、区域性权威及国际话语权亟须重构等关键问题，"一带一路"战略为这些问题的解决提供了良好的路径和更大的空间。"黄河几字湾"区域所拥有的资源富集、基础雄厚、产业齐全、区位特殊的优势禀赋将为这些重大战略问题的解决及"海上丝绸之路"发展提供协同战略纵深。"一带一路"战略将是我国未来一个时期的重大政策红利，为"黄河几字湾"地区与"一带""一路"区域沿线形成良好互动，进一步提升创新活力提供了政策优势，从而更好地深化推进"一带一路"战略的全面发展。

（四）"一带一路"战略实施的强劲动力

1. 建立新的战略腹地。由于我国经济崛起所引起的国际关系调整及历史的惯性，目前我国周边的发展环境更加复杂多变。随着"一带一路"战略的深化，与周边国家关系将大幅改善，这将有利于改变我国外交战略格局，加速构建世界新秩序进程。我国正在实施海陆双翼驱动，结合我国幅员辽阔、西部纵深大的特点，特别是西部和欧洲并不遥远的地缘关系，考虑到全球战略格局，我国的战略重点将逐步西移。西部是中国发展的腹地而不是边疆，当今世界"陆、海、空、天、网、文"全面竞争，但陆地仍然是一个国家立足与发展的根基，强大的陆上基地建设就显得尤为必要。

"丝绸之路经济带"（一带）建设将进一步显现欧亚大陆桥的作用，"黄河几字湾"地区正处于欧亚大陆桥中间，横跨我国南北、沟通中西，坐拥能源资源腹地、位居要隘枢纽，是我国同中亚、西亚及蒙俄交流合作的前沿阵地和桥头堡，"一带一路"建设将使这一地区战略腹地作用进一步凸显。随着"21世纪海上丝绸之路"战略的实施和我国经济转型升级，我国沿海地区及"21世纪海上丝绸之路"沿线各国和我国西部地区的交流合作、产业链接、资源整合将越来越深入，对西部战略腹地支撑作用的依赖将愈加迫切。"黄河几字湾"地区凭借独特区位优势、富集的自然资源、深厚人文积淀、高速增长的城市集群、强劲的后发优势再一次走向历史舞台，成为"一带一路"战略的新腹地，促进并融合"一带"和"一路"建设，像当年的陕北根据地一样，通过"一带一路"战略的实施，促进世界发展、实现中华富强。

2. 实施北上西进战略。黄河几字湾城市集群，"向北"辐射蒙俄，加速中俄蒙经济走廊和自由贸易区建设；"向西"，加速助推通过新疆构架中亚欧洲之间的"高速快车"，强化中国声音，深化"一带一路"建设。

"北上"战略。"黄河几字湾"地区，是中、俄、蒙三国间唯一一片拥有良好工业基础和高速成长城市集群的"经济高地"，是三国间"资源相通共济、产业差异互补"的良好平台。以"黄河几字湾"地区作为我国"北向"开放的基地，发挥我国经济高速增长、与邻国资源禀赋相近的优势，强化我国与俄蒙"油、气、煤、水"的直线合作，促动西伯利亚资源与"黄河几字湾"地区包括贝加尔湖的淡水管线的直通管线网线建设，加速启动中俄蒙自由贸易区建设，构建我国内蒙古西部地区与蒙古南部地区"次区域国际合作经济带"。着力深化与蒙古、俄罗斯的交流与合作，大力拓展"北向"发展。

"西进"战略。发挥新疆作为"丝绸之路经济带"核心区及连接欧亚大陆前沿作用，将"黄河几字湾"地区作为我国"西向"合作的强大引擎及坚实基地，发挥我国良好的基础设施和广阔的国内市场、高铁技术等优势，提速实施处于"上行期"的中国板块与处于"复苏期"的欧洲板块的深化融合，在中欧之间形成"朝发夕至"的态势，强化中欧间"不远""可亲"的心理定势，加速完善世界话语新体系、加快完善世界规则新秩序的进程。

3. 加速形成中俄蒙战略合作新框架。东北亚地区是冷战遗留问题最多的区域之一，区内国家在国际政治和安全观念上存在分歧乃至对立，政治互信严重不足，经济合作难以深入。迄今尚未达成各方所能接受的区域合作框架，大有且行且远的趋势。随着国际格局的深刻变化，中、俄、蒙的战略合作面临新的重大机遇。中、俄、蒙三国有着许多重大共同利益关切，俄致力于防美向蒙渗透，与我国有共同的战略利益；蒙在经济上对中俄有较深的依赖。在东北亚安全机制短期内难以形成的条件下，充分利用中俄蒙利益共同点率先推动三国务实合作，尽快形成区域合作热点是三国战略利益的共同诉求。加速中俄蒙经济走廊建设、打造"北电南输"空中走廊、挖掘北冰洋水系资源及新航道价值、联手蒙俄打造"世界能源隆起带"等战略性项目，对中俄蒙三国将产生深远的影响。

二、经济"泵站"

在"丝绸之路经济带"建设中，从东亚到欧洲横穿茫茫欧亚腹地，需要多极"泵站"的支持与驱动，方能活跃经济、繁荣市场、驱动发展。放眼望去，"丝绸之路经济带"沿线，是经济尚未走出漩涡的西欧、经济仍未走出低迷的东欧和欠发达的中亚。穿过我国腾格里大沙漠和漫漫河西走廊，映入眼帘的是由20多座经济持续高速增长的城市群构成的"黄河几字湾"地区，"铆劲"升腾的气息扑面而来。近年来，这一区域一跃成为国内外瞩目的热点地区，为我国改革和持续发展提供着强大支撑和动力驱动。目前，尽管这一地区由于国际大宗能源商品价格大幅下跌、国内产业转型升级、淘汰落后产能等原因致使该地区经济增势式微甚至衰退，但是随着改革深化减少内耗、整体规划摒弃"窝里斗"、能源发展优化转型等措施，尤其是国内发展的刚需和这一地区的良性转型发展，随着"一带一路"建设的深化，这一地区的潜力将进一步显现，"黄河几字湾"地区作为"一带"建设中名副其实的第一"泵站"，作用将凸显。

（一）区位独特，支撑作用凸显

从区位格局上看，亚欧大陆桥呈"一字长蛇阵"展开，"一带"沿线缺失有力的支点是制约"一带"建设的巨大障碍,而作为连接欧亚大陆东西两端最为重要节点之一的"黄河几字湾"地区,凭借其独特的区位优势和迅速崛起的后发优势和蓄势待发的潜力,成为"丝绸之路经济带"上极为重要的支撑区域。自古代"丝绸之路"兴起,以"大河套地区"为主体的"黄河几字湾"地区始终都是"丝绸之路经济带"上最为活跃的区域。

亚欧大陆桥,拥有连接欧亚的特殊区位优势,并拥有融合丰富矿产能源硬资源区与基础厚实的经济发达区软资源优势,具备发展成为一条世界上充满活力、跨度最长的经济大走廊优势。长期以来,受制于自然环境、交通状况以及区域内各国间发展不均衡、合作水平低迷等诸多不利条件,"近邻而不近业""近居不共富",致使该地区深厚的发展潜力没有得到充分释放。

近年来,位于"一字长蛇阵"最西端的西欧等传统发达国家,虽然已经度过了欧债危机最为困难的时期,但整体经济形势依旧低迷,"自顾不暇",难以担当起"一带"建设引领者的角色。而处于"一带"咽喉位置的中亚地区,虽然区位、能源、资源优势明显,但经济体量小、发展水平低、国家间协作程度弱,也难以承担起"一带"推动崛起、共同繁荣的历史使命。

综合历史和现实区位等因素,重振"丝绸之路经济带"的使命历史性地落到中国肩上。近年来,随着西部大开发战略的深度推进,中国经济发展已经开始摆脱单纯依靠东部地区"单一推进"格局,转而向各区域的"多极推动"迈进。在这一过程中,具有独一无二区位优势的"黄河几字湾"地区正是实现这一战略转变的关键一环。

从我国内部区位的分布来看,紧邻中亚及西亚的新疆和西藏地区,虽然资源较为丰富,但民族宗教问题错综复杂、大部分地区自然环境恶劣、工业基础薄弱且处于边疆国防的一线;河西走廊地区虽然也具备一定的区位和资源优势,但工业经济欠发达、地域狭小、自然环境差,难以形成规模集群效应。而"黄河几字湾"地区,扼守"丝绸之路经济带"要冲,东部与南部邻接中国经济最为发达地区,向西可以直达欧亚大陆腹地,北与资源富集的蒙俄为邻,拥有发展基础较好、潜力巨大的城市集群。因此,在"一带"建设中,"黄河几字湾"地区的区位支撑作用毋庸置疑。

(二)体量强大,"泵站"作用凸显

从经济体量的角度来看,无论是中亚五国,还是国内同处中西部的其他经济区,"黄河几字湾"地区都具有明显的规模与潜力优势。进入21世纪以来,中亚五国虽然是全球经济发展最快的地区之一,至2011年生产总值达到2753.27亿美元,一直保持着增长势头(见图4—5—2)。然而,相比于经济总量位居世界第二的中国而言，中亚地区经济总量仍然偏小，且极易受到国际或区域经济形势变化的影响，中亚各国内部经济结构和发展水平也较为单一、滞后。从中亚东行3000公里左右，经过塔里木盆地及河西走廊就是"黄河几字湾"地区，该地区自2009年生产总值超过中亚五国后，一直保持领先。"黄河几字湾"地区2011年生产总值约合3307.55亿美元（按当年汇率牌价），超过中亚五国总和560多亿美元，中亚五国与"黄河几字湾"地区的发展落差逐年拉大的势头明显（见图4—5—3）。"黄河几字湾"地区同国内"一带"沿线的经济区相比，其区域位置、发展后劲及经济体量等关键因素同样具有优势。由此可见"黄河几字湾"地区资金集聚、资源集聚、技术集聚等要素集聚效能凸显。

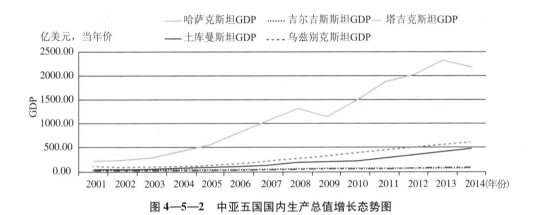

图4—5—2　中亚五国国内生产总值增长态势图

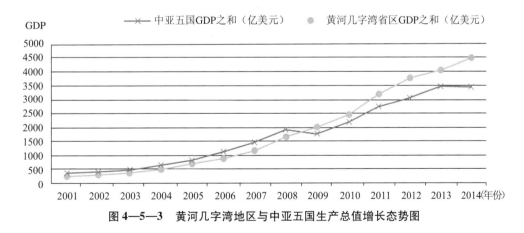

图4—5—3　黄河几字湾地区与中亚五国生产总值增长态势图

"黄河几字湾"地区处于欧亚大陆桥中间点，横跨我国中东西部接壤地带，位居中国资源最为富集区、背靠中国经济最为活跃的东部沿海区，是整个欧亚大陆腹地中唯一一片拥有雄厚工业基础的城市经济带，这些禀赋决定了"黄河几字湾"地区对"一带"建设的成功与否有着重大的影响。通过"一带"建设的深化和交通条件的改善，以高铁为主的新"亚欧大陆桥"将极大地促进中国与西亚、中亚等"一带"国家的人员、经济、技术交流。同时，通过进一步的能源管线建设，西亚、中亚地区丰富的油气资源将以更加安全、便捷的方式通过该地区输向全国各地。充分发挥"黄河几字湾"地区的"泵站"效应，不断强化该地区成为我国新的经济增长极的集聚效应。同时，以该地区为核心节点，驱动"一带"沿线地区的全面发展，进一步增强中国在全球的影响力，从而为我国的对外开放拓展新的战略空间。

（三）能源富集，产业驱动作用凸显

我国"一带一路"战略的重点是加强同周边国家的开放与合作，实现欧亚共同繁荣，而能源资源领域的合作尤为重要。一直以来，能源供给长期困扰我国经济持续增长。"黄河几字湾"地区最典型的特征是能源富集，这里是我国乃至世界罕见的能源资源富集区，还是沟通我国华北和西部经济联系的重要枢纽，也是国家西煤东运、西气东输、西电东送的主要通道和基地。

多年来，这一区域以不足全国6%的国土面积，调出了占全国能源总调运量50%以上的能源。在实施"一带一路"战略的大背景下，加快该地区的资源勘探，进一步深度开发、合理利用其巨大的发展潜力，增强对外凝聚力，进一步发挥西向"泵站"作用。同时，该地区还是我国接受国际能源输送最重要的一环，通过进一步的能源管线建设，西亚、中亚地区丰富的油气资源将以更加安全、便捷的方式通过该地区输向全国各地。

西部大开发战略的实施，一大批项目在此地区集聚，目前已形成了以煤、电、油、气、煤化工、稀土、盐化工为主导，上下游产业衍生配套的大集聚格局，现代经济产业体系初具规模。随着全国对这一地区能源资源的持续依赖，将进一步活跃区内外的互动，强化区内产业升级创新，"黄河几字湾"地区的产业驱动作用也将得到进一步彰显。随着"一带"建设战略布局的深化，该区将会形成能源和技术创新双轮驱动优势，产业升级经济优化成效显著，连接东西的"泵站"效应将得到充分发挥。随着产业集聚的不断强化和驱动作用的增强，"黄河几字湾"地区作为我国新经济增长极和"一带"战略的核心节点，将带动整个中西部乃至西亚、中亚等欧亚大陆腹地国家和地区的发展，增强中国在欧亚的影响力。

三、政治"泵站"

"黄河几字湾"地区的核心区——陕甘宁革命老区，是实现中华民族百年复兴中国梦的发源地。当年以毛泽东为代表的老一辈中国共产党人在陕北窑洞

绘制了建立新中国的宏图大业,今天我党又制定了实现中国强盛、共促世界繁荣的"一带一路"伟大战略。作为中华文明摇篮的"黄河几字湾"地区、中国重大革命根据地的陕甘宁革命老区,又成为"一带一路"战略的重大基地和精神源头,是现实的选择,也是历史的必然。

第一,统筹"黄河几字湾"地区,解决陕甘宁革命老区贡献与发展不对称问题,为践行"一带一路"战略提供先进的发展理念,确保我党不丢"分"。

革命战争年代,陕甘宁革命老区地广人稀,物质匮乏,经济文化落后。这种特殊的环境孕育了我党赖以生存和发展的革命根据地。我党执政后,国家对老区长期采用经济输血的做法,结果"长期扶贫仍在贫"的现象突出,未能从根本上解决老百姓脱贫致富问题,致使内生动力机能萎缩,导致不思进取的惰性思维和依赖外援的惯性思维蔓延。

改革开放以来,特别是1992年以来,市场在资源配置中逐步发挥基础性作用。这一地区长期存在的不体现公平、不讲效率的"等靠要"惯性思维,与"国家调控市场,市场调控企业"的现代经济运行机制发生了激烈冲突。随着西部大开发等一系列扶持政策的实施,老区经济社会等事业有了长足发展,但总体发展依然滞后,城乡居民收入依然偏低,依然存在不少扶贫工作重点县,更值得警惕的是,这一地区贫富差距极其悬殊,比内地和沿海地区更加严重,市场发育明显滞后,存在着资源富集与整体贫困、产业开发与基础保障严重不足等矛盾。

这些问题的解决,需要更大范围的资源整合,需要多种政策叠加和模式突破。"一带一路"战略实施,为老区实现大跨度、多维度整合提供了契机,加速"黄河几字湾"地区的统筹,使区内区外发达地区的资金、技术和先进管理经验畅流,为加速产业集聚和产业升级,实现要素收益合理分配,大幅提升人民生活水平和幸福指数,大幅缩小革命老区与发达地区经济社会发展差距,积极探求共同富裕和均衡发展为目标创新驱动模式,为践行"一带一路"战略提供了不可多得的战略机遇。

第二,规划"黄河几字湾"地区,提速陕甘宁革命老区振兴,秉持"延安精神",为深化"一带一路"战略提供共同的价值源泉,确保我党不断"根"。

任何战略的顺利实施都不能离开社会共同价值观的支撑。共同价值观既来自历史传承,又具有现实根基。一个时代的共同价值观既离不开对本民族优秀价值传统的回归、积累、传播和调适,也不能脱离以自然环境、生产方式和社会意识为基本内容的社会结构。陕甘宁革命老区孕育和滋养的独立自主、实事求是、全心全意为人民服务的延安精神就是一种体现历史文化传统和社会现实要求的共同价值观。

我党在陕甘宁革命老区率先践行这一精神，将陕甘宁革命老区建设成了当时全国政治制度和精神文化最进步的地区。规划"黄河几字湾"地区，加速振兴陕甘宁革命老区，秉承作为我党优秀文化血脉的"延安精神"，实现对革命优秀文化传统的回归和创新，为深化"一带一路"战略提供最基本的思想路线、最重要的价值主张和政治原则。我党提出的"一带一路"战略和建设中国特色社会主义文化事业，实现文化大发展大繁荣，增强软实力，其思想内核与价值内核同"延安精神"血脉相承，确保我党的价值源泉"不断根"。

第三，建设"黄河几字湾"地区，及时汲取陕甘宁革命老区文化的精髓，为深耕"一带一路"战略提供坚实的理想信念，确保我党不失"真"。

近代以来，从救国救民到强国富民，中华民族追求伟大复兴的脚步从未间断，越走越自觉，越走越自信。我党在陕甘宁革命老区提出新民主主义革命的奋斗目标，锻造了有着牢固理想信念并充满活力的健康肌体，确立了我党自我修复和自我革新的意识和创新机制，形成了我党艰苦奋斗、谦虚谨慎、不骄不躁的良好作风，实现了80年前我党在陕北向中国人民宣传追求"中国梦"，到80年后的今天中国人民主动追求"中国梦"的根本转变。当前，我党审时度势提出"一带一路"战略，引领全国人民开始强国富民的新征程，实现人民对美好生活的新期待、新期许。这项继往开来的伟业，需要汲取"延安精神"精髓，用强大的理想信念武装全党，剔除信念虚无化、精神荒漠化、价值西方化存在的土壤；创新建设"黄河几字湾"地区，需要汲取陕甘宁革命老区文化精髓，开创社会发展新风尚、经济发展新模式、社会治理新机制、政治生态新正气，为深耕"一带一路"战略提供理想信念，确保我党坚持实事求是、保持真理本色"不失真"。

四、文化"泵站"

（一）文化作用凸显

"黄河几字湾"地区历史底蕴深厚、文化多样性特点突出、各民族关系和谐融洽，这些都为该地区经济的腾飞与发展创造了良好的文化和社会基础。作为中华民族的母亲河，黄河在她流淌过的"几字湾"地区，孕育出了世界上最古老、最灿烂的文明之一。从最早的陕西蓝田、山西丁村古人类遗址，到氏族社会空前繁盛时期的半坡文化，再到周秦汉唐等高度繁荣的封建时代，"黄河几字湾"地区始终是中华文明最重要的孕育基地。通过丝绸之路的连接，沿线的各族人民进一步加深了相互的交流与融合，促进了各民族的合作与共荣。

自西汉张骞通西域和东汉班超出使西域以来，在长达2000多年的历史进程中，"丝绸之路"一直是欧亚大陆两端实现交流最重要的通道之一。通过这条贯穿欧亚的大道，中国不仅与广大中亚和欧洲地区建立了密切的经济文化联系，也加强了中央王朝与西域边疆地区的联系，促进了民族融合，为我国统一多民族国家的形成奠定了重要基础。自"丝绸之路"开通，沿线各民族在2000多年的相互交流与融合过程中，逐步建立起了和谐共荣的民族关系以及对中华民族文化强大的认同感和向心力。今天，生活在"黄河几字湾"地区的汉、蒙、回、维、藏等众多民族和谐相处、共同繁荣，为该地区及相关区域的经济腾飞提供了良好的社会文化基础。

（二）历史积淀深厚

早在新民主主义革命时期，"黄河几字湾"地区就是中国革命最重要的根据地。尤其是在抗日战争时期，作为抗战的大后方，"黄河几字湾"地区涌现出了一大批具有强烈革命性和先进性的红色文化，以革命圣地延安为中心，中国共产党领导全国人民在艰苦卓绝的革命年代孕育出了伟大的"延安精神"。她既是我党的传家宝，也是中华民族珍贵的精神财富，对中国历史的发展进程产生了巨大而深远的影响，也为中国革命和建设事业提供着强大的精神动力。总之，"黄河几字湾"地区底蕴丰厚的红色文化和传统文化，既是我国文化巨厦中的重要材料要素，又是构建我国战略经济区，维系我国社会经济良好发展的"精神食粮"。

（三）民族精神彰显

中华民族的发展史就是不断与黄河及大自然和谐、抗争的奋斗历程。长期的治水斗争对中华民族文化性格和精神塑造都产生了深远影响，也创造了宝贵的民族精神财富。炎黄子孙在黄河流域辛勤耕耘，既与黄河水患相抗争，又保持着对黄河的依赖，在这个过程中形成了独具特色的黄河精神，艰苦卓绝、不畏艰险的精神，大道之行、天下为公的精神，重实际、黜玄想的精神，坚强不屈、勇往直前的精神。某种意义上说，黄河精神正是中华民族的精神内核，是世代中国人的心灵皈依。

"襟三江而带五湖，控蛮荆而引瓯越"。"黄河几字湾"地区：古老而新颖、沉默而澎湃、精致而粗放、丰硕而贫瘠、焦点而落寞、泵站而世界……

"一带一路"战略高远而深邃，为中华民族的繁荣强盛洞开了千载难逢的良机，"黄河几字湾"地区就似契机中有形的抓手，"牵一发而动全身"，在这片神圣而又古老的大地上，披荆斩棘开创红色根据地的革命先驱们为我们提供了行动榜样和精神力量，为此，我们需要找准抓手，开拓创新，深化并践行"一带一路"战略。

第五章 "一带一路"与现代农业

农业现代化作为一个历史概念，不同时期拥有不同的内涵。21 世纪的农业现代化是用现代工业装备农业、用现代科学技术改造农业、用现代管理方法经营农业、用现代科学文化知识提高农民素质、用现代可持续绿色发展思想指导生产的全过程。

"一带一路"国家战略为中国农业转型升级、引领世界现代农业发展提供了重大机遇。中国农业急需整合现有产业基础、重塑现代农业文明、优化劳动力资源，创立新时代农业发展"天人合一（2.0 版）"，依托科技创新和金融资本双核驱动，培育农业战略性新兴产业，形成具有"中国味道"，拥有比较优势与核心竞争力的全产业链大农业，引领"一带一路"沿线国家和地区及世界现代农业发展，构建全球农业协同发展新格局。

第一节 现代农业的本质

农业现代化是指从传统农业向现代农业转化的过程。现代工业、现代科学技术和现代经济管理方法逐步糅合，使落后的传统农业日益转化为当代世界先进水平的现代产业。

一、高新技术助推农业科技革命

人类社会进入 21 世纪以来，以生物、信息、新材料等高新技术为代表的世界科学技术飞速发展，不断取得重大突破，促使现代农业技术革命发生着深刻变化。

（一）生物育种研究日新月异

生物技术是农业科技革命的重要组成部分。在作物增加产量、改善质量、减少投入、提高效益等方面具有巨大潜力。生物育种和20世纪的"绿色革命"一起，成为新农业科技革命的重要组成部分。分子设计、基因工程等现代生物学技术在深化应用，已经培育出高产优质高效的农作物新品种，随着生命科学、基因组学、信息学等学科的快速发展，转基因技术研究手段、装备水平将不断提高，基因克隆技术也将突飞猛进。一些新基因、新性状和新产品将不断涌现，转基因的研究水平已经成为全球农业技术革命的重要标志。虽然纳米粒子对粮食作物是否产生影响及其作用机理尚待进一步清晰，但纳米技术在降低沉降率、增强物质元素在土壤中的运移、提高扩散率、降低活性成分结晶及提高效率等农业应用中具有潜在优势。

（二）生物信息技术已成为重大颠覆性技术的突破口

以基因组学为核心的现代农业生物技术，已成为全世界农业科技发展的重点之一。生物技术已纳入我国重大科技攻关项目，生物技术的创新正在创造新产业和新业态。生物技术广泛渗透到几乎所有领域，带动着以绿色、智能、泛在为特征的群体性重大技术变革。生物技术与智能制造技术融合加快，促使产业更新换代不断加速，使社会生产和消费从工业化向自动化、智能化转变，社会生产力将大幅提高，社会发展将展现崭新的面貌。

二、物联网催生智慧农业发展

近年来，一些发达国家相继开展了农业领域的物联网应用示范研究，实现了物联网在农业生产和"物—人—物"之间的信息交互与精细农业的实践与推广，形成了一批良好的产业化应用模式。

（一）农业信息技术迅猛发展

随着电子信息科学与技术的迅猛发展，农业数据采集自动化、数据使用智能化、数据共享便捷化的实现，"农业大数据"也迎来大发展（见图5—1—1），实现农业产业链、价值链、供应链的联通，大幅度提升农业生产智能化、经营网络化、管理高效化、服务便捷化的能力和水平，全世界将逐步建成全球农业数据调查分析系统。现代农业大量应用GPS、传感器等物联网感知技术，为农业生产信息获取、生产管理、辅助决策、智能实施提供技术支撑，这些现代农业技术催生并深化着精细农业生产管理。

（二）农业不再是"大老粗"产业

知识经济时代的农业将不再是粗放型的行业，农田将成为科学家和农业生产者"精雕细刻"的精品，精细农业油然而生，已成为现代农业发展的必然方向之一。面对产业的急剧转型和深化，农业发展面临多种挑战，我国农业发

图5—1—1　农机商与大数据

和粮食安全亟待创新，农业科技创新和农业发展政策亟须进一步改革，强化植物种质资源利用与现代育种、动物种质资源利用与现代育种等政策创新，加大资源节约型农业、农业生产与食品安全以及农业信息化和精准农业等重大科技攻关力度，实现农业产业的新突破。

三、农业产业观念革新

根据国际经验，当一个国家或地区的人均国内生产总值达到1000美元时，农产品加工业开始起步；超过5000美元以后，农业产业发展将主要依赖于农产品加工业。

（一）我国农业向加工服务业转型

2000年，我国人均国内生产总值达到1000美元，农产品加工业发展进入国家第十个五年发展计划；2001—2010年间，我国农产品加工业异军突起，快速发展；2011年，我国人均国内生产总值超过5000美元，农产品加工业与传统农业产值比由2000年的0.3:1达到2011年的1.7:1；2014年底，农产品加工业总产值达到18.5万亿元，占工业总产值的32%，农产品加工业产值与农业产值之比达到2:1以上。改革开放以来我国农产品加工业产值总体保持年均13%以上的增长速度；农产品加工业规模以上企业主营业务收入从2000年的1.8万亿元增长到2014年的18.5万亿元，年均增长幅度在20%以上，农产品加工业已经取代传统种养业的主体地位。

（二）农业成为社会经济发展战略性产业

伴随着工业化、城市化的高速发展，农业产前、产中和产后的结构将发生革命性变革，产后的农产品加工业包括保鲜、物流及其相关产业便进入指数增长的高速发展时期，取代传统种养殖业成为农业产业的主体和支柱，农业产业发展将主要依赖于农产品加工业的迅速崛起和发展壮大。这个时期一般持续几十年（如在北美地区和日韩等国家）甚至上百年（如大部分欧洲国家和英联邦国家），直到人均国内生产总值超过 5 万美元。我国的农业实践吻合这一经济社会发展规律。至此，农业产业发展已经成为横跨多个产业、汇聚多个行业、广泛带动就业、拉动内需和满足营养健康消费需求的基础性、战略性、支柱性产业。农业产业支撑着民生内需、经济安全、社会稳定、政治和谐。特别是在外贸下降、内销不旺，其他制造业产能过剩、生产与盈利下降，国民经济发展速度进入"新常态"保持中高速阶段，农产品加工业和农业产业的逆势高速发展与核心支撑作用显得尤为重要。

四、复合业态是现代农业的基本表现

由于石油工业革命带来的农用化学品大量使用，生态遭到急剧破坏、环境日趋恶化。在我国发展取得巨大成就的同时，出现资源过度消耗、成本居高不下等制约可持续发展的突出问题。至此，农业的综合作用、复合性作用更加凸显。

（一）农业向一、二、三产业融合发展

进入工业化中期以来，在技术进步和制度创新的推动下，我国农业现代化不断向深度发展，农业发展对经济社会全面协调发展的作用发生显著变化，已经由单纯"经济功能"向复合型的"经济＋社会＋生态"等多功能转变；农业产业分工不断细化，原有的产业边界和产业交叉出现深度技术融合，一、二、三产业融合的新型复合业态已成为现代农业发展的大趋势。在现代农业发展中，要以农业多功能的开发利用为目标，不断拓展农业功能，实现"接二连三、联动发展"。合理有序促进第一产业和第二产业、第三产业有机结合，推进生态农业建设产业化，提高农业生态系统的服务价值。

（二）农业复合型新业态成为新时尚

农业与相关产业融合发展，既能提高农业产业的经营效益，也拓展了农业多功能与产业发展空间，形成了现代农业产业新业态。现代农业发展实践中，涌现了休闲农业、订单农业、超市农业、连锁经营农业、网络农业、创意农业、农村特色文化产业等多种农业新业态。尤其是，移动互联网时代的到来正

深刻改变着农业的生产、销售、服务、资金等产业环境，集农业电子商务、高品质绿色食品原产地直供、体验式旅游等于一体的现代农业产业模式，给农业带来发展新机遇，农村休闲旅游、体验、民宿、产品销售等现代农业复合型新业态已成为一种新时尚。

（三）农业关乎国家食物安全、资源安全和生态安全

大力推动农业可持续发展，追求产业经济与生态环境、社会发展的统一与协调，在"丝绸之路经济带"沿线，土地草地广袤无垠、光热资源丰富、传统能源富集，具有发展绿色生态产业的优势地理环境和资源优势，随着农业可持续发展共识的进一步提高、物质基础日益雄厚、科技支撑日益坚实以及制度保障日益完善，发展绿色现代农业经济将为"丝绸之路经济带"沿线国家和地区提供难得的良机。

（四）"一带一路"加速现代农业发展

现代农业的发展，必然摒弃传统工业革命不可持续发展的弊端。"一带一路"建设，有助于综合运用现代生物技术、信息技术、新材料和先进装备，集成创新生态农业、循环农业等技术模式，形成分区域、分类型的农业可持续发展模式。以此凝聚共识、组织合作、共享利益、共同发展、共享繁荣，构建环境友好型的产业、商业与经济发展模式，优化区域产业结构和产业布局，追求土、肥、水、药和动力等资源的节约与高效使用，保护各国、各民族的农业文化遗产，加速"有机农业""生态农业""都市农业""休闲观光农业"等新型农业生产的发展，坚持复合业态发展之路，使沿线国家的大农业发展步入农业强、农民富、农村美的良性循环。

第二节　现代农业文明的精髓

每一次农业新文明，都将广泛地促进农业技术的全面发展。每一次农业技术革命都将促进农业的重大发展、促进社会的发展升级。今天的世界，是产生农业新文明的时代，更是产生农业技术革命的时代。

一次次的农业科学技术革命产生着不同的农业发展阶段：原始农业、传统农业、现代农业、生态农业。随着农业技术的不断出现，当今世界正在经历着现代农业与生态农业两个重要阶段。如果说，现代农业是单一的、微观的、无序的并带有一定战术性措施，那么，生态农业更多地呈现出综合性、宏观性、有序性并带有一定战略性措施。随着科学技术的发展，这两个阶段紧密衔接，循序渐进，由单向到综合、由简单到复杂、由无序到有序。随着对农业发展规

律的清晰认识，强化推进生态文明建设显得尤为重要，需要进一步提升农业作为基础性产业的价值共识，通过"青山绿水"展示"金山银山"价值，通过"金山银山"呈现"青山绿水"价值，建立"天人合一"（2.0版）新理念，凝聚世界新文明发展的灵魂，全面实现现代农业的健康发展。

一、现代农业要回归农业文明的本源

大力发展现代农业，是实现"一带一路"沿线国家和地区农业和农村经济发展方式根本性转变的重要途径，是促进农业产业结构战略性调整和建设现代农业的主要内容，是有效转移农业劳动力和安置农民重新就业的主要渠道，是大幅度增加农民收入和建设小城镇的有效手段，是实现资源高效利用和可持续发展的必然选择，是广大发展中国家和地区，促进社会发展提升经济转型的必然之路。

（一）现代农业出现严重社会负面问题，离农业目的"且行且远"

现代农业的发展不仅大幅度提升了社会的文明程度，解决了人民基本生存的温饱问题，而且作为第一产业的支柱，为社会生产第二、第三产业提供了基础与保障。但是，随着现代农业的发展也引起了很多社会负面的问题，尤其是在广大发展中国家，一方面随着常规农业（又称石油农业）的发展，环境污染、病虫害严重、能源浪费、成本高昂、地力下降等弊端日益凸显；另一方面，食品安全形势愈发严峻，特别是农业生产过程中化肥投入过多，农药残留、兽药残留等都对食品安全构成了威胁。现代农业生产迅速发展的同时，诱发了空气污染、环境污染和水体污染，深重的副作用对于人类健康和环境产生着深远的影响。农业最单纯的目的是提供食品，为人类健康提供基本保障，为社会进步提供基本发展要素，今天的农业似乎离农业这些基本目的"愈行愈远"。为此，现代农业发展更加需要重视农业文明的本源，尽早采取更加可持续的农业生产方式，保障有机农业生产。

（二）农业文明本真的回归，愈发迫切

面对世界粮食需求大幅度增长的现实，在满足环境可持续发展的同时，满足人类发展对粮食的需要，是由传统农业向现代农业转变的关键要素。坚持高产与优质、高效与生态相结合的安全农业之路，必须回归农业文明的本源：粮食的核心是"良"，是农耕文明和现代农业文明不变的灵魂。田里产出的粮为"米+良"，食之为"人+良"，米良方为"粮"、人良方为"食"，无论是田里种的"粮"还是入口的"食"，核心是"良"，不然就不是粮食。中国现代农业文明的内核是"良"，只有凭着这样的内核，才能重新站在"世界现代农业

文明"的制高点、"世界新一轮发展"的制高点。这一制高点的建设，也是我国借助"一带一路"构建大国崛起的全球战略、实现中华民族伟大复兴、引领人类文明发展不可或缺的"核心"之一。

二、生物能源是农业文明的典型体现

生物质是由生物体所产生的有机物质，包括植物、动物及排泄物、有机垃圾与有机废水等，几乎全部来源于农业和农村。以生物质材料为来源的各种形式的可再生能源，直接或间接地来源于绿色植物的光合作用，均可转化成常规的固态、液态和气体燃料。

（一）农业能源功能属性是农业文明的自然延伸

从广义上讲，生物质是植物通过光合作用生成的有机物。地球上每年生长的生物能总量约相当于目前总能耗的 10 倍，而作为能源的利用量还不到总量的 1%。在自然条件下，光合作用的转化率较低，按全年平均计算约为太阳全部辐射能的 0.5%～2.5%；在理想环境条件下，光合作用的转化率可达 8%～15%，提高了 6～16 倍。发展生物能源产业是现代科学背景下"天人合一"的具体体现。同时，发展生物能源产业也是"农业能源功能"这一特殊属性对农业文明的拓展与深化，为"三农"发展开拓了更为广阔的空间。

（二）生物质农业将实现经济效益、社会效益和生态效益的有效统一

随着全世界石化能源资源的逐步枯竭，作为可再生能源、特别是唯一能提供最稀缺液体燃料替代品的生物能源，其基本原料完全依靠农业，市场潜力和价格优势无限，为农业生物能源产品的高经济效益实现，提供了前提和保障。通过治理沙地结合的灌木生物质发电、秸秆生物清洁燃料、粪池沼气等生物能源的成功案例表明，符合广大发展中国家国情的、以有机废弃物利用和边际性土地利用为中心的生物能源产业，能够使物质循环利用和能量多层次利用，打破农户小规模经营体实行的局限，缓解土地、矿产资源和能源等方面对农业的巨大制约，真正发挥生物质经济的重大作用，社会效益巨大。生物燃料比石化燃料的大气污染物及温室气体排放量要低得多，几乎所有的生物燃料都接近了零排放。以农业为基础的生物能源能够真正实现"一带一路"沿线国家和地区生态农业的理想。

（三）"绿色增长"新引擎

生物能源产业有多方面的特殊功能，即促进能源安全作用、独特的生态效应、碳大幅减排功能、环境保护功能、消除贫困和改善民生、创造新的市场和就业机会。生物能源是典型的绿色经济，有助于消除贫困、改善民生。作为新

的增长引擎，生物能源对正处于资源、环境"两难"发展中的中国以及"一带一路"沿线所有发展中国家而言，是一个难得的发展机遇，生物质农业的发展将成为广大发展中国家走向生态文明的助推剂。生物能源产业的大力发展越来越成为各国的重要国策，"绿色经济"发展越发成为各国推动可持续发展、促进世界经济复苏的有效途径。

三、"天人合一"是农业文明的精髓

中华民族的祖先在自然和人类互相影响、促进发展的过程中，认为人与自然是一个整体，提出"天人合一"的哲学理念。而生态农业的实质正是坚持生物因素与环境因素矛盾的统一观，以保持良好的生态环境和合理自然资源为基础，通过人的有序活动和适度干预，不断调整和优化生态系统的结构和功能，促进和稳定生态系统的良性循环，实现人与自然和谐共处。

（一）农业文明是人类发展的基础

我国生态农业有着悠久的历史，生态农业是高功能人工生态系统，是多科学的大农业，农、林、牧、副、渔是一个环环相扣缺一不可的大整体。天，利用自然资源；人，利用社会资源，农业生产长期遵循着一种特殊规律而运行。农业是支撑中华民族生存繁衍和中华文明缔造传承的物质基础。中国古代农业长盛不衰，在自然农业模式下，以环境安全、生态保护型的农业生产方法，在有限的土地上维持着众多人口的生计，维系了几千年传统农业社会的绵延发展，铸就了中国农业文明。"天""地""人"合一思想，在中国独特的"土壤"中形成、发展并在传统农业文明中不断强化、提升，由此引导了中国古代农业思想及其农业实践，成为中国古代农业思想的精髓。

（二）"天人合一"是人类文明的自然结晶

人类通过早期对自然理性的深刻体会，总结出"天人合一"的哲学思想。这一朴素的思想首先来自于农业，也首先应用于农业。农业文明起始于动植物的驯化。动植物的驯化是人与自然共生、亲和的产物。人类经过长期的采集、渔猎生活，逐步熟悉了植物和动物的生活习性，在旧石器时代晚期和新石器时代开始驯养繁殖动物和种植谷物，人类进入了原始农业阶段。当农业生产发展到一定的规模，农业技术形成一定的体系，生产经验积累到一定程度并开始上升到理性的认识，人类进入农业文明。由动植物驯化到农业的发展，人们必须依赖和珍视自然环境、生态资源，依赖地理、气候条件和动植物资源，维持生存繁衍。

（三）"天人合一"是农业文明长盛不衰的重要支撑

中国古代农业哲学、农业思想及其农学理论和技术实践，在"天人合一"

思想的导引下，蕴含着丰富的"天地人物协调统一"思想，这正是传统农业长盛不衰和社会绵延发展的重要基础。我们的祖先用他们的勤劳和智慧，创造了"天人合一"农耕文明，推进了中华民族历史的进程，书写了中国人的伟大与自豪。"天人合一"已经渗透到生活中的方方面面，特别是乡村社会生活的各个方面。辉煌的中华民族文化不断丰富着农业内涵，使得"天人合一"一直蓬勃兴旺，推动着中国农业的持续发展、养育着历经天灾人祸而不断繁衍的农民、饱经吹打而久居一隅的乡村。事实证明："天人合一"具有可持续发展特征，拥有春风化雨、润物无声的重要作用，铸就了中华民族自强不息的精神，是中国农业不断前行的力量源泉。

（四）"天人合一"推崇自然和谐是人类恒远的价值追求

中国自古以来以农立国，源远流长的农耕文明造就了威武的农业大国。在年复一年的春种夏耕，秋收冬藏的农业实践中，华夏民族的祖先创造了灿烂的中华农耕文化，他们发明并革新农具、改革农艺、治水灌溉，创造出中国独特的精耕细作、用地养地的技术体系，还在与大自然的长期互动中，形成了丰富多彩的民俗风情。这些伟大实践孕育了"天人合一"的思想，彰显出"天人合一"的地位与作用。"天人合一"农耕文明推崇自然和谐，其耕作方式、文化传统、农政思想、乡村管理制度等与今天提倡的和谐、环保、低碳的理念基本一致，这也是中华文明绵延不断、长盛不衰的重要原因。中国历史上，传统的农业技术在乾隆时期（公元 1736—1795 年）最多曾养活 4 亿多人口（见表 5—2—1）。

表 5—2—1　中国历史上的粮食产量与人口

朝　　代	人口数量（万）	人均粮食产量（斤）
汉代（公元前 206—220 年）	4601	456
盛唐（公元 626—741 年）	5200	1256
北宋（公元 960—1127 年）	4673	133
晚明（公元 1567—1644 年）	8000	317
清初（公元 1636—1661 年）	5500	411
大清盛世（公元 1681—1795 年）	37000	705
晚清（公元 1840—1875 年）	40000	705
清末（公元 1875—1911 年）	24000	750

中国传统农村是以一两个主要姓氏同宗同族小规模聚居而成，邻里之间大多是亲戚族人，提倡合作包容，和谐有序。这与精耕细作、自给自足、生态循环的小农经济相辅相成，是"天人合一"的精髓体现。

（五）"青山绿水"与"精神价值回归"

伴随着人们生活水平的提高，人们对生活质量愈发关心，人们越来越期盼无公害的自然食品。回归自然成为重要话题，人类要生存、大地要保护、空间要净化，这符合我国和世界人民的最大利益。越来越多的人开始意识到美好的自然生态环境，才是可贵的财富。在青山绿水之间，农业为消费者提供安全的农产品，维持良好的自然生态环境，乡间缕缕炊烟和清澈山水所构成的乡愁，以及乡间休闲娱乐和教育等功能，也已成为社会的内生需求。

面临日益严峻的生态和食品安全形势，我国兴起了有机农业、生态农业、生物农业等自然农业实践。这些农业生产方式秉承了农耕社会"天人合一"的精髓，以现代农业科技为支撑，更好满足国民对农业的多元化需求。通过发挥农业的生产生活功能、自然生态功能、挖掘农业的一、二、三产业融合功能，实现农业由"天人合一（1.0版）"向"天人合一（2.0版）"的全面升级（见表5—2—2），实现我国新常态下的可持续发展，推动"一带一路"沿线国家和地区的繁荣与强劲增长。

表5—2—2 "天人合一"的深化与升级

	天人合一（1.0版）	天人合一（2.0版）
方法	人的有序活动和适度干预，不断调整生态系统结构和功能	遵循自然规律，立足自然环境与资源，高度发挥自然生物系统作用，着力利用现代技术，秉持文明德行
目的	促进和稳定生态系统的良性循环，实现人与自然永续和谐共处	实现人类恒远价值与自然融合的现代文明思想及其体系，满足国民对自然的多元化需求，创造美好自然空间
特征	可持续、生态、合作包容、和谐有序	现代高新技术的应用，生态系统更高效

四、"天人合一"引领发展新未来

"天人合一"，旨在遵循自然规律，充分立足于自然，高度发挥自然生物系统作用，着力利用现代高新技术，严格秉持人类文明德行，追寻实现人类恒远价值与自然融合的现代文明思想及其体系。"天人合一（2.0版）"在于捍卫人类生存的自然环境，有效有度发挥现代科技，创造美好清净的自然空间，造福于人类的今天、明天和后天。

（一）"天人合一"是人类社会发展的共同追求

"天人合一（2.0版）"首先促进农业实现生态化与循环化、科技化与产业化的有机结合，加快市场化和信息化建设，加速规模化和国际化发展。"天人合一（2.0版）"实现今天有实惠，明天有幸福。作为一个综合性系统思想，有效指导包括种植业、养殖业、畜牧业、加工业等诸多方面的发展，其思想精髓不断由第一产业向第二、三产业拓展和延伸，促进城乡统筹、城乡互动、产业升级融合，为社会提供安全、优质、功能化、多样性和个性化农产品，实现农业体系生态化并使整个社会运转体系生态良化的实现。

（二）"天人合一"保障社会纵向可持续、横向可生态发展

"天人合一（2.0版）"在满足"我"的同时，满足"你"和"他"的生态生活与发展需求，也就是说，保障社会纵向发展可持续、保障社会横向需求生态化和文明化。"天人合一（2.0版）"将有序价值链观念运用到农业产业链中，使农业生产与农产品加工和流通，以及休闲服务业等融合发展，促进农业增效、农民增收、农村繁荣，拉动农业农村经济发展，转变农业生产方式，满足消费者今天的生态饮食需求的同时满足发展需求，保障明天的生活需求的同时保障明天的发展需求。加快推进实现农业强、农村美、农民富，全面加速小康社会建设目标。

（三）"青山绿水就是金山银山"是"天人合一（2.0版）"的思想精髓

"青山绿水就是金山银山"和"金山银山一定是青山绿水"思想是"天人合一（2.0版）"的思想精髓和朴素体现。当前，我国正在加快城乡发展驱动平台、实现人类立体生存与快速角色切换路径，打造"青山绿水"与"金山银山"深度契合模式。构建"天人合一（2.0版）"，凝聚城乡协同发展"灵魂"，是我国农业以及整个社会经济转型发展的关键。"天人合一（2.0版）"所引领的首先是农业，但不仅仅是农业，而是社会的全部。就像"青山绿水就是金山银山"讲的不仅仅是农业，更是一种社会发展理念，是引领社会转型的指导思想，是指导人类对"自掘坟墓"发展思想的一种"精准修正"。"天人合一（2.0版）"的显性标志就是"青山绿水就是金山银山"和"金山银山一定是青山绿水"。"天人合一（2.0版）"的核心内涵就是"青山绿水就是金山银山"和"金山银山就是青山绿水"的人类发展观。

第三节　现代农业发展新趋势

农业是包括我国在内的"一带一路"沿线广大发展中国家基础国情的真实写照，农业工作的有效展开对"一带一路"建设产生着深刻影响，更将深刻影响发展中国家的未来。我国是发展中国家的典型代表，对我国农业发展趋势分析，将有助于"一带一路"沿线国家和地区发展中国家的发展和建设。

一、农业生产经营新模式，加速战略新兴产业生成

"一带一路"作为世界发展与和平建设不可或缺的重要平台，为中国农业发展和世界农业成长提供了强力支撑。当前，我国农业发展显现新特点：由"生产导向"向"消费导向"转变、由"规模扩张"向"提质增效"转变、由"要素驱动"向"创新驱动"转变。

（一）构建大农业管理体制

新世纪以来，中央一号文件的持续出台对"三农"工作起到了强大的推动作用，但在涉农体制与机制方面仍面临掣肘。当前，我国国家层面涉农行政部门繁多、条块分割严重、管理多头与缺位并存，农业部门与其他部门职能交叉、重叠，使得政策难以形成统管全局的力量，决策效率低下；中央农业综合政策调控及大部制建设在"有为"与"无为""调控"与"市场""战略"与"配置"等方面有待提升与整合；为农业战略服务的行政部门分散、人员少，难以建成垂直管理的公共服务与支持保护体系。为适应现代化"大农业"的发展，亟须完善涉农体制与机制，理顺职能分工，整合相关管理机构，探索构建集中、统一、高效的"大农业"管理体制。构建综合性、整体性、协同性的农业治理机制。

（二）创新农业引领新模式

基于区域资源环境特点、农业差异化格局和现代生态文明的要求，需构建发达地区农业引领模式以及区域农业协同发展模式，构建农业配套政策，完善重点农产品、农业新型经营主体的管理机制与扶持政策，积极推进相关体制及机制改革试点，优化农业生产要素配置配套政策，加速构建农业可持续发展的长效机制新模式。"一带一路"为农业"走出去"营造了良好氛围，在政策、交通、资金等强大保障下，围绕安全生产、品质保障、物流配送和品牌推介等创新农业建设模式，实施以强势农业品牌开拓国际市场的新战略，加速"三农"战略新兴产业的生成。

二、食品安全和健康新理念，构成农业发展新动力

20世纪以来，人均食物消费水平提高，人均营养供应有较大增长。21世纪，食物需求和消费总量会不断增加，世界人均粮食消费将趋向合理水平，世界人均蔬菜、水果、肉食和奶类消费将进一步增加，发展中国家的食物供应将面临重大挑战。

(一) 农业成为健康产业的基础

随着国民经济社会的快速发展，特别是人均国内生产总值达到 10000 美元以后，民众食品消费将从最初的果腹饱食、满足温饱，到追求吃得好、吃得营养、吃得健康，市场对食品质量和安全将提出更高要求；在农业生产与食品安全科技发展方面，支撑食品安全的生产技术将成为食品安全的重要技术，营养和保健功能食品的科技将得到更大关注，食品安全监控技术体系研发将得到迅速发展；在农业产业体系方面，农业将从以农牧渔业初级产品生产供应为主的传统农业，转向以产后加工、保鲜、物流和相关服务业为主体的现代农业，农业在健康产业中的基础作用增加。

(二) 农产品加工业提供发展新动力

农业集营养产业、健康产业、基础产业和民生产业于一身，农产品加工业以发展营养均衡、保证质量安全、满足人群不同年龄阶段并提供个性化健康需求的新型食品为目标，以提供消费者终身营养健康个性化服务作为农产品加工业的历史使命。农产品加工将成为农业发展的价值目标，农业并将由此转型为营养健康产业、财富产业。随着"一带一路"战略实施，现代农业将加速发展，营养健康无疑将成为各个国家共同追求的农业发展目标和国家需求。因此，借助博大精深的中华美食和饮食文化，依托我国食品制造业的产业基础、技术优势，打造具有"中国味道"的优势产业和战略新兴产业——以营养健康为导向、以技术创新和金融支撑为驱动的新型食品制造业，将成为未来我国经济的新支柱，成为下一轮中国经济快速发展的重大发展战略产业。

三、农业驱动功能明显，国际博弈与合作走势趋强

随着全球经济一体化趋势加强，全球经济呈现出快速发展趋势，参与国际经济合作已经成为现代国家发展经济的必然选择。国际农业合作既可以实现减少贫困、促进粮食安全的千年发展目标，也可以通过创造就业，增加个人和国家的收入，提高整个国家和人民的福祉。

(一) 农业"走出去"是"一带一路"的重要内容

"一带一路"是我国农业"走出去"的"东风"和桥梁，更是现代农业企业实现国际化经营的良机。随着"一带一路"沿线国家合作协议签署、市场开放、资源的互补利用、自贸区建设、文化交流等一体化进程的推进，我国现代农业和相关企业将会实现——"持续增量引进来、过剩存量走出去；优质要素引进来、优势要素走出去；集约产业引进来、高新产业走出去；结构优化引进来、中小企业走出去"。随着全球气候变暖、饥饿与贫困等问题的突出，"一带

一路"沿线国家和地区农业国际化合作的步伐将进一步加快，从而，缓解国内农业资源利用与生态环境保护压力，加强国家粮食安全保障，加速实现农业可持续发展。

（二）加速高值农业产业体系建设

我国经济发展进入新常态，一方面，农业资源短缺、生态环境恶化、食品安全问题日益突出、农村劳动力老弱化、"新农人"培育严重不足等突出难题倒逼现代农业运营模式创新；另一方面，我国悠久农业文明的软实力，以及装备水平和技术能力不断提升的硬实力，为重塑现代农业运营模式提供了有力支撑。国际博弈催生创新农业生产经营模式，借助云计算、互联网、物联网等现代信息技术研究创新现代农业生产组织形式和商业营利模式，打造生产智能化、经营网络化、管理智慧化、服务精准化的农业生产经营新模式。

（三）推动国际合作，提升国际博弈正能量

国际博弈与合作驱动和"一带一路"走出国门的大趋势，必须探索现代农业运营保障体系，构建在农业机械化、规模化、信息化的基础上，加速农业现代化发展的推进路径和区域推广模式；探索包含农业生产与食品安全科技、农业财政与税收、农村金融与保险、农业投资与收入、农产品流通与出口、农业全球布局与高端市场培育等内容的现代农业运营保障体系。在国家利益至上、区域经济保护等理念影响下，农业驱动发展功能明显，国际博弈与合作走势趋强，亟须在"一带一路"战略下强化国际农业合作，合理处理国际博弈，实现沿线区域农业的高效、有序发展。

四、技术创新和金融支撑驱动农业全新发展

当前我国农业农村经济发展步入新阶段，年人均国内生产总值即将达到8000美元，一、二、三产业融合加速，现代农业即将迎来新的大发展阶段。

（一）农业成为战略新兴产业

当我国年人均国内生产总值超过10000美元、成功跨越发展中国家的中等收入陷阱后就意味着我国将基本完成传统工业化的历史任务，进入后工业化发展的新阶段，农业现代化在"四化"发展中滞后的问题将异常凸显，我国农业发展面临的主要矛盾将由食品安全为主转变为以营养健康为主。在科技创新与金融资本的双轮驱动下，现代农业将成为营养健康产业和创造财富的战略新兴产业；传统食品工业化制造将带来至少10万亿元的新兴市场，个性化终身营养健康诊断与服务产业，将产生超过30万亿元的新消费，营养健康产业开始进入井喷式发展的黄金期。

（二）智慧农业加速发展

随着计算机和现代信息技术的应用，农业加速向精准农业、智慧农业迈进，特别是工业 4.0 技术的应用，将带来农业生产面貌、组织形式、商业模式和盈利模式的颠覆式革命。农业生产过程实现智能化，解决"种地生产"的问题，提高资源利用率和劳动生产率；农业经营过程网络化，通过电子商务手段解决"农产品销售信息不对称"问题；农业管理过程智慧化，采用现代信息技术，提高农业管理的效率和准确性；通过移动互联网、大数据等技术实现农业服务精准化，让农业生产者方便地获取各种生产信息服务；工业 4.0 技术的应用，将农业生产的产前、产中、产后紧密连接，大幅度提升生产制造和流通效率，颠覆传统农业的商业和营利模式。

第四节　现代农业发展新使命

今天的世界俨然是一个农业的世界，全球 80% 以上的农民，全球几乎所有产业都以农业为根本，全球几乎 70% 的人口居住在农村。今天的农业如同它产生的那天一样，关乎着人类赖以生存的温饱问题，以及世界发展的基础问题。全球发达国家人口仅占全球人口不足 15%，发展中国家的农业担负着解决全球温饱问题的重任，以及通过发展农业促进整个社会升级的重大发展问题。

中国是世界最大的发展中国家，也是世界最大的农业国家。中国和世界发展中国家的农业都担负着农民脱贫、国家发展，解决国民温饱、保障食品安全，以及为国家其他产业提供支撑，建立国际公平发展秩序的一系列重大责任。

一、中国农业转型升级迫在眉睫

"一带一路"战略的实施，使我国农业一步跨入"全球时代"，即由自给自足到主推国际协同、由传统农耕到工业生产、由足不出户到直面世界、由解决"肚子"温饱到输送"大脑"健康、由看别人饭碗到给别人饭碗、由拖后腿产业到全球"奉献"、由被驱动群体到"新动力"集群。面对全球 50 多亿农民为基础的"农业地球"，由"大"走"强"的中国农业，肩负着自我突破、构筑"农业＋"实现"华丽"转身进而助推我国经济全面上升的重任。同时，肩负着完善世界农业发展新平台、构建公正新秩序进而完善世界农业新格局的重大责任；中国农业还担当着重塑"现代农业文明"，进而实现全球永续繁荣的神圣使命。

（一）我国农业综合生产能力稳步提升，但面临重大转型压力

近年来我国现代化水平与综合生产能力稳步提升。2014年农业科技进步贡献率提高到56%，农作物耕种综合机械化水平超过60%，主要农作物良种覆盖率超过96%。一方面，中国用占世界7%的耕地养育了占世界22%的人口，主要农产品产量在全球占有较大比重；另一方面，我国化肥使用量约占世界的1/3，年均农药施用量是世界平均水平的2.5倍。我国面临着资源刚性约束、水源污染加剧、耕地质量下降、地下水超采等农业发展"硬瓶颈"；还面临着农业比较效益下降、劳动力结构性失衡、原有粗放型生产，以及小农式经营、产业链条切割式发展模式等"软约束"。

目前，世界发达国家和地区在现代农业发展方面，有着不俗的表现：德国的农庄化发展、日本的精致农业、韩国的特色农业都走在了中国前面。这些国家通过种源改良、品种结构调整和科技化、机械化应用，加速推动农业产业升级，农民人均收入是我国人均收入的20倍以上。中国农业亟须强化产业融合发展、加强新型经营主体培育、加大与"一带一路"沿线国家的深度合作。

（二）中国现代农业产业化道路任重道远

"一带一路"战略的实施，对我国"三农"工作而言，具有紧迫的时代性和深远的战略性。坚持现代农业可持续发展之路是农业问题的核心路径，强化构建现代农业优势产业链，着力打造农业战略新兴产业，进一步强化现代农业信息化和精准农业的深化融合，加大涉农技术创新、拓宽探索装备水平提升新机制，促进多样化、跨领域农业新业态的全面发展。

现代农业建设工作面临着一系列复杂而尖锐的问题，面广而根深，对社会整体性工作影响大，对强国建设影响深，对社会基础面影响广。

二、国际农业发展秩序亟待调整

世界范围内农业政治化趋向加快、农业外交化手段明显增多，农业"驱动力"建设及"增长极"设计已成为全球议题。

（一）发展中国家农业面临不公平发展秩序

近年来，国际经济环境发生重大变化。一方面，中国、印度、巴西和南非等发展中国家经济快速发展，共同形成合力，对美国主导的世界农产品贸易规则形成压力；另一方面，国际金融危机和"欧债危机"的爆发及蔓延，使美国和欧盟实体经济遭受冲击。"守成国家"为摆脱经济困境，以美欧为首，一是构建一系列"小圈子"自贸区（FTA）；二是增加对本国农业综合开发和农民收入政策补贴。美国对农业一般服务补贴由 1995 年的 272.16 亿美元增长到 2012 年的 814.46 亿美元，年均增长 11.10%；一般服务补贴在农业总补贴中的占比由 41.91% 增长到 52.13%。

欧美以上一系列动作的实施，使包括中国在内的广大发展中国家，在国际贸易新规则制定中再次丧失话语权，有被孤立和边缘化的危险。同时，从国际市场对于本来就处于成本弱势和价格弱势的发展中国家，进一步形成挤压。这对于农业生产率低、贫困人口众多的广大发展中国家而言，无疑在国际政治、外交领域面临又一次重大"要挟"：在国家发展方面遭遇新的不公平，对发展中国家的经济发展与社会稳定构成新的威胁。

（二）世界农业发展格局亟待完善

世界发展使得农业的跨越门槛愈发升高、市场空间及产品替代间歇期愈发短促，全球发达国家、发展中国家、欠发达国家以农为本展开的博弈与对峙愈发增多，农业国际贸易与投资合作愈发成为强国建设的重要手段。"入世"以来，我国国际农产品贸易对农业、农村经济、国家粮食安全发挥着积极作用，以开放大国姿态积极融入国际农业经济合作，是铸就中国经济大国地位的根本基础，也是打破世界农业不平衡格局的基本手段。随着"一带一路"建设深化，农业的发展责任、安全责任及稳定责任愈发重要，在实施"一带一路"战略中的地位将更加突出。随着"一带一路"战略的逐步落实，我国农业对外经贸活动有望进入崭新阶段，以开放、包容、互利共赢的农业国际经贸合作精神，迎接农业重大发展机遇，推动完善世界农业发展新格局。

三、拓展农业文化发展新天地

在传统大国与新兴大国的硬实力趋向均衡的过程中，文化软实力成为各国角力的重要领域，甚至决定着大国竞争的成败。

（一）强化农业文化软实力

中国是世界上重要的农业起源中心之一，中国几千年的农业文明以及在此基础上形成的一整套农业文化体系，是中华文明的重要组成部分。我国农业对外传播的历史悠久，优质的作物资源、精耕细作的优良农业技术、丰富多彩的饮食文化，沿着古代"丝绸之路"远播世界各地，为全球农业发展及人类历史进步作出了独特贡献。运用中华农业文化在国际社会的广泛基础、良好影响和桥梁作用，深化与沿线国家的农业文化交流和经济合作，推动中华美食与营养健康产业的全球化发展，促进沿线民众对中华文明的认知和认同，深化"一带一路"战略实施。

（二）打造农业品牌文化，提升品牌影响力

积极适应新常态下的"供给侧改革"，基于国际化视野下构建具有中国文化与风格的农业品牌建设，是"一带一路"战略实施的重要载体，是中国走向世界的有效工具。"十三五"期间是品牌建设的重大机遇期，各地应根据不同生产区域、经济条件和发展阶段等，加快探索农业品牌建设新模式、研究品牌建设新路径，加强农业品牌基地建设，完善农业品牌培育体系，建立和完善品牌农业、价值链、供给链，培植核心优势凝聚下的支柱产业链，加速世界农业发展新驱动。

四、创新中国农业"走出去"模式

农业国际化的核心，包括农民国际化、农业战略国际化及其实施路径国际化。随着中国的进一步崛起，农业"走出去"的步伐在加快，面对的国际和国内环境也在发生着重大变化，农业"走出去"模式及其相关问题面临着重大创新。

（一）农业"走出去"步伐加快，但与大国使命尚有较大距离

近年来，我国在农业生产、农业资料、农业技术、农产品市场国际化方面已有长足发展。依托农业技术、人才、资金等比较优势，我国实施了农业对外直接投资、对外援助与合作、农产品对外贸易等一系列活动，农业"走出去"已涵盖粮油、园艺、畜牧、林、渔等行业。

农林牧渔对外直接投资呈现快速增长趋势，至2015年对外直接投资存量达到114.79亿美元。2015年，中国从"一带一路"沿线国家的农产品进口总额为231.31亿美元，占中国农产品进口总额的19.79%；农产品出口总额为219.71亿美元，占中国农产品出口总额的31.08%（见图5—4—1）。然而，我国农业品牌建设滞后、支持政策不完善等问题突出，农产品出口比重低、农林牧渔业对外直接投资比重偏低等现象依然存在，与我国将要担当的促进世界发展重大使命与国际地位尚有很大距离。

（二）打造集约化农业产业集群

按照"一带一路"的整体战略布局，将中国与沿线国家和地区的农产品市场对接，建立新型粮食保障体系，形成区域一体化农产品市场，推动现代农业发展。强化农业"走出去"。特别是随着与沿线国家和地区双边、多边贸易协定的实施，国内外农业发展与全球农业的互动融合将明显提高。在具有资源优势、物流和消费集中的地区，依托经济实力好、发展潜力大、带动能力强的农业骨干企业，增强配套功能，加强专业分工协作，整合品牌、市场、技术等资

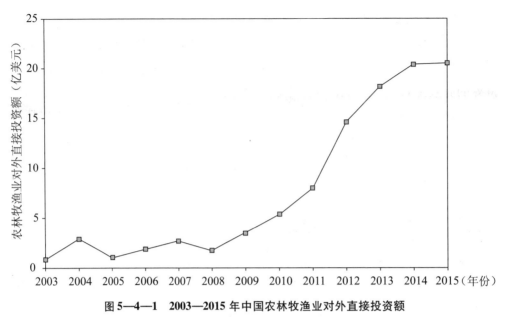

图5—4—1 2003—2015年中国农林牧渔业对外直接投资额

注：由《中国农村统计年鉴》的数据整理。

源，培育形成以骨干企业为龙头、"专、精、特"中小企业为支撑，推动农业集约化、规模化发展，形成自主创新能力强，具有较强国际竞争力的现代农业产业集群。

（三）中国农业"走出去"，食品制造业拓宽强大空间

抓住"一带一路"战略实施的契机，在全球范围内通过资本整合，以专利、标准、技术和装备的垄断以及人才的争夺，将技术领先、人才众多、产业雄厚、文化友好的比较优势迅速转化为市场占领、经营垄断和生产盈利优势，不断提升核心竞争能力，做大做强食品制造业，使其成为21世纪我国具有强大优势的全球性新型产业。优化农业"走出去"模式，充分发挥和借鉴不同国家和区域农业生产发展的人力、自然资源优势和市场要素，构建中国农业发展的全球化战略，大力发展循环经济、绿色经济，在互利共赢、共同发展与繁荣中，提高中国对世界农业发展的贡献。

第五节 现代农业发展新路径

"一带一路"沿线国家和地区广大发展中国家国民经济最薄弱的环节，仍然是农业。作为发展中国家建设中的突出短板，农业国际化发展任务艰巨，在农业现代化建设及其发展路径选择上任重而道远。

一、聚力现代农业，拓宽发展空间

发展现代农业，全面优化我国农业结构布局，强化运用现代信息技术，建立健全从田间到餐桌的食品质量标准与食品安全保障支撑体系，构建从"田头"到"心头"的大农业文化建设体系，大幅推动由"吃粮"到"吃文化"中的"中国内涵"，系统打造食品质量标准与安全控制的中国版，全面体现新一轮世界农业发展中的"中国风情"。

（一）现代农业发展面临重大挑战和发展机遇

我国现代农业发展面临一系列重大挑战：我国大农业发展格局及运营模式亟待重塑，涉农体制及机制面临重大突破，现代食品全链条生态化建设及涉农技术装备革新迫切。现代农业跨业融合度加速，"农业＋"综合体系建设与农业细分"切块"需求迫切。"青山绿水就是金山银山"文明体系、农村文化信仰体系亟须强化。全球农业跨越门槛高企、市场空间及产品替代间歇期短促，世界范围内的农业政治化、外交化趋向明显，农业新"驱动力"及"增长极"成为全球热点。为此，需要加快培育现代智慧型骨干农业企业，强化科学技术对农业的全面武装，全方位提高农业生产力水平和科技创新能力，加大支持农业进入国际市场的政策创新。全维度拓宽农业与现代技术及服务业的创新集成，将拥有比较优势的农业企业迅速转化为市场占领优势，增强农业企业的经营能力，加大农业类生产盈利优势，不断提升农业核心竞争力，做大做强现代农业，全面拓展农业发展空间。

（二）科技创新使现代农业发展迅猛，竞争激烈

科技创新不断提高着人类自然再生产与经济再生产的能力。19 世纪 30 年代，细胞学说的创立使农业科学实验进入了细胞水平，植物矿质营养学说的创立，推动了化学肥料的广泛应用与化肥工业的蓬勃发展，这是现代农业科学技术创新的标志性起点；生物进化论问世，为生物遗传学和育种学奠定了理论基础；20 世纪，袁隆平院士成功培育出杂交水稻，被认为是解决整个世界饥饿问题的法宝。杂交优势理论的应用，使传统农作物的产量实现成倍增长。目前，广泛应用于农业领域并具有科技创新特点的现代技术，如植物细胞工程、动物胚胎工程、动植物改良基因工程、克隆技术和航天深海等技术的研发与应用，强力推进农业的发展和农业生产力的大幅度提高。世界的发展使农业的国际竞争空前激烈，农业对科技的进一步需求也空前巨大。

二、打造"农业＋"品牌，深化供给侧改革

鉴于农业产业的基础性和农业产业的广泛性，随着"互联网＋"浪潮席卷

世界，一、二、三产业有机融合，"农业＋"应运而生。随着现代农业生产管理运营精准化和集约化的加速，庞大的在线消费迅速由互联网延伸至农业产业全链条，农业产业新模式、新业态和农业战略新兴产业孕育生成，从而，推动供给侧深化改革，对社会与经济转型发展形成深刻的影响。

（一）"农业＋"建设，加速农业新兴产业发展

"农业＋"系统建设，需要在充分利用自然条件和自然资源的基础上，运用生态学原理、经济学观点、系统科学方法，建立全生态农业系统，构建便于进行科学管理的农业经济模型，激发农业新兴产业的有效生成，推动整个社会经济系统的升级发展。打造"农业＋"品牌，培植农业新兴产业，注重农业产业科技园为龙头，引领现代农业发展。建设不同类型的农业实验区、示范区。以发展高效农业为重点，推广不同类型的经济发展模式，建立契约型、返利型、合股型等多种形式的利益连接，建立共同发展新机制。

（二）深化农业供给侧改革，助推我国经济转型增长

中国农业品牌建设是"一带一路"战略实施的重要载体，是中国农业国际化的有效工具，是我国"供给侧"改革的第一方阵。加快探索农业品牌建设新模式、研究品牌建设新路径。加强农业品牌基地建设，完善农业品牌培育体系，加速世界农业发展新驱动。在坚持引进增量与提高存量相结合，在扩量的同时注重质的提升，将规模膨胀与效益提升相并重，加强农业创新，推动农业供给侧改革。在传统产业上，推动农业转型升级，提升农产品加工业的产业化水平，推动龙头企业向大型化、集约化、精细化发展，注重农业新兴产业发育，加强新兴政策支持，打造国际农业产业基地，强化具有世界水平的农业产业规划引导。

三、完善世界农业协同发展新平台

当前，世界农业发展格局发生着深刻变化，广大发展中国家对我国农业发挥重大国际作用的呼声渐起，发达国家也"频送秋波"。"一带一路"战略情势下的中国农业，面对着千年一遇的机遇与强大的挑战，加速新平台建设，凝聚世界新兴力量，构建分工合理、发展均衡的世界农业新形态，完善世界农业发展新格局，建立世界农业发展新秩序，引领世界农业文明永续发展。

（一）农业国际合作机会广泛、潜力巨大

"时至不迎，必受其殃"。"一带一路"建设战略构想为我国农业"走出去""引进来"赋予了全新的课题，推进我国与"一带一路"沿线国家农业合作呈现广泛的机会和巨大的潜力。新常态下我国农业进入了全面攻坚发展的关

键期。要加大农业引智引技力度，大力实施海内外引才行动计划，引进现代农业建设急需的科技领军人才。支持引进境外农林牧渔业优良品种、先进农业装备及农业相关关键应用技术和高新技术。实施农业"引进来"发展战略。以农业产业为重点，开展项目合作交流，支持农业产业化龙头企业开展境外直接投资和跨国经营，构建农业"走出去"企业集群。健全协同机制，定期沟通有关信息，及时会商对策措施，帮助企业排忧解难，为农业"走出去""引进来"提供更加便捷、优质、高效的服务。

（二）世界农业发展新平台建设，助推地区繁荣和世界发展

改革开放 30 多年来，我国农业取得快速发展，呈现出由传统农业向现代农业转变、由更多依靠政策向更多依靠科技转变的大趋势。我国农业的可喜变化趋势为现代农业的全面建设奠定了良好基础，为我国农业与"一带一路"沿线国家和地区农业的全面合作提供了有效支撑，从而，加速我国与广大发展中国家在国际农业舞台的话语权地位建设。强化农业发展需要进一步适应生产力发展要求，提升农业发展水平也是加速新平台建设的基础，通过改革、发展，以科技创新推动农业跃升新台阶、再上新水平。让新兴科技和新型服务的全面融合成为支撑和引领农业不断发展的不竭动力，加速世界农业协同发展的新平台建设，实现我国与"一带一路"沿线国家和地区农业的共同繁荣。

四、全球农业战略合作共赢新途径

全球农业战略，需要全球谋篇布局。加速"一带一路"建设，是实施全球农业战略合作共赢的有效途径。

（一）全球农业战略，需要强化新型农业国际合作

构建全球农业战略，需要强化实施农业"走出去"战略、深化实施新型农业国际合作。在加速农业"走出去"商业性投资布局的同时，加强对发展中国家农业的战略合作与支持，促进广大发展中国家提高农业生产能力，从根本上缓解粮食不安全问题；积极推动完善全球农业治理，加强构建公平合理的全球农业新秩序，从源头解决全球农业发展不公平问题；在全球推动建立农业战略贸易伙伴关系，确保稳定的进出口贸易渠道，建立全球大宗商品贸易中心，提升大宗农产品定价的话语权，建立更多的资源互补国家和地区，拥有更多的互利互惠市场。

（二）"一带一路"建设为实现全球农业共赢战略提供重大支撑

随着"一带一路"建设的深化，一个开放、包容、普惠的区域经济合作构架和协作平台将逐步生成，将为中国实施农业全球共赢战略提供强大的支撑。

1. 国家间资源互补。"一带一路"建设将有利于实现中国与周边国家农业资源的互补。通过实施国际农业合作战略，充分发挥不同国家和地区农业资源丰富和特色优势，支持发展中国家提高农业科技水平、改善农田水利设施，提高农业综合生产能力。

2. 强化产能合作。"一带一路"建设将促进中国与相关国家农业产业产能合作。通过农业国际产能合作，把国内农业产业的价值链，通过投资、合作等方式延伸到境外，形成"一带一路"全区域的农业供应链，强化沿线国家和地区农业产业的发展和经济增长，促进国内农业产业转型升级，增强农业全球价值链建设。

3. 实现市场互惠。在"一带一路"合作框架下，将逐步建成高水平的自贸区网络，推动形成公平、合理、安全、稳定的区域农产品市场体系，实现平等、安全共享"一带一路"大市场，分享各国经济发展、农产品市场增长带来的利益。

4. 推动粮食安全。"一带一路"合作，将推动"国家粮食安全新战略"由过去"立足国内实现粮食的基本自给"，调整为"以我为主、立足国内、确保产能、适度进口、科技支撑"，实现依靠自己保口粮，集中国内资源保重点。从国家维度看，解决粮食安全要真正把立足国内和适度进口相结合；从个人消费者维度看，粮食安全不仅要解决吃饱问题，更重要的是要保障营养健康与食品安全；从全球维度看，中国的粮食问题要和"一带一路"建设相衔接，放在世界发展的角度长远谋划。

第六节 "农业外交"与现代农业发展新契机

一、"农业外交"强化国家发展，推动人类文明进步

"农业外交"自古有之，在单纯以农业为支柱的社会历史时期，农业的成就常常决定着国家的兴亡。当下，工业革命进程步伐加快，农业的基础作用进一步凸显，无论是发达国家还是发展中国家都在强化现代农业的发展、欠发达国家对农业的依赖更加深重。

（一）"农业外交"与"粮食战争"书写强国与文明历史

"民以食为天，食以粮为源"。粮食是农业的主要体现，粮食更是保障国家生存与发展的重要战略物资（历史上的农业社会和当今的农业国家，都突显粮食的战略地位），在人类发展史上，"农业外交"与"粮食战争"作为国家发展的重要手段，曾经成就过封建帝国的霸业，推动着中华文明的繁衍。面对当

今世界的发展，"农业外交"越来越发挥着人类发展的基础作用，消除饥饿与贫困，推动着人类文明的进步与发展。

1. 中国历史上农业文明的先进性。中国有着上万年的农业文明史。《新语》说："至于神农，以为行虫走兽，难以养民，乃求可食之物，尝百草之实，察酸苦之味，教民食五谷。"从刀耕火种到男耕女织，从精耕细作到现代农业，在漫长的历史进程中，我们的先人从未停止过对农业文明的探索。中国是最早种植水稻和粟的国家。铁犁牛耕等耕作技术的提高，促进了古代农业发展。都江堰、郑国渠等水利工程举世闻名，有的至今仍在发挥作用。桑蚕和丝绸技术惊艳欧亚，成就了中国的"农业外交"，促进"丝绸之路"文明的传播。

历史上农业成为决定国家富强和社会稳定的关键因素。国家军事必须依赖农业，战场和给养所消耗的物资，从粮草到兵器，大部分都由农产品直接或间接供给，农业的强弱直接关系到战争的胜负。从战争动乱走向社会稳定，相伴而来的是农业的发展。停止战事达成和解被称为"铸剑为犁""化干戈为玉帛"。历史的绵延似乎隐隐形成了一种有序的现象：农业的强盛滋养着战争，战争反过来吞噬着农业；瘦弱的农业又饿死了战争，战争湮灭后农业得以恢复。

2. "农业外交"密切国际交流，提高中华文明的国际影响。作为传统农业大国，中国有着久远的农业外交史。在封建社会时期，中国依托自身相对发达的农业，不断加强与古代"丝绸之路"沿线各国的农业联系，把本国的农业产品及相关技术输往国外，在促进国内外农业经济发展的同时，增进了相关国家的友好关系。

公元6世纪，中国遣使波斯，带去大量的农产品及相关技术，加强了同波斯的合作，共同对付与牵制突厥；明成祖时期，郑和七下西洋，向各国提供中国先进的农业生产技术，并积极引进沿岸各国的农产品，"农业外交"成绩斐然（见表5—6—1）。

表5—6—1　郑和七下西洋"农业外交"成果显著

	传　　播	引　　进
农产品	韭菜、芹菜、莴苣、荠菜、白菜、生姜、大蒜、藠头、粟、米谷、豆类等	玉米、马铃薯、洋葱、胡萝卜、南瓜、花生、番薯、胡椒等
水果	桂圆、枣、柑橘、荔枝、柿、龙眼等	槟榔、香蕉、绿葡萄、杨桃、菠萝蜜、交趾蔗、椰子等
其他	茶叶、陶瓷、香油、丝棉麻织品、农具等	骆驼、矮鸡、阿拉伯马等

（续表）

	传　　播	引　　进
技术	耕种、掘土打井、稻草烧成灰作肥料、用牛耕地、种稻谷、传授耕种、引水灌溉的方法	椰子酿酒、制糖；胡椒的栽培及加工，海外养珍珠、蚌取珠的经验
所到国家	爪哇、苏门答腊、苏禄、彭亨、真腊、古里、暹罗、阿丹、天方、左法尔、忽鲁谟斯、木骨都束等30多个国家	

　　这种以农业为重要内容的官方贸易，使得明朝政府与印度洋沿岸各国处于特定的政治关系中，开辟了多条航线，畅通了"海上丝绸之路"。经过多年经营，构建了中国与亚非多国的农产品交流网络，建立了良好的友好合作关系，中国这个广阔的、有利可图的巨大市场对亚非诸国颇富吸引力。中国历史上，中外农业在经验与技术、生产工具与农副产品及相关商业贸易等诸方面进行交流与友好合作，对亚非地区的经济发展、社会进步与人民生活的改善，起了极大的促进作用，影响深远。中国发达的农业生产及其对周边地区的辐射与影响，是周边藩属国与中国朝贡体系秩序长期延续的重要原因。

　　（二）发展"农业外交"，强化国内政治，提升国际地位

　　"农业外交"是国家以农业问题为切入点、依托农业资源与他国进行合作或开展斗争，通过农产品贸易、援助、禁运等行政干预手段，影响本国和他国农业，甚至影响国内和他国的政治，最终影响国家间总体外交关系的发展。随着全球化的加速，农业合作成为国际关系发展的新趋势，为"农业外交"提供了更加广阔的空间。

　　1. 发展"农业外交"，实现国内、国际政治双重目标。世界农业区域格局是"农业外交"国际政治格局的基础。农业生产存在显著的区域差异，并且逐渐向优势产区和生产大国集中。一方面，美国等农业发达国家依靠优越的自然条件、雄厚的农业基础、现代化的经营理念和完善的制度保障，成为世界农产品供应系统的中心，利用"农业外交"渗透和控制其他国家和地区谋取国际利益；另一方面，农业资源相对匮乏、粮食短缺的国家日益困难，在"农业外交"中处于不利地位。

　　美国是农业资源大国，农业生产能力、农产品产量远远大于国内需求，为其"农业外交"提供了优势条件。2007—2008年美国的粮食出口量在世界粮食贸易中占很大份额，其中小麦出口量占世界总出口量的31%、玉米出口量占65%、大豆出口量占36%。因此，美国的"农业外交"比较典型，并在国家外交政策中起到重要的战略作用。第一次世界大战结束后，美国凭借大规模的粮食救济在欧洲建立了符合美国国家利益的代议制民主政体，通过粮食外交颠覆了匈牙利库恩·贝拉政权，并力图颠覆苏俄政权。第二次世界大战后，美国完善了粮食外交制度，通过解救印度粮食危机，巩固了"非共产主义地带"，用粮食换取伊朗的石油，替代加拿大成为日本小麦市场的第一出口国。

美国"农业外交"的主要目的包括处理国内剩余农产品（含农业生产要素）；美国"农业外交"的主要特征是以救济性援助和封锁禁运为主、以开发性援助为辅的手段，操作过程法律化、制度化，农业援助和粮食禁运是美国影响他国内政外交和国内改革乃至推翻他国政权的工具；粮食援助作为一种人道主义救援行为，强化了美国外交政策的合法性和影响力。

2. 强化"农业外交"，加强国家农业能力和粮食安全。强化"农业外交"，还能够加强国家农业生产能力和粮食安全，缓解国内矛盾，提升国际影响力。

日本在第二次世界大战后，由于工业化进程加快，农村劳动力大量进城，地少人多的矛盾突出，面临粮食难以自给的难题，需要大量进口粮食。1973年美国实施粮食出口禁令，给大豆等谷物几乎完全依赖从美国进口的日本带来巨大打击。日本痛感扩大经济外交范围、确保石油和食品等资源稳定供给的重要性，开始寻求更为积极稳健的海外农业发展战略，开展对外农业投资，积极开展海外农业合作，以保障日本国内粮食安全。

日本最为成功的"农业外交"案例是与巴西的农业合作开发。两国于1973年签约，于1979年9月开始实施，至2001年完成。此项目使日本在巴西8个州21处开发农地34.5万公顷。使巴西塞拉多地区大豆产量由1975年的43万吨增加到了2000年的1700万吨，增加了38倍，占巴西大豆总产量的比例由4%增加到53%，塞拉多地区一跃成为巴西大豆的主要产区。玉米的产量同期由456万吨增加到1257万吨，增加了2.8倍。咖啡和棉花的产量1980年以后也迅速增加，2000年分别占巴西全国总产量的50%和80%。日本在巴西的"农业外交"为本国开辟了又一个稳定的粮食进口渠道。巴西仅次于美国成为日本第二大大豆和玉米进口来源国，2013年为日本提供23.5%的大豆和30.4%的玉米。

3. 深化"农业外交"，全面助推欠发达国家的农业发展。非洲是世界粮食问题最严重的地区，也是"农业外交"行动密集地区。中国虽然农业资源面临压力，但中非关系是中国全球战略中的重要一环，中国逐年强化中非间的粮食、农业技术、农业资源环境合作、开发与援助。

在2015年12月中非合作论坛约翰内斯堡峰会上，习近平总书记提出未来三年中非的"十大合作计划"，其中"中非农业现代化合作计划""中非绿色发展合作计划""中非减贫惠民合作计划"均涉及农业和粮食问题（见表5—6—2）。

表5—6—2 中非"十大合作计划"一览表

中非十大合作计划		
内容	工业化	中方积极推进中非产业对接和产能合作，合作新建或升级一批工业园区，向非洲国家派遣政府高级专家顾问
	农业现代化	中方分享农业发展经验，转让农业适用技术，鼓励中国企业在非洲强化农业产业，增加当地就业和农民收入
	基础设施	支持中国企业积极参与非洲铁路、公路、区域航空、港口、电力、电信等基础设施建设，提升非洲可持续发展能力
内容	金融	鼓励中国金融机构赴非洲设立更多分支机构，以多种方式扩大对非洲投融资合作
	绿色发展	中方将支持非洲增强可持续发展能力、实施100个清洁能源和野生动植物保护项目、环境友好型农业项目和智慧型城市建设项目
	贸易和投资便利化	中方将实施50个促进贸易援助项目，支持非洲改善内外贸易和投资软硬条件，扩大非洲输华产品规模
	减贫惠民	中方将在加强自身减贫努力的同时，在非洲实施200个"幸福生活工程"和以妇女儿童为主要受益者的减贫项目
	公共卫生	中方参与非洲疾控中心等公共卫生防控体系和能力建设；鼓励支持中国企业赴非洲开展药品本地化生产，提高药品在非洲可及性
	人文合作	中方将为非洲援建5所文化中心，为非洲1万个村落实施收看卫星电视项目；支持开通更多中非直航航班，促进中非旅游合作
	和平与安全	中方将继续参与联合国在非洲维和行动；支持非洲国家加强国防、反恐、防暴、海关监管、移民管控等方面能力建设
国家	合作计划关联国家：南非、津巴布韦、苏丹、刚果（金）、科摩罗、马达加斯加等非洲国家	
进程	中方提供总额600亿美元的资金支持，包括提供50亿美元的无偿援助和无息贷款、设立首批资金100亿美元的"中非产能合作基金"等	
实施	科学合理安排好资金；将"十大合作计划"转变为一个个具备可操作性的项目；完善经贸联委会等中非政府间经贸合作机制建设，落实"十大合作计划"的主渠道作用	
影响	"中非从来都是命运共同体，共同的历史遭遇、共同的发展任务、共同的战略利益把我们紧紧联系在一起。"中非合作迎来了一个大发展大繁荣的新时代	

2015 年底非洲受厄尔尼诺气候影响，面临 30 年来最严重饥荒，在津巴布韦、莫桑比克、南非、赞比亚、马拉维和斯威士兰等旱情严重地区及埃塞俄比亚等干旱地区，有 5000 万~7000 万农村和城市居民亟待食物救济。中国政府急非洲之所急，落实中非"十大合作计划"承诺的 10 亿元人民币粮食援助，赢得非洲国家的真诚赞誉。莫桑比克总统纽西称赞道："中方是言出必行的国家，中国的帮助将给非洲未来发展带来新希望。"

农业技术援助在中非"农业外交"中发挥着重要作用。中国早在 10 年前就宣布在非洲建设农业技术示范中心，向非洲派遣高级农业技术专家。如今，中国农业技术在非洲扎根发芽，并已在很多国家开花结果。中国农业专家在农田中指导当地人劳作的镜头，成为诠释中非合作最为生动的画面之一。在此基础上，中国将在非洲 100 个乡村实施"农业富民工程"，派遣 30 批农业专家组赴非洲，建立中非农业科研机构"10 + 10"合作机制。

(三) 深化"农业外交"，实现共赢发展

"丝绸之路经济带"东临亚太经济圈，西连欧洲经济圈，沿线国家在工业能力、创新能力、资源特色、市场规模和发展潜力及其区位禀赋和农业资源上，在全球拥有特殊优势。通过实施"一带一路"战略，与沿线国家和地区开展全面、广泛、务实的合作，发挥我国制度优势和外交优势，进一步将我国现代农业发展的承上启下优势、产业基础优势、饮食文化优势和人力资源优势等转化为务实合作优势，发挥我国在全球地缘区位中得天独厚的有利条件，充分发挥我国遍及世界各地华人华侨的重大作用，深化"农业外交"，实现农业互利共赢发展。

1. "一带一路"深化"农业外交"，摆脱全球饥饿，加速人类文明建设。农业具有多种功能，承担多重使命，其中首要的使命在于消除饥饿。在农业经济功能、福利功能、生态功能、环境功能、文化功能以及维持生物多样化等众多功能中，提供食物是首要的功能；在农业强国使命、富民使命、备战使命、备荒使命以及社会稳定等多重使命中，消除饥饿是根本的使命。

人类历史首先是反饥饿斗争的历史，这个使命仍然没有终结，当下世界粮食问题依然十分严峻，饥饿和营养不良仍困扰着人类。联合国粮农组织（FAO）2015 年全球食物不足人口数量为 7.95 亿，食物不足人口比例即食物不足发生率，为 10.9%。

全球食物不足人口 98% 分布在发展中区域，集中在中部非洲（发生率41.3%）、东非（发生率31.5%）、撒哈拉以南非洲（发生率23.2%）、加勒比海地区（发生率19.8%）、南亚（发生率15.7）、大洋洲（发生率14.2%）。

近 20 年来，反饥饿成为全球性的共同行动，收到明显的成效，但问题仍然严峻。1996 年召开的世界粮食首脑会议和 2000 年的联合国千年峰会都提出反饥饿使命，确定在 2015 年之前实现世界饥饿人口减半的目标。从全球情况看，这个目标并没能完全实现。从 1990—1992 年到 2014—2016 年，全球食物不足人口数量从 10.1 亿下降到 7.94 亿，发生率从 18.6% 下降到 10.9%，两个指标都未达到减半的目标。

非洲、大洋洲的反饥饿形势更为严峻，成效远不及其他地区，甚至出现食物不足人口增加的情况；拉丁美洲及加勒比海地区食物不足人数实现了减半目标，发生率从 14.7% 下降到 5.5%，大大超出预期目标；亚洲食物不足发生率实现了减半目标，但绝对人数却略有上升；非洲食物不足发生率从 27.6% 下降到 20%，远未实现目标，而绝对人数却大幅上升，从 1.8 亿增加到 2.3 亿；大洋洲反饥饿斗争的形势与非洲相似。

2. "一带一路"建设为全方位展开"农业外交"提供了崭新契机。当前，中国农业取得了长足发展，农产品供给由长期短缺转为相对过剩，"一带一路"建设为中国开展与沿线国家的农业外交提供了新契机。面对自身发展的需要以及国际竞争的挑战和要求，中国需要做好"农业外交"的顶层设计，将"农业外交"纳入我国总体外交战略政策规划；发挥"一带一路""亚投行"等国际合作机会，提出有利于广大发展中国家特别是新兴国家发挥作用的"游戏规则"和组织体系，构建"泛亚太农产品合作组织""一带一路农经国际合作组织"等；推进"一带一路"沿线国家的基础设施建设；研究建立"一带一路"沿线国家农业安全及自由贸易体系，建立有效的双边及多边农业合作机制，扩大与涉农国际组织与相关金融机构的合作；加强农业国际科技合作，与涉农国际组织、区域组织、农业研究机构建立长期稳定的合作关系。

二、"农业外交"助力沿线地区共同发展

"农业外交"既是一种古老的外交形式，更是一项崭新的课题。"一带一路"建设，为我国与沿线国家开展"农业外交"提供了新契机，助推广大沿线国家在协作发展中扬长避短，解决国内农业发展困局，有效化解国家间合作发展矛盾，加速现代农业发展。

（一）"农业外交"破解农业困局，推动区域合作升级

我国及"一带一路"沿线国家和地区农业发展面临一系列困局，单纯依靠国内农业资源保障粮食安全与资源环境承载能力的矛盾变得愈加尖锐。实现农业的持续健康增长，不可能再靠资源超载、环境透支实现扩大农业生产，也不

可能再靠增加化肥使用量实现农业产量的提高，更不可能再靠直接的价格支持措施刺激农业生产。农业发展已经进入观念变革、机制创新、结构转型、产业重塑的关键时期。而随着区域开放度的提高，这一系列关键问题的解决，愈发需要国家间协同合作，强化"农业外交"，推动国家农业基础产业的合作。近年来，我国同沿线国家和地区开展了有效的"农业外交"合作，推动了国家和地区间农业贸易和政策的协同，通过农业项目的合作，有效展示我国先进实用的农业技术、农机具和加工设施，推动我国与沿线国家和地区农业合作进一步升级。"农业外交"的深化，为加速中国农业国际化运营注入了强大的内驱力，广大沿线国家对于发展农业合作的强烈需求为中国"农业外交"的深化提供了强大推力，中国与沿线国家和地区资源的契合使中国推进"农业外交"拥有了更加广阔的空间。迄今，我国已同世界 140 多个国家和主要的国际组织、区域组织以及国际农业机构建立了长期稳定的合作关系。

通过实施"一带一路"战略，以自身为主体，主动承东接西，不断深化东西双向开放，完善全方位主动开放格局，把内陆地区的市场优势、产能级差优势，转化为沿线各国强劲的经济发展动力，加速推动我国东中西部协调发展、均衡发展和可持续发展。实施"一带一路"战略构想，优化国际经济发展格局，促进各地区协调发展，推动各国间共同发展，事关全球合作共赢大局。加强区域布局的进一步优化，发挥"农业外交"作用，实现国家和地区间农业共同发展，需要坚持"三必须"原则：必须改革创新；必须转变发展方式；必须实施新型战略，构建安全、稳定、可持续的全球农产品供应网络。

（二）"农业外交"强化"农业文明"，推动世界发展

"农业外交"助推"农业文明"的传播、丰富"农业文明"的内涵，推动人类进步和世界发展。从人类现在视角看，20 万年前的新石器时代与一万年前的旧石器时代最为根本的不同就在于新、旧石器时代的社会组织形态发生了本质的变化，这一切变化皆源于农业革命使人类的生产及生活方式发生了质的飞跃：人类由生物食物链中的一员直接跃升为整个食物链的控制者及食物制造者。随即，人类由自由采集者转变为物质利益世界的被绑架者；由随性、自由追逐温饱而散漫的世界进入了一个由权力和秩序控制的世界。从而，这个世界走向协同与有序、走向人类追求的文明。显然，"农业文明"成为这一转变的重要支撑和思想源泉，"农业外交"成为"农业文明"全球传播的重大助推力量。

1. 世界文明的起源与古代农业的发展密切相关。根据已知的考古史料，早在公元前 7000 年，原始农业就在西亚、中国和美洲等地区发展起来，通过原始的"农业外交"促进着"农业文明"向全世界传播。世界上最主要的农业起源中心有三个：西亚、中国和美洲。正是由于这些地区农业的起源和不断发展，使得这些地区成为世界文明的著名发源地。

西亚是两河流域文明诞生的源头，远古时期就发展了灌溉系统。这里是小麦与大麦、绵羊和山羊的起源地。这种既栽培作物，又养殖家畜的农业生产方式形成了有畜农业。随着西亚农业的不断发展和种养殖技术的广泛传播，逐渐衍生为古苏美尔、阿卡德和古巴比伦文明。通过古"农业外交"，这种农业生产和生活方式传播到尼罗河流域，产生了古埃及文明；传播到印度河流域，产生了古印度文明。可见，"农业文明"成为人类重大文明的重要基石。

中国是小米和大米的起源地。在小米起源地——黄河流域和大米起源地——长江流域形成了世界著名的文明古国——中国。在古代，中国北方是以小米为主的农业，南方则是以大米为主的农业。小米主要在黄河流域起源和发展，后来成为中国北方的主要农作物。大米在长江流域起源，后来成为中国南方主要作物。

美洲是玉米的起源地。明代玉米传到了中国。美洲农作物以玉米为主，并且在印第安人的传说里与南瓜、豆子一起被称作"农业三姐妹"。美洲农业对古代美洲文明，如印第安古代文明、玛雅文明、安第斯文明的产生都发挥了重要作用。

迄今小麦和大麦、小米和大米、玉米和豆子仍是人类的主粮，是农业之根基。随着"农业外交"的不断深入，这种农业技术及生产在全球得以广泛传播，为人类的发展和文明的繁衍发挥了重大作用。

2. "农业文明"推动社会发展。随着农业文明的逐步提高，人类获得了物质财富的极大丰富，但人类生存和发展的平等性却在失去；人类拥有了越来越强大的改造自然的能力，却失去了更多在自然世界行走的自由。农业革命成为人类"文明"与"发展"的杠杆，一步步将地球生态圈中的植物和动物纳入自己的统治范围，从而走上通过大规模改造自然界来适应自我意志需要的文明生活。在缓慢而卓有成效的改造过程中，人类最终也在改造着人本身。人类的发展之路依然漫长，"农业文明"推动社会发展的责任重大。

3. "农业外交"促进现代农业发展。纵观现代国内外"农业外交"活动，最大的特点就是切实满足对象国农业发展的实际需求，改造和提升传统农业，发展现代农业。"农业外交"积极引进先进技术经验，大力发展现代农业。主要通过引进品种资源，引进农业实用技术，引进先进农业机械和仪器装备，开展农业合作，引进智力并培养人才等，建立和发展农业、农产品加工业、农业服务业，联通上中下游一体、产供销加互促的现代农业。"农业外交"深化发挥"走出去"功能，以互利共赢合作方式促进世界农业进步。主要采取输出品种资源和技术，强化农业对外援助，加强与境外农业企业合作，推进公平合理的农产品国际贸易，提高对象国现代农业发展水平。

（三）"农业外交"助推强国建设与世界和平

随着世界经济一体化发展的加速，尤其是现代农业的快速发展，"农业外交"在国家间及国际社会"正博弈"或"负博弈"中运用的广度和深度都将达到新的高度，对国家发展和世界进步将发挥更加重要的作用。

1. 基辛格：控制了粮食，就控制了人类。1975 年美国总统福特签署行政命令，使基辛格主持起草的《国家安全研究备忘录第 200 号》成为美国政府的官方政策。这个秘密一直保守了将近 15 年，直到与天主教教会有关联的一些组织采取私人法律行动，最终才迫使这份档案在 1989 年解密。

该文件认为："大多数高品位的矿藏位于发展中国家，所有的工业化国家都依赖于进口发展中国家的矿产。矿产供应存在的真正问题不在于基本储量的充裕程度，而在于如何获得矿产，如何制定勘探和开发条件，如何在生产者、消费者和矿产所在国政府之间进行利益分配等政治经济问题。"文件认为粮食援助应视为"国家权力的工具"，美国应对粮食援助实行配给限额，帮助那些未能或者不愿控制人口增长的人进行选择，"要么绝育要么挨饿"；美国里根政府时期农业部长约翰·布洛克称："粮食是一件武器，而使用它的方式就是把各个国家系在我们身上，那样他们就不愿与我们捣乱。"美国中央情报局的一份报告称：第三世界国家缺粮，"使美国得到了前所未有的一种力量……华盛顿对广大的缺粮者实际上拥有生杀予夺的权利。"

2. 世界粮商力量加大，加剧"粮食战争"。全球粮食交易量的 80% 由世界四大公司所垄断，分别是美国的 ADM、邦吉、嘉吉以及法国的路易达孚，按其公司名称首个字母简称为 ABCD 四大粮商。它们在世界各地设有分支机构，涉及农业生产、食品加工、饲料加工、农产品贸易、农产品仓储和运输以及农业金融。四家公司近十多年来均在我国开展各种业务，其中重点在食品加工领域（见表 5—6—3）。

四大粮商在世界"粮食战争"中已占据优势地位。它们是农业全产业链企业，在农业优势产区进行投资，掌握和控制农产品，如邦吉在南美拥有大片农场；介入产前环节，如饲料加工，嘉吉为美国第一大玉米饲料生产商；掌握充足的农产品物流资源，如路易达孚拥有超过 180 亿美元物流资产，系全球最大的租船实体之一；大规模全方位投资农产品加工；重视风险控制，如嘉吉拥有超过100亿美元资产的避险基金；采取商品期货、现货互通互转模式，利用期货杠杆融资，规避现货风险。

表5—6—3 世界四大粮商概况

	ADM	邦吉	嘉吉	路易达孚
总部	美国狄克多	美国纽约	美国明尼苏达	法国巴黎
成立时间	1905 年	1818 年	1865 年	1851 年
规模	在全球设有60多家分支机构，拥有员工28000人	在32个国家拥有450多家实体，拥有员工25000多名	业务遍及全球68个国家，拥有员工155000多名	分支机构遍布全球。主要位于布宜诺斯艾利斯、伦敦、巴黎、圣保罗等
主营业务	食品、饮料、饲料、农粮储备与交通运输等	化肥、农业、食品业、糖业和生物能源	农产品、食品、金融和工业产品及服务等	农业、食品业，天然气、石油及金融证券等
营业额	700 亿美元（2009年）	587 亿美元（2012年）	1204 美元（2015年）	200 亿美元（2013年）
在华发展	2001年成立益海集团，在中国直接控股的工厂和贸易公司达38家，另外参股鲁花等国内粮食加工企业。2005年成立益海（佳木斯）粮油工业公司	1998年设立驻华贸易代表处。2000年在中国成立国际贸易公司。2004年开始在中国投资设立大豆加工厂	嘉吉在中国建有27个独资和合资公司，在中国大部分省市建有饲料厂、榨油厂、高糖果厂及山东嘉吉化肥、云南三环中化嘉吉化肥公司等	20世纪60年代与中国有饲料和谷物贸易。从2006年开始，路易达孚（北京）有限公司获得玉米国内贸易许可证，加大拓展国内市场力度
积极影响	为我国粮食企业的全球化提供有益经验，掌握粮食全产业链			
消极影响	外资进入粮食流通领域后，凭借其强劲的实力，通过兼并、收购、合作等方式主导国内粮食流通格局，挤压国内粮食企业的生存空间，控制中国粮价，威胁国内粮食企业的生存，危及国内粮食安全			

农业巨头还得到本国政府的支持，增强"粮食战争"能力。美国政府的农业补贴，农场主只得到极小部分，上游的农业投入部门和下游的农产品储运、加工和销售部门，拿走了几乎全部的补贴。农业巨头获取政府补贴，有助于它们在全球推销低价粮食，掌控全球"粮食战争"主动权。

3. "农业外交"负有推动世界和平与发展的使命。饥饿、食物不足是社会动乱、战争的原因之一，对世界和平构成威胁。中国历史上的农民起义，往往为民众饥饿所引发。当今非洲地区的一些战争，也与饥饿紧密相关：一方面农业资源不足引发冲突；另一方面社会动乱加剧民众特别是难民饥饿问题。负有推动世界和平使命的"农业外交"，着力点之一是帮助粮食短缺国家和地区人民摆脱饥饿；另一个更重要的着力点则是保障本国粮食安全，为人民生活安定和社会稳定打好基础。

中国是世界第一人口大国，耕地仅占世界的7%，目前已成为世界第一产粮大国（见图5—6—1），养活了占世界22%的人口，创造了世界奇迹，也是中国对世界和平的贡献。

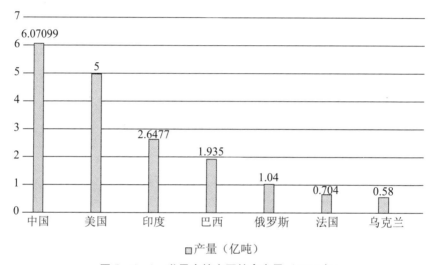

图5—6—1 世界产粮大国粮食产量（2014年）

纵观国内外农业生产形势，我国粮食安全形势也不容乐观。有农业专家认为，我国的粮食自给率已经跌至87%，全部农产品的自给率约为70%左右，另30%左右需要通过国际市场来调节。从2001年开始，我国农产品进口快速增长，到2013年净进口的种植业产品相当于10.05亿亩播种面积，如果按复种指数128%计算，相当于耕地8.2亿亩，而我国2015年底适宜稳定利用的耕地保有量为18.65亿亩。

因此，我国"农业外交"的重要使命，在于统筹国内、国际农业资源，确保粮食安全，为国家和平发展保驾护航。

三、互利共赢推动国际农业合作

国际形势的深刻变化，为"一带一路"沿线国家和地区农业发展提供了重大契机。为此，广大发展中国家需要充分抓住机会，避免发达国家在实现现代农业发展过程中的教训，突破发展中国家农业发展中的桎梏，发挥"一带一路"战略共建优势，共同推动农业合作实现大跨度发展。

（一）国际农业合作，有利于完善国际新规则

世界新兴经济体国家和广大发展中国家对"美国为霸主、西方为主导"的全球不合理分工体系，尤其是不平等农产品贸易规则愈发反感；对欧美间意图通过跨太平洋伙伴关系协定、跨大西洋贸易与投资伙伴协议，转嫁金融危机和击退"欧债危机"颓势风险、构建利己的新经济及农产品贸易格局愈发保持警惕。多年来，发达国家依托优良的农业资源、先进的科学技术、政府的强力扶持以及国际间长期不对等优势，形成对中国等发展中国家和欠发达国家的长期不利态势。致使发展中国家国际农业发展通道不畅、上升空间狭窄、话语地位不高，在全球长期形成"活儿干得不少，钱挣得不多"、"贡献不少，位置不高""既流血又流汗就是说啥都不算"的不公平局面。"一带一路"战略，为中国等沿线国家的农业发展打开了全新的视野，使广大发展中国家积蓄已久的农业拥有了成长发展的全球空间。"一带一路"战略的实施，有利于深化沿线国家和地区多渠道、多层次、全方位的农业对外合作格局，助推广大发展中国家在国际贸易新规则制定中拥有应有的话语权。

（二）农业合作是各国"命运共同体"的最佳契合点

"一带一路"沿线国家共同关切的首要问题之一是农产品安全，农业合作更是各国"命运共同体"的最佳契合点。中国与"一带一路"沿线国家有着农业合作的高度契合，资源禀赋的互补关系与发展的代际差异关系有利于双方的资源整合，也为有针对性的农业合作营造了有利条件。根据各国不同的资源禀赋优势，加强具有比较优势的农产品生产与贸易，避免不必要的恶性竞争，损害生产者的利益。对于劳动力比较丰富的东南亚和南亚国家，可以重点发展劳动密集型产业，充分发挥劳动力成本低的优势，而我国在面临劳动力成本日益提高的情况下，应重点发展技术密集型和资本密集型产品，通过互补加强贸易双方的联系与合作。

（三）国家合作实现多赢，有效缓解发展与安全压力

"一带一路"沿线国家对我国农业机械、海水养殖、设施农业等产品和技术需求强烈，我国可以提供有效供给。今后我国粮食供需依靠国内农业资源保障粮食安全与资源环境承载能力的冲突将愈发尖锐。我国土地资源自给率只有80%，在农业资源超载运行、环境代价高昂的条件下，只能满足国内90%的谷物、油料等农产品需求。而沿线的哈萨克斯坦、俄罗斯等作为粮食出口大国，可以作为我国粮食进口多元化的重要区域，有效缓解压力；随着沿线国家对农业资源与技术、产品与品牌及市场整合的加速，农业将成为我国对外投资、技术文化输出和产业转移的重点领域，在市场开发和国际资源利用以及国际合作与对外交往方面，农业将发挥更加重要的作用，各国的比较优势和农业发展能力也将得以更好地发挥，"一带一路"沿线国家的农业资源利用与生态环境保护压力将有效缓解。

四、技术梯度大幅推升现代农业发展

现代农业的发展速度和水平，取决于一个国家和地区的工业化、城市化与市场化发展水平。"一带一路"沿线国家和地区现代农业发展水平差异巨大、技术梯度明显，为广大沿线国家和地区的科技成果合作与转移提供了广阔的空间。

（一）农业现代化进程差异巨大，沿线发展要求强烈

现代农业的建立与一个国家和地区工业化、城市化的发展过程同步，工业化可以为农业提供资金、装备能力并有效促进农业技术水平提升，随着现代农业发展水平的提升，城市大量转移农村富余劳动力和消费商品化食品的能力与水平也将大幅提升。现代农业实现过程也是把农村人变为城里人、把农民变为产业工人、把农村变为各种城镇的过程，是农业自身逐步实现工业化生产、市场化经营、企业化管理的过程，是农耕文明转变为工业文明和城市文明的过程。当然，城里人不一定住在城里、城镇化不意味着湮灭乡村、变为产业工人更不是取消农民。显然，现代化的过程，是思想现代化、要素现代化、机制现代化、秩序现代化、市场现代化和模式现代化。目前，欧洲农业现代化水平比较高，其次是美洲和亚洲，非洲农业现代化水平仍然处于比较低的水平。因地理位置和生产要素禀赋不一致，中国与"一带一路"沿线国家和地区的农业现代化进程也不甚一致，农业生产存在显著的技术梯度，国际成果转移与交流合作的空间巨大。

（二）农业技术梯度合作富有成效

近年来，"一带一路"沿线国家和地区在农业领域积累了可供发展中国家分享的丰富经验和先进实用技术，形成了一大批掌握经验和技术的农业专家队伍。利用农业软实力，通过"一带一路"战略实施，沿线国家和地区通过多种形式的农业国际合作，在促进区域农业生产发展、减少贫困、提高粮食安全水平、促进联合国千年发展目标实现等方面，做了积极而富有成效的工作。例如，东南亚是我国开展农业国际合作较早的地区，也是世界最主要的稻米产区之一，但普遍这些国家育种技术和种植技术落后，粮食生产水平偏低。我国农业企业、科研机构等积极与这些国家合作建立杂交水稻示范基地，培育的杂交水稻品种在当地取得了高产纪录。多年来，中国为广大发展中国家提供的农业

技术，价格低廉、简易实用，切合发展中国家农业水平。因此，比较容易在当地推广，使农民获得明显经济效益，获得广泛好评。随着"一带一路"农业国际合作的深化和实施，将有效推动沿线国家和地区的农业发展。

（三）成果转移与国际合作，前景广阔

"一带一路"沿线国家大多数处于传统农业为主的农业发展阶段。传统的农业生产方式，农业生产率低下，并且农业部门存在着大量农业人口，制约着整个国民经济的发展。帮助这些国家由传统农业向现代农业转变，推动农业转型升级，有利于为区域提供丰富的优质农产品，改善国民生活质量，更好发挥农业在国民经济中的基础作用，为沿线国家实现工业化提供有力的物质支撑。近年来，中国与"一带一路"沿线国家和地区之间的农业国际合作日益密切，取得了积极成果。"一带一路"战略的实施，使我国与沿线国家开展深度农业合作步入了快车道。

（四）强化高端农业产业引领作用

当今世界正在以前所未有的速度进入以 INTERNET 为标志的信息化和信息全球化时代，以计算机、多媒体、光纤、卫星通信、互联网、数字化、虚拟技术等应用为核心的信息化浪潮席卷全球。现代信息技术正在向农业领域全面渗透，信息及知识越来越成为农业生产、经营、管理活动的基本资源、业态形式和发展动力，信息和智力活动对现代农业增长的贡献日益显著，INTERNET＋、3D 打印、工业 4.0 正在改变甚至颠覆传统的农业业态、组织、生产、管理、盈利模式和商业模式。智慧农业引领社会新生活。信息化的虚拟性、全球性、交互性与开放性，越来越广泛地应用到现代农业方面。"一带一路"背景下将实现农业全产业链的信息化和智能化管理，农业信息的采集、加工、传递、反馈、服务和咨询等的数字化、智能化和虚拟化发展，将引导智慧农业（SMART AGRICULTURE）、农业 4.0 及其相关产业的蓬勃发展，成为"一带一路"农业发展的重要技术支撑和发展方向。

高端农业助力沿线国家实现跨越式发展。"一带一路"沿线多为农业国家，加强沿线国家农业合作是建设"一带一路"利益共同体和命运共同体的重要方面，推动现代智慧农业是广大沿线国家通过"一带一路"共建，集体实现跨越成长的有效切入点。高端农业、智慧农业是现代农业的制高点，对发展中国家实现赶超发展十分重要。需要沿线国家和地区，健全"一带一路"双边和多边合作机制，加快推动现代农业发展规划、农业技术标准体系对接，探索建立高端农业产业建设与发展新体系，共同打造开放、多元、共赢的高端农业合作与发展平台。

第六章 "一带一路"与生态文明

生态文明反映人类进步与自然和谐的程度。随着人们处理与自然界关系实践的不断发展、认识的不断提高，生态文明思想不断升华。20世纪六七十年代以来，随着西方工业化国家环境公害事件频发以及两次世界石油危机，全球生态的持续恶化，使国际社会对传统工业化发展道路，进行着全面反思，"生态文明"从理念到行动，迅速成为世界人民的共识。

"一带一路"共建，将全面坚持生态文明建设新理念，奉献中国人民生态文明建设的成果和经验，构建沿线国家和地区生态协同建设新机制，推动广大发展中国家和地区实现可持续发展，有效提升生态建设国际合作水平，实现人类社会人与自然的和谐发展。

第一节 生态文明是人类发展的根本文明

生态文明是大自然赋予全人类的根本文明。建立人与自然和谐共处并保持协调发展关系，实现人类与自然界关系的全面与协调发展，是人类生存与发展的必然。作为人类发展的根本文明，生态文明的发展程度，将对人类社会形态的发展与变化产生深刻的影响。

一、自然法之根本文明

人类为了更好地生存和发展，总是要不断地否定自然界的自然状态，并按照人类的意图改变自然；而自然界又有自己的运行规律和法则，力求恢复到自然状态是自然法则的自然表现。人类通过生产劳动同自然进行物质、能量的交换与协同，保持这种协同，体现着自然法则之根本，也是生态文明的精髓。

（一）自然规律与社会规律的协同

现代意义上的自然观，真正视人类与自然为相互依存、相互联系的整体，确立大自然观，从整体上研究和把握规律，并以此作为认识自然和改造自然的基础。

生态文明是人类遵循人与大自然和谐发展而取得的物质成果与精神成果的总和，是人与人、人与自然、人与社会和谐共生、良性循环、全面发展、持续繁荣为基本宗旨的文化伦理形态。人由自然脱胎而来，其本身就是自然界的一部分。人与自然之间这种否定与反否定、改变与反改变的关系，实际上就是作用与反作用的关系。如果对这两种"作用"关系处理得不好，特别是自然对人的反作用在很大程度上存在自发性，这种自发性极易造成人与自然之间失衡。人与自然之间客观上形成的依存链、关联链和渗透链，必然要求人类在认识自然、改造自然、推动社会发展的过程中，不仅要自觉地接受社会规律的支配，同样要自觉地接受自然规律的支配，促进自然与社会的稳定和同步进化，推动自然与社会的协调发展。

（二）生态良好是人类社会持续发展的"硬约束"

良好的生态环境是人类社会持续发展的重要基础。实践证明，以牺牲生态环境为代价去换取一时的经济增长，其结果就是"竭泽而渔"。楼兰王国和古巴比伦王国今天已湮没在黄沙之下，一些历史名城和建筑奇迹沦为废墟或文物。古人已远，历史为鉴。今天，"一带一路"共建，必须汲取历史教训，避免再犯让我们的后人扼腕叹息的错误。

1. 中国古代文化"百家争鸣"，生态思想却高度共鸣。华夏民族古人保护生态的理念和作为，儒、法、墨、道，连横合纵，尽管政治主张不同，但保护环境，合理开发、永续利用自然资源却是各家学派的共识。中国古代道德生态形成后，一方面产生了强大的向心力、凝聚力和持久的生命力；另一方面又产生了强大的约束力，对道德个体、家庭乃至族群产生制约。这种制约性，从横的方面来讲，体现在当时社会层面的道德生活中；从纵的方面来说，体现在历史的传承中。

2. 历史提供着教训，更提供着智慧。历史是一面镜子，可以照出我们在生态保护中不少方面，不是比古人更加文明而是更加粗鄙，进而可以催生出我们的羞耻感。历史是教科书，可以使我们增长智慧。当然，古人保护生态的某些做法已经随着自然经济的湮灭而成为过去，古人探究天人协同的思考成为我们极其宝贵的精神遗产。中国古代探索自然形成的朴素辩证法，也将帮助我们更好地运用辩证唯物主义的科学方法论，摆脱金钱至上、占有至上等形而上学原始思想的束缚。

（三）生态自觉是现代文明的基本内核

人类颠簸的发展历史，给我们深刻的启迪：我们的祖先在生态保护方面做出了大量的思考、付出了艰辛的努力，也付出了惨重的代价。这让我们更加清晰地认识人类发展中一系列生态损害行为，尤其是进入工业化以来，有着持续加速趋势的不生态行为。自然对人类不遵循自然法则的"惩罚"也不可避免。随着人类文明层次的提高，生态自觉将愈发凸显其现代文明内核地位。一带一路建设进程中，必须坚持这种生态思想与理念。

二、产业文明的更高阶段

世界发展史和中国发展史反复证明着两个基本论断：不同形式的文明都是在人类繁衍发展中产生和总结出来的、生态文明是所有文明的根基。

（一）生态文明是根本文明

在唯物辩证法看来，世界上的任何事物都是矛盾的统一体。我们面对的现实世界，就是由人类社会和自然界双方组成的矛盾统一体，两者之间是辩证统一的关系。一方面，人与自然相互联系、相互依存、相互渗透，人类的存在和发展，离不开自然；另一方面，人与自然之间又相互对立。

物质文明、政治文明和精神文明离不开生态文明，没有良好的生态条件，人类不可能有高度的物质享受、政治享受和精神享受。没有生态安全，人类自身就会陷入不可逆转的生存危机。生态文明是物质文明、政治文明和精神文明的前提，是人类发展所有文明的最基本文明。

生态文明是对现有文明的超越，生态文明将引领人类反思和批判工业文明时期形成的重功利、重物欲的享乐主义，摆脱生态与人类两败俱伤的悲剧。"一带一路"建设中，提倡尊重自然、认知自然价值，建立人自身全面发展的文化与氛围，从而转移人们对物欲的过分强调与关注；生态文明下的所有文明应当是尊重利益和需求的多元协同，注重平衡各种关系，避免由于资源分配不公、人类斗争以及权力滥用而造成对生态的破坏。

（二）生态文明是农业文明和工业文明的更高阶段

从狭义的角度讲，生态文明与物质文明、精神文明和政治文明是并列的文明形式，是所有文明的基础，是协调人与自然关系的文明。在生态文明理念下的物质文明，将致力于消除经济活动对大自然自身稳定与和谐构成的威胁，逐步形成人类繁衍发展与生态相协调的生产生活与消费方式。

人类在发展，文明在延续，从农业到工业实现了生产效率的提高，从工业到生态产业应该逐次实现着物质的循环利用和生产的持续进行，同时实现着与人类持续发展的协同。生态产业的核心是物质的循环利用和人与自然环境的和谐运行，将各种产业统筹起来融为一体，形成可持续发展的产业体系，实现生态产业同农业和工业的协同持续发展，是我们努力的方向和目标。

三、人类生存的最高境界

人类的生存和发展离不开大自然，人类为了发展对自然界不能随心所欲，对于大自然必须保持节制，对自身的行为要保持警觉。自然界有其自身的运行规律，人类的发展要遵循自然规律办事，如果违反这些规律，就会受到大自然的惩罚。人类的发展需要在掌握自然规律的基础上，利用自然发挥自然，从而为人类发展谋福利，使天地万物为人类的福祉发挥正能量。

（一）与大自然和谐共处是人类生存的最高境界

在可持续发展理念日益深入人心的今天，面对人类发展中环境恶化的种种问题，由"改造自然、征服自然"转变为"人与自然和谐共处"成为人类发展的必然选择。这种选择不是遥远过去的简单重复和回归，而是全面的发展和升华，是基于对人与自然和谐相处规律更深的理解和把握，是基于对可持续发展的追求和渴望。

人类不仅要征服自然、利用自然，从自然中获取有利于人类发展的使用价值；同时要善待自然、保护自然、尊重自然、敬畏自然。科学证明人类不过是众多生物种类中的一种，人类只是自然的一部分，绝对不是自然万物的主宰者，人类的认识具有很大的局限性，一点也不能离开认识自然和改造自然的实践活动，尤其是对自然规律的认识和把握，更是离不开人与自然的有机联系。

（二）正确处理人与自然的关系是生态文明的核心问题

人与自然的关系是人类社会最基本的关系。一方面，人类与其他生物一样源于自然而产生、赖于自然而存在和发展，自然界是人类社会产生、存在和发展的基础和前提，因此人类绝不是可以任意支配自然的"主宰"；另一方面，人类与其他生物相比又有不同，人类可以通过社会实践活动有目的地利用自然、改造自然，不断改进人类的生存和发展方式，并创造着人类自身的文明，因此人类也绝不是只能被动适应自然的"奴仆"。

大自然本身极其富有和慷慨，但同时又非常脆弱和需要平衡。人口数量的增长和人类生活质量的提高不可阻挡，相应地人类对自然界的影响也不断扩大，但人类归根结底也是自然的一部分，人类活动不能超过自然界容许的限度，即不能使大自然出现不可逆转地丧失自我修复的能力，否则必将危及人类自身的生存和发展。生态文明所强调的就是要处理好人与自然的关系，获取有度，既要利用又要保护，促进经济发展、人口、资源、环境的动态平衡，不断提升人与自然和谐相处的文明程度。

（三）生态文明建设原则是改造自然与顺应自然的统一

生态文明的本质要求是尊重自然、顺应自然和保护自然。尊重自然，就是要从内心深处老老实实地承认人是自然之子而非自然之主宰，对自然怀有敬畏之心、感恩之情、报恩之意，绝不能有凌驾于自然之上的狂妄错觉；顺应自然，就是要使人类的活动符合而不是违背自然界的客观规律。当然，顺应自然不是任由自然驱使，停止发展甚至重返原始状态，而是在按客观规律办事的前提下，充分发挥人的能动性和创造性，科学合理地开发利用自然；保护自然，就是要求人类在向自然界获取生存和发展之需的同时，呵护自然、回报自然，把人类活动控制在自然能够承载的限度之内，给自然留下恢复元气、休养生息、资源再生的空间，实现人类对自然获取和给予的平衡，多还旧账，不欠新账，防止出现生态赤字和人为造成的不可逆的生态灾难。

人类发展中在评价一切经济活动和社会活动时，不仅要考虑经济价值，而且要考虑生态价值；不仅要考虑眼前价值，而且要考虑长远价值；不仅要考虑当代人的利益，也要考虑下一代人的利益；不仅要考虑从自然中所得，还要考虑如何回报自然等。只有这样，才能真正建立起人与自然和谐共处的关系，实现人与自然和谐共处、协调发展，真正体现"人类生存的最高境界是与大自然和谐共处"这一永恒道理。

四、生态文明建设的国际平台和路径

环境保护是跨越国家界限的全球性问题。需要中国与世界其他国家付出共同的努力和行动，"一带一路"战略是凝聚国家间努力和行动的有效纽带。随着"一带一路"共建的深化，坚持可持续发展道路的中国将同沿线国家和地区共同追求生态文明，共同建设绿色丝绸之路，携手为全人类的绿色发展、可持续发展作出贡献。

（一）环境保护具有显著的国际化特征

党的十八大以来，伴随中央一系列重大举措，我国生态文明建设如火如荼，国际上对生态文明发展也掀起了一波又一波的热潮，持续推动着人类生态文明的建设与发展（见表6—1—1）。中国生态文明建设理念得到了国际社会的广泛赞誉，联合国环境规划署第27次会议通过决议，以联合国文件的形式认可并支持中国的生态文明理念。

表6—1—1　半个世纪以来世界生态文明标志性演进一览表

时　间	标　志	内　容	功　能	不　足
20世纪60年代到80年代	《寂静的春天》《增长的极限》	对工业文明反思与批评	理论警示引发社会关注	只是在学术界引起震动，没有在社会实践中应用
20世纪90年代	《我们共同的未来》报告中提出"可持续发展"概念	环境治理提到议事日程，环境与能源的技术创新启动	可持续发展成为国际社会共识与行动	停留在外部治理，没有触动工业模式
20世纪末21世纪初	中国陕北榆林生态产业示范区	生态建设、经济增长、人民富裕协同发展	生态文明的萌芽，生态产业的崛起，我国西部地区生态产业亮点	没有及时纳入国家顶层规划
21世纪初期	日本京都会议、丹麦哥本哈根会议	低碳经济的新能源革命	生态经济兴起	没有触动工业化消费方式与生产方式
2007年10月中共十七大	首次提出：生态文明、生态文明观	把环境治理上升到文明社会发展的高度	中国开始走向治理与发展兼顾之路	主要是基于环境治理的文明
2013年10月中共十八大	首次提出将生态文明建设融入政治、经济、文化与社会建设全过程	生态文明建设纳入国家发展重大战略	赋予生态文明建设实现中华民族永续发展的使命	缺失生态文明建设的具体标准
习近平生态思想观	提出生态文明的精辟论断	生态兴则文明兴，生态衰则文明衰	生态环境保护功在当代、利在千秋	需要全面贯彻并深入实施

　　生态建设与全球合作密不可分，同有一个地球，共有一个家园。以全球控制碳排放为例，从温室气体的历史排放看，中国累积排放小，历史责任很小。根据国际能源机构（IEA）的推算，到2035年，我国累计排放量将超过欧盟，温室气体排放总量大、增速快，成为世界第二大累计排放国。从当前排放看，我国排放总量已居世界第一位，约占全球排放量的24%，人均排放量已超过世界平均4.4吨的水平，应对气候变化进程中将承担更多责任。为此，我国需要

加快建立以低碳为特征的工业、能源、交通等产业体系和消费模式，有效控制温室气体排放，改善环境质量，促进经济社会可持续发展。

（二）中国承担着重大的国际环境保护责任和义务

世界各国共同承担环境保护的责任和义务。中国坚持与世界各国共同承担有区别的责任原则、公平原则、各自能力原则，同国际社会一道积极应对全球气候变化。2013 年 2 月联合国环境规划署理事会/全球部长级环境论坛（GC/GMEF）第一届全体成员国大会在联合国环境规划署（肯尼亚内罗毕）总部召开，来自 140 多个国家的代表围绕环境状况、国际环境治理、联合国系统内部在环境事务上的协调与合作、环境与发展等政策性议题相互磋商及讨论，以实际行动为目标，逐步缩小着各国在一些关键性环境问题上的分歧。

在全球环境问题和气候变化问题上，我国以世界最大的发展中国家身份，积极参与联合国发展峰会和国际气候变化合作，推动制定符合广大发展中国家利益的全球发展议程和新的应对气候变化安排，发挥中国在"一带一路"和全球环境保护、生态建设中的重大作用。

第二节　习近平生态文明思想体系

以习近平同志为核心的中国共产党人将生态文明理念放在全球气候变化和全世界环境保护运动大背景下，并在"一带一路"建设的全过程，贯穿生态文明理念，是新一代中国领导人立足本国实际，融入世界格局治国理政新思维的具体体现。习近平总书记生态文明思想体系的形成与深化，必将为全人类实现可持续共同发展做出重大贡献。

一、系统生态思想观

习近平总书记对生态文明建设情有独钟——坚持让山川林木葱郁，让大地遍染绿色，让天空湛蓝清新，让河湖鱼翔浅底，让草原牧歌欢唱，既要金山银山，又要绿水青山，展现着建设美丽中国的美好蓝图，也是实现中华民族永续发展的根本要求，让我们清晰地感受和理解到习近平总书记系统生态思想观的精辟与深邃。

（一）"生态兴则文明兴，生态衰则文明衰"

习近平总书记要求采取综合治理的方法，把生态文明建设融入经济建设、政治建设、文化建设、社会建设的各方面与全过程，作为一个复杂的系统工程来操作。加快建立生态文明制度，健全国土空间开发、资源节约利用、生态环境保护的体制机制，推动形成人与自然和谐发展的现代化建设新格局。

2013 年 5 月 24 日，习近平总书记在主持中共中央政治局第六次集体学习时指出："生态兴则文明兴，生态衰则文明衰。""生态环境保护是功在当代、利在千秋的事业。"保护好生态环境，要有科学和系统的视野。在习近平看来，一个良好的自然生态系统，是大自然亿万年间形成的，是一个复杂的系统。如果种树的只管种树、治水的只管治水、护田的单纯护田，很容易顾此失彼，最终造成生态的系统性破坏。

（二）"绿水青山就是金山银山"

2013 年 9 月 7 日，习近平总书记在哈萨克斯坦纳扎尔巴耶夫大学发表演讲后回答学生提问时说："我们追求人与自然的和谐、经济与社会的和谐，通俗地讲就是要'两座山'，既要金山银山，又要绿水青山，绿水青山就是金山银山。我们绝不能以牺牲生态环境为代价换取经济的一时发展。建设生态文明是关系人民福祉，关系民族未来的大计。我们既要绿水青山，也要金山银山，宁要绿水青山，不要金山银山，而且绿水青山就是金山银山。"

人民群众对清新空气、清澈水质、清洁环境等生态产品的需求越来越迫切，良好的生态环境越来越珍贵。我们必须顺应人民群众和社会发展对良好生态环境的期待，推动形成绿色低碳循环发展的新方式，创造新的经济增长点。生态环境问题是利国利民、利子孙利后代的一项重要工作，决不能说起来重要、喊起来响亮、做起来挂空挡。在长期的社会实践和强国建设的征程中，唯有秉持绿水青山就是金山银山的思想、坚持金山银山和绿水青山的协和统一观念，深入落实习近平同志的生态文明思想，才能更好实现我国的持续发展、完成民族富强走向繁荣的大任（见图 6—2—1）。

（三）生态文明关乎中华民族永续发展

2014 年 11 月 10 日，习近平总书记在 APEC 欢迎宴会上致辞时表示，希望北京乃至全中国都能够蓝天常在、青山常在、绿水常在。让孩子们都生活在良好的生态环境之中，这也是中国梦中很重要的内容。生态破坏严重、生态灾害频繁、生态压力巨大等突出问题，已成为全面建成小康社会最大的短板。如何补齐生态短板？习近平总书记有着深邃的理解。

2015 年 3 月 24 日，中共中央政治局召开会议，审议通过《关于加快推进生态文明建设的意见》。习近平总书记指出，生态文明建设事关实现"两个一百年"奋斗目标，事关中华民族永续发展，是建设美丽中国的必然要求。生态文明建设对于满足人民群众对良好生态环境新期待、形成人与自然和谐发展现代化建设新格局，具有十分重要的意义。

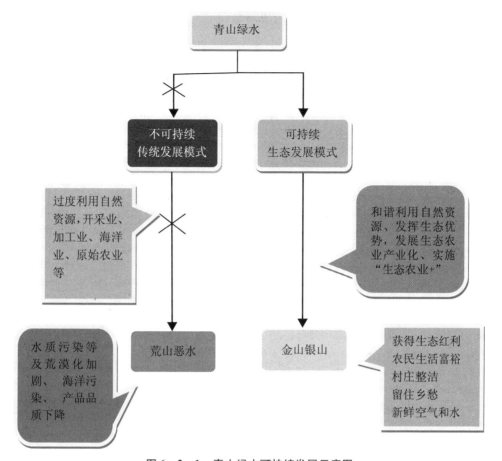

图 6—2—1 青山绿水可持续发展示意图

二、生态文明事关国家安全发展

生态文明建设功在当代、利在千秋,以习近平同志为核心的党中央高瞻远瞩,对人类文明发展规律做出了深刻总结。

(一)生态文明建设是个原则问题

根据世界发展新格局及人类发展新特点,党中央提出"美丽中国"建设,着眼于全面建成小康社会、实现社会主义现代化和中华民族伟大复兴,做出将经济建设、政治建设、文化建设、社会建设、生态文明建设——"五位融于一体"的总体战略布局。习近平总书记对生态文明建设有关重要讲话、论述、批示超过 60 次,"绿水青山就是金山银山""APEC 蓝""乡愁"等"习式生态词汇"广为人知,深刻地影响着人们的生态自觉性。习近平总书记要求严守生态红线不能"越雷池一步"。经济要上台阶,生态文明也要上台阶。要下定决心,实现我们对人民的承诺。生态文明建设是民之所望,施政所向。

（二）生态文明建设具有突出的战略地位

党中央明确提出，要从全球视野加快推进我国生态文明建设，把绿色发展转化为新的综合国力和国际竞争新优势。习近平总书记的系统生态思想，是我党生态文明思想的总结与发展，也是对中国古代生态思想精髓的传承。中国生态理念的历史传承与伟大实践，将引领并深刻影响"一带一路"沿线国家和地区及世界所有发展中国家的生态理念及其建设。中国已经把生态文明放在了事关国家安全发展的高度。在推动共建"丝绸之路经济带"和21世纪"海上丝绸之路"的愿景中，中国政府明确表示要突出生态文明理念，加强生态环境、生物多样性和应对气候变化合作，共建绿色丝绸之路。

三、生态文明建设的核心

建设美丽富强的中国，实现中华民族永续发展，是习近平总书记心中的梦想和力量之源。梦想，来自于中国共产党人伟大的使命。力量，根植于生生不息的中华文明。尊重自然、顺应自然、保护自然、和谐自然，是中华文化和谐平衡思想的深刻体现，也是共产党人践行"中国梦"实现中华复兴的必然。

（一）把生态文明纳入社会主义核心价值体系

习近平总书记指出，必须弘扬生态文明主流价值观，把生态文明纳入社会主义核心价值体系，形成人人、事事、时时崇尚生态文明的社会新风尚，为生态文明建设奠定坚实的社会、群众基础。必须把制度建设作为推进生态文明建设的重中之重，按照国家治理体系和治理能力现代化的要求，着力破解制约生态文明建设的体制机制障碍，以资源环境生态红线管控、自然资源资产产权和用途管制、自然资源资产负债表、自然资源资产离任审计、生态环境损害赔偿和责任追究、生态补偿等重大制度为突破口，深化生态文明体制改革，出台相关改革方案，建立系统完整的制度体系。把生态文明建设纳入法治化、制度化轨道。

（二）生态文明是新的综合国力和国际竞争新优势

习近平总书记强调，人类追求发展的需求和地球资源的有限供给是一对永恒的矛盾。必须解决好"天育物有时，地生财有限，而人之欲无极"的矛盾，达到"一松一竹真朋友，山鸟山花好兄弟"的意境。要把生态环境保护放在更加突出的位置，像保护眼睛一样保护生态环境，像对待生命一样对待生态环境，在生态环境保护上一定要算大账、算长远账、算整体账、算综合账，不能因小失大、顾此失彼、寅吃卯粮、急功近利。生态环境保护是一个长期任务，要久久为功。必须从全球视野加快推进生态文明建设，把绿色发展转化为新的综合国力和国际竞争新优势。通过多措并举、多管齐下，使青山常在、清水长流、空气常新，让人民群众在良好生态环境中生产生活。

习近平总书记的系统生态思想观完整描绘了今后相当长一个时期我国生态文明建设的宏伟蓝图，为努力建设美丽中国，实现中华民族永续发展，走向社会主义生态文明新时代，全方位地为我国生态文明建设、美丽中国建设奠定了坚实的理论基础；习近平总书记生态文明理论体系为我国同世界各国深入开展生态文明领域的交流与合作指明了方向，为"一带一路"沿线国家和地区生态文明建设提供了动力源泉，习近平总书记系统生态思想观将有力推动"一带一路"共建的深化，实现人类与生态持续良好的美好家园——"同一个地球"。

第三节　我国生态文明建设总体部署

2015 年 4 月 25 日，国务院印发了《关于加快推进生态文明建设的意见》指出，加快推进生态文明建设是加快转变经济发展方式、提高发展质量和效益的内在要求，是坚持以人为本、促进社会和谐的必然选择，是全面建成小康社会、实现中华民族伟大复兴中国梦的时代抉择，是积极应对气候变化、维护全球生态安全的重大举措。

一、生态文明建设的基本原则

在中华民族伟大复兴的"中国梦"实现过程中，必须把生态文明建设放在突出的战略位置，融入经济建设、政治建设、文化建设、社会建设各方面和全过程，大力推进绿色发展、循环发展、低碳发展，弘扬生态文化，倡导绿色生活，加快建设美丽中国。按照习近平总书记系统生态思想观和党中央生态文明建设总体部署，全面形成全社会生态文明建设体系（见图6—3—1），使蓝天常在、青山常在、绿水常在，实现中华民族永续发展。因此，生态文明建设必须坚持以下原则：

（一）整体性原则

世界作为一个由自然界、人类社会和人类精神共同构成的整体，其各个部分相互依存、相互制约。生态系统与人类活动是由相互联系和相互作用的诸元素构成的统一整体。坚持整体性原则，用整体的观点看待生态建设与社会发展各要素之间的相互关系和发展，用整体的观点去评价生态建设在社会发展和进步中应有的位置。

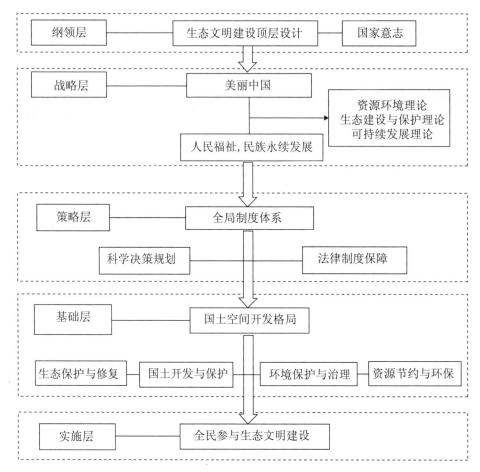

图6—3—1 中国生态文明建设体系

（二）可持续性发展原则

可持续发展的主要原则有公平性原则、共同性原则、持续性原则和阶段性原则。不同国家和不同地区在制定发展规划时，既要实现当代人在利用自然资源以满足自身利益上谋求机会平等、责任平等，又要考虑当代人与后代人对自然资源的享有权力上的机会均等。坚持可持续性发展原则，就是在发展经济的同时，充分考虑环境、资源和生态的可承载能力，保持人与自然的和谐发展，实现自然资源的永续利用和社会的永续发展。

（三）坚持保护优先、自然恢复为主的基本方针

在资源开发与节约中，把节约放在优先位置，以最少的资源消耗支撑经济社会持续发展；在环境保护与发展中，把保护放在优先位置，在发展中保护、在保护中发展；在生态建设与修复中，以自然恢复为主，与人工修复相结合。

（四）坚持把培育生态文化作为重要支撑

将生态文明纳入社会主义核心价值体系，加强生态文化的宣传教育，倡导

勤俭节约、绿色低碳、文明健康的生活方式和消费模式，提高全社会生态文明意识。建立系统完整的生态文明制度体系，强化科技创新引领作用，为生态文明建设注入强大动力。

（五）坚持重点突破和整体推进的工作方式

推进生态文明建设是个长期的过程，依赖于一个规范的、长期的、稳定的制度环境，形成"硬约束"的长效机制。2015 年 1 月 1 日开始实施的新《环保法》，被称为"史上最严"环保法，全方位显现我国生态建设新理念，其中凸显六大亮点：立法理念创新、技术手段加强、监管模式转型、监管手段强硬、鼓励公众参与、法律责任严厉。

（六）不断创新体制机制

完善生态文明制度。充分发挥市场配置资源的决定性作用和更好发挥政府作用；不断深化制度改革和科技创新，既立足当前，着力解决对经济社会可持续发展制约性强、群众反映强烈的突出生态问题，打好生态文明建设攻坚战；又着眼长远，加强顶层设计与鼓励基层探索相结合，持之以恒全面推进生态文明建设。

二、我国生态建设的重点任务

党的十八大部署"五位一体"战略，在当前和今后一个时期，我国推进生态文明建设将突出抓好以下重点工作：

（一）强化顶层设计推进主体功能区战略实施

国务院颁布的《全国主体功能区规划》，是我国国土空间开发的战略性、基础性和约束性规划。对于加快我国转变经济发展方式，实现全面建设小康社会目标和社会主义现代化建设长远目标，具有重要战略意义。实施好这一规划，有利于整体把握和系统推进生态文明建设和优化国土空间开发格局。当前要加强顶层设计，加强规划实施监督。逐步建立和完善与之相配套的法律法规和政策，加快形成人口、资源、环境相协调的国土空间开发格局。推动各地区按照主体功能定位完善区域规划，厘清中央、省、市、县各自的责任，强化领导干部的生态文明意识，根据主体功能区定位，探索设立不同的考核目标，增加生态文明相关指标权重。根据《规划》精神，结合各地实际情况，有效务实推进主体功能区战略框架下的生态文明区域建设。

（二）构建科学合理的"三大战略格局"

从我国人口、经济与资源环境相协调，实现可持续发展的要求出发，"三大战略"包括：国土空间开发"两横三纵"为主体的城市化战略格局、"七区二十三带"为主体的农业战略格局、"两屏三带"为主体的生态安全战略格局（见图6—3—2）。一是构建以陆桥通道、沿长江通道为两条横轴，以沿海、京哈京广、包昆通道为三条纵轴，以国家优化开发和重点开发的城市化地区为主要支撑，以轴线上其他城市化地区为重要组成的城市化战略格局；二是构建以东北平原、黄淮海平原、长江流域、汾渭平原、河套灌区、华南和甘肃新疆等农产品主产区为主体，以基本农田为基础，以其他农业地区为重要组成的农业战略格局；三是构建以青藏高原生态屏障、黄土高原—川滇生态屏障、东北森林带、北方防沙带和南方丘陵山地带以及大江大河重要水系为骨架，以国家重点生态功能区为重要支撑，以点状分布的国家禁止开发区域为重要组成的生态安全战略格局。我国地域宽广，"三大战略格局"确定了3个优化开发区域、18个重点开发区域、25个重点生态功能区、7个农产品主产区，统筹规划并实施如上53个单元区。在对生态环境保护方面主要突出用于25个重点生态功能区，保障国家总体实现生态安全。

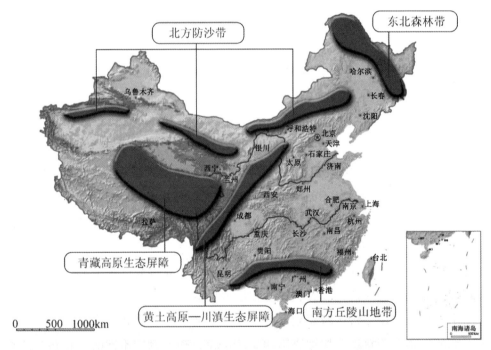

图6—3—2 "两屏三带"生态安全战略格局示意图

（三）加强自然生态系统保护和陆海统筹协调

推进天然林资源保护，巩固和扩大退耕还林还草、退牧还草等成果，保护好林草植被和河湖、湿地，加强野生动植物和生物多样性保护。加强水源地保护，加快病险水库水闸除险加固、农田水利等重点工程建设，加快实施搬迁避让。扎实推进城乡造林绿化工作，构建重要生态屏障，提高生态系统稳定性。坚持陆海统筹协调。强化海洋大国意识，把握好陆地空间与海洋国土空间统一性，以及海洋系统的相对独立性，处理好陆地开发与海洋开发以及海岸带保护的关系。加快发展现代海洋产业，不断壮大海洋经济实力，保护好海洋生态环境，增强多样化海洋生态产品供给能力，坚决维护国家海洋权益，建设海洋强国。

（四）实施重大生态修复工程，增强生态产品生产供给能力

着力加强生态保护与修复，营造良好生态环境。生态既要保护又要修复，要加大对已遭到破坏生态的修复和对生态脆弱地区的投入，促进形成自然生态和人居环境的良性循环。加强重点流域和区域水污染防治、生态脆弱河湖和地区水生态修复与治理。推进荒漠化、石漠化、水土流失综合治理。加大治理重金属污染和土壤污染的力度，解决资源环境面临的问题，不断提高资源利用效率、污染物排放的控制能力和废弃物的资源化利用能力。大力加强林地、水源、湿地、草原等绿色生态资源的保护。加快解决损害群众健康的水、土壤、大气污染等突出环境问题，增强生态产品生产供给能力。

（五）推行节约利用资源、绿色循环低碳的生产和生活方式

从破解资源约束出发，加强全方位、全过程资源节约和综合利用，大幅降低能源、水、土地消耗强度，有效控制用水总量，合理开发矿产资源，严格管制土地用途。推动能源生产和消费革命，大力发展新能源和可再生能源，控制能源消费总量，保障国家能源安全。持续开展资源短缺、环境脆弱的国情宣传和深度教育，强化全体国民的环保理念和生态意识。加快转变经济发展方式，促进生产方式转型，减少资源消耗过度和污染排放问题，彻底抛弃高投入、高污染的粗放式增长模式，从根本上缓解经济增长与资源、环境之间的矛盾。坚决抑制高耗能、高排放行业过快增长，加快淘汰落后产能，促进产业向优势企业集中，推动过剩产能向海外有序转移。

第四节 "一带一路" 全面坚持生态文明共建

中国政府在提出"一带一路"倡议共建中明确表示，要将生态文明理念贯穿于"一带一路"建设的全过程。"一带一路"沿线国家和地区生态环境安全问题十分突出，深受政治、经济、社会、文化等因素的影响。唯有持续坚持大生态价值观、秉持生态优先的基本理念，并始终将生态文明思想贯穿在"一带一路"建设的全过程，才能全面推进"一带一路"沿线国家和地区的可持续发展和繁荣。

一、沿线国家生态建设现状

"一带一路"沿线国家的生态环境问题十分复杂，无论从陆地和海洋都背负着历史生态包袱，面临着严峻的生态问题（见图6—4—1）。

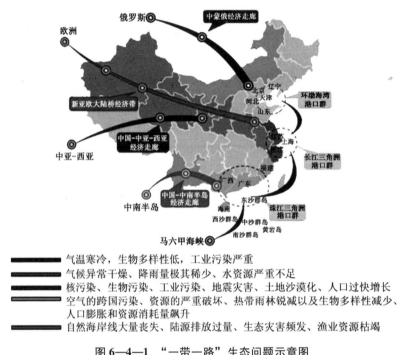

图 6—4—1 "一带一路"生态问题示意图

（一）陆上丝绸之路

"陆上丝绸之路"西向，主要经过中国和欧洲之间的欧亚大陆腹地，是全球生态问题最为突出的地区之一。该地区地理特征表现为：气候异常干燥、降雨量极其稀少、水资源严重不足。地貌形态以沙漠和草原为主，其中沙漠面积占总面积的1/4以上。中亚生态环境问题与中国西北地区有很大的相似性与相关度，同时还存在核污染、生物污染、工业污染、地震灾害、土地沙漠化、人口过快增长等问题。欧亚大陆腹地生态脆弱，整体上对于人类活动的承载力趋弱，这一系列生态问题已成为制约该地区发展的重要障碍。

"陆上丝绸之路"南向，主要经过东南亚地区，该地区主要是热带季风和热带雨林气候，总体为高山峻岭、地震活跃带、岩溶与喀斯特地貌，分布多条国际河流。这一地区快速工业化和城市化所形成的环境压力、空气的跨国污染、水资源的严重破坏、热带雨林锐减以及生物多样性减少、人口膨胀和资源消耗量飙升等一系列生态问题，严重地影响了该区域可持续发展。

（二）海上丝绸之路

"海上丝绸之路"沿岸国家几乎全是发展中国家，面临着节能减排压力和环境问题困扰。海洋生态问题长期存在，如气候变化、自然海岸线大量丧失、陆源排放过量、生态灾害频发、渔业资源枯竭等。但与"陆上丝绸之路"相比较，"海上丝绸之路"的环境压力还是要轻得多。

"海上丝绸之路"所主要经过的南亚和阿拉伯地区，近几年来，随着工业化进程加速，生态压力骤增。同时，地缘经济和地缘政治竞争加剧，也对该地区生态问题形成了严重的影响。

（三）"一带一路"沿线国家生态环境的主要特点

概括起来讲，"一带一路"沿线国家的生态环境整体上呈现三个主要特点：

一是从总体上看，"一带一路"沿线国家和地区经济发展水平较低，既是发展水平落后区，又是发展方式粗放区。生产总值总量约占世界的1/3，人均生产总值只有世界平均水平的一半左右。在经济结构中，农业和工业增加值比重明显高于世界平均水平，而服务业增加值比重则明显低于世界平均水平。过去20多年来，该地区经济保持快速的增长态势，其生产总值年均增长率约为世界平均增长率的2倍，成为世界经济比较富有活力的地区之一。与此同时，"一带一路"沿线国家经济发展方式比较粗放。单位生产总值能耗、原木消耗、物质消费和二氧化碳排放高出世界平均水平的一半以上，单位生产总值钢材消耗、水泥消耗、有色金属消耗、水耗、臭氧层消耗是世界平均水平的2倍以上。

二是"一带一路"沿线国家和地区总体上能源矿产资源丰富，互补性较强，既是世界矿产资源集中生产区，也是世界矿产资源集中消费区。该地区石油、天然气、煤炭、发电量等都提供了世界一半以上，同时消耗的一次性能源也占据世界的一半以上；钢铁，该地区生产的粗钢和消耗的粗钢均占世界的70%以上；水泥，该地区水泥产量和消耗均占世界的80%以上；另外，该地区分别生产和消费了世界40.3%和43.6%的纸和纸板，50.9%和52.4%的原木。

三是"一带一路"沿线国家和地区人口资源密集，环境问题突出。既是人类活动比较集中的地区，又是生态环境脆弱区。该地区人口密度比世界平均水平高出一半以上。除了是世界上自然资源的集中生产区外，该地区年境内水资源量只有世界的35.7%，但年水资源开采量占世界的66.5%，同时用去了世界60%以上的化肥，因此对水资源和水环境的压力高于世界平均水平，排放了世界55%以上的二氧化碳和温室气体。其中不少国家处于干旱、半干旱环境，森林覆盖率低于世界平均水平，生态环境是世界上最为脆弱的地区之一。该地区的人均生态足迹虽然低于世界平均水平，但也超出了生态承载力的80%以上。

"一带一路"沿线国家的经济发展较为落后、经济发展方式比较粗放、生态环境相对脆弱的现状已成为这一地区可持续发展的瓶颈，但也同时为该地区开展绿色发展领域的经济技术国际合作提供了难得的契机、巨大的潜力和广阔的空间。

二、"丝绸之路"建设中的"生态文明"

中国政府在推进"一带一路"建设中，把生态文明建设放在了前所未有的高度。中国政府明确表示，在投资贸易中要突出生态文明理念，加强生态环境、生物多样性和应对气候变化合作，共建绿色丝绸之路。

（一）从全球视野加快推进生态文明建设

党的十八大以来，党中央多次强调，必须从全球视野加快推进生态文明建设，把绿色发展转化为新的综合国力和国际竞争新优势。无论经济发展路子走得快与慢，经济效益大与小，经济发展必须牢牢地建立在环境保护的基础上。

"一带一路"建设必须牢固树立"决不以牺牲环境为代价去换取一时的经济增长"的生态发展观，充分考虑区域资源环境承载能力，以环境容量优化区域布局，以环境管理优化产业结构，以环境成本优化增长方式。

（二）把生态文明理念融入"一带一路"项目建设的全过程

"一带一路"建设必须始终坚持节约优先、保护优先、自然恢复优先，在保护中开发、在开发中保护，既要做好经济发展的"加法"，又要做好资源能源消耗和环境损害的"减法"，以最小的资源环境代价实现最大的效益。充分借鉴世界发展过程中粗放式发展的经验和我国发展过程中的教训，以生态环境保护引领和倒逼生产力转型优化，加快改变不合理的产业结构和能源结构，充分探索生态型资源利用方式和生活方式，着力推动低碳发展、循环发展，走绿色发展之路。

"一带一路"建设沿线各国和地区都面临着很多现实问题和挑战。根据不同的国情和不同的双边关系，在制定与各国和地区相适应的发展战略时，要深入研究各国和地区在节能、节水、应对气候变化、生态补偿、湿地保护、生物多样性保护、土壤环境保护等方面的法律法规，将中国在生态文明建设中所积累的丰富经验和创新成果融会贯通，探索生态文明建设国际合作的新模式和新路径。把生态文明理念融入互联互通、产业投资、资源开发以及经贸合作、金融合作、人文交流、海上合作等领域合作建设项目的各方面和全过程。

三、绿色发展是"一带一路"建设的必由之路

"一带一路"共建愿景，决定着"陆上丝绸之路"与"海上丝绸之路"是一条全新的绿色发展之路，对于有损于环境、不可持续的高耗能、高污染项目，要从顶层设计和金融支持的层面首先予以否定。在具体实践中，做到控源头、抓治理、建制度、严监管，促进经济持续增长、污染持续下降、生态持续改善。

（一）"一带一路"建设秉持绿色发展理念

建设生态文明，实现绿色发展，是"一带一路"建设秉持的重要理念。中国正在走出粗放型发展模式，努力摒弃"先污染后治理"的弊端，对生态文明建设的现实紧迫性有深切体会。2015年3月，中央政治局会议明确提出"绿色化"发展要求，将党的十八大提出的"四化同步"（工业化、信息化、城镇化、农业现代化）充实为"五化协同"（新型工业化、城镇化、信息化、农业现代化和绿色化），表明中国在生态文明建设上的重大决心，加快生态文明转型升级发展进程。因此，中国在"一带一路"建设中绝不会沿袭发达国家主导的原有国际合作模式，即以低廉的经济利益换取宝贵的资源、环境和生态价值，而是充分考虑各国人民对良好生态环境的期待，与合作伙伴共同探索经济效益与生态效益并重的合作模式。中国与"一带一路"沿线许多国家处在相似发展阶段，通过互学互鉴，必将促进各国在加快经济发展的同时推进生态文明建设。

（二）"一带一路"绿色发展空间巨大

通过"一带一路"建设提供巨大的绿色发展空间，切实维护发展中国家的共同利益。"共建绿色丝绸之路"能够提供实实在在的投资机遇和合作红利。仅就绿色基础设施建设而言，"一带一路"沿线国家的投资需求就十分可观。亚投行、丝路基金、金砖国家新开发银行等都把绿色基础设施建设作为重点支持的投资领域。绿色基础设施建设以及各种绿色发展潜力的释放，不仅会带来即期的经济效益，而且能消除制约可持续发展的瓶颈。对绿色发展的追求已经成为将沿线各国结成利益共同体的强大纽带，探索经济效益与生态效益并重的合作模式，已经成为符合"一带一路"沿线国家共同利益诉求的努力方向。

（三）"一带一路"生态文明建设是绿色发展之路

"一带一路"是绿色发展之路，对于改革和完善全球治理体系具有积极作用。目前，发达国家越来越倾向于将环境保护和应对气候变化等问题作为维护既得利益的手段，一方面不断向发展中国家转移污染和碳排放，另一方面用不合理的环境和气候保护条款向发展中国家施加压力，限制发展中国家的发展空

间。"一带一路"战略主张充分尊重沿线各国的历史和现实，坚持"共商、共建、共享"原则，努力将"绿色"真正转化为各国共同的福祉，而非少数国家的私利。"一带一路"是绿色之路，维护并主张沿线国家的生态利益，有利于增强发展中国家在环境保护和应对气候变化等重大国际问题上的整体协同能力和发展底气，进而推动形成更加公正合理的全球治理体系。

四、生态友好是"一带一路"建设的基础

古代"丝绸之路"一直被世界人民看作是和平与友谊的象征。澳大利亚前总理陆克文说过："Silk Road"（丝绸之路）很有历史感和感召力。"和平合作、开放包容、互学互鉴、互利共赢"的丝绸之路精神推进了人类文明与进步，"丝绸之路"促进着沿线各国的繁荣与发展，是世界人民共有的历史文化遗产。

（一）"一带一路"传递强烈的生态理念

"一带一路"战略构想，得到了沿线地区和世界人民的广泛支持。"一带一路"在经济合作取得重大进展的同时，不同领域的合作也高潮迭起。与此同时，"一带一路"共建也在传递着强烈的生态理念，所有国际合作的签约项目，都紧扣"开放合作，绿色发展"主题，突出生态文明建设新理念。"一带一路"建设是中国责任与大国责任的具体体现，也是中国使命与大国使命的有机衔接。"一带一路"建设中，我国将始终以生态文明理念为引领，让生态文明理念真正成为"一带一路"建设的助推器，实现生态友好型"一带一路"的繁荣与发展。

（二）生态建设是"一带一路"建设的根基

在尊重相关国家主权和安全关切的基础上，沿线国家和地区需要加强基础设施建设规划、技术标准体系的对接，共同推进"一带一路"骨干通道建设，逐步形成连接欧亚非及其各次区域之间的基础设施网络。生态建设是"一带一路"共建的基石，生态文明建设既是"一带一路"共建的基础和出发点，又是共建的目标和最高价值点。

第五节　加强生态环境建设中的国际合作

生态环境建设是"一带一路"可持续发展的重要切入点和共同点，走绿色发展之路是各个国家和地区普遍认同与遵循的理念。加强生态环境建设中的国际合作，是"一带一路"建设中的优先选项和前置选择，同时也是生态建设与合作通过"一带一路"为国际社会提供范式的共识选择。

一、国际社会共识

作为国际社会最大的发展中国家，中国在生态文明建设方面的探索与经验，为世界各国特别是发展中国家提供了有益启示。国际社会普遍认为，中国提出生态文明理念、推进生态文明建设，将产生世界范围的重要影响。

（一）"一带一路"建设中全方位践行生态文明理念

加强生态文明建设，建立运转正常的生态环境国际交流与合作机制，全面推进"一带一路"沿线国家和地区在生态领域的国际合作，是"一带一路"全方位践行生态文明理念的重要保障。

1. "一带一路"生态思想是《哥本哈根议定书》理念的践行与深化。"拯救人类的最后一次机会"的会议通过《哥本哈根议定书》，"一带一路"沿线国家和地区对《哥本哈根议定书》理念有着基本共识，在"一带一路"建设中全方位践行生态文明理念也是沿线国家和地区的共识和共同追求。

《哥本哈根议定书》在2009年缔约方会议上达成共识并获得通过，是以法规的形式限制全球温室气体排放第一承诺期到期后的又一新的共同文件。因此，此次会议被视为全人类联合遏制全球变暖行动的一次重要努力和共同行动。举世闻名的哥本哈根世界气候大会，被称为哥本哈根联合国气候变化大会，全世界192个国家和地区的环境部长和高官参加了此次会议。大会通过的《哥本哈根议定书》，是继《京都议定书》后又一具有划时代意义的全球气候协议书，毫无疑问，将对地球今后的气候变化走向产生决定性的影响。

2. "一带一路"生态理念提升沿线国家共同应对全球生态恶化挑战建设能力。全球科学界明确提出，人类活动已在改变世界气候系统。日益加速的气候变化已经造成严重影响。更高的温度和极端天气事件正在损害粮食生产，日益升高的海平面和更具破坏性的风暴使我们沿海城市面临的危险加剧，并且气候变化的影响已在对世界经济造成危害。这些情况迫切需要强化行动以应对气候挑战。

在人类发展到现代社会的今天，在全球面对气候变暖、自然灾祸频发、环境恶化、资源枯竭、人类生存面临巨大挑战的今天，中国共产党人提出"生态文明"的系统理念，对中华民族永续发展具有深远的历史意义和重大的现实意义，同时也将影响到"一带一路"生态文明建设进程，给世界各国特别是发展中国家和欠发达国家和地区的生态文明建设产生深远的影响。

（二）"一带一路"共建助推国际生态安全合作组织（IESCO）发挥更加重要的作用

IESCO是由中国倡议发起，在联合国机构的支持下，由俄罗斯、美国、印度、柬埔寨、塞舍尔、尼泊尔、孟加拉国、蒙古、比利时等主权国家参与支持下，依据联合国千年发展目标，于 2006 年 6 月创建的全球性国际组织。其宗旨是加强与各国、政党、议会、智库的合作，促进生态文明建设，构建生态安全格局，保护自然生态资源，实现人类可持续发展。

国际生态安全合作组织深入研究生态安全与国家外交战略；支持发展中国家和欠发达国家的扶贫计划；负责全球生态安全状况的调查和分析；促进生态安全领域的基础研究和发展；确定生态、人口和经济优先发展方向；对涉及生态安全的国家计划纲要和重大科研项目进行评估；建立国际生态安全评估、监察、认证、仲裁体系，并组织实施；设立"维护生态安全特别贡献奖"，对应对气候变化、维护生态安全、灾害救援和生态修复做出重要贡献的政府机构、社会组织、企业集团和个人进行奖励。国际生态安全合作组织成为实现联合国千年发展目标、维护生态安全、应对气候变化、解决生态危机的重要力量。

国际生态安全合作是"一带一路"建设优先考虑的重要任务之一，是"一带一路"建设可持续发展的重要切入点，随着"一带一路"共建的持续深入，国际生态安全合作组织等国际机构将发挥更加重要的作用。

二、保护生态环境是人类的共同责任

随着全球绿色消费浪潮的日益高涨，人类文明正以前所未有的速度向着更高层次发展，面对世界人口的迅速增长、自然资源的日益枯竭和生态环境的逐步恶化，保护生存环境与发展相协调，这一严肃课题摆在了全世界人民面前。"一带一路"共建，是中国人民在提供自身发展水平的同时，为沿线国家和世界人民提供的生态型公共产品，是展示大国风范、助推全球治理新秩序的责任和担当。

（一）"一带一路"是中国向全球治理提供的"生态型公共产品"

2015 年 12 月 12 日，全球领袖共同宣告、共同应对气候变化的《巴黎协定》诞生，承诺在 21 世纪实现温室气体零排放。承诺异常伟大，道路异常艰巨，大国责任也将异常凸显。此刻，生态型公共产品的提供就显得尤为重要。人类面临的一系列生态恶果与"负公共产品"密切相关，显然，"负公共产品"是政策设置不当、人为因素不当、全球治理不当的必生品。全球工业化进程与环境污染、生态恶化同步，发达国家早有教训，曾经"摔过大跟头"，但"守成国家"仍按自己所需在全球强推产品、强推工业化，此间，也将"生态灾害"强推至发展中国家。在全球产业分工体系中，因为历史不公平和现实不公正致使发达国家自豪地站在"微笑曲线"的顶端，而被排挤在产业链末端、

"微笑曲线"底部的国家只好为了"糊口",向全球奉献"力气"的同时产生"污染"。"负公共产品"的治理,首先包括全球生态建设相关安排,亟须通过"一带一路"这样大面积高风格的共建,向沿线国家和地区及国际社会提供"生态型公共产品",加速世界公平与公正建设,实现和平与可持续发展。

（二）"一带一路"生态环境建设倡议彰显大国责任和担当,助推全球新型治理

近两个世纪以来,人类的社会治理水平没有像科技发展一样取得飞速发展,从最初"大英帝国""炮舰开路""跑马圈地"赤裸裸的"丛林法则",到美国"面蜜实毒"的"巧实力"和"利己""带血"的"普世价值",抹了蜜的"新丛林法则",都让人类发展付出了惨重的代价。昨天的欧洲、今天的中东和亚洲都在重复着"昨天的故事",这是全人类必须警醒的严峻现实。

中国的和平崛起需要一条崭新的发展与治理之路——新时代的"天人合一""天下为公",将通过"一带一路"奉献给世界人民,为全球遏制"带血"的"新丛林法则"提供有力的平台。"一带一路"生态环境治理需要强化政策层面的"正本清源"、强化产业发展之"经"与区域发展之"纬"的"经纬交融",加强智能网络技术带动和生态型新技术的创新驱动,实现生态产业综合发展。全球生态环境建设,需要克制"自私",无论是制度安排、政策工具设计,还是技术的运用、路径的选择,都需要共赢设计。"生态型发展"是中国特色社会主义理论的当然内涵,更是展示大国担当助推全球新型治理的重大责任和历史使命。

三、加强"生态文明"建设领域的国际合作

多年来,"一带一路"沿线国家和地区积极探索着绿色发展之路,中国是当之无愧的探索者和引领者,中国丰富的经验和教训以及先进的环保技术和实用理念,将通过国际合作,为"一带一路"沿线国家和地区及世界广大的发展中国家,提供"管用""实用"的有效方法。

（一）加强亚欧非国家和地区生态环境保护合作

2014年11月在北京召开的APEC会议,采纳了中国政府提出的倡议,建立亚太经合组织绿色供应链合作网络,利用采购方的力量,实现环境绩效改善。这一设想有利于"一带一路"区域内利用市场手段、助推各国加速实现绿色转型升级发展。在"一带一路"共建实施中,中国政府率先推进"绿色丝绸之路"建设,要求中国"走出去"的企业坚持保护环境、低碳发展、绿色发展,实现经济效益与生态效益、社会效益的高度统一,这为"一带一路"建设

中强化亚欧非国家生态环境合作奠定了坚实基础。

（二）协同解决"一带一路"沿线生态环境问题

生态文明贵阳国际论坛2016年年会开幕式上，中共中央政治局常委俞正声同志指出，论坛秉持弘扬生态文明理念、推动生态文明实践的传统，对生态文明建设的一系列问题进行了深入探讨，发出了生态文明建设的响亮声音，为促进中国可持续发展、维护全球生态安全作出了积极贡献。生态文明贵阳国际论坛2014年年会期间，举办了丝绸之路分论坛，将"生态文明"和"丝绸之路"结合在一起，这一主题契合了时代潮流，反映了丝绸之路沿线国家和地区广大发展中国家的心声。

随着"一带一路"建设深化，在生态建设方面，中国进一步强化同沿线地区和世界各国的合作与协同，中国和新加坡合力打造生态城、中国与欧洲携手共建清洁能源中心、中国和瑞士有关部门在贵州共同规划生态乡村蓝图。中国将进一步强化"绿色发展和知行合一"，顺应世界生态文明建设的趋势和潮流，展示中国优秀传统文化的智慧和情怀，强力推动绿色发展、加快生态文明建设进程。

四、"生态文明"建设合作新机制

生态环境不仅是一个自然问题，也是一个社会问题。"一带一路"生态环境问题需要以更广阔的视野来审视，沿线各国的社会制度不同、民族风情不同，其生产方式、生活方式、分配结构、国际分工格局也将严重影响生态环境建设及可持续发展。为此，需要通过"一带一路"共建，构筑起生态文明系统完整的合作机制和建设体系，推进沿线国家和地区生态文明领域国家治理体系和治理能力的现代化建设。

（一）强化合作共同应对生态环境的新挑战

"一带一路"沿线国家和地区需要强化合作，共同强化应对生态环境的挑战。共同推动技术进步，加快技术传播速度，以新技术改造生产方式，从源头上解决污染排放问题。把新技术应用于环境治理和生态保护，共同倡导物质简约、精神丰富的生活方式。构建生态安全保障体系，提高区域内土地承载力的水平和优质的环境承载力；积极推进政策环评、战略环评与规划环评，建立环境与发展综合决策机制。在城市规划、能源与资源开发利用、产业布局、土地开发等重大决策过程中，优先考虑环境影响和生态效益，对可能产生重大环境影响的事项，行使环境保护"一票否决"，避免出现重大决策失误。对造成生态环境损害的重大决策失误，实行问题追溯和责任终身追究措施。

（二）建立生态环境国际交流与合作新机制

统筹国内国际两个大局，以全球视野加快推进生态文明建设，树立负责任的大国形象，把绿色发展转化为新的综合国力、综合影响力和国际竞争新优势。发扬包容互鉴、合作共赢的精神，加强与世界各国在生态文明领域的对话交流和务实合作，引进先进技术装备和管理经验，促进全球生态安全；加强南南合作，强化开展对发展中国家的绿色援助。随着"一带一路"共建步伐的加快，沿线地区生态建设国际性专门机构和机制也将加速形成，从而，全面促进全线生态环境建设的共赢发展。

（三）完善"一带一路"生态建设国际合作新秩序

我国生态文明建设方兴未艾，发展势头走在了世界的前列。随着"一带一路"建设的深化，我国将同沿线国家和地区进一步深化生态文明机制建设，完善生态文明建设新秩序，为生态环境国际合作提供有效的保障。

中国出资400亿美元成立丝路基金，为"一带一路"沿线国家基础设施建设、生态建设、资源开发、产业合作等有关项目提供投资融资支持；国务院《关于推进国际产能和装备制造合作的指导意见》以12个行业作为重点，将逐步形成若干境外产能合作示范基地、一批有国际竞争力和市场开拓能力的骨干企业，同时，设立"一带一路国家信息交流中心"等高效综合机构。随着我国与相关国家共同推动的国际机构的运转、一批重大骨干项目的落地以及国际性金融机构的运营，将大幅推进"一带一路"生态建设国际合作新秩序建设。

第七章 "一带一路"与"中华力"

进入 21 世纪，以我国为先导的一批新兴国家迅速崛起，使世界格局发生着深刻变化，世界秩序处于完善与重构的拐点。此刻，"一带一路"战略应运而生，在中华儿女"千年等一回"的重大"雄起"关头，历史赋予的责任再一次让共产党人站在了时代的最前沿，为此，"让我们万众一心"，全面凝心聚力，迸发"中华力"，实现"中国梦"。

随着"一带一路"战略的深化、亚投行的设置、丝路基金的开启，都标志着我国在世界舞台上的新角色和对世界的新奉献，一个"有所作为"新时代正在开启。在和平与发展的前提下，通过"一带一路"战略的实施，中国将给世界带来更多的"硬贡献"和更多的"软分享"，这种"硬贡献"和"软分享"是"中华力"的客观表现和内生动力，中华文明的魅力和中华民族的凝聚力，通过中国的"硬实力""软实力"和"德实力"的有机展现，在我党的领导下，"六力合一"形成的"中华力"是实现"中国梦"的根本力量（见图 7—1）。

图7—1　六力合一，唱响中国梦

如果中国给世界带来的 "软分享" 是一种责任，那么，中华文明的魅力就似大海上的灯塔，为不知姓名奔向远方的各路朋友提供着光明、照亮着方向。中华民族的凝聚力就似默默燃烧的蜡炬，为远在天涯的亲朋无私地提供着光和热，不知疲倦地照亮着归途，敞开着宽厚的胸怀提供着温暖的归宿；如果说中华儿女给世界提供的 "硬贡献" 是一种权力，那么， "硬实力" 犹如权力基础， "软实力" 犹如权力精神， "德实力" 构成权力性格。 "中华力" 聚各方之力为 "一带一路" 战略有序、有力、有效推进提供着强大保障， "一带一路" 更是增强 "中华力" 的有效路径，新时代新战略需要 "中华力"。

第一节　中国硬实力

"一带一路" 战略的实施，将加速生产要素的自由流动，促进产业结构的良性升级，加速我国强国目标的实现，加固硬实力的硬度，助推世界 "发展共同体" 建设。

一、当代中国发展的根本

硬实力是指支配性实力，包括基本资源、军事实力、经济力和科技力等因素。 "一带一路" 战略为我国硬实力建设提供了难得的时代机遇和良好的宏观环境，我国国家硬实力又为 "一带一路" 战略的实施提供了资源整合、要素调节等市场驱动能力；随着 "一带一路" 战略的深化与发展，硬实力表现将作为一项考量指标，硬性反映沿线省市区和沿线国家与地区民众生活水平，在多大程度上得到根本改善和有效提升，这一指标显然是硬性的，来不得半点虚假，或者说硬指标 "软不得"。

因此，国家硬实力建设既是 "一带一路" 战略实施的前提，更是 "一带一路" 战略实施的基础目标。

打铁还需自身硬。 "一带一路" 建设中，机遇与挑战同在，而提升硬实力、强化自身核心 "硬竞争力" 才是面对各种挑战的力量源泉，才是保持从容、保持自信的基础。

（一）硬实力是国力基础

世界风云，跌宕起伏。纵观世界格局演变历史，我们不难发现：一个民族、一个国家在推动符合国际社会发展趋势的世界战略时，强大的国家硬实力是必备的后盾。没有强大的国家硬实力，民族自身利益将很难保障，国际战略的实施、国际新格局的构建以及推动国际经济新秩序的完善，都只能 "言" 而不得"行"，流于空谈。

中华民族有着悠长而殷实的历史，但近 200 年来却进入了连续急转弯之路，面临着一次又一次险情下的抉择。自从 19 世纪中叶，世界发展驶入快轨道，中国的国门被西方列强用炮舰一次又一次强行打开，中国国力日益衰弱，政治腐败、军纪废弛、民不聊生。中国社会结构从传统状态，骤然进入历史与现代、民族与世界、人文与科学、精神与功利、个人和社会的激烈冲撞之中。面对外患深重内忧重重的国情，一批又一批的仁人志士前赴后继坚持不懈地探索救国救民之路，先有地主阶级改革派提出"放眼世界、师夷长技"的主张，后经洋务派兴办实业的实践，再到资产阶级改良派引入日式新法的尝试，均是昙花一现。以革命先行者孙中山为代表的民族资产阶级领导辛亥革命，推翻了清王朝的反动统治，建立起资产阶级共和国，这是工商业社会文明的一次尝试，也是一种历史的必然。这次革命在推进经济和文化进步，确立新的国家治理体系方面，迈出了一大步。随着五四新文化运动的开展以及马克思主义的传播，中国人民主动选择了马克思主义，并将马克思主义与工人运动创造性的相结合，中国共产党应运而生。在中国共产党的领导下，陕甘宁边区成为 20 世纪三四十年代全国最进步的地方。新中国成立后，中国共产党很快解决了占世界四分之一人口的吃饭问题，建立了比较完整的工业体系和国民经济体系，1952—1978 年，中国国民经济以平均每年 6.2% 的速度保持增长。新中国坚持独立自主、艰苦创业的精神，开启了中华民族发展史上全面建设与全面发展的新纪元，无论是政治与文化，还是军事与经济，都作为一个独立的大国屹立在世界的东方。十一届三中全会以来，中国共产党更是强化了经济建设，明确了四项基本原则和以经济建设为中心，既明确了中心，又保障了方向。

党的十八大以来，我党将持续发展和绿色发展及全面发展生产力与共同富裕相结合，既提升效率又追求公平；将有效市场与有为政府相结合，既各取所长又优势互补；将经济发展与生态保护相结合，既关注速度又注重持续；将从严治党与依法治国相结合，既相辅相成又同向而行；将对内改革与对外开放相结合，既鼓励创新发展又鼓励贡献全球。正是在一代又一代中国共产党人正确指引和不懈努力下，中国逐步发展成为世界第二大经济体（见图 7—1—1），人们物质生活水平明显改善，政治与民主、文化与教育、社会与公正以及生态环境等方面的合法权益等方面都得到长足的进步，国家硬实力得到明显提升。中国创造了世界上前所未有的发展奇迹，自 1978 年以来保持着持续高速增长，让全世界看到了中国特色社会主义制度的优越性。此时，"一带一路"战略的推出恰逢其时，国际间应者云集。显然，强大的国家硬实力是"一带一路"倡议提出及实施的硬根基。

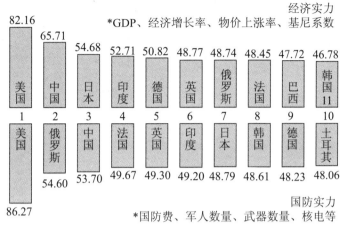

图 7—1—1 2009 年 G20 硬实力综合排名（满分 100）

（二）硬实力提供物质条件和技术手段

国家硬实力以经济实力为基础，而经济实力又是以科技实力为前提，经济、科技实力又以企业为承载主体。民族企业，特别是国有大中型企业，只有具备强大的硬实力，才能走出国门，推动国内和沿线国家和地区建设。企业需要创新发展思路、拓宽发展视野，实现自身战略性调整，才能解决好"一带一路"战略建设中的资本短缺问题和技术管理等"硬约束"问题，才能提升硬实力，扛起"一带一路"建设的重任，从而丰富并强化国家的硬实力。当前，实施"一带一路"战略的重点是促进互联互通中的基础设施建设，我国作为市场主体的优势企业恰恰具备了在这些方面"走出去"的实力和条件。因此，今后几年，最能体现我国硬实力的基建、能源、交通运输等产业将会在"一带一路"主战场一展身手。

当今科技发展日新月异，新技术发展将对"一带一路"建设产生重大影响，尤其是现代高科技技术，如航天技术（见图 7—1—2）、生物技术等，都是"牵一动百"的技术和产业，一项技术的突破将大面积地带动国家科技水平。

另外，随着现代信息技术发展，"互联网+""物联网+"将在各个产业中强化渗透，新产品、新业态、新技术和新模式在"一带一路"建设中将层出不穷，为此，我们需要加强探索符合"一带一路"沿线国家和地区情势、实现新产业新技术共赢发展模式，我国需要积极应对这一巨大挑战。显然，国家硬实力为应对这一挑战提供了坚实的物质基础，创造了必要的技术条件。

图7—1—2 中国太空硬实力

二、硬实力发展的时代机遇

国家硬实力的逐步强大，是整合各种资源要素支撑大国战略的基础，"一带一路"战略的实施又给我们带来重大机遇，促进国家发展迈上新台阶。

"一带一路"战略从经济领域深刻影响着我国硬实力建设。"一带一路"建设加速沿线国家和地区生产要素以及非生产要素的自由流动，构成了政府、企业和社会组织从事经济活动的宏观大环境，孕育并塑造了新的国际经济社会共同体，有力促进企业发展和国家强大。

"一带一路"战略，将大力提升我国总体经济实力，促进各区域均衡发展。目前我国经济总量虽高，但地区之间发展极不平衡。"一带一路"建设为改变这种现状、平衡区域发展带来重大契机。通过互联互通和信息共享，促进欠发达地区实现跨越式增长。我国目前的任何一个地区，无论发展的基础和发展条件，都需要进一步转变发展方式，而转变发展方式的有效手段之一在于技术进步。知识对于经济增长至关重要，将直接贡献生产率的增长。尤其要重视知识、信息和技术转移对欠发达地区经济发展所带来的重要贡献。"一带一路"战略重视新一代信息技术的广泛应用，从而使各地区获得新知识更加方便，获得渠道也更加宽广。

三、保障发展互利互惠

"一带一路"战略，加快完善国际区域经济结构，强化互利互惠，推动世界发展。"一带一路"战略的实施，将加强国家层面的协调指导，推动沿线国家和地区共同研究解决区域合作中的重大事项，减少政策摩擦，形成政策合力，促进各国共同发展。在常态化市场经济条件下，经济运行供大于求也将成为常态表现，由此，一个地区的经济增长往往决定于市场需求规模及其增长预期，而一个地区的人口规模、人口收入同这一地区的内部连接性及其与其他地区联系的便利性都是市场规模及其增长预期的决定要素。"一带一路"战略的实施，在强化我国内部区域链接的同时，将大大改善"一带一路"沿线国家和地区的外部连接性，使"一带一路"沿线国家和地区 44 亿多人口形成的大市场有机联系在一起。

"一带一路"建设中，强化"硬实力"提升，既需要让市场发挥决定性作用，又要让政府发挥更好的协调性作用。"一带一路"建设的主角是资本是产业，进而是肩扛责任的企业，政府就要找好定位，提高为产业为资本为企业服务的能力，建立相应的范式，如建立产业公共用地，聚集生产要素，使生产者、消费者能够共享基础设施，形成行政合力来共同规划区域发展。这也是互利发展的前提，更是互惠发展的必然。

四、硬实力建设促进世界发展和繁荣

"一带一路"战略与硬实力建设共同致力于世界的普遍发展和共同繁荣，推动共同目标和期盼的实现。世界共同目标在共同目标愿景下包容民族特殊利益，找准合作基点，达成分工共识，推进从愿景到现实的转变。当然，民族特殊利益也只有服从于世界共同目标，才能使自身特殊利益得到保障和实现。显然，一味夸大自己的特殊诉求将破坏普遍发展；或者一味将硬实力变为"一己之器"，共同繁荣将不可能实现。

当今世界和平成为全球发展的主旋律，而硬实力是驱动发展、保障世界和平的根本力量。随着"一带一路"建设的深化，国家硬实力根基将会进一步增强，国际间普遍发展的建设能力将进一步强化，国际间共同繁荣所需要的硬实力支撑与维护能力也将进一步提升，维护世界和平与发展的能力也将大幅强化。

亚太地区已经成为当今世界经济增长的重要引擎，是世界多极化和经济全球化的中坚力量。如何巩固和平发展成果，进一步凝聚"一带一路"沿线国家和地区的共识和力量，强化各国硬实力与增强"利益共同体"和"命运共同体"建设平衡发展，推进本国与本地区成长与国际区域经济结构优化同步，这都是"一带一路"建设中需要各国携手解决的共同课题。

第二节　中国软实力

一、中国软实力的传承与发展

中国软实力是决定"一带一路"战略进程和目标实现的关键因素。"一带一路"战略的核心任务之一是搭建国际合作新平台，这就需要反映沿线国家和地区人民的共同需求、平等的文化认同框架。中国软实力在这一核心任务实现过程中将发挥至关重要的作用，随着"一带一路"战略的深化，中国软实力也将在实践中吸纳世界先进理念，淬炼自身优秀文化，使我国软实力建设达到一个新高度。"一带一路"传承了"丝绸之路"的文化内核，直接体现了软实力的作用，秉承古代"丝绸之路"沿线国家共同创造的灿烂历史，重铸国际合作的辉煌历程。"一带一路"面对当前世界错综复杂的政治经济关系，减少"一带一路"共建过程中的阻力、避开世界各种主体力量可能的硬干预、降低区域内国家和地区间的合作成本、增强"一带一路"建设中的正效用等问题的解决，都与中国软实力的发挥密切相关。或者说，中国软实力建设是这一系列问题妥善安排的关键。

"一带一路"战略的实施，为我国软实力建设和提升提供了新机遇，需要我们深化研究软实力提升机制、软实力传播路径、软实力展示方法，软实力竞争策略。"一带一路"战略涵盖了经济、政治、文化、社会等方面，经济意义无疑是第一位的，其文化意义也更加重大，随着"一带一路"战略的深化，各种文化元素将相互碰撞交流，既为发展世界多元文化增添了浓重色彩，也为中国在世界舞台的话语权建设，夯实我国软实力搭建了新平台。

（一）中国软实力现状

软实力通常包括文化、价值观念、社会制度、发展模式及其国际影响力与感召力等，软实力的研究与运用，在我国有着悠久的历史，也有着极其丰富的成功经验。

"为政以德，譬如北辰，居其所而众星拱之"，2000年前孔子就提出要用道德教化来治理国政，就好像北斗星一样，众多的星星都围而绕之。重"王"道、轻"霸"道等儒家主张都是古人对软实力的一种认识。周边国家人民自古以来尤其是对古中国文化具有很强的崇拜心理，中国文化甚至对欧洲的一些启蒙思想家也产生着深刻的影响，中国与周边一批国家共同形成的"华夷秩序""东亚朝贡体系"都可以看到中国软实力的影响。

新中国的成立是中国软实力发展进程中一个崭新的里程碑，我国软硬实力交相作用，互促发展，在经济实力和军事实力增强的同时，软实力也得到了突飞猛进的提升。随着中国经济实力不断提升，中国进入了一个新的发展时代，软实力建设越来越成为一个国家发展的核心，将软实力建设置于国家战略高度已成为时代必需。随着对软实力内涵理解的不断加深，我国软实力建设不断深入，软实力水平提高和能力建设的紧迫性凸显，在一定程度上影响着我国经济的发展和综合国力的增强。

中国的软实力包括静态的结构性软实力和动态的进程性软实力。

结构性角度的中国软实力建设：

第一，文化建设。中国的传统文化源远流长。中国传统文化中有很多精华值得今天的我们去发掘和宣传。主张"和"、信奉"和而不同"、倡导"仁政""修文德"都是中国传统文化的精髓。数千年来，中国在强大的硬实力支持下，软硬实力相济，造就了人类发展的辉煌，产生了文化认同为底蕴的东亚朝贡体系，使周边民族和国家对中国产生了巨大的向心力。长期的文化优越性赋予了中国文化一种积极的开放心态，勇于接受外来新鲜事物和异国文化，实现了"有学无类"与"有教无类"的博大与宽宏。

第二，观念构建。观念与人类进步有着密切的关系。知识是力量，观念也是一种力量，无疑，正确的观念力就是一种良性软实力。中国前赴后继的发展史就是一部不朽的观念变革史。近代以来西方技术的先进和我国自身的落后，形成了鲜明的对比。改革开放是中国观念变革的重大标志。正是因为改革开放观念的出现，中国开始主动打开国门，学习世界各国的长处，发展自己。正是改革开放的观念转变，使得中国取得了巨大成功，这对于广大发展中国家来说具有巨大的吸引力，强化着中国软实力的增强。

第三，国家形象塑造。国家形象塑造首先要做的就是国家定位，确立国家"是什么、做什么"的问题，这也是国家软实力建设的"原点"。只有准确地定位，行为才会清晰、方向才会明确，才会强化预期，这对于增强国家信誉、提升国际形象具有强大作用。正确的国家定位有利于中国良好的外部环境建设，有利于中国国内建设升级。今天，中国的国家定位是"负责任的大国"，使得国际社会对中国的态度有了极大改观，中国的角色也发生了一系列的变化："体系的反对者""体系的参与者""体系的改革者""体系的完善者"。

进程性角度的中国软实力建设：

第一，国内制度建设。中国发展模式的成功正在成为中国巨大的软实力。1978年以来，中国采用以发展为中心的赶超战略，经济增长明显、硬实力提升明显，发展令举世瞩目。但是中国为此付出了极其沉重的代价：环境污染、发展不平衡、社会不稳定等。因此我们要不断创新，及时总结并改进中国发展模式的内在缺陷，对创建新的发展模式作全面深入的思考和探索，进一步优化和完善中国模式，提升中国软实力。

第二，国际机制建设。改革开放后，中国通过广泛参与国际机制与国际事务，积极融入国际社会，通过创造或参与国际机构，影响他国的偏好和对我国国家利益的认识，影响世界政治议程，极大提升国家软实力，努力发挥中国作为"负责任大国"的作用，极大改善中国的国家形象。

第三，信息影响与传媒建设。信息与传媒在国家发展中发挥着越来越重要的作用，成为国家软实力建设的重要组成部分。"讲好中国故事"是中国软实力提升与发展进而影响中国发展的重要内容，"一带一路"建设坚持走和平发展道路需要良好的外部环境，长期以来，西方控制着文化、控制着传媒，形成"谎言讲一万遍胜过真理"的局面，为此，需要我们很好地研究"讲什么""怎么讲""用什么讲""讲给谁听""怎么听"等一系列问题，尤其是面对互联网时代，信息与传媒工作既需要战略层面的规划，更需要具体层面的落实，才能增进各国对中国的全面了解，树立中国良好的国家形象。

（二）古代"丝绸之路"软实力发展的传承

1. 古代"丝绸之路"中的软实力。2000多年前的"丝绸之路"精神薪火相传，推进了人类文明进步，成为促进沿线国家和地区繁荣发展的重要纽带，东西方交流合作的象征，源自中国的"丝绸之路"已成为世界人民共有的历史文化遗产。"丝绸之路"作为一种古老而现代的文明，其形成与发展过程是一个涉及面宽阔而又十分复杂的系统工程，从政治经济到外交文化、从军事武装到民意民生、从中央政府到乡野庶民、从刀枪剑戟到柴米油盐、从绫罗绸缎到歌舞医技，等等，正因为其无所不包、正因为其涵盖之广，所以其广博，所以其深刻。时至今日，我们仍然可以在胡人的彩塑、唐三彩颇具写实风格的驼队中，感觉到这种川流不息的经贸活动似已成为大唐社会经济生活中重要而司空见惯的场景，可见，"丝绸之路"所拥有的开放性精神早已深深植入了中华文明的血液。

中华文明的丰富和发展也得益于"丝绸之路"的文化融合。长期以来，"儒释道"三种文化合一作为中国思想文化的主流，而佛教自汉代从异域传入中国后迅速融入中国文化，形成中国化的佛教，并迅速与中国土生土长的儒家、道家一起长期共存共生，成为典型的中国佛教文化。中华文明在这种包容性国家文化政策的实施和推动下，达到了新的至高境界。

"丝绸之路"推动了中国文化地理空间不停滞地延展。黑格尔曾经从政治制度、社会结构等角度提出，"中华文明是一种相对封闭、静止、缺少变化的文明形态"，这一观点似乎有失简单或偏颇。从"丝绸之路"的发展看，中华文明在运动形态和内在规律上都有许多值得深入探讨的问题。如果把汉代"丝绸之路"的开辟作为一座分水岭，那么，汉代之前是中国本土文明的内在碰撞与交融，华夏与夷狄戎蛮在春秋战国时期逐渐走向了政治经济与民族文化的大融合，迎来了中国首个思想文化巅峰期——"先秦诸子""百家争鸣"这一伟大时期的到来。

回眸历史，我们可以看到，"丝绸之路"为中华文明的内生式增长带来了强力推动，从西到东、从北到南，无论是战乱纷纷的南北朝，还是统一时期的隋唐，中国不同的文化空间和不同的板块，都在产生着气象万千的新风格。

同时，"丝绸之路"也把中华民族开放与包容、维新与求变的文明精髓融入到了世界文明体系的发展之中。

2. 古代"丝绸之路"软实力对"一带一路"的重要意义。国家软实力建设都可以从历史和现实两个维度寻找力量，对于有着丰厚历史的中国而言，吸取传统文化的精髓，尤其是吸纳产生着世界深远影响的"丝绸之路"软实力精髓，显得尤为必要。"丝绸之路"绵长2000余载、"丝绸之路"宽广至欧亚非三大洲，其中所蕴含的中华文化软实力足见其功。今天，我们所倡导的社会主义核心价值观仍见传统文化中的精髓，如儒家思想中的仁义礼智、见利思义都是中国文化软实力不可或缺的部分，这种博大精深、互惠和谐的传统文化在"一带一路"共建中，在大范围协同相关国家和地区，弱化意识形态差异及文化差异、减轻不必要的干扰等方面具有突出的优势。

"一带一路"建设中，"见利思义""中庸尚和""经世致用"等传统文化精髓对丰富我国软实力、提升国家软实力建设能力都将发挥实际作用和深远影响。

"见利思义"，按中国传统思想是处理人际关系的准则、是合作共事的原则，要求在人和人的合作中，在利益面前，要做到义字当先，心中有他人，做到利人利己，不能损人利己。"见利思义"，体现在仁、义、礼、智、信等不同的方面。核心目的都是正确处理个人与他人的利益关系，在现代社会，国家利益超越意识形态成为国际关系的最主要决定因素，"一带一路"建设中，只有让越来越多的国家和地区充分相信，随着建设的深入能够切切实实为大家带来实际的利益，并且中国作为负责任、守信用的大国，不会背离最初的初衷，才会取得更加广泛的共识，才会让所有各方真正"志同道合"，真正实现共建。

"中庸尚和"（见图7—2—1），是中国传统文化处理不同观点不同利益诉求的一种境界和态度，或者讲就是处理合作中矛盾冲突的原则。在社会群体的合作中，不管如何努力试图协调参与各方的主张，意见不一致总是一种普遍存在。"中庸尚和"要求参与各方，一方面在处理问题时把握分寸，恰到好处，不走极端的路线，亦即充分考虑各方的利益诉求，做到知己知彼；另一方面要求同存异，对于不一致的意见积极参考。既考虑各方的共同利益、根本利益，也充分顾及少数者的利益，力求使各方利益都得到充分尊重和体现。

图7—2—1　毛泽东体行书

"经世致用"，通俗而言就是吸取传统文化的智慧服务于当下，为现时代服务，所有传统文化中的人文智慧与杰出艺术，都应该为我们所继承和弘扬。

"见利思义""中庸尚和""经世致用"等优秀传统理念作为处理国际关系的准则，在增强凝聚力、缓和紧张局面、处理尖锐矛盾等方面有着重要的作用，放在今天仍然有着强大的文化感召力。"一带一路"建设过程中，必然存在着许多棘手问题，通过恰当的软实力展示与号召将达到事半功倍的效果。坚持"义利相举，合作共赢"理念，以"中正和谐"的方法化解可能的分歧，对于"一带一路"建设以及确立和传播我国价值观的正面国际形象都有着重大的意义。

3. 中国"文化软实力"构成"一带一路"战略的理论基础。文化建设作为软实力建设的重要内涵已经上升为国家战略，通过扎实努力提升中国文化软实力，夯实民族文化自信社会基础，让中国文化真正走向世界，这是"一带一路"建设中需要我们在"理论上弄明、在行动上搞对"的重大课题。对此，习近平总书记反复强调，"要重视提高文化软实力，这事关精气神的凝聚，我们要坚定理论自信、道路自信、制度自信，最根本的还要加一个文化自信"。习近平总书记指出"讲清楚中华优秀传统文化是中华民族的突出优势，是我们最深厚的文化软实力"，强调夯实国家文化软实力根基、传播当代中国价值观念、展示中华文化独特魅力、提高国际话语权。这也构成了"一带一路"战略的理论基础，为"一带一路"战略软实力理论体系建设和实践指明了方向。

从当前文化构成来看，中国物质文化、精神文化、制度文化等文化资源都将为中国的文化软实力提供直接贡献。

第一，物质文化。物质文化是指为了满足人类生存和发展需要所创造的物质产品及其所表现的文化，包括饮食、服饰、建筑、交通、生产工具以及乡村、城市等，是文化要素或者文化景观的物质表现形式。特别是在建筑上，中国历史悠久，建筑艺术精湛绝伦、巧夺天工，迄今仍然为世界各国所称道。例如，长城、故宫、敦煌莫高窟、秦始皇陵及兵马俑、中国皇家园林等，这些建筑一起成为中国物质文化叹为观止的珍贵资源，也是当今中国文化软实力的重要内容。现实的物质文化也可以转化为文化软实力。如近年来在全世界范围内形成的"汉语热"，已经转化为中国文化软实力。

第二，制度文化。制度文化是作为世界主宰的人类一项伟大之举、一项聪慧之举，也是一项基本之举。人类进入文明社会以来，为了保障自身生存、社会正常运转、世界发展而主动创制出来的有组织的规范体系，并为这种规范体系建设进行着持续不懈的努力和斗争，甚至进行着一场又一场硝烟弥散的战争和"于无声处听惊雷"的博弈，甄选着制度的"优"与"劣"。当今国际社会，西方国家对中国政治体制颇有微词，面对事实，面对中国用30多年走过了西方国家上百年的路程，取得全面大幅增长的实际（见表7—2—1），不得不承认"中国特色"社会政治制度下，中国经济在极大繁荣、社会文化在极大丰富、整个中国不是在"走衰"而是在整体向好：

表7—2—1　国家竞争力主要指数前10位国家排名

2016年排名	军事威慑力指数		经济控制力指数		文化吸引力指数	
	国家	与2001年排名相比变化	国家	与2001年排名相比变化	国家	与2001年排名相比变化
1	美国	—	美国	—	美国	—
2	俄罗斯	—	中国	▲（10）	法国	—
3	英国	—	德国	▼（1）	英国	▲（1）
4	中国	▲（1）	英国	▼（1）	德国	▲（6）
5	法国	▼（1）	日本	▼（1）	中国	▲（1）
6	印度	—	新加坡	▲（5）	西班牙	—
7	以色列	▲（17）	瑞士	▼（1）	意大利	▼（3）
8	德国	▼（1）	法国	▼（3）	加拿大	▲（5）
9	日本	▼（1）	加拿大	▼（1）	瑞士	▲（9）
10	意大利	—	韩国	▲（9）	新加坡	▼（4）

一是经济增长的奇迹。中国今天所取得的经济成就，从一个积贫积弱的状态用不到40年的时间发展成为世界第二大经济体，这首先要归功于中国的政治制度，正是这种政治制度对社会资源、人才的巨大动员能力，才产生了这种经济奇迹。中国创造了世界上前所未有的经济奇迹，让全世界看到了中国特色社会主义制度的优越性。二是社会稳定的奇迹。古今中外严重的社会动荡或政治危机，通常都是由于社会政治经济改革而导致，而中国的改革尽管出现了各种各样的社会矛盾甚至是群体性事件，但总体上始终保持了社会政治稳定。这同样要归功于中国政治制度，正是中国政治制度对中国社会政治秩序的巨大协调作用，才为中国社会政治的稳定提供了重要的制度基础。三是科技创新的奇迹。中国科技实力虽然总体落后于西方发达国家，但近年来中国在探月工程、载人航天计划、极地科考、深海科考等尖端科技方面都取得了举世瞩目的成就，而这一切同样要归功于中国政治制度的巨大作用。

总之，中国制度文化已经在诸多领域内为中国文化软实力提供直接的资源，也可以说制度文化直接转化为文化软实力。

第三，语言文化。中国语言文化古老而新颖、博大而精深，浓缩了中华文化的智慧与圆润，记载了中华文化发展的绵长历史和丰厚成果，传承并弘扬中华文明，为中华文化惠及世界发展发挥着重大作用。

历尽沧桑，历久弥新。中华民族历尽艰辛创制的中华文字，是人类由蒙昧进入文明的标志。从现代信息传播角度看，迄今为止人类历经了三次最伟大的发明：文字的发明、印刷术的发明、互联网的发明。这些发明大大加快文化积累和文明的传承，大大加快跨时空信息传播改变人类文化传播形态；汉语已成为当今世界上最大词库的语言，使中华民族能够对物质世界和精神世界进行精细的刻画和深刻的思辨，因此哲人之思、诗人所感，应手成文；一意多方，丰约适境，各逞其妙。

优点凸显，功效强大。中华民族大家庭语言资源丰富、语言样态复杂、语言生态多样，造就了我国生动活泼、多姿多彩的优越语言文化生态环境，这种优雅而魅力十足的语言文化生态环境在世界上是绝无仅有的（见表7—2—2）。

汉语研究表明，汉字作为一个复杂的文字符号系统，其信息熵很高。联合国五种工作语言文字的信息熵的比较如下：法文：3.98比特；西班牙文：4.01比特；英文：4.03比特；俄文：4.35比特；中文：9.65比特。拼音文字的信息熵小，汉字的信息熵最大。这种信息熵反映在文字上，就是联合国文件中，中文版本一定是最薄的。汉字作为世界上单位字符信息量最大的文字，容易辨识，利于联想，便于高效阅读。

表7—2—2 我国语言分类详表

语系	语言样态	语族	语言
汉藏语系	SVO 型	藏缅语族	藏语、嘉戎语、门巴语、仓拉语、珞巴语、羌语、普米语、独龙语、景颇语、彝语、傈僳语、哈尼语、拉祜语、白语、纳西语、基诺语、怒苏语、阿侬语、柔若语、土家语、载瓦语、阿昌语等
		汉语语族	汉语
		苗瑶语族	苗语、布努语、勉语、畲语等
		壮侗语族	壮语、布依语、傣语、侗语、水语、仫佬语、毛南语、拉珈语、黎语、仡佬语等
阿尔泰语系	SOV	蒙古语族	蒙古语、达斡尔语、东乡语、东部裕固语、土语、保安语等
		突厥语族	维吾尔语、哈萨克语、柯尔克孜语、乌孜别克语、塔塔尔语、撒拉语、西部裕固语、图佤语等
		满—通古斯语族	满语、锡伯语、赫哲语、鄂温克语、鄂伦春语等
南岛语系	VSO 型		台湾高山族诸语言、海南岛回辉话
南亚语系		孟-高棉语族	佤语、德昂语、布朗语、克木语等
印欧语系		斯拉夫语族	俄语
		伊朗语族	塔吉克语

汉字具有书写、交际、纽带三大功效。汉字将汉语的听觉符号转化为视觉符号，成就了汉字的书写功用。汉代以后，语言和文字逐渐分家，文言文长期成为汉民族的重要交际媒介，尽管文言文脱离口语，但汉字本身就具有交际功效。如唐代大诗人韩愈在异地连州"画地为字乃得通"。中国幅员辽阔，地域亚文化差别巨大，汉字的这些功能对国家文化一统和文化认同并建立全球性影响发挥着不可替代的作用。

雅在风骨，美在精神。汉字源于图画，优美与生俱来，刻在骨上的甲骨文、熔在青铜上的金文、摹刻在断崖上的秦朝小篆，汉唐的隶、楷碑刻，都是雅美兼具的艺术珍品。像1700年前东晋王羲之的《兰亭序》，真迹虽无踪，其300年后唐朝的摹本也价值连城。汉字的狂草，虽已脱离文字功用成为纯粹的书法艺术创作，其至尊之美已为世人所青睐。中文对"美"感受之深刻之精彩、对"事"描述之精致之宏远、对"物"畅想之深邃之多姿，令人终生之眷恋，堪称一绝。

一句简单的中文却有着无比精彩的展示和异常丰富的内涵。

例如，英文原文：

You say that you love rain，but you open your umbrella when it rains…

（直译版）	你说你喜欢雨， 但是下雨的时候你却撑开了伞；
（文艺版）	你说烟雨微芒，兰亭远望， 后来轻揽婆娑，深遮霓裳；
（诗经版）	子言慕雨，启伞避之；
（离骚版）	君乐雨兮启伞枝；
（五言诗版）	恋雨偏打伞；
（七言绝句版）	恋雨却怕绣衣湿；
（七律版）	江南三月雨微茫，罗伞叠烟湿幽香。

……

强化全球弘扬，深化世界影响。"语言的边界就是世界的边界""语言是心灵的家园"。汉语和汉字促进着我国与周边各国与世界各地悠久的文化交流和友好交往。在当今世界，汉语使用人口最多、历史文献最为悠久、词汇量最为丰富、语法最为简练，汉语诗词歌赋最为优美。从历史深度、使用广度、文献数量等多个角度衡量，汉语都是世界上独一无二的语言。

今天能穿透3000多年时空解读甲骨文，与2000多年前的先贤交流《诗经》、倾听1000多年前唐朝诗人优美的诗篇，都得益于汉语的稳定保持和汉字的超时空特性，这些特性对少数民族和周边国家文化的繁荣与发展也产生着极大的影响。数千年来，中华文化通过"陆上丝绸之路"和"海上丝绸之路"传播到亚洲、欧洲、非洲各国，汉语和汉字扮演了重要角色，英语中的"瓷器（china）""茶（china）""剑（china）"等词汇迄今还在发挥着中华文化的作用、诉说着中华文化的辉煌。

丰富的语言资源和生动的语言文化生态环境已经成为我国文化软实力极其重要的组成部分和全人类重要的共同精神财富。

第四，精神文化。中国精神文化的核心长期推动着中国文化的不断发展，持续影响着中国社会发展的历史，深深影响中国未来发展进程，支撑着中华儿女为世界人民绽放精彩纷呈的思想瑰宝。中国传统人文精神是中国精神文化核心的主要源泉，也是欧洲启蒙思想家形成西方人本主义思想重要来源之一。中华传统人文精神在世界文化群英中占有重要的地位，全球四大古文化中的古印度文化、古埃及文化、古巴比伦文化，早已湮灭在历史的烟尘中，唯有中国文化绵延不绝，持续数千年，并在当代又展现出盎然生机，成为中国发展进而影响世界的强大动力和文化软实力的直接来源。

博大精深，历久弥新。中华民族在长期的劳动实践中，创造过世界精神文化发展史上辉煌的篇章，尤其是春秋战国时期中国古老文明百花齐放、百家争鸣、精彩纷呈，中国文化获得了空前的大发展、大繁荣，产生了对中国文化发展具有重大影响力的文化巨匠及其重要思想（见表7—2—3），对中国社会的持续发展产生了巨大的促进作用。时至今日，从一批批熠熠生辉的经典著作中，我们依然能感受到先人智慧的光辉。在文字产生以前久远的时代，中华民族的先人们就已经口传心授沁润着中华文明的成长，博大精深的中华文化成为促进中华文明持续发展的重大力量的源头。今天，当世界的发展极度失衡之时，人们回望着滋养了数千年中华文明的中华精神文化；当全球被现代科技和经济怪物绑架而变得迷茫之时，世界都在向历久弥新的中华文明请经问路。

表7—2—3　中华文明学术流派简表

学术流派	代表人物	经典著作	核心思想
道家	李耳 庄周	《老子》 《庄子》	人法地，地法天，天法道，道法自然 无为而无不为
儒家	孔丘 孟轲 荀况	《论语》 《孟子》 《荀子》	仁、义、忠信、孝悌、中庸
法家	管仲 韩非 申不害	《管子》 《韩非子》 《申子》	以刑去刑，刑去事成 民之欲利者，非耕不得；避害者，非战不免 法之所加，智者弗能辞，勇者弗敢争。刑过不避大臣，赏善不遗匹夫
兵家	孙武 司马穰苴 孙膑 吴起	《孙子兵法》 《司马穰苴兵法》 《孙膑兵法》 《吴子兵法》	不战而屈人之兵 知彼知己，百战不殆 兵贵胜，不贵久 善用兵者，携手若使一人
墨家	墨翟	《墨子》	兼爱、非攻、尚贤、非命、节用
名家	惠施 公孙龙	《惠子》 《公孙龙子》	辩论名实问题，强调名称与事物必须相一致
阴阳家	邹衍	《邹子》	阴阳五行学说

学术流派	代表人物	经典著作	核心思想
纵横家	王诩 苏秦 张仪	《鬼谷子》	纵者，合众弱以攻一强也；横者，事一强以攻众弱也
医家	扁鹊 淳于意	《黄帝内经》 《神农本草经》	阴阳五行、藏象经络、病因病机、诊法治则、预防养生和运气学说等
杂家	吕不韦 刘安	《吕氏春秋》 《淮南子》	采儒墨之善，撮名法之要
农家	许行		顺民心、忠爱民、修饥馑、救灾荒、农本商末

和合思维，分享世界。"和实生物，同则不继"，始终是中华民族的美好愿望和实践目标。"中国人常抱着一个天人合一的大理想，中国文化的伟大之处，乃在最能调和，使冲突之各方兼容并包，共存并处，相互调剂"（钱穆）。中国文化走向世界，依靠"亲仁善邻"的魅力，传承着"协和万邦"的思想，凭借着"德化怀柔"行天下；西方文化中的强权思想，却是另一般凶神恶煞，凭借着野蛮与血腥、炮舰开路、武力征服，给世界带来灾难与混乱。

20世纪下半叶以来，世界格局发生重大变异，西方世界社会经济发展出现大幅震荡、经济至上导致"拜物教"蔓延、精神信仰危机再现、社会发展陷入新的困境，西方一批思想家倡导新人文主义以阻击社会经济发展的继续恶化和下行，一批思想家极力主张到古老中华文明中去寻找"济世箴言"。英国哲学家、预言家汤恩比先生不无遗憾地说："如果有来生，我愿生在中国"。"恐怕可以说正是中国肩负着不止给半个世界而且给整个世界带来政治统一与和平的命运。将来统一世界的大概不是西欧国家，也不是西欧化的国家，而是中国"。随着我国的和平崛起，中华民族数千年累积的智慧，越来越成为世界和平与发展的主要力量，中国精神文化对西方世界以及整个世界的良性发展将产生越来越重大的影响。

精神文化业已成为中国软实力的直接来源。

二、软实力提供硬保障

在推动世界文明建设的漫长进程中，中国作为世界四大古老文明中唯一得以持续延续并焕发生机的国家，以历史厚重、和瑞祥和的文明大国形象立足于世；在浩浩荡荡的世界发展历史中，中国长期保持独立自强、忍辱负重的风格，在世界上保持着一个负责任有担当的大国形象。面对着世界多元化发展格局以及世界经济一体化进程，一个文明祥和、一个胸怀宽广、一个负责任的中国，坚持推动合作共赢、坚持维护国际公平正义，将更加开放、更富亲和力、更加充满活力与生机，一个更加光明、更加文明的大国新姿将展现给世界人民，中国更加强大的新兴软实力，为"一带一路"建设提供着有力保障。

我国软实力建设，既有对优秀历史文化的传承，更有新时代对产生软实力潜在资源的挖掘和与时俱进的创新，这些都是我国扬长补短、强劲软实力，促进"一带一路"建设成功的基石，强大的软实力，将为"一带一路"保驾护航。

可见，软实力建设提供的恰恰是"硬保障"。

（一）丰厚的传统文化资源

中华文化是世界主流文化之一，中国拥有悠久而深邃的传统文化资源。在世界文化史中，中国文明独具一格，中华民族在历史上曾创造过一次又一次的辉煌，长期处于世界领先地位。中华文化的辐射圈除了本土还远及东北亚、东南亚、西亚，绵延不断的丝绸之路将中华文化远播非洲及欧洲大陆，中华文化对世界文化产生着深远的影响。历史上曾产生过的"中华朝贡体系"，从另一个角度说明着中华文化的宽厚、影响及其"和而不武"的特点，这一体系是以中华文化为核心而形成的国家与国家间和睦发展的国家群体，也是一种外交性礼节安排，自唐朝以后又逐渐演变为国家间贸易往来的主要形式，这种体系在漫长的演变过程中，中国封建政府一直用财政倒贴来维系着体系的存续，"赔钱赚吆喝""倒贴换和平"及"不动用武力""不占领他国"保持"和睦"是这一体系的典型特点，"和"文化凸显。

近代，主张"弱肉强食"的西方文化在枪炮支撑下弥漫世界，饱含"和谐精神"的中华文化在国际上的影响和地位被逐渐边缘化。然而，追求和平发展的世界人民并没有忘记博大精深的中华文化，特别是进入21世纪以来，中国的国际影响力伴随着经济的强大而增长，越来越多的国家和人民对中华文化越来越感兴趣，世界舞台越来越唱响着中华文化的声音。

中华文化"百花齐放""百家争鸣"，丰富多彩、各显其长，尤以儒家文化为显著。中华传统文化提倡的"和而不同""贵和""仁政""王道""己所不欲、勿施于人""中庸""人与自然和谐发展"等和平发展理念都深得国际社会的认同。中国传统文化中的武术、书法、绘画、服饰，尤其是旗袍、京剧、中医药等在世界上都深具魅力，这些丰厚的中国传统文化精髓，极大地增强着我国在世界上的感召力、凝聚力和认同感。

目前围绕着"中国文化"展开的一系列活动已逐步演变为一种全球时尚，"俄罗斯中国文化年""法国中国文化年""非洲中国主题年""中华文化非洲行"……这一系列文化交流活动遍布世界各地，中国向世界各国人民展示着博大精深的中华文化，一个具有丰富内涵的文化中国形象，更加激起全世界对中华文化的浓郁兴趣，大幅提升着中国软实力。

（二）庞大的海外华人网络和海外华文媒体

中国拥有庞大的海外华人网络和海外华文媒体，包括报纸、期刊、广播、电视、互联网等传媒形式。华人华侨遍布世界各地，一批批华人华侨身上铭刻着中华民族的深深烙印：勤劳、勇敢、和善、正义，用自己的双手为世界各国带来了祥和、创造着社会财富，丰富着世界人民的生活，深得各国人民的尊重，例如，"色香味俱佳"的中餐馆开遍世界各地，使各国人民了解中国传统的烹饪艺术，加深对中国的兴趣和感情。海外华人还是中国融入全球经济的重要动力，助推中国经济的发展。改革开放以来，中国吸引的外资中有一半以上来自海外华人、华侨。近年来中国技术移民、投资移民、留学移民等使海外华人群体不断扩大，知识层次、社会地位也迅速提高，这样的一批新华侨同世代走向世界各地的华人华侨一起，正在形成一个全新的全球华人网络，广泛分布在商业、教育、金融、文化、政治等领域，在壮大中国硬力量的同时，也在增强着中国的软实力。

在国际上"中国威胁论"泛滥的时刻，海外华文媒体及时发出了响亮的声音，以大量翔实、快速的中国报道批驳着"传统国际主流媒体"的不实之词，以正世界视听，提升了华文传播的地位，助推"英文控制话语权"时代的终结。

（三）中国模式的吸引力

"一个有史以来最少依赖显示实力的传统手段的国家，它以惊人的榜样力量和令人望而生畏的大国影响作为显示实力的主要手段"，"北京共识"的首倡者舒亚·库珀·雷默先生精辟总结着"中国模式"的特点。

20世纪70年代后期世界经济拉开新序幕：美国经济出现滞胀，90年代初，另一世界大国俄罗斯也面临经济困局，紧随其后的东欧、拉美一批国家也纷纷深陷窘境，世界发展坠入泥沼，似乎所有的经济药方都束手无策。一直为国际社会不少人追捧认可的"华盛顿共识"并没有给这些国家和地区带来治愈的希望，反而将其拖入了恶化的深渊。此时，中国却以强劲的经济增长映入国际社会的视线。中国以独特的方式持续发展、和平崛起——"北京共识"在全球弥漫，美国《国际先驱论坛报》、英国《卫报》等国际主流刊物连续刊文称赞中国以循序渐进的方式推进政治改革果断明智、中国的快速发展为其他国家提供了除西方发展模式之外的一个强有力的选择。自此，以"北京共识"为代表的"中国模式"在世界迅速形成。

"北京共识"作为"中国道路"或者"中国模式"概念化的具象,对中国发展理念给出了高度总结。在过去的近40年里,"中国模式"取得了举世瞩目的成就,中国经济总量从世界第十一跃升至第二,以接近两位数的速度增长了30多年,实现了持续的发展与飞跃;人均收入(GNI)由1978年的190美元上升至2014年的7380美元,成功实现从低收入国家向中等偏上收入国家的跨越。特别是国际金融危机爆发以来,中国经济在国际社会的一片惨淡之中似乎显得鹤立鸡群,成为带动世界经济复苏的重要引擎。

事实上,"北京共识"所代表的"中国模式"之所以能够被世界上许多国家和地区自发接受,很重要的原因在于它张扬个性的同时,足够温和。它追求的"和而不同",与总有种强加于人味道的"华盛顿共识"有着明显的不同(见表7—2—4)。这种潜移默化的理念渗透,显示着与总要"亮拳脚"的美国式硬实力截然不同的软实力。

表7—2—4 "华盛顿共识"与"北京共识"的比较

		北京共识	华盛顿共识
不同点	内涵	按照国家特点发展;以和谐发展为目标、以改革创新为动力、以人为本务实为理念	倡导自由化、市场化、私有化
	提出背景	中国的瞩目成就、发展模式成为发展中国家的学习榜样	试图解决20世纪80年代几乎席卷全球绝大多数的经济危机
	指导思想	无形市场为主 有形干预为辅	声称:市场原教旨主义
	发展目标	可持续发展,协调发展,创新自主发展	强调财政纪律。利率自由化,竞争性汇率制度,企业私有化。贸易自由化,保护产权
	经济政策	审慎执行私有化和自由贸易政策,坚持自主;大胆革新,艰苦努力	新自由主义
	关注点	关注经济发展和社会变化,及政治、生活质量和全球力量平衡	主要是经济领域和政治领域
	适用国家	市场经济体系不完全的国家和地区	已建立市场经济体系国家
	遵循路径	渐进式改革	休克疗法,市场的迅速开放
	结果	中国成功转型,经济快速发展	拉美成为经济重灾区;俄罗斯在20世纪90年代陷入困境、亚洲在金融危机中雪上加霜
共同点	对国家发展模式的经验总结;强调市场的重要性;在某一段时期起到了积极的作用;在国际上都具有重大的影响力		

中国在世界上影响力的强化，不仅需要强大的硬实力，还需要强大的软实力建设，保持"中国模式"的自身活力和竞争力。为此，需要我国夯实并升级"北京共识"的内涵，使中国文化和社会主义核心价值观所形成的"中国模式"更具国际吸引力；在国际政治经济领域，建设一套积极发声表达"北京共识"的机制和方略。同时，通过"一带一路"建设，丰富"北京共识"、完善"中国模式"、发展"中国模式"，使世界发展更好分享"中国模式"。

（四）良好的国家形象和灵活的外交政策

中国经济的强劲增长和国际地位的不断提高，需要中国政府建设与之相适应的国际社会新角色和担负新的国际责任。为此，中国政府倡导以对话和合作解决争端，破除冷战思维，实现国家间的安全与合作，集中体现中国维护世界和平的强烈责任感。

在国际舞台上，中国政府积极参与国际双边和多边机制建设，增强国际社会对中国的认同，加深国际社会对中国的理解。中国政府特别注意外交策略的灵活运用，构建负责任大国形象。例如，中国与东南亚国家交往过程中，为了消除这一地区的恐惧心理，中国政府采取了淡化意识形态的外交政策，在南海问题上提出"搁置争议，共同开发"的建议，积极发展旅游业，增加互派留学生人数及对东南亚的教育援助等；在中国与非洲关系建设中我国通过举办"中非合作论坛"等一系列活动加强同非洲地区的交流，积极开展经济外交，加大对非洲的经济援助力度。

中国是一个正在发展的大国，我国人口众多、矿产资源丰富、地域广阔、经济持续增长、军事实力雄厚，硬实力增长持续强化；中国文化独具魅力，国内价值观和发展政策颇具吸引力，软实力正在逐步攀升，全球范围内的追随者愈发增多，国家形象不断改善，正在以"负责任大国"的身份出现在世界舞台上。

"一带一路"战略的深化，有赖于进一步增强我国硬实力的同时强化软实力的发挥，进一步坚固国家形象，完善外交政策。中国一直秉持着宽厚待人、以德服人的态度与世界各国和谐共处。"丝绸之路"，用文化连接的不仅仅是国与国之间的"往来与邦交"，更融合着各国各族民众的交流，创造了友好合作的氛围，建立了国家间的合作、不同民族间的互惠关系。今天在"一带一路"建设中，文化本身同样带来丰硕的经济价值和政治资源。丰富的文化交流、人才培训交换等活动，将为中国与各地核心社群、关键力量维持长久的联结。

三、世界和平发展的平台与路径

"一带一路"战略为我国强化软实力建设，更好地服务于全球，提供了难得的机遇与窗口，同时也提供了良好的平台与路径。一个肩负天下的国家战略，一定是建立在合作共赢、共同发展的基础之上，而不是建立在牺牲别国利益的基础之上。经济全球化依然是当今世界发展不可阻挡的大趋势，也正是中国战略机遇期的重大基础，"一带一路"战略顺机遇而生，也是世界大趋势的必然。

面对世界风云变幻，近40年来中国积极把握经济全球化发展趋势，主动融入世界体系，实现了经济上由小变大的成功扩容；当前，世界经济正在艰难转型，中国正成为新一轮经济全球化的主要推动者，在实现中国华丽转身的同时，实现全球的经济有效增长。可以说，这一次战略机遇，既是中国的，更是世界的。

回眸历史，我们不难发现，每一次地理大发现都会带来世界几近革命性的发展和变化。15世纪克里斯托弗·哥伦布不仅在于发现了美洲、非洲，也不仅在于将地球翻转过来，甚至不在于对地球"圆"的证明，也不在于发现"不列颠"位于地球最显眼的地方，而在于使世界连为一个整体，在于全球商业贸易与经济发展机遇的发现，让世界的联系成为理所当然，直接推动了世界市场雏形的出现，推动成为世界经济发展主流工业文明的出现，从此，"不列颠"随着人类崭新的发展而一起载入史册。

今天，中国推动的"一带一路"构想，将地球陆地与海洋全面连接，堪称人类历史上的第二次地理大发现，让伟大的欧亚非大陆再度被世界发现，古老的中国也和当年的"不列颠"一样，成为推动世界发展最重要的推手和最显眼的地方。人类历史上任何一项宏伟战略的落地都离不开硬实力的支撑，更离不开软实力的推动，二者契合互动，方得辉煌。在古今中外的历史长河中软实力作为一种战略手段持续影响着国际政治以及世界历史的进程，软实力的影响不亚于军事、经济实力的典例屡见不鲜：古罗马帝国在消亡之后对欧洲国家仍旧发挥着持久的影响；中国汉唐时期塑造的良好国际形象，"千邦进贡、万国来朝"，迄今还发挥着"大唐雄风"的魅力；在苏美争霸持续对抗数十年间，美国持续输送的现代民主、现代消费、现代政治等软实力，最终战胜了苏联强大的"核武器"并有效瓦解了苏联"百万雄兵"的对抗；1945年随着"太平洋战争"和"第二次世界大战"的结束，清理日本"军国主义文化"的战役却刚刚打响，当时比清理日本尚存154个陆军师、136个旅共计693万人正规军更严峻的是清洗疯狂的"日本军国主义"思想和体系，当一系列的改制换脑等软实力清洗过后，1946年元旦日本天皇颁布敕令，公开放弃自己的神性并承认"这类错误观念，即：天皇是神圣的，日本人民比其他民族更优越，而且注定要统治世界"。日本军国主义"丑陋的阴魂"终于遭到软实力的重击。

"一带一路"战略为沿线国家和地区及世界人民绘制了一幅宏伟的蓝图，中国人民承担神圣的责任，需要在推进硬投资的基础上，扎实升华软实力，深化软实力作用。

第一，扎实做好地域特点研究，强化学术与实业间的融通，提前谋划软实力布局。长期以来，我们对外研究力量多集中于发达国家，对于像伊斯兰世界或欧亚大陆复杂的地缘政治关系、宗教关系、历史纠葛及其发展研究尚显不足，需要制定相应鼓励政策。同时，要加大社会需求对学术研究的定向引导，尤其是"中华软实力"的定向释放。例如，二战期间一本风靡于世的《菊与刀》，为美军占领日本做了完美的"软准备""软议论"，美国政府定向委托的作者尽管根本没有到过日本，但却起到了对战后日本的"软占领"。

第二，提升目的导向，丰富工作艺术。"宽而泛""大而空"的文化宣传，"漫天飘""漫灌"式的新闻方式，往往事倍功半，甚至劳而无功。我国"软实力"的全球建设，或宏观宣传或定点议论，要厘清传播什么价值、推动什么文化，走向什么目标。中国有着别国不可企及的悠久历史和世界制造，但我们决不能停留于悠久历史和世界制造。我们不仅需要推出优质的国家形象片，更需要长期的多方面多维度地开展深入工作，总结我国文化意识形态方面的经验，创造性地发挥市场作用，让更多人充分参与国家形象建设，全面发挥软实力作用。

第三，重视非政府组织与标志性人物的作用。通常非政府组织与标志性人物的影响力被称为政府与社会之外的第三种力量。这种力量的发挥途径与工作模式在国际上有着成熟的机制和丰富的经验。例如，带有典型美国文化与典型美国思想的洛克菲勒基金会等组织，在全球范围内发挥着一般政府组织无法发挥的作用、做着政府组织想做而不能做的事情，这种组织具有悠久的历史，既有非政府组织的便利，又有"老派贵族"标志性人物的巨大影响，可以始终如一持续不断地展开工作，沉淀政府主导的思想、发挥国家终极思想影响，这些都不是政府组织所能比拟的。

四、提供更加开放的交流空间

"一带一路"建设，聚国家发展之大成，凝民族复兴之梦想，积聚中国软实力之精华，传播当代中国——社会主义核心价值观，展示中华文化的独特魅力——传播积极向上的中华文化，全面塑造中国国家形象——提升软实力全球服务能力，为"一带一路"沿线国家和地区创建更加开放而有效的交流空间。

"中国的太极拳和印度的瑜伽术是两国古代文化的瑰宝……太极和瑜伽在

天坛相会,不求独放异彩,但求交相辉映……向世人展示了中印和谐共处……促进地区稳定繁荣、维护世界持久和平的坚定信念。"李克强总理于2015年5月16日在北京天坛公园与印度总理莫迪共同出席"太极瑜伽相会"中印文化交流活动。一个行云流水,一个柔韧舒展,太极和瑜伽这两大东方文化瑰宝交相辉映,展现了两个东方大国之间文化上的亲近与交流,推动了"一带一路"的深化,展现大国软实力的同时展示着满满的自信,为国家间交流提供着更加广阔的空间。

丰富对话机制,加大交流空间。"一带一路"将开启中国与沿线国家和地区的对话新机制,构建富有创意和灵活性的新制度,打造中国与各相关国家和地区新的话语平台。"一带一路"沿线国家和地区虽然发展阶段不同,政治体制、文化背景和意识形态存在差异,但也面临着共同的内部挑战,如不平等和贫困、城市化发展、环境治理、公共服务保障等问题。通过"一带一路"建设,加大开放力度,建立多层次的交流渠道,拓宽合作空间,从单一政府间沟通创新发展至全社会多层面立体化交流空间,软实力将发挥突出优势,对国家强盛和民族复兴具有更加深远的意义。

开放促进交流,交流促进自信。在21世纪全球经济一体化,文化多元化,世界格局整合加剧,"一带一路"战略也寄托着中华文化深邃而博大的精神追求——和平与发展。中国作为颇负盛名的文明古国和文化大国,由于近代历史上横遭世界列强的欺凌和灾难洗劫,大国自信一度发生动摇,文化根基几遭破坏。即使中国经济迅速崛起与腾飞,崇洋媚外的社会心态依然存在。因此,强健中华儿女对于自身民族文化的骄傲、坚固中华民族敢于担当的决心,夯实中华民族复兴强国的信心,都是十分必要的。"一带一路"建设中将更多地展示文化软实力,吻合中国和平崛起的一贯心愿,再现古代"丝绸之路"大国雄姿,唤起中华儿女的自尊心和自豪感。中国民众、海外侨胞,只有充分了解中华民族文化内涵,认同本民族的文化根脉,才能真正继承传统优秀文化,进一步凝聚共识,从而赢得国际社会的尊重。

新时代综合国力的竞争,文化软实力的竞争显得更为重要。"一带一路"战略凸显了中华传统文化的新风貌,为多种优秀文化产业业态发展提供"顺风车",为多种文化交融提供直通车,文化、影视、旅游产业等将迎来发展的新契机;为中外文化合作提供合作"高速动车",与丝绸之路有关的艺术创作也将硕果累累,"一带一路"将为各地的艺术家、文化爱好者提供巨大的创作空间和无穷灵感,加速文化的融合与升级。

"一带一路"战略大大拓展了我国国际合作空间,标志着我国改革开放进入了一个内外相互开放、相互促进的新阶段。中国软实力将进入新的增长期，将会与"一带一路"建设互为助力，共同发展，随着中国软实力的强大，将加速"一带一路"愿景的实现，让世界人民更多地分享和平与繁荣。

第三节　中国"德实力"

当世界翻开新的一页走进 21 世纪之后，世界格局更加多变，世界经济更加迷离，世界发展更加不测，世界治理更加艰难，推动世界和平与开启人类新境界的能力愈发不足。此时，深藏于厚重中华文化精髓中的"德实力"却在熠熠生辉，为中国的"和平崛起"与世界的"和平发展"提供着新的动力源泉。

一、"德实力"开启新发展

"得道多助，天下为公""厚德载物，世界大同"，中国优秀文化蕴藏着深厚的"德实力"价值，正在发挥着更多的全球正能量，越来越被世界人民所推崇。"德实力"作为中华民族千百年来一种严肃的价值评判标准，以潜在形式存在的价值观念，及由此而形成的一种聚道德思想与价值观念于一体的思想力与行动力，随着中华民族的复兴与世界新一轮发展，中华民族的"德实力"也将推陈出新，更好地服务于"一带一路"战略。

（一）"德实力"的内涵

"德实力"（virtue power）独领"中华力"之风骚，饱含中华儿女历经数千载磨砺而成的"追真而来寻理而去"的治国理政大智慧。"德实力"全面衡量着一个国家：本性的正邪、品德的高低，尤其是用"德"做标杆的国家发展智慧。世界发展的长河，映照着一系列中华民族由"德实力"镌刻着的"亘古不变"的智慧与情怀：得道多助、先人后己、己所不欲勿施于人以及失道寡助、取巧谋私、多行不义者毙……由此而形成颠扑不破的"恒世价值"。

"德实力"强调本国"以德"而强盛，"厚德载物"达到世界公平发展为准则，以秉真求实追求公正为准绳，以世界平衡和美为最高原则。显然，与"德实力"相向而来的是让世界人民越来越认清真面目的"巧实力"。"巧实力"（smart power）以国家战略目标为最高准则，"技巧为怀"不拘泥于形式，善于捕捉危机，绝不放过任何一个维护自我利益的机会。"巧实力"及其"面蜜实毒"的"普世价值"，是当下世界霸权集团在全球范围大行其道的"力器"，世界霸权集团试图用"谋巧之术"纵横捭阖其"武装"到"普世价值"的软硬实力，"再独霸世界一百年"。"巧实力"由美国学者提出，美国学者认为，一国的综合国力包括硬实力和软实力及将二者巧妙结合起来的"巧实力"。"巧实力"的概念强调两点："软硬兼施"，反对单一的行动方式；具体情况具体分析，根据实际面临的挑战合理运用"软与硬"的力量分配。"巧实力"与以往单方面强调硬实力或软实力的外交策略不同，主张以"巧"及"妙"的方法实现目的。"巧实力"为了目的不择手段，"巧实力"与"普世价值"互为里表，为了目标"投机取巧""无所不用其极"，不厚道的面目让世界人民所不齿。

十分庆幸的是，"普世价值"带血，已经越来越让世人清醒。其实，投机取巧的"巧实力"与厚德载物的"德实力"之遇、满含毒药的"普世价值"与高风亮节的"恒世价值"之遇，看似偶然，却是世界发展的必然，其结果不言自明。"一带一路"战略实施，面对着错综复杂的国家关系和愈发多变的政治经济形势，"德实力"的运用要以软实力和硬实力为基础，要具备尽情发挥以理服人、以德感人的软实力，也要具备足以支撑发展的硬实力。

"德实力"，四两拨千斤，春风沐雨，点石为金。

"一带一路"建设为我国软实力与硬实力深化结合提供了良机，在"德实力"推动下，将全面开启我国硬实力软运用、软实力硬发挥，谱写"一带一路"沿线国家和地区及世界人民新一轮发展的辉煌篇章。

（二）全面展示国家对外发展新理念

"德实力"是人类文明发展的重大进步与升华，是推动"一带一路"战略顺利实施并深化中国特色外交创新的关键，"一带一路"战略也是通过"德实力"全面展示国家外交新理念、塑造国家新形象的重大机遇。

"我们要在总结实践经验的基础上，丰富和发展对外工作理念，使我国对外工作有鲜明的中国特色、中国风格、中国气派。"习近平总书记的指示精神饱含着丰厚的中国"德实力"内涵，必须深化运用、精心构建外交新理念，全面塑造国家新形象。

1. 由全方位外交向立体化外交转型。"一带一路"构想的提出，使中国外交开启了一个崭新时代。一是协商外交。"一带一路"建设，协商外交是扩大彼此利益交汇点的必然途径。在这种双边、多边、多层次、多切点的协商中，我国"德实力"的灵活运用将发挥关键作用。二是公共外交。"一带一路"建设历程，既是逢山开路、遇水搭桥的系列工程，更是妥帖安排来自各方可预见和不可预见的质疑、批评、指责甚至冲突的艰难历程。沿线国家和地区从政府到民间、从社会生产到文化教育有着数不胜数的阐释推进安排等工作。"一带一路"既是一条基础设施互联互通之路，更是一条人文交流互联互通之路，搭建心灵理解之桥的难度远胜于修建一座大桥。"一带一路"战略要求我们务必把安排各方关切的公共外交摆到更加重要的突出位置，弘扬"德实力"，让"一带一路"理念深入人心，成为一条跨越历史恩怨、超越文明羁绊和实现心灵相通的理解之路、信任之路。三是统筹外交。"一带一路"涉及社会各个层面和各个领域，来自于自身的困难胜于来自于外部的困难。统筹协调各层次、各领域和各部门参与"一带一路"建设，需要广泛调动各方积极性，有计划、有组织、有秩序地推进"一带一路"建设进程。无论是通过行政安排，还是市场运营，在面对项目上马、资源统筹和优惠政策配置方面都显示着"德实力"运筹能力。

2. 从"韬光养晦"到"有所作为"转型。"一带一路"战略推动了中国对外发展重心的转移，同时，也实现了对外策略总方针从"韬光养晦"到"有所作为"的转型。自20世纪70年代末以来，中国的发展战略重心实现了以经济建设为中心，在对外发展上确立了"养精蓄锐"的方针，一心一意谋求经济建设，努力办好自己的事情，不断积累中国的总体实力，对于国际社会中发生的争端和热点问题，则采取低调超脱的灵活姿态，全力营造有利于国内发展的良好国际环境。"一带一路"战略伟大构想的提出，是中国对外发展策略总方针一个新的里程碑，庄严向世界宣示：中国不仅善于谋划自己的和平发展，努力寻求实现中华民族伟大复兴的"中国梦"，而且在国际上将积极发挥负责任大国作用，主动向国际社会提出倡议，共同实现"亚洲梦""世界梦"。

（三）开创合作新天地

"一带一路"建设连接东亚文明、印度文明、伊斯兰文明、欧洲文明、拉美文明及至全球文明，可谓纵向联通世界，横向覆盖全球。作为人类历史上第一个全球全面共同发展的倡议和建设，思想意识、文化信仰及利益协调发展统合等问题产生异见或冲突将不可避免。因此，注重"德实力"发挥，综合协同化解各种复杂问题、棘手问题，是深化"一带一路"建设的关键之所在。

1. 秉持国际合作与多边主义。首先处理好与关键国家的关系。在"一带一路"的总体布局中，一些关键国家居于举足轻重的战略地位，只有处理好与关键国家之间的关系，"一带一路"战略的实施才能有可靠的保证。在陆地上，"丝绸之路经济带"能否取得成功，首要取决于中国与俄国和欧盟大国之间的外交关系。这也是"一带一路"建设的优先发展方向。

其次，欧盟中的德国、意大利、法国以及僻居英伦三岛的英国是"丝绸之路经济带"的西方引擎，实现"一带一路"的贯通，需要欧洲大国对"一带一路"的积极响应，没有欧洲经济圈的加盟，"一带一路"就失去了互利共赢的基础。可见，深化中欧全面战略伙伴关系也是"一带一路"建设重要的一环。

再次，作为当今世界唯一超级大国的美国及其盟国体系，影响力遍及全球，尤其是在海洋事务中拥有着主导地位，几乎决定着21世纪"海上丝绸之路"的未来。近一段时期以来，美国在我国南海岛礁建设上频频出手，是南海地区事态紧张的主要策源力量，表明美国及其亚太盟国依然握有在海洋事务上的主动权，稳定与美国及其盟国的关系，也是"一带一路"建设的内在要求。

此外，印度地处印度洋沿岸，扼守着印度洋的咽喉地带，战略地位极其重要，在南亚地区保持着"头号大国"的感觉和地位，"一带一路"建设的顺利尤其是21世纪"海上丝绸之路"的顺利建设，巩固和加强中印战略合作伙伴关系、在地区和国际事务上加强合作、深化合作基础，显得尤为必要。

与现有区域国际组织展开合作。东南亚、中亚、南亚都存在既有的成熟的区域合作组织和机制，与"一带一路"构想存在战略重叠，合理解决好这一问题，推进"一带一路"建设，成为对中国"德实力"运用的重要内容。因此，"一带一路"战略的实施要强化以现有区域组织的合作与依托，用好地区现有合作机制对多边合作的延伸效应。

2. 协同政府、民间力量，整合全社会资源。推动"一带一路"建设，政府层面重在把握方向，建立协调机制；民间组织要发挥独特作用，逐渐从政府主导的推进模式向政府与民间有机结合的模式转变。

"民心相通"是"一带一路"建设的重要内容。深化"一带一路"建设，加强人文领域的沟通，扩大人员交往和民间往来，增进互信，消除疑虑，以更好地促进友好合作关系。"一带一路"建设是一个宏大的系统工程，这一战略设想的推进，一方面需要沿线国家、政府和企业的积极认同和参与，另一方面也需要各国人民及其社会和公众舆论的广泛参与。当今，各国都存在着利益多元、观念分化的普遍态势，经济社会的重大发展变化，相应地带来社会利益的重新分配和社会结构的重新组合。在此，愈是重要的公共事件，愈是需要各个社会群体的广泛参与和协商讨论，"一带一路"建设中民意疏通、舆论氛围的营造，是一项极为重要的工作。

多方携手加大合作力度与空间，鼓励官方与民间组织联手与"一带一路"相关国家和地区建立多维度的交流平台，引入商业机构实现双方、多方在经济层面的合作共赢，以便获得可持续的发展动力。

二、展示中国新风尚

"德实力"，全面展示着一个国家的公平正义、信守国际规则的能力与智慧，全面展示着处理国与国之间、国家与地区间和谐关系的能力与智慧。习近平总书记一再重申：推进"一带一路"建设，要诚心诚意对待沿线国家，做到言必行、行必果。我们要全面运用"德实力"，建立起中国新风尚。

（一）形成中国外交新风格

1. "亲、诚、惠、容"周边外交新理念。"一带一路"建设中，我们要"本着互利共赢的原则同沿线国家和地区开展合作，让沿线国家得益于中国发展"。发挥中华民族优良的传统美德（见表7—3—1），中国政府将充分体现"亲、诚、惠、容"的理念。

表7—3—1　中华民族优良品德

"亲"：中华民族是重感情的民族。我们同周边国家山水相连、血脉相通、人文相亲，友好情谊连绵不绝。我们讲"亲"，就要坚持睦邻友好；做得人心、暖人心的事，增强亲和力、感召力、影响力。
"诚"：中华民族是讲诚信的民族。国之交如同人之交，要将心比心，以诚相待。我们讲"诚"，就是要诚心诚意对待周边国家，继续用自己的真诚付出，赢得周边国家的尊重、信任和支持。
"惠"：中华民族是尚道重义的民族。讲情重义、先义后利，"惠风和畅"是我们坚持的道德准则和行为规范。我们讲"惠"，就是坚持互惠互利的原则同周边国家开展合作，把双方利益融合提升到更高水平，让我国发展更好地惠及周边国家。
"容"：中华民族是有胸怀的民族。"海纳百川，有容乃大"，是我们一贯的主张。我们讲"容"，就是要倡导包容思想，以更加开放的胸襟和更加积极的态度促进地区合作，共创繁荣。

2. "共同体"全球发展新理念。中国推进"一带一路"建设是对互利共赢开放战略的进一步深化，"安全共同体、利益共同体、发展共同体、多元文明共同体"等"共同体"发展新理念是新形势下中国特色大国外交理念的充分体现。

中国的"共同体"发展理念是在多元文明的背景下展开的。我国秉持的"共同体"发展理念与日本推进的所谓"价值观共同体"和美国力推的所谓"价值同盟"截然不同。此类"价值观共同体"或"价值同盟"对抵触其价值观的国家动辄批评、施压、制裁，甚或采取战略上的"先发制人"，直至"动刀动枪"，是具有"强排他性"的共同体。我国的"共同体"发展新理念追求国家利益和共同体利益的一致性和共通性，扩大共赢成果，实现"共同体"整体安全与繁荣的多重目标。

"一带一路"战略中，"命运共同体"理念，强调面对发展经济和应对非传统安全的任务与挑战，各国共同发展、地区共同进步；"利益共同体"理念，立足于各国间"做互利共赢的好伙伴"的务实合作，提升利益融合，倡导将经济的互补性转化为发展的互助力，不断扩大利益交汇点；"责任共同体"理念，强调各国应共同承担责任并以积极合作应对共同的问题与挑战。"开放的共同体"理念，宣示"一带一路"建设没有"成员身份"限制，涉及的国家和实体具有开放性，提倡多样化优势、多样化道路，倡导政府、企业、民间的多层面交往。

（二）地缘政治新方略

随着世界形势的急剧变化，全球地缘政治呈现新特点，尤其是随着亚太地区在全球地位进一步升级，中国作为亚太地区及全球的重要大国，地缘政治发展方略将对亚太及全球产生重要影响。

1. "德实力"大情怀，铸就亚太和平发展新棋局。世界的地缘政治中心越来越向亚太地区聚焦。20 世纪初英国地缘政治学家麦金德提出"心脏地带"学说，将欧亚大陆称为"世界岛"，并将"世界岛"的"心脏地带"范围界定为从伏尔加河到长江，从喜马拉雅山脉到北极的广袤地区。麦氏的理论是：谁统治了东欧，谁就能主宰了"心脏地带"；谁统治了"心脏地带"，谁就能主宰世界岛；谁统治了世界岛，谁就能主宰全世界。让中亚及东欧的重要性得到了关注；20 世纪中叶美国地缘战略学家尼古拉斯·斯皮克曼在麦金德"心脏地带"理论基础上提出"边缘地带"理论，基于美国卷入两次世界大战都源于"欧亚大陆的边缘地带将有可能被一个单一的强权所统治"。"心脏地带的重要性已经不及边缘地带"，斯氏认为：谁控制边缘地带，谁就统治欧亚大陆；谁统治欧亚大陆，谁就控制世界的命运。斯氏为此成为美国围堵理论的鼻祖。世界各主要力量的战略布局焦点由中亚及东欧向亚欧大陆的腹地集聚。

亚太地缘政治格局发生着极其深刻复杂的变化，亚太地区愈发成为世界各主要势力倾力布局的全球地缘政治战略重心，中国面临亚太地区新旧格局调整切换期、新旧力量交替过渡期、新旧秩序变革转换期，尤其需要发挥"德实力"之大情怀，积极谋划未来，铸就新棋局，引领新未来。

2. "德实力"高境界，"一带一路"战略构建全球合作格局新特点。"一带一路"战略，突破了以往地缘政治局限，有效化解地缘政治布局中常见的棘手而又突出的问题，凸显中国"德实力"思想至高境界。

一是平等性问题。所有参与"一带一路"建设的沿线国家和地区，无论大小、强弱和贡献多少，政治和法律地位都是平等的。大家是合作伙伴而非竞争对手，也不存在领导者和被领导者的关系。二是开放性问题。"一带一路"建设以亚欧大陆及其附近海洋为地理立足点，以政府间合作为主渠道，但合作伙伴不限于古代丝绸之路和亚欧大陆，合作范畴也不限于政府间合作。三是兼容性问题。"一带一路"贯穿亚欧非大陆，连接东亚经济圈和欧洲经济圈，将南太平洋作为"海上丝绸之路"的自然延伸，打破洲际和次区域之间的藩篱，架设东方与西方国家、南方和北方国家、不同文明类型国家的桥梁，助推各类合作机制分工协作，形成大范围、高层次、高水平的区域合作新格局。四是公益性问题。"一带一路"建设是中国全方位开放和对外合作的总纲领，也是中国向国际社会提供的公共产品，体现了中国对国际社会的担当和贡献。

（三）建立中国—美国新型大国战略

"一带一路"战略是"和平崛起的中国"面对发展的世界和新的国际义务主动提出的全球性倡议，也是中国整体发展践行"主动构建、积极协作"理念的深化与转型，这一宏大的布局，有利于中美两国在所有相关国际事务中的协同强化，有利于超级大国美国对"崛起的中国"在世界体系中做出恰当的认同，增加美国对"和平崛起的中国"在国际新秩序中担纲新角色做出相应的心理及思想认知，推动中美两国"低政治"领域共识更加宽泛、"高政治"领域缩小认知差距提高共识，强化中美两国获得更多正收益。

1. 尊重国际规则，完善国际秩序。当前，中美关系无疑是世界最重要的双边关系之一。在"一带一路"大势下，中美如何构建新型大国关系，避免落入"修昔底德陷阱"，成为近年来国际关系领域关注的焦点话题。对此，习近平总书记提出"构建不冲突不对抗、相互尊重、合作共赢的中美新型大国关系"，为中美关系今后的发展模式提供了全新思路。

大规则下握手，新秩序下合作。随着中国位居全球第二大经济体、2013 年中国再度跻身世界第一货物贸易大国之后，中美两国关系变得愈加令人瞩目，对世界的和平与发展愈加重要，中美两国的关系也愈加敏感；同时，人民币国际化进程也将进一步加速，中国在国际金融体系中的地位也将不断提高，我国参与制定国际秩序的权利得以强化。作为一个包容性大国，中国的发展不是挑战既有国际秩序，而是把自身融入现存国际体系内，在尊重国际规则的基础上推动建立公正、包容的国际新秩序，真正形成"大规则下握手说话，新秩序下合作发展"的良局。为此，中国要以更加积极主动、包容理性的态势参与世界政治经济外交事务，影响国际规则的制定和演变，不断推动发展中国家加强联合与协作，提升发展中国家在世界事务中的发言权，更多地赢得发展中国家和欠发达国家的尊重，减少完善国际秩序进程中的"硬对抗"，这既是为我国发展创造更加有利的条件，更是中国作为世界大国义不容辞的责任。

2. 利益共同区域多着力，利益相悖区域多完善。面对复杂多变而又极其重要的中美关系，习近平总书记强调："宽广的太平洋足够大，容得下中美两国。"为此，中国积极推动地区互动，面对新的发展事态提出新的亚洲安全观，秉持开放包容的和平发展原则，欢迎包括美国在内的有关国家积极参与。在中美关系建设中，经贸关系一直发挥着基础作用。随着两国金融市场的密切联动性和相关度的提高，金融合作也将成为一块有效的压舱石。显然，中美合作的基础将会愈加厚重。而经贸合作与金融合作的本质是互利共赢，只要本着相互尊重、开放包容的精神，中美在全球尤其是亚太地区完全能够有更大作为，这需要中美双方客观看待彼此的发展阶段，尊重彼此的发展利益，不断打造合作亮点，拉紧利益纽带，采取积极措施解决彼此关切，实现良性互动，共同发展，造福两国人民。

"和则两利，争则两伤"。只有坚持通过对话协商，以建设性方式增进理解，防止误判，扩大共识，在利益共同区域多着力，在利益相悖区域多完善，尽量消除分歧，达到互利共赢及多赢。

3. 有理有节不纵容，有义有益讲灵活。一直以来，中国对外坚持独立自主的和平外交政策，始终不渝走和平发展道路，在大是大非问题上讲求原则。当前，中国的战略选择是坚持自身的和平发展，同时推动世界的和平发展；基本原则是合作共赢，构建以合作共赢为核心的新型国际关系；主要的路径是建立形式多样的伙伴关系，倡导结伴而不结盟，对话而不对抗；价值取向是坚持正确义利观，在国际事务中主持公道、弘扬正义，在国家关系中义利兼顾、以义为先。

大是大非讲原则，实实在在求发展。长期以来，以美国为首的西方国家面对一个崛起的中国所带来的新的国际政治关系和秩序，手忙脚乱之余，更多的是心理上的不接受，行动上的挤压。美国主导的一系列国际区域合作上变相地对我国的排斥、中国海外战略遭受的打压以及频现的周边领土争端，都反映出美国等西方国家对中国和平发展的误判及"强权"思维下的恶劣行径。在这种格局下，我国的国际化战略应该愈加注重强化自身建设，稳健营造良好大环境，我们不惧怕任何挑衅行为，但面对挑衅要有足够的大智慧，谋长远、谋未来、谋全局，既要在大是大非问题恪守原则，更要筹划利于双方的实在发展；既要让美国懂得违反大原则撞"红线"的害处，更要让全世界看到懂规矩与中国合作的"好处"。

三、促进全球和谐与繁荣

"德实力"弘扬世界，"恒世价值"照耀未来。

"一带一路"建设不仅仅是实现中华民族振兴的战略构想，更是沿线国家和地区及其世界人民的共同事业。随着中国"德实力"的弘扬，将深化国家和地区间政治互信和务实合作，加速"中国梦"实现的同时，加速"世界梦"的实现。

（一）顺应经济全球化趋势

2014年5月22日，习近平总书记在亚信峰会的主旨讲话中强调："对亚洲大多数国家来说，发展就是最大的安全，也是解决地区安全问题的总钥匙"。"一带一路"作为世界上跨度最长的经济大走廊和世界上最具发展潜力的经济合作带，把中国的发展与沿线国家和地区的发展有机衔接起来。"一带一路"建设将推动由"大航海时代"开启的经济全球化的进一步升级，中国的"德实力"将使"你中有我，我中有你""兴衰相依"的发展变得更富人情与和谐，使世界共同发展、共担风险的趋势变得更加公平与公正。

推动务实合作，越是复杂地区和棘手事务越显示中国"德实力"的强大作用。"一带一路"沿线国家和地区，多数处于经济转型和经济发展的关键时期，密切同周边国家和地区在经济领域的务实合作是各国政府的现实选择，"一带一路"建设将加速各国间的务实合作；"一带一路"沿线有许多世界热点地区和棘手事务，如"陆上丝绸之路"中的中亚、"海上丝绸之路"中的中东。中亚地区和中东地区都是古代"丝绸之路"的要道，也是现代丝绸之路的重要枢纽，是世界主要力量着力布局的地区，也是"一带一路"深化建设的关键地区。在复杂多变的国际环境下，唯有发挥中国"德实力"，适应世界潮流，破解瓶颈，集合多种力量，推动复杂地区间国家的有效合作，促进国际棘手事务的有效解决，加速沿线国家和地区的和平与升级发展进程。

（二）维护世界和平发展

构建国际社会安全机制，完善世界和平新秩序。20世纪的联合国集体安全机制是维护普遍和平与安全的国际制度，在控制地区冲突以及裁军与军控方面发挥了显著作用。然而，联合国集体安全制度过度倚重大国作用，却对大国之间尤其是超级大国之间的对抗无能为力，从根本上解决大国之间的"安全困境"，显得无计可施。二战以后，长达数十年的冷战曾使联合国安理会处于瘫痪状态，无力阻止两个超级大国在全球的霸权争夺和发动代理人战争。

"一带一路"倡导"互联互通"思想，给全球安全机制建设提出了新的解决之道，超越"均势"和"集体安全"机制的局限，有助于完善世界和平新秩序建设，维护世界的和平发展。"互联互通"是相关国家和地区间的全面联通、立体互通，加大提升经济社会发展水平，改进相互间的政治、安全及战略关系，防止战略误判；"互联互通"是中国"德实力"的有效体现，能够加强相关地区国家和人民对和平变化的预期，促进"安全共同体"的构建，维护世界和平与安全。

（三）适应国际关系潮流

中国和所有"一带一路"沿线国家和地区都是"一带一路"建设的利益攸关方，作为倡议发起者和利益攸关方，在"一带一路"建设中强调并坚持"共商、共建、共享"建设原则，是中国"德实力"的充分体现，顺应并引领着国际关系民主化的潮流。

习近平总书记表示，中国奉行"三不"原则，即不干涉内政、不谋求主导权、不寻求势力范围。显然，"三不"原则适用于所有"一带一路"沿线国家和地区，"一带一路"战略绝不是中国"称霸"的工具，"一带一路"建设充分体现了中国"德实力"所蕴含的包容发展理念以及中华民族"恒世价值"的光辉，让合作成果惠及沿线国家和地区及国际社会。

"德实力"及其所体现的"恒世价值"观，展示着中华民族以德治国、以德修邦的品德和大胸怀，面对新的国际发展形势，我们需要进一步深化与创新，将"德实力"升华为世界人民共享发展与繁荣的大智慧。

第四节 "中华力"是"民族复兴"的根本力量

今日世界格局正在发生着重大而影响深远的变化，抓住世界格局重构的机遇，重塑中华版图新视觉，由"雄鸡一唱天下白"到"和平鸽展翅环球飞"，激发全球中华儿女的"中华力"，加速中华民族的伟大复兴。

一、精神灯塔与强大源泉

历经沧桑和艰辛，中国步入由大国向强国发展的"转换期"、经济结构调整的"阵痛期"、经济增速的"换挡期"、综合改革的"深水期"、社会转型的"磨合期"以及总体发展的"弯道超车期"，"六期叠加"是创造伟大和危险多发相伴的时代，需要进一步创新党的发展理论，优化党的领导力，凝聚遍布全球中华儿女力量，强化优秀中华文化在全球的影响。在中华儿女"千年等一回"的重大"雄起"关头,历史赋予的责任再一次让中国共产党人站在了时代的最前沿,为此,"让我们万众一心",迸发"中华力",实现"中国梦"。

(一) 党的领导是核心力量

"中华力"植根于我国当代社会主义建设的伟大实践,核心力量是党的领导力 (见图7—4—1)。统筹我国硬实力、软实力与德实力及中华文明的魅力和中华文化的凝聚力,"六力合一",全面衔接与综合运用。党的领导力是"中华力"统筹融合的核心力量,是实现"中国梦"的有力保障。政治上,代表群众利益,保障"不犯颠覆性错误";经济建设上,"集中力量办大事";文化上,凝聚爱国主义;文明上,保持"中华之血脉",从而保障中华民族实现"中国梦"的路径和方向,这也是"中国经济增长之谜"的答案。目前,我党反腐倡廉的自我革命、深化改革崭新的顶层设计、经济建设新升级等重大问题的深入,都需要强大的社会经济资源总动员。历史和现实都告诉世界:这一切的实现,唯有我党才能领导、唯有我党的领导才能实现。

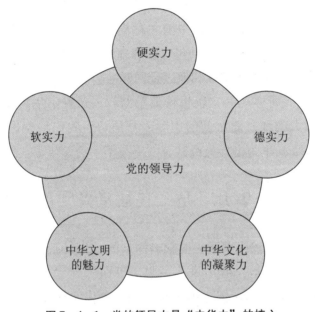

图7—4—1 党的领导力是"中华力"的核心

(二) 蕴含传统文化精华

"中华力"吸吮我国传统文化之精华,是中华文明特有的品质和中华文化独具的神韵与气质。中华民族深邃而博大的胸怀、睿智而融达的理念源远流长,如天人合一、世界大同、天下为公等亘古不变的情怀;允执厥中、俨兮其若客、和而不同等包容、和谐的价值取向;"天之道,利而不害;圣人之道,为而不争"、其命维新等创新且可持续的崇高精神;大道甚夷、大者宜为下等仁政爱民的治国理念；先天下之忧而忧、不以物喜不以己悲等高尚境界，数千年来一直闪烁着璀璨的光辉，为世代华夏儿女点燃着"永不熄灭"的文明之炬。

"路漫漫其修远兮，吾将上下而求索"。"中华力"蕴藏于中华民族漫长的探索与追寻中，随着"中国梦"的明确和实践，"中华力"似汹涌的岩浆，喷薄欲发。"中国梦"是"中华力"的引领和感召，"中华力"是"中国梦"的保障和动力，"中华力"不仅具有中国特色社会主义制度的内在力量，还具有广泛的中华文明辐射力和中华文化的强大凝聚力，这将进一步坚定我们的自信，更好协同并凝聚"中华力"。

二、深化改革强大"中华力"

"中国梦"的提出，点燃了中华儿女数千年来的势能与潜能，一股股宏大的正能量，正汇集成为坚毅而强大的"中华力"，推动着"中国梦"的加速实现。创新思维、深化改革成为驱动发展的关键"穴位"，爆发"中华力"的势能、发挥"中华力"的潜能，使"中国梦"的实现力量变得更加强大。

（一）深化核心强化保障

打破利益固化藩篱激发市场公平竞争，创新体制、规范政治生态、维护改革共识与社会合意。长期以来形成的"不讲规矩"的既得利益集团已构成我国深化改革的重大"绊脚石"。这些利益集团与没有锁进笼子里的权力，垄断抑制了社会各种资源正常流动与平等竞争，致使广大民众在社会中的上升渠道收窄、社会发展成本加大、不稳定因素趋多及市场在配置资源中的决定性作用弱化、困囿了体制及机制创新活力、社会基层民众信仰丧失加速、社会危机的"爆燃点"增多而"燃点"趋低，危及我党和国家治理底线，动摇社会稳定的深层基础。随着社会经济转型深化，利益主体诉求多元化，个人权利意识觉醒，社会公众政治参与度提升，对现有政治体制的调节力和适应力提出挑战。因此，需要强化创新党的领导、良化政治生态、完善党内与党外民主模式，加速创新型社会建设。

（二）夯实支撑突破"壁垒"

强化民众信仰，加强公共文化建设，应对生态恶化和能源短缺，拓展生存空间与可持续发展。我国由经济起飞到强国建设，形成全国范围的信仰共识十分重要，对整个中华民族包括遍布海外的6000多万华人而言，都是一份深深的鼓舞。当前我国存在的重大发展瓶颈已威胁到我国民众的精神支撑和改革深化，对"中华力"的释放构成了"硬约束"。由此，消除我国社会经济不均衡发展格局和根深蒂固的"二元结构"，加大先进文化公共品建设，合理配置国内外能源资源，培育文化自信升华爱国情愫，在大国博弈日甚之际做出更多的"利我调整"，为"中华力"的发展与释放提供"硬支持"。

三、实现中华民族伟大复兴

"中华力"建设任重道远，我们要结合当前国内外形势，大力"破陋习除陈规""补短板强长板"，"支实招用实力"，强劲"中华力"建设，促使"中华力"的弘扬和深化，加速中华民族的伟大复兴（见图7—4—2）。

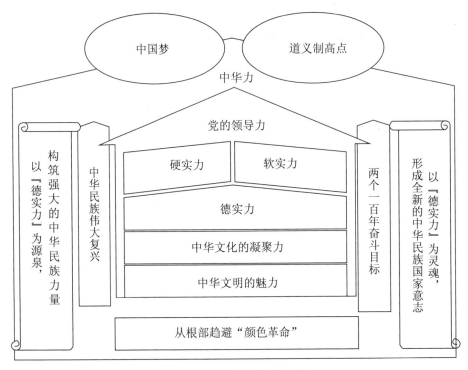

图7—4—2 中华力与中国梦

（一）加强党的领导，形成全社会协同创新

中国发展史，在一定程度上可以说是党领导全国人民，同固化了的、与社会进步"反动"的特殊既得利益集团进行斗争和较量的历史。通过"打虎拍蝇"，充分显示共产党有着超强的自我纠错能力和壮士断腕的自我完善的决心，广泛赢得了民心，我党需要进一步巩固改革共识，在全社会全面形成创新与协同的氛围与机制，赢得群众对改革的广泛支持，大力推动创新与改革，提升"中华力"的领导力与执行力。

（二）强化"软实力"建设，秉持"德实力"，防范"颜色革命"

从我国文化产业发展看，需加强全社会的"文化＋"共识，将"文化"从产业政策的层次提升至国家软实力战略，助推中国品牌全球化，全面提升"中华力"建设，发挥"德实力"促进我国软硬实力作用的提升。当下，世界现行的权力体系、话语体系和垄断资本体系甚至思想信仰体系皆由西方少数国家把持，"普世价值"的有形与无形强势侵袭无处不在，"颜色革命"的危机早已"兵临城下"。因此，"中华力"建设的背后与前台，是一场硝烟弥漫或暗礁涌动的冲突与较量。

随着"一带一路"战略步伐的加快，我国的发展将面临更多的机遇与挑战，"中华力"将进一步凝集与迸发推动"中国梦"的实现。强化"中华力"建设，协同我党人才发展战略，发挥全球华人华侨力量，加强全球非官方组织优势；加快恢复老子及孔子大学堂，"立全球最古老大学之首，树春秋百家争鸣之文风"；在全球范围内开展常态化的"用华语讲自己的故事"活动，搭建"用华语"全球交流对话平台。加快推进海外华人华侨聚集城市与重点发展地区的专项扶持政策，加快"中国风格"在全球的强、美、亮、远、深进程。

第八章 "一带一路"与中国梦

习近平总书记指出：我们要实现的"中国梦"，不仅造福中国人民，而且造福世界各国人民。"中国梦"，不仅"承载伟大理想，开启新的征程"，更要"优化世界运行秩序，重塑全球治理模式"。

"中国梦"承载着一代又一代中国人民的夙愿，凝聚着全党、全国人民的最大共识，集中反映着当今中国人民包括海外同胞、全世界华人的共同心声、共同愿景和共同意志，体现着中华民族和中国人民的整体利益，极大激发了中国人民发展国家、振兴民族的一腔热情。"一带一路"战略是"中国梦"实现的优良路径和有效载体，可以说，"一带一路"战略是"中国梦"实现的历史担当和现实的必然选择。

第一节 "中国梦"的体现与深化

2012年11月29日，习近平总书记首次提出"实现中华民族伟大复兴的中国梦"。2013年9月和10月，习近平总书记又先后提出共建"丝绸之路经济带"和"21世纪海上丝绸之路"的重大倡议。由此，"实现中华民族伟大复兴的中国梦"和推进"一带一路"建设，成为全党、全国人民和各族中华儿女的宏大愿景。"一带一路"建设将为实现"两个一百年"奋斗目标开拓新局面、创造新机遇，为实现中华民族伟大复兴的"中国梦"增添新动力、营造新环境。

一、实现全国更高层次的均衡发展

从中国汉唐时期起，古代"丝绸之路"将亚洲、非洲和欧洲人民有机地连接在一起的同时繁荣着中华民族的发展，2000多年来，"丝绸之路"持续发挥着商业贸易之路、文化交流之路的作用，在世界范围内改善了沿线国家和地区的人民生活水平、推动着社会生产力的提高。今天的"丝绸之路经济带"，不仅将恢复古代"丝绸之路"昔日的辉煌，其内涵也将更加宽泛，蕴意更加深邃，"丝绸之路"精神将成为一种象征性标志嵌入国家发展战略，并将成为世界人民和平与发展的互利共赢模式的典范。

"中国梦"伟大目标的实现，保持经济长期平稳的中高速增长是关键。"一带一路"战略的实施将有效盘活国内生产要素、优化经济空间布局、拓展国际市场，为我国经济中高速增长提供持续动力。实施"一带一路"战略，首先为颇具需求潜力的西部地区增长带来了重大机会，为加快东部地区产能向中西部地区合理转移、促进区域经济优势互补和协调发展搭建了桥梁。随着沿线地区加快发展，中西部地区出口、投资、消费结构将趋于合理，进而有助于形成全国良性互动健康发展的良好格局，实现全国更高层次的均衡发展，为实现"中国梦"伟大奋斗目标奠定坚实的经济基础。

二、实现全方位的开放与合作

"一带一路"建设，从过去更多强调"引进来"到今天强调"引进来"和"走出去"并重；从过去开放对象偏重发达国家市场到今天与发达国家和发展中国家全面加强合作。我国经过30多年快速发展，积累了比较明显的资金、人才、技术和产能优势，对面临资金、人才、技术短缺等问题的周边国家和地区而言，存在众多互补互利机会。实施"一带一路"战略，对我国相关地区、沿线国家和地区及全球经济发展都大有裨益。对于我国中西部地区而言，将进一步激发与沿线国家开展多领域交流合作的潜力，极大优化对外开放格局；对于我国东部沿海地区而言，有利于推动产业有序对外转移，为企业开辟广阔的海外市场；对于周边和沿线国家而言，可以分享我国经济发展带来的机会，推动各国发展布局的对接与耦合，发掘区域市场的潜力，创造投资与消费需求，促进共同发展、合作共赢；对于全球经济而言，有利于形成沿线国家相互助推发展的动力机制，从而突破全球经济结构性失衡的困局，缩小南北差距，为全球经济平衡发展、良性发展做出贡献。

三、大道之行，天下为公

"一带一路"这一跨越时空的宏伟构想，从历史深处走来，融通古今、连接中外，顺应和平、发展、合作、共赢的时代潮流，赋予古老"丝绸之路"以崭新的时代内涵，承载着"丝绸之路"沿途各国发展繁荣的梦想，也承载着中华民族伟大复兴的梦想。"中国梦"虽是一个全新的概念，但我们的祖先对于"梦"的编织和构建却从未停止过，只是表达方式和具体内容有所不同而已。2000多年前的《晏子春秋》提出"饱暖非天降，赖尔筋与力"，极为直白地提出了如何才能实现这些梦想，即圆梦的方法与途径。显然，求真务实才能圆梦，否则伟大的梦想难以实现。

"一带一路"建设制定了中华民族复兴实现"中国梦"的伟大目标，提出了沿线国家和地区共同发展的行动倡议，务实推进政治互信、地缘毗邻、经济互补等优势转化为具体合作，实现持续增长和地区繁荣。"中国梦"的追梦过程为"一带一路"宏伟蓝图注入了全球分享的强大动力，"一带一路"建设保障中华民族伟大复兴"中国梦"实现的同时，让世界人民分享着公平与正义，"一带一路"让中华民族的梦想插上有力翅膀的同时，使整个世界都将获得温暖、获得希望、获得公正。

今天"中国梦"的提出不仅有着宏远的顶层设计，而且有着坚实的大众实践；不仅有正确的方向，而且有切实的具体措施；不仅有宏伟的远大目标，而且有强大不竭的动力。"一带一路"建设将为实现"中国梦"开拓新局面、创造新机遇，同时，构建"一带一路"所代表的和平合作发展模式也是实现"中国梦"的历史选择，更是"中国梦"的体现与深化。

第二节 "一带一路"建设的动力源泉

新中国成立以来特别是改革开放以来中华民族在长期不懈的"中华梦"奋斗过程中，取得了今日举世瞩目的成就，建成了门类齐全的现代工业体系和正常运转的社会发展体系，为"一带一路"建设铺就了强大的动力源泉。

一、优势互补，释放巨大的生产力

中国雄厚的工业基础及金融优势与沿线国家和地区的市场潜力和资源底蕴形成强大的优势互补，将释放出巨大的生产力。目前，中国经济规模空前庞大，拥有39个工业大类、191个中类、525个小类，是全世界唯一拥有联合国产业分类中全部工业门类的国家，从而形成了一个举世无双、行业齐全的先进工业体系。中国产业界在世界上赢得了巨大的经济效益，成为中国竞争力的重要保证。中国主要工业门类都拥有巨大的产能，能提供不同层次和位阶的产品，有能力同时在全球六大洲上百个国家，同时承接生产类基础设施建设、生活类工农文教卫体电及科技类项目建设。

"一带一路"建设过程中，中国有条件把大量的现金转化为投资资本，服务于项目发展；广大的沿线国家及地区可充分利用中国资本，促动或加快本国本地区的建设。我国经过长期的努力，具备了雄厚的发展潜力，在实施"一带一路"建设中具有特殊优势。尽管"一带一路"沿线国家和地区多半拥有丰沛的天然与人力资源，但普遍面临资金人才短缺、技术与基础建设不足、市场规模狭小、治理能力欠佳等问题。我国可以发挥优势，协助新兴市场国家有效解决经济发展的制约，激发潜在成长动力。我国和沿线国家及地区的发展要素呈现出很强的互补性，双方或多方优势的有效结合，无疑，将释放出巨大的生产力。

二、核心价值及"软件"经验，成为强大推力

中国发展核心价值及丰富的"软件"经验，成为"中国梦"实现及"一带一路"深化的强大动力。中国的社会核心价值观形成强大的社会共识，"中华力"深化"一带一路"建设，助力"中国梦"实现（见图8—2—1）。

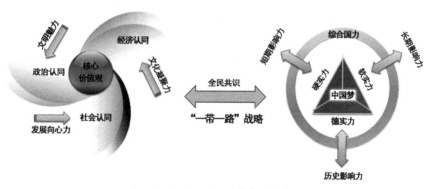

图8—2—1 核心价值与中国梦

习近平总书记指出："实现中华民族的伟大复兴，就是中华民族近代最伟大的中国梦。""中国梦"昭示着国家富强、民族振兴、人民幸福的美好前景，反映了新一代共产党人的责任担当。随着我国经济体制的深刻变革、社会结构深刻变动、利益结构深刻调整、生活方式深刻变化，社会必然存在着各种各样的价值冲突。而消弭冲突、形成合力，靠的是社会主义核心价值观的导向和约束。建设社会主义核心价值体系，培育和践行社会主义核心价值观，是实现"中国梦"的价值依托，是实现中华民族伟大复兴的铸魂工程，是构筑强大"中华力"的基础。党的十八大提出了"两个一百年"的奋斗目标，为此，需要发挥我党总揽全局、协调各方的领导核心作用，调动各方积极性，深化"一带一路"战略，强大"中华力"建设，使之成为中华民族伟大复兴，实现"中

国梦"的强大推动力。

"软件"分享成为"一带一路"建设的强大动力。中国在长期的国家建设实践及改革开放过程中积累了大量的人才，摸索出"市场"与"政府"两手并用的独特发展经验。中国发展过程中的"软件"经验，愿意与发展中国家分享，并且不附加任何条件，同时愿意提供知识与管理技术支援、协助培养人才。这里有两点是极为重要的：第一，中国是在改革开放过程中获得发展，可以说，发展方面的"软件"，已经吸取了诸多国际经验。中国的"软件"建设不是闭门造车，而是由改革开放的实践中获得。第二，中国在"软件"建设过程中走过弯路，弯路过后做出及时的调整，付出过不小的试错代价，有过试点经验、做过推广探索，逐渐摸索出一条符合本国实际的社会发展道路，我国发展的经验、探索的教训对大批的发展中国家具有重要参考价值，在一定程度上说，这份价值具有世界性，或者说是全人类共同的宝贵财富。今天，世界上许多发展中国家和地区面临着巨大的发展挑战，中国非常愿意和大家分享我们的经验。显然，这份经验的分享就是"一带一路"发展的一份强大助推力。

三、全球视野，突破板块思维，全面提升动力

大时代需要大格局，大格局需要大智慧，突破固有发展思维，全球视野下谋划发展，全面提升发展动力。

拓宽视野，全球谋划，拓宽"四大板块"思维。"一带一路"战略旨在构建一个包容性的全球发展平台，具有划时代的战略意义。长期以来，我国经济区域形成了东部、中部、西部、东北地区"四大板块"发展格局，在相当程度上，促进了我国经济发展和区域经济平衡发展。随着近年来国内生产要素市场急剧变化，"二大不平衡"发展加剧：区域发展不平衡加剧、产业发展不平衡加剧。"四大板块"发展格局弊端显现，尤其是随着"一带一路"战略的实施，全球要素市场加速形成，国内发展"四大板块"意识对整个战略走向的绑架需要尽快打破。树立全球视野，加速建立新的国内均衡发展格局，形成国际视觉下统筹国内外均衡发展战略大棋局，国家发展将不再局限于我国的"四大区域"板块之间，更多的亚非欧及拉美国家和地区将参与到共商项目投资、共建基础设施、共享合作成果之中，更深层次的发展理念和更广阔的发展视野将突破有形的国土疆域的界限。

协同探索新模式，奉献走出去新能力。今天中国拥有坚实的基础设施建设能力、工业制造能力、农业产业生产能力、文化产品创意能力，已经成为名副其实的全方位制造大国，在一定程度上存在着产能过剩之虑。在全球市场不完

全的前提下，"产能"具有明显的时空特性，昨天市场的多少并不意味着明天市场的多少、甲地的过剩并不意味着乙地的过剩。今天我们需要很好地驾驭产能特点，在强化供给侧改革的同时，充分发挥我国能力特点和发展经验，为广大发展中国家奉献能力的同时，奉献发展经验，规避发展教训，探索"能力＋经验＋教训"模式，为沿线国家和地区国家工业化、城市化和经济全面起飞提供定制服务。同时，发挥我国"能力"，使沿线国家和地区间有效克服其国内市场规模狭小、产业间协作不畅、产品上下游不通的障碍，实现以整个区域为腹地、发展产业专业分工，形成无国界产业聚集。

第三节 "中国梦"与"世界梦"

"一带一路"为各国人民提供了深化了解、彼此融通的契机，使得世界人民更加深入地了解彼此的梦想。"一带一路"不仅仅是13亿多中国人民长期以来的梦想，更是让世界人民分享"中国梦"，进而实现"世界梦"的伟大历程。"中国梦"是"世界梦"不可分割的一部分，中国的发展离不开世界，世界的繁荣稳定更加需要中国。"一带一路"的伟大构想，将见证不同国家和地区的人民共享同一个愿望，使"中国梦"走向"世界梦"，使"中国梦"与"世界梦"交相辉映，从而实现：世界和平，天下大同。

中国作为古老的文明国度，为人类的发展做出过不朽的贡献，但近代以来，中国积贫积弱，日益落伍。毛泽东1956年曾说："中国应当对于人类有较大的贡献。而这种贡献，在过去一个长时期内，则是太少了。这使我们感到惭愧。"今天，习近平总书记向世界庄严宣告的"中国梦"，为中华民族复兴提供了一种极大的感召，为中国走向繁荣提供了宏大的愿景，为中国向世界做出较大贡献描述了宏伟蓝图，为世界的文明与发展提供了强大的动力。应该说，"中国梦"为"世界梦"提供着丰富的共识和强大的内涵。

一、"中国梦"为"世界梦"提供范式和动力

"中国梦"的实现，无疑是中国对人类文明的巨大贡献。中华民族实现伟大复兴，本身就是人类发展史上前所未有的壮举。世界近代崛起的国家中，英国、法国等属于千万级人口的国家；美国、苏联和日本属于亿级人口的国家，而中国则是十亿级人口的超大型国家。尤为重要的是，作为四大文明古国之一的中国，起步于社会主义国家，发端于发展中大国，这种"文明型国家"的崛起，将重新书写人类发展与进步的历史，将极大地影响和改变整个世界的根本

面貌，将对人类文明做出巨大的贡献。

"和而不同"是"中国梦"为世界发展提供的全新价值理念。"和而不同"是中国人文精神的精髓，"各美其美，美人之美，美美与共，天下大同"（费孝通）。"和而不同"明确的倡导，各种文明要互相兼容，在欣赏本民族文化的同时，还要发自内心地欣赏其他民族的文化。当前，西方文明缺乏对文明多样性的包容，尤其需要做到不以本民族文化标准，刻意评判其他民族文化的优劣，更不能恶毒攻击，搞炮舰政策。地球村唯有博采众长、"和而不同"，才能建设美好的大同世界。

包容性是"中国梦"价值观的体现。"中国梦"的目标是实现中华民族伟大复兴，更加强调集体主义、强调国家繁荣富强，个人才能更好地安居乐业。"覆巢之下，焉有完卵"，强调集体，突出大家，包容才能发展，包容性是"中国梦"的根本。"中国梦"与"美国梦"不同，"美国梦"更强调个人成功和自我实现，强调个人主义。"中国梦"与"美国梦"看似不同，但并不相互否定："中国梦"的最终落脚点，仍是为让每个人都过上好日子；而"美国梦"实现的前提，就是国家稳定富足，如果国家频频动荡或财富蛋糕做得不大，个人再拼命努力恐怕也是枉然。所以国家安定、人民富足是"中国梦"与"美国梦"的共性，也是与"俄罗斯梦"、"英国梦"等的共性，为此，求同存异、包容共进才能建立和谐的世界。

"中国梦"的实践，得益于强大的支撑系统："道路自信、文化自信、制度自信和理论自信"，而这种文明自信为广大苦苦寻觅的发展中国家和地区的发展，提供了极具借鉴价值的范例和榜样。

二、世界发展需要"中国梦"

地球村随着世界人口的增多、人类生存形式的变化，已经成为互为关联、休戚与共的"小村庄"，"地球村"转型发展已经成为共识，植根于悠久历史文化传统，坚定地走科学发展、改革开放道路，最终实现人的全面、自由发展的"中国梦"，为"世界梦"的构建作了有益的探索，"中国梦"在不需要牺牲别国利益的前提下，谋求国家间的共同进步、实现地区间的共同发展，进而实现世界和谐，是"中国梦"实现的世界意义，更体现出"中国梦"的世界价值。

人人都有梦想，梦想不分民族、种族，不分高低贵贱，"中国梦"与"世界梦"相连相通。"中国梦"讲的是中华民族的伟大复兴，但也反映着世界不同民族的普遍发展追求。"一带一路"以开放的国际视野和广阔的胸怀，顺应人类文明的发展潮流，推动与世界不同的文化价值观融会贯通，提升着"中国梦"的内涵，扩大着"中国梦"的外延，为"世界梦"的实现注入新的力量。

"中国梦"是和平梦。"和平发展道路"是中国的时代选择。和平解决国际争端和热点问题是中国一贯的主张，"互信、互利、平等、协作"的新安全观是我们坚定的方针。中国一再坚持"争取和平的国际环境发展自己，又以自身发展促进世界和平"。中国积极参与国际安全对话与合作，为一系列热点问题和棘手问题的降温与解决发挥了重要的建设性作用，为世界和平做出了重大贡献。

"中国梦"是发展梦。长期以来，中国人民聚精会神搞建设，一心一意谋发展，取得了举世瞩目的成就，为世界经济发展做出了巨大贡献。特别是国际金融危机爆发以来，中国成为世界经济的稳定器和重要引擎。国际货币基金组织（IMF）的数据显示，国际金融危机爆发以来的四年，中国以不到全球十分之一的经济总量贡献了近四分之一的全球经济增长量。中国人民用自己的勤劳智慧促进了全球经济复苏，诠释了"发展"这个人类的共同梦想。正如《纽约时报》著名的专栏作家弗里德曼所说：你只有去中国才能看到未来。

"中国梦"是合作梦。当今，世界各国的相互联系和相互依存程度空前加深。在这个你中有我、我中有你的时代，零和博弈只会害人害己，合作共赢才是正道。中国坚持同各国的务实合作、坚持向发展中国家提供积极的帮助。中国始终坚信对话和谈判是解决分歧的最佳方案和最优选择，积极同守成大国谋求新型大国间合作发展新路径。

"中国梦"更是和谐梦。当今不公正、不合理的国际旧秩序尚未得以较好改善是当今世界不和谐的关键，也是造成当今世界各种乱象和困顿的首要因素。弘扬平等互信、包容互鉴、合作共赢的精神是中国在国际关系中的一贯主张，强调尊重人类文明多样性和发展道路多样性，积极参与推动建立公正、合理的国际政治经济新秩序。

三、"中国梦"既是中国的，更是世界的

"中国梦"，呼应了世界期盼、顺应了历史潮流。在全球乱象纷呈、经济复苏乏力、安全形势错综复杂、国际秩序调整加速的今天，世界需要梦想撑起希望的风帆，此时，"中国梦"顺势而至。显然，"中国梦"是中国的梦，更是世界的梦。

"中国梦"体现了人类社会持续发展的必然要求，为更多的国家带来机会。"中国梦"与"世界梦"是共通的，"中国梦"的所有外延性特点，都依存于

世界可持续发展的客观需要。"中国梦"的实现以追求和平发展、合作和谐为先决条件，在全球化的大背景下，"中国梦"属于世界，在与世界各国的密切合作中，"中国梦"必将与"世界梦"共同成长。

"中国梦"坚持中国特色。"中国梦"实现，要坚持走中国特色的社会主义道路，努力建设富强民主文明和谐的社会主义现代化国家。把握历史机遇，应对时代挑战，根据中国国情坚定不移地深化改革开放，推进科学发展，努力践行"以人为本"的价值目标，正是"中国梦"理论内涵的体现和价值品格的要求。

"中国梦"不仅肩负着民族复兴重任，还承载着世界繁荣的使命，而"一带一路"就是联结"中国梦"和"世界梦"的纽带和桥梁。"一带一路"是世界上最具发展潜力的经济带，无论是从发展经济、改善民生，还是从应对金融危机、加快转型升级的角度看，沿线国家和地区的前途与命运，从未像今天这样紧密相连、休戚与共。

"一带一路"战略构想，越来越被世界各国人民所了解和认同。随着"一带一路"的深化，一幅横贯东西、架通南北、共谋发展的宏大蓝图正在全球展开。有梦想，才有追求，中国人民的梦想将和世界各国人民的梦想一道，为世界带来无限的生机和美好的前景。

第四节　构筑人类命运共同体

"一带一路"战略，有着中华民族伟大复兴"中国梦"实现的至高理想，更有着构建世界"人类命运共同体"的至高情怀和追求。"一带一路"倡议，推动着崭新的国际合作模式，搭建政治主张不同、文化背景各异的国家和地区间经济发展社会融合综合平台；"一带一路"倡议，担纲着崇高的理想，推动国际间多元合作、宽容互信及世界和睦发展，从而实现"人类命运共同体"。

一、承载着人类的共同理想和美好追求

"一带一路"合作，能够在全球形成广泛的战略共识和越来越多的国际支持，从根本上讲，是"一带一路"强调的互利共赢、平等合作、共同发展等理念，与沿线国家和地区及世界人民渴望和平与发展的诉求高度契合，与世界团结协作、共同应对全球性挑战的时代要求不谋而合，是"人类命运共同体"意识的具体体现。"共同体"一词，原本是指人们在共同条件下结成的集体。目

前，世界范围内以共同体形式存在的区域合作组织，主要有欧共体（European Communities）、亚太经济共同体、南亚经济共同体、海湾经济共同体、欧亚经济联盟、南部非洲发展共同体、西非国家经济共同体、北美经济共同体、加勒比经济共同体、上海合作组织等。应该说，经济共同体是"共同体"在区域经济合作领域机制化、平台化的制度安排，是"共同体"的一种表现形式，但并不仅限于此。特别是，随着近年来经济全球化的深入发展和国际秩序、治理格局的调整与重塑，人类面临的共同挑战和外部性问题日益增多，密不可分的相互依存关系不断加强，更加需要人类携手联合应对全球性挑战。求同存异，共同构建"人类命运共同体"。"构建人类命运共同体"，从历史维度看，要超越国家的狭隘国际差异，树立人类整体意识。从现实维度看，政治上要建立伙伴关系，安全上要相互依赖，经济上要共同发展，文化上要多元共生，环境上要可持续发展。"一带一路"所要实现的"人类命运共同体"是"共同体"概念的延续和深化，是人类对未来同呼吸共命运的一种追求和向往，是全球共发展、共繁荣的一种实现路径和安排。

"一带一路"建设的重大原则是共商、共建、共享。共商是起点和基础，共建是核心和方式，共享是目标和动力。"共商"，就是集思广益，兼顾各方利益和关切，体现各方智慧和创意。无论在酝酿、倡议阶段还是推进、收获阶段，都由沿线国家和地区商量着办；"共建"，就是体现共同参与，发挥自身优势和潜能，形成新的合作优势，"众人拾柴火焰高"。沿线国家和地区国情国力均不相同，可各尽其力，各施所长；"共享"，就是坚持互利共赢，寻求利益契合点和合作最大公约数。大家一起做大蛋糕，公平合理地分配好蛋糕。三位一体，相辅相成，体现了中国的特色（见图8—4—1）。"一带一路"不仅有政治和外交上的感召力，同时也有经济上的吸引力和可持续性。

图8—4—1 "一带一路"建设原则

"一带一路"建设饱含朴素的共荣发展情怀，通过着力促进经济要素有序自由流动、资源高效配置和市场深度融合，推动沿线各国协调经济政策，开展更大范围、更高水平、更深层次的区域合作，共同打造开放、包容、均衡、普惠的区域经济合作架构。"一带一路"共建符合国际社会的根本利益，彰显人类社会共同理想和美好追求，是国际合作以及全球治理新模式的积极探索，将为世界和平与发展奉献满满的正能量。

二、全面完善、塑造全球化发展新标准

"一带一路"战略致力于亚欧非大陆和海洋及其世界各地的互联互通，实施"一带一路"战略，将加速推动区域大合作、大交流、大发展，进而形成更加包容、公正、合理的国际规则和公平、健康的发展新标准。伴随着中国向世界最大经济体迈进的步伐，中国与世界的关系正在发生历史性变化，当中国逐步进入"领跑者"行列，适应国际发展、完善国际发展、推动国际发展就成为我国的"必答题"，也将成为长期影响世界的深刻问题。"一带一路"倡议就是顺应当前国际国内发展新趋势作出的重大战略决策，就是从推动世界秩序完善、建立全球化发展新标准的高度做出的顶层设计。

"一带一路"建设与合作的重点内涵就是要不断完善现有国际经济秩序中不尽公正、不尽合理的成分，超越旧有模式和发展理念，塑造全球化发展新标准。世界发生着日新月异的变化，"一带一路"建设从多层次、多维度顺应着世界的变化、完善着世界新规、推动着全球化公平公正发展新标准：

第一，从 G7 秩序到包容共赢，强化政策沟通，完善治理机制。西方七国集团（G7）是欧美主导下的全球政治经济治理机制，是小圈子决定全球事务的产物。随着西方七国占全球经济总量比重从高峰时期的 85% 下降到当今的不到 50%，G7 主导决定全球事务的基础与前提几乎已经不在。今天，"一带一路"倡导的合作原则是"和平合作、开放包容、互学互鉴、互利共赢"的"丝绸之路"精神，倡导文明宽容，尊重各国发展道路和模式选择，加强不同文明之间的对话，能够使所有参与方在平等合作中获取"正能量"。

第二，从"跨大西洋"到"亚欧时代"，强化设施联通，构建全球合作新网络。近代以来，以大西洋海上贸易路线为纽带形成的"跨大西洋体系"一直是全球贸易网络的中心，承载着全球最大的经济活动量。而今，"亚欧时代"成为全球发展的一个"热词"：一是以中国领衔的高铁业发展为贯通亚欧大陆的畅通提供了技术上的支撑；二是以中国为中心的东亚板块成为世界经济发展新中心，成为全球经济新增长的动力源。

第三，从降低关税到"贸易与投资便利化"，强化贸易畅通，完善贸易体制。二战后形成的以 WTO 为基础的全球贸易体制，关注重点在于"降低关税"，这就决定了贸易谈判的落脚点是产品关税。这种状况来自现行全球贸易体制的自然假设：贸易的主导方式是海洋贸易，凸显从"港口"到市场之间的"海关"环节，显然主要也就是关税问题了。今天，"一带一路"建设，带来发展方式及贸易方式的大幅改变，相应地，更加全面的"贸易与投资便利化"主张更加适应当今的全球价值链时代。

第四，从布雷顿森林体系到人民币国际化，强化资金融通，完善全球货币金融规则。"一带一路"建设，为全球发展带来完善金融机制及货币制度安排的新机遇，欧洲多国竞相设立人民币结算中心，世界多国竞相加入亚投行，表征着世界对搭乘中国发展高速列车的渴望，表明全球对完善金融规则的迫切需求。

第五，从"文明的冲突"到"命运共同体"，强化民心相通，密切文化交流。冷战结束后，长期受西欧文明野蛮扩张史影响，"文明冲突论"曾成为西方国家国际关系和国际治理思想的主流，而这种理念也是造成当今世界地区冲突愈演愈烈的主要祸根。与之迥异的是，数千年的"丝绸之路"交往史从不推行特定文明的优越论，一向是在双方平等交流中实现文化共享。"一带一路"就是延续数千年文明交往形成的多元文明，推动多种价值观精髓的相互学习，为全球区域合作奠定坚实的民意基础和社会基础。

三、国家间共赢之路、世界共命运之路

命运要掌握在自己手里，世界的前途命运必须由各国共同掌握，这是建立"人类命运共同体"的前提。为此，世界各国应积极构建"同呼吸，共命运"的安全伙伴关系，以"世界大同"的超前意识，努力超越"安全上靠美国，经济上靠中国"的"亚洲悖论"及多边军事联盟体系，彻底摒弃冷战思维和对抗意识。

"一带一路"是源远流长的中华优秀文化在当代的传承与发展，是一条互尊互信之路、一条合作共赢之路、一条文明互鉴之路。随着沿线国家和地区和衷共济、同心而行，"不能这边搭台，那边拆台，而应该相互补台、好戏连台"就会谱写出共建"丝绸之路"的新篇章，让沿线各国及世界人民共享"一带一路"的发展成果，走出"对话而不对抗，结伴而不结盟"的政治新道路。

"一带一路"是开放包容的经济合作倡议，对所有有意愿的国家和经济体均开绿灯，让大家一起成为"一带一路"的参与者、建设者和受益者。随着发

展的深入，"一带一路"建设所特有的新型的国际合作形式，无疑将会释放更大的活力，在全球发展中发挥更加重要的作用，展现出"水涨荷花高""大河有水小河满""小河有水大河满"的经济新前景。

"一带一路"战略在实现中华民族伟大复兴的"中国梦"奋斗历程中具有十分重要的地位。"夫物之不齐，物之情也""一花独放不是春，百花齐放春满园"。"一带一路"建设与中国的和平发展息息相关、"一带一路"建设与中国同世界各国人民共筑"全球命运共同体"息息相关。

"一带一路"建设，我们要一路高举和平、发展、合作、共赢的旗帜，努力把中国梦与沿线各国人民的美好梦想对接起来，形成推进共同建设的强大合力，推动"中国梦"与"亚太梦""世界梦"有机衔接，凝聚为21世纪人类进步和共同发展的新动力，使亚欧和世界人民分享"一带一路"这条开放包容的互信之路、互利合作的共赢之路、和谐共处的和平之路，让"一带一路"成为亚欧和世界人民文明互鉴的友谊之路、对接梦想的圆梦之路！

下 篇

与全球齐飞，与世界共舞
Fly around the globe,
Dance to the world.

"一带一路"战略面对这样的世界：经济全球化高潮迭起而地区间不平衡日渐加剧、全球新治理呼声高涨而国际间不公正愈发突出、世界科技革命日新月异而"负公共产品"越来越多、"普世价值"全球弥漫而暴恐与地区冲突一再爆发，世界和平与发展秩序遭遇了前所未有的新困境。

　　"怅寥廓，问苍茫大地，谁主沉浮？""一带一路"战略统筹中国和世界两个大局，同沿线国家和地区与世界人民一道，完善国家间公平与公正发展新规则、推动国际金融新机制、树立生态文明新理念、健康全球治理新秩序，加速全球和平进程与世界经济良性发展。

第九章　"一带一路"与世界格局

"一带一路"战略是我国在经济全球化不断深入、世界经济不均衡发展格局日益加剧和科技革命日新月异的情形下，全面统筹国际和国内综合发展大势而作出的重大战略选择：全面实现我国全国范围的区域经济发展能力持续增强及新平衡基础上的升级发展；弘扬"丝绸之路"精神，全面推动我国周边国家及沿线地区实现区域经济新繁荣、全面助推全球范围新一轮经济持续增长及世界的公平发展与和平建设。

"一带一路"战略既是我党对我国未来发展格局的全面运筹，更是对全球发展趋势的深刻洞察与前瞻性引领。"一带一路"战略将全面体现"和平崛起的中国"促进世界和平与发展的"天下情怀"：胸怀世界，融入现有体制；发展世界，完善现有机制；治理世界，创制新型体制；大同世界，构建崭新机制。

第一节　世界发展大趋势

中国作为一个崛起中的大国，无论从自身建设还是世界成长体系，都迫切需要推进以自身为中心展开的全球服务体系和新的贡献体系，开启助推世界格局良性变革新进程。"一带一路"是中国推动全球化进程步入新阶段的里程碑，是强化中国为全球服务的新起点。"一带一路"关注世界经济的发展与转型，关注全球治理机制的重塑和优质国际公共产品的提供，以及国家间开放、包容和多元化发展，全面增进全球一体化过程中的理性与公正，优化世界格局。

一、求和平、谋发展仍是时代最强音

当前，国际形势继续发生深刻复杂变化，世界多极化、经济全球化深入发

展，文化多样化、社会信息化持续推进，国际格局和国际秩序演变调整加速。

"和平+发展"的时代主题愈加凸显。 从世界经济和国际大势来说，求和平、谋发展作为时代发展的主题愈发凸显。随着经济全球化和区域经济一体化的深入发展，促合作、图共赢成为各国人民的普遍愿望。一方面，随着各国相互联系、相互依存的日益加深，各国正抓紧调整各自发展战略，推动变革创新、转变经济发展方式、调整经济结构、开拓新的发展空间，与此同时进一步加强国际合作；另一方面，世界经济在深度调整中曲折复苏，新一轮科技革命和产业变革蓄势待发，全球治理体系深刻变革，发展中国家群体力量持续增强。从全球行动上看，近两年来，全球以国际和平与发展为主题的行动日渐增多（见表9—1—1），促进着世界和平与发展进程。宏观来看，国际力量对比逐步趋向平衡，朝着有利于维护世界和平的方向发展；总体来看，尽管当下局部局势紧张冲突加剧，但国际形势总体稳定；长远来看，尽管眼下世界经济走势低迷、和平建设任务艰巨，但促进各国共同发展的有利条件愈发增多、和平建设力量愈加强大。

表9—1—1　世界和平与发展纪事

时　　间	具　体　事　件	主　　题
2014年9月24日	纪念孔子诞辰2565周年国际学术研讨会	继承和发扬，向上向善
2014年7月16日	中国和平发展基金会与美国美中公共关系协会共同举办的第三届"和平发展论坛"	全球变革中的国家治理模式探索与包容互鉴
2015年9月26日	联合国发展峰会	谋和平实现永续发展
2016年5月6日	中国与联合国签署设立中国—联合国和平与发展基金协议	发展与和平
2016年5月15日	中国民间成立的非政府组织中东和平发展基金会主办"中东和平论坛"	和平、发展
2016年5月18日	中国政府和联合国世界旅游组织共同主办首届"世界旅游发展大会"	旅游促进和平与发展
2016年5月23日	墨西哥劳动党召开"世界和平与发展研讨会"	世界和平与发展
2016年9月4—5日	全球G20首脑峰会（杭州）	构建创新、活力、联动、包容的世界经济
2017年1月17日	世界经济论坛（达沃斯）	共担时代责任、共促全球发展

"和平与发展"建设多边机制增多，大国责任空间扩大。国际社会以和平方式解决彼此争端的意识进一步强化，多形式、多层次、多渠道的安全对话机制大幅增加，国际社会互相了解与信任诉求高企，世界双边与多边及全球性和平与发展组织及机制建设大幅增加，在率先摆脱金融危机的亚太国家和地区表现更为明显。亚太多数国家和地区将振兴经济、加强对话与合作作为"时尚性"政策取向，坚持在主权平等和不干涉内政原则基础上发展国际关系。亚太呈现出经济发展活力强劲、安全问题增多与安全进程加快等特点，亚太的和平与发展促进着世界和平与发展进程。在全球和平与发展呼声高涨的大势下，世界大国在国际和平与发展机制及行动中的责任空间加大，尤其是最大发达国家的美国和最大发展中国家的中国责任在进一步加大。习近平总书记在联合国发展峰会上发表的题为《谋共同永续发展做合作共赢伙伴》重要讲话中指出，对各国人民而言，发展寄托着生存和希望，象征着尊严和权利。环顾世界，推动和平与发展两大时代主题，要面对重重挑战和道道难关，我们必须攥紧发展这把钥匙。唯有发展，才能保障人民的基本权利。唯有发展，才能满足人民对美好生活的热切向往。唯有坚持和平思维下的发展，才是消除冲突的根源。当前，世界经济复苏乏力，需要开辟新的增长空间和动力；全球经济治理处于从危机应对向长效治理机制转型的重要历史阶段；新型贸易保护主义抬头及气候变化、难民、恐怖主义等影响经济发展的全球性挑战突出，需要寻找应对之策。在此背景下，以"构建创新、活力、联动、包容的世界经济"为主题的 G20 峰会于 2016 年 9 月 4—5 日在中国杭州召开，峰会明确了走创新和改革之路，通过结构性改革提高世界经济中长期增长潜力，并制定了《二十国集团落实 2030 年可持续发展议程行动计划》等行动文件，以谋求共同发展，为世界经济增长传递信心。2017 年 1 月 17 日，中国国家主席习近平在瑞士达沃斯出席世界经济论坛 2017 年年会开幕式，并发表题为《共担时代责任　共促全球发展》的主旨演讲。习近平主席指出，全球化是一把"双刃剑"，要适应和引导好经济全球化，消解经济全球化的负面影响，让它更好惠及每个国家、每个民族。与此同时，应该坚持经济开放、全球治理体系改革，以及发展的公平、有效和协同性，共建人类命运共同体。2017 年 1 月 18 日，习近平主席在日内瓦发表题为《与世界同行，助人类共赢》的主题演讲，以"中国维护世界和平的决心不会改变""中国促进共同发展的决心不会改变""中国打造伙伴关系的决心不会改变""中国支持多边主义的决心不会改变"表明了中国构建"人类命运共同体"谋共赢发展的坚定态度。

"一带一路"是促和平、助发展的全球行动。综合国际国内情况，中国正在实施更加积极主动的开放战略，创建新的全球竞争优势，在更大范围、更宽领域、更深层次上提升经济开放水平，谋求世界和平，助推全球发展。但与此同时，产生动荡和冲突的基因远未铲除，霸权思想与强权主义等"沙文意识"仍在严重影响并威胁着步履蹒跚的世界发展与和平。"世界和平"这一古老的话题依然没有找到适应时代的解决方案，"世界发展"这一永远崭新而严峻的问题，需要人类社会共同面对、携手解决。"一子落而满盘活"，"一带"与"一路"交相辉映、相得益彰，在全球成长新格局中抓住区域合作发展的着力点和突破口，促进并优化着全球经济一体化，促进发展中国家和地区实现全球升级对接，推动被边缘化的国家和地区加速实现与全球经济的接轨，促进守成大国与新兴国家实现全球区域经济与世界经济一体化的协同发展，谋求国际社会的理性与公正、实现世界的和平与发展。

二、新兴经济体担当呼声高企

新兴经济体群体性崛起，成为世界经济的主力军。新兴经济体尤其是中国、印度、俄罗斯、巴西等新兴国家经济先后起飞，推动国际力量格局演进，加速多极化发展进程。后金融危机时期，新兴经济体发展前景依然被看好，亚洲经济依然鹤立鸡群，国际影响力持续上升。当今世界，以中国为代表的新兴国家经济体积极融入现有国际体系和国际框架，着力通过创新性参与和创造性工作为既有国际合作框架筑堤垒坝，目前来看"新兴国家经济体"不论是在国际组织中的话语权，还是维护国际多边自由贸易体制、促进国际货币金融体系改革中的作用都在逐步提高。

在全球范围内求和平、谋发展，都离不开国际组织的参与和协调。目前全世界既有国际组织多达 68000 个（见表 9—1—2），其中包括人们耳熟能详的世界贸易组织（WTO）、世界银行、国际货币基金组织（IMF）等。随着国际格局的进一步变化，全球性和地区性国际组织还将进一步发展，其作用也将发生进一步的变化。

表 9—1—2 世界和地区主要国际组织

地区	国际组织名称（主要）
全球性	联合国组织及专门机构；国际复兴开发银行；国际红十字会；国际标准化组织；各国议会联盟；国际刑警组织；国际民主选举基金会；国际水道测量组织；世界粮食理事会；国际麻醉品管制署；裁军谈判会议；国际铁路联盟
欧洲	欧盟；欧洲议会；欧洲自由贸易协会；欧洲太空总署；欧洲专利组织
亚洲	亚洲合作对话；东南亚国协；南亚地区合作协会；波斯湾合作理事会；阿拉伯国家联盟；东亚峰会；国际专业管理亚太年会

（续表）

地区	国际组织名称（主要）
欧亚	独立国家国协；上海合作组织；欧亚经济共同体；中亚合作组织；古阿姆五国集团；黑海经济合作组织
非洲	非洲联盟；协约理事会；西非国家经济共同体；南部非洲发展组织；政府间发展管理局；阿拉伯马格里布联盟
西半球	美洲国家组织；南美洲国家联盟；南方共同市场；安第斯国家共同体；加勒比国家联盟；东加勒比国家组织；中美洲议会；里约集团；北美自由贸易协定；北大西洋公约组织；拉丁美洲和加勒比经济委员会；拉丁美洲经济体系
大西洋	北大西洋公约组织；欧洲安全合作会议
太平洋	亚洲太平洋经济合作会议；太平洋岛屿论坛；太平洋共同体
印度洋	环印度洋地区合作联盟
北冰洋	北极理事会
其他主要国际组织	经济合作与发展组织；石油输出国组织；英联邦；法语国家组织；葡语系国家共同体；拉丁语联盟；阿拉伯国家联盟；不结盟运动；伊比利亚—美洲合作组织；伊斯兰会议组织；国际联谊城市；加勒比国家联盟；八国集团首脑会议；国际金融组织；国际清算银行；国际货币基金；世界银行

　　随着新兴经济体的崛起和世界格局的重塑，各类国际组织纷纷登场，存在感要求愈发强烈，这对既有国际组织改革施加了压力。面对世界形势的发展新趋势，当前国际机制在权力体系和话语权分配等方面需要进一步完善和改进，国际权利和国际义务也需要进一步对等与匹配。完善当前的国际机制，使之更好地发挥作用，已经成为促进当前国际公平发展的紧迫议题。以 WTO 为例，西雅图部长会议的失败、坎昆部长会议的无果而终，预示着 WTO 体制及规则都已面临重大危机，"多哈回合"持续 10 余年，至今仍举步维艰，在应对当前严重的贸易保护主义方面，WTO 难有建树。其实，不少全球性组织及地区性国际组织都需要加速变革进程，以适应国际发展新态势。

　　发挥现有体制作用，构建新地位，创设新功能。在现有国际框架下创新工作已渐成为新兴国家行为主体发挥国际作用、提升国际影响力、创新发挥新功能的主要路径。2015 年 11 月，IMF 执董会决定将人民币纳入特别提款权（SDR）货币篮子，权重为 10.92%，美元、欧元、日元和英镑的权重分别下调为 41.73%、30.93%、8.33% 和 8.09%。至此，SDR 货币篮子相应扩大至美元、欧元、人民币、日元、英镑 5 种货币。总的来看，人民币的加入有助于增强 SDR 的代表性和吸引力，完善现行国际货币体系，对中国和世界是双赢的结果。"一带一路"战略是中国以世界各国共同发展为路径构筑世界长久和平的诚挚倡议，充分利用"一带一路"战略实施的历史机遇，提升相关机构的职能和效用，助推国际机构转型发展和国际新体系完善建设，契合世界发展新趋势、符合最大多数国家的发展利益。

三、亚太成为全球政治经济发展大热点地区

近 20 年来，亚洲地区现代化发展进程加快，经济迅速崛起。研究显示，现今亚洲经济占全球经济比例约达 50%，在未来五年贡献全球的经济成长大有超过 2/3 之势。显然，亚洲地区已成为世界经济的"新引擎"。新世纪以来，美国相对衰落"难以一手遮天"、日本"普通国家"化、中国快速崛起、俄罗斯复兴加快，再加上后"经济危机"的催化，诸多要素叠加，亚太战略格局进入深度调整期，成为国际战略竞争的主战场。

世界主体力量全球经济战略、安全战略、军事战略迅速向亚太倾斜。美国奥巴马政府在经济上主推"跨太平洋伙伴关系协定"（TPP），试图排除中国的参与，实现夺回亚太经济主导权和制约中国快速崛起的"再平衡"战略，从而强化亚太区域乃至世界经济对美国市场而不是中国市场的依赖。TPP 一旦形成，会在一定程度上削弱东盟在东亚合作中的领导地位。对此，东盟于 2013 年启动了"区域全面经济伙伴关系"（RCEP）谈判，与 TPP 形成竞争之势。中国则展开了中韩、中日韩自贸区谈判，积极与新加坡、澳大利亚等国家签订自贸协定。2015 年 6 月中朝自贸协定签署，这是迄今为止中国签署的国别贸易最大、涉及领域最多的自贸协定。与此同时，各国都热望搭乘亚太经济快车，利用亚太资金和市场提振本国经济。与之相适应，主要国家纷纷将安全战略聚焦亚太，积极推进政治和军事战略。

大国在亚太的地缘政治博弈加剧。在各国军事部署东进的同时，大国地缘政治博弈和安全困境也不断加剧。目前来看有"两明一暗"，三组形势最为严峻。"两明"：中美安全困境、中日安全困境；"一暗"：尚处于潜伏状态但暗流汹涌的美日安全困境。中美之间战略互信缺失严重；中日历史遗留因素不时发酵以及日本对中国经济发展的"扭曲"警惕，使得中日间安全困境趋升；日本试图获得"自由身"所主导的一系列自主战略同美国强加控制的矛盾也在日渐演化为新的安全困境。期间，时不时地制造地区热点通常是大国博弈的体现。"无事找事"，美国在日本、菲律宾、越南等国与中国之间制造紧张和危机，导致东海和南海危机升温；"借事造势"，借南海局势动荡，加强与菲律宾、越南、澳大利亚、印度尼西亚等国的双边战略协调，推动美日韩、美日澳和美日

印三边战略对话机制巩固地缘布局；"借势谋局"，美国还积极利用钓鱼岛争端和朝核问题实现其长期主导亚太地区的目的。2016 年以来，美国借朝鲜五次核试和韩国急需安全对应之机，最终说服韩国同意共同布署"萨德"。"萨德"问题成为中韩之间当前最大的安全关切问题，中韩自贸协定的推进受到极大阻碍。

中国周边复杂情势大有升级之势。中国周边情势随着"中国崛起"逆向而动却愈见复杂，究其原因，恰是守成大国及其战略利益同盟国家的冷战思维作祟在中国周边的持续发酵。中国政府一再强调，"一带一路"建设不替代既有地区秩序，但作为守成大国之首的美国认为，"一带一路"建设这一开放型、包容性战略对其"亚太再平衡"战略影响重大、对冲严重，从而引发了激烈对抗。"南海乱局负效应强大"。在南海问题上，某些国家和中国龃龉不断，这恰恰是"乐见其乱"的美国及"野心勃勃的小跟班"日本及其盟友借机打压中国、遏制中国、讹诈中国的极好借口，进而图谋削弱中国、搞垮中国的"导火索"。为此，美国计划向东南亚盟友赞助 2.59 亿美元的"南海周边海域安全费"；美国"铁定"承诺：长期捍卫盟友菲律宾的安全；南海问题的非直接当事人日本也煽风点火，图谋打开日本对菲军事援助，助推争端升级。除此之外，中国四周的领土与领海安全局势也存在着"爆炸点增多""燃爆点趋低"之势，严重影响中国的周边稳定。

密切合作与激烈博弈并行。当下，国际合作依然是国际关系的主旋律，国际战略竞争同国际合作并行不悖，存在冲突甚至严重冲突的国家和地区也在谋求国际多边合作、推动全球治理在国际政治外交事务中发挥愈发重要的作用，全球形成了密切合作与激烈博弈并存的发展趋势。面对日趋激烈的大国博弈和严峻的周边安全形势，"一带一路"深化建设强化了我国同各国的深化合作、强化博弈的正能量，进一步提高了我国在全球合作和地区合作中的话语权，促进了我国国际地位的提升。

中国需要大智慧，美国需要大局观。中美问题历来具有超越双边范畴的丰富战略意涵，一直是世界关注和影响国际局势的重点。中美携手合作将惠及两国，造福世界；反之，中美摩擦交恶将伤及双方，影响全球。"我们不寻求在亚太一家独大，不谋求势力范围，不搞军事结盟，也无意把任何国家排挤出这一地区，而是致力于同各国团结合作，走出一条共建、共享、共赢、共护的亚太安全新路。"中国领导人和外长一再重申的这些原则也是"一带一路"建设的核心原则。中美围绕"一带一路"的战略冲突将成为中国最难以应对而又必须应对的问题。"一带一路"作为一种世界潮流，没有冷战思维的市场。"一带一路"，如果界定为战略层面的考量，战术层面则存在着多种多样的灵活表现空间。美国需要世界发展的大局观，中国需要与美国在多层次的双边关系中智慧协调，缓冲"一带一路"的战略压力，增加战术层面的灵活性。

四、中国开放发展升级，世界经济攀升迟缓

开放使中国走上发展之路，发展使中国选择开放之路，开放的中国推动世界发展，发展的中国选择愈加坚定的开放之路。习近平总书记指出："中国开放的大门不会关上，芝麻开门，这门已经开了你就关不上了，经济全球化和区域经济一体化乃大势所趋，中国顺应了这样一个时代潮流，坚定不移对外开放为中国经济发展提供了重要的推动力。"在 2017 年瑞士达沃斯世界经济论坛开幕式上，习近平主席强调："要敢于到世界市场的汪洋大海中去游泳"，"开着门，世界能够进入中国，中国也才能走向世界"。面对经济徘徊不振、政治动荡多发的世界，中国现在不是要不要开放的问题，而是在更高水平、更全面地实施对外开放，从而加速助推世界发展。

世界经济爬升迟缓，全球增长动力转换。 世界经济进入 21 世纪以来持续攀升，在开局几年曾达到年增 5.4% 的高位，但随着金融危机爆发世界经济出现负增长（GDP，-1.5%），至今仍在吃力爬升，仍在中低增长区间徘徊，发展前景仍难乐观。近年来，世界主要经济体发展表现不尽一致，但总体仍处低增长区间，美国、欧元区及日本增长乏力，下行压力持续增大；全球工业生产仍然低迷、世界贸易进一步放缓、全球消费者物价指数涨幅回落、大宗商品价格大幅下跌，都显示着全球原有增长动力不足，世界新型增长动力转换有待进一步形成。其一，动力区域由传统的欧美向新型经济体聚集的亚太地区转换。其二，动力团队由传统的七国集团首脑会议向 20 国集团转换，由发达经济体向新兴经济体转换。其三，动力方式由一味追高的虚拟经济和泡沫金融向实体经济与新经济加速融合转换。其四，动能发展传统经济向新技术驱动转换。其五，意识动力传统的强权被动合作向包容发展合作转换，公平合作也正在成长为一种包容增长力。其六，协作动力由过去的"小团伙"向"大多边合作"转换，"一带一路"等新国际合作彰显发展增量和新力量作用。

发达经济体崛升乏力对全球影响趋弱，新兴经济体增长回落趋稳对国际影响力空间加大。 随着全球经济的持续恶化，发达国际经济体对于世界的贡献逐渐式微，正在失去掌握世界经济发言权的"气场"，逐步失去对全球霸权式号令的地位和势能。同时，发达国家经济体之间的博弈也在进一步加剧：欧洲经济增长和通货膨胀梦想成分增加，量化宽松项目的结束和可以预期的加息似乎

使美国的复苏走势趋向稳定，日美经济贸易摩擦也由单一冲突走向"全面战争"。2016 年 5 月 21 日的 G7 会议对东道主日本"不当的经济政策"发出一致警告。G7 国家还一致反对"引发全球经济震动"的英国脱离欧盟事件。发达国家经济体内部发展分化明显，致使其发展合力进一步弱化、全球影响进一步趋弱。金融危机以来，在整个欧美国家负增长的情况下，新兴经济体国家保持了稳健的增长，大大减轻了全世界的风险灾难。近年来，全球经济重心向新兴经济体转移态势明显。全球经济资源也将更多地流向新兴经济体，全球消费力量也由欧美等少数几个发达经济体向新兴经济体转移。随着新兴国家群体性崛起，新兴经济体国际话语权将不断提高，在世界的地位和作用也将更加凸显。

中国开放发展持续走强，加快推动国际社会"正和博弈"机制建设，深化和平发展进程。"一带一路"战略的提出是中国作为负责任发展中大国的具体体现。"一带一路"体现了中国以与时俱进的发展理念，融合当今世界的发展潮流，以更加开放的理念强化发展，推动世界放弃"零和博弈"，加快"正和博弈"机制建设，推动国际经济秩序向平等公正、合作共赢的方向发展。"一带一路"建设将使中国为世界贡献更多，最为直接也最为明显的是将中国从最大的"世界工厂"转变为新的最大的"世界市场"。预计未来五年，中国将进口超过 10 万亿美元的商品，对外投资规模将超过 5000 亿美元……同时中国供给侧改革带来的转型发展、城乡一体化带来的庞大市场、服务业升级带来的庞大的消费、新技术带来的广阔创新合作空间，都将为世界各国提供实实在在的发展机会和"看得见摸得着"的实惠。国际社会普遍认为，"中国的崛起就是全球经济复苏的希望和世界人民的福音"。当下，全球经济治理面对新的异动，发达经济体紧锣密鼓构建更加符合"自家利益"的国际规则体系，中国等新兴市场经济体和第三世界国家面临进一步被"排挤"和"遏制"的挑战。最明显的例子就是作为世界最大常规国际贸易组织 WTO 被"边缘化"。

国际"规则之争"，日渐加剧并超越全球"市场之争"。中国日渐强大，世界经济低谷徘徊，各国在"市场之争"的基础上加大了"规则之争"。随着世界经济一体化的加快，"规则之争"在所难免，问题的关键是有的国家为了保住自己"规则之争"中的绝对地位，不惜动用武力，尤为明显的是南海博弈。2016 年 10 月 18—21 日，菲律宾总统杜特尔特访华，南海争端出现新转机。

显然，"规则之争"是综合国力和大智慧之争，对整个国际经济走势影响重大。为此，中国要继续强化做好世界经济增长重要贡献者、领跑者的地位和角色，加大国际正影响，争取世界人民的更多支持；同时，做好全球经济治理的积极参与者，为全球治理奉献智慧；还要做好国际公平经济秩序的建设者，加速国际经济秩序的良好发展。"一带一路"深化建设有助于国际社会创建以区域贸易规则为基础的新一代国际贸易规则建设，推动国际社会从自由贸易向规则贸易转化。中国将推动国际社会更加公平的协商机制、公道的发展机制以及公正的成果分享机制建设，推动国际社会将维护公平正义放在全球经济治理重要而突出的位置。

第二节　世界经济转型发展

当前世界政治经济处于大幅盘整期、处于积极转型谋求新增长的过渡期，无论是守成国家，还是新兴经济体国家的发展增长都出现持续震荡，世界整体处于新发展新时代的前夜。全球经济在经历了金融危机导致的"大衰退"后，正步入一个"震荡发展"时代，几乎各国都面临着不能令人乐观的新问题，欧美的许多"自视甚高"的发展主张遭遇着一系列信任危机。世界迫切需要转型发展，国际社会迫切需要创新合作模式和更加广泛的区域合作。以中国为代表的新兴经济体国家愈发成为世界转型发展的重要动力，世界愈发需要守成大国尊重世界潮流、尊重新兴国家的国际影响，国际社会愈发需要完善构建更加公允的规则主导权，从而促进世界经济的良好转型与成功发展。

今天，中国政府提出"一带一路"倡议，推动沿线国家和地区以及世界各国深化实施开放、包容、均衡、普惠的发展模式，将对世界经济转型发展发挥重大作用。

一、新兴经济体与发展中国家合作

"一带一路"有助于加强新兴经济体和发展中国家合作，加快经济转型，弱化经济分化，加速世界经济复苏进程。

"一带一路"为新兴经济体和广大发展中国家提供广泛的合作与动能。"一带一路"沿线大多是新兴经济体和发展中国家，各国正谋求通过经济结构调整实现转型，互利合作的前景十分广阔。但是，各国面临经济分化、增长动能缺失的压力，显然既需要有核心国家的引领，也需要有新的动力驱动。中国作为负责任大国，经济增速由高速转向稳健的中高速增长，尽管面临着较大国内经济压力、面对发挥作用的帕累托定律，中国主动抓住世界分化之势，积极深化改革创新，主动担负责任。中国站在惠及世界的角度，从全球视野出发、从世界广大发展中国家需要出发，结合发展中国家实际，积极推动"一带一路"共建，提供资金和技术，加大基础设施投资力度，为新兴经济体和世界经济创造新动力。

　　世界经济发展态势分化明显，各国经济发展差距趋增。作为世界第一大经济体及最大发达国家的美国、作为第二大经济体及最大发展中国家的中国对世界、对各国经济的影响作用明显。美、中巨大的经济体量与相较其他国家而言尚好的增速表现，显示着"火车头"与"车厢"之差距有愈发明显的加大趋势，显然世界发展需要变"少数轮子"驱动为"众多轮子驱动"并增加"多轮"的动能和有效协调。在当今世界政治经济格局中，美国作为独大的"一极"，对世界发展态势有着十分重要的影响。相比较中国推动"大家一起致富"的"一带一路"建设而言，美国作为当下发达经济体中经济复苏有一定成绩的国家，却一味关注"自身"利益、不顾及世界各国发展启动加息周期吸引资本回流，制定排他政策推动再工业化吸引产业回流，置国际自由化贸易规则于不顾极力推动"小圈子利益"（TPP/TIPP），多方推动出口倍增，强化"吸附"效能，"倒虹吸"效应加剧，美国经济复苏对世界经济的积极拉动效应愈发微弱；发达国家与新兴经济体之间分化加快。从增速上看，发达国家仍远不及新兴市场和发展中国家。但新兴市场和发展中国家分化也趋于严重，大国仅余中、印保持中高速增长。2015 年以来，新兴市场和发展中国家经济增速分化比发达国家更为明显。从区域看，亚洲新兴市场达 6.6%，独联体为 -2.6%。新兴大国中，中、印表现较好，2015 年增速分别达 6.8% 和 7.5%；巴西经济增速由 2013 年的 2.7% 急降至 2015 年的 -1.0%；南非因大宗商品价格下滑导致经济走低，非洲第一大经济体地位已被尼日利亚取而代之；随着卢布快速贬值、美欧对俄罗斯制裁，俄罗斯金融和实体经济所受影响日显，2015 年经济增速为 -3.7%。但国际社会较发达经济体而言普遍看好新兴经济体和发展中国家，新兴经济体经济结构的调整、外汇储备的增加、金融体制的改善、抵御风险能力的增强以及强大的内需都为新兴经济体发展提供了良好的成长空间。

　　新兴市场遭池鱼之殃风险加剧，经济危机再度酝酿，需要各国强化合作共同应对。2014 年以来，在美元不断升值的背景下，新兴市场股市出现大幅跌宕。历史上，美联储货币政策急速收缩、美元持续升值总是带来以新兴市场、金融市场动荡为特征的金融和债务危机（如拉美债务危机和亚洲金融危机）。目前，这一态势再露端倪、趋势走强。近年来，新兴市场和发展中国家经济增速普遍放缓，既使金融市场脆弱性加强，也使金融动荡引发社会不稳的风险加大。尽管多数新兴市场和发展中国家经历过多次危机，对防范游资泛滥及其抽逃有过经验的总结，但总体而言，新兴市场国家存在金融自由化过度、资本项目下跨境资本管理漏洞偏多等弊端，一旦美国加息、美元持续升值击溃某一国家，则殃及与之关联密切国家，放大并助推危机在新兴市场和发展中国家传导、蔓延、发酵的风险。由于美欧"小算盘"常打、对"新兴经济体"制裁轮番升级、资源能源价格下跌，使新兴市场和发展中国家的经济状况遭受新一轮"风霜"，经济风险与社会动荡齐现。世界经济的分化态势需要引起国际社会的足够重视，发达经济体和新兴经济体携手，积极推动新兴市场国家经济发展，建设公平发展新机制，完善国际合作新机制，防止世界经济分化加剧，加快世界经济转型发展。

二、自由贸易体系和开放型世界经济

当下世界经济分化发展尤为明显，主要表现为以"守成大国"为代表的"损公肥私"与以中国为代表的新兴经济体的"共富共赢"。以西方为代表的"自由贸易体系"国家从维护自身利益出发，推动带有排他性和歧视性的"跨太平洋伙伴关系协议"（TPP）和"跨大西洋贸易与投资伙伴协议"（TTIP），牺牲国际社会利益，一心为"自家"。尽管美国新当选的总统特朗普要退出TPP、TIPP，但其明显的贸易保护主义倾向，加速更具"私心"的规则进一步生成；以中国为代表的国家，致力于推动"共商共享"的国际合作之路，积极推动"一带一路"建设，维护开放型世界经济的全面发展。"一带一路"建设将有助于维护全球自由贸易体系和开放型世界经济，促进经济要素有序自由流动、资源高效配置和市场深度融合。

美国引领"超自由贸易体系"——跨越两洋经济合作夹带"私货"。TPP、TTIP施行所谓"宽领域、高标准"除经济元素以外的综合性自由贸易协定，号称"21世纪的贸易协定"，由于其整体性、多层次发展的自由贸易新模式和"0关税"而备受瞩目。该进程启动以来，由于需要较大规模国家实现集体行动，加之各方关切差异巨大，合作协定的达成有相当大难度。美、日两个主要成员之间谈判更为艰难，双方仍在农业税等问题上存在较大分歧。TTIP谈判中也有不少问题（如检疫检验等行政管理措施），尽管美国与欧盟层面的问题可以解决，但欧盟各成员国的意愿如若不能满足，协议的落实将会遇到"硬麻烦"。理论上讲，美国推动的"两洋合作"，任何域内国家都可以加入，目的是推动贸易自由化，繁荣世界经济。但其首先"排挤"的是域内大国中国，原因也很简单，害怕中国的进一步发展；其次"排挤"的是世界最大的贸易组织"WTO"，原因也很简单，是害怕世界上一大批发展中国家运用世贸组织平台发展起来，跟中国一条心了。可见美国在推动"超自由贸易体系"时"私心太重"、夹带了太多"私货"。显然，任何国际组织，如果将中国这样巨大的经济体量和转型发展后巨大的成长空间排除在外，将世界上极其广大的世贸组织成员和发展中国家排除在外都是不可能有成长性的，也是不会有生命力的。

中国推动"一带一路"开放型经济合作方兴未艾。当前，世界经济走势失衡。有些国家将其原因归咎于经济全球化，甚至逆经济全球化而动，出台极端保护主义措施抬高门槛、设置篱笆，致使世界经济发展道路更加泥泞。"一枝独秀不是春，百花齐放春满园"。经济全球化是一种人类发展的大趋势，优化全球资源配置、优化国际分工，实现经济发展诸要素的自由流动，才能实现全球的共同成长。"一个强劲增长的世界经济来源于各国共同增长。各国要树立命运共同体意识，真正认清'一荣俱荣、一损俱损'的连带效应，在竞争中合作，在合作中共赢。"进入新世纪以来，亚太区域经贸合作热络，开放型经济建设加快，新兴市场和发展中国家作用愈发重要，"区域全面经济伙伴关系（RCEP）"进展迅速，在国际区域开放型建设及贸易投资服务和机制等升级合作方面取得一系列成果。随着"一带一路"建设的加快，中国全方位对外开放迈出了更加坚实的步伐。截至2016年，我国已签署并实施14个自贸协定，正在推进八个自贸区谈判，正在研究建立的自贸区五个，涉及22个国家和地区，自贸伙伴遍及亚洲、拉美、大洋洲、欧洲等地区，覆盖世界各地。在"一带一路"大的战略布局下，"十三五"期间自由贸易区建设进程将大大加快。目前，"一带一路"全面铺开，"亚太自贸区（FTAAP）"可行性研究已经启动，这将进一步促进中国与相关国家和地区的国际合作，进一步降低区域内经济交往的"交易成本"，助益区内经济融合，加速开放型经济发展。

三、新兴国家成为世界转型发展的生力军

新兴经济体在结束高速增长之后，"一带一路"建设为沿线国家注入资本和技术，促进新兴国家经济转型，遏制新兴经济体经济颓势，拓展新的发展空间，激活新的消费市场，完善新的国际合作机制，为世界转型发展提供主要动力。

经济多极化成为新兴国家发展的强大动力。进入新世纪以来，世界发展已逐步进入政治多元化、动力多样化、经济多极化格局，为新兴国家发展提供着更多的发展机会，成为新兴国家发展的强大动力。以备受瞩目的新兴经济体E11为例，2015年中国、印度等新兴11国联合形成的"E11"经济体增长远快于"G7"发达经济体，尽管"E11"的发展也受到一些趋势性因素的影响，但总体经济基本面保持稳中趋升，促进着亚太和全球经济回升，同时为新兴国家经济体提供着发展新动力。当下，美日欧忙于自身挣脱发展泥潭，而整个新兴

经济体国家有看好之势。亚太经济略降趋稳看升、俄罗斯多方求解发展滞涨与欧美制裁的掣肘、拉美经济在低位回升、西亚非洲经济总体趋好。非洲、中东、东亚、拉美国家国内资本市场快速发展，减少对外资依赖，加强能源保护和利用意识，实现了经济腾飞。总体看，全球新兴经济体行进在中速增长通道，为世界经济的"止跌"提供着动力、为全球经济摆脱"雾霾"吹送着"清风"。经济多极化推动着广大发展中国家强化外向型经济发展，实现贸易结构多元化，同时为广大发展中国家创造着新的产业合作空间，产生着新的经济增长驱动。在新的时代背景下，不断崛起的新兴国家，拥有多种共同的利益诉求和发展潜能、拥有庞大的市场空间和发展弹性，对发达国家经济体有着巨大的"魅力"。世界多极化建设是一个由量变到质变的渐进过程，"一带一路"建设，将为新兴国家强化发展动力提供有效的契机，助推沿线国家和地区及世界人民多极世界的构建。

国际民主意识普遍觉醒、国际社会对新兴国家增长需求持续攀升都将成为世界发展的新兴动力。随着经济全球化、区域集团化发展，世界经济合作出现新特点：各国间经济互动频率提高、步伐加大，并呈现面积趋宽、层次加深的取向，多极化、多层位的互联互通加速着世界的"多元化""多靶向"发展，这种发展趋向实质上是全球民主意识普遍觉醒的一种表现，更是世界发展成长的新兴动力。世界国际关系也在出现新走向："由武打向文攻"转换，单体国家和地区的武装冲突向外交博弈、经济较量甚至文化与思想较量转换；"单兵较量向团队较量"转换，单体的国家和地区向区域经济集团、金融经济集团之间的较量；"由紧密型向小紧密、大松散型"转换，单一的排他性的"哥儿俩好"向可以小紧密但更有大平台的广泛松散型合作转换；"双边向多边、多多边转换""大面积的武装冲突向大面积的经济制衡转换""大体量战争向焦点地区武装冲突或团伙式恐怖袭击转换"等国际社会崭新的发展走势。总体和平的国际发展环境、国际民主意识的普遍觉醒以及广泛的区域经济合作推进，在推动国家间强强联合、经济互补模式形成的同时，打破"守成国家"在国际科技、能源等行业的不公垄断，从而得以实现国际社会资源在国内外市场上平等公允的优化配置，实现国家间优质产业转型及其低成本传导和发展。此外，主要发达经济体复苏进程分化明显。而新兴经济体特别是中国政府依靠自身力量推进改革，使得"民权""民生""社会公正""包容性发展"等理念获得广泛实施。新兴经济体之间和发展中国家相互投资快速增长，新兴国家联合承担起国际经济增长的引擎角色，不断拓宽着国际经济增长的需求空间，带动世界经济增长动能趋强。

美国愈发凸显的进攻性政策和愈发自私的贸易保护政策成为发展中国家转型发展的动力。包括经济制裁在内的进攻性政策实施者往往是大国或大国集团。无论是冷战期间还是冷战结束后，美国均是经济制裁的主要发起国。冷战后，美国参与的国际经济制裁占全球经济制裁总数的比例超过65%。对地缘政治影响深远的是美国对俄罗斯的经济制裁。随着2014年克里米亚脱乌入俄，美欧日等经济体对俄罗斯实施了五轮经济制裁。西方经济制裁对俄罗斯经济造成一系列负面影响。2014年、2015年俄罗斯GDP几乎不足美国加州的一半，与中国广东省持平，增长率持续走低。显然，俄罗斯经济遭到重创，但给整个国家上了一堂凝聚爱国主义的免费课。显然，制裁的后果，常常自食苦果，"搬起石头砸自己的脚"，就像美国制裁了古巴50年，结果美国总统自制裁一开始就"走私"被制裁的"古巴雪茄"。2016年春季不得不放下身段访问哈瓦那的美国总统奥巴马说了一句大实话：古巴不必害怕来自美国的威胁。这句话整个世界都已听到，其实世界人民早已用行动回应着"制裁""强权"，书写着世界的新进程。此间，世界增加了一道新风景：美国的强权意识和进攻性政策越来越成为发展中国家转型发展的强大动力。

四、全球转型规则主导权竞争加剧

自20世纪下半叶世界政治格局发生着急剧变化，世界经济在震荡中不断发展，世界发展的动力结构也在急速调整，世界成长形式出现着不同的形态，加速世界和平进程的呼声不断高涨，全球摆脱发展困境、强化转型发展的意识及行动强劲，世界发展中国家和发达国家，对一系列新规则主导权问题上的竞争持续加剧。

守成国家，尤其是守成大国对国际规则常常是"双重标准"。加强国际经济合作需要建立一套涉及国际贸易、国际投资等新规则，面对世界的新变化，尤其是面对新兴经济体的崛起，美国等"守成大国"凭借自身在知识和服务领域的绝对优势、国际规则制定主导权的优势惯性，强横建立一套"既能使自己沾光又让他人遭殃"、本国占尽优势且能抑制新兴经济体发展的新规则。就这样，以美国为首的"守成大国"，一系列"双重标准"横空出世：加入国际组织双重标准。中国加入"世界贸易组织"的条件，远高于印度和日本，美国一再抬高价码，故意设置障碍。而"TPP""TIPP"就更为明显，几乎全世界谁都行，而唯独中国不行；市场开放双重标准。对等开放市场是国际合作和世界新一轮发展的首要条件，受"守成大国"胁迫，发展中国家向"守成国家"开放了市场，而新兴国家却没有获得相应、对等的"守成国家"的市场开放。发达国家要求新兴国家开放市场、特别要求开放发达国家占优势产业的市场，对发达国家不占优势的产业却进行贸易保护，对新兴国家占优势的产业加以种种限制，想方设法"挖沟筑墙"阻击进入；汇率政策双重标准。面对日本政府动用巨资干预市场，美国财长说，"日本处境艰难，我们不会批评他们"。还是这位财长，却对中国的汇率政策横加指责一再呼吁中国做出调整。其实，这种"双重标准"几乎无所不在，美国针对自身知识产权优势，极力推动制定期限长、范围广的知识产权保护规则；针对自身服务优势，加速制定严格的准入、监管标准；针对新兴经济体优势产能、优势成本、优势服务随意采用"惩罚措施"，以达到"抑制别人弘扬自己"之目的，典型案例，莫过时不时地以非"市场国家"进行所谓的"反倾销"（见图9—2—1）。

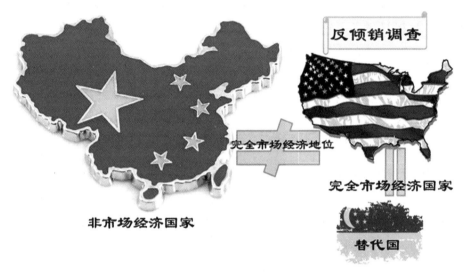

图9—2—1　非市场经济地位与反倾销

"守成大国"推动"双重标准"几乎成为国际"新常态"。此刻，"一带一路"建设，却以"大开放"的胸怀，欢迎所有国家和地区。"一条直线画到底"，以统一的标准对所有参与的国家和地区。以自愿、互利原则，推进沿线国家和地区的经贸合作和规则建设；加速区域经济新合作、完善国际贸易新秩序，带动区域经济一体化进程，将发展成果惠及世界发展。

"守成大国"对新兴国家冉冉崛起的国际影响置若罔闻，是规则主导权竞争加剧的主因。2001年新兴经济体和发展中国家对世界经济增长的拉动作用超过了发达经济体，这种状态保持着延续和升级之势。2008年世界金融危机，新兴经济体和发展中国家对全球经济增长的贡献达到新高，当年拉动世界经济增长提升了1.5个百分点，与此同时发达经济体则下滑了1.8个百分点，两者相差 3.3 个百分点，刷新着世界纪录，之后这一差距一直保持在 2 个百分点左右浮动。新兴经济体和发展中国家已成为全球经济增长的主要拉动力量。当今世界正在发生着一系列深刻的变化，习惯了"天马行空"、享受着"既得利益"的"守成国家"颇不甘现状，更不甘世界公平发展的趋势，对新兴国家的国际影响置若罔闻、对新兴国家为世界提供的重要贡献熟视无睹，对新兴国家越发强劲的发展动力视而不见，对新兴国家参与制定国际规则的话语权诉求更是"充耳不闻"。美国等"守成大国"在这个问题上更多地表现出"跋扈"与"任性"，试图牢牢控制规则主导权，极尽能事维护其世界霸权及其既得利益。如果"守成大国"一直带着"昨天的思想"来面对"今天的世界"所产生的矛盾和冲突，一直用"昨天的感觉"来制定"明天的世界"规则主导权，那么，世界竞争的加剧也将成为必然。

让现代文明照耀世界，摒弃冷战思维，公平国际规则，是加速世界转型发展的关键。现代文明是人类世界科学改造自然和自觉反省自身的综合。在现代文明建设进程中、在现代文明的大旗下上演过纳粹大屠杀、南京大屠杀、南联盟大轰炸等触目惊心的野蛮行径。"庆父不死，鲁难未已"，可见在现代文明建设中整个世界需要摒弃背道而驰的残忍以及现代版的愚昧——潜藏在背后的极度扩张和冷战思维，才能构建起与现代文明相适应的公平的国际规则和社会新秩序。当今世界现行规则的最大受益者、最大的"守成大国"美国，持续操纵国际组织，长期自设标准制度，既是运动员又是裁判员，判罚肆意，垄断技术及管制技术出口，主导和控制全球经济运行的招数无所不用其极。以美国为代表的西方国家对逐步走强的新兴经济体国家的崛起予以围堵，武断斥责中国推动"一带一路"新平台推升世界各国贸易福利的事实，对中国通过推动"一带一路"建设实现全球共同富裕的事实于不顾。说明美国对保住自己霸权地位充满了过度的渴望，美国对世界各种新兴力量的发展动能只要妨碍其"老大"地位的一概予以封杀，对世界人民实现美好理想的基本权利"压根儿"不可分享。为此，美国不惜恐吓、挥舞大棒高调出场，2016 年 5 月 27 日，美国防部长指责中国违反国际准则，并直白地说，"亚太再平衡战略要持续进行，美国把最先进的力量投入亚太地区""我们正把 F-35 隐形战斗机、P-8 侦察机以及我们最先进的水面舰艇，包括我们拥有最尖端科技的新型驱逐舰，全部派往太平洋"。众所周知，美国为了不受国际公约约束、保持"行动自由"、方便凌驾于国际准则之上干涉别国内政，公然拒绝加入早于 1982 年 12 月 10 日诞生、1994 年生效的《联合国海洋法公约》。就是这个连海洋法公约都拒绝加入的域外国家，却频繁地开着航母和飞机，开着"军舰"跑到域内国家门口指责一个

海洋法公约国家 "违反国际准则"（见图9—2—2），让世人贻笑大方。

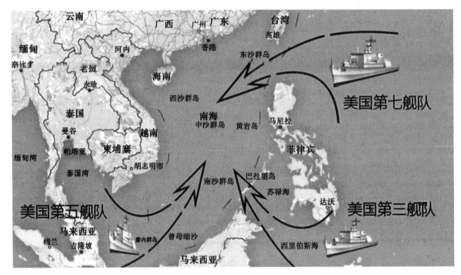

图9—2—2 "你的海，我的自由"

显然，这样赤裸裸地违背现代文明的行为一定会使世界的和平与发展受到重创。显然，整个世界消除冷战思维的土壤是一道共同课题，也是基本课题。同时，中国等新兴国家需要继续顺应经济全球化、政治多极化的世界发展态势，加强同以美国为首的 "守成国家" 的沟通，增加更多互信，寻找更多共同利益，强化 "一带一路" 战略，推动更加公平的规则制定主导权，营建互利共赢的国际经济新格局。

第三节　共塑全球治理机制，提供优质国际公共品

面对复苏乏力的全球经济形势、纷繁复杂的国际和地区局势，坚持并弘扬 "和平合作、开放包容、互学互鉴、互利共赢" 等 "丝绸之路" 精神，应成为整个国际社会至关重要的共识。此刻，"一带一路" 建设的提出与深化，秉承着当今世界和平与发展、合作与共赢的时代大潮，为中国经济和世界经济发展提供强大的新驱动，为世界人民共塑全球治理机制提供新契机和新范式，为全球经济发展提供优质的国际公共品。

"一带一路" 建设从本质上讲就是中国奉献给全世界的公共品，也是中国奉献给世界各国人民共建的共同品牌，是未来国际社会涵盖面最广、自发性最强、生成速度最快、影响最为深刻的国际社会 "自组织"，更是引领时代发展、推动世界发展与和平建设不可或缺的重要平台。

一、中国经济与世界经济

进入 21 世纪以来，中国经济实现年均 10% 左右的持续增长，2009 年一跃成为全球最大的商品生产国和仅次于美国的第二大经济体。伴随着中国生产总值、货物进出口总额、外汇储备和对外投资的迅猛增长，中国为推动世界经济发展作出了巨大贡献：从 2002 年到 2010 年，中国经济在世界经济中占比从 4.4% 增长至 9.3%；2008 年国际金融危机爆发，中国经济至 2012 年间仍保持着 9.3% 的年均增长率，至今持续保持着稳健的增长，远高于全球不足 3% 的平均增长和美国 2% 多的经济增长（见图 9—3—1），中国经济增量占全球经济净增量的 3 成。

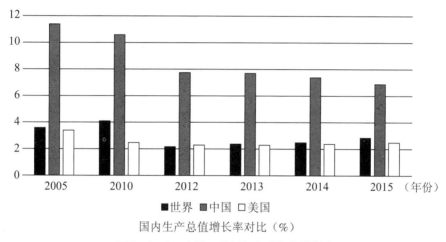

图 9—3—1　中国、美国与全球经济增长率

从 2000 年至 2009 年，中国贸易出口量和进口量年平均增速分别为 17% 和 15%，远远高于同期世界贸易总量 3% 的年均增速度；中国外汇储备的全球占比也从 2000 年的 1/10 上升至 2014 年的 1/3，外汇储备余额为 3.95 万亿美元，居世界第一；中国对外投资成为促进世界经济增长的重要动力，2008 年全球投资因金融危机大幅收缩，中国对外投资却比上一年增长近一倍。进入 21 世纪以来，中国对外直接投资从 2003 年的 285.5 亿美元增加至 2015 年的 1456.7 亿美元，实现增长五倍多，保持了 13 年的连续增长。

随着中国的崛起，中国经济与世界经济关系愈加紧密，依存关系更加突出，中国经济的稳健发展对世界经济走出低迷实现良性增长显得更加重要。"一带一路"建设，加速着中国经济与世界经济的深度融合，实现着更高水平开放条件下的可持续发展。

稳健中国发展，为世界提供更多分享。随着"一带一路"建设的推进，中国开放型经济发展将进一步加快、为全球提供的长期基建投资与产业资本等一系列公共品也将进一步加速，国际社会将更多地分享中国红利，中国力量和中国智慧为世界经济发展贡献率将进一步提升。"一带一路"建设将推动中国区域经济优势互补和协调发展的进一步深化，促进中西部地区拓展国际市场、加速国际市场的融合，加快工业化和城镇化进程，促进出口、投资和消费结构趋于平衡，大幅提升中西部地区经济发展水平，促进中国经济持续健康发展。随着"一带一路"建设的深化，中国的经济发展经验及资金和产能优势，将加速转化成为对外合作新优势，推动我国具有规模、技术等优势的重大装备和成熟产能合作"走出去"，成为中国深化与扩大国际经贸合作的重要机遇和抓手，形成新的对外经济发展增长点，实现我国经济快速增长，促进国际经济水平的提升与发展。

强化自身实力，加速世界经济成长。"一带一路"建设的加速，将助推中国结构性改革力度、深化供给侧改革进程，不断释放中国发展潜力，进一步积蓄发展实力，为"一带一路"建设提供持久动力，助推世界经济的持续增长。国际金融危机爆发以来，中国经济对世界经济的拉动成就举世瞩目。2014年中国经济增量对全球经济增量的贡献率是27.8%，居世界首位；2015年，中国经济贡献约占全球经济增量的三分之一。2015年人民币被纳入国际货币基金组织特别提款权货币篮子（SDR），为提升发展中国家在国际金融领域的代表性和发言权贡献着中国力量。随着"一带一路"的深入，中国深化改革开放的步伐稳健推进，中国改革给世界所带来的红利越来越为国际社会发展的重大力量。

二、亚欧非国际区域经济一体化新进程

党的十八届三中全会提出，适应经济全球化新形势，必须推动对内对外开放相互促进、引进来和走出去更好结合，促进国际国内要素有序自由流动、资源高效配置、市场深度融合，加快培育参与和引领国际经济合作竞争新优势，以开放促改革。坚持双边、多边、区域次区域开放合作，扩大同各国各地区利益汇合点，以周边为基础加快实施自由贸易区战略。

发展互惠新模式，规避"虹吸效应"。习近平总书记在博鳌亚洲论坛2015年年会开幕式上指出，"一带一路"建设不是空洞的口号，而是看得见、摸得着的实际举措，将给地区和国家带来实实在在的利益。当"一带一路"大家庭的成员日益增多的时候，成果也将惠及更广泛的区域。美国《时代周刊》认为，"一带一路"这个规模巨大的项目可能给商业、工业、发现、思想、发明

和文化带来可与旧"丝绸之路"相媲美的新复兴,在几乎每个领域,前景都是巨大的。"一带一路"建设,贯穿亚欧非大陆,促进形成一体化的亚欧非大市场,辐射非洲、美洲等区域,协同全球的联动发展。"一带一路"沿线国家和地区与中国经贸合作潜力巨大,中国与沿线国家和地区互为全方位发展重点方向和开拓新兴市场的重要目标。"一带一路"建设,将推动沿线各国发展战略的对接与耦合,发掘区域内市场升级潜力,促进投资和消费,创造需求和就业,增进沿线各国人民的人文交流与文明互鉴。根据比较优势,未来一段时间,中国劳动力密集型行业和资本密集型行业有望依次转移到"一带一路"周边及沿线国家,带动沿线国家产业升级和工业化水平提升,构筑以中国为"雁首"的"雁阵"发展"新模式"。据测算,中国未来十年在"一带一路"国家总投资规模将达到 1.6 万亿美元,占对外投资比重达 70%,将极大促进泛亚和亚欧经济一体化发展。

凝聚力量,推动国际区域经济一体化升级发展。当今,世界经济一体化趋势明显加快,遍布全球的各种形式的一体化组织出现爆炸式增长势头,国际社会纷纷将区域一体化作为国家经济发展及强化对外贸易的核心政策,世界经济区域化、国际区域一体化、全球经济一体化向纵深发展已经成为世界发展的潮流和共识;"既要商品贸易,更要服务贸易"。随着全球经济一体化进程的加快,"一体化"内容由传统的货物贸易自由化向服务贸易自由化升级延伸,甚至包括投资自由化、农产品贸易自由化、贸易争端解决机制、统一的竞争政策及共同的环境标准、知识产权保护标准、劳工标准等;"不论贫富,不论出身"。近年来,世界经济一体化与国际区域经济合作发展出现了不同穷富、不论出身实现区域贸易自由化的新趋势,突破了传统的国际区域经济一体化合作通常是在经济发展水平相近、结构互补的国家之间产生的常规、突破了贸易自由化仅仅在经济水平相近的国家间进行的"常态"。当今世界,由经济发展水平悬殊的发达国家和发展中国家、由体量庞大的大国与贫弱小国共建区域贸易自由化成为世界的"新潮"。

"一女嫁多男,一脚踩多船"。随着区域经济一体化的深入,现代区域一体化的表现形式及组织结构花样繁多,较传统的经济一体化关系中的内容相对固定、成员关系单一、组织边界清晰而言,现在的经济一体化组织已经变得非常复杂。一国可以是较大区域经济组织成员,同时也是较小区域经济组织成员;一个较大经济一体化组织内部可以有若干较小范围的次级区域经济组织,若干较小的区域经济组织还可以生成另一个较大规模的区域一体化组织,国际间自由贸易格局形成"一脚踩多群,群中有群,群群相连"蔚然成风;"生意照做,冲突照有"。传统的观念普遍认为，国家间的贸易增长会抑制国家间冲突的发生，或者认为国家间冲突将影响贸易的增长。在当今的国际政治和国际经济格局中，既有国家冲突下的贸易增长，也有贸易增长下的国家冲突。随着世界经济一体化的深化，国家间安全利益的考量都有着长远化、全面化的安排，化解冲突和贸易增长都将作为国家间发展以及树立国家形象的手段。

"区域经济超国家化，国家贸易政治化，国家政治贸易化"。国家利益最大化、长远化已成为国家间经济贸易一体化发展的终极选择。国际政治和国家间外交日益将国际贸易作为目标实现的有效途径，国家间经济合作或贸易优惠及制裁日益成为国际政治冲突或战争的有效制衡手段。同时，由于全球经济一体化的深化，使各国在区域经济一体化发展中，让渡一些国家职能以达成合作共识，从而预期获得更多的发展和更大的利益，区域经济超国家化也将成为一种发展大势。

三、国际经济合作和全球治理机制

"一带一路"建设，不是要替代现有地区合作机制和倡议，而是要在已有基础上，推动沿线国家实现发展战略相互对接、优势互补。"一带一路"建设，创新并优化国际经济合作、完善全球治理机制，推动国际社会搭建新一轮全球化建设大平台。

深化国际合作，完善全球治理。当前，全球多边投资和贸易格局正在发生着深刻的调整，更大范围、更深层次、更高水平的全球化合作是全世界各国急切的共同追求。"一带一路"秉持开放的区域合作精神，符合国际社会的根本利益，彰显人类社会共同理想和美好追求，是国际合作以及全球治理新模式的积极探索，将为世界和平与发展增添新的动能，"一带一路"所开辟的新合作模式、新运行机制充盈着满满的正能量。通过"一带一路"建设的深化，中国积极推动的新一轮全球化将带给沿线国家和地区及世界人民更多的均衡增长机会和更多的收益，为全球发展中国家的建设与成长，"雪中送炭""铺路搭桥"，大幅增加全球化的凝聚力。世界发展史上，古代"丝绸之路"曾为人类的发展长期"铺路搭桥"，推动世界的发展。麦肯锡公司研究表明，人类历史大概在1500年的时间里，"丝绸之路"是世界上最重要的贸易通道，那时全球生产总值的约58%在中国，约5%的贸易是通过"丝绸之路"来进行的。当前，中国作为世界第二大经济体，引领新时代的"丝绸之路"合作——"一带一路"建设，将更好地联通世界、带来更高水平的互联互通、带来更多的就业机会、带来更多的福利和经济增长。

强大的中国有利于全球良性治理。当今全球治理体系走入一个新阶段：新兴发展中国家能力越发受到重视、美国全球调控能力趋降、联合国体系不足以应对全球问题，全世界对国际治理采取平等协商、合作共赢，实现普遍参与、普遍受益的呼声愈发高涨。此刻，崛起的中国向世界发出"没有门槛"的"一带一路"共建倡议及广泛参与的多边金融组织"亚投行"，从倡议到实践，在全球经济治理的进程中不断创造着奇迹，可以说众望所归、点石成金，向世界人民展示着一个"共商共享共建"全球治理新理念。"一带一路"的提出，是中国以崭新的发展模式和走强的经济实力，自觉呼应着经济全球化和全球经济治理，更是中国自觉承担全球经济发展责任的具体体现。无疑，中国是新的国际合作体系和全球治理体系的积极参与者和受益者，更是建设性的贡献者和新使命的建设者。

全球治理需要中国担纲更多的发展责任。近百年来，"西方国家"一直是全球治理和地区多边合作的"主导"力量及其"货币""资金"的主要掌控者。随着世界政治和世界经济形势的变化，这份"主导力量"正在发生着重大的变异，"货币"的掌控令世人质疑，"资金"运转面临效率不高及"囊中羞涩"的窘境。世界需要新动力源和新的模式驱动，中国及其倡议的"一带一路"正在成为世界发展的新动力。从20世纪80年代，中国步入了经济迅速发展的快车道，"中国商品""中国制造"迅速走入全世界，让全世界分享着中国发展所带来的红利。一方面，中国海量的货物进口是全球大宗商品价格的重要支撑，持续为原材料出口国带来经济发展；另一方面，中国大批物美价廉的商品，向全世界进口中国商品的国家，持续地输出着福利。在一进一出之间，仅反映着中国对世界的贡献，更反映着中国对世界发展的责任。同时，体现着中国经济融入世界经济发展步伐的"吻合性"，体现着中国参与世界治理的"妥帖性"，更体现着中国参与世界治理担纲发展责任的"自觉性"。

四、强化开放性和包容性发展

"一带一路"建设，不是普通意义上的"跨区域合作"，也不是一般的"交通运输走廊"，而是涵盖经济、政治、人文等诸多方面内涵的跨区域多边合作。与其说它是独特的，不如说它是广博的，"一带一路"是顺应时代潮流而动的合作思想——其核心特点就是开放性、包容性；"一带一路"是引领时代而行的具体行动——表现在经济上，既有交通、能源、金融等重点领域的合作，也有农业、中小企业、市场中介服务等各领域的合作。在人文上，有科学技术、生态环保方面的交流，也有旅游、医疗卫生、教育、防灾减灾救灾等领域的交流。"一带一路"是完善全球现代治理的积极探索——其行动纲领为"共商共建""包容性发展",深化建设中要先易后难,兼顾不同发展程度国家的利益关切,又要争取多领域同步推进,形成各方优势互补、相互促进的良性循环态势。

促进形成更加包容、公正和合理的国际经济秩序。新形势下的国际经济治理新秩序,就是实现均衡、普惠、共赢前提下的全球化发展,实现国家间的相互尊重、平等互利,实现国家和地区间的包容性增长,实现公正而合理的世界发展秩序。"一带一路"建设所秉持的开放型发展与包容性增长思想,其普惠制的广泛性,将实现其动力来源的广泛性,从而促进公正、合理的国际经济秩序建设进程。实施"一带一路",提升发展中国家整体实力,增加广大发展中国家在国际经济发展中的话语权,推动更加包容的区域合作与交流、实现国家间的公平发展,推动国际经济规则制定中更好地体现广大发展中国家的利益,促进整个国际社会形成更加包容、更加公正、更加合理的国际经济新秩序。国际社会新秩序的共建需要世界多种力量的协同,世界上对中国一些不怀好意的声音"不绝于耳",世界在发生着深刻的变化,霸权思想和冷战思维与全球经济治理新秩序发展理念格格不入。芝加哥商品交易所终身主席利奥·梅拉梅德曾说:"中国该被理解,中国该被倾听。"当世界潮流被更多地理解、当国际趋势被更多地倾听,才不会有潮流的落伍者,才会有更好更多的公平发展未来。

谋求新动力机制,共迎国际市场变化。"一带一路"构想不是要通过建立排他性的关税同盟或者超国家的管理机构来进行合作,而是要在普遍认同的理念和规则下,采取平等、互利、共赢的方式扩大经济合作,减少不利因素的干扰,形成相互助推的动力机制,扭转世界经济结构性失衡困局、建立全球性贸易新平衡体系,共同应对国际市场的复杂变化。21 世纪的世界,为人类、为全球提出了许多崭新的问题,这些问题甚至已经涉及整个人类的生存与安全。显然,唯有发展才是解决问题的唯一之道,而今天的"此发展"已不再是 20 世纪的"彼发展",唯有坚持"公平"与"公正"思想构建的全球治理新秩序、排除了"强权与不公"、融入了"开放与包容"的全球新合作,才是世界"发展共同体"的光明未来。

第四节 凝聚全球共识,加速世界繁荣

自 20 世纪世界"冷战"结束以来,中国抓住世界总体和平稳定的国际环境,充分利用经济全球化提供的有利条件,迅速发展成为世界经济大国和全球

经济发展的主要贡献国，得益于中国坚持深化改革、不断扩大开放、推动和平发展，与世界各国开展友好往来与互利合作。

"一带一路"倡议正是中国一贯秉持和平发展、合作共赢理念的延续。

一、"互利共赢"的根本动力

"一带一路"建设兼顾各方利益和关切，寻求利益契合点和合作最大公约数，体现各方智慧和创意，各施所长，各尽所能，把各方优势和潜力充分发挥出来。推进"一带一路"建设，要求包括中国在内的各参与方不搞零和博弈，不搞利益攫取、殖民扩张，更不能打着开放和自由贸易的幌子，搞以邻为壑的重商主义、产品倾销。"一带一路"建设要立足于各参与方优势互补，实现利益共享、共同发展。

着重节点连通，产生硬动力。"一带一路"沿线国家与地区，尤其是欠发达国家与地区，渴望通过"一带一路"战略，改善积弱的基础设施建设，修建通往经济繁荣之路。"硬件"联通在对接沿线各国发展战略的同时，也为实现区域联动发展和共同繁荣注入新活力，给当地的基础设施建设企业带来了庞大的市场机会。推进基础设施建设，应遵循市场规律和国际通行规则，充分发挥市场在资源配置中的决定性作用和各类企业的主体作用，同时发挥好政府作用，体现互利共赢特色。

新理念、新平台、新活力。"一带一路"构想体现着国际合作的一种新理念，提供着国际合作的一种新平台国际发展的新活力……作为新理念，"一带一路"倡导新型国际合作模式，即中国政府主张的新合作观的一种实现方式，推动实现相关地区和国家的共同繁荣；作为新平台，"一带一路"不是谋求建立某种严格的封闭机制，以约束和限制相关地区和国家的对外经济联系，而是要通过打造互联互通的基础设施、相互给予优惠的贸易条件、达成双边和多边的投资保护协定、建立有效的融资平台、落实重大的经济合作项目等途径，为所有相关各方提供合作的机会；作为新活力，携手共造新市场，全面推升"一带一路"沿线国家和地区的转型与升级。

相互依存、互惠共赢、根本动力。中国在对外经济交往中始终坚持"相互依存"发展，"一带一路"建设，将越来越注意总结并升级"相互依存"发展模式，规避"单向依赖""单向抽水"恶性发展等模式。中国的和平崛起，经济得到迅猛发展，中国为周边国家和地区做出的贡献愈发增多，周边国家和地区及国际社会的"伴生式增长"愈发明显，没有出现美国及南美地区的"虹吸效应"。这一点，得益于中国长期坚持的"和平共处、互利互惠"的基本国策。

"一带一路"建设，将继续秉持并深化"平等互利、相互依存和共同繁荣"的发展原则，在世界发展新情势下，建设现代版的"丝绸之路"，引领全球经济及文化的协同及创新，发展新时代远超单纯商业、单纯经济单一功能的驱动模式，为全球贸易与经济新式发展提供强大的推动力。

聚众家之长，助推共享新动力。不分远近，不论大小，集聚各个国家和各个地区发展之所长，互相借力，助推共同发展、共享成果。"一带一路"建设，开放而包容、自由而灵活的合作格局，高效而多样、丰富而平等的运作机制，赢得了国际社会积极的反响。"一带一路"打破传统地理位置是合作首要条件的戒律、超越"邻居"或者"连片邻居"作为国际合作的自然要素。近年来，随着世界经济发展转型，国际合作的基础发生着重大变化，狭义的地域概念一再被打破，全球性跨地区的区域经济合作如雨后春笋，"亲不亲，群里分"，世界经济合作中的"硬区域"变得可有可无，而国家间的"软要素"却成为重要考量。"一带一路"所秉持的开放而包容的合作理念赢得了周边国家和国际社会的积极反响。目前，已有 60 多个沿线国家和地区及一大批国际组织表态积极参与"一带一路"建设。

二、推动国家间战略对接

"一带一路"建设凝聚着不同国家和地区的多种国家利益，各个国家和地区的国家战略的对接将更好地凝聚共识、深化发展、共建繁荣。

着眼未来，共促发展。"一带一路"倡议得到多国领导人的赞赏和支持，纷纷希望同本国的发展战略相衔接，积极将本地区的重大战略项目纳入"一带一路"建设。俄罗斯总统普京表示，愿将跨欧亚大铁路改造与丝绸之路经济带战略相衔接；印度尼西亚总统佐科表示，将印尼"全球海洋支点"发展规划同 21 世纪"海上丝绸之路"全面对接；俄罗斯表示要顺应当今世界铁路发展大趋势，加快高铁建设，以消除铁路基础设施落后"瓶颈"，为俄罗斯经济社会进一步发展创造良好条件。基础设施滞后已成为制约俄罗斯经济发展的一个重要因素，俄罗斯大力倡导跨欧亚大通道建设的原因之一就是为了提升俄罗斯境内的基础设施。从这个角度讲，"丝绸之路经济带"战略构想同跨欧亚大通道建设及欧亚经济一体化进程相互对接完全可以实现，随着中俄一系列重大项目的落地实施，必将对两国战略对接及其整个"一带一路"建设产生深远影响。

着手实际，互惠发展。"一带一路"建设，着手各方重大实际问题，积极实现各方大面积互惠发展。2015 年 5 月，中国与俄罗斯签署《高速铁路干线

"莫斯科—喀山—叶卡捷琳堡" 莫斯科—喀山段工程勘测、区域土地测量设计和建筑用设计文件编制的作业合同》，实现了中国高铁技术"走出去"的新突破，也标志着中俄高铁合作迈出了实质性一步，激发着中俄更加宽广的合作潜力。俄方支持"开通北京—莫斯科直达列车"（见图9—4—1）项目，希望在不远的将来把全世界最长（9298.2公里）的西伯利亚大铁路改造成快速或高速铁路（莫斯科—海参崴，1916年通车）。

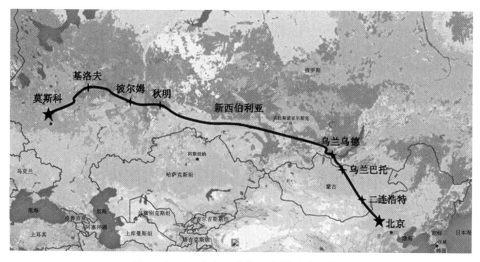

图9—4—1 北京—莫斯科高铁路线示意图

显然，无论是催生具有国际战略地位大铁路项目的合作，还是新兴经济体国家利益的分享，"一带一路"深化在国际间产生巨大的"外溢效应"。俄罗斯权威分析人士认为，中国提出的"一带一路"构想为全球经济、首先是亚欧大陆经济谋划了一个光辉前景，尤其为亚欧大陆国家的基础设施发展提供了难得契机。

着重长远利益，共建全球未来。共建"一带一路"，实现古代"丝绸之路"的新复兴，不是谋取个别国家和地区的"小圈子利益"，也不是谋取眼前的蝇头小利，而是共建国家间长远未来、共建世界未来，实现相关国家和世界人民大面积的发展和富裕。麦肯锡公司的研究显示，"一带一路"有望为全球经济贡献80%的地区经济增长，并在2050年前，将不低于30亿人口带入中等收入行列。"一带一路"建设，通过中国与沿线国家和地区的国家战略对接，实现"命运共同体"；通过加强同世界更广泛国家和地区的国家战略对接，实现互惠的"利益共同体"、共赢的"发展共同体"、开放的"合作共同体"。

三、凝聚国家共识力量

凝聚沿线国家的共识和力量，增强利益共同体、责任共同体和命运共同体的意识和理念，将是"一带一路"建设面临的长期课题。

责任担当，凝聚共识。"一带一路"倡议，从多层次多接点体现着中国的责任和担当。中国提出要重视环保，在"一带一路"建设中要充分考虑气候变化的影响，强化基础设施绿色、低碳、环保建设和运营管理，体现着中国可持续发展担当；在投资贸易中，强调突出生态文明理念，加强生态环境、生物多样性和应对气候变化合作，共建绿色丝绸之路，体现中国绿色发展担当；支持中国"走出去"企业按属地化原则经营管理，积极帮助当地发展经济、增加就业、改善民生，主动承担社会责任，体现着中国政府文明发展尊重他国互利发展的社会担当。

发展能力与自信，凝聚共识。21世纪常常被称为"中国世纪"，一来是深厚的中华文化越来越向世界人民散发着"沁人心脾"的馨香，更为直观的应该是经济数据背后所反映的发展能力。21世纪，一边是世界经济进入低迷与再低迷，另一边是中国经济保持着高速与中高速增长。这持续的"一低一高"，说明中国的发展与中国在世界治理中具有愈发强大的国际影响力。长期以来，"南北问题——贫富问题"和"东西问题——体制问题"作为全球经济治理体系的核心问题，处理这类问题的工作机制通常是"欧美评分"机制。这个机制看似是技术层面，实则是战略目的；看似是市场行为，实则是霸权思想；看似是经贸问题，实则是"普世价值"。像中国加入"WTO"之前每年一次的"最惠国待遇"，中国加入"WTO"之后时不时地被"反倾销"、被"非市场"（见图9—4—2）。随着经济全球化的深入和世界政治格局的重大变化，全球治理的核心问题及其工作机制也在发生着深刻变化，中国用持续的积极探索，书写着持续发展的"中国故事"，回答着中华民族"强起来"的不朽命题，也向世界人民回答着中国促进世界公平发展与参与全球治理的自信与能力。

共赢发展道路，凝聚共识。"一带一路"建设将深化和扩大各国之间的投资贸易合作，加强彼此之间经济的深度融合，将政治互信、地缘毗邻、经济互补等优势转化为务实合作、持续增长优势。中国的发展与全球和平时代及经济全球化息息相关，中国的发展与国际社会的广泛认同息息相关。全球爆发金融危机以来，中国采取积极政策与国际社会共同应对经济风险、化解全球经济危机，制定一系列有效措施助推世界经济走出低谷，促进全球经济的发展与回暖。"一带一路"建设和中国的发展都将成为人类发展史上的丰碑，为此，中国与国际社会的全面合作是全面发展的大前提。因此，中国既要摆脱自身一系列桎梏实现 10 亿级规模人口的发展与繁荣，也要面对从未有过的复杂的国际发展环境实现各国间的公平发展与成长；既要探索作为全球新型的最大的贸易大国和制造大国如何实现同世界经济的协同与增长，也要探索发展的世界如何实现和谐的转型成长；既要解决长期以来国内积压的经济转型贫富不均等问题实现新常态下的稳定发展，也要强化推进 "一带一路" 沿线国家和地区间的经贸合作及全面建设实现世界范围内的共赢与发展。而这一切，中国和世界上任何国家都没有成熟的经验和模式。中国作为国际社会一个重要的参与者、建设者，作为现代全球治理的倡导者、完善者，尊重现有规则是前提。但世界的不安和动荡以及经济的持续低迷告诉我们，完善现有规则，国际社会才有共同美好的未来，整个国际社会的协商与对话、完善与改革是新时代国际合作与全球治理新理念的 "全球共识" 和应尽义务。

图 9—4—2　中国被 "反倾销"、被 "非市场"

第十章 "一带一路"与沿线国家和地区的发展

"一带一路"战略的提出，正是中国政府在全球发展机遇和风险并存的大背景下，面向全世界提出的共同发展纲领。"一带一路"战略，是新时期中国的一项中长期国家发展战略，更是升级全球合作与区域协调发展、应对恐怖主义与霸权主义的重要方略。"一带一路"为沿线国家和地区的深化合作及升级发展提供了重大发展契机。"一带一路"沿线国家和地区的发展对"一带一路"建设的深化、推动亚太地区及全球的共同繁荣和可持续发展将发挥重大作用。

第一节 "一带一路"的战略影响

"一带一路"建设，将全面促进中国深化改革、加速开放升级、实现民族复兴，更将全面推动沿线国家和地区的互利合作、共同繁荣。"一带一路"建设既是国内发展的迫切需要，也是沿线国家和地区发展的迫切需要。随着国际经济政治格局持续发生重大变化，"一带一路"建设深化发展，必将对国际和国内发展产生一系列积极深远的重大战略影响。

一、国际影响

（一）"一带一路"由"65＋"个国家和地区构成

从传统地理意义上讲，"一带一路"包括但不仅限于65个国家和地区。具体而言，"一带一路"由中国与俄罗斯、蒙古及中亚5国、东南亚11国、南亚8国、中东欧16国、独联体其他6国、西亚北非16国等65个国家和地区以及有意共同携手发展的世界其他国家和地区共同组成。"一带一路"建设将全面协同"65＋"国家和地区及世界各国"化竞争为合作"，改变所有关联国家恶性竞争的态势，促进新的国际合作，创新联合国等国际组织的作用，大幅优化全球政治生态与经济格局。

（二）共迎挑战，优化发展格局

"一带一路"共建倡议反映了广大发展中国家乃至一批发达国家共迎挑战、共谋发展、共求和平的共同夙愿。冷战结束后的20多年间，"一带一路"相关国家和地区的地缘政治经济格局发生了不同程度的重大变化。特别是进入21世纪之后，与"一带一路"相关许多国家，或拥有丰富的石油天然气等自然资源，但受制于区位交通不便；或毗邻海洋等交通走廊，但却受到市场狭隘等条件的限制。无论是"陆丝"还是"海丝"国家和地区，都迫切期望全方位延伸和扩大对外经贸联通，打通"节点"，发挥内陆及海洋"枢纽"优势，提升本国的国际地位。此外，"一带一路"相关各国各地区，许多与邻国存在复杂的利益矛盾，"是非"集聚，属于世界和地区大国利益交汇的国际关系"敏感区"。因此，一些世界和地区大国，尤其是"守成大国"，从维护和扩大自身利益出发，为了在未来国际格局中占据有利地位，不择手段大肆利用国家、地区间的利益和矛盾强化自身的地缘经济政治影响，一再提出实施包括排他性合作在内的双边、多边合作及各种跨国项目。中国政府从新合作观出发，倡导"一带一路"共建，为相关各国家和地区提供更具合作空间、更具包容性发展、更具现实性操作的选择，必将为亚欧非各国带来新的发展机遇，也将对优化全球政治生态与经济格局产生重大影响。

（三）强化新合作，促进大跨度多区域新型国际合作组织建设

"一带一路"战略是中国以世界各国共同发展为目标，共筑世界长久和平、共同发展的诚挚倡议，符合最大多数国家的发展利益，"开放包容"等理念将大范围推进国家间合作，为国家间合作注入新的动力。此外，在经济全球化和区域经济一体化潮流的推动下，"一带一路"的共建和深化，在未来成熟的时机将催生出与亚太经合组织（APEC）等国际经济合作体比肩的、跨度更大、范围更广、内涵更深厚的多边经济合作新组织。未来，这个以全球发展中国家为主体的新型跨区域多边经济合作体将引领"一带一路"所有国家和地区实现经济上共同繁荣、政治上强势崛起，并成为新时期不可阻挡的世界潮流。届时，还将推动国际力量格局加速实现"南北发展"均势、"陆权"与"海权"国家平分秋色、发展中国家和发达国家的平衡。

（四）推动完善联合国等国际组织，创新发挥更大作用

以中国为代表的新兴世界国家的崛起，将越来越多地影响世界发展进程，这是历史的必然，适应这种必然，是一个国家和地区成长与发展的前提，也是

相关国际机构更好发挥作用的基础。"一带一路"的深化建设，将推动国际机构职能的进一步发挥，提升包括联合国在内的国际机构的职能和效用发挥，助推国际机构转型发展和国际新体系完善建设。"一带一路"的深化，将助推所有相关国家和地区在既有国际框架下创新工作，这一工作创新已经成为新兴国家行为体发挥国际作用、提升国际影响力的主要路径。"一带一路"的深化，将推动"联合国"等国际组织建立新视野、确立新定位、完善当前国际机制以发挥更加积极的作用，进一步完善当前国际机制的权力体系和话语权分配等体系，进一步促进国际权利和国际义务的对等与匹配，推动包括联合国安理会在内的所有国际机构的完善与改革，通过"一带一路"的升级发展示范，全面发挥国际组织的重大新作用。

二、国内影响

随着"一带一路"构建的加快，我国政府和社会各方面与相关国家和地区共同协商、共同规划的过程也在加速。全社会需要更加科学、更加全面地把握周边国家和地区的情势，使政策更具前瞻性和可操作性。使国民逐渐形成与广大周边国家和地区共筑"命运共同体"的认识，从根本上提升我国在周边国家和地区的地位，这也是实现中华民族伟大复兴的"中国梦"必须具备的大环境。

"一带一路"建设全面覆盖中国不同地区，并从陆路和海路向周边各国各地区多路纵深、多向发展，通过周边国家和地区达亚洲、欧洲、非洲、南美洲、北美洲、大洋洲、南极洲等世界七大洲及太平洋、印度洋、北冰洋、大西洋等全球四大洋。

（一）"陆丝"条带融合，提升我国节点城市国际地位，推动全球网状链接

"一带一路"建设欢迎所有国家和地区的参与。我国周边国家和地区的和平与发展是"一带一路"营造的重点所在，根据周边国家和地区的区域特点和情势态势，推动"陆丝"建设的急迫性与繁重性加剧，"陆丝"稳健推进对"海丝"有效建设具有显著影响。"丝绸之路经济带"取陆路，从我国东北、华北、西北、西南、华南等边疆省区陆路多向跨境而出，东至东北亚抵南北美洲，西部及西南部至中亚、西亚、南亚、东南亚等地区，抵至北非、东欧、南欧、西欧等国家和地区。鉴于"丝绸之路经济带"共建的目的，这些路线在我国周边各国家和地区逶迤时，是以各条线路上网状节点重要城市为连接点，呈相互联通的网状发散结构。网状结构的节点即是辐射状结构的动力扩散源点，又是"陆丝"建设甚至"海丝"建设中的"纲"，而这个"纲"的建设，首先需要遍布我国各地的节点城市全面提升国际视野，成为与"一带一路"格局相匹配的节点城市。"纲举目张"，这种格局将全面深化"一带一路"建设，推动我国的长治久安与世界的和平发展。"陆丝"的进展将加速我们对周边国家和地区个性化和趋势化研究，深入系统地总结我国周边外交与经济合作实践经验，完善中国特色国际关系理论，建立我国在区域性国际问题上更快、更全面、更准确的反应机制，大幅提升我国在区域性国际问题上的话语权，有效遏制对我国极尽破坏之能事的西方式"诠释""演绎"和诽谤。

（二）"海丝"全面链接港口城市，铺就全球海洋环形高速通道网

"21 世纪海上丝绸之路"取海路，从我国东北、华北、华东、华南等省份沿海地区多头始发，连接东北亚、北亚、东南亚、南亚、西亚、东非、北非、东欧、南欧、西欧以及大洋洲各国家和地区。在分布结构上，与全球互联网状的"丝绸之路经济带"不同，"21 世纪海上丝绸之路"更多的是逐次串接周边国家和地区沿海主要港口城市。从分布结构上看，"21 世纪海上丝绸之路"犹如连接我国及其周边国家和地区的环形高速公路网。"海丝"经过渤海和黄海、东海、南海等我国的内海和近海，以现有海上国际航道为主航线，向东北、东南、西南三个方向延伸：

1. 东北方向。现有航道穿过台湾海峡、日本九州岛南部的大隅海峡、韩国和日本之间的朝鲜海峡、日本北海道岛和本州岛之间的津轻海峡、日本与俄罗斯之间的宗谷海峡（拉普鲁兹海峡），进入日本海（朝鲜东海）、鄂霍次克海、白令海以及日本以东的太平洋水域。在白令海，航道继续向东北方向延伸，向北穿过俄罗斯和美国之间的白令海峡，经过"北冰洋新航道"（见图 10—1—

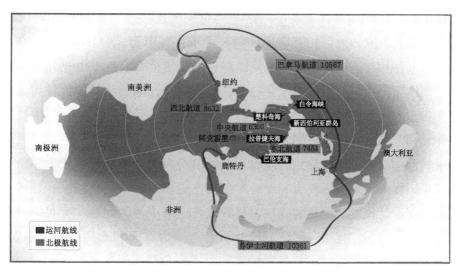

图 10—1—1　北冰洋新航道

1) 航道掉头西向，经楚科奇海、东西伯利亚海、拉普捷夫海、喀拉海、巴伦支海、挪威海、北海，抵达北亚、北欧、西欧的北冰洋和大西洋沿岸国家，这条通过北冰洋从亚洲前往欧洲的路程将比现在的太平洋印度洋大西洋航程缩短一半（缩短6000公里至8000公里）。

在日本以东的太平洋水域，航道取向东方，跨过辽阔的北太平洋水域，抵至北美洲和中美洲国家。

2. 东南方向。现有航道主要有两条：其一，穿过菲律宾北部的巴林塘海峡，进入大洋洲水域，经密克罗尼西亚、美拉尼西亚、波利尼西亚，向东前往中美洲国家；其二，穿过菲律宾中部的民都乐海峡、南部的巴西兰海峡，经苏拉威西海，再穿越印度尼西亚的马鲁古海峡，经班达海、帝汶海、阿拉弗拉海，进入大洋洲的珊瑚海、塔斯曼海，抵达澳大利亚和新西兰。

3. 西南方向。经印度尼西亚雅加达、越南河内及胡志明市的两条现有主要航道，在新加坡海域合二为一，西行穿越马六甲海峡，进入印度洋水域。而后，航道分为北、中、南三线。北线，为沿海航道，逐次经安达曼海、孟加拉湾、阿拉伯海、阿曼湾、波斯湾，在亚丁湾与中线汇合；中线，经斯里兰卡科伦坡，取向亚丁湾，再经红海，穿过苏伊士运河，抵达地中海和黑海沿岸的北非、西欧、南欧、东欧国家；南线，径直西行东非，抵达坦桑尼亚的达累斯萨拉姆和肯尼亚的蒙巴萨。

（三）扭住节点城市发展，提升我国在周边国家的美誉度

"一带一路"的运行结构酷似全球互联网结构，有两大关键支撑发展：一是重大节点的高效；二是在整个网络中的"美誉度"。为此，要保证信息和能量畅行无阻、高效传送，就要使网络上的每一个连接点都充分发挥自己的效用，保证相关国家和地区相互联通的每一个节点城市都充分发挥自己的功能。因此，不仅是相互连通的交通和通信线路，更要使重要节点城市充分发挥自身效用，而这正是我国与相关国家和地区从顶层设计开始、从具体项目切入，共同努力构建的重点，也是需要发挥智慧和创造性的关键问题之一。我国政府及整个国民和经济活动在周边国家美誉度的提升，是"一带一路"建设与发展的另一关键问题之一。这需要我国政府和人民对周边国家和地区有一个崭新的认识和定位，促使我国各级政府和经济界把目光更多地转向周边国家和地区，使合作更加精准、使发展更具前瞻性，有的放矢地解决各类问题，使我国对外交往和经贸合作做到"心中有数"，使"只有与周边国家和地区共同繁荣发展，才能如期实现中华民族伟大复兴"的新理念成为全国人民的共同认知，提升我国公民和中国企业在周边国家和地区的威信和美誉度。

（四）全面提升我国全社会协同能力，全面加速中国"走出去"

以"一带一路"节点城市为重点，从顶层设计开始，同相关国家和地区一道实施互联互通合作，是我国社会各界面临的一道必答题。当前，我国一些企业在对相关国家和地区缺乏全面深入了解的情况下，将国内的资金、技术和设备带到国外，甚至还采取对政府官员行贿等方式，对投资对象国的自然资源进行掠夺性开发。这种行为不仅严重破坏了当地的生态环境，引起了相关国家和地区政府与民众的强烈不满，而且让一些别有用心的国家利用这些问题，以国家安全为借口，为离间我国与这些国家和地区之间的关系提供了口实。中国"走出去"不仅是国家富强的重大课题，也是"一带一路"成败的关键问题。"走出去"不仅是思想论也是方法论，不仅体现在政策层面更应该体现在行为层面。为此，需要各级政府、学界、企业相互协调与配合，强化"政学研企金"综合联动，使"学界的研究、政府的决策、企业的投资、银行的信贷"实现高效有序的运行。

第二节　重要禀赋特征

"一带一路"沿线国家和地区资源富集、禀赋独特，拥有多方面的先发优势、具有极其宽阔的协作开发空间和巨大的共同发展潜力，与中国互补性发展势头强劲，与世界协同性发展前景十分广阔。

一、能源特征

"一带一路"有着辉煌的愿景，中国与沿线各国各地区共同推动构建着世界新的"自由贸易与合作共同体"，实现着"发展共同体"。此间，伟大的历史将得以延续与传承、各国的优势将得以互补、各国的发展能力也将得以提升，这一切，都与中国及其沿线国家和地区独具特色的能源资源的有效利用、资源战略互通有着密不可分的关系。

（一）资源集聚分布广泛，亚太市场愈加成为全球能源竞争的焦点

"一带一路"沿线亚洲、欧洲和非洲等 65 个国和地区，矿产资源非常丰富，油、气可采储量皆占全球 65% 以上（见图 10—2—1），开展国际能源资源合作的前景十分广阔。

在世界原油出口供应总体宽松、美国对外依存度下降且出口有所增加的形势下，全球产油国将目光越来越多地转向"一带一路"地区，世界石油贸易重心将加速东移，石油输出国组织（OPEC）与非 OPEC 国家、传统产油国之间关于市场份额的竞争愈发激烈。

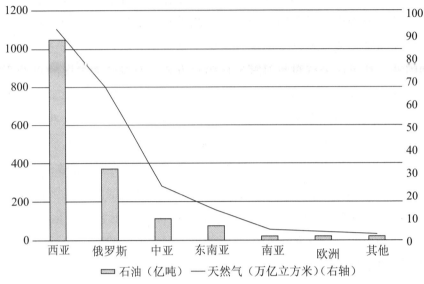

图 10—2—1 "一带一路"沿线国家和地区油气可采资源量分布图

1. 中国。自 1993 年成为原油净进口国，原油对外依存度仅为 6%；2003 年，取代日本成为全球第二大石油净进口国；2013 年，原油对外依存度达 59.6%；2016 年因采油成本高企，国内大型油田大规模减产，中国原油对外依存度达 65% 左右。

2. 东南亚地区。东南亚国家能源资源丰富，但基础服务设施相对落后。该地区的发展受到电力短缺的制约，部分地区能源服务严重缺乏，如缅甸只有 30% 的居民能够用上电。

3. 中亚、西亚和俄罗斯。中亚、西亚和俄罗斯的油气储量在"一带一路"沿线地区占绝对优势。沿线国家中约有 38% 的国家属于能源富余型国家，该地区仍将保持世界石油重要产区的地位，同时这一地区石油需求仍将保持较快速度增长。

（二）世界矿产资源的集中消费区，更是世界矿产资源的集中生产区

"一带一路"沿线地区矿产资源总体富余，互补性较强。就能源供应和消费而言，该地区提供了世界 57.9% 的石油、54.2% 的天然气、70.5% 的煤炭和 47.9% 的发电量。同时，该地区也消费了世界 50.8% 的一次性能源，包括 41.1% 的原油、47.1% 的天然气、72.2% 的煤炭和 40.1% 的水电。

（三）"一带一路"沿线地区生产与消耗对比

就钢铁而言，该地区生产了全世界 71.8% 的粗钢，但消费了世界 70.7% 的粗钢和 70.3% 的成品钢材；就水泥而言，该地区生产量占世界的 81.8%，而消费量占世界的 83.2%；就有色金属而言，该地区生产了世界 71.1% 的精炼铝、62.8% 的精炼铜、59.4% 的精炼铅、54.7% 的精炼镍、81.4% 的精炼锡和 63.8% 的精炼镉，与之对应的消费比例则分别为 65.2%、63.2%、59.9%、61.5%、61.8% 和 36.3%。另外，该地区分别生产和消费了世界 40.3% 和 43.6% 的纸和纸板以及 50.9% 和 52.4% 的原木（见图 10—2—2）。

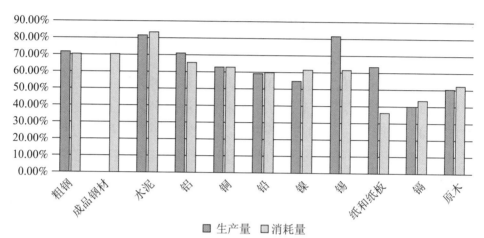

图 10—2—2 "一带一路" 沿线地区生产与消耗对比

OPEC 国家主要集中于这一地区，鉴于其油气储量，尤其是油气生产在世界油气业中不可替代的地位，中亚西亚和北非地区的石油等能源既是该地区经济发展的基础，又是这一地区国家维护自身经济利益、与大国进行博弈的重要武器，也是其争取国家独立、民族自由及其世界地位的重要砝码。

（四）油气资源十分丰富、分布严重不均

近年来，我国加强了同 "一带一路" 资源富集区及能源短缺区的生产与合作，尤其强化了与南亚和中东欧等能源短缺地区国家的多边合作，为资源匮乏国家和地区送去了 "及时雨"，为中亚西亚及中东等能源富集区创造了广阔的市场。"一带一路" 建设为连接中亚、东亚、西亚、南亚的能源资源与消费市场，形成新的区域性能源市场提供了难得的机遇。

1. 中东、中亚和俄罗斯系 "一带一路" 能源富集区。"一带一路" 国家油气资源丰富，但分布严重不均。"一带一路" 国家油气产量为 24.1 亿吨和 1.8 万亿方，分别占世界的 58% 和 54%，占我国原油和天然气进口份额的 66% 和 86%，主要富集在中东、中亚和俄罗斯等国家及地区，上述国家和地区是我国重要的能源战略目标区域。

2. 南亚和中东欧是 "一带一路" 能源短缺集中区。全世界有 62% 的国家和地区依赖能源进口，这类能源短缺型国家主要集中在南亚和中东欧地区。南亚地区先天能源储量不足，后天政治互信缺乏、周边地区局势不稳。进入21世纪后，南亚地区经济增长迅速，能源供给形成巨大压力，区域能源合作成为解决问题的重要途径；中东欧国家，作为极速转型国家和欧洲"新兴经济体"，面对传统能源和清洁能源的硬短板以及自身的经济发展，能源市场存在巨大的硬需求。随着欧盟国家经济持续走低，中东欧对欧盟国家的心理依靠和实际依靠双双走低，热切期待多边国际合作和区域能源合作。

（五）"一带一路"推动各国能源产能趋衡，凸显我国平衡阀作用和强力驱动极作用

过去十年全球石油供给增加了39270万吨，年增加3900万吨。我国每年石油消费增加量在2200万吨以上，约占全球增长量的56%以上。我国近五年原油进口增加了1.1亿吨，2014年石油进口3亿多吨，在国内原油几乎不出口的情况下，进口依赖度有所下降。预计到2030年石油进口将达到6亿吨左右，国内石油产量2030年2.3亿吨，合计石油需求为8.3亿吨左右。我国与多个沿线国家存在能源贸易合作，其中能源富余型国家约占80%，是我国能源互通战略合作的重点伙伴。近年来，我国石油企业在"一带一路"国家的权益油气区块主要分布在中东、中亚、俄罗斯和东南亚等国家和地区，在"一带一路"沿线国家的油气权益产量逐年提升。

随着"一带一路"的深化，中国作为世界石油需求增长的重要增长极，在全球需求格局中的地位将更加重要，对于资源富集国家和贫乏国家产能趋于平衡起着重要的推动作用，对周边地区的强力驱动和稳健平衡作用将进一步凸显。

1. 从"一带一路"两条中线走向看，无论是"中线甲"：北京—郑州—西安—乌鲁木齐—阿富汗—哈萨克斯坦—匈牙利—巴黎；还是"中线乙"：连云港—郑州—西安—兰州—新疆—中亚—欧洲，都可以明显地看到，中线所经的中亚等地区是我国原油贸易重要且相对安全的来源地，应以中线的中亚为基础，加快构建原油运输网络。

2. 从"一带一路"两条北线走向看，存在A、B两条线路："北线A"：北美洲（美国，加拿大）—北太平洋—日本、韩国—东海（日本海）—海参崴（扎鲁比诺港，斯拉夫扬卡等）—珲春—延吉—吉林—长春—蒙古国—俄罗斯—欧洲（北欧，中欧，东欧，西欧，南欧）；"北线B"：北京—俄罗斯—德国—北欧。"一带一路"大背景下，加大北线开发力度对于提高我国在全球的能源话语权、大幅提升能源保障与供给、深化能源生产大国与消费大国的战略关系、加速相关国际区域经济贸易一体化建设，强化我国包括油气资源在内的海上综合输送能力，全面提升我国强国建设水平，都具有十分重大的意义。

二、生态特征

"一带一路"沿线有着世界上最为奇特的生态特征，既有高耸入云的青藏高原，又有海拔最低的马里亚纳海沟；既有世界面积最为宽阔的海洋，又有一望无际的雪原；既有茫茫的沙漠，又有无边的草原；既有世界上极为丰富的植物资源，又有世界上千奇百怪的动物资源；既有全球最为迷人的景致，又有多发的生态灾难。该地区丰富的生态资源为其生产发展提供了强力支撑，同时该区域粗放的生产与生活方式又使其生态环境遭受着难以承受的压力。该区域既是全球生产发展空间极大、生活水平急需提升的地区，又是发展水平落后发展方式粗放、生态环境亟须保护的地区。"一带一路"沿线国家总体上仍然处于资源消耗和污染物排放与经济增长呈正相关发展的阶段。这些生态特征为"一带一路"沿线国家和地区的绿色发展与绿色建设提供了难得的发展契机、巨大的增长潜力和广阔的良性互动空间。

（一）生态环境脆弱区、人类活动强烈区

"一带一路"沿线地理环境极为复杂：广袤的东南亚—南亚热带雨林正在遭受着前所未有的过渡开垦；中亚—西亚等大面积干旱区水资源匮乏，生态环境极其脆弱；欧亚大陆高纬度地区自身恢复能力差，发展与保护难以平衡；中东—北非地区油气资源的滥采滥伐，造成重大生态灾难；世界屋脊喜马拉雅山脉冰川快速消融；世界最主要的十大沙漠中有七大沙漠集中在这一地区（撒哈拉沙漠、阿拉伯沙漠、利比亚沙漠、戈壁沙漠、鲁卜哈利沙漠、大沙沙漠、塔克拉玛干沙漠）（见图10—2—3）；该地区还是全球大宗粮油作物的主要生产区，以及强厄尔尼诺现象多发地区。

"一带一路"沿线干旱、荒漠、高山、严寒和珍稀生物生存环境保护等生态约束性因素强度高，对"一带一路"建设有着十分重要的影响。

同时，"一带一路"沿线国家和地区是人类活动比较集中和强烈的地区。沿线地区国土面积不到世界的40%，人口却占世界的70%以上，人口密度比世界平均水平高出一半以上；沿线地区年水资源量只有世界的35.7%，但年水资源开采量占世界的66.5%；沿线地区使用了世界60%以上的化肥，对水资源和水环境的压力远高于世界平均水平。

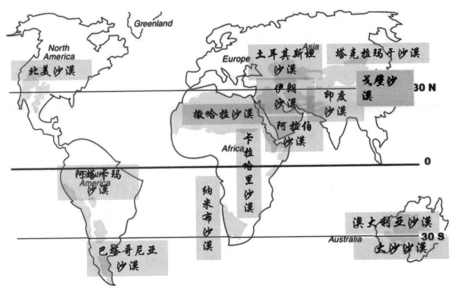

图 10—2—3　全球十大沙漠示意图

（二）资源环境综合绩效堪忧地区

"一带一路"沿线国家和地区资源环境综合绩效表现堪忧。资源环境综合绩效指数（REPI）直观反映着经济发展与资源环境代价之间的关系。REPI 系一个国家或地区多种资源消耗或污染物排放绩效与全国或世界相应资源消耗或者污染物排放绩效比值的加权平均，REPI 指数与资源环境综合绩效水平成反比。有关机构曾对全球大部分国家做过资源环境综合绩效排序，在全球 81 个国家资源环境综合绩效排序中，排在后十名的有七个是"一带一路"沿线国家，排在后五名的依次是伊朗、埃及、乌兹别克斯坦、中国和越南，资源环境绩效指数分别为世界平均水平的 2.7～5.2 倍，中国的资源环境绩效指数表现为世界平均水平的 5.0 倍。总体上看，"一带一路"沿线国家经济发展水平较低，GDP 总量约占世界的 1/3，而人均 GDP 只有世界平均水平的一半左右。在经济结构中，农业和工业增加值比重远高于世界平均水平，服务业增加值比重则远低于世界平均水平。"一带一路"沿线国家和地区粗放的经济发展方式亟须发生根本性改变。

（三）生物多样性丰富、生态灾害高发

"一带一路"沿线国家和地区生态系统表现多样、地带性明显、区域差异极大。区域内的东南亚—南亚和西伯利亚等地区作为全球生物多样性重要区域，生物保护工作尤其值得关注。生物多样性是人类生存保障之基，是经济社会可持续发展之本，是生态安全保障和粮食安全之根。"一带一路"沿线拥有世界上最高的山脉、全球极为重要的雨林复合体系、珊瑚礁石占世界总量的半

数以上、复杂多样的岛屿星罗棋布。但由于历史上长期遭受殖民统治等原因，加上近年来经济发展中对生态的严重破坏，尤其是中南半岛国家，不少地区还保持着刀耕火种的耕作方法，对生态环境造成严重破坏。世界上有近三成的热带雨林分布在东南亚—南亚地区，该地区有四个世界上森林减少速度最快、年减少面积最多的国家：泰国515300英亩、缅甸400500英亩、马来西亚396000英亩、菲律宾316100英亩。森林锐减，导致水土流失严重、土地荒漠化加剧、环境不断恶化、土地数量减少、次生灾害频发。该地区占世界39.1%的哺乳类物种、32.2%的鸟类、28.9%的鱼类和27.8%的高等植物面临生存威胁。沿线地区不仅是世界生物多样性和珍稀动植物丰富地区，也是濒危动植物保护重点地区。

进入21世纪后，"一带一路"沿线国家和地区遭受重大自然灾害的频率和受灾程度急剧攀升，在过去20年，全球自然灾害造成的经济损失中，亚太损失额约占总额的一半，亚太地区遭受自然灾害的概率是非洲的4倍、北美及欧洲的25倍，是20世纪80年代的近7倍。2014年，全球226起自然灾害中半数发生在亚太地区，其中85%为严重的跨境风暴、洪水和山体滑坡，共造成6000多人死亡，7960万人受灾，造成约6000亿美元的经济损失。亚洲地区在经济增长过程中，自然灾害发生的危险日益加大，"引领全球经济的亚洲面临最大的自然灾害危险"。沿线地区尤其是东南亚、南亚、中亚等地区，正遭受着多种毁灭性自然灾害。随着"一带一路"战略深入实施，我国积极参与国际灾难救援和减灾行动，获得了丰富经验和广泛认同。

随着"一带一路"建设的加快，沿线国家和地区信息交换机制也在逐步完善，联合预警和疏散机制进一步加强，跨区合作和应对措施有效强化。我国也将更加积极参与国际防灾减灾项目，彰显大国担当，深化"一带一路"沿线国家和地区合作与共同发展。

三、发展机遇

面对全球经济下行的大背景，"一带一路"战略首先为沿线国家和地区摆脱困境、实现经济繁荣提供了发展新战略；面对沿线国家和地区粗放低效的经济运行模式，"一带一路"战略为整个区域提供了节能减耗、实施转型发展的新机遇；面对国际社会不平衡发展加剧、亚太地区发展形势严峻，"一带一路"战略为沿线国家和地区提供了共同携手面对未来的多赢发展新平台；面对亚太国家及全球对外贸易下滑、产业资金短缺，"一带一路"战略立足周边、辐射亚太、面向全球，将大力推动建设高标准的自由贸易网络系统。

（一）发展新机会，转型新空间

"一带一路"战略为整个世界，尤其是亚太地区和"一带一路"沿线国家和地区提供了一个崭新的发展机遇。中国长期积累的对外经济资产有近6万亿美元，但至今直接投资尚不足1万亿美元。通过"一带一路"共建，"我们将从中国视野转变到全球视野来配置我们的资本，来配置我们的市场，来配置我们的服务，来配置我们所有的生产要素"，为各相关国家和地区的共赢创造发展新机遇：加速"一带一路"沿线广大发展中国家的工业化和现代化进程；帮助发展中国家解决基础设施等瓶颈问题，推动全线基础设施建设加速升级；加速全线发展中国家和地区摆脱贫困；加速中国优质要素大跨度流动，促进发展中国家落后产能的加速转型，助推全球产业的良性互动；促进全线发展中国家的快速发展，为发达国家提供超乎想象的巨大市场。"一带一路"战略，直接影响着中国发展，深刻促进着沿线国家经济建设，全面影响着全球经济发展。"一带一路"建设将从多个维度推动全线转型发展进程。

1. 加速全球"一带一路"经济贸易轴心建设发展进程。长期以来，全球经贸市场有两个区域特征明显的贸易中心："欧洲—大西洋"（欧大）贸易轴心、"亚洲—太平洋"（亚太）贸易轴心。21世纪以来，以亚洲地区为引领，拉美、非洲地区等一大批发展中国家和新兴经济体整体性发展壮大迅速，成为世界经济发展最突出的亮点。随着"一带一路"建设的深化，沿线国家和地区以及广泛的关联国家和地区所形成的世界经济贸易轴心市场将加速凸显。

2. 全球价值链重构，为沿线国家产能"低成本"发展提供转型支撑。我国大量的优质产能为进一步深化国际产能合作提供了坚实保障，中国已经成为沿线许多国家最大的贸易伙伴、最大的出口市场和最主要的投资来源国。有资料显示，在世界136个国家工业竞争力指数排名中，我国位居第七位、制造业净出口位居世界第一位。随着我国产业升级以及工业化进程的深化，我国在高端装备系统集成等领域形成了较强的技术创新能力和产业优势。中国"走出去"建设实现了"两大转变"：从单一产品输出转变为成套输出，从设备输出转变为整体解决方案的输出。"两大转变"的顺利实施将为沿线国家产能的整体优化提供便捷和"低成本"的服务。

3. 提供公允发展的国际公共产品，规避全球价值链"中低端锁定"风险。"一带一路"多数国家在全球经济贸易分工中处于全球价值链的"中端"或"低端"，甚至在世界新一轮分工中有被"低端"锁定的风险，除去历史原因，最主要的原因之一，就是国际经贸合作秩序失衡，国际经贸机制亟须转型。"一带一路"建设作为一项与时俱进的国际公共产品，其本质是为本地区乃至全球社会经济的可持续发展提供"共商""共赢"的选择。在"一带一路"发展中，我国将优先发挥经济体量的绝对优势、技术水平较高的科技优势、长期以来经济社会改革发展的经验优势、深化改革转型发展迸发的持续增长优势，同沿线国家和地区一起推动国际区域合作新框架、构建新型"经贸协同战略"，加速实现沿线公允的转型增长。

（二）合作新通道，一体化新未来

"一带一路"共建，正在迅速从一个美好的愿景成为沿线国家和地区的共同行动，逐步开始发挥经济带动作用。从国内各地区看，参与"一带一路"战略的眼界在放宽、行动在加速，"中国风国际味"更加浓郁；从国际合作看，以中巴经济走廊为代表的重大战略国际合作项目在有序展开，以周边国家为基础、以沿线为根本的全新合作通道共识更加深化，"一带一路"沿线国家和地区国际经济贸易合作一体化建设加速发展。

1. 发挥资源禀赋，深化利益共识，推动一体化合作。从资源角度看，推进"一带一路"建设，有利于沿线国家和地区更充分地利用国际市场和国际资源，进一步拓展沿线国家发展空间；在全球经济景气指数持续走低、传统能源与新能源供需市场竞争加剧的大背景下，"一带一路"共建有利于"令世人看好""一枝独秀"的中国经济与沿线国家和地区经济共同发展，实现共同繁荣；在全球贸易格局转型、国家贸易保护主义抬头背景下，"一带一路"共建有利于形成范围更广、领域更宽、层次更深的国际区域经济一体化新合作；在世界市场石油等大宗能源商品跌宕进一步加剧的背景下，"一带一路"建设有利于在实现我国能源资源来源多元化的同时，深化我国同产油国的贸易合作、提升国家间经贸战略水平，强化中国战略主动性和抗风险能力。

2. 提供绿色发展空间，强化生态型增长驱动。"一带一路"沿线国家和地区总体上以发展中国家为主，资源消耗和污染物排放短期内难以有效遏制，随着经济的进一步发展和生活水准的提升，对生态环境脆弱的沿线国家和地区而言，资源环境压力仍将不断加大，沿线国家保持可持续发展依旧面临十分严峻的形势。生态环境的脆弱性是"一带一路"投资建设的风险所在，也是实现沿线可持续发展的关键因素之一。绿色发展是"一带一路"建设的宗旨之一，随着"一带一路"建设的深化，将为沿线国家和地区在绿色发展领域提供广阔的合作空间。从全球绿色能源和生态型新动力来看，无论从发展驱动的供给侧还是动力能源的消费侧，全球都在加速绿色能源的发展、加速生态型增长驱动。

3. 提升责任大国形象，强化"关键区域"发展。担当大国责任，提升大国形象，是我国推动"一带一路"建设深化的关键之一。从建设独立自主"站起来"的新中国到逐步"富起来"的全面开放的中国，我国政府有着充足的底气，通过"一带一路"建设，向世界宣示和树立"担当大国"和"责任大国"的国际形象。在大国形象建设过程中，我们需要创造机会，抓住机会，强化世界"关键区域"和"焦点地区"的发展与建设，深化"关键区域"和"焦点地区"的战略关系。例如，有着世界四大中心之称的中东（能源中心、通道中心、宗教中心、战略重心）是世界极其重要的"关键区域"和"焦点地区"，强化"一带一路"与其之间的建设并为其提供适当的发展机会，对于"一带一路"的深化助益良多。

第三节　发展差异分析

进入 21 世纪以来，由于"守成大国"过度炫耀"智慧"、过度纵容"虚拟能力"、过度追求自身"不劳而获"的"幸福成长"，造成全球金融近乎崩盘，致使全球经济增长陷入下沉空间，在世界的上空持续弥漫着"难见放晴"的阴云。可喜的是，以中国为领、以亚洲为基的发展中国家和地区实现了持续的中高速增长，为世界发展带来了希望之光。中国等发展中国家为全球 GDP 增长的贡献率接近 60%，中国对全球经济贡献率占三成以上、印度贡献近 16%、东盟国家贡献 8%，持续高于美国等发达经济体，这一趋势在可预见的未来将持续保持，几乎将成为世界经济发展的"新常态"。由于中国、印度和巴西等国的经济迅速增长，人类发展指数（HDI）取得较大进步，其中仅中国一个国家就有超过 5 亿人脱离贫困。全球还有 40 多个发展中国家具有较高的经济活力，帮助数亿人摆脱了贫困，并推动数十亿人成为全球新的中产阶级。联合国在《人类发展报告》中表示："历史上从未有如此多的人的生活条件和前景出现如此迅速巨大的改变，世界正在见证一个划时代的'全球再平衡'。"

一、发展差异明显，推动共赢发展

"一带一路"沿线国家和地区发展水平参差不齐，"一带一路"建设深化将为沿线所有国家和地区提供崭新的合作机遇，推动合作共赢。目前，"一带一路"地区货物和服务出口占世界 23.9%，经济规模达 21 万美元，占世界份额达 29%，覆盖人口 44 亿人，占世界总人口 63%。但总体而言，"一带一路"沿线国家经济发展水平较低。GDP 总量约占世界的 1/3，人均 GDP 只有世界平均水平的一半左右。

（一）粗放式经济发展方式亟待改良

总体来讲，"一带一路"沿线国家和地区粗放式经济发展方式占比较高。"一带一路"沿线国家之间发展水平差距巨大、收入贫富不均严重，高收入国家（人均 GDP 在 12476 美元以上）人口约 3 亿，占 6.9%（见图 10—3—1）；低收入国家（人均 GDP 在 1045 美元以下）人口约 2.9 亿，占 6.7%（见图 10—3—2）。

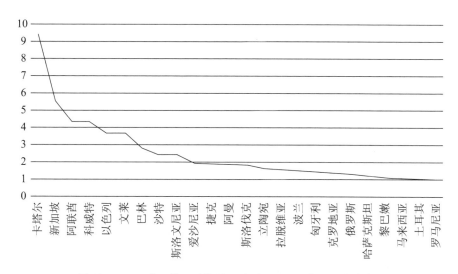

图 10—3—1 "一带一路"地区人均 GDP 万美元以上分布图

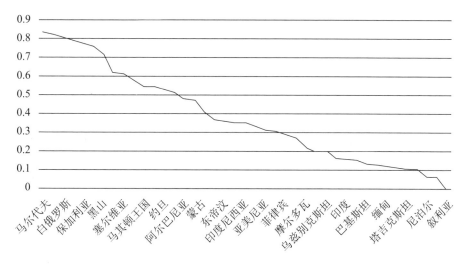

图 10—3—2 "一带一路"地区人均 GDP 低收入国家分布图

中等及中等偏下收入国家（人均 GDP 在 1046～4125 美元）人口约 23.9 亿，占 55.2%（见图 10—3—3）。但即便是高收入国家，大多以能源出口为主，产业结构单一，不利于可持续发展；沿线局部战乱频发、区域性冲突危险加剧、一些国家内战不止，部分地区市场秩序紊乱，亟待完善。其中，有几十个经济体尚不是WTO成员，有的国家受到国际社会制裁，市场秩序和市场信用比较差，国家发展风险高。

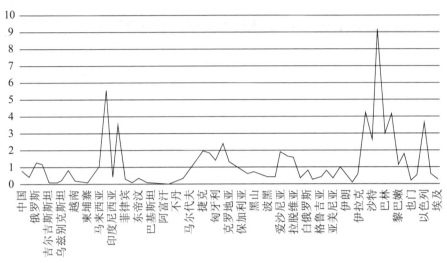

图10—3—3 "一带一路"中等收入国家和地区分布图

（二）经济结构亟待转型，高附加值产业亟待提升

"一带一路"沿线国家和地区经济发展结构中，农业和工业增加值比重明显高于世界平均水平，而服务业增加值比重明显低于世界平均水平，沿线地区人均产值不足世界的一半，但是该地区在过去的20多年里保持快速的增长态势，在全球经济增长中一路领先，其GDP年均增长率约为世界平均增长率的2倍。该区域是世界经济最具活力的地区，沿途多为新兴发展中国家，后发优势普遍强劲，转型发展愿望强烈，社会生活改善诉求强劲，发展空间普遍较大，多数进入上升通道。中国与该地区经贸合作密切，近10年来贸易年均增长约20%。"一带一路"战略的实施，催生了欧亚非极为庞大的市场空间，提供了更为强劲的增长动力，推动着沿线国家经济结构的优化与转型。

二、西亚、北非经济现状

国际社会所指的中东国家和地区，一般泛指西亚北非地区（见图10—3—4）。西亚北非地区的自然和人文特征有着极高的相似度，通常统称之为阿拉伯世界。西亚包括伊朗高原、阿拉伯半岛、美索不达米亚平原、小亚细亚半岛，约由20个国家和地区组成，总面积718万平方公里，约占亚洲总面积的16%，该地区人口约为3.42亿，阿拉伯人约占1/2以上，是世界阿拉伯人主要聚集区之一。除土耳其、伊朗等少数国家外，大多国家和地区人口均低于 1000 万；北非通常指占据着非洲黄金地带——大西洋和地中海沿岸的国家和地区，包括埃及、利比亚、突尼斯、阿尔及利亚、摩洛哥，总面积 837 万平方公里，人口1.7 亿，70% 以上为阿拉伯人。

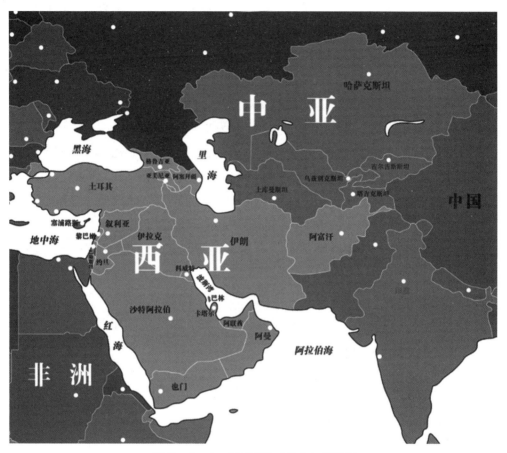

图 10—3—4 中亚西亚（北非）示意图

西亚北非国家单从 GDP 总值和人均 GDP 来看，全球排位超前，颇为耀眼，远远领先于 "一带一路" 其他区域。随着经济的发展，该区域国家外汇储备也实现了大幅提升。2014 年，西亚国家的外汇储备是 2000 年的 10.9 倍。2016年，单沙特一个国家外汇储备即达到 6268 亿美元。排在中国和日本之后，居世界第三位。西亚北非地区作为资源地引人注目，伴随着这一地区人口的持续增加和丰富的油气资源支撑，基础设施建设愈加活跃、消费能力看涨。从长远发展来看，该区域大多数国家依赖 "三驾马车"：石油出口、旅游发展和外资投入实现国民经济增长。但各国经济结构相对单一，抵御外界风险能力较差，经济增速非常不稳定。自 2014 年 6 月下旬以来，国际油价持续下跌，使该地区经济发展出现了较大震荡。

（一）资源十分丰富，贫富十分不均，经济十分脆弱

该地区矿产资源十分丰富，出现了众多资源立国的高收入国家。2015 年，西亚 20 个国家和地区人均 GDP 达到 3.13 万美元，人均 GDP 1 万美元以上的国家占一半，是世界上高收入国家最为密集的地区。按照世界银行公布的高收入国家标准，西亚地区有 9 个国家达到了高收入标准。但同时，该地区国别经济不平衡性体现得更加明显，2014 年，卡塔尔人均 GDP 甚至达到了 254219.88 美元，创造世界人均国民收入最高之最，而格鲁吉亚仅为 3581.18 美元。中东地区经济的另一显著特点是，基础设施相对落后，轻工业基础薄弱，经济以能源出口为主要支撑，经济对外依附严重，经济发展风险巨大。该地区大多数国家近几年经济数据都在增长，但经济体量位居前几位的国家近几年经济发展形势都不理想，甚至出现了负增长，该地区经济的脆弱性充分显现。同时，由于长年不断的战乱、油气资源的无度开采、淡水资源的异常短缺致使该地区成为世界上环境污染和生态恶化的重灾区，面临严峻的全球治理压力。

（二）世界古文明重要发源地，全球宗教地位凸显，区域战略地位异常重要

从人文历史和区位视角看，中东地区拥有"三多""三中心"的显著特点。

1. 中东地区"三多"。一是人种多：中东地区主要以白种人为主；二是民族多：该地区阿拉伯人占六七成，是世界阿拉伯人主要聚集区之一，集中分布阿拉伯半岛、美索不达米亚平原和地中海沿海各国。小亚细亚半岛多为土耳其人，伊朗高原以波斯人为主，以色列主要是世界犹太人的聚居区（约占全球 83%）。塞浦路斯主要由希腊人和土耳其人组成，外高加索地区居住着阿塞拜疆人、格鲁吉亚人和亚美尼亚人等；三是宗教信仰多：中东地区主要信仰伊斯兰教、犹太教和基督教，另外还有犹太人信仰犹太教，黎巴嫩的阿拉伯人信天主教与基督教的占多数。

2. 世界"三大中心"。一是古文明重要发源地中心：阿拉伯高原、伊朗高原、安纳托利亚高原，以及幼发拉底河和底格里斯河形成的西亚中东地区共同孕育了古巴比伦文明，尼罗河谷地孕育了古埃及文明，为世界文明史作出过重大贡献；二是世界重要宗教中心：在两大文明的交汇点，亚洲、欧洲和非洲交接处又产生了世界三大宗教（犹太教、基督教和伊斯兰教），有世界三大宗教圣地之称，全球宗教地位极其突出；三是全球战略地位枢纽中心：曾经孕育过古巴比伦王国和以"空中华园"为中心的整条"新月沃地"是西亚中东地区的中心地带。"新月沃土地带"有西亚、北非地区约旦河、幼发拉底河和底格里斯河三条主要河流流域及附近一连串肥沃的土地组成，这片土地西起地中海东岸东至波斯湾，包含叙利亚沙漠、阿拉伯半岛（Jazirah）及美索不达米亚平原，面积四五十万平方公里、人口 4000 万~5000 万。"新月沃地"国家地缘中心在叙利亚，即中东"地缘枢纽"，其周围以此分布着该地区另外三个最重要的国家：土耳其、伊朗和沙特阿拉伯（见图10—3—5）。

图10—3—5 "新月沃地"地缘关系示意图

该地区历史包袱沉重、热点问题成堆、世界战略地位突出，长期吸引着全世界的目光，全球性影响日益高涨，世界地位日趋重要。

（三）内部危机加剧，地区协调性趋强，大国博弈强度剧增

由于历史原因和世界多种力量的介入，该地区"旧仇未解、又添新恨"，内部危机和冲突不断加剧："伊朗核问题"长期悬而难决，引起相关国家冲突的可能性依然较大；"叙利亚危机""伊拉克问题"冲突一时难以湮灭，冲突升级的可能性依然较大；"ISIS"等地区恐怖主义泛起、极端分子冲突升级，严重威胁整个地区安全并呈现出向域外加速渗透的趋势；"阿以争端"延续了几个世纪，具有地缘政治性强和国际政治性强等特点，严重影响地区和平与发展；"库尔德人问题"作为世界上最难消解的民族问题，长期困扰着伊拉克、土耳其、伊朗和叙利亚等国家，成为影响中东地区和平与发展最重要的问题之一。此外，还有许多国家高达两位数的失业率使西亚北非地区的危机进一步加剧。面对多重危机，在整个国际发展大势下，西亚北非国家建立了若干区域性政治组织，强化协调地区内部关系，试图减少内部战争和地区冲突，加强与外部世

界的沟通，增强在国际社会的声音。

（四）围绕该地区地缘政治、经济利益大国博弈加剧

大国或大国集团为实现在中亚西亚地区的地缘政治、经济利益，高举所谓"人道主义危机""大规模杀伤性武器"等大旗，扶植代理人甚至直接采取军事行动。"阿拉伯之春"成为名噪一时的所谓世界民主运动的样板，美国和欧洲国家推行的"颜色革命"成为中东地区动乱的最大祸根和强大的"国际动力源"。这一切都集中反映着大国和大国集团在该地区互不让步、愈争愈烈的博弈过程。当前的"叙利亚危机"和"伊拉克问题"，实际上是国际主体力量和大国（美俄欧）在处理中东问题上矛盾的进一步公开化。自中东爆发"阿拉伯之春"掀起所谓"颜色革命"以来，"伊拉克战争""利比亚战争"等战争接连发生。战争的结果，显然是世界霸权大国向西亚地区和所有中东国家发出最后通牒：要么跟我（美欧）走，要么灭亡。俄罗斯的军事强力介入实际上是在阻止"多米诺骨牌"效应下中东地区整体"美化"趋势。美国等霸权大国为谋求自身政治经济利益，力推"颜色革命"，致使该地区冲突一再加剧，置广大民众生灵涂炭、流离失所于不顾。在高喊"自由、民主、人权"口号的同时，却采用"武装屠杀"和"斩首行动"推翻"不听话"的政府，以期达到长期控制这些国家和地区的目的。伊拉克如此，利比亚如此，叙利亚也如此。

纵观世界历史，当经济发展到一个瓶颈或某霸权政治地位受到严重挑战时，"刀枪就会出库"，就会动用战争工具。长期以来，战争其实一直是列强强化自己在全球经济地位和政治地位的一张王牌，中东地区发生的战争，体现出强烈的全球政治霸权和战争工具之间极其明显的互动逻辑。

（五）强化地区政治稳定之本，抓住创新驱动之根

政治稳定是一个国家乃至地区经济发展的首要条件，而中东地区则面临着局势动荡、社会矛盾凸显等错综复杂的局面，多国形势呈恶化趋势。

1. 保持地区政治稳定性，避免政治冲突。2011年初至今的叙利亚战争更是加剧了整个地区的不稳定性，针对该地区出现的民族和宗教问题，各国从维护国家和地区稳定的大局出发，不断调整民族和地区政策，以适应形势发展的需要。强化推动各国实行民族和谐和民族平等政策，倡导文化多元化，实行民族文化自治，以宪法和宣言等多种形式对破坏国家稳定民族团结的活动给予制止和打击。只有解决政治问题，维护地区和谐稳定，中东地区的经济才能实现长期稳定有效的发展。

2. 小国大影响，富国谋创新。国土面积不大，但国际影响巨大；国民收入很高，创新发展动力很强。西亚地区的以色列、塞浦路斯、卡塔尔就属于这样的国家。卡塔尔经济虽然也是建立在资源基础上，但其国民收入和创新投入远高于其他国家，卡塔尔的创新驱动指标远远优于效益驱动型经济体。从价值链的宽度衡量，卡塔尔已成功进入世界前十大经济体行列、科研机构质量进入全球第16位，领先于韩国及中国台湾地区，企业研发支出居世界第八位，在吸引人才方面居世界领先地位；以色列是中东地区首屈一指的创新经济体，无论创新能力、科研机构质量、企业研发支出、百万人专利申请数量及科学家和工程师供应量等，其反映的国家创新素质和成就指标都名列世界前茅；塞浦路斯国土面积不足一万平方公里，人口仅100多万，但其百万人专利申请数量居世界第12位，甚至超过发达国家。

总之，西亚地区是全球经济发展的"能源库"，其一举一动关系着世界经济的发展；西亚地区是欧亚非地区和平的"压舱石"，其内部稳定能力对整个欧亚非大陆的和平至关重要；西亚地区还是世界大国博弈及其政治地位的"试金石"，也是列强经济霸权的"引爆点"。

三、东南亚经济现状

东南亚国家联盟（Association of Southeast Asian Nations），简称东盟（ASEAN），包括马来西亚、印度尼西亚、泰国、菲律宾、新加坡、文莱、越南、老挝、缅甸和柬埔寨。从地域角度看，东盟是"21世纪海上丝绸之路"的第一站；从经济角度看，中国与东盟互为重要经贸伙伴。东盟是中国周边外交和对外经贸合作的优先方向，是"21世纪海上丝绸之路"的必经之路，地位举足轻重。当前中国与东盟正在积极推进自贸区升级版谈判，深化"一带一路"建设。

（一）总体平稳增长，内部发展不均衡

东盟区域面积443.56万平方公里、人口6.25亿，是世界人口第三大地区、世界第七大经济体和世界第四大进出口贸易地区，也是发展中国家吸收外商直接投资（FDI）的主要地区。东南亚经济体增速相对平稳，但区域内各国经济发展不平衡（见表10—3—1）。

2015年在全球经济增长放缓的形势下，东南亚主要国家经济增速也普遍放缓。2016年，在全球经济持续疲软的背景下，东盟各国经济增速预计将略高于2015年，尽管中期经济增长前景仍不十分明朗，但经济普遍保持较强弹性。东盟地区2016年增长率为5.2%～5.6%，马来西亚为4%～5%、菲律宾为7%、新加坡为1%～3%、越南为6.7%，预计东盟地区将普遍实现适度增长。中国与东盟国家随着"一带一路"建设的推进，将优先推进铁路、公路、水运、航空等基础设施项目，优先实现人畅其行、货畅其流的一体化运输网络，提升东

盟国家全方位互联互通合作水平，推进该地区国家间的增长联动和平衡发展，实现东盟地区的利益融合与加速增长。

表 10—3—1　东盟十国人均 GDP 与世界排名

国家	人均 GDP（美元）	世界排名
新加坡	56319	8
文莱	36606	24
马来西亚	10803	63
泰国	5444	94
印尼	3533	116
菲律宾	2865	127
越南	2052	132
老挝	1692	138
缅甸	1221	151
柬埔寨	1080	156

（二）发展中国家步入转型增长通道

在全球经济回暖艰难的形势下，东盟多数国家经济保持了较为强劲的增长势头，一方面得益于本国实施积极政策推升内需，另一方面得益于中国经济稳中趋好的外溢效应以及美国经济止跌有回暖迹象等因素。中国等新兴经济体对世界经济回暖，尤其是对东盟国家转型增长的贡献愈发凸显。东盟国家和中国保持着密切的经贸往来，东盟地区也是中国对外投资的首选地区之一，对东盟各国的发展起到了非常积极的作用，尤为突出的是柬埔寨、老挝等发展中国家。柬、老两国自 2010 年以来均保持着较高的经济增长率，发展预期良好。

（三）中国—东盟合作步入新阶段

随着 2010 年初中国—东盟自贸区的全面建成，中国与东盟的经贸合作进入了新阶段。2014 年至 2015 年，双边贸易额持续保持在 4700 亿美元至 5000 亿美元之间，中国成为东盟第一大贸易伙伴，东盟成为中国第三大贸易伙伴。

2005 年 7 月 1 日是中国与东盟国家履行《货物贸易协议》降税安排的起点，2018 年 1 月 1 日、2020 年 1 月 1 日是中国和东盟新老成员国之间履行完成降税安排的关键时间节点。随着承诺的履行，中国与东盟国家的经贸合作将步入新的发展阶段。2013 年以来，中国—东盟技术转移中心以推动中国与东盟国家的技术转移与创新合作为目标，搭建平台、拓展渠道、组织活动，与柬埔寨、缅甸、老挝、泰国、印度尼西亚五国建立双边技术转移中心，大幅推动了中国与东盟各国的技术转移与合作。经过各方长期努力，2015 年底东盟共同体宣布正式建成，东盟要真正实现区域一体化的发展目标、实现区内政治安全同盟构建、实现生产要素自由流动、实现社会文化资源整合，唯有东盟各国共同推动"一带一路"建设，加强内部合作，完善协调机制，共同优化区域性制度安排，共同发挥"一带一路"平台效用，才能使东盟最终形成统一市场，实现可持续发展。

（四）东南亚地区典型国家

1. 老挝：地处内陆，基础薄弱，自 20 世纪 80 年代中期实行开放政策以来，政治经济环境取得较大改善，2011—2015 年，老挝的 GDP 平均保持 7.4% 的持续高速增长，人均 GDP 从 319 美元跃升至 1970 美元，预计下一财年（2015—2016 年）老挝的人均 GDP 将达到 2092 美元。老挝虽是世界上经济最不发达国家之一，但与中国经济拥有很强的互补性，发展空间巨大。目前中老关系进入了全新发展期，"好邻居、好朋友、好同志、好伙伴"是中老两国关系真实写照。"一带一路"深化将助推老挝从"纯内陆"国家转型为"全天候"国家，加速老挝的全面发展。

2. 柬埔寨：长期受战争影响，政局动荡、经济欠发达，基础设施落后、产业配套支持不足，这些特点既制约着柬埔寨的经济发展，又成为其发展经济的潜在因素。2010 年以来，柬埔寨经济持续保持着 7% 左右的年均高速增长，人均国民总收入自 2011 年的 910 美元预计跃升至 2016 年的 1325 美元。柬埔寨从一个最不发达国家，跃升为中等偏下收入国家，拥有良好的经济成长空间。在"一带一路"建设中，地处中南半岛的柬埔寨是重要支点国家。目前，中国已成为柬埔寨最大的投资来源国，至 2015 年末中国对柬累计协议投资额已超过110 亿美元。柬埔寨批准设立了九个特区，被誉为"柬埔寨的深圳"的西港特区，已成为推动"一带一路"建设与柬国"四角战略"的对接平台，进而构建成为一个崭新的国际投资贸易平台——"立足柬埔寨，辐射东盟，面向全世界"。

四、南亚经济现状

南亚地区是指喜马拉雅山脉以南的亚洲区域，总面积约 495 万平方公里，人口 15.64 亿。南亚包括印度、巴基斯坦、孟加拉、斯里兰卡、尼泊尔、不丹和马尔代夫，有时阿富汗也被算成南亚国家，而阿富汗北部则属中亚地区。因为历史、政治及宗教信仰不同等原因，该地区政局不太稳定，印度和巴基斯坦两国之间的矛盾最为显著，二战后曾经发生过五次战争与冲突，整个社会经济发展都深受影响。进入新世纪以来，在全球经济一体化驱动下，南亚地区经济增速趋升，在 2014 年第四季度成为世界上发展最快的地区之一，"一带一路"共建将使南亚地区经济发展发挥更多潜力。

（一）古文明源远流长，殖民历史带来地区发展隐患，严重制约经济社会发展

南亚既是世界四大文明发源地之一，又是佛教、印度教等宗教的发源地。自 1489 年葡萄牙人达·伽马首航印度后，西方殖民势力相继侵入这一地区。现在的印度、巴基斯坦、孟加拉和缅甸在殖民时代被称为"英属印度"。

1. 殖民地造成重大历史问题。在长达数百年的被殖民过程中，南亚悠久的文明历史被中断，经济发展处于相对停滞状态，使南亚成为世界上最贫穷落后的地区之一。二战以后，随着南亚民族独立运动的兴起，英国殖民体系开始瓦解。英国殖民当局采取"分而治之"的方法，于 1947 年 6 月提出了"蒙巴顿方案"。根据该方案，巴基斯坦和印度两个自治领地分别于 1947 年 8 月 14 日和 8 月 15 日成立，英国在印度的统治宣告结束。作为南亚地区两个最重要的国家，印巴两国历史积怨甚深，1947 年分治后始终不和，克什米尔问题是两国关系中的核心问题。印巴曾于 1947 年、1965 年和 1971 年爆发过三次全面战争。1971 年，因印度策动和支持东巴（今孟加拉国）独立，巴基斯坦与印度断交。1999 和 2013 年，印巴两国再次发生交火事件，双边关系雪上加霜。由于英国的长期殖民统治以及后来实行的"分而治之"政策，南亚国家从独立起，就存在许多复杂的地缘政治问题，诸如克什米尔问题、俾路支斯坦问题、印中边界问题等。这些问题与种族、民族、教派等矛盾交织在一起，再加上冷战时期美国、苏联在南亚地区的渗透和争夺，使南亚地区在战后数十年间长期动荡不安。虽然 40 多年来南亚各国不断进行双边谈判，但许多问题始终没有得到妥善解决，这些问题至今直接影响着南亚各国的稳定与发展。

2. 贫困人口巨大严重制约发展。南亚人口约占世界总人口的五分之一，是世界上人口最密集的地区，同时也是继非洲撒哈拉地区外全球最贫穷的地区之一。南亚和撒哈拉以南非洲地区的贫困率居高不下，2011 年，这两个地区在世界 10 亿贫困人口中占 8.14 亿人（世界银行数据），预计到 2030 年仍可能在全世界 4.12 亿贫困人口中占 3.77 亿人。长期的殖民地统治和地区动乱是产生数量巨大贫困人口的主要因素，是南亚发展面临的严峻挑战。

（二）发展潜力巨大，基础困难亟待破解

21 世纪以来，南亚地区在印度强劲扩张推动下，借用世界低油价利好，经济持续加速增长。

1. 南亚地区发展潜力巨大。由于所有南亚国家都是石油净进口国，南亚成为全球低油价的最大受益地区。通过增加投资和拉动消费，南亚经济增长预计将从 2015 年的 7% 稳步上升至 2017 年的 7.6%（世界银行数据），鉴于印度在南亚地区 GDP 所占比重，印度增长加速将对地区产生直接影响，整个南亚地区将进入上升空间（见图 10—3—6）。

南亚实际 GDP (市场价，按日历年) 百分比变化	2013 6.3	2014 6.8	2015 7.0	2016 7.4	2017 7.6
南亚地区经常账户余额 (GDP 占比，日历年)	-2.1	-0.8	-0.8	-1.5	-2.3

实际 GDP 增长 (市场价，按财年)	2013	2014	2015	2016
阿富汗	3.7	2.0	2.5	5.0
孟加拉	6.0	6.1	5.6	6.3
不丹	2.0	5.2	6.7	5.9
印度	6.9	7.2	7.5	7.9
马尔代夫	4.7	5.0	5.0	-
尼泊尔	3.9	5.5	5.0	5.0
巴基斯坦 *	3.7	4.1	4.4	4.6
斯里兰卡	7.3	7.4	6.9	6.6

图 10—3—6　南亚地区经济增长图

在石油与粮食价格下跌的综合影响下，南亚在不到一年的时间里从通胀率最高的发展中地区变成几乎没有通胀的地区。大多数国家的经常账户盈余较大。印度资本流入在 GDP 中的占比从 1.9% 上升至 3.4%，但波动较大的证券投资目前在总额中的比重加大。该地区普遍建立了外汇储备缓冲，包括已走出危险区的巴基斯坦。2016 年底，世界银行发布"南亚促进出口竞争力报告"，称如果巴基斯坦及其南亚邻国制定并执行一系列促进营商环境、融入全球价值链及提升企业能力的经济政策，则该地区将成为全球出口增长最快的地区。印度、巴基斯坦和斯里兰卡等国家通过解决增长的关键制约因素，实现了财政增长。面对不利的发展因素，南亚地区，在油价下跌和粮食低廉等一系列利好下，呈现出巨大的发展潜力。

2. 基础设施严重落后。南亚地区基础设施普遍落后、资金储备不足、政局不稳、贫困人口数量巨大以及环保有待加强等一系列现实问题。目前，南亚大部地区电力供应严重短缺，大批人口不能拥有安全的饮用水，不少地区不具备污水处理系统。南亚地区要实现发展目标和共同繁荣，就必须将基础设施建设放在头等重要的位置。南亚地区城市对基础设施与公共服务的需求巨大，到 2020 年，南亚地区需要投入 2.5 万亿美元进行基础设施建设（世界银行数据），以满足该地区日益增长的人口需要。南亚地区的城市化水平在亚洲和全球均处于较低水平，但南亚地区却出现了工业化水平和经济发展严重脱节的情况，城市化过度与贫困化严重并存。印度表现得最为明显，2014年该国高达17%的城市人口居住在新德里、孟买、加尔各答和班加罗尔等四个人口规模在1000万以上的超级大城市中。过度城市化致使整个南亚地区出现全方位压力，社会不稳定因素增加，这也成为影响南亚地区发展的核心问题之一。

（三）合作机遇及其独特地位

"一带一路"建设中一个重要的战略实施方向，是中国至东南亚、南亚、印度洋，进而延伸至欧洲，南亚国家在"丝绸之路"中占据关键节点。南亚密集的人口、极其重要的区位、极其深厚的发展潜力，使南亚在"一带一路"建设中占有特殊重要的地位。面对南亚复杂的国际环境和沉重的历史包袱，"一带一路"建设在推进中必将存在一定的风险，但鉴于南亚迫切的发展需求，"一带一路"建设将为南亚带来重大合作机遇，极大推动南亚经济与社会发展、安全与政治稳定。南亚的合作与发展可能创造中国与周边国家和地区战略互动新范式，从而使南亚地区在"一带一路"建设中更具特殊意义。

1. "一带一路"战略在南亚实施，带来多重发展契机。中国与南亚主要国家保持着持续稳定的互动，随着"一带一路"建设的深入实施，将为南亚国家带来多重发展机遇：一是众多投资机会。南亚地区普遍对基础设施和公共服务有着强烈的需求，成为与南亚地区战略合作的关键领域；二是推动转型机会。以印度为先导，正从消费主导型转向投资主导型增长模式，将为广大南亚地区提供普遍范式；三是城市发展机会。南亚地区普遍在加速城市化进程，城市建设问题及发展问题为"一带一路"共建提供了巨大合作空间；四是脱贫发展机会。中国有效地解决了五六亿人口的贫困问题，不仅为南亚地区大量贫困人口的脱贫提供了成功案例，更为南亚地区脱贫致富提供了难得的机遇；五是深化合作机会。中国庞大的产能与南亚地区形成了庞大的共同市场。加速对外贸易和出口加工业发展，促进外国投资流入，进一步加快当地经济发展步伐，为中国—南亚深化合作提供了崭新机会。

2. "一带一路"战略在南亚实施的独特性。南亚拥有地理上的极大便利，在"一带"和"一路"两个方向都具有巨大发展潜力。但囿于地缘政治现实，阿富汗问题仍存较大的变局、伊朗仍然受西方主要国家的制裁，使南亚在陆路方向的发展受到较大制约。在"一带一路"战略推行中，"陆丝"依托中国—中亚—西亚、中国—中南半岛等国际大通道，"海丝"依托中国沿海港口过南海到印度洋延伸至欧洲、中国沿海港口过南海到南太平洋。从两大主要"路径"来看，欧亚大陆方向并不与南亚过密对接。从两大"海径"上看，印度洋延伸至欧洲的路线对南亚的依托性也不甚紧密。因此，南亚作为一个独立变量存在的可能性较大，南亚地区与"一带一路"建设的关联性很大程度上取决于中国与相关国家的良性互动。在"一带一路"共建中，还需要相应的特殊合作计划和建设策略。综合来看，南亚是中国近年来经营较好的临边地区，形势相对稳定，部分地区的动乱局面总体上也在向着良性方向转化，包括长期遭受战乱的阿富汗。中国周边战略是"一带一路"战略的重要组成部分，"一带一路"发力的逻辑起点也是中国周边地区，相对比较稳定的南亚地区具备优势条件和独特机会成为"一带一路"战略的重要推进区域和优先区域。

（四）南亚地区典型国家的发展

印度与巴基斯坦是南亚地区大国，对南亚发展拥有极其重要的影响，在世界发展格局中也拥有越来越重要的地位。

1. 印度：印度国土地面积 298 万平方公里，排名全球第七。人口总数 2016 年底已接近 13.1 亿，人口数量名列全球第二，仅次于中国。印度庞大的国土面积和庞大的人口数量使其成为南亚次大陆举足轻重的政治力量。

重要的发展中国家。印度是金砖国家之一，也是当今世界上发展最快的国家之一。虽然印度三分之二人口仍然直接或间接依靠农业维生，但近年来服务业增长迅速，已成为全球软件、金融等服务业重要出口国。印度工业主要包括制造业、电力、矿业、纺织、食品、精密仪器、汽车制造、软件制造、航空和空间等行业。1991 年印度政府实行全面经济改革，经济发展速度引人注目。印度在天体物理、空间技术、分子生物、电子技术等高科技领域都已经达到相当水平。印度的旅游业和服务业也比较发达，在国民经济中占有相当大的比例。

经济增长取得巨大成就。近几年来，数亿印度人的生活水平出现了明显改善。若以同等购买力来衡量，印度 2011 年国内生产总值为 4.457 万亿美元，与日本并列世界第三，仅次于美国、中国。但是若以美元汇率评估，印度的国内生产总值仅有 1.676 万亿美元，世界排行第 11 位，和人口只有 2300 万的澳洲相差无几。作为南亚的超级大国，印度 2010—2013 年经济平均增速超过 7.2%，2014 年有所下滑。2015 年印度调整了 GDP 的计算方式，计算 GDP 的基准年份从 2005 年后移至 2012 年，生产成本计价也改为市场计价。计算方式调整产生的直接结果：2013/2014 财年的 GDP 增速从此前的 4.7% 大幅上涨至 6.9%（见图 10—3—7）。

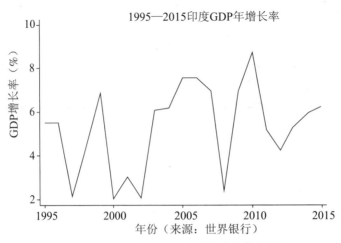

图 10—3—7　近年印度经济增长率变化趋势图

　　贫富差距巨大，基础设施严重落后。印度经济发展迅速，但贫富差距极大、基础设施极度匮乏。一直以来，印度城市数量持续增加、城市化水平持续提高，城市基础设施建设和公共服务供给却严重不足，仍有 16% 的城市人口没有自来水饮用，54% 的城市居民生活中没有排污系统，住房缺口十分巨大。

　　印度与"一带一路"建设。印度是南亚的核心大国，居于次大陆中心地位，其特殊的地理位置造就了南亚特有的地缘政治格局，即印度和所有其他南亚国家都交接相邻，而这些国家相互之间大部分都不接壤。在所有南亚国家中，印度与中国有着最长的陆地边界。作为中国西南边疆最重要的邻国之一，印度的动向对"丝绸之路"建设意义重大。与印度关系密切的是"孟中印缅经济走廊"（BCIM 倡议），印度有所迟疑，主要原因包括：一是安全方面。孟中印缅经济走廊的一个标志性推进节点，是从昆明到加尔各答的通道，通过两点将四国连接，这个巨大的项目将涉及印度敏感的东北部地区。该地区和中国有边界纠纷，同时该地区其他邦还存在较多反政府武装力量。印度对开放边境地区心存疑虑；二是社会震荡。由于地理原因，印度东北部与印度本土通过一条狭窄的走廊相连接，陆路交通极其不便，这使得印度政府对该地区的管辖相对较弱，发展严重滞后。印度政府在东北部地区基础设施建设多用于军事目的。"BCIM"这一重大地区性国际合作项目引起的经济发展和社会震荡效应，使印度政府举棋不定；三是印度政府以捍卫自身利益为行动首要原则。印度虽然重视经济发展，但在和强者合作与竞争中，对保护印度各种利益保持警惕，尤其是涉及地方产业和当地就业等；四是地方政府拥有较大的经济自主权。在国际合作中，地方政府因利益不同，制造各种障碍迟滞政府主张和法令的情况时有发生。这种案例在印度司空见惯，对"一带一路"战略的实施亦会产生一定的消极影响。

总体讲，印度对"一带一路"战略反应积极。尽管存在一系列历史的、现实的掣肘因素，印度对"一带一路"安排总体表现积极，特别是印度在2012年就首先提出的"金砖"发展银行倡议，现已进入实施阶段。虽然该银行总部设在上海，但总裁由印度人担任。中国倡议的"亚投行"，印度亦积极加入，是首批创始成员国。此外，对"丝路基金"等与"一带一路"有关的金融安排，印度都持积极态度。印度清晰地认识到亚洲新一轮开发计划已经上路，赶上这班车显然是印度既定目标，并且要立志成为这一班车的主力军，更要成为其受益者。

强化互信，共赢未来。"一带一路"战略的南亚方向与印度洋的互联互通紧密相连，在印度洋的交集将愈发增多。中印两国建立足够的相互信任是双边关系的关键。由于种种原因，中印相互信任机制尚未有效建立，也没有相应的时间表。但早在近20年前中国领导人访问新德里时强调，一些问题没有解决并不妨碍两国发展正常的国与国关系，也不影响双方在其他领域的合作。新世纪以来，中印关系的发展印证着这个方针的正确性，这个政策一直作为中国对印度政策的基石。中印两国在许多领域已经建立起多种合作机制，经贸发展更是一路高歌。在国际舞台尤其是发展中国家发展问题上，有着共同的重大关切。这一切，客观上为中印双方建立互信铺垫着愈发有利的条件。中印两国都有过被列强欺侮的历史，并且迄今深受殖民统治遗留问题之害。当今世界，面对"守成大国"的世界霸权，中印两国有着共同的国际责任。历史印证过去，未来照亮现实，共赢书写愿景。可喜的是，印度现任政府以发展为己任，中印之间的发展与合作有着超越"太平洋"＋"印度洋"般的广阔空间。

2. 巴基斯坦：巴基斯坦人口1.97亿是南亚次大陆第二大国，人口仅次于印度。巴基斯坦拥有多元化的经济体系，是世界第25大经济体。在欧亚海陆连接中拥有极其重要的战略地位，在"一带一路"建设中拥有不可替代的战略地位。

经济稳步趋增，亟待解决发展制约因素。截至2007年，巴基斯坦的年平均经济增长连续四年达到7%。作为1947年独立时一个极度贫穷落后的国家，在其后的40年中取得了高于世界平均增速的经济成就。近年来，巴基斯坦调整了20世纪90年代导致经济减速的系列政策，实现了经济增长率的稳步增加。但同时，巴基斯坦的经济发展仍然面临一系列的制约：一是农业大国，农业贡献率低。农业贡献仅占国内生产总值的20%，全国可耕地面积5768万公顷，其中实际耕作面积2168万公顷，农业基本靠天吃饭，对全国其他产业的发展造成严重的影响；二是经济结构不合理。农业在国民经济中所占比率较高，工业比率偏低，服务业在国民经济中占比过大。服务业的比重，在农业和工业水平还较低的情况下，过早超过了工业和农业。2013—2014 年度，巴基斯坦农业产值占国内生产总值的 21%、工业占 20.8%、服务业占 58.1%。就服务业而言，主要以批发和零售贸易为主，高水平、高科技行业比重偏低。这种经济结构，不太健康也不合理；三是其他短板包括：国内投资能力弱、人口增长速度不合理、人力资本开发程度不够、基础设施薄弱等。当然，巴基斯坦不间断的暴力活动和严重腐败等多种非经济因素也使经济竞争力弱，阻碍经济持续发展。

中巴良好的政治基础，加速全面经贸合作。中巴两国是真正的"好邻居、好朋友、好伙伴、好兄弟""中巴情谊比喜马拉雅山还高，比印度洋还深"这个"4 个友好 + 2 个深度"已被广泛传颂，也被事实所证明。长期以来，中国和巴基斯坦一直友好相处，保持着密切往来。2009 年 2 月，两国签署《中巴自贸区服务贸易协定》，中国成为巴基斯坦第二大贸易伙伴。2015 年 4 月中巴建立"全天候战略合作伙伴关系"，形成了更加密切的伙伴关系。

"一带一路"框架下的中巴合作，将展示巨大发展空间。巴基斯坦既位于"丝绸之路经济带"，也是 21 世纪"海上丝绸之路"的重要组成部分。巴基斯坦的重要性凸显其在"一带一路"建设中的优先地位，"一带一路"建设也为优先解决巴基斯坦发展瓶颈提供了重大机会。例如，对巴基斯坦发展有着关键制约影响的能源供应不足和基础设施落后问题，巴方有着强烈的改善意愿。以电力系统为例，巴基斯坦在夏季高峰期，电力缺口达 6000 多兆瓦，包括首都伊斯兰堡，断电也是常事；巴基斯坦的电信业、天然气供应、基本公路建设均处于世界落后水平。"一带一路"建设，尤其是"中巴经济走廊"的全面实施，将为巴基斯坦庞大的基础设施投资与建设市场解"燃眉之急"，更为巴基斯坦整个国家的经济社会全面发展提供动力。

多赢互惠，共创新高。巴基斯坦是"一带一路"战略共建的突破口，中巴经济走廊更是"一带一路"建设的枢纽。2014 年，"中巴经济走廊"项目正式启动，巴基斯坦瓜达尔港作为这一走廊的旗舰项目，于 2015 年正式运营。巴方多次表示，中巴经济走廊是巴基斯坦的未来，将使 30 多亿人受益，随着"中巴走廊"的深化，毗邻伊朗、距霍尔木兹只有 400 公里的瓜达尔港，将成为重要的区域经济中心、阿拉伯海的重要港口之一。同时，瓜达尔港还将成为阿富汗和中亚等内陆国家的出海口，为广大内陆国家提供强大的国际贸易和交流平台。强化"中巴经济走廊"的建设与运营，将拓展我国马六甲海峡外的进口渠道，增加能源供应的安全性，大幅降低运输成本，助推中国向西开放战略。

五、中亚、蒙古经济现状

中亚即亚洲中部地区，中亚国家包括六国，即土库曼斯坦、吉尔吉斯斯坦、乌兹别克斯坦、塔吉克斯坦、哈萨克斯坦和阿富汗，除阿富汗外，其他五国是苏联加盟共和国，也是现在的独联体成员国。中亚地区人口总数为9428.09万人。该地区宗教信仰以伊斯兰教为主，主体民族包括哈萨克、乌兹别克、吉尔吉斯、土库曼、塔吉克族。中亚地区资源储量庞大，但基础设施较为落后、交通运输布局不平衡、基本建设不完善、通信设施覆盖率较低以及航空线全球辐射力不足等问题，乌兹别克斯坦和土库曼斯坦目前尚无高速公路。

蒙古国地处亚洲中部，国土面积为156.65万平方公里，北部少部地区水草丰美、中南大部沙漠戈壁，煤炭铜等能源资源富集，属纯内陆国家，基础设施落后，经济结构单一，近年来，靠资源驱动经济发展表现不俗。

中亚和蒙古国均属亚洲中部地区，与我国西部与北部边界接壤，对我国西部与北部边境安全和"一带"策略的具体实施起着至关重要的作用，对"一路"建设也将产生直接的影响。该地区因为历史和自然地理环境影响，发展过程中存在一系列难题，成为该地区所有国家发展的重大挑战。

（一）资源储量庞大，体量差异巨大，发展分化加剧

中亚地区拥有非常丰富的石油、天然气、煤和铀资源，铀和天然气储量在世界总储量中占相当高比例，区域能源矿产分布相对集中。中亚地区的采矿、冶金业等重工业和军事工业发达，最大的工业区有哈萨克斯坦的卡拉干达工业区、乌兹别克斯坦的中亚工业区，都是苏联的重要工业区之一。中亚五国（土库曼斯坦、吉尔吉斯斯坦、乌兹别克斯坦、塔吉克斯坦、哈萨克斯坦）GDP总值不足4000亿美元。哈萨克斯坦、土库曼斯坦人均GDP相对较高，其他三个国家的人均GDP都在2000美元以下，比南亚平均水平还要低。从2010年到2015年中亚五国及蒙古国的经济增速来看，显示出巨大的发展空间，除吉尔吉斯斯坦增速不够稳定外，其他四国经济都在稳步增长，其中土库曼斯坦增速最快，高达11.3%。

1. 经济体量差距巨大。中亚各国经济体量跨度巨大，哈萨克斯坦是其中的佼佼者，2014年GDP总量为2122.48亿美元，占地区经济总量的60%以上，2015年GDP总量受国际金融波动及原油价格走势影响，下降至1843.61亿美元。

2. 发展不平衡严重。除了经济体量差异外，中亚经济在人均GDP方面分化严重：哈萨克斯坦2015年人均GDP10543美元、土库曼斯坦接近6952美元，

但其余三国都在 2500 美元以下，塔吉克斯坦为 926 美元，不及哈萨克斯坦的
1/10。

3. 中亚资源富集，拥有里海油气资源库。里海地处亚欧腹地，海岸线 7000
公里，水面面积 37 万平方公里，石油地质储量约为 2000 亿桶，占世界总储量
的 18%。里海地区油气资源的 40% ~50% 集中在靠近哈萨克斯坦的大陆架地
区。中东石油资源发现之前，该地区就是世界石油市场的支柱。100 多年前，
里海的原油产量已经达到 1000 万吨，占据当时世界油气资源的一半以上。里海
油气盆地是世界第三大油气资源富集区，被誉为"第二个中东"。里海地区储
量丰富的油气资源大部分尚未得到开发，是 21 世纪全球最具能源开发前景的
地区。目前，里海周边国家和地区对里海资源拥有权形成新的竞争态势，以伊
朗、土库曼斯坦为一方，以哈萨克斯坦、阿塞拜疆、俄罗斯为另一方，加剧了
对里海油气资源及其综合管控分治权的博弈（见图 10—3—8）。

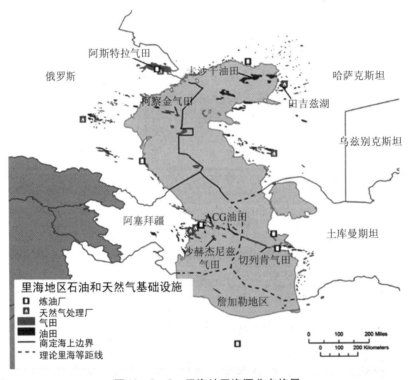

图 10—3—8　里海地区资源分布格局

4. 中亚素有世界"心脏地带"之说，随着由此发端的国际油气管线的全
面规划，将进一步强化其"心脏地位"。中亚在世界油气资源地缘政治版图中
的关键位置，令世界主要力量一直对其刮目相看。曾有人预言："谁得到了里
海盆地战略资源的控制权，谁就能主宰 21 世纪国际能源市场，甚至把持一些

国家的经济发展命脉。"目前，以里海地区分别通达东、南、西、北方向的油气输送管线成为地区内外以及世界各方势力争夺的焦点。

（二）区位优势愈加重要，增长趋势持续向好，经济转型和大国角逐加剧

中亚地区作为"欧亚大陆走廊"，天然具备重要的地缘政治影响力，作为世界"能源储备库"，又被赋予重要的地缘经济影响力，从而使这一地区成为大国和大国集团进行政治经济利益博弈的舞台，这种博弈构成该地区今后发展的基础变量。从全球范围看，中亚是沟通欧亚大陆的枢纽地区。苏联解体后，中亚地区成为美国遏制俄罗斯、从西面封锁中国的"压力阀"；从地缘经济角度看，中亚地处亚欧大陆结合处，因其资源储量、人口密度、经济结构方面的特殊性与其他相连部分组成了一个统一整体，将在推动经济全球化进程中扮演着极其重要的角色。

1. 增长趋势持续向好。进入 21 世纪，中亚各国及蒙古经济发展都有不俗的表现（见表 10—3—2）。借助资源优势和世界经济发展，中亚国家积累了一定的财富。2000—2015 年，中亚五国人均 GDP 扩大了八倍，其中，里海周边国家扩大了十倍。

表 10—3—2　中亚和蒙古国 GDP 变化情况一览表　（单位：亿美元）

国别\年份	蒙古	哈萨克斯坦	乌兹别克斯坦	土库曼斯坦	阿富汗	塔吉克斯坦	吉尔吉斯斯坦
1990 年	26	269	134	32	35※	26	27
1995 年	15	204	134	25		12	17
2000 年	11	183	138	29	25＊	9	14
2008 年	50	1334	279	193	102	52	51
2009 年	46	1153	328	202	125	50	47
2013 年	125	2319	568	410	205	85	73
2014 年	120	2122	626	479	204	92	74

数据来源：世界银行　※数据为阿富汗 1981 年 GDP 总量。＊数据为阿富汗 2001 年 GDP 总量。

2. 加大基础设施建设，推进产业结构优化升级。目前，中亚地区国家内部还没有形成良好的水电输送网络，导致不少国家经常面临缺水、缺电问题；交通运输及一系列基础设施都严重短缺，严重制约着中亚国家的经济发展。"一带一路"建设为中亚国家发展，尤其为中亚国家改善基础设施、推进产业结构优化提供了良好的历史机遇。

3. 中亚地区和蒙古，产业结构比较单一。该地区属于典型的资源型产业结构，以油气、矿产的开采和加工为支柱产业，极易受国际大宗商品价格周期的影响，严重制约可持续发展。中亚大部分国家的工业化水平比较低，科技发展水平一般，轻工制造等产业不发达，大部分国家劳动力水平低。

4. 中亚国家亟须资源驱动型向效益驱动型转化。从全球经济发展的驱动力来看，大致分为三大类型，即资源驱动型、效益驱动型和创新驱动型。资源驱动型经济增长的特点：一是依靠区域内要素禀赋（非技能劳动）和自然资源（尤其是矿产资源）；二是资源直接开采、初级加工；三是国际贸易。通常判定资源驱动型国家的标准为：人均收入低（在 2000 美元左右）、总出口中资源产品占出口的比重占 70% 左右。中亚地区除哈萨克斯坦外，均属于资源驱动型国家。中亚国家资源依赖型经济的特点，使其对资源国际营销渠道的掌控力偏弱，驱使中亚国家经济发展模式迫切需要从资源驱动型向效益驱动型转化，早日摆脱主要依赖资源和要素投入。

5. 大国角逐加强，国际合作升级，"一带一路"助力发展。进入 21 世纪以来，世界各种力量在中亚地区的竞争逐渐加强，但没有一方对该地区形成绝对的影响。为此，国际各主要力量在中亚地区建立盟国关系，以联盟谋求竞争优势。美国提出"新丝绸之路"计划，通过与中亚形成贸易合作关系，长期保持对中亚国家的资金援助（见表 10—3—3），谋求在中亚拥有更大话语权；俄罗斯则致力于独联体成员国之间建立"欧亚联盟"。随着"一带一路"建设的强化，中国—中亚—西亚经济走廊建设将加速，中国同中亚国家在能源、基础建设等多方面的投资合作将全面加强。

表 10—3—3　美国 2008—2013 年对塔吉克斯坦的援助资金总额

（单位：百万美元）

年份	2008	2009	2010	2011	2012	2013
援助资金总额	31	35.7	57.9	44.4	45	37

数据来源：美国国际发展署官网。

（三）中亚地区典型国家

1. 哈萨克斯坦：哈萨克斯坦国土面积 272.49 万平方公里（世界排名第九）、人口 1745 万，是中亚面积最大、人口最多的国家，也是世界上最大的内陆国家。哈萨克斯坦原为苏联加盟共和国之一，地理位置十分重要，通过里海可以到达阿塞拜疆和伊朗，通过伏尔加河、顿河运河可以到达亚速海和黑海，东南连接中国新疆，北邻俄罗斯，南与乌兹别克斯坦、土库曼斯坦和吉尔吉斯斯坦接壤。

中亚地区经济体量最大的国家，全球竞争力全球前 50 强。哈萨克斯坦经济主导产业：能源和农牧业，加工工业和轻工业相对落后，大部分日用消费品依靠进口。2000 年以来，哈萨克斯坦摆脱了独立最初十年的困境，尤其在全球金融危机前十年，GDP 年均增长 10%，经济实力是中亚五国总量的 2/3。金融危机爆发后的 2008 年 GDP 增幅降至 3.2%。2010 年至 2014 年，随着世界经济的缓慢复苏、国际市场需求有所恢复，哈萨克斯坦经济开始强劲反弹，出口开始加速增长。《世界经济论坛全球竞争力报告》显示，哈萨克斯坦跻身世界最具竞争力国家 50 强。2014 年，哈萨克斯坦跻身世界经济发展 50 强。哈国被国际社会认为是正在快速崛起的五个新兴经济体之一。哈萨克斯坦拥有丰富的矿产和能源资源，在世界上具有优势的资源包括铬铁矿、锰、硼矿石、钼和铅、铜等矿产资源；其他还有石油、天然气、铁矿石、锰、铝土矿、金等。按矿产资源储量计算，哈萨克斯坦是世界上矿产资源最丰富的十个国家之一，已探明的资源价值约为 1 万亿美元以上；按将来发现的资源储备价值估算，估计为约 10 万美元以上。

资源异常丰富，基础设施落后，发展转型加速。哈萨克斯坦资源异常丰富，国土横跨亚欧两洲区位优势明显，既得益于自身资源优势，又得益于亚洲经济增长的助力，同时政局稳定也为哈萨克斯坦增加了吸引力。但哈萨克斯坦也面临基础设施建设滞后、产业较为单一、商业竞争力弱化、人口素质偏低，基础教育入学人数尚在下降（目前列全球第 118 位）等不利因素。近几年，哈萨克斯坦利用油气资源出口获得的收入建立主权基金。截至 2015 年 8 月，哈萨克斯坦的国家石油基金储备高达 690 亿美元，强化缓冲油价暴跌、消止俄罗斯经济衰退对哈国发展输入的不利因素，助推哈国经济转型。

"一带一路" 与 "光明之路" 高度契合，中哈关系再上新高。中哈两国友谊天然，边界等历史遗留问题已经得到妥善解决，中哈全面战略伙伴关系的建立使两国关系发展走上了新征程。尤其是习近平总书记于 2013 年 9 月在访问哈萨克斯坦期间提出了 "丝绸之路经济带" 共建倡议，使中哈发展又增加了更加深刻的内涵。面对 "一带一路" 的深化建设和国际经济走势，哈萨克斯坦于 2014 年提出 "光明之路" 发展战略，推动同中国等周边国家的经济及能源科技合作。"光明之路" 经济发展战略与 "一带一路" 战略构想高度契合，"两大战略" 的巧遇将产生深刻的共鸣：助力哈国经济加速、强化 "一带一路" 发展。

2. 蒙古国：蒙古全球国土面积排名 19 位，人口 288 万，蒙古东、南、西三面与中国接壤，北面同俄罗斯的西伯利亚为邻，中蒙边境线长 4676.8 公里。蒙古边境虽不与哈萨克斯坦接壤，但蒙哈两国国土相距只有 38 公里。蒙古是世界第二大内陆国家，也是世界上人口密度最小的国家。

资源富集，素有 "中亚的中东" 之称，近年经济持续增长。蒙古国已发现和确定拥有 80 多种矿产，主要为铜矿储量 20 多亿吨、黄金储量 3400 吨、煤矿储量达 3000 亿吨、石油储量达 80 亿桶、铁矿储量为 20 亿吨等极其丰富的矿产资源，在蒙古茫茫的戈壁和草原之上，还有丰富的水资源、畜牧业、林业资源。近年来，矿产业成为蒙古国的支柱产业，其中采金业成为蒙古发展最快的行业。目前蒙矿业产值占蒙 GDP 的 30%、占出口收入的 86%、占财政收入的 37%，外国对蒙投资的 85% 以上都在矿业领域。近十年来，蒙古经济处于高速增长期，2010—2013 年该国经济平均增速高达 12%。到 2013 年，蒙古国国民生产总值从 2000 年的 11 亿美元增长到 125 亿美元。

世界知名大矿 OT 矿和 TT 矿，对蒙古发展举足轻重。一是奥尤陶勒盖（OT）矿，OT 矿被称为世界级矿业工程，初步探明铜储量达 3000 多万吨、黄金 1328 吨、白银 7600 吨，还有钼矿等伴生资源。预计到 2020 年，OT 矿占蒙古经济产值的比重将达 1/3，OT 矿成为蒙古经济发展的最大驱动力之一；二是塔班陶勒盖（TT）矿，世界上最大的未开采煤田，矿区煤炭储藏面积达 400 平方公里，煤层厚度 190 米，共 16 层，TT 矿属优质炼焦用煤，原煤出焦率 60% 以上，是世界紧缺煤种。初步探明焦煤储量约为 64 亿吨，其中主焦煤 18 亿吨，动力煤 46 亿吨，价值高达 3000 多亿美元（见图 10—3—9）。OT 矿和 TT 矿都位于中蒙边境，在世界铜矿和煤矿业中都拥有极其重要的地位，对蒙古发展影响巨大。

图 10—3—9　OT 矿和 TT 矿区位图

色楞格河（Selenga River），被称作蒙古的"母亲河"（见图 10—3—10）。蒙古最重要河流，对蒙古持续发展及贝加尔湖地区生态有着重大影响。其发源于蒙古库苏古尔（Hovsgol）湖以南地区，全长 1480 公里，流经面积近 100 万平方公里。色楞格河是注入位居西伯利亚贝加尔湖的最大河流，来自四面八方的 336 条河流注入贝加尔湖，从湖中流出的只有安加拉河。在流入和流出的 337 条河流中，仅色楞格河与安加拉河流域面积相当，色楞格河对蒙古地区生态和贝加尔湖地区生态都有着巨大影响，色楞格河的开发与建设对蒙古国的发展也有着重大影响。

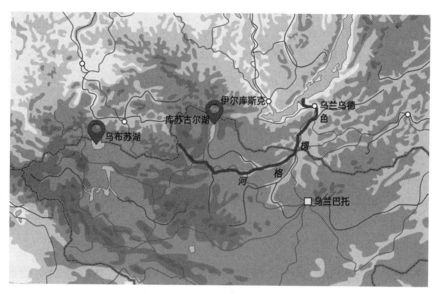

图 10—3—10　色楞格河示意图

中国—蒙古建立全面战略伙伴关系，发展空间巨大。自 20 世纪末起，中国就已成为蒙古国最大的贸易伙伴。2004 年至 2013 年，中蒙两国的贸易总额十年累计增长了九倍。中国已经连续 11 年成为蒙古最大出口国，中国还是蒙古外国直接投资最主要的来源国之一。随着中蒙关系提升为全面战略伙伴关系，中蒙将全面扩大务实合作，"中方有意愿、有能力通过中蒙紧密合作，帮助蒙方把自身优势转化为经济优势和发展优势，落实好中蒙经贸合作中期发展纲要，实现 2020 年双边贸易额 100 亿美元的目标"，在这种背景下，蒙古经济保持持续向好趋势明显。

（四）中亚、蒙古与中国的合作大有可为

中国目前已成为中亚国家最主要的贸易伙伴之一，是哈萨克斯坦、乌兹别克斯坦、吉尔吉斯斯坦和塔吉克斯坦的第二大贸易伙伴。中国对中亚国家的直接投资增长迅速，已是乌兹别克斯坦、吉尔吉斯斯坦第一大投资来源国，塔吉克斯坦第二大投资来源国。随着交往加深，中国与中亚国家在经贸、金融、投资等领域合作将不断扩大，经济合作内容也将更加丰富。

1. "一带一路"强化中亚地区话语地位建设，强化同中国的深化合作。随着"一带一路"战略建设深化，中亚国家将会更多拓展同中国的经济合作空间，在世界经济规则的制定方面，不再成为美欧等发达国家的追随者，中亚国家会有更多的自主思考，将更多的主导权和话语权掌握在自己手中。依托于"丝绸之路经济带"，中亚国家和中国将会共同制定更多符合本区域经济发展的新机制。"一带一路"战略建设，不断加深着中国企业与中亚国家在能源、基础设施建设等领域的投资合作。"一带一路"建设为中亚国家的经济结构调整、经济多元化提供了机遇，促动传统产业的进一步升级。

2. "一带一路"建设与蒙古国"草原丝绸之路"利益契合。蒙古地理位置独特，在"一带一路"北线建设中发挥着重要作用。2014 年 9 月，"上合组织"杜尚别峰会期间，习近平总书记提出建立"中俄蒙三国经济走廊"，该"走廊"建设将蒙古的"草原丝绸之路"、俄罗斯的"欧亚经济区"同"一带一路"建设有机链接，使中蒙合作进一步深化，从而使蒙古与中亚国家在共建"一带一路"建设中得到越来越多的实惠，激发更大的潜能。

六、中东欧和独联体经济现状

中东欧是一个地缘政治经济概念，泛指欧洲大陆地区受苏联控制的前社会主义国家，即冷战时期的东欧国家（波兰、捷克、斯洛伐克、匈牙利、斯洛文尼亚、克罗地亚、罗马尼亚、保加利亚、塞尔维亚、黑山、马其顿、波黑、阿尔巴尼亚），再加上波罗的海三国（立陶宛、拉脱维亚、爱沙尼亚）及乌克兰、白俄罗斯、摩尔多瓦（苏联加盟共和国，不包括俄罗斯）等国组成。中东欧 19 国位于欧洲中东部，总面积 133.6 万平方公里，总人口 1.23 亿。2012 年中东欧国家 GDP 总额为 1.4 万亿美元，人均 GDP 为 1.14 万美元。中东欧地区有 11 个国家（波兰、匈牙利、捷克、斯洛伐克、罗马尼亚、保加利亚、拉脱维亚、爱沙尼亚、立陶宛、斯洛文尼亚、克罗地亚）加入了欧盟，其中 5 个国家（拉脱维亚、爱沙尼亚、立陶宛、斯洛文尼亚和斯洛伐克）加入了欧元区。11 个欧盟成员国面积和人口约占中东欧整体的 84%、GDP 总量的 94%。目前，塞尔维亚、阿尔巴尼亚、波黑、马其顿和黑山五国也希望早日加入欧盟。

独联体地区，是指由苏联大多数加盟共和国组成的进行多边合作的独立国家联合体。1991 年成立时，除波罗的海三国（爱沙尼亚、拉脱维亚、立陶宛）外，其他 12 个苏联加盟共和国均为独联体正式成员国。2005 年以来，土库曼斯坦、格鲁吉亚相继退出独联体；2014 年 3 月，因为克里米亚独立入俄问题，乌克兰也正式启动退出程序。独联体现有成员国：俄罗斯、白俄罗斯、乌克兰、摩尔多瓦、亚美尼亚、阿塞拜疆、塔吉克斯坦、吉尔吉斯斯坦、哈萨克斯坦、乌兹别克斯坦。独联体成立后，召开了系列首脑会议、签署了一系列文件，但难以真正落实。因俄罗斯与独联体国家在重大问题上的分歧，使得从

2000 年起步的独联体改革步履维艰。

（一）历史背景、发展路径相似

因相似的历史以及发展路径致使中东欧和独联体具有很多共同点，面临的发展问题也颇为相似。现在所说的东欧与西欧的概念是从第二次世界大战结束以后，冷战时期形成的。冷战使得东欧与西欧带有浓重的意识形态色彩。

1. 历史上有着相同的发展轨迹。一提起西欧，便是资本主义的西欧，东欧就是社会主义的东欧。这种提法带有明显的时代烙印。1989 年东欧剧变后，中东欧国家普遍开始了政治和经济转轨：政治上，普遍修改宪法，放弃社会主义制度，摒弃一党制和议行合一的集权模式，向西方的多党议会民主制转变；经济上，从以指令性计划为主的计划经济体制向以市场调节为主的市场经济体制转变。20 多年的转型历程，让该地区的发展出现了许多始料未及的新情势，面临着许多颇为复杂的新情况，中东欧和独联体国家，竭尽全力进行着社会政治经济的新探索。可以说，中东欧政治经济"双转"，是世界发展史上的重大事件。

华沙条约组织（华约）和经济互助委员会（经互会）共同成员。这个多边组织实际上是维护苏联利益集团的制度性机构，在抑制地区或次地区潜在冲突（如罗马尼亚和匈牙利之间以及波兰和立陶宛之间因少数民族问题引发的紧张局势），防止"北约"东扩的同时，各成员国其实没有真正意义上的国家主权，很大程度上成为苏联帝国的附庸和战略支点，意识形态意义大于国家意义，像"布拉格之春"、"波兰团结工会"等事件仍在记述着成员国和这个组织的历史。

"苏联模式"轰然倒塌，"休克疗法"仓促上路。20 世纪进入"冷战"后，中东欧地区经济时好时坏，总体保持"土豆加牛肉"水平，至 20 世纪 80 年代，东欧国家深陷经济危机，接踵而至的是经济停滞和"断崖式"下降：国内生产总值和工业产值下降了 25% ~ 50%、年平均增长率为 - 0.8%，东西欧之间的发展差距从 1∶2 扩大到 1∶4。东欧国家的人均国内生产总值指标，在历史上第一次落后于拉丁美洲国家。至此，"休克疗法"（shock therapy）这一医学术语经美国经济学家杰弗里·萨克斯（Jeffrey Sachs）改造后被植入包括俄罗斯在内的整个中东欧和独联体国家经济领域。这一被概括为"三化"（稳定化、自由化和私有化）的休克疗法被广泛采用后，除极个别国家有一定收效外，多数没有成功，反而普遍遭遇重重困难、危机四伏。

2. 背负着相同的历史包袱。历史上的中东欧地区长期被外来强国和势力欺凌和蹂躏，是一个"被挤压地区"，长期以来，形成了多民族、多文化、多宗教的现实，内部纷争四起，外来干预频繁。

稳健转型，探索新型发展之路。中东欧和独联体国家和地区在经历了多次探索发展之路失败的痛苦之后，开始给"发烧"的"休克""转型"之路降温，冷静思索前行进程。面对复杂的国际形势和区域内重重困难，中东欧国家向"欧盟"靠拢似乎是一种原始动力，过去的"西欧"变为现在的"欧盟"，成为经济繁荣的代名词，中东欧国家的经济转轨需要国际社会的支持，尤其是得到欧盟的援助。加入欧盟成为普遍定式思维，期望将国际援助从"外援"转变为"内援"。加入"欧盟"得到了一定的实惠，但"理想很丰满，现实很骨感"，中东欧国家普遍面临着更多的政治经济社会问题，随着"英国脱欧"，欧洲一体化出现了颇多变数。为此，中东欧国家开始强化国际化合作，纷纷积极参与"一带一路"建设。

地理特征或者"地理即命运"。在地理上，中东欧自然地分为三个部分：维斯杜拉盆地、多瑙河盆地和巴尔干山脉。长期的历史进展中，巴尔干的群山峻岭为历代封建帝国和王朝防御边界提供了天然屏障，但欧洲平原却给无论来自东方还是西方的任何外来势力提供了天然通道。

民族特征。中东欧和独联体国家和地区，每一个民族都有一种语言，都向往建立一个自己的"民族国家"，但"没有完全形成成熟的民族国家"，有的多是自立为国、自立为王的原始冲动。

宗教集聚、文化交汇。长期以来，这一地区成为拜占庭、奥斯曼土耳其、东正教、基督教以及西亚、北欧、德国、法国、俄罗斯及阿拉伯世界多种文化影响的交汇地。

（二）具有实体经济基础，转型增长遭遇困难

中东欧及独联体国家，普遍受"苏联模式"影响，实体经济发展基础普遍较好，尤其是在工业基础方面具备相当的实力。冷战结束后，该地区国家开始逐步融入欧洲市场，成为"欧盟"市场的一部分，一定的工业基础和相对低廉的人工成本，使该地区成为欧洲工业链条中的重要一环，成为德国、法国等先进制造企业中的一部分。

近几年，中东欧国家的服务业得到较快发展，包括信息技术、保险、金融公司等将其后台数据与呼叫运营中心设立在中东欧国家，使该地区成为西方金融和信息技术行业的"后院"。西欧制造企业的配套企业也在分享中东欧国家实体经济基础和人口素质红利。2008年全球金融危机爆发前的十年，中东欧转型国家慢慢走出了转型性衰退，逐步缩小了与西欧发达经济体的差距。但是，该地区走上可持续发展之路，仍需要解决一系列政治经济等重大问题。

1. 国家主权地位的进一步确立。目前，中东欧国家所处的地缘政治格局基本稳定。东欧剧变后，中东欧国家纷纷将外交政策重点转为"入欧盟""加北约"，由此形成了在安全上依赖于美国主导的"北约"，在经济上依赖"欧盟"的格局。相对而言，中东欧国家内政外交自主性受到"入盟加约"的制约，在一些外交布局，特别是重大战略问题上，中东欧国家的利益需要让位于美欧利益。

2. 经济体制的进一步理顺。冷战结束，使中东欧完全放弃了计划经济，仓促建立市场经济体制。尤其是经过"休克疗法"的"冷冻"与"猛然转型"，中东欧及独联体国家普遍存在着大量社会基础不完善和经济机制不成熟等一系列问题，尤其是在国有企业改革及社会领域改革方面，包括教育、医疗和养老等领域的改革尚未完成，未来转型发展任务相当艰巨。

3. 市场环境的进一步完善。如今，中东欧独联体国家已经走过了20多年的市场经济，但与发达国家相比，该地区国家的市场经济成熟度尚有一定距离，各国市场发育成熟和企业经营环境分化加剧。根据世界银行2013年的排名，中东欧国家中波罗的海国家环境优良度名列前茅，东南欧国家环境相对落后。中东欧国家规制环境比较复杂，西巴尔干国家以加入欧盟为目标，其规制环境需要一定的完善过程。

4. 政治体制的进一步成熟。中东欧及独联体国家，尚未形成稳定的政党制度，政党分化组合尚在持续，但总体政治稳定。中东欧和独联体部分国家的腐败较为严重，特别是在东南欧国家，腐败已经成为一种难以根除的政治文化。尽管欧盟作为外部约束条件，但由于国内政治生态的变化，该地区国家政治转型发生逆转的可能性依然存在。比如，以合法方式破坏法治、以民主方式行集权之实等。由于个别国家经济社会问题恶化，不排除局部出现政治危机的可能性。

（三）中国—中东欧、独联体合作步伐加快

中东欧、独联体国家和地区是"一带一路"建设的重点方向和地区，中国将深入与中东欧、独联体国家和地区的合作，强化地区间发展战略对接，推动地区间合作升级。

1. 中国—中东欧："16+1合作"与"一带一路"深化合作。东欧剧变、苏联解体的最初十年，中东欧同时面临着政治和经济转轨，在经济领域与中国的交流受限。21世纪以来，面对共同的国际环境和相同的转型发展期，中国与中东欧的交流加深、市场进一步拓展，双方关系呈现出巨大的发展潜力。

中东欧经济增长缓慢，亟须同新兴市场合作。近几年来，中东欧国家深受

欧债危机困扰，经济低迷难振，其中捷克、匈牙利、克罗地亚等国一度出现负增长。中东欧其他国家和地区尽管有增长预期，但进展缓慢。鉴于英国脱欧、国际金融危机持续、欧美日等国经济不振的影响，陷入困境的中东欧国家，愈发将目光投往保持良好发展势头的中国，保持并强化了同中国的深入合作。

中国与中东欧发展互补性强，合作前景广阔。中国—中东欧合作机制（"16＋1合作"）和"一带一路"战略高度契合，相互推动、相得益彰，双方合作呈现出巨大潜力。"一带一路"和"16＋1合作"内容极其广泛，包括途径中亚和中东欧、西到荷兰鹿特丹的新亚欧大陆桥经济走廊。"16＋1合作"空间巨大：一是强化双方合作，继续推进基础设施、技术装备等领域的互补合作；二是两大框架沿线国家，合作领域将更加广泛；三是整个欧亚地区都将是中国与中东欧未来进行经贸合作的广大市场，中国与中东欧国家的经贸合作将会由点到面全维度展开。

中东欧国家积极参与"一带一路"建设。中东欧地区是"一带一路"的重要板块，在"一带一路"60多个沿线国家中，中东欧国家占约四分之一。该地区的港口设施、铁路交通是连接"一带一路"的重要组成部分。中东欧国家和地区在"一带一路"建设中表现出积极合作态度，近年来中国与中东欧16国进出口贸易及中国对中东欧地区投资额都有大幅度的提升。2015年，中国同匈牙利签署了共同推进"一带一路"建设备忘录，匈牙利成为第一个同中国签署此类合作文件的欧洲国家，在共建"一带一路"方面发挥了引领和先行作用。

2. 中国—独联体："一带一路"与"欧亚联盟"共同发展。中俄两国先后提出"一带一路"建设和"欧亚经济联盟"战略，两大发展战略高度契合，符合全球发展趋势，对于有效应对国际经济变化、整合欧亚新经济秩序、强化亚欧地区和平与经济发展都将发挥重大作用。

独联体国家需要"一带一路"提供共同发展机会。独联体地区是"丝绸之路经济带"建设的重点地区。"丝绸之路经济带"设想的六大经济走廊有五条经过独联体成员国。"丝绸之路经济带"建设对于独联体国家将会产生巨大的推动力，独联体地区在"丝绸之路经济带"建设中将取得先发优势。俄罗斯是中国的全面战略协作伙伴，双方在发展要素上具有独特的互补优势，合作机制健全。双方已经商定，共同推动"丝绸之路经济带"与欧亚经济联盟实现对接合作；大批中国企业和中国资本在独联体合作中发挥重大作用。独联体国家教育水平普遍较高，科研基础普遍比较雄厚，劳动力素质远高于中东和非洲，发挥"一带一路"建设中"政府搭台、企业唱戏"的优势，为独联体国家发展提供了更多的增长机会。

独联体国家亟待改善基础设施，进一步提升国际合作。独联体国家强化通过引入外国资本推动产业升级，而外国资本的首要考虑往往是"择优而往"：基础设施好、地理环境优越、发展潜力大的国家和地区。而该地区基础设施不完善，难以吸引国外投资，致使国内企业资金缺失，产品竞争力不足。与国外企业相比，独联体国家的本土企业无论是生产效率还是产品质量都处于劣势，从而使其国内产品也常常处于劣势地位，形成国外商品长驱直入，这在为本国消费者提供福利的同时，也形成了对本国产品与生产者的巨大冲击，直接影响本国经济的增长。因此，改善并优化基础设施建设，提升本国企业的市场竞争力成为独联体国家的共同诉求。

"欧亚经济联盟"与"一带一路"建设，助推中国和独联体国家的全面合作与发展。随着"欧亚经济联盟"的开启，独联体与中国的合作开始向综合发展型迈进，中国与独联体国家的综合发展能力日趋加强，在欧亚地区的影响力和引导力将逐渐凸显。作为"欧亚经济联盟"的提出国俄罗斯目前面临的首要问题是全力摆脱经济衰退与危机，防止经济安全出现新威胁，防止国家稳定受到影响，这也是"欧亚经济联盟"建设的基本保障和基础。为此，俄罗斯与独联体国家把精力和目光更多投向东方，借力"一带一路"的实施，以求实现经济安全和经济发展。同时，积极参与"一带一路"建设，推动"欧亚经济联盟"战略和"一带一路"倡议的融合进而为欧亚地区发展注入强大的新动力。

（四）中东欧和独联体典型国家

1. 俄罗斯：俄罗斯位于欧亚大陆北部，地跨欧亚两大洲，国土面积为1707.54万平方公里，是世界上面积最大的国家。苏联解体后，俄罗斯正式独立，继承了苏联的大部分军事力量，综合军事实力居世界第二，拥有世界上最大的核武库。俄罗斯总人口1.425亿（截至2015年1月），占世界人口的第九位，是世界上人口减少速度最快的国家之一。从2002年至2010年俄人口下降至1.429亿，减少230万人，降幅近1.6%。俄罗斯作为联合国安全理事会五大常任理事国之一，对安理会议案拥有一票否决权。俄罗斯也是五个金砖国家之一。在"一超多强"的国际体系中，俄罗斯凭借雄厚的军工实力，强大的军事力量和富集的资源以及发达的航空航天技术，仍保持着世界较大影响力的"一强"地位。

拥有世界性重大影响的国家，曾经的世界超级大国。苏联曾是世界第二大经济强国，1978年被日本赶超。苏联解体后，俄罗斯全面承接其强大的军事实力，尤其是核力量，使俄罗斯保持一定"雄风"基础。苏联解体，俄罗斯经济采取"急刹车"导致其经济发生严重倒退，国内生产总值连续六年呈负增长。

2000 年普京执政，俄罗斯经济快速回升，连续八年保持增长（年均增幅约 6.7%），外贸出口大幅增长，投资环境有所改善，居民收入明显提高。俄罗斯轻工业较落后，航空航天、核工业具有世界先进水平。财政金融总体趋好。2005 年底，俄罗斯国民生产总值由 1999 年的 1570 亿美元恢复增长到约 7500 亿美元，2006 年底外汇储备突破 2800 亿美元储蓄大关，成为世界上拥有最多外汇储蓄的国家之一。2008 年的世界金融危机以及 2014 年美欧对俄罗斯的制裁，使俄罗斯经济饱受打击，经济长期处于低谷。

"休克疗法"失败，后果严重。苏联解体、苏共倒台、彻底摒弃了"计划经济"，俄罗斯开始全面实施"休克疗法"。但其经济并没有实现"经济将趋于稳定，人民的生活将逐步好转"，反而经历了四年的严重经济衰退，俄罗斯 GDP 几乎减少了一半，总量只有美国的 1/10；物价暴涨，到 1995 年底，消费品价格与 1991 年底和 1990 年底相比分别上涨了 1411 倍和 3668 倍。1991 年在莫斯科乘一次地铁只需要花 5 戈比（0.05 卢布），到了 1995 年则涨到 400 卢布；收入下降，到 1995 年初，俄罗斯工人的平均实际收入下降了一半以上，很多人节衣缩食维持生活；贫富分化加剧，"基尼系数"从 1992 年的 0.289 上升到 1999 年的 0.394，居民生活水平一落千丈，健康状况和平均寿命也在恶化；俄罗斯在国际市场上具有价格和质量竞争力的产品占不到 1% 的份额；美欧承诺的 240 亿美元一揽子贷款迟迟不到位，60 亿美元稳定卢布基金更是遥遥无期。"休克疗法"让俄罗斯付出了惨重代价，让俄罗斯国家元气大伤。

俄罗斯经济面临复杂情势经济持续下跌，"反危机计划"初见端倪。俄罗斯经济发展困境既有自身问题的影响，又有作为一个资源大国，经济形势受国际资源市场波动带来的巨幅影响。同时，作为政治和军事大国的俄罗斯与西方大国的传统矛盾也构成经济发展的不确定因素。受国际金融风暴及制裁影响，自 2010 年开始，俄罗斯经济增速持续下降。2014 年增长率仅为 0.6%，受西方制裁和国际油价大幅波动影响，2015 年俄罗斯 GDP 同比下降 1.9%，经济萎缩 2.8%。欧洲复兴开发银行（EBRD）称，俄罗斯可能面临更长时间的低增长或停滞，并预计俄罗斯经济 2016 年将萎缩近 2%。

2014 年夏天开始油价持续狂跌。由于石油占俄罗斯出口总额的 50%，石油价格下跌导致俄罗斯外汇储备大幅减少。从 2014 年初开始俄罗斯外汇储备共缩减 17.5%，约为 900 亿美元。过去的十年里，俄罗斯的去工业化，使原料和资源出口占出口总额的 60%，石油与天然气贸易关联收入占财政收入的 40%。由于俄罗斯经济和原油及资源出口密切相关，致使其非常脆弱的经济在"制裁"中饱受重击。为此，俄罗斯采取积极的"反危机计划"，强化非能源和原材料出口，加强了结构性改革，加速经济政策调整并寻求新的经济增长点。

"一带一路"促进中俄携手共进，实现共赢发展。2016 年 6 月 25 日习近平总书记会见俄罗斯总统普京时强调，中俄要加大相互政治支持，不断巩固和深化政治和战略互信。中俄都是世界主要经济体和新兴市场国家，双方要通过深化务实合作和利益交融，特别是推进"一带一路"建设同欧亚经济联盟建设对接合作，共同应对经济发展中的困难和挑战，保持两国经济持续良好发展的势头。

俄罗斯作为横跨欧亚大陆的世界大国，对欧亚大陆特别是中亚地区有着传统性影响。同时，俄罗斯作为一个海洋强国，在亚太地区同样有着重大影响。毫无疑问，俄罗斯是共建"一带一路"不可或缺的重要国家之一。随着"一带一路"建设的深化，中俄之间的联系将更加密切，将进一步加强同"欧亚经济联盟"的衔接，加强战略对接与有效合作，务实推进能源及其他项目合作，挖掘中俄合作潜力，稳步推动"一带一路"建设。

2. 波兰：波兰位于中欧，东与乌克兰及白俄罗斯相连，东北与立陶宛及俄罗斯接壤，西与德国接壤，南与捷克和斯洛伐克为邻，北面濒临波罗的海。领土面积 31.26 万平方公里，人口 3800 万，是中东欧最大国家，面积和人口均占第一。苏联解体后，波兰先后加入欧盟和北约。

经济表现领先，增长持续向好。波兰是欧洲唯一保持了 20 年经济成长不败纪录的国家——没有出现过负增长，在近七年国际金融危机和欧洲债务危机双重压力下，持续保持着不俗的增长。波兰的经济成就首先得益于政局稳定和政策得当，还得益于经济结构和工业结构的完善，2013 年近 60% 的外资项目投资于知识型经济领域，主要是商业服务和研发中心，其中商业服务就创造了 13 万个就业岗位。波兰位于欧洲中心，庞大的银行网络、便利的融资、极具吸引力的税制、廉价的劳动力等要素都是其吸引外资的"王牌"。波兰经济部预计"2022 年波人均 GDP 将达到欧盟平均水平的 80%，届时波兰将成为全世界最富裕的 20 个国家之一"。

历史上屡次强遭瓜分，"休克疗法"少数有成效的国家。历史上的波兰曾是欧洲强国，后国力衰退，遭俄普奥三次瓜分，波兰曾亡国长达几个世纪。一战后复国，在二战中被苏联和德国瓜分，冷战时期处于苏联势力范围之下。苏联解体后，波兰于 1989 年最先实行"休克疗法"，取得了一定的积极成效：年通货膨胀率从 1989 年的 2000% 降低到 1990 年的 250%，1991 年降至 70.3%；市场供应得到改善，商店里摆满了商品，波兰货币"兹罗提"可以自由兑换成硬通货。1990 年对西方国家的出口增加 42%，外贸顺差 45.5 万亿兹罗提。在世界金融风暴袭击下，波兰仍然保持较好的增长，2011 年更曾取得了增长5.0%的业绩，2014 年上涨 3.3%，2015 年上涨 3.6%。

中波经贸增长迅速，"一带一路"共建掀开新篇章。波兰是最早与新中国建交的国家之一，2011 年中波建立战略伙伴关系。波兰是首个与中国贸易额突破 100 亿美元的中东欧国家，中国是波兰在亚洲的最大出口对象国，也是波兰在亚洲最大的贸易伙伴。"一带一路"倡议得到波兰的积极响应，波兰是"亚投行"的发起和积极参与者，是亚投行创始成员国。2014 年，中波双边贸易额达 172 亿美元，再创历史新高，其中中国向波兰出口 143 亿美元，从波兰进口 29 亿美元。

"求木之长者，必固其根本""欲流之远者，必浚其泉源"。2016 年 6 月 19 日习近平总书记访问波兰，为中波经济合作创造了更加良好的政治氛围和合作机遇，为两国经济发展和社会繁荣注入强大的动力，揭开"一带一路"中波共建合作发展新篇章。

第四节 "六大经济走廊"驱动国际合作

"一带一路"倡议，兼顾各方利益、反映各方愿望、凝聚各方共识。一经中国政府提出，迅疾得到沿线国家积极响应和世界各国的热切反响。"一带一路"已成为全域最响亮的合作旗帜以及全球最具影响力的合作共赢平台。

"一带一路"是对古代"丝绸之路"的传承和拓展，首先惠及周边国家和地区，进而拓展至世界各地。

从古代"丝绸之路"精神的传承、拓展和发扬光大而言，"一带一路"涵盖沿线所有国家和地区及世界其他各国和地区，是世界各国人民共商、共赢的大平台，是世界各国实现和平繁荣的大通道。

从古代"丝绸之路"的传承地区而言，"一带一路"所覆盖的地区与节点城市范围极广，这些国家和地区具体包括：

东北亚地区：中国、俄罗斯、蒙古、朝鲜、韩国、日本；

中亚地区：哈萨克斯坦、吉尔吉斯斯坦、塔吉克斯坦、乌兹别克斯坦、土库曼斯坦；

东南亚地区：印度尼西亚、泰国、马来西亚、新加坡、越南、老挝、柬埔寨、缅甸、菲律宾、文莱（前十国为东盟成员）、东帝汶；

南亚地区：印度、巴基斯坦、阿富汗、孟加拉国、斯里兰卡、马尔代夫、尼泊尔、不丹；

西亚北非地区：沙特、阿联酋、阿曼、也门、卡塔尔、巴林、伊朗、伊拉克、科威特、叙利亚、约旦、黎巴嫩、巴勒斯坦、以色列、土耳其、埃及、利比亚、突尼斯、阿尔及利亚、苏丹、摩洛哥、塞浦路斯；

独联体其他地区：乌克兰、白俄罗斯、摩尔多瓦、格鲁吉亚、亚美尼亚、阿塞拜疆；

中东欧地区：波兰、捷克、斯洛伐克、匈牙利、罗马尼亚、保加利亚、爱沙尼亚、拉脱维亚、立陶宛、斯洛文尼亚、克罗地亚、波黑、塞尔维亚、黑山、阿尔巴尼亚、马其顿。

在"一带一路"战略下，中国正与沿线国家一道，积极规划建设中蒙俄、新亚欧大陆桥、中国—中亚—西亚、中国—中南半岛、中巴、孟中印缅六大经济走廊。

"一带一路"规划的六大经济走廊中，中巴经济走廊和孟中印缅经济走廊是优先推进的两大项目，是中国与中亚、南亚、东南亚国家紧密联通的大通道。当前，六大走廊具体规划布局和项目建设都在积极推动中：中巴经济走廊中的重点项目——瓜达尔港目前已投入运营；中巴铁路、公路以及道路改造升级建设（如喀喇昆仑公路扩建项目）也在加速进行；中国、蒙古、俄罗斯三国就《建设中蒙俄经济走廊规划纲要》已达成共识，为走廊建设与发展奠定了良好基础。

随着"一带一路"建设的深化，六大经济走廊建设将全面加速，与条件成熟的世界其他国家和地区的经济走廊建设也将逐步展开，世界各国和地区将共享"一带一路"建设提供的机会，实现共同发展的美好愿景。

一、五大通道，点轴推进

根据"一带一路"建设的整体安排，在"六大经济走廊"全面联通周边国家和地区、提升经济贸易发展水平基础上，依托区域交通干线发展轴，重点安排推进五大通道建设，连接中心城市，形成点轴推进态势。

（一）中部主通道

中部主通道全长约 1.3 万公里，由沿线国家干线铁路构成，主要节点城市包括连云港—乌鲁木齐—阿拉木图—比什凯克—塔什干—撒马尔罕—杜尚别—阿什哈巴德—德黑兰—巴格达—大马士革—安卡拉—伊斯坦布尔—索菲亚—布达佩斯—科隆和鹿特丹等。

（二）渝新欧大通道

渝新欧大通道从重庆出发，向西经北疆铁路，到达阿拉山口，进入哈萨克斯坦,再经俄罗斯至德国的杜伊斯堡,全长 11179 公里,是国内最先开行的中欧班列,也是开行密度最大的中欧班列,约占国内中欧班列开行总趟数的80%。运营平台由中、俄、德、哈"四国五方"共同打造的跨国公司负责,中铁、俄铁、德铁、哈铁和重庆交运各占 10%、16.3%、16.3%、16.3%、41.1% 股份。渝新欧大通道将中国一级经济带——长江经济带(包括上海、南京、武汉和重庆等节点城市)乃至东南亚地区的河内、曼谷、仰光等城市与欧洲大陆经济带(包括俄罗斯莫斯科、波兰华沙、匈牙利布达佩斯、德国鲁尔区、比利时安特卫普、荷兰兰斯塔德地区、法国人巴黎地区和意大利米兰等)等城市紧密联系起来。

(三)孟中印缅通道

孟中印缅通道从德里出发,经达卡、曼德勒、昆明,最后到达重庆接入渝新欧大通道,全长 4000 公里,由孟中印缅跨国公路构成,采用类似中国—东盟海上合作基金的形式推动相关建设。

(四)空中快速通道

"空中快速通道"主要是加强北京—莫斯科—柏林—巴黎—伊斯坦布尔等中国、欧洲和地中海航空枢纽的国际直飞航线网络建设以及银川—卡拉奇—迪拜—开罗等伊斯兰文化城市直飞航线建设。

(五)海上运输大通道

"海上运输大通道"依托中国—东盟海上合作基金项目,建设以钦州港为基地的中国—东盟港口城市合作网络、中国—东盟港口物流信息中心和中国—东盟港口城市合作网络机构;中远期向西延伸,最终形成上海—中国香港—新加坡—加尔各答—孟买—卡拉奇—开罗等世界级港口城市经苏伊士运河和地中海到达鹿特丹的亚非欧港口城市合作网络。

二、节点建设,中心辐射

节点,是两个或更多支路的互联公共点,是国际社会政治经济多要素多力量的交汇点,是事务运行的"纲"。在现代单维或多维网络及复杂的世界政治经济运行中,节点建设及调控对宏大的复杂系统控制及发展作用巨大。"纲举目张","一带一路"建设中,扭住节点建设,将对"一带一路"全局建设产生重大影响。根据城市区位、人口规模及未来走势,重点有序推进节点建设。加强"一带一路"沿线节点城市建设,依托中心城市辐射周边区域,全面促进全线发展。

加快欧洲方向——西伯利亚大铁路沿线的北京、莫斯科、明斯克、华沙和柏林等城市建设。

加快中亚—欧洲方向——古代"丝绸之路"沿线阿拉木图、比什凯克、塔什干、德黑兰、埃里温、伊斯坦布尔及索菲亚、萨拉热窝、布达佩斯、维也纳和阿姆斯特丹等城市建设。

加快南亚—中东—北非方向——"海上丝绸之路"沿线上海、马尼拉、吉隆坡、新加坡、曼谷、达卡、孟买、卡拉奇、开罗、的黎波里、阿尔及尔、卡萨布兰卡等节点城市建设。

三、七大经济带，陆海协同发展

"一带一路"五大通道建设将重点推进海陆空枢纽建设：一是海港枢纽，包括鹿特丹、卡拉奇、孟买、达卡、福州；二是航空枢纽，包括上海、迪拜和开罗；三是陆空枢纽，包括北京、莫斯科、柏林和伊斯坦布尔。陆地、空中与海上通道的全面衔接将形成丝绸之路立体交通网络，最终将节点城市连线成网，扩网成带，以城市群为核心，沿交通网辐射形成"陆海协同"的七大交通经济带（见图10—4—1）。

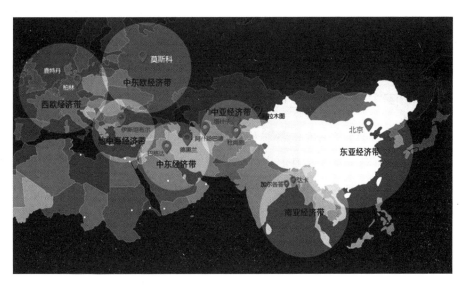

图10—4—1　城市群沿交通辐射形成交通经济带

"一带一路"七大交通经济带包括：

1. 依托中国两横三纵交通网，以长三角、珠三角、京津冀、成渝城市群、关中城市群和中原城市群为核心的东亚经济带。

2. 依托陆上通道，以阿拉木图—塔什干—杜尚别—阿什巴哈德都市区为核心的中亚经济带。

3. 依托海陆空交通网，以德黑兰和巴格达为核心的中东经济带。

4. 依托陆空网络，以伊斯坦布尔为核心的地中海经济带。

5. 依托海陆空交通网，以柏林为核心，以鹿特丹为海上门户的西欧经济带。

6. 依托陆空网络，以莫斯科为核心的中东欧经济带。

7. 依托陆海通道，以达卡和加尔各答为核心的南亚经济带。

"丝绸之路经济带"和"21世纪海上丝绸之路"战略充分体现了中国从传统的重陆地发展向"陆海并重"发展思路的转换，无论是六大经济走廊、五大通道建设，三十余座重点节点城市建设，还是七大交通经济带之目标，都是对"陆海协同"原则的全面践行以及海陆全面发展的充分展示。

第五节　中国与沿线区域合作现状及产业格局

"一带一路"构想的提出，契合沿线国家的共同需求，为沿线国家优势互补、开放发展提供了新契机，为提升全线合作水平搭建了新的国际合作平台。"一带一路"建设作为一项系统工程，中国将始终坚持"共商、共建、共享"原则，积极推进沿线国家发展战略的相互对接，打造全线产业合作新格局。

一、中国主要贸易出口、进口国家

2015年，中国与"一带一路"相关国家双边贸易总额达9955亿美元，占全国贸易总额的25.1%；中国企业对相关国家直接投资148.2亿美元，相关国家对华投资84.6亿美元，同比分别增长18.2%和23.8%。

（一）中国主要贸易出口国家

2016年1—11月中国对"一带一路"沿线国家出口额总计8489亿美元。占中国2016年1—11月出口贸易总额的25.7%，增速超过中国总出口贸易增速（6.1%）。2010年以来，中国对"一带一路"沿线国家出口大幅增长，2012年之后增幅有所放缓，但增速仍维持在10%以上，远高于中国总体出口贸易增长速度。

中国对"一带一路"沿线国家的出口贸易主要集中在东南亚、东北亚的俄罗斯和南亚的印度等地区，出口产品种类中机电类产品出口占比最高，达33%。2014年我国出口额大于100亿美元的17个国家占我国对"一带一路"沿线64国总出口额的83.11%。

（二）中国主要贸易进口国家

2010 年以来，中国对"一带一路"沿线 64 国家贸易进口大幅增长，2012年增幅开始减缓，但增速仍维持在 2% 以上，远高于中国总体进口贸易增长速度。截至 2015 年，中国对"一带一路"沿线 64 国家进口贸易额持续增长，增速超过中国总进口贸易。

中国对"一带一路"沿线国家的进口贸易主要集中在中东、东北亚的俄罗斯和东南亚等地区，进口量最大的物品为矿物燃料、沥青物质等，占"一带一路"沿线国家对中国进口总额的 42.58%。2014 年，中国进口额大于 100 亿美元的 15 个国家占中国对"一带一路"沿线 64 国家总进口额的 84.84%。

二、中国主要贸易方式与贸易主体

（一）出口情况

1. 主要贸易方式。中国向"一带一路"沿线国家出口的贸易方式包括一般贸易、进料加工贸易、边境小额贸易、来料加工装配贸易、保税区仓储转口货物、保税仓库进出境货物、对外承包工程出口货物、国家间和国际组织无偿援助和赠送的物资、租赁贸易、出料加工贸易、其他境外捐赠物资和补偿贸易等。其中一般贸易、进料加工贸易和边境小额贸易三种方式占中国对"一带一路"沿线国家总出口额的 87.56%（见图 10—5—1）。

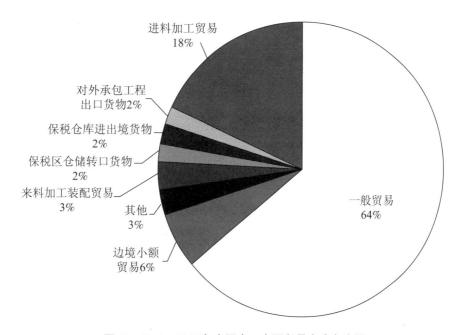

图 10—5—1　2015 年中国出口主要贸易方式占比图

2. 主要贸易主体。中国向"一带一路"沿线国家出口的贸易主体包括私营企业、外商独资企业、国有企业、中外合资企业、集体企业、中外合作企业、个体工商户等。其中私营企业、外商独资企业和国有企业出口额占总出口额的 85.7%。

3. 主要出口产品种类的贸易方式。中国主要出口产品（TOP10）的贸易方式以一般贸易为主，除精密仪器及设备和矿物燃料、矿物油产品外，一般贸易所占份额均超过 50%。光学、照相、电影、计量、检验、医疗或外科用仪器及设备、精密仪器及设备以及上述物品的零件、附件等的出口贸易以进料加工贸易方式为主占比 47.87%，矿物燃料、矿物油及其蒸馏产品、沥青物质和矿物蜡产品出口以来料加工装配贸易方式为主占比 54.43%，此外，保税仓库进出境货物出口占比 24.44%。

4. 主要出口产品种类的贸易主体。出口额在 100 亿美元以上的 14 个产品种类中，私营企业在 9 种产品种类中所占比重超过 50%。其中，在家具和寝具、针织服装及附件、非针织服装及附件、鞋靴、护腿和陶瓷等产品在出口贸易中占到 83% 以上；外商独资企业在电机、电气、机械器具及零件和精密仪器及设备产品出口中所占比重超过 30%；国有企业在钢铁、钢铁制品、车辆及其零件以及矿物燃料、矿物油等资源型产品出口中占比重较高，在矿物燃料、矿物油产品出口贸易额占 6 成（见表 10—5—1）。

表 10—5—1　中国出口主要产品种类的贸易主体

种类／类别	电器及零件	机械器具	家具寝具	钢铁	针织服装	塑料及其制品	钢铁制品	车辆及零件	非针织服装	精密仪器类	鞋靴、护腿	有机化学品	矿物质类	陶瓷产品
私营企业	■	■	■	■	■	■	■	■	■	■	■	■	■	■
外商独资企业	●	●	—	—	—	●	—	●	—	●	—	—	—	—
国有企业	—	▲	—	▲	—	—	▲	▲	—	—	—	▲	▲	—
中外合资企业	♦	♦	—	♦	—	—	—	—	♦	♦	—	♦	♦	—

（二）进口情况

1. 主要贸易方式。中国从"一带一路"沿线国家进口贸易方式中，一般贸易、进料加工贸易和保税区仓储转口货物、保税仓库进出境货物等四种方式进口额占中国从"一带一路"沿线国家进口总额的 92.01%；保税区仓储转口货物和保税仓库进出境货物两种贸易方式在进口中的比例达到 16.43%，较出口高出两倍多；边境小额贸易进口贸易额仅占 1.96%，远低于出口额（见图 10—5—2）。

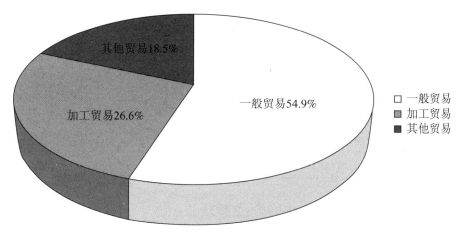

图 10—5—2　2015 年中国进口主要贸易方式占比图

2. 主要贸易主体。与出口情况类似，国有企业、私营企业和外商独资企业是三种主要贸易主体，其进口额占到中国对"一带一路"沿线国家总进口额的 86.41%。

3. 主要进口产品种类的贸易方式。中国主要进口产品（TOP10）的贸易方式以一般贸易为主，除电气设备及其零件和天然或养殖珍珠、贵金属等产品外，一般贸易所占份额基本超过 50%；天然或养殖珍珠、宝石或半宝石、贵金属等进口贸易以进料加工贸易为主，贸易额占到 75.83%；电机、电气设备及其零件、录音机及放声机、电视图像、声音录制和重放设备及其零件、附件等的进口贸易在一般贸易、进料加工贸易和保税区仓储转口货物贸易方式下的进口额分别达到 23.72%、38.63% 和 29.15%；木及木制品、木炭产品贸易方式除一般贸易外，边境小额贸易占比达 35.51%。

4. 主要进口产品种类的贸易主体。进口额在 50 亿美元以上的 13 种产品种类中，国有企业在矿物燃料、矿物油及其蒸馏产品、沥青物质、矿物蜡产品中进口贸易额占比高达 79.49%。此外，在矿砂、矿渣及矿灰产品中，国有企业进口额占比最高 41.11%；私营企业在木及木制品、木炭进口中占比为77.59%，在天然或养殖珍珠、宝石或半宝石、贵金属、包贵金属及其制品等的进口中占 58.55%。同时，塑料及其制品、矿砂、矿渣及矿灰和铜及其制品等产品的进口贸易中，私营企业的进口额占比都接近 50%。外商独资企业，进口额占比较高的产品领域主要集中在电气设备及零件、核反应堆、机械设备及零件和光学类精密仪器和设备类产品中，其中电气设备类产品占 60.09%（见表 10—5—2）。

表 10—5—2　中国进口主要产品种类贸易主体

类别	矿物质类	电器及零件	机械器具	塑料及制品	矿砂、矿渣	有机化学品	珍珠宝石	橡胶	木及制品	铜及制品	棉花	动植物油脂	精密仪器
国有企业	▲		▲	▲	▲	—	—	▲	▲	▲	▲	▲	▲
私营企业	—	●	●	●	●	●	●	●	●	●	●	●	●
外商独资企业	—	◆	◆	◆	◆	◆	◆	◆	◆	◆	◆	◆	◆
中外合资企业	■	■	■	■	■	■	■	■	■	■	■	■	■

三、中国与沿线国家产业合作现状

随着"一带一路"建设的深入，中国同沿线国家和地区的贸易合作与投资合作出现大幅增长，2015 年进出口贸易总额及投资总额实现双升。截至 2015 年底，中国已与沿线的 60 多个国家和地区签订了 3987 个基础设施共建合作协议，包括高铁、港口、机场以及道路，涉及资金总额 926 亿美元，同比增长 7.4%；其中，在 23 个国家设立了 77 个境外合作区，共有 946 家中资企业入驻，签订各类项目 3975 个，目前已经提供了接近 20 万人的就业和 9 亿美元的财政收入，还有 25 个国家希望同中国建立 36 个境外经贸合作区。在国际经济市场尚未走出下行通道的背景下，中国与"一带一路"沿线国家的贸易合作与产业合作呈现出一路向好的势头。

（一）对外投资步伐加快

2016 年 1—11 月，中国企业和"一带一路"沿线的 49 个国家进行了直接投资，投资额合计 134 亿美元，投资主要流向新加坡、哈萨克斯坦、老挝、印尼、俄罗斯和泰国等国家，同中国与"一带一路"沿线国家出口贸易相对集中的东南亚、东北亚的俄罗斯和南亚的印度等地区基本相同。中国对"一带一路"相关国家投资增长加快，重点项目突出。2016 年 3 月，中国企业将"一带一路"相关五国 13 个清洁能源项目收入囊中。同年 4 月，中国一家钢铁企业与塞尔维亚政府签约，以 4600 万欧元收购斯梅代雷沃钢铁厂，强化中塞产能合作。"一带一路"倡议提出以来，作为首条面向东盟的跨境铁路，玉磨铁路于 2016 年 6 月正式开工建设。作为中老国际铁路通道的重要组成部分，玉磨铁路将连接中国与老挝的友谊隧道，标志着泛亚铁路网中线的中老国际铁路全线建设进入实质性实施阶段；金融创新支持力度加大。近年来，中国银行业不断强化在"一带一路"沿线国家和地区的金融服务。截至 2015 年末，共有九家中资银行在"一带一路"沿线的 24 个国家设立了 56 家一级分支机构。2016 年 4 月，一家中资银行与新加坡国际企业发展局签署了"一带一路"基础设施战略合作备忘录，中资银行将为在新加坡注册的中新企业参与"一带一路"基础设施建设提供 300 亿新元（约合 222 亿美元）的金融支持。

（二）合作方式渐趋多样化，对外承包工程态势看好

当前，中国产业进入国际市场的方式日益多样，沿线国家产业合作的方式也渐趋多样化。轨道交通装备产业合作方面，逐步探索 BT（建设—移交）等方式，探讨用资源和能源交换项目，建立长效合作机制，保障双方权益。电力装备产业合作，从最初的设备供货，到目前的 EP（设计—采购）、EPC（设计—采购—建设）、IPP（独立电站）、BOT（建设—运营—移交）以及 BOO（建设—拥有—运营）、PPP（公私合营）、并购和融资租赁等多种形式；对外承包工程市场增长迅速。2016 年 1—11 月，我国企业在"一带一路"相关的 60 多个国家新签对外承包工程项目合同总额 1004 亿美元，同比增长 40.1%。轨道交通领域对外承包工程取得重大突破。2015 年中国高铁"走出去"取得了骄人的成绩。由中国铁总牵头的中国企业联合体"抱团出海"，实现了印尼雅加达至万隆高铁、俄罗斯莫斯科至喀山高铁、马来西亚吉隆坡至新加坡高铁、中老铁路、中泰铁路、匈塞铁路、马新高铁等境外项目合作的突破性进展。印尼雅万高铁项目于 2016 年 1 月 21 日实现开工奠基，成为中国高铁海外全面合作建设的成功标志。

随着我国在"一带一路"沿线国家投资步伐的加快和对外合作方式的增多，尤其是高铁走出去战略的全面推进，改变了中国企业在海外承建项目和产业合作的方式，实现了我国从硬件到软件的全方位输出，提升了我国同沿线国家的产业合作水平，极大拓展了"一带一路"沿线国家和地区的产业合作空间。

四、中国在世界贸易格局中地位转变

（一）中国对外贸易主体的转变

1. 私营企业出口比重逐年提升。私营企业向"一带一路"沿线国家的出口比重逐年上升，2010 年私营企业出口占出口总额的 40%，2014 年私营企业占比近 55%。随着市场经济活力的逐步释放，私营企业的竞争力将进一步增强。

2. 国有企业为贸易进口主要群体（见表 10—5—3）。中国国有企业为贸易进口主要群体，自 2010 年以来，从"一带一路"国家进口贸易额所占比重均在 40% 以上。其他类别企业进口贸易额也在逐年递增。

表 10—5—3　中国近年进口贸易主体比重列表

年份 类别	2010	2011	2012	2013	2014	2015
国有企业	41.56%	43.05%	42.72%	43.76%	42.47%	40.96%
外商独资企业	24.64%	22.17%	21.44%	20.38%	21.02%	20.88%
私营企业	17.51%	19.10%	20.01%	21.51%	22.92%	24.49%
中外合资企业	12.67%	12.74%	13.42%	12.12%	11.81%	14.60%
集体企业	3.13%	2.52%	2.06%	1.85%	1.33%	1.95%
中外合作企业	0.33%	0.33%	0.26%	0.30%	0.30%	0.37%
个体工商户	0.01%	0.01%	0.02%	0.02%	0.02%	0.02%

近年来，私营企业进口呈现上升趋势，取代外商独资企业进口，成为中国从"一带一路"国家进口的第二大行为主体（见图10—5—3）。

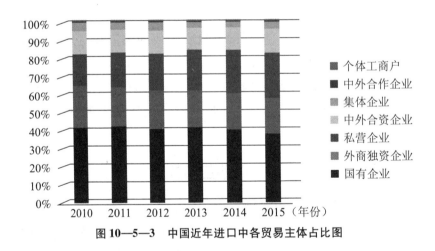

图 10—5—3　中国近年进口中各贸易主体占比图

（二）中国对外贸易方式转变

1. 来料加工贸易出口下降，一般贸易出口逐年上升。一般贸易出口逐年上升。2010年一般贸易比重占中国对"一带一路"国家出口贸易总额的58.69%，2014年占中国出口贸易总额的63.81%。来料加工贸易出口下降，所占比重从2010年的24%下降到18%。对外承包工程出口和来料加工装配贸易有小幅下降，边境小额贸易和保税出口小幅上升（见表10—5—4）。

表10—5—4 中国近年出口贸易所占比重列表

年份 贸易方式	2010	2011	2012	2013	2014	2015
一般贸易	45.68%	48.31%	48.23%	49.23%	51.39%	53.47%
加工贸易	46.92%	44.01%	42.11%	38.97%	37.76%	35.04%
其他贸易	7.40%	7.68%	9.66%	11.80%	10.85%	11.49%

2. 保税仓库进境货物小幅提升，一般贸易进口为主（见表10—5—5）。中国对"一带一路"国家进口以一般贸易进口为主，2011年以后一般贸易进口占中国进口总额的60%以上。2011年、2012年和2013年，来料加工贸易进口比重连续下降，2014年出现回升。近年来，中国与"一带一路"沿线国家保税仓库进境货物小幅提升。

表10—5—5 中国近年进口贸易所占比重列表

年份 贸易方式	2010	2011	2012	2013	2014	2015
一般贸易	55.50%	57.78%	56.19%	56.91%	56.63%	54.88%
加工贸易	29.90%	26.95%	26.46%	25.49%	26.76%	26.57%
其他贸易	15.10%	15.27%	17.35%	17.60%	16.61%	18.54%

（三）中国对外贸易产品升级

1. 生活用品出口逐年增长，增幅较大。近五年来，中国向"一带一路"沿线国家出口排名在前30名的产品种类占总出口额的90%左右。自2012年以来，生活用品类均有较大幅度增长，部分增速超过30%。高技术产品类出口稳定增长。2015年受世界金融下滑影响，我国部分出口产品增长率出现小幅下跌。

2. 原材料进口趋缓，高端生活用品和食品进口增长较快。中国从"一带一路"沿线国家进口产品种类较为集中。2014年，进口额超过150亿美元的七大产品种类占中国从"一带一路"沿线国家进口总额的80%左右。近年来，中国从"一带一路"沿线国家进口矿砂、橡胶、铜、棉花、钢铁、铝、锡等原材料产品出现下降，2014年，除矿物燃料品类相对平稳外，其他大部分原材料降幅超过10%。食品类和高端生活用品类出现较大幅度增长。2015年受国际原油价格影响，我国矿物燃料进口率出现大幅下降，跌幅超过54%。

第六节 中国各地区与沿线国家合作态势

进入21世纪的第二个十年，国际金融危机的影响继续显现，世界经济复苏缓慢，不同地区国家发展进一步分化，国际投资贸易格局和多边投资贸易规则深刻调整在即，各国面临的发展问题依然严峻。中国政府顺应世界多极化和经济全球化发展大势，提出共建"一带一路"倡议，适应世界文化多样化、社会信息化的发展潮流，秉持开放的区域合作精神，致力于完善全球自由贸易体系，构建更加开放的世界经济新格局。

世界经贸格局的变迁以国家内部格局的调整为支撑。随着"一带一路"的深化，我国社会经济步入稳健转型发展区间。珠三角地区、西南地区、西北地区、环渤海、长三角地区和东北腹地等重点区域与"一带一路"沿线国家在进出口贸易方式和产品种类等方面都出现了稳中向好的趋势，推动着我国与"一带一路"全域国家总体合作格局的进一步优化。

一、国内经济布局调整与国际经贸合作格局

"一带一路"战略的一大突出特点是"陆路"和"海路"协同发展，这一鲜明特征推动着我国沿海沿边地区以及相关省区经济布局的优化，为全国广大经济区域的国际经贸合作提供了发展新契机。

（一）"一带一路"与我国沿海地区

环渤海经济区、长三角经济区和珠三角经济区构成"21 世纪海上丝绸之路"的起点。根据"一带一路"六大经济走廊走向和五大通道建设规划，重点推动我国"一带一路"沿海海上战略支点港口城市建设。分布在环渤海、长三角、珠三角三大港口群的 16 个海上战略支点城市，每个港口群功能定位都有所不同，辐射区域存在显著差异。"一带一路"战略为港口经济升级发展打开了一扇大门。我国的进出口贸易主要集中在环渤海、长三角以及珠三角地区（见表 10—6—1），其中，环渤海地区以进口贸易为主，2014 年进口贸易额占全国从"一带一路"国家进口贸易额的 42%。出口以长三角和珠三角地区为主，2014 年两地区出口贸易额占我国向"一带一路"国家出口贸易总额的 67%。

表 10—6—1 我国主要贸易区域进出口贸易占比情况

主要贸易区域	出口	进口
环渤海及周边地区	18%	42%
长三角及周边地区	35%	22%
珠三角及周边地区	32%	26%
东北腹地	2%	4%
西南地区	5%	4%

（二）"一带一路"与我国内陆地区

在推进"一带一路"建设的过程中，务必充分发挥国内各地区的比较优势，实行更加积极主动的开放战略，加强东中西互动合作，全面提升开放型经济水平。利用内陆纵深广阔、人力资源丰富、产业基础较好的优势，依托长江中游城市群、成渝城市群、中原城市群、呼包鄂榆城市群、哈长城市群等重点区域，推动区域互动合作和产业集聚发展，打造重庆西部开发开放重要支撑和成都、郑州、武汉、长沙、南昌、合肥等内陆开放型经济高地。加快推动长江中上游地区和俄罗斯伏尔加河沿岸联邦区的合作。建立中欧通道铁路运输、口岸通关协调机制，打造"中欧班列"品牌，建设沟通境内外、连接东中西的运输通道。优化海关特殊监管区域布局，创新加工贸易模式，深化与沿线国家的产业合作。尤其以提升西部"一带一路"新泵站——黄河几字湾、"一带一路"中心区——新疆等新兴地区和重点地区产业格局层次为重点，加速与国际全面接轨，在新一轮产业升级中争当"领头羊"，建立我国发展新的强力驱动区，发挥新兴地区和重点地区在双边及多边经贸发展中的重要引领与示范效应。

二、中国主要经济区与沿线各国合作日趋稳健

随着"一带一路"倡议的提出，从 2013 年到 2015 年，中国企业对"一带一路"相关国家直接投资额同比增长 18.2%。2015 年，中国承接"一带一路"相关国家服务外包合同金额 178.3 亿美元，执行金额 121.5 亿美元，同比分别增长 42.6%和 23.45%。这些数据一再反映着中国经济发展变化的新形势，中国各主要经济区与沿线各国的合作正在逐渐形成新的发展趋势。

（一）中国港口成为"一带一路"国际合作投资的新重点

"一带一路"的战略重点由基础设施建设向全面联通建设发展，沿海港口的转型升级被提上重要日程，港口地区作为"21 世纪海上丝绸之路"的关键战略支点，既是内陆广大经济腹地的输出窗口，也是海外商品进入中国的重要门户，发展前景广阔。

1. "以港兴市""以港兴省"。如环渤海港口群的崛起将带动京津冀、东北老工业基地的兴起和山东半岛蓝色经济区发展，促进中韩自贸区、东北亚国际经济圈的发展。

2. 不断完善海陆联运，充分发挥国际航运功能。"一带一路"重点省市积极推进海铁联运、江海联运等物流运输通道的建设与发展，推动海铁联运"批量中转"模式，各省加快规划与港口的国际接轨。同时，中西部地区加快新国际运输通道建设，内陆—新疆—欧洲连运模式等已经开始运行，推动港区与物

流园区等经济区域的联动发展，为临港、临关工业及大宗海运及陆运货物提供一体化服务。

3. 实施港口"走出去"战略。中国大型骨干企业，如中远海运、中国港湾等传统港口投资央企以及"广大上青天"等地方港口运营商，在海外投资拓展已经遍布荷兰、意大利、新加坡、马来西亚、斯里兰卡、巴基斯坦、希腊、比利时等国的港口。此外，中国企业参与海外港口建设的方式不断升级，从参与海外码头、港口建设到现在争取港口的长期特许经营权和港口股权。

4. 航运业与金融、法律、保险业形成产业链。中国港口以货物运输和造船为主，对经济腹地的外贸实力和工业竞争力的依赖程度较高，并且港口吞吐量可持续性偏弱。为此，需要加速缩短中国港口在航运服务等软实力方面与世界航运中心存在的差距，加速中国港口航运服务、航运金融、法律、保险业等产业链的不断改进和完善。

（二）建立网络空间国际合作关系

网络空间国际合作与"一带一路"战略实施紧密相关。建立网络空间国家级合作既是中国建设"网络强国"的时代要求，也是"一带一路"沿线国家的发展需要。面对"一带一路"国家众多、水平各异的复杂现状，以开放性和包容性为出发点，做到合作对象统筹兼顾、合作领域重点突出、合作过程循序渐进，以网络发展与治理伙伴为立足点，加强网络人文交流、网络技术合作、网络空间治理，持续推动"一带一路"网络空间国际合作，大力推进互联网基础设施建设，消除信息壁垒，让信息资源充分流动。统筹"一带一路"的"信息丝绸之路"建设和网络治理合作，为建设中国网络强国积聚力量。

（三）实施东西两个方向重点发展战略

按照"一带一路"战略的整体部署，在未来一个时期，中国将从东西两个方向拓展对外开放。向西，依托"丝绸之路经济带"，通过更多面向西部的中亚、欧洲国家以及西亚、非洲国家的经贸合作，建立更加广泛的国际合作；向东，将顺应贸易投资便利化向深度和广度发展的趋势，在面向亚太地区的开放发展上，通过参与新一轮国际经贸规则的制定，提升对外开放的层次与水平。

（四）完善国际金融投资体系，推动人民币国际化

"一带一路"战略的实施，将加速完善中国的国际金融投资体系，大幅推动人民币国际化步伐。"一带一路"战略为人民币国际化提供了新的窗口和途径，同时也为广大沿线国家和地区及世界人民直接运用人民币提升生活水平带来了便利。在对外开放和国际合作的实施上，充分发挥金融的先导作用，通过

主导建立"丝路基金"和"亚投行",为亚洲各国的基础设施项目建设提供金融支持,从被动参与到主动参与、积极谋划,完善中国参与主导全球范围金融资产跨国配置相关机制。帮助沿线国家超越储蓄与贸易"双缺口"的经济制约,加速中国优质产业转移、助推沿线国家地区改善非农就业。"一带一路"建设中的共赢互利,将吸引更多投资者加入"一带一路"建设融资平台及相关导向资金,形成更加优质的规模集聚效应,改善传统国际金融机制,加速人民币国际市场化进程。

三、沿线各国对中国各地合作预期大幅趋升

共建"丝绸之路经济带"和"21世纪海上丝绸之路"区域发展战略是中国对世界人民的贡献。这一战略顺应了国际社会谋求区域合作互利共赢的强烈要求,"一带一路"沿线国家和地区及世界各地反响强烈,纷纷加快与中国政府和中国各省市区的合作进程,中国各省市区也在全面加速着与沿线国家和地区的经贸合作,全线国家和国际社会对中国的合作预期与发展愿望大幅攀升。

(一)欧盟地区全方位对接"一带一路"

近年来欧盟地区对"一带一路"建设表现热切,中欧领导人对共建"一带一路"已达成多项重要共识。"资金融通"是中欧共建"一带一路"的先行领域,并以此带动设施联通和贸易畅通。目前中国与欧盟已建立起中欧共同投资基金,将重点投入欧盟国家的电信、科技项目,同时拉动欧方资金进入"一带一路"沿线的大型能源和通信项目,打开横跨中亚、西亚和南亚至希腊的经济通道。欧洲是人民币国际化进程中人民币离岸市场建设的重要区域,除伦敦外,目前法兰克福、巴黎、卢森堡和苏黎世都已建立了人民币清(结)算中心。各方还在积极探讨其他金融领域合作,如中英"沪伦通"以及中国外汇交易中心的深度合作。

(二)典型发达国家加速"一带一路"合作步伐

意大利和德国等一批世界发达国家正全面加速"一带一路"合作步伐。意大利是古代"丝绸之路"的终点,也是"一带"建设的重要节点。2016年,意大利已经制定与中国发展关系的"五年战略",加速重点领域的合作;德国作为欧洲经济第一强国,热切期望参与"一带一路"建设。2015年两国贸易额超过1600亿美元,相当于英法意三国与中国贸易额的总和。目前在中国有8000多家德国企业,在德国也已有2000多家中国企业。随着"中国制造2025"和"德国工业4.0"的对接,中德发展将会更加强劲的成长。作为世界第二和

第四大经济体的中国和德国强化经济合作，将对世界经济发展产生举足轻重的影响。

"一带一路"是中国将自身产能、技术与资金优势以及经验与模式优势转化为市场与合作优势，实行全方位开放、全方位发展的一个世界公共平台。通过"一带一路"建设，推动沿线国家间实现平等合作与对话，建立更加公正均衡的新型全球发展伙伴关系，实现世界经济长期稳定发展。沿线国家对强化与中国的合作充满了期望和信心。

第十一章 "一带一路"与全球安全战略

"一带一路"建设中的宏观性安全问题凸显,微观性安全问题也十分棘手。随着"一带一路"建设全线展开,中国自身安全挑战与应对、中国与沿线国家的共同安全问题、全域冲突及潜在冲突的预判、全球重大安全战略的走势等问题都成为十分值得关切的问题。

"一带一路"作为 21 世纪极其庞大的国际区域发展平台,与全球安全建设息息相关,"一带一路"建设中的安全问题要在秉承优秀传统思维基础上,创新推进安全风险、强化安全保障机制建设,厘清"一带一路"安全因素,深化推动全球安全共识,对于"一带一路"安全战略的规划设计,促进全球安全战略建设都有着十分重大的意义。

第一节 "一带一路"安全环境概述

在当今日趋激烈的国际竞争中,"一带一路"的构建绝不会一帆风顺,"你方唱罢我登场"的各种复杂的国家间利益冲突,甚至激烈的国际斗争将时时上演。从发展趋势看,国家和地区间的各种经济利益矛盾,将更多地以安全问题的面目出现。"一带一路"建设实现"共商""共赢"的战略构想,取决于如何有效地解决国家间的各种经济利益矛盾,同时更多地取决于如何智慧地处理各种安全问题。

"一带一路"共建中,经济发展驱动力和安全问题解决力将全面凸显大国安全环境建设能力。

一、安全环境的全新认识与全面建设

构建"一带一路"安全环境,直白地说就是国家与国家之间合作的安全环

境。这种安全环境，不是通常讨论的"国家安全环境"，也不是国外学界关注的"人类安全环境"，而是中国与相关地区和国家合作，共同建设"一带一路"所要面临的综合安全环境。

（一）国家安全是国家综合安全的简称

"国家安全"，确切地讲是国家利益的安全，指的是一个国家的利益免于危险的客观状态。"国家与国家之间合作的安全环境"属于"国家安全"与"国际合作"两个独立的跨领域、跨学科领域，涵盖"安全""国家安全""国家安全环境"，以及"国际合作"等问题。当今世界，随着国家之间竞争成为由政治、经济、军事、科教、网络、金融、资源等多方面实力和影响力构成的综合国力之间的竞争，国家利益表现多样化，国家安全更具综合性含义。构建"一带一路"安全环境是一个综合性、全面性问题，深具重大现实性和深远历史性意义。

（二）"合作安全环境"需要全要素构建

随着国家间经济与社会融合度加深，对一个国家安全产生影响的要素愈发增多。国家安全环境，就是影响国家安全的各种因素的总和。影响国家安全的各种因素，分为国际因素和国内因素、积极因素和消极因素等；国家安全环境，也分为外部环境和内部环境、积极环境和消极环境等。不同国家的安全环境、同一个国家在不同时期的安全环境，随时随地发生变化。从"安全""国际安全""国际安全环境"不同视角看，所有影响"国家与国家之间合作"的各种安全因素总和，即是"国家与国家之间合作的安全环境"。由此可见，构建"一带一路"安全环境，需要对沿线相关国家内部和外部、积极和消极等各种因素的总和进行研究与预判，加强全球战略安全全要素构成分析，强化全球战略内在矛盾及重大危机的破解、关键要素生成与转化机遇，全面强化国家安全机制建设。

二、传统和非传统安全问题交织影响加剧

进入 21 世纪，世界多极化和经济全球化的步伐依然在加速。世界多极化，加大大国之间力量平衡的维持，制约超级大国霸权，推动全球和平与发展进程；经济全球化，把愈来愈多的国家和世界多种力量纽结为利益共同体，将加强一损俱损、一荣俱荣的利益格局。尽管国际形势发展的基本态势保持总体稳定，但传统和非传统安全问题依然在增加，世界不确定、不稳定、不安全因素依然加剧。

（一）传统安全的核心是利益驱动

传统安全问题，通常指与国家间军事冲突的相关联行为，特指战争，以及

由战争引起或战争恐吓、战争威慑引起的系列安全问题。在现代国际关系结构中，每个国家都有自主行使主权，保护本国安全的完全权利。但是由于国家实力、地理位置、人口资源、国家地位、历史原因等因素严重影响着不同国家的安全能力和安全环境建设，尤其是在现行国家关系中，国家安全建设道德原则"薄如纸"，尽管这些原则写在"纸上"，但在国际实践中，国家安全所秉持的原则常常被武力、强权所洞穿。传统安全威慑手段常常成为某些国家追求利益、获取利益，甚至赢得冲突的"常规手段"，国际社会仍然面临着传统安全威胁的重大考验。

（二）非传统安全问题潜在危险升级

除战争和军备竞赛、军事威慑之外，通常对主权国家及人类整体生存与发展构成威胁的所有其他因素，都可以囊括为非传统安全问题。随着社会的迅猛变革和科学技术的快速发展以及国家霸权主义和单边主义新倾向，非传统安全问题出现一系列新特征：一是行为不确定性，非传统安全威胁或来自某个组织或来自某个国家或来自个人行为"独狼"式行动；二是输出性，某一个国家或地区的个别问题，迅即蔓延至其他国家和地区，安全威胁向不同国家和地区间输出；三是突发性，随着技术手段的升级或个人对社会颠覆行为的增多，尤其是国家单边主义目的导向使然，非传统安全问题将愈发增多；四是恐怖性，目前国际恐怖活动趋增，恐怖主义抬头，手段极其残忍，其实所有非传统安全问题都是恐怖主义的不同表现；五是颠覆性，非传统安全问题的主体通常是国家或地区政府，无论其实施对象是公众还是国家机构；六是隐秘性，不宣而战，"不战而屈人之兵"，经济的、金融的、生态的、信息的、生物的（基因的）等手段"无所不用其极"；七是升级性，非传统安全问题常常是"秘而不宣"，"效应"大于"效果"，短期内技术目标大于战略目标。为此，非传统安全问题升级为武装冲突或战争的趋势在增加。

传统和非传统安全问题交织，传统安全问题日渐严峻，非传统安全威胁日益严重。传统安全问题，围绕战略要地、战略资源和战略主导权的斗争加剧，尤其是世界军事新变革致使世界军事力量攀比趋升，军事因素对国际格局和国家安全的影响上升。非传统安全威胁，因民族、宗教矛盾、经济金融、信息网络等虚拟空间以及国际恐怖势力活动频繁，环境污染、非法移民、毒品走私、跨国犯罪、严重传染性疾病等传统安全与非传统安全，都已成为影响世界安全与稳定的重要因素，关系到整个世界或整个人类的安全与幸福。

三、"冷战"思维与"和平"向往博弈迭起

当前，国际力量对比发生着新的变化，大国关系出现新的深刻调整，世界

经济出现新增长态势，区域合作方兴未艾，求和平、谋发展、促合作已成为不可阻挡的历史潮流。世界和平呼声高涨，世界"冷战思维"与"和平向往"博弈进一步加剧。

（一）冷战思想长期作祟

历史地看，冷战思想长期主导世界霸权思想。翻看半个多世纪以前的历史，随着日本的投降、美国接管日本后的占领政策发生着巨大的变化。日本被捕战犯被大批释放、完全中止战争赔款、解散财阀半途而废、限制进步群众运动，默许右翼政客重返政界，与其说是默默扶持着一个对抗当年社会主义阵营的"马前卒"，不如说美国明目张胆地修改二战后的国际秩序，培植日本代替行将垮台的蒋介石政府。"冷战思维"致使日本"军国主义"思想没有从根部铲除，对发展的中国、崛起的亚洲以及全球和平秩序，都形成了潜在的危机和影响；现实地看，"北约持续东扩"图谋霸权世界。"北约"与"华约"是典型的冷战产物，"华约"云消雾散，"北约"也理当应销声匿迹。但事实是"北约"地盘迅速扩张、其影响也由"北大西洋"向全球扩散。最近随着北约东扩步伐加大，扩展前沿已经直至俄罗斯边境。受北约东扩、乌克兰危机影响，尤其是2015年5月罗马尼亚和波兰两国的反导系统事件，更加剧了北约与俄罗斯的博弈。为应对美国"宙斯盾"反导系统，俄罗斯在位于波兰和立陶宛交界的飞地加里宁格勒部署了具备核打击能力的"伊斯坎德尔"导弹系统。由于这场发生在欧洲东部的"冷战"大博弈，将大大削弱欧俄本已在解决叙利亚危机中深化合作的"曙光"，致使双方陷入典型的"安全困境"。2016年，朝鲜进行了两次核试，美国借此推动韩美共建"萨德"反导系统，遭到中俄联合反对。这是美国主导的东北亚地区冷战对抗思维的具体体现。

（二）"新冷战"与强大的和平力量

在国际格局多极化背景下，世界大国围绕国际利益、势力范围展开的遏制与反遏制、对抗和对峙形成的严峻局势进一步加剧。但与20世纪"冷战"时期不同，国际政治格局发生着巨变，多极化已经成为国际社会发展的潮流，面对全球日渐高企的和平进程，美俄作为多极中影响较大的两极，对全球局势的左右能力也日渐式微。但是由其主导的"新冷战"将给世界带来一系列影响深远、波及面甚广的政治经济及国际关系震荡。受这种"新冷战"思维影响，包括欧洲、亚洲、非洲、美洲、大洋洲甚至北冰洋和南极等世界各地的国家关系和区域安全都受到了不同程度的影响，加剧着全球紧张局势。

四、提供新平台，加快安全环境优化进程

面对世界新的发展趋势，党中央一直强调："加快同周边国家和区域基

础设施互联互通建设，推进丝绸之路经济带、21世纪海上丝绸之路建设，形成全方位开放新格局。"党中央一系列高瞻远瞩的指导思想，使"一带一路"成为沿线国家和地区安全环境建设的强大平台，加速全线安全环境优化建设进程。

目前，世界范围内的地区安全合作呈现出多层次合作格局：既有双边合作，也有多边合作，更有跨地区合作。

（一）"丝绸之路经济带"区域安全合作步伐加快

"丝绸之路经济带"横穿整个亚欧大陆，在空间范围上可分为核心区、扩展区、辐射区三个层次：

1. 核心区（中亚）：2001年，上海合作组织（SCO）应运而生，经过十多年的发展，"上合组织"在解决区域边界争端及加强边境军事信任方面已有实质进展，逐渐形成以反恐为中心，兼顾打击毒品武器走私、跨国有组织犯罪等多元一体的安全合作体制。近年来，该组织在经贸、人文等非传统安全领域合作不断扩大，通过区域合作增强了地区整体竞争力。此外，俄罗斯与中亚国家于1992年签署的《集体安全条约》是中亚地区具有军事同盟性质的安全合作机制。但随着21世纪美国影响力在中亚地区的拓展，这一安全合作机制日益呈现更多的利益导向。

2. 扩展区：南亚以及东欧两个次区域。南亚地区各国在冷战后逐渐放弃了独自寻求安全的模式，走上了以区域主义为主的合作安全道路，已初步形成了和平、互信的地区安全环境。2008年，南亚区域合作联盟（SAARC）第15届首脑会议重点讨论了粮食安全、能源危机、恐怖主义威胁等问题并提出了应对措施，推动了地区安全合作的发展；东欧地区的安全合作基于独联体安全系统围绕着与俄罗斯的关系展开，其中白俄罗斯与亚美尼亚对俄形成较强的安全依赖，通过"集体安全条约组织"与俄构建了排他性的军事政治同盟。而由格鲁吉亚、乌克兰、乌兹别克斯坦、阿塞拜疆和摩尔多瓦五国联合成立的"古阿姆"（GUUAM）组织与俄罗斯的区域安全战略存在较大分歧，"去俄罗斯"倾向比较强烈，该组织体现出明显的亲西方倾向，"亲西疏俄"是"古阿姆"的一个基本立场。

3. 辐射区（欧洲）：由于欧洲安全行为体与安全威胁、安全环境长期的历史互动，形成了欧洲安全合作的三大区域性组织：北约（NATO）在干预、解决和参与欧洲安全治理过程中发挥着重要作用，是目前世界上最大的军事集团；欧盟（EU）是一个集政治实体和经济实体于一身、在世界上具有重要影响的区域一体化组织，实现了从经济实体向经济政治实体的过渡；欧洲安全与合作组织（OSCE）是世界上唯一一个包括所有欧洲国家在内并与北美洲联系到一起的安全机构，是世界上最大的区域性组织，包括欧洲国家、苏联解体后的国家以及美国、加拿大和蒙古。进入 21 世纪之后，受国际大势影响，"欧安"内部分化严重，处在重大调整过程中。

（二）"21 世纪海上丝绸之路"区域安全合作任重而道远

"21 世纪海上丝绸之路"途经东南亚、南亚、波斯湾、红海湾、印度洋西岸及北太平洋航线，具体分为四段：东南亚航线、南亚及波斯湾航线、红海湾及印度洋西岸航线、北太平洋及白令海峡航线：

1. 东南亚航线。冷战后，在东南亚安全形势剧变、意识形态逐渐淡化、具体周边安全问题逐渐凸显的背景下，为弥补各国自身力量相对弱小的不足，建立起以东盟为主导的多层次多形式的东南亚安全机制，包括东盟地区论坛（ARF）、亚太安全合作理事会（CSCAP）等。进入 21 世纪，东盟积极巩固和扩展安全合作，推动建立了国防部长会议机制，强化地区安全秩序方面的行动能力。此外，区外西方大国的强势介入也是该地区安全合作的重要特点。

2. 南亚及波斯湾航线。中东波斯湾地区的安全合作主要围绕海湾六国（阿联酋、阿曼、巴林、卡塔尔、科威特、沙特阿拉伯）安全共同体展开。海湾阿拉伯国家合作委员会（GCC）优先考虑军事安排与防御合作问题。进入 21 世纪，海湾六国安全认同感不断增强，在常规安全合作的同时，面对伊拉克局势、伊朗核问题等复杂地区局势的压力，加强了沟通与协作，正在逐步发挥地区维稳作用。

3. 红海湾及印度洋西岸航线。这一区域的安全合作主要聚焦于非洲东海岸的海盗问题。亚丁湾作为世界最繁忙的水域之一，每年至少有 2 万艘船舶运载着 12% 的世界石油通过该区域。为应对海盗威胁，印度洋西岸国家以及国际社会展开了积极合作，形成了多层治理的反海盗体系。在安理会授权下，包括中国在内的多国海军执行护航任务。在各方共同努力下，反海盗工作取得了显著成效。

4. 北太平洋及白令海峡航线。北太平洋地区，中、美、加、俄、日、韩等国家加强对话与合作，围绕打击海上跨国犯罪、保护海洋渔业资源、组织海事安全搜救、处置紧急灾害事故、加强信息交换等议题展开讨论，拓展国际执法合作。随着黄海地区商业价值的提升，尤其是"北冰洋新航道"的开通，东北亚相关各国领海、渔业纠纷、岛礁争执问题、大陆架划界、石油开发和军事存在，以及北极圈新布局等一系列问题，存在着大幅升级的危险。

第二节　影响安全环境构建的重大问题

一个国家的安全受到各种各样因素的影响：客观上，不存在外来威胁；主观上，不存在对外来威胁的恐惧感，或具备有效抵御外来威胁的能力。随着国际间竞争向全面性、综合性能力的演变，国家安全环境对主客观安全能力建设要求愈发提高，国家安全的综合性、前瞻性、战略性、实效性等多重意义凸显。

一、相关大国战略冲突

"一带一路"具有综合性、多层次的战略特点。"一带一路"倡议，开宗明义，一直强调开放性、包容性、非排他性。但客观上，"一带一路"倡议的深化不可避免地与传统大国和地区强国存在战略上的冲突。因此，"一带一路"的构建，既与有效地解决国家间各种经济利益矛盾密切相关，更与智慧地处理或化解各种安全问题密切相关。随着"一带一路"建设深化，国家间的各种利益矛盾将更多地转化为安全问题，这些"抓手""引爆点"都将加剧世界大国在各相关地区机遇的利用和竞争态势。

（一）美国"新丝绸之路"计划及"亚太再平衡"

在"一带一路"战略正式提出之前，2011年7月，时任美国国务卿在印度提出"大中亚"思想和"新丝绸之路"构想，随后在联大会议期间向国际社会进一步描述了美国版"新丝绸之路"计划：以阿富汗为中心，构建连接南亚、中亚、西亚经济发展网络，希望阿富汗邻国投资出力，维护美国在欧亚大陆腹地发展过程中的主导地位。通过这一计划，削弱中国在该地区的影响力，降低"上合组织"的凝聚力。美国还推进"亚太再平衡"战略，积极打造"印—太"（Indo—Pacific）概念，将亚太的边界延伸到印度次大陆。美国不断强化在亚太的军力，利用中国边界争端，扶持争端当事国，实施"以邻制华"离岸战略。

（二）欧盟"新丝绸之路计划"

2009年，欧盟提出"新丝绸之路计划"，通过修建"纳布卡天然气管线"，加强与中亚及周边国家的联系，保证自身能源供应安全，增强在中亚地区的影响力。欧盟的介入，一方面平衡了美俄在中亚地区的影响力，另一方面也使中亚地区局势更趋复杂化，影响中国"丝绸之路经济带"推进的地区合作。

（三）俄罗斯"北南走廊计划""欧亚经济联盟"设想

俄罗斯与印度、伊朗在2002年共同发起"北南走廊计划"，提出修建从印度经伊朗、高加索、俄罗斯直达欧洲的国际运输通道，保持传统区域影响力。2011 年 10 月，俄罗斯提出整合中亚地区"欧亚经济联盟"的设想，加速推进独联体经济一体化进程。2014 年 5 月"亚信峰会"期间中俄首脑会晤中宣布支持"丝绸之路经济带"计划与"欧亚联盟"对接，俄罗斯介入"一带一路"中亚方向的建设，将对中国与中亚国家的全方位合作产生一定的影响。

（四）日本"欧亚大陆外交战略"

早在 1997 年，桥本龙太郎内阁就提出"欧亚大陆外交战略"，2004 年提出建立"中亚＋日本"对话机制，2006 年提出建立"自由与繁荣之弧"，通过加强日本与中亚国家的经济合作，增强其在这一地区的政治和经济影响力，保障自身能源供给安全。2013 年 10 月，安倍晋三内阁强化对亚欧地区的关注："从东京出发，经过伊斯坦布尔，抵达伦敦。日本要做新亚欧丝绸之路的起点、地缘政治的操盘手。"日本积极发展太平洋、印度洋沿岸各国外交，加强军事存在，妄图在更大范围内构筑"防线"遏制中国。

（五）印度"称霸南亚，控制印度洋"

印度依据优越的地理优势谋求对印度洋的控制，对所有外部力量在印度洋的存在都抱有防范之心，尤其将中国所谓的"珍珠链战略"视为战略包围。同时，印度积极推行"东进"战略，介入南海问题，在多方面与中国形成竞争态势，有意增强对亚太事务的辐射和影响，进一步加大中国在东南亚方向的战略压力。

印度、伊朗和阿富汗共同推进南亚"南方丝绸之路"建设行动，试图打通"海上丝绸之路"和"陆上丝绸之路"。

"一带一路"建设所面临的安全环境，与中国、与相关大国的战略冲突息息相关。

二、经济安全问题

一个国家和地区在参与国际经济的过程中，其经济安全包括：合理获得经济利益并有效保护经济利益不受侵害或威胁；国民经济可持续发展战略及其基础和环境具有保障而不受到破坏和潜在危害；国际竞争力不断加强并能够得到维护和巩固。共建"一带一路"，相关各国的国家经济安全将主要表现为：政府有效管控本国经济、确立本国经济发展战略、抵御国外资本和国际市场的竞争压力与冲击、保护本国财富及资源和生态环境、保持本国在国内外市场的竞争优势、维护本国经济制度和法律规范、保障和提高人民生活水平和社会福利等。

对相关国家而言，与中国共建"一带一路"，意味着首先要面对类似于经济全球化带来的国家经济安全问题，如弱化和转变的国家主权、跨国界调整的生产关系、跨区域的经济风险、日益激烈的国际竞争、不尽安全的信息情报、全球性问题的威胁等。同时，还面临共建"一带一路"可能会突出的问题，如土地、水源、生物、矿藏、气候等国家资源安全、国有经济安全、国家财政安全、国家金融安全、国家农业安全，以及包括权钱勾结、地下经济、经济间谍在内的经济犯罪活动等。

如果出现这类问题，则首先出现在中国与相关国家的政府和企业之间。这类问题如若得不到及时解决而被进一步激化，就极有可能被某些别有用心的国家或势力所利用，成为破坏"一带一路"建设、离间中国与相关地区和国家关系的"切点"。

三、科技安全问题

国家科技安全，是指在一定的社会环境下，一个国家的科技系统运行良好并不断完善，科技保持健康发展并能够有力地支持和保障国家综合安全，有效地应对来自内部和外部的威胁，拥有维护国家利益的能力。"一带一路"相关国家，同样面临着信息技术安全、生物技术安全、纳米技术安全、核技术安全等国家科技安全问题。

对于相关发展中国家而言，由于科技安全防范体系不健全，羸弱的科技安全防范意识、严重流失的科技人才资源、不健全的科技安全法律制度等，使科技难以有效地支撑国家的综合安全。在这种情况下，共建"一带一路"，将把信息技术安全问题推向极为突出的位置，信息共享、信息共同开发等，将成为沿线国家共同面对的棘手问题。

"一带一路"共建中，必然涉及道路交通、通信联络、电力传送等多领域产品科技标准的统一问题。由于历史上西方殖民统治和势力范围影响等原因，大多数国家目前所使用的产品科技标准不尽相同。随着"一带一路"的推进，沿线产品科技标准的统一将加快，随之触动"守成大国"的利益，既得利益集团设置种种障碍的可能性会进一步加大。

四、军事安全问题

国家军事安全，主要是指一个国家免于军事入侵和战争威胁的能力，包括国家主权不受侵犯、领土不受外敌入侵、国家政权不被颠覆以及拥有能够维护国家安全的军事力量和手段。当下，"一带一路"相关国家和地区所面临的国家军事安全环境的表现形式和严重程度不尽一致：有的还处在战争状态；有的处于临时停战、随时战火可能重燃的状态；有的国家利益冲突加剧，爆发战争的可能性增大。"一带一路"共建国家需要秉持中国提出的"互信、互利、平等和协作"新思维坚持共同安全、合作安全、对话安全为基础的新安全，维护国家军事安全，实现地区和平。

（一）中东地区战乱

中东是"一带一路"必经之地。因中东的特殊性，这一地区大国博弈角力不断、长时间战火不断。当前战乱的焦点集中在叙利亚。叙利亚内战自 2011 年初持续至今，并逐渐演变成叙利亚政府军、叙利亚反对派和 IS 伊斯兰国三方之间以及其背后支持国家或宗教派别的战争。根据联合国发布的数据，已有超过 22 万叙利亚人在持续四年多的冲突中丧生，半数国民被迫离开家园，其中 400 多万人逃往邻国，约 760 万人在叙境内流离失所。叙利亚已取代阿富汗成为全球难民人数最多的国家。美俄均深度介入叙利亚问题，两大势力的立场决定了战争的烈度和持久度，相关大国的博弈决定了叙利亚战事"和"或"战"的基本走向。

2015 年 12 月 18 日，联合国安理会全体一致通过一项旨在推动叙利亚停火以及政治对话的决议。至此，严重威胁"一带一路"战略向西推进的叙利亚战争和平进程，出现了"一丝曙光"。

（二）中外领海及领土争端

海洋上，中国"南海""东海"之争被别有用心者刻意渲染。显然，周边海洋争端的实质在于区域秩序主导者及其追随者同中国崛起之间的矛盾。中国与部分东南亚国家存在"南海争端"：2014 年，由于"中海油 981"号钻井平台引发的所谓中越"西沙主权"之争；中国与菲律宾、越南之间的"南沙主权"之争；中日之间"钓鱼岛"以及东海专属经济区之争。陆地上，二战后印巴之间关于克什米尔地区争端、中印边界争端、巴以领土争端依然没有解决。冷战后，随着苏联解体，"丝绸之路经济带"地区涌现了一批主权国家，这些国家之间的边界划定工作并未全部完成。尤其是中亚国家互有飞地，吉尔吉斯斯坦与塔吉克斯坦还曾爆发武装冲突。此外，塔、吉、乌三国在共享水资源问题上剑拔弩张、互不妥协。这些纠纷已经成为引发地区局势恶化的重要显性因素。

（三）海上恐怖主义

从内容上看，海上恐怖主义是"一带一路"建设中所面临的一种重要威胁。海上恐怖主义主要发生在东南亚地区，著名的伊斯兰分裂组织在此地区均有活动。据国际海洋机构的调查，有些海盗组织与当地执政者串通，并与当地军阀和政治运动有联系，而这些军阀和政治运动与恐怖主义有关。现在，基地组织已经将恐怖袭击的目标转移到海洋，在他们看来，海上的油轮和设施所代表的不只是可以进行攻击的目标，更代表着他们想要推翻的政权目标和为海湾国家提供投资的富有的西方国家。海上恐怖主义危害巨大，除了巨额经济损失，甚至会带来不可估量的人类灾难。海上恐怖主义一旦发生，将会带给整个地区巨大的心理压力和政治影响，使能源运输线变得更加脆弱，导致财政和能源市场分裂，引发国家和地区社会经济动荡。

（四）陆上恐怖主义

自"9·11"事件之后，"一带一路"沿线国家和地区面临的"三股势力"（即国际恐怖主义、民族分裂主义、极端宗教主义）威胁正在上升，各种形式的恐怖主义活动频发，陆上恐怖主义涉及的国家和地区更为广泛和众多，成为"一带一路"安全环境建设的重大威胁之一。2014年11月经济与和平协会发布全球恐怖主义指数报告，2013年，全球共有1.8万人死于恐怖袭击，比2012年增长了60%。2014年全世界共有32658人死于恐怖袭击，平均每天约有90人死亡，比2013年增长80%。进入2016年，恐怖袭击直线上升，3月22日比利时首都布鲁塞尔发生连环爆炸造成34人死亡，6月12日美国佛罗里达州一起枪击案造成49人死亡。当前，威胁世界的四大恐怖组织分别为活跃于伊拉克和伊朗的"伊斯兰国"、尼日利亚的"博科圣地"、阿富汗的"塔利班"和"基地组织"。

1. 南亚地区一直是恐怖主义的重灾区，恐怖主义也是威胁该地区发展和国家安全的重要因素。据统计，在印度活动的恐怖主义、分裂主义和极端主义组织大约有176个，在巴基斯坦活动着大约52个极端组织，斯里兰卡除了"泰米尔猛虎组织"以外，曾经出现过、活动过的以建立独立泰米尔国家为目标的武装组织达36个。

2. 中亚地区的恐怖主义主要表现为宗教极端型恐怖主义，即极端化或恐怖化的伊斯兰原教旨主义，同时存在民族分裂型的恐怖主义以及宗教极端和民族分裂相混合的恐怖主义。这些恐怖势力频繁活动在塔吉克斯坦东部、吉尔吉斯斯坦南部和乌兹别克斯坦费尔干纳谷地。如"乌兹别克伊斯兰运动"曾策划暗杀总统行动、绑架人质、发动自杀式袭击等。其中，"东伊运"与"基地"、塔利班等宗教极端组织长期培训、资助和武装庇护中国新疆境内的"东突"分裂组织，制造暴力恐怖事件。

五、文化安全问题

国家文化安全，是一个国家现存文化特质的保持和延续。国家文化安全主要包括语言文字、风俗习惯、价值观念、生活方式的安全。"一带一路"沿线国家和地区，尤其是广大亚非发展中国家，拥有各自的传统文化，在文化发展方面都面临着不同的挑战。

"一带一路"沿线国家和地区拥有丰富而多样的传统文化。包含着各自民族的情感、价值、道德，发挥着维系民族精神、凝聚价值认同的作用。技术文化，指使用以现代通信、计算机等科技设备为载体的技能和能力，以改进学习、生产力和行为表现，具有技术化、信息化、集成化等优势，现代社会的所有文化都须依托于一定的技术；商业文化，是以现代企业文化为主干建立起来的社会商品文化和市场道德体系，贯穿整个商业活动全过程；外来文化，是通过各种形式和载体传播而来的其他国家和民族文化。随着世界一体化步伐的加快，不同文化间的接触与交流将愈发增多。我们应该坚持以继承发扬本民族文化精华为主，同时吸收消化外来优秀文化，共同推动"一带一路"文化繁荣。

六、社会安全问题

国家社会安全，是指公众和政府为实现日常社会生活稳定而有序，通过物质和精神方面的有效调解以及制度规范的有效控制，使社会运行处于具有弹性及相应适应能力的秩序状态。国家社会安全内容广泛，包括对自然灾害的控制、对各类事故的控制、食品卫生安全、社会治安等社会各诸多领域。"一带一路"沿线国家和地区的社会安全，主要受自然和社会环境，以及社会内部的经济、政治、文化等因素的影响。世界进入后"冷战"转型期后，这些国家和地区的社会变得越来越多元化，各自突出的社会安全问题被基本稳定的社会表象所掩饰，如扰乱经济秩序的犯罪活动、各级政府官员的贪污腐化和收受贿赂、时有发生的重大刑事案件和各类严重事故、青少年犯罪和流动人口犯罪、群体性利益冲突事件、国际犯罪势力与当地黑社会勾结等。

"一带一路"沿线国家和地区的社会安全问题以跨国犯罪影响最大。跨国犯罪的形式多样，在"一带一路"中主要体现为海盗和贩毒。

（一）海盗猖獗

海盗是海上航行自由和安全的最大威胁。海盗多发的区域，主要集中在印尼的芒卡、阿南巴斯一带，以及马来西亚、菲律宾以及印尼三国毗邻的苏禄海和苏拉威西海。海盗问题已经对中国国家安全和贸易利益构成重大威胁。2009年全球发生的406起海盗袭击事件中，32起涉及中国船只。国际海事局的数据显示，2010年一季度发生在南中国海（包括东南亚海域）的海盗事件达13起，仅次于非洲海域（包括索马里海域、亚丁湾海域以及西非海域）的39起。近几年来南中国海海域发生的海盗事件在持续增多。更为严重的是，南中国海的很多海域是"真空地带"，从而沦为海盗的天堂。据国际海事局统计，东南亚海域的小型邮轮劫持事件呈上升趋势，仅2014年上半年就发生64起，占全球海盗事件发生总数的56%。而发生在印尼海域的海盗袭击事件达40起，占东南亚海域海盗袭击案件的85%。海盗问题严重威胁人员和财产安全，同时以延误运输时间、增加保险费用、船舶被盗风险增加等形式直接对全球经济产生巨大影响。据统计，仅南海南端海域每年国际贸易遭受的损失就高达160亿美元。

（二）海上走私、贩毒猖狂

贩毒是当今社会的顽疾，也是"一带一路"沿线国家和地区高发犯罪之一。如缅甸出产的海洛因经常通过海上进入泰国、越南、中国和印度等国。2006年，我国破获一起从境外海路偷运海洛因100余公斤的大案，这是近年来中国破获的一起最大的海上跨国贩毒案。可以预见的是，随着中国与世界各国海上联系的日益密切，从事海上非法活动将会进一步呈上升趋势。

共建"一带一路"，需要沿线国家和地区共同努力，加强管控，协同动作，共同打击陆上和海上的各种违法犯罪活动，相关国家和地区尤其应联手严厉打击海盗和贩毒，有效维护沿线区域的社会稳定。

七、生态安全问题

国家生态安全广义上讲，是指一个国家生存和发展的生态环境，处于不被破坏、不受威胁的状态，能够适应经济增长并保障社会发展的需要。

（一）过度开发导致生态环境恶化

20世纪"冷战"结束后，"一带一路"沿线国家和地区从两大阵营对抗的束缚中解脱出来，走向了自主和平的发展道路。由于急于发展经济和改善民生，不少国家和地区对自己所处的特殊自然环境、所拥有的自然资源禀赋没有充分考虑，降低了保护自然生态环境的政策法规限制，过度集中并放低了引进国外资金、技术和企业的门槛，造成植被严重破坏、水资源枯竭、地下矿产资源储备锐减，以及过度的空气污染、频繁的沙尘暴灾害、人民幸福指数下滑等综合性负面效应频发，严重危害了国家和地区的可持续发展。为此，"一带一路"建设需要总结多年来"走出去"的经验与教训，兼顾经济效益与生态效益，防止西方国家恶意渲染中国对周边国家实施"生态侵略""生态殖民"和"生态剥削"。

（二）气候变化导致水资源安全问题

受气候变化的影响，"一带一路"沿线国家和地区将面临水资源供应与安全问题。研究数据显示,东南亚地区降水量在过去的一百年里不断减少,印度人均占有水资源由 1990 年的 2451 立方米将降至 2025 年的 1389～1498 立方米,到 2050 年可供饮用的人均水量将不到 2001 年的一半,印度将面临日益严峻的水资源稀缺危机;中亚地区,由于帕米尔高原冰川锐减和天山地区的雪山消融加快,15—20 年后,地区水资源将减少 1/3,灾难性缺水现象将会出现。另外,受气候变暖的影响,青藏高原的冰川消融速度将会进一步加剧,依赖青藏高原融水供给的东南亚和南亚河流将受到有效水资源减退的威胁。中国、印度、巴基斯坦、孟加拉国和不丹等国近 20 亿人将会因青藏高原冰川消融导致的水流减缓而面临水资源短缺。

(三) 污染导致生态环境安全问题

"一带一路"沿线环境污染问题突出。以海洋污染为例,一般来说,海洋污染主要包括石油污染、有毒有害化学物质污染、放射性污染、固体垃圾污染、有机物污染以及海水缺氧等,它会严重损害海洋生物资源,危害人类健康。其中,石油泄漏是海洋环境污染的超级杀手,越南曾在 2011 年发生南海石油泄漏事件,造成大面积海域污染。

2011 年 3 月日本发生 9 级大地震并引发强烈海啸,顷刻间大量的房屋、汽车和各种残骸卷入太平洋,形成了一个长约 111 公里的"垃圾岛"。研究人员估计,这个漂浮在海上的"垃圾岛"两年内会漂至夏威夷,三年后漂到美国西岸。海洋垃圾或停留在海滩,或漂浮在海面,或沉入海底,有的已生成"垃圾大陆"、有的已形成"垃圾岛"。海洋垃圾已遍布全球所有的海洋,其严重程度已经远超我们的想象。海洋垃圾可通过生物链危害人类,如重金属和有毒化学物质可通过鱼类食入而在体内聚集,人类吃了这些鱼类势必对人体健康构成威胁。海洋垃圾还将影响海洋生态系统的良性循环,严重制约海洋经济的发展。在广阔的海域上,海洋垃圾的处理将是"一带一路"沿线国家和地区共同面临、共同解决的一个重要问题。

八、能源安全问题

近年来,世界能源形势发生了巨变。进入 21 世纪,以金砖国家为首,新兴市场国家能源需求激增。美国重新重视能源安全,加大国内能源开采,并在非常规油气开采技术上取得突破,形成新的国际能源供给能力。

(一) 能源安全凸显时代内涵

随着时代发展,能源安全由单纯供应保障演化成保障与发展综合体系。"工业革命的核心,其实就是能源转换的革命。"面对工业革命的进程,我们对能源革命、能源安全有了全新的认识。能源安全的观念产生于产业革命之后。18 世纪的产业革命产生了能源革命，能源成为国民生活和国防力量不可替代的要素。20 世纪 60 年代，作为"世界警察"的美军在世界布局，以及美国国内的强劲需求，美国成为石油纯进口国，美国的军事力量与国力保障和能源安全"息息相关"。世界所有发达工业国在民事、经济以及工业方面对能源的依存度日益提高。资源丰富自由支配度高的美英两国，加大了国内供应能力，法日等国也强化能源来源多元化。国际社会对原子能、核能等现代能源兴趣盎然，替代传统能源成为全球共识。同时在国际领域，全球能源治理体制也逐步形成。全球能源治理框架分为三类：论坛与合作平台（G20、国际能源论坛）、法律与协议机制（WTO、能源宪章条约等）以及协调机制（如国际能源署 IEA 的战略储备），这些手段与各大机构、平台以及各方协商合作一同形成了当前的治理架构。

能源安全风险通常包括：地缘政治风险（产油国、输送通道、外交工具、恐怖袭击等）、地质风险（储量的规模及分布）、国内供应风险（设备、技术）、供需缺口风险、市场价格风险（基本面、投机）以及不可抗力风险（天灾、事故、罢工等）。在接受环境制约前提下，价格合理性、用能合理性以及环境制约越来越受到重视，被纳入能源安全内容。面对"国内国外"两大市场和"国际国内"两大资源的重大转型与变化，进一步界定市场和政府边界，调控内生性和输入性能源安全风险，防范市场失灵导致能源安全问题加剧，建立更加有效的政府制度、优化政府行为，构建弹性良好、更加优质的能源市场。

（二）"一带一路"与国家能源安全

"一带一路"沿线及其辐射区，涵盖了全球最主要的能源地区，能源安全问题是这一地区面临的重要的、崭新的安全问题，主要涉及能源通道和供给安全。从中亚—俄罗斯—欧洲走向看，密集分布着里海、伏尔加—乌拉尔、阿富汗—塔吉克、费尔干纳、楚萨雷苏、图尔盖及西西伯利亚等数十个石油天然气资源丰富的盆地。中亚能源地区与能源消费地区连接，从战略方向上可分为西向、东向、南向三个方向。西向连接包括俄罗斯到欧洲的石油和天然气运输管道及中亚向欧洲的出口通道；东向连接主要包括从中亚经中国大陆到东亚和东北亚市场；南向主要连接油气大国伊朗，经伊朗出海口向外输送石油。在流向欧洲市场的管道建设中，俄罗斯主张北上经过自己的输油气管网络，美国主张阿塞拜疆经格鲁吉亚到土耳其的地中海杰伊汉港方案。从中东和中亚西亚走向看，美国在能源问题上一直遏制中亚石油向东输入中国，并通过中国进入东亚和东北亚市场。美俄的争夺直接影响了中亚地区石油资源的开发、利用和输出，关系到中国能源运输通道的安全，还关系到其他一些"一带一路"沿线国家的能源安全利用问题。南亚地区油气资源匮乏，且分布不均匀。据统计，南亚石油总量仅占世界石油总量的0.5%，对石油进口的依赖程度不断上升，尤其是印度对海外石油的依存度高达70%。南亚地区的油气资源主要来自中东。但由于中东地区动荡不安，导致南亚地区获取油气资源的安全和稳定得不到保障，影响到南亚国家的经济安全。南亚地区是中国油气管道所经之地，南亚地区的安全形势直接关系到中国进口能源的安全。

第三节　构建"一带一路"安全环境

"一带一路"构想战略意义极其重大、影响极为深远，充分认识构建"一带一路"安全环境的各种关键问题，建立沿线国家和地区安全环境问题表现方式与严重程度预判机制及应对措施，妥善处理中国与相关国家和地区重大利益关切，有效应对国际势力的不良介入和负向利用等问题，保障"一带一路"共建构想的成功实现。

一、强化安全环境中的积极因素

从国际合作角度看，"一带一路"共建首先是"国家与国家之间合作"的成功，这将受到合作国家内部因素和外部因素、积极因素和消极因素的全方位影响。"一带一路"沿线地区，中国作为发起国，在国际政治和安全影响力、可动用的资金和技术能力、科学技术的国际竞争力、历史文化积淀程度等方面具有巨大的前位优势。在共建"一带一路"过程中，中国可以发挥强大的势能和深厚的潜能，逐步建立起有效发挥积极因素，消减外部消极因素的机制，提升防控外部势力负向介入的能力，优化"一带一路"沿线地区的国家安全环境。

二、找准安全环境关键切点

在地域分布上，"一带一路"战略的安全保证有赖于"一带"与"一路"的有效互动。在"一带一路"连接带，我们规划推动了"中缅孟印经济走廊"和"中巴经济走廊"，将"陆丝""海丝"连为一体。在应对"一带一路"区域面临的安全挑战方面，除了发挥"两廊"作用外，更要有效发挥"支点"国家的作用。

（一）重视巴基斯坦的"支点"作用

处在"一带"与"一路"重合区域或重要耦合地带的国家主要是印巴等南

亚国家。鉴于中印之间还存在久拖未决的领土争端,巴基斯坦的"支点"作用和中巴"全天候"战略伙伴关系作用将更加凸显。在"一带"区域内,中国要充分发挥巴基斯坦对阿富汗的影响力以及巴基斯坦自身地缘条件,打击包括"疆独"势力在内的中亚恐怖组织,保证中国西部的安全;在"一路"区域内,印度洋具有极其重要的战略价值。中国不是印度洋沿岸国,在一定时期内还受到海军力量的限制。中国可以发挥巴基斯坦这一重大"支点"参与印度洋事务,保证海上航道安全。中国多次强调不在海外设立军事基地,但这并不影响合理使用巴基斯坦瓜达尔港等国外港口。

(二)重视东欧地区的"桥梁"作用

东欧地区地缘政治地位极其特殊(见图11—3—1),"中国—东欧"之间可以概括为"三特殊":一是历史关系特殊,漫长的交往史可以上溯至千年;二是政党关系及道路借鉴性特殊,二战后长期处于社会主义阵营,20世纪80年代东欧发生剧变,整个东欧社会经济发展长期处于颠簸状态,中国的崛起对东欧深具诱惑;三是发展空间特殊,东欧地处连接欧亚的核心地区,"中国—东欧"发展空间极为广阔,对西欧、北欧、南欧及其中亚西亚和独联体国家将产生直接影响。"中国—东欧"关系的深入对"一带一路"战略的深入推进具有重要意义:第一,作为前社会主义国家集中地(除奥地利),东欧国家与新中国存在较长时间的建交史,国家间的深入交流交往奠定了相互信任的基础。第二,这些前社会主义国家现实中发挥着沟通中国与其他欧洲国家的桥梁作用。第三,"颜色革命"后的前社会主义国家普遍面临政治和经济的深化转型、在批判和继承历史遗产的基础上走自己的发展道路,这都成为东欧国家与中国开展更深入合作的基础。

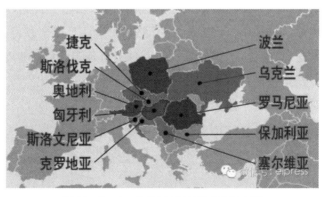

图11—3—1 东欧地区地缘区位示意图

鉴于此,东欧地区将成为深入推进"一带一路"战略的"第二支点"。

（三）强化非洲地区的深度参与

随着全球经济一体化进程的加快，非洲参与国际事务的能力越来越强，对世界的影响力越来越大，国际话语权地位也愈发重要。非洲越来越成为主要大国和主要国际力量"展示肌肉""引导舆情""控制世界"的主要舞台。面对当前云谲波诡的非洲新情势，要进一步强化政治互信、经济合作和文化交流，使"一带一路"战略全方位对接非洲地区发展。要加大政府与民间介入力度，强化"方法论"意识和"目的导向"，强化"几内亚湾"等地区的研究和介入程度，深化非洲参与"一带一路"建设的进程。

"一带一路"战略的实施需要共建，"共"是原则，"建"是实干。"一带一路"沿线的安全环境建设，需要各国携手努力，积极应对各种安全风险与挑战，积极维护沿线地区和国家安全，为实现"共赢发展"营造有利的国际环境。

三、安全环境构建路径

为了实现"一带一路"的深化发展，有效应对"一带一路"战略实施中的安全风险，中国需要进一步加强自身力量，强化提供安全公共产品的能力和及沿线国家和地区的利益关切。

（一）重视合作中提供安全公共产品

"一带一路"区域内的传统安全与非传统安全相互交织，涉及的主权国家众多，需要大家通力合作才能加以解决。中国作为"一带一路"主要发起方，长期坚持开放合作理念、秉持安全领域的务实合作。截至2014年8月，中国已经连续、常态化地派出了17批次编队执行护航任务，为5670余艘中外船舶实施安全护航，成功解救、接护和救助了60余艘中外船舶。长期以来，中国注重国际公共产品建设，如2011年以来，为促进南海海上安全秩序和生态保护行动，中国提出设立30亿元的"中国—东盟海上合作基金"。随着"一带一路"的深化，中国在安全领域内既要提供安全理念和公共品，更要安排行动计划和具体实践，同时需要深化了解区域内国家的共同需求和不同需求，积极提供区域安全治理的公共品；发挥中国非传统安全领域优势，根据"经济让利原则"，建立各种维护区域安全基金，为国家安全合作提供经济保障，共同构建"命运共同体"。

（二）重视区域内各国家的利益关切

重视域内各国尤其是大国的利益关切。"一带一路"战略实施，面临的安全议题主要源于区域内相关国家，安全主题大体分为：一，领土、岛屿争端多基于历史原因；二，政局动荡多基于现实问题。对此，中国应进一步重视区域内所有相关国家的利益关切。作为领土、岛屿争端当事国，应继续坚持"主权归我、搁置争议、共同开发"的原则，照顾其他争端当事国的经济利益，积极强化双边磋商；面对区域内相关国家政治动荡，应坚持"不干涉内政"的原则，积极发挥建设性作用，推动相关各方以和平方式解决，维护区域稳定。此外，区域内的安全议题都存在着大国因素，大国竞争在"一带一路"区域将呈现常态化趋势，其实质在于"守成大国"与"新兴大国"之间力量的此消彼长。因此，中国在应对区域内安全风险时，须加强大国间的合作，妥善协调彼此关系。

第十二章 "一带一路"与世界基础产业

在新兴经济体增速放缓，全球经济疲软态势持续的大背景下，"一带一路"倡议对于加强全球经济合作，进一步强化基础产业，拉动全球经济增长具有重要意义。

第一节 世界基础产业发展

"一带一路"沿线许多国家的基础产业，尤其是基础设施建设有待提高，中国与"一带一路"沿线国家和地区进行基础产业合作的空间巨大。加强"一带一路"共建，将深化中国同沿线国家和地区间的优质富裕产能合作，增强地区间贸易机会，提升价值链和国家竞争力，强化沿线国家基础产业建设，建构创新合作机制。

一、国际产业分工与协同的变轨

"一带一路"沿线各国资源禀赋各异，经济互补性较强，合作潜力及发展空间巨大。从产业发展角度看，国际产业大分工及发展流向面临着重大的变革机会，国际产业价值链及各国的战略产业链将通过"一带一路"共建所秉持的相关政策措施，实现更深层、更广泛的全球合作。

（一）中国成为世界头号制造业大国，合作空间强大

自 2010 年起中国占世界制造业产出的 19.8%，略高于美国的 19.4%，成为世界第一制造业大国，取代美国从 1895 年以来一直保持的世界第一的地位。中国用了 100 多年实现这一"历史性的超越"。历史上，中国在 1830 年制造业产值曾占全球的 30%，鸦片战争爆发后，跌至 3% 以下，至 1900 年在 6% 左右；从 2010 年始中国基础工业产能大都名列世界前茅。2011 年，中国装备制造业

完成工业总产值171582亿元人民币，总规模达到美国的1.97倍、日本的2.63倍、德国的2.25倍。2015年，中国装备制造业规模超20万亿元，占全球比重1/3强，多数产量世界第一。经过持续的努力和30多年的高速经济增长，中国制造业基础雄厚，产能庞大，传统产业以及新能源产业都存在一定的富余产能，为中国和广大发展中国家基础产业合作提供了有力支撑。

展望未来，中国将逐步实现低端制造业向高端制造业的转变，在全球高端制造业领域占据越来越大的份额。随着"一带一路"建设深化，中国与沿线国家高端制造业的合作将进一步深化。同时，中国将强化扶持高端自主产业及品牌的崛起，推动国际性企业及国际性品牌建设，实现中国与沿线国家高端制造业的共赢合作。

（二）欧美日高技术产业保持优势地位

高技术产业是国际经济和科技竞争的重要阵地，高技术产业发展是"一带一路"战略的重要内容之一。进入21世纪以来，高技术产业作为国家战略性支柱产业发展迅速，有力地推动着世界经济由粗放型向集约型的转变。

高技术产业通常包含高技术制造业和高技术服务业。高技术制造业与传统制造业的最大区别在于科技实力。高技术制造业的发展主要依靠技术创新驱动，创新效率是高技术制造业发展水平的重要指标；高技术服务业是高技术产业与现代服务业在社会经济高速发展环境下，逐步融合形成的一种新兴服务产业形态。高技术服务业对提高第三产业在国民经济中的比重、调整产业结构、转变经济发展方式具有重要的作用。

1. 欧美日强化高技术及制造业优势地位。欧美日的高技术制造业发展较早，技术力量雄厚，在世界范围内长期保持着优势地位。目前，国际金融危机对欧美日发达国家经济和就业产生持续影响，加上金融危机爆发前实体经济空心化、虚拟经济比重过大等不合理产业结构，致使欧美日发达国家背负着沉重包袱、面临新的挑战。在这一背景下，欧美发达国家相继将高端制造业发展战略作为经济复苏的突破口，其中美国的再工业化战略升级版、德国的工业4.0战略和日本的节能增效政策都具有典型代表性，都以信息物理融合系统为基础，通过信息通信技术（互联网）和网络空间虚拟技术（物联网）相结合，实现制造业的智能化生产，并以生产的高度数字化、网络化及机器自组织为典型特征。

2. 欧美日高技术服务业保持优势地位。制造业高度发展后会呈现"服务化"趋势。近些年来，全球高技术服务业的发展势头超过了高技术制造业，成为新的经济支柱产业。

20 世纪全球科学技术的进步推动了第三次工业革命——信息产业革命，带动了发达国家产业模式的巨大转型，实现了由"工业经济"向"服务型经济"的转变，拉大了发达国家与发展中国家的经济差距。2013 年，欧美等发达国家服务业约占全部 GDP 的 70% 左右，美国占比超过了 75%，日本占比超过 63%，印度也达到了 50%，而中国的服务业 GDP 仅占全国 GDP 的 42%。在中国产业结构持续调整中，2016 年服务业占 GDP 比重比 2015 年上升 1.4 个百分点达到 51.6%。

3. 中国与欧美国家高技术发展还存在一定差距。尽管中国已成为世界头号制造业大国，但仍以低端制造和进口高技术制造为主，具有自主知识产权的高技术制造业与欧美日发达国家相比，仍存在较大差距（表 12—1—1），主要表现在四个方面：一是我国高技术制造业整体国际竞争力较弱，尤其与美国和德国相比，差距巨大；二是技术投入和积累不足，导致专利优先权数量远低于发达国家；三是缺乏核心技术，包括战略性新兴产业在内的一些关键性技术仍严重依赖进口；四是产业集中度低，缺少领军企业，需要培植进入全球前十强的高端制造企业。

表 12—1—1　2013 年全球高技术制造业竞争力一览表

领域	中国竞争力	全球先进竞争力
机器人	销量全球第一，企业市场占有率约 10%，没有全球排名前十企业	瑞士 ABB、德国库卡、日本发那科和安川电机占全球市场的 70%
3D 打印	相关专利数量占比不到 3.1%	美国 Stratasys、3D Systems 和德国 Eos、Rep Rap 相关专利数量占比 65%
新材料	缺少核心技术，如新型复合材料、纳米、超导材料等技术依赖进口	日本、美国在高性能纤维、复合材料和新型合金材料专利申请量方面占 60% 以上
生物制药	研发投入全球前二十强中没有中国企业，专利申请量为美国的 1/10	美国专利申请量占全球专利申请量的一半
物联网	专利优先权申请数量为 1594 件，核心技术与国际先进水平差距明显	美国专利优先权申请数量为 6641 件，排名世界第一
IPV6	专利优先权申请数量为 843 件，仅为美国的 12%	美国专利优先权申请数量为 6895 件
高端装备	大飞机产业刚起步，高铁装备具备优势，航空发动机专利申请量为美国的 10%	美国、德国和法国占据全部大型干线飞机市场，美国和德国占据 70% 的航空发动机市场

（三）"一带一路"共建促进沿线国家基础产业深度合作

"一带一路"共建将进一步完善沿线国家设施联通，优化产业环境，提升产业协作力度，深化利益融合，促进基础产业深度合作。"一带一路"的深化与共建将加强地区间经济发展战略契合，共同推进区域合作产业规划，制定共赢措施，加速产业协同新秩序，有效协商解决合作中的系列问题，建立金融互信，为地区间产业协作和参与国际分工提供资金保障，诱导跨国跨地区的有效消费，激发产业创造力，激发多国产业协同与发展潜力，务实推进大型基础产业项目合作。

二、产业互利合作新棋局

根据"一带一路"沿线国家各自的基础禀赋，结合我国整体发展态势及与沿线国家的总体合作格局，全国各地各部门将进一步发挥优势，依照产需结合、优势互补、互利共赢的原则，在"一带一路"沿线国家和地区，重点推进中东和东北亚能源资源勘探开发合作、东南亚和南亚新兴市场产业转移、中东欧新兴产业合作和高端市场开发，将投资和贸易有机结合，以投资带动贸易发展，同时带动工程、产业、企业和产品"走出去"，全面拓宽中国与沿线国家产能融合，优化沿线地区产业结构，全方位构建"一带一路"产业互利合作新棋局（见图12—1—1）。

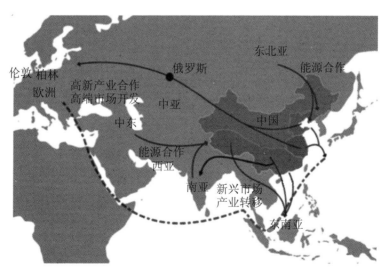

图 12—1—1 "一带一路"区域合作关系示意图

（一）深化与中东、东北亚能源开发合作

环渤海地区是我国与"一带一路"国家进口贸易最多的地区（42%），其

中有70%左右进口产品为矿燃料，进口区域主要集中在西亚地区（52%）和俄罗斯地区（10%）。东北腹地省份，从"一带一路"沿线国家进口产品70%为矿物燃料，东北亚（75%）和西亚（5%）地区贸易额占据总贸易额的80%。随着"一带一路"建设深化，我国与中东等地区在产业合作方面，将进一步强化推进能源资源就地就近加工转化合作，形成能源资源合作上下游一体化产业链，加强能源资源深加工技术、装备与工程服务合作。同时，发挥东北工业城市集群潜能，构建"辽东半岛国际合作经济区"，升级东北地区在整个东北亚的战略地位，加速中蒙俄经济合作走廊建设。

（二）开辟东南亚和南亚合作新市场

珠三角地区出口占我国对"一带一路"沿线国家总出口额的32%，其中57%出口到东南亚和南亚地区。西南地区出口额中，东南亚和南亚地区占61%。珠三角地区和西南地区向东南亚和南亚国家产业梯度转移贸易有着良好的基础。同时，珠三角城镇群是世界制造中心，东南亚和南亚地区是庞大的新兴市场。区域间梯度差异显著、互补性强。随着"一带一路"共建的深入，珠三角地区、西南地区与东南亚、南亚地区有着重大发展契机，在经贸合作与产业合作方面将实现"双增长"与"双突破"。

（三）互惠共赢打造中欧合作新引擎

我国与中东欧国家贸易规模相对较小，2014年进出口及出口额分别占我国对"一带一路"国家进出口贸易总额的3.4%和7%。但我国与中东欧国家贸易合作有着显著的"二高"特点：技术含量高、产品附加值高。我国与中东欧国家贸易主要集中在技术含量较高的产业领域，与奥地利、匈牙利和波兰在战略新兴产业有着良好的合作前景。中东欧国家产业合作与我国环渤海和长三角地区产业有着较强的互补性，随着"一带一路"共建的深入，我国环渤海地区、长三角地区与中东欧国家的经贸合作与产业合作，将打开崭新的合作空间，双方将以贸易为基础，深化推动高端产品领域上下游产业链和关联产业的协同发展。

（四）建设与中亚合作的西部开放窗口

我国西北地区与中亚五国贸易基础好、互补性强。西北地区对中亚国家的出口贸易额占西北地区出口总额的一半以上，其中与哈萨克斯坦一国的对外贸易额占西北地区贸易总额的30%以上。西北地区和中亚国家边境贸易繁荣发展，是西北地区最主要的出口贸易方式（46%），占比超过一般贸易（44%）两个百分点。我国西北地区在"一带一路"国家战略中区位优势明显，是我国西向开放的重要窗口，是通往欧亚大陆的国际门户。随着"一带一路"共建的深入, 我国西北地区与中亚地区的经贸合作与产业合作将步入升级发展的快车道。

三、创新破解沿线地区产业发展核心瓶颈

"一带一路"建设秉持合作发展理念, 依靠双多边机制, 借助行之有效的区域合作平台, 高举和平发展旗帜, 共同打造经济合作伙伴关系, 携手创新破解基础产业发展瓶颈, 推动沿线国家和地区升级发展。

(一) 强化基础产业供给侧改革, 是破解发展瓶颈的关键

目前, 一方面, 我国经济结构性问题与矛盾突出, 主要表现为产业结构、区域结构、要素投入结构、经济增长动力结构雷同, 缺乏各区域特色。站在全球视野, 从我国区域经济发展的整体来看, 我国各地区市场活力远未完全释放, 各区域发展分化加剧。各区域, 尤其是中西部地区的经济发展环境亟待提高、对外开放水平有待进一步提升, 整体经济环境还有很大的改善空间。解决好区域经济发展瓶颈、提升区域经济核心竞争力, 成为当今和未来一个时期, 区域经济发展的核心。另一方面, 我国的基础产业以低端制造业为主, 高技术制造业和高技术服务业亟待发展、高技术产品偏少、产品利润偏低, 总体表现为供给质量偏低, 占据先机的美德日等发达国家也在"开足马力"发展高技术制造业和服务业。因此, 我国迫切需要提高供给品质和效能, 创新推进结构调整、矫正要素配置扭曲, 扩大有效供给, 提高供给结构对需求变化的适应性和灵活性, 提升全要素生产率, 促进经济社会持续健康发展。

1. 基础产业结构优化。通过供给侧改革, 优化基础产业结构, 提升区域经济核心竞争力。强化创新驱动, 利用现代科技, 加快传统产业转型和基础产业升级, 为区域经济发展培植新增长点。各区域要进一步加强产业结构优化, 加快高技术制造业发展, 淘汰过剩产能和僵尸企业, 形成区域产业发展新特色, 提高我国各不同区域在国际市场的竞争力。

2. 加强自主研发与创新能力。目前, 我国基础产业特别是制造业, 大部分企业缺乏自主技术创新和产品创新能力, 不仅技术受制于人, 而且往往处于生产价值链的底端。因此, 我国制造业要强化自我研发能力, 加大科学技术创新投资力度, 建立有效的技术创新机制, 大幅提升产品竞争力。

3. 提供良好的基础产业发展环境。随着世界经济一体化进程的加速, 基础产业的区域功能定位, 不再是简单粗放的区域概念或区域形象包装, 而是针对区域特点, 结合在全国与世界经济一体化进程中的角色转变以及"一带一路"战略上的禀赋效能, 进行全面统筹与系统布局。建立完善的区域法制管理体

系，为社会发展提供有力的制度保障。推动整个区域有形与无形资源的科学利用与配置，厘清政府与市场关系，重点突出"维护市场秩序"和"简政放权"，倾力打造开放、包容的国际化区域发展环境，提高区域基础产业国际竞争力。

4. 强化基础产业品牌建设。基础产业市场的竞争，表面上看是产品的品质与服务的竞争，实际是品牌的竞争。强化品牌建设，深化供给侧改革，推动区域经济发展，为提升区域经济核心竞争力提供基本保障。加强区域经济品牌国际化的构建与科学规划，着力弘扬中华民族优秀文化与区域特色，创新区域经济发展品牌战略。灵活运用具有区域特色的品牌策略，提升区域经济参与国内外市场竞争力量。

5. 积极进行基础产业消费结构调整。从消费结构调整与稳增长平衡的角度，基础产业消费结构调整有两方面的作为：一是新需求推动新供给。通过"供给侧"供给结构的调整，创造新的消费需求。为此，需要研究新的消费需求，把握消费需求的变化趋势，进行基础产业的供给侧结构调整，增加新市场需求的产品供给；二是新供给创造新需求。通过服务消费供给侧的调整，改善服务水平和质量，增加服务消费供给，扩大服务消费市场。

（二）保障基础产业优先性、夯实基础性，增加引领性

基础产业是支撑社会经济运行的根本基础，决定着国民经济活动的发展方向与运行速度。像能源、交通、运输、原材料等基础产业，占有我国国有资产总量的70%左右，是我国民族复兴、大国崛起的物质保障。基础产业在国民经济发展中处于根本地位，对其他产业的发展拥有极大的制约作用。同时，决定着其他产业的发展水平。"一带一路"共建中，基础产业将作为共建的优先领域，进一步夯实基础产业，增加基础产业引领性，推动沿线国家和地区基础产业的优势互补与互利合作，加快科技创新能力的提升，促进基础产业升级发展。

1. 强化科技创新。近代以来，人类社会经历了三次科技革命（见表12—1—2），每一次革命都使生产力发生巨大的飞跃，对世界经济发展以及人类生产、生活方式变革都产生着深刻的影响。21世纪以来，科技进步与创新越来越成为世界经济发展最为重要和活跃的因素，因高技术产业巨大的市场潜力、较低的能耗排放、极高的产业附加值等优点，已成为新时代基础产业中的核心产业之一，已竞相成为世界各国占领发展制高点的战略性产业。当今世界，科技决定国力，科技是国之利器，国家赖之以强，企业赖之以赢，人民生活赖之以好。真正的核心技术是买不来的，我国的基础产业只有拥有了强大的自主科技创新能力，才能蓬勃发展，才能真正具有强大的国际竞争力。

表 12—1—2　三次工业革命

	时间	革命名称	主要标志
第一次工业革命	18 世纪 60 年代至 19 世纪中	蒸汽技术革命	机器生产普遍取代手工劳动
第二次工业革命	19 世纪下半叶至 20 世纪初	电力技术革命	电力的广泛应用
第三次工业革命	20 世纪四五十年代至今	信息技术革命	原子能、电子计算机、空间技术和生物工程的发明和应用

2. 提高创新能力。产业发展从依靠人力优势转为技术优势，是我国经济进入"新常态"的重要特征之一。面对国外技术在我国高技术行业的技术先发优势和对市场份额的抢占，国内企业极易陷入后发劣势和市场空间狭小的困局。为此，只有加强创新动力，打破只能在高技术领域低端制造中谋取生存的窘境，进一步强化政策工具，打破被动局面，大幅提升我国高技术行业的自主创新能力。一是加大研发投入，提升研发效率。由于发达国家在高技术领域，占据了技术先发优势，利用知识产权制度维护其竞争优势，试图形成"科技霸权"。我国企业的技术创新，面临着规避对国外技术侵权的压力，对国内企业创新动力的形成产生着影响。鉴于此，我国必须加大研发投入，提升研发效率，打破屈居产业低端的局面；二是加强"有形之手"政策驱动，建立创新激励机制。随着"一带一路"共建的深入，庞大市场将进一步形成，我国需要进一步鼓励企业自主研发和自主创新，加大资助力度，搭建新型孵化基地，降低企业创新风险，鼓励全社会创新氛围的进一步形成。充分发挥"有形之手"的力量，构建激励创新机制，打破"无形之手"的市场操控，建立更加公平公正的市场环境，强化我国企业竞争力；三是积极部署知识产权战略，强化高技术领域技术地位。在高技术领域，我国企业的专利申请数量和持有数量虽然增长速度很快，但是从有效专利数量、专利维持时间上看，与国外主体申请相比，专利质量仍有较大差距。因此，我国要切实利用并发挥专利制度效用，有效部署我国在高技术领域的知识产权战略，强化我国企业在高技术领域的技术地位。

（三）加强沿线地区基础产业协同，实现区域共赢增长

"一带一路"战略的深化实施，将进一步强化沿线国家和地区展开基础产业的协同与合作，实现共赢增长。

1. "基础设施产业链"建设。"基础设施产业链"建设包含建筑业（建筑及基础设施工程），装备制造业（设备及配套类装备制造），基建材料（钢铁、建材、有色等）。从需求端看，无论是国内需求还是区域经济合作，"一带一路"沿线地区对于基础设施建设均有着旺盛的需求。亚非沿线国家较中国分别

有 10%～20% 的城镇化提升空间，中国在城镇化过程中累积的大量经验和产品、服务能力可以对外输出；从供给端看，伴随着发展增速由高趋稳，我国建筑业及制造业产能过剩日趋凸显，"基建能力输出与协同"将大幅缓解我国关联产业需求压力。

2. "通路通航"建设。"通路通航"建设，包括：交通运输业（港口、公路、铁路、物流），交通运输相关设备生产等，同时包括拓展建立民航全面合作平台和机制，加快提升航空基础设施服务水平等系统建设内容。抓住交通基础设施的关键通道、关键节点和重点工程，优先打通缺失路段，畅通瓶颈路段，配套完善道路安全防护设施和交通管理设施设备，提升道路通达水平。推进建立统一的全程运输协调机制，逐步形成兼容规范的运输规则，实现国际运输便利化，并形成区域交通运输一体化。航空业要率先推进互联互通，使航空运输成为最迅捷的突破口，必须在空天协同、空地协同、造运协同、军民协同等领域进行重点突破，实现全行业的资源最优配置。强化中国"空地天"综合协同发展，完备研、产、营、服、贸、金一体的发展网络体系。

3. "能源产业"建设。"能源产业"建设，包括我国油气能源全产业链相关建设，以及和油气进口管道建设相关产业、电站建设、电力设备和新能源产业发展。尤其是拓展稳定的油气资源进口途径，是"一带一路"的重要战略目标。随着我国油气资源需求的快速增加，逐步摆脱油气资源进口对马六甲海峡的过度依赖，拓展新的油气资源进口途径十分紧迫。随着天然气的普及，国内需求量的快速增长，新疆从中亚的进口量也将持续增加。未来必要时，在新疆建设多条能源管道，构建我国陆上的能源大通道，进一步强化同沿线地区的合作。

4. "通商文化"建设。伴随着"一带一路"整体战略的推进，文化旅游产业将迎来新的增长空间。文化沟通将伴随着道路连通、贸易连通而全面展开，尤其是在产能合作和旅游合作中更将凸显文化味道。培育具有"丝绸之路"特色的国际精品旅游线路和旅游产品，加强推进特色服务贸易，发展现代服务贸易。文化与通商的深化将加强沿线国家和地区文化关联项目的深度发展。

5. 自贸区建设。除产业迎来发展机遇外，自贸区战略也将和"一带一路"战略产生良性互动。一是"一体两面，相互配套"，"一带一路"与自贸区建设紧密协同。"一带一路"与自贸区建设将共同构成我国对外开放新格局。"一带一路"规划将以推动建设自贸园区或港区的形式推动经济走廊建设，目前我国正在推进一系列自贸区谈判，逐步构建辐射"一带一路"的高标准自贸区网络；二是自贸区是"一带一路"新开放格局下先行先试的载体。推动沿线地区发展港口经济和自由贸易园（港）区，为建设"一带一路"提供先行先试的载体；三是"一带一路"的持续发展需要若干沿路港口经济区作为支撑。我国要充分利用自由贸易园（港）区这一区域合作平台，着力消除开放领域障碍和壁垒，扩大市场准入，推动重点领域对外开放。

6. "信息产业"建设。"互联互通"不仅是由传统"铁公机港"等交通基础设施组成，还包括互联网、通讯网、物联网等通信基础设施，"信息产业"是加强全方位基础设施建设的基础和关键。"一带一路"建设的深化，将使沿线国家对信息行业及其机关建设提出更快更高的发展要求，这对包括我国在内的整个通信产业而言，将提供重大利好，更好发挥我国通信设备产业作为"走出去"战略先行者作用。

第二节 "一带一路"与国际制造业发展

制造业在全球经济发展中的"发动机"地位愈发凸显，现代制造业发挥世界发展新基石的作用愈发增强。随着"一带一路"建设的深化，现代制造业加速全球价值链重构、深化"互联网＋"发展，制造业的转型升级已经成为新一轮经济增长的强大内生动力。

一、国际制造业发展新态势

当下，世界各国均将第四次工业化视为生产力跃升的历史新契机，纷纷推出发展新计划，如德国的工业4.0、美国的再工业化、"中国制造2025"等，将成为奠定世界新一轮发展的重要基石，对于"一带一路"沿线国家而言，这是重大的挑战，更是千载难逢的发展与超越机会。

（一）"第四次工业革命"的竞技场

进入21世纪的第二个十年，一场融合"智慧世界"与"虚拟世界"的全面创新已悄然展开。在这个被喻为"第四次工业革命"的竞技场上，虽无硝烟战火，但却充满了惊心动魄的交锋，一场关乎人类未来产业变革方向和制造业格局的大戏已上演：德国政府联合企业界发布了《实施"工业4.0"战略建议书》、美国五大企业巨头宣布发起工业互联网联盟（IIC）、中国政府推出《中国制造2025》行动纲要和"互联网＋"行动计划。世界各主要国家纷纷制定行动战略，这都将是人类所面临的最为复杂的技术革命和产业变革，这在很大程度上将影响或决定着国家的未来，并对世界发展产生深刻影响。

（二）世界主要制造业大国战略简析

德国机械设备制造联合会（VDMA，2015）统计数据显示，德、中、美三国在全球制造业中占据重要地位。全球机械行业出口份额中排前四位的分别是德国（占 16.3%）、中国（11.7%）、美国（11.4%）和日本（8.9%）。

1. 美国再工业化发展战略。20 世纪 70 年代发达国家主要针对传统制造业的改造与振兴，提出再工业化战略。2008 年国际金融危机爆发后，美国对互联网泡沫高企、长期依赖金融信贷等导致的高消费经济增长模式进行重新思考，面对经济低迷、失业率上升和制造业空心化等现实困境，美国连续提出多项再工业化和制造业回归计划。2009 年，美国政府通过了《美国复兴与再投资法案》，计划耗资 7870 亿美元，推动美国制造业的高端化发展。2010 年，美国政府签署了《美国制造业促进法案》，提出重塑美国高端制造业领先地位。2011 年，美国政府推出了"先进制造业伙伴关系"计划（AMP），通过政府、高校及企业的合作推动美国制造业的高端化发展。2012 年，美国国家科学和技术委员会发布《先进制造业国家战略计划》，进一步加大中小企业投资、调整和优化政府投资、加大研发投入。美国政府还出台了《美国联邦政府创新战略》，强化政府对核心产业的控制，使美国保持技术创新和高端制造业强国地位。

2. 德国工业 4.0 发展战略。德国工业 4.0 发展战略的提出主要基于三方面原因：一是制造业领域的全球竞争日趋激烈，美国再工业化战略和亚洲制造业的崛起都威胁着德国制造业的地位；二是信息与互联网技术一直是德国制造业弱项，与谷歌（Google）、亚马逊（Amazon）等为代表的美国跨界融合企业相比，德国制造业的优势明显不足；三是制造业市场需求正在发生变化，即由追求同质化、规模化向强调个性化和定制化转变。2013 年 4 月，德国正式提出《实施"工业 4.0"战略建议书》，并于汉诺威工业博览会正式推出。德国工业 4.0 发展战略的主要思路为：一个网络，建立一个信息物理系统网络；两大主题，智能工厂和智能生产，并指出生产流程智能化是工业 4.0 战略的关键；二大战略目标，实现生产由集中向分散的转变，产品由大规模趋同性生产向规模化定制生产转变，以及由客户导向向客户全程参与转变。

3. 《中国制造 2025》发展战略。中国是世界上体量最为庞大的制造业大国，拥有门类齐全、独立完整的产业体系。然而，与世界先进水平相比，中国制造业仍然大而不强，转型升级和跨越发展任务紧迫而艰巨。2015 年 3 月，国务院常务会议审议通过《中国制造 2025》提出：坚持"创新驱动、质量为先、绿色发展、结构优化、人才为本"的基本方针，通过"三步走"实现制造强国的战略目标：第一步，到 2025 年迈入制造强国行列；第二步，到 2035 年中国制造业整体达到世界制造强国阵营中等水平；第三步，到新中国成立 100 年时，综合实力进入世界制造强国前列。

4. 中、美、德三国战略不同特点。中、美、德三国的战略目标都是要抢占新工业革命的制高点，三者将着眼点不约而同地都落在了深度融合物理世界和数字世界的技术上。尽管有不少相同点，但三者拥有明显的不同之处：第一，表现形式不同。《中国制造2025》是以政府的纲领性文件形式出台，德国"工业4.0"是一项由政府、产业界和研究机构共同推进的研究课题，美国是以工业互联网联盟形式出现；第二，现实基础有很大不同。德国在制造方面的"硬"实力要超过其在信息技术方面的"软"实力，美国在信息技术领域占据全球霸主地位，而其民用制造业却略逊于德国和日本，中国在"软"和"硬"两方面均取得了长足进步，但仍有巨大提升空间；第三，政府所扮演的角色不尽相同。中国政府是强势主导这场变革的主体，德国政府则以共同参与者的身份介入"工业4.0"的推动实施中，美国的工业互联网联盟是民间组织发起，政府角色隐匿化；第四，未来愿景有所不同。中国借助互联网力量整合提升传统产业，实现全面发展，德国通过强大的制造实力率先实现产业智慧化，美国依托得天独厚的信息技术优势，实现高端制造业的垄断；第五，实施规模及预期效果不同。在人口和领土规模上，德国远小于中国和美国。美国再工业化的重点是高端制造业，预期效果是要重振美国的制造业、巩固美国制造业的世界创新领导者地位。德国按部就班、层层深入，预期效果是保持国内制造业发展提升全球竞争力。《中国制造2025》是逐步提升制造业整体素质、创新能力和全员劳动生产率，实现制造业强国。

（三）现代制造业奠定世界发展新基石

20世纪70年代末到80年代初，由于微电子技术的飞速进展，现代数字化制造技术和装备获得了空前发展和广泛应用，极大地推动了制造业劳动生产率的提高，使制造业的发展进入了一个新时代，现代制造业从此诞生。

现代制造业是立国之本、兴国之器、强国之基，制造业的发达程度是每个国家综合国力的具体体现。自18世纪中叶开启工业文明以来，世界强国的兴衰史和中华民族的奋斗史一再证明，没有强大的制造业，就没有国家和民族的强盛。现代制造业生产是多种综合资源的组合，凝结了大量的技术创新，反映着一个国家或地区的经济技术综合水平，是世界各国技术创新的主战场，更是奠定世界新一轮发展的新基石。

二、制造业在全球价值链中的新地位

"一带一路"共建制造业合作也是非常重要的主题之一。近年来，世界经济开始从国际金融危机的重创中缓慢走出，但表现仍不稳定、不均衡，尤其是新兴市场国家遇到了结构性阻力，增长速度仍没进入明显的上升空间，此刻，全球新价值链重构成为一种明显趋势。世界守成国家和发展中国家新一轮发展融合与博弈也在加速推进全球新价值链的重构，制造业作为基础产业的主要内容，在全球价值链的重构中将发挥重大作用。

（一）沿线地区制造业市场潜力巨大

按照经济产业发展的一般规律，各国都在不同时间内从农业国、制造业国家向服务业态为主演进。"一带一路"大部分沿线国家和地区，制造业发展程度较低，严重影响着人民脱贫与国家富强的目标，因此，沿线国家制造业发展要求迫切。

1. "一带一路"沿线国家和地区发展制造业是"硬要求"，制造业市场存在刚性需求，潜力巨大。"一带一路"战略共建，中国具备相应的经济能力、组织能力和雄厚的人力资本，以及非常适宜广大发展中国家发展的经验教训，这有助于沿线国家解决工业化进程中所面临的发展挑战，使沿线地区更好分享中国强大的产能强化周边国家产能的深化与合作。一方面，中国与沿线国家在人均收入上存在落差。中国的人均收入已经处于中等偏高收入国家水平，周边绝大多数国家的人均收入水平低于中国。对于以工资为主要成本构成的制造业而言，收入水平差距将会极大促进产业转移。另一方面，在人均收入偏低的情况下，中国产业部门相对齐全，各产业之间的划分相对清晰。这一特点适用于沿线国家和地区产业转移与合作的初级发展阶段。随着中国人力资本和知识投入在产能合作中的进一步加大，将大幅提升"一带一路"沿线国家和地区产业升级。

2. 中国与沿线国家产业转移与合作空间巨大。目前，虽然中国的人均GDP规模还低于世界平均水平，但已经成为全球第二大对外直接投资国（按流量计算）。中国对外直接投资目的地既有发展中国家，又有发达国家。基于日本经验的"雁行模式"，从一定意义上说，产业转移只是一个侧翼，即从高收入的母国向低收入的东道国转移产业。而在另一个侧翼，则是投向更高收入的经济体，投向的行业是在东道国具有优势的行业。目前，从我国对外直接投资目的地看，发展中国家仍然占据首要地位。当前以及未来一个时期，"一带一路"沿线绝大多数国家仍属于吸收外国直接投资且不具备资本规模输出的阶段，经济发展也基本处于初级工业化阶段，需要大量的国际社会资本、技术和管理能力。因此，沿线地区广大发展中国家不仅有着强烈的经济需求，同时对吸纳中国的有效产能抱有浓厚的兴趣。

（二）现代制造业加速全球价值链重构

20世纪90年代以来，伴随着科学技术的快速进步、多边贸易规则的不断完善和国际贸易成本的逐步降低，国际产业分工发生着重大变革，全球价值链建设日益强化，世界经济发展和各国经济地位构建同日益兴起的全球价值链分工密切相关。全球价值链建设已成为影响国际经济活动的主导力量，世界经济迈入全球价值链重构时代。

1. 现代制造业的发展，加速全球价值链分工与建设。全球价值链的合理构建使企业获得全球资源的优化配置，大幅提高企业利润，企业生产、技术、服务及其销售网络在世界各国按照资源最优配置，形成全球价值链。现代制造业在全球价值链建设中，发挥着中坚力量，越来越多的全球跨国企业将产业及产品全链条分散至世界各地，按照各国的要素禀赋和比较优势，将全产业链条工序在全球进行资源配置，在实现利润最大化的同时，进行着全球价值链的重构。当今，欧美等发达国家的再工业化战略，修正因制造业过度外包引发的实体经济产业空心化问题，导致高端制造业逐步向发达国家回流。中、印等新兴经济体为避免被锁定在价值链低端，大力推动产业转型升级，发展全球价值链上游产业。东盟等新兴经济体进一步扩大开放，积极承接国际产业转移，加快融入全球价值链加工制造环节。

2. "一带一路"地区强化现代制造业发展，加速全球价值链重构。我国依托自身比较优势，已成为全球价值链的重要成员，在全球制造业领域表现得尤为明显。我国现代制造业具备了参与全球经济治理的实力，面对经济全球化加速以及我国资源日益短缺、劳动力成本不断提高的情势，我国制造业全面参与全球产业价值链分工体系重构、确保我国在未来国际市场竞争中占据优势地位的任务日益迫切，"一带一路"战略的实施为我国及沿线国家和地区全面参与全球价值链建设提供了重大契机：一是优化现代制造业贸易结构，促进贸易平衡。由于巨大的现代制造业产能，我国对很多国家特别是"一带一路"沿线国家和地区存在较大的贸易顺差。随着"一带一路"建设的深化，我国与各国的贸易与产业协同发展空间将进一步拓展扩大从相关国家进口特色优势工业制成品，促进沿线国家加快培育优势产业；二是扩大现代制造业产能合作，推动共同发展。从投资存量看，我国对外直接投资主要集中于欧洲和拉丁美洲（不包含中国香港及避税港地区），对"一带一路"沿线国家直接投资相对偏少，而且主要集中于资源开采业和商贸服务业，现代制造业投资所占比例相对较低。随着生产成本上升，我国部分现代制造业比较优势相对下降，而沿线国家的比较优势突出，适宜于产业转移与合作，助推沿线国家和地区现代制造业发展水平的提高；三是根据不同国家要素特征，差异化推进现代制造业产业合作。"一带一路"国家经济发展程度不一，不同国家具有不同的要素和优势，结合沿线国家产业发展的实际情况，深化供应链、价值链合作，助推沿线国家融入全球分工体系，推动上中下游全产业链深度融合，形成优势互补的产业网络和持续发展的经济体系。

（三）世界经济新增长的重大驱动力

世界经济发展历程与发展实践表明，制造业是国民经济的主体，国家的繁荣与富强离不开发达制造业的强劲支撑。伴随着经济全球化、现代技术革命的发展，尤其是信息技术革命的发展，现代制造业的全球化趋势不断加强。制造业全球化主要包括产品制造的跨国化迅猛发展，价值链中与制造业紧密相连的各个环节朝着全球化方向迈进：制造业的跨国并购、全球重组整合以及制造资源在世界范围内的调剂、共享和优化配置，跨国跨地区信息基础设施建设和维护正日益成为各国政府和全球企业界的一种普遍趋势，全球制造新体系正在迅速孕育形成。制造业越来越成为世界经济发展的重大驱动，全球制造业出现了一系列崭新发展趋势，凸显了其对社会强大的综合驱动功能。

1. 从传统制造向智能制造转变。发达经济体实施"再工业化"战略的一个显著特点，即由传统制造加速向以人工智能、机器人和数字制造为核心的智能制造转变。据麦肯锡咨询公司预测，到2025年，发达经济体中15%~25%的企业制造将实现智能化和自动化，新兴经济体中该比重占5%~15%。

2. 从大批量生产向数字个性化定制转变。全球商业环境发生着重大改变，随着网络化的进一步加速，人们更加关注个性化需求，对于实物产品的个性化需求也在不断增强，个性化以及更多的小批量多品种趋势已经显现。

3. 新兴经济体制造业成本优势将不再明显。源源不断的页岩气和页岩油使美国能源、基础原料成本在全球形成了较强的竞争力，逐步形成制造业领域的成本新优势，新兴经济体的制造业成本优势趋于弱化，全球制造业生产成本优势地区将重新分布。

4. 传统加工贸易模式将受到冲击。一直以来，加工贸易都是新兴经济体的主要贸易方式。随着发达经济体"再工业化"战略的实施以及新工业革命的加速，全球知识密集要素的流动已占全部要素流动的50%以上。因此，新兴经济体凭借低要素成本参与国际分工的传统加工贸易将受到强力冲击。

5. 制造业向服务业融和发展。制造业服务化是商业模式创新和价值链重构的过程，更是竞争优势重塑的过程。市场需要产品和设备，更需要企业提供整套解决方案。制造业的市场需求从产品导向向产品服务系统转变、从满足市场发展向引导消费转变，高价值环节从制造环节为主向服务环节为主转变，竞争优势从规模化供给能力向个性化供给能力转变，客户交易从一次性短期交易向长期交易方式转变。越来越多的制造企业围绕产品全生命周期的各个环节，不断融入能够带来商业价值的增值服务，实现从提供单一产品向提供产品和服务系统转变。

6. 以跨国公司为主导，产业链细分加速。随着经济全球化加速，制造业国际分工正由垂直分工向水平分工发展，甚至网络分工发展，产业链细分市场加速形成。发达国家凭借技术优势，在高技术产业领域，强力抢占各产业的高技术和高附加值环节，将产业链条中的低技术环节转移给处于较低发展水平的国家，从而完成原价值链的分离和转移，形成新的全球价值链，使其生产布局日益细化、日益优化，巩固其"高端"控制地位。

7. 以科技中心控制制造业中心。全球科技中心对制造业中心的控制，主要通过跨国公司内部分工、扶持委托加工制造中心强化低端产品对高端产品的依赖，加强核心技术对生产性技术的控制以及调控市场需求等。现代制造业已不是简单的工厂概念，全球谋篇布局，用核心技术控制全产业链条已成为现代制造业的一大突出特点。例如，一架波音747飞机有450万个零部件，这些零部件来自近10个国家、1000多家大企业、1.5万多家中小企业。

8. 制造业的信息化、虚拟化。目前，制造业的信息化正加速改变着传统的业务流程和工作方法，这也将是21世纪制造业发展的重要趋势。虚拟制造系统和虚拟环境平台，将对产品设计和生产制造活动进行全面模拟和仿真，加速产品开发与生产，实现周期最短、成本最低、质量最佳的效果。

9. 制造业的绿色化。全球制造业向绿色环保化方向发展成为21世纪的发展大趋势。环保绿色化制造是循环经济的必然要求，更是综合考虑环境影响和制造效率的现代制造新模式。这一模式将对环境的不利影响降低至最小、将对资源的利用效率升至最大，大幅提升整个生产过程与人和自然的和谐度。

三、"中国制造2025"，全面推升创新发展

当前，世界新一轮科技革命和产业变革与我国深化改革和加快转型发展，形成了历史性交汇，我国产业升级和国际产业分工格局正在加速重塑。"一带一路"建设为深化《中国制造2025》和"互联网＋"融合提供了重大历史机遇。

（一）中国高端制造业牵引作用凸显

目前中国制造业基本上处于全球产业链中低附加值的中底部，同时还面临高能耗、低效率所带来的资源、环境压力。但是，中国在影响整体装备水平的尖端制造方面表现不俗，实现了跨越式发展，推动着中国制造业整体水平向着高端制造业的转型发展。

1. 大型飞机。近几十年，在大型飞机市场上形成了美国波音和欧洲空中客

车"两大寡头"垄断的竞争格局。两家公司占有全球近70%的民机市场份额和100%的大型干线飞机份额。我国大型飞机产业处于起步阶段，在知识产权方面所取得的成果与欧美国家存在较大差距。从全球大型飞机产业专利申请看，美、德、法三国的专利申请总量占据全球申请总量的71%，三国在大型飞机领域处于绝对主导地位，美国波音公司和欧洲空中客车公司两者的专利申请量占据全球的60%左右，集团垄断优势十分显著。中国大飞机发展迅速，正在加速突破垄断。2016年6月28日，我国自主研发制造的首架国产ARJ21支线客机成功首飞，2015年11月，我国自主研制的C919大型客机总装下线，开启了国产飞机商业运营的大幕。随着C919的入市，将打开一个规模达万亿的市场。近期，由中俄两国领导人直接关注、总价值近200亿美元的"中俄大型客机项目"即将投入实质建设阶段，预计新型客机将在十年内上市，仅中俄两国市场就占据全球40%的航空运输量，中俄及辐射区域占据着全球近60%的航空运输量，大飞机项目市场极其广阔。

2. 航空发动机。飞机发动机作为飞机的心脏，是飞机制造核心技术关键之所在，直接影响着飞机的性能、可靠性及经济性，是一国科技、工业和国防实力的综合体现。全球航空发动机制造业呈现出高度垄断格局。目前世界三大航空发动机生产商分别是美国通用电气（GE）、英国罗尔斯·罗伊斯（RR）和美国普拉特·惠特尼（PW），仅GE一家就占据着全球约40%的航空发动机市场。全球航空发动机主要研发和应用技术大多被美德英日掌握。中国航空发动机厚积薄发，发展强劲。发动机作为飞机的核心，"心脏病"问题长期困扰着中国航空工业的发展。中国航空发动机研制较世界先进水平存在着一定的差距，主要体现在材料、设计和加工等方面。随着国产矢量推力航空发动机的成功问世，中国航空发动机已向世界一流迈进，并有望在不远的将来摘下世界新一代航空发动机的桂冠。

3. 工业机器人。在全球工业4.0背景下，越来越多的工业自动化正在代替流水线、工业机器人代替人，机器人（1.0）不断向数字化、智能化机器人（2.0）转型，智能工业机器人愈发成为未来世界的技术制高点和经济新增长点。当前，对全球机器人技术发展最具影响的国家是美国和日本。美国在工业机器人技术综合研究水平上仍居领先地位，日本在工业机器人生产数量、种类方面居世界首位。在全球工业机器人技术专利申请量上，日本占有绝对优势。日本以21974件专利申请量遥遥领先，美国的专利申请量为6347件，位列第二，仅为日本的1/3。中国专利申请量为5917件，名列第四。中国与日本、美国等发达国家还存在较大的技术差距。从专利排名前十位的申请人（见图12—

2—1）看，排第一位的是韩国三星，排第八位的是瑞典ABB，其余均为日本企业，日本在工业机器人领域占据着优势地位。我国机器人市场庞大，关键技术有待突破。机器人技术的发展将带动全社会其他技术的发展，机器人技术水平将全面展示一个国家科学技术和工业技术的发展水平。国家统计局数据显示，2015年中国工业机器人产量为32996台（包括外资品牌），同比增长21.7%，自主品牌工业机器人共销售22257台，同比增长313.3%，成为世界最大工业机器人市场。工业机器人核心技术是影响我国机器人产业发展的重要瓶颈。随着人口红利的逐渐下降，工业机器人时代正迎面而来。

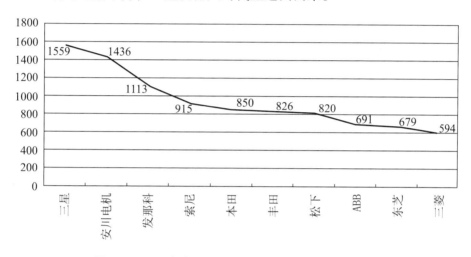

图12—2—1 全球工业机器人专利申请人前十名排序图

（二）创新制造业，深化"互联网+"

制造业是国民经济的主体，是实施"互联网+"行动的主战场。我国是制造业大国，也是互联网大国。大力推动制造业与互联网融合，创新制造业运行新模式，深化"互联网+"与制造业融合，有利于形成聚合效应、倍增效应，加快新旧发展动能和生产体系转换，前景十分广阔、潜力十分巨大。

1."制造业+互联网"融合发展，促进制造业供给侧结构性改革。推动《中国制造2025》和"互联网+"融合发展，进一步发挥市场决定性作用，让制造企业贴近市场，实现企业"精准生产"，落实供给侧改革，加快僵尸企业改造，剔除部分企业产品来自想象、产品远离消费者等"自娱自乐"现象。目前，"制造业+互联网"的深度布局和实施已相继展开。"云""网""端"越来越成为制造企业发展的新基础设施，用户、原料、设备和产品之间通过互联网实现有效交流，极大促进了产品、装备、管理、服务和产品智能化水平的提升。中国制造与"互联网+"深度融合，加速实现新旧动能转换，进一步加强自我创新与国际协作，推动《中国制造2025》与世界发达国家的合作，在"十三五"黄金发展期，强化制造强国和网络强国战略相互融合与促进。

2. "互联网＋"，深化制造业服务化。"互联网＋"推动产业结构升级，制造业服务化成为产业发展新趋势。"互联网促进了装备制造业由生产型制造转向服务型制造。"制造业服务化发展有三种主要形态：一是工业企业利用互联网开展远程运维、远程监控等信息服务，实现制造服务化转型。二是工业企业在推广应用互联网的过程中，衍生出信息系统咨询设计、开发集成、运维服务等一系列专业性信息服务企业。三是互联网在应用中产生各类平台型服务业，专门为工业企业提供等互联网信息平台服务，衍生出众筹、众包、众设、行业电子商务等新型信息服务企业。这种基于网络平台、随时链接客户应用的网络设备资源与应用服务系统，在深度提升着制造服务业发展。制造业总体利润空间趋弱，而制造服务业所占比重趋升，制造服务型新业态逐步成为一种大趋势。这一新业态向客户提供的不仅是产品，还提供着绑定服务的整体解决方案。

3. "互联网＋"，加速制造资源"云"化。随着云计算的兴起，秉承"云计算"服务理念的新型网络化制造模式——"云制造"应运而生。"互联网＋装备制造"促使制造资源"云"化。"云制造"是制造信息化的深化与发展，是"云计算"在制造领域的落地与延伸。"云制造"作为一种面向服务、强化低耗高效，基于知识而生成的新制造模式，将加速实现资源优化配置和全面共享，大幅降低社会资源的闲置率。制造资源云不需要改变现有互联网资源的分布，需要进行知识层面的组织和构建，并保证服务质量，达到为用户提供安全可靠、按需进行知识服务的目的。

4. "互联网＋"，使设计定制更加普遍和个性化。个性化定制将成趋势，产品将由规模化标准产品向个性化定制产品延伸。未来小批量、多品种、大规模定制模式将会成为主流，"互联网＋"使在流水线上实现个性化定制成为可能。"互联网＋产业"带动了"产销消"协同升级，进一步满足了个性化消费需求。从"群体"到"个体"，在发达国家，以规模化为对象的量产制造业将生产基地转移至新兴市场国家，以定制化为重点，多种类小批量制造业渐渐成为主流。未来制造业将在"大规模定制"潮流下，根据多种、多样的个性化需求进一步实现另样制式化。

5. "互联网＋"模式，将成为企业竞争、产业竞争的新常态。"互联网＋"为改造提升传统产业提供了巨大空间。互联网时代，企业不再是简单地听取用户需求、解决用户的问题，更重要的是与用户随时互动，让用户参与到需求收集、产品设计、研发测试、生产制造、营销服务等环节。

（三）中国制造惠及沿线地区发展

抓住"一带一路"建设机遇，加强"一带一路"沿线国家制造业国际合作，进一步鼓励和引导我国企业参与"一带一路"共建，支持沿线地区国家相关产业体系建设。

1. 沿线国家的发展需求。发展是"一带一路"沿线国家共同面临的首要问题。长期以来，沿线国家一方面背负着沉重的历史包袱，同时又面对着大量现实因素，导致经济长期落后。现实原因包括：资本不足、有效劳动力资源缺乏、基础设施建设滞后、制造业落后等。另外，国际因素也对沿线国家和地区发展产生着重大影响：现行国际经济秩序导致上升空间狭窄、国家贷款渠道不畅、长期居于全球制造业价值链底端、缺乏经济话语权等。总的来看，沿线国家和地区对制造业需求十分迫切。

2. 中国制造业具备强大而有效的产业转移及协同能力。中国正处于工业化发展的中后期阶段，有充足的优势和条件为广大发展中国家和欠发达国家提供及时而有效的发展经验，"一带一路"沿线国家和地区有相当大的空间吸纳并融合中国的有效产能。作为发展中大国，中国具备雄厚的经济能力、强大的组织能力和丰富的人力资本以及有效解决广大发展中国家发展难题的经验，可以为沿线国家提供有效产能及系统解决方案，深化协同应对未来全球挑战的能力。

3. 中国制造业与沿线国家的互补性。中国与"一带一路"沿线国家的制造业拥有较强的互补性。一方面，"一带一路"沿线国家劳动力分布不均衡，需要促进劳动力转移；自然资源拥有量不均衡，需要优势互补；中亚西亚地区公共资源（教育、健康医疗、基础设施等）明显落后，需要进一步加强。另一方面，中国、南亚劳动力人口充足，而中亚西亚地区劳动力人口相对匮乏，区域内能源资源积聚地区与贫乏地区并存，能源资源高消耗地区和资源出口国同在。中国强大而富集的制造业产能与沿线国家普遍产能不足形成了巨大合作"势能"。同时，我国与"一带一路"沿线国家在劳动力、公共资源等方面互补空间巨大。

4. 合作共赢。深化中国与沿线国家制造业合作，推动"一带一路"全域经济间相互融合，促进各国资源优化配置，加快经济平稳发展，改善收入分配，避免资源诅咒，阻击环境恶化，实现沿线地区经济社会共同发展。

随着经济全球化的深化，各国经济发展相互依赖加剧，国际经济一体化分工体系将进一步形成，各国在全球资源配置中的位置将进一步重置，中国在全线以及全球价值链中的地位也将进一步凸显，中国深化改革后所形成的庞大新兴市场空间将进一步显现，沿线各国对资金、技术以及新兴市场的需求及依赖将进一步加剧。随着"一带一路"建设深化，中国同沿线国家和地区将加速实现合作共赢。

第三节 "一带一路"与现代中医药战略

"一带一路"共建战略使我国拥有悠久历史和深厚文化底蕴的中医药迎来了崭新的发展契机。伴随着现代化的全面发展，中医药"系统辩证性、生态优良性、大众普惠性、开放包容性"的根本优势将得到充分发挥，将普惠"一带一路"沿线国家医药卫生健康事业，解决沿线国家和地区民众不断增长的医药健康需求和各国不断加重的政府医疗负担难题，增加广大沿线国家和地区人民根本福祉，使沿线国家和地区更好分享博大精深的中医药文化，带动我国中医药产业和服务贸易的长足发展，打造成为我国以及"一带一路"沿线国家经济发展新的增长点。

博大精深的中医药理论将成为我国强国建设中的强大"软实力"，焕发新春的中医药产业集群将成为我国强国建设中的强大"硬动力"，发挥"软实力"、强大"硬动力"，全面提升中医药在全球的话语地位和作用，大力促进世界人民的健康与幸福。

一、中医药学担纲着历史使命

中医药学由汉医药和藏、蒙古、维吾尔等许多少数民族医药学共同组成。中医药学是在中华文明整体观的影响和指导下，在长期医疗实践中逐步形成并具有丰厚中国文化底蕴的独特的医学理论体系。在人类历史上曾经产生的包括中医药学、希腊—罗马医药学、印度医药学、埃及医药学和亚述—巴比伦医药学的五大世界传统医药学体系中，中医药学是目前保存最完整、影响力最大、使用人口最多的传统医药体系。中医药学是东方文明璀璨的硕果和东方科学体系的重要载体，"一带一路"建设的深化，将会使中医药在沿线国家和地区得到更加广泛的应用，在重振中华民族伟大复兴中发挥特有的作用。

（一）任重道远的文化责任

习近平总书记在2016年7月1日庆祝中国共产党成立95周年大会上发表讲话时首次提出了坚持"文化自信"的重要思想，沁透着博大文化内涵。中医药学是文化自信的重要载体，是实现中华民族价值观和世界观重要的战略资源，"常行常新"的中医药学理论实践担纲着"文化自信"建设的重大责任。

1. 中华原创医学是人类文明的重要基石。中医药学是以东方文明整体观为基础所建立的原创性医学知识体系，其核心与精髓，即在整体观和辨证论治思想的指导下通过各种治疗手段对临床各科疾病进行诊治（见图12—3—1）。在诊治疾病的探索过程中，对疾病的认识和诊治思路逐渐丰富，不断完善和发展了辨证论治理论。

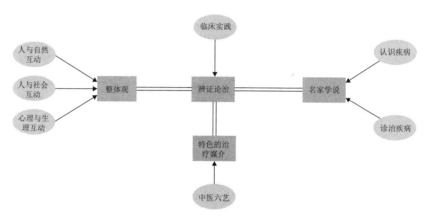

图12—3—1 中医诊疗范式

中华原创医学的特点是基于中华文明整体观，将人体生命视为一个系统，擅长对系统的信息结构进行综合。而西方医学则基于还原论，将人体视为物质的"邦联"、细胞的"邦联"、基因的"邦联"，精于对系统的物质成分进行分析。无论是中华文明整体观还是西方医学的还原论，都是人类文明认识自然和认识自我的历史财富。中华原创医学的核心内涵融汇了哲学的光辉理念，数千年的发展历程衍生并极大地丰富了人类文明的经纬。

2. 人类的未来取决于东西方文明价值观的协同发展。迄今科学界公认的三项最伟大的成就（相对论、量子力学、复杂科学）都一再证明：作为方法论，还原论存在致命的、不可弥补的缺陷，整体论具有极可宝贵、不可或缺的科学价值。西方文明整体论（Holism，也称系统科学或组学）与（价值观与方法论融为一体）中华文明整体观在字面上虽相似，但仍然在"人天之际"等核心问题上有明显的不同之处。

同时，在医学理论（见表12—3—1）与临床应用上（见表12—3—2）多有不同表现。

因此，需要清醒认识两种文明、两种理论、两种实践的异同，在不同文化基础上，实现东西方文明价值观的融合与协同，全面促动人类医药学文明的发展。

表 12—3—1   中西医理论之不同

	中医	西医	特点描述
理论基础	古代哲学朴素唯物论（阴阳五行、整体观、系统论）	还原论基于原子论、解剖学和信息论	中医理论基础具有哲学思辨，西医理论从物质还原角度出发
理论研究对象	整个人体	细致到分子水平	中医侧重宏观整体，西医侧重微观解剖
疾病命名方式及特点	结合病名诊断和证型诊断	依据理化检查	中医有证型诊断，有同证异病，西医疾病则具有专指性
脏器名称	代表一个功能系统	具体的器官	中医命名泛化，西医命名细化
语言表述特点	一种隐喻认知（中国传统叫作取类比象）的语言	为生物、数理化等现代科学通用语言	中医哲学思辨，西医微观理性精神

表 12—3—2   中西医临床应用之不同

	中医	西医	特点描述
病因	由疾病发生发展的特点总结反推提炼	找到明确病原体和身体免疫、代谢机制异常病变	中医借用病邪说，偏重立体逻辑；西医分解还原，偏重直线逻辑
诊断	望闻问切、四诊合参，司外揣内，辨病与辨证结合	基于解剖形态观察法，诊断需根据病理检验	中医借助对症状的定性分析，简便快速；西医借助仪器，微观定量
治疗	根据辨证论治结果，对应个体化诊疗	根据相关检查结果进行群体性诊疗	中医围绕"病的人"，一人一治；西医围绕"人的病"，多人一治
预防	伏邪学说，伤寒温病理论发现外感病及内伤杂病传变规律	基因诊断有助预知疾病，有益癌症转移研究	均对疾病的预防有一定参考意义
防治关系	防治皆重，防重于治	防治皆重，治重于防	中医：未病先防、既病防变、已变防渐；西医重视器质性病变的还原
非药物疗法	砭、针、灸、导引按摩、拔罐、刮痧、推拿、点穴、气功等	物理治疗与康复训练	中医非药物疗法简单易操作；西医依赖专业医疗器械及人员
科研方法	侧重临床研究，属于黑箱研究	侧重试验研究，属于白箱研究	西医研究结果未必完全符合临床；中医需借鉴现代科技丰富完善
价格	平均较低	相对较高	各有特点

3. 高举宪法旗帜，保护创新，推动中医药发展。我国宪法二十一条第一款明确表明我国传统医药和现代医药具有平等的发展地位。我国宪法对"传统医药"地位的明确，使人们开始更加客观、全面地正视祖先遗产，更加客观地看待西方文明的优劣。2013 年以来，习近平总书记在多个场合强调，中医药学是中国古代科学的瑰宝，也是打开中华文明宝库的钥匙。科技部于 2016 年 4 月印发公民科学素质基准，要求公民"知道阴阳五行、人天合一、格物致知等中国传统哲学思想观念，是中国古代朴素的唯物论和整体系统的方法论，并具有现实意义"。在宪法精神的指引下，不断完善各级涉医政策法规，统筹推进中医药事业振兴发展，打破长期以来强加在我国传统医药学身上沉重的桎梏，提升中医药在社会建设中的重大作用。

（二）正本清源的历史担纲

中医药学凝聚着中华民族深邃的哲学智慧和健康养生理念及其实践经验，是传播中华文明的有效载体。"治学先治史"，要承担起复兴中华原创医学，进而提纲复兴中华文明的文化责任，厘清中华医药学的根本和不竭之源，才能更加明晰中医药学的历史担纲。

1. 中华文明整体观的逐步成熟。中华原创医学的发生和发展同中华文明的发生和发展相依共存。一般认为，中华文明的始祖是伏羲氏，距今已有 7000 年左右。"伏羲创八卦"的传说体现着认识事物的基本方法，强调人与环境、自然、社会以及人的行为与思想之间协调的整体观。这种整体观成为中华原创医学理论基础的灵魂。伏羲用八组卦说明世界万物的变化及规律，开启了中华文明整体观模式之先河，成为中华原创医学的理论基础，后世中医药学里的脏腑辨证、三焦辨证等模型均是此种抽象建模法的发展；公元前 22 世纪大禹治水时期，出现了河图八卦的改进版——"洛书"（"阴阳五行"），该模式指出事物的"阴阳"相关既包含相辅相成（"相生"）的成分也包含相互制约（"相克"）的内容，"阴阳五行"模型促进了八卦模型的进一步发展——文王衍六十四卦（周代）。从而，标志着中华古文明整体观在理论上逐渐趋于成熟（见表 12—3—3）。

表 12—3—3 中华文明整体观模型的演化

年代	整体观模型	表达层次
约公元前 50 世纪	河图（五行相生）	二维
约公元前 26 世纪	八卦（阴阳概念形成）	三维
公元前 22 世纪	洛书（五行相克）	四维以上
公元前 12 世纪	"文王衍六十四卦"	

2. 中华原创医学的辉煌发展。中医药学是中华文明和世界文明发展史上一块璀璨的瑰宝。我国中医药有记载的历史始于5000多年前的新石器时代，殷商（公元前17—11世纪）时期问世的《山海经》记载了100多种动、植物和矿物药，临床各科开始形成；春秋时期的《黄帝内经》是中医现存成书最早的一部医学典籍。书中明确提出了"人天合一"观（"法于阴阳，和于术数"）、人体自康复能力（"正气存内，邪不可干"）等学术观点，成为中医药学的"祖书"。这种强调自康复能力的观点可以认为是东西方医学学术方向的分水岭；东汉时期的《神农本草经》为现存最早的中药学著作，是对中华传统药物的第一次系统总结。书中提到的"七情和合"等药物配伍原则在几千年的用药实践中发挥了巨大作用，是中华药物学理论的源头，特别是药物的"气、味"评价体系（药有寒、热、温、凉"四气"及酸、咸、甘、苦、辛"五味"）独具中华原创医学特色。诞生在这个时代的医圣张仲景及其不朽的名著《伤寒杂病论》，最为突出的贡献是在八卦等模型基础上确立了将人体分成六个相互关联子系统的"六经辨证"体系，受其影响后世相继出现了五个（脏腑辨证）、四个（卫气营血）乃至三个子系统（三焦辨证）模型。这一时期麻醉术等实用性技术也相继问世，我国的中医药学在理论、药物、临床等方面都处于世界医学领先水平；三国两晋南北朝时期，中医药学主要代表著作有《老子黄庭经》、葛洪的《抱朴子》、陶弘景的《养性延命录》等，重点是在导引方面，尤其是王叔和的《脉经》首次确定了24种脉象，葛洪"炼丹"为制药学的发展奠定了重要基础。受葛洪《肘后备急方》的启发，中国科学家于1972年发现了青蒿素，屠呦呦女士为此获得了2015年度诺贝尔生理学和医学奖。

隋唐盛世，中医药学进入了又一发展的高峰期。《诸病源候论》成书于隋大业六年即公元610年，是中华医学史上第一部讨论病因病理学的专著，也是第一部由政府组织集体写作的医学理论著作，开创了官修医书的先河，在中国医学史乃至科学史上均占有重要地位。《诸病源候论》等中医药学理论对于生命参数集合及其辨证模型的认识（见图12—3—2）对现代医学的发展具有重要的价值。中华最伟大的医学家、养生家之一孙思邈，为中华医学贡献良多。孙思邈所著《千金方》的命名理由是："人命至重，贵于金，一方济之，德逾于此"。孙氏养生极重"养性"，十分适于老年人养生，"养生十三法""十二多与十二少"等，对当今老龄化社会具有重大意义。《千金方》及《诸病源候论》对食疗的强调，对当今的医疗保障体系和医疗产业仍有重要的启示。唐朝时期颁行了中国第一部、也是世界第一部国家药典——《新修本草》，开世界历史之先河。宋元时期以至元明中医药学又有新发展，期间有官方编著的《太平惠民合剂局方》《圣济总录》《永乐大典》涉医部分，有民间的鸿篇巨制《本草纲目》《景岳全书》等。金元时代中医临床思路开始百家争鸣，代表人物有金元四大家即刘完素（刘河间）、李杲（李东垣）、张从正（张子和）、朱震亨（朱丹溪），以及李时珍、张景岳、王肯堂、傅仁宇、钱乙、陈无择等。此外，这一时期的一大特色是儒家和道家人士与医家展开了密切的交流，极大促进了中医药学的发展。

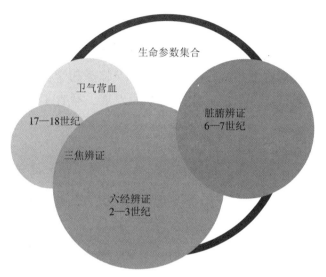

图 12—3—2　中医辨证模型

　　印刷术的发明，大量医学书籍的整理，带动了中医药学的发展。同时，各种剂型的中成药开始出现。明朝时期，强盛的国力为中医药提供了广阔的发展空间。《本草纲目》1591 年首次刊行后对世界产生了巨大影响。清朝时期中医药学仍有新亮点，《瘟疫论》在国际上首次提出了传染性疾病的流行病学特征，《温热论》《温病条辨》进一步提高了中医临床医学理论。这一时期域外一些学者在中华原创医学原理基础上发展了本身的学术，并反过来对中华医学产生了积极影响，如日本丹波康赖的《医心方》和朝鲜医学家许浚的《东医宝鉴》。另外，一些域外的天然药物在经过中华原创医学的价值体系评估后，正式进入中医药体系，如沿着"丝绸之路"输入的枸杞、西洋参等。

　　3. 李约瑟难题与中医的衰落。近代以前，中国一直是世界强国之一。1840 年鸦片战争以后，中华原创学术遭受了毁灭性打击。据英国李约瑟统计，清以后，中国人的发明创造从占全世界的 90%～95% 急剧下降到接近于零。由此李约瑟感叹："中国有辉煌灿烂的古代文明，为什么没有孕育出近代的科学和技术？"，后人将此称为"李约瑟难题"。

清朝是中医药衰落的一个转折点。清朝处于封建社会的没落时期，与此同时，西方文艺复兴之潮从佛罗伦萨阿诺河两岸出发席卷全欧洲，近代科学蓬勃发展。康熙大力推动"康洋结合"，结果却给中华传统和中华传统医药学造成了难以愈合的硬伤。

随着西医药学传入中国，世界科学逐渐形成"还原论"一枝独秀的局面，中华文明整体观价值渐渐被遗忘，中医药的发展和对世界医药学的贡献受到了极大的压抑和阻滞。在清朝灭亡之前，尽管中国传统医学受到巨大冲击，但仍然是中国医疗体系的最主要支撑者。中华原创医学在清朝统治者的压制和"西学东渐"的冲击下，自身的价值评估体系遭到严重破坏，使中华传统医药学遭到沉重打击。这一时期，由于寺院医药学的发展，客观上促进了藏、蒙、维吾尔等许多少数民族医药学的发展，孕育了后续中医药学的新发展。

随着世界的全面发展和人类对中医药的全面认识，国际社会对中国优秀传统文化的再认识、对工业社会负面效应的警醒，对中华医药系统性、立体性、普惠性应用的呼唤，中华中医药学面临着崭新的未来。其实，李约瑟难题早已有了答案（见表12—3—4）。

表12—3—4　从现代视觉解析李约瑟难题

角度	从李约瑟难题看中医药发展挑战	中医药发展优势与机遇	现代视角、国际视野下的中医药发展
文化与思维方式	思维方式不同，伦理政治型的中国文化对中医药产生影响；中医注重整体性、系统性、关联性，需清晰"实证""因果"等；中药奉行"模糊数学"，标准化程度低，影响国际化进程	中医药兼具自然科学与人文科学双重属性，中医具有完整的医学理论体系；中医药体系在世界四大传统医药体系（中国、埃及、希腊和印度）中，理论最完整、医疗实践最丰富、疗效最确切	中医现代化发展要保持文化自信、民族自信；中医药发展要从源头转变思维模式；不做没有标准的"模糊中药"、不做缺乏中医指导的"洋中药"
科技与创新	中医药与现代科技的碰撞是关键挑战，中医药需强化与现代科技融合，强化创新、提高科研攻关	现代科技正加速应用到中医药的研究和生产中，对中医药产品创新以及中医医疗模式影响明显	正确认识中医药理论与实践的先进性，有效利用现代科学技术；推进原始创新、集成创新和引进消化吸收再创新，促进中医理论自主创新；借助现代科学方法，明确中药有效成分和药理作用机制

（续表）

角度	从李约瑟难题看中医药发展挑战	中医药发展优势与机遇	现代视角、国际视野下的中医药发展
国内环境与国际形势	来自西医西药的冲击挑战；日韩印泰等国中医药发展迅速，国际竞争激烈；纯正中药资源逐渐减少，资源使用成本提高	中国具有天然中药资源优势、制定了国家战略目标、相关法规和体系不断完善；国际市场需求量提升；经济全球化拉动中医药发展；国际市场中医药诊疗服务条件趋好	强化中药制剂的标准化、规范化；积极应对国际挑战，突破壁垒
人才与教育	高端人才匮乏；中医药基础教育薄弱，师徒制教育方式与现代教育的碰撞	中医药人才储备增加；中医药意识逐渐提高；人才教育改革步伐加快	抓中医基础教育，培养优质中医现代人才；创新优化中医药人才引领发展模式

4. 新时代的反思与历史担纲。近代以来，中医因其核心经典《黄帝内经》及其核心理论阴阳五行而饱受诟病。20 世纪初，由于恽铁樵和杨则民先生的呐喊与群众的抗议，1929 年民国政府没有实施"废止中医案"。新中国成立之后，卫生行政部门曾对中医采取严厉的管制措施。直至 1979 年后《黄帝内经》的学术地位才有所改善，人们对中医药的认识客观了许多，社会的主流价值观从根本上发生了变革。

进入 21 世纪，人们已经认识到数百年来人类在以西方为主导的科学体系引领下，文明水平发生了巨大的飞跃，但同时也带来了严重的社会问题，包括医疗费用高涨、健康问题日益突出等。绿色发展、生态文明等均是对传统工业文明的反思。人们开始更加客观地正视祖先的遗产，更加客观地看待西方文明的优劣，一批国际现代复杂科学前沿的学者，陆续同控制论、系统论、耗散结构的专家一起开展复杂科学的研究，而且不约而同地将这些伟大的成就同东方文明整体观的发明相联系，突破了西方经典解剖学数百年的桎梏，使人类医学科学研究进入了一个辉煌的时代。新的科学思维推动了全球的科学发展，鼓舞着中华儿女重新认知中华文明整体观的现代价值，重新认识中医药蕴含着巨大的社会和产业价值。中华文明整体观的升华，不仅将续写中华文明的伟大复兴，而且将成为推动全人类新一轮科学革命的强大动力。

5. 客观认识东西方医学方法论。随着科学认知的发展和理性的回归，人们开始从方法论角度分析中西医学，跨学科科技工作者和中西医专家共同探讨真正意义上的"中西医结合"，重点从方法论层面上找到切点，反思得失，全面筹划未来。东西方医学方法论上的差异，主要体现在中华原创医学关心的是得"病"的人，西方医学注重的是人所得的"病"。

中华原创医学认为：人与宇宙密切相关，人"以天地之气生，四时之法成"，是个如同宏观宇宙般复杂的小宇宙，包含了系统的全部属性。而且，这个系统是开放的、具有复杂的耗散结构。中医理论认为人体是具有适应性调节能力的自稳态系统，这种适应性协调功能源于内部自组织能力。这种自组织能力（"心"或"神"）与生命的物质基础（"身"或"形"）构成人体生命的两大要素，缺一不可。人体生命的最佳状态应该是："心全于中，形全于外"（《管子》），正常情况下，心和身都应该全面健康。这就是"正"（古时"正"和"证"同义），因此中医的诊疗被称为"辨证施治"。所谓"辨证"，即辨别患者罹病后，自组织能力偏离正常状况（"证"）的方向与程度。中医的诊断学和治疗学是围绕着自组织能力（"神"）的变化而展开。"施治"的标准也以"神"的得失为依据，作为鲜明对照，以还原论为基础的西方医学诊断学强调"致病因子"的消除为终结。

无论是中华文明整体观，抑或西方文明价值观下的还原论，都是人类文明认识自然和认识自我的历史财富。然而，近300年来，由于历史原因，"还原论"一度被推上"行动指南"至高无上的地位，但这种"绝对论"影响着人类的健康发展。典型案例如，一些绝迹多年之后的疾病，近年有死灰复燃之势，出现了耐药性变种，西方医学很难处理。此类情况越来越多，说明原有的办法遇到了重大瓶颈，此时中华原创医学的方法论体现出重要价值。

（三）提升软实力、增强硬动力

中医药的"常行常新"，为中华民族的繁衍与传承提供着强大的精神支撑，丰富着中华民族伟大复兴的"软实力"；中医药璀璨的思想及其衍生的庞大产业集群将成为中华民族伟大复兴的"硬动力"之一。

1. 增强我国软实力，再现中华文明新辉煌。随着中医药国际化进程的加快，沿线各国民众将通过中医药学及中医药产品了解中华文化，加深其对我国的深化了解、促进东西方文化交融，发挥中医药产业独有的战略地位和作用，推动中华民族的全面复兴，再现华夏文明新辉煌。

服务人类健康，弘扬中华文明。中医药学由汉医药和藏、蒙古、维吾尔等许多少数民族医药学共同组成，是中华民族长期与疾病进行斗争过程中所积累的宝贵人类财富。它以独特的视角认识生命和疾病现象，在长期的实践中形成了抵御疾病、维护健康的有效方法和手段。现代社会，中医药作为我国独特的卫生资源、潜力巨大的经济资源、具有原创优势的科技资源、优秀的文化资源和重要的生态资源，在广大的沿线地区经济社会中发挥着日益重要的作用。现代中医药与"一带一路"区域国家进行合作，将吸收和借鉴人类生命科学发展的成果和现代适用的高新技术手段，促进形成以中医药内涵为基础的"一带一路"国际区域传统医药标准，并逐步纳入沿线地区医疗卫生保健体系，让中医药更好造福于人类的卫生保健事业。**德以致远，维护地区安全。**中医药作为中华文明和优秀文化的重要载体之一，国际化程度的提高有助于加速我国"走出去"进程，进一步凝聚国际社会支持我国发展力量；发展中医药，有助于我国和沿线各国发展独立自主的医疗系统，打破医药行业世界性垄断，是"亲、诚、惠、容"新型国际关系的重要支柱；同时加速中国少数民族传统医药的国际化发展，为维护我国国家安全发挥独特的战略支撑作用。以新疆为例，新疆在维护我国边境安全方面有着独特的地缘位置，维吾尔传统医药与中亚等伊斯兰国家占主导地位的尤纳尼传统医药有很多类似之处，维吾尔族医生使用的草药30%以上来源于中亚国家和巴基斯坦。开展与这些国家的传统医药合作，既是发展中医药和维吾尔传统医药的良好契机，又是"德实力"等新型外交关系的特有资源和重要抓手。

2. 构筑中医药产业集群，打造民族品牌产业，形成强国建设的"硬动力"。随着现代科学技术与中医药的有机结合，中医药新兴产业正在逐步兴起；随着食品安全与全球绿色食品理念的强化和"食药同源"理念的深入，中医药新兴产业正在加速形成。中医药产业集群正在全面生成强国建设的"硬动力"。

中医药学是具有核心竞争优势的民族产业。中医药学是我国拥有自主知识产权中为数不多、具有巨大发展潜力和核心竞争优势的民族产业之一。以针灸为例，小小银针在全球迅速发展，得到越来越多国家的认可，目前在全球已有三十几万各类针灸从业人员。开展"一带一路"区域中医药国际合作，对于强化我国中医药在国际传统医药领域内的话语权，引领包括世界传统医药在内的医药健康产业国际标准制定，构建国际产业发展新格局具有重大意义。**中医药产品在国际市场越发受到重视，形成新型产业的趋势明显，"硬动力"增强。**近几年国际贸易市场普遍持续低迷，出口贸易受到全线影响，但我国中医药产品出口稳中趋增，总体向好，中药产品出口额由2010年的不足20亿美元稳步增至2015年的近40亿美元（见表12—3—5），尤其是在传统出口地区整体表现良好。

表12—3—5 2006—2015年中药类产品出口总额和增长率

年份	2006	2007	2008	2009	2010	2011	2012	2013	2014	2015
出口额/亿美元	10.90	11.80	13.07	14.60	19.24	23.32	25.02	31.40	35.92	37.70
增长率/%	—	8.26	10.93	11.54	31.78	21.21	7.29	25.50	14.39	4.96

随着我国影响力的提升和中医药走出去战略的推进，中医药产品在世界范围内的影响逐年加大，除亚太传统地区外，其他新兴市场也被逐渐打开（见图12—3—3）。中医药市场全球分布增多，新兴市场及潜在市场巨大，新型产业形成加速。随着"一带一路"建设的推进，我国中医药在国际医药产品市场的份额将进一步增加，我国民族医药产业将成为我国外向型经济的一个重要门类，中医药健康产业也将成为我国国民经济的战略新兴产业和新的经济增长点，实现我国从传统医药大国向传统医药强国的跨越。

中药产品欧美出口量占中药全球出口量的14%，仅次于亚洲但市场占比相差悬殊，约相当于亚洲出口量的20%左右。
主因：欧美对中药疗效及质量的认可度尚待提高、对中草药质量控制严格，有待构建全球中草药标准体系。

美国连续多年跻身我国中药出口的前三大市场。

亚洲是我国中药主要出口地区，约占出口额的60%~70%（以中国、香港、日本、东盟、韩国等地为主）。
2015年以来我国对马来、印尼、泰国等东南亚市场出口同比增速均超过20%，市场潜力巨大。

对非洲、南美、大洋洲市场出口比重较小，但2013年以来中药类产品对拉美、俄罗斯等新兴市场出口额迅速增加。

〇 中药主要出口对象

图12—3—3　中医药产品出口世界各地市场示意图

二、中医药发展战略的挑战和机遇

中医药的推广应用是古代"丝绸之路"商贸活动的重要内容。20世纪下半叶以来，随着综合国力的迅速提升，我国经济和文化发展模式正为越来越多的处于不同文化环境和经济发展水平，不同种族组成的国家所认同和接受。新的历史背景下，中医药国际化前景愈加广阔，"一带一路"战略实施更为中医药全面发展带来了新契机，同时也面临着更加严峻的挑战。

（一）正确认识严峻挑战

五千年中华文明孕育的中医药学对世界传统医学的发展产生过重大影响，为维系中华民族的健康和昌盛做出了不可磨灭的贡献。但随着西方医学的强势发展和现代科技的突飞猛进，中医药学面临着一系列发展挑战。

1. 中医药发展的软阻力。**中医药学的科学内涵尚未被国际社会普遍理解和接受**。由于历史、文化背景和思维方式的差异，中医药学与现代医药学有着显著的不同特点。"一带一路"沿线国家卫生管理模式大部分建立在现代医学体系上，中医药面临政策和技术规范等方面的壁垒。国际上，传统医药在大多数国家处于补充和替代地位，发展环境不容乐观。以传统方式表达的中医药理论，科学内涵尚未被国际社会广泛理解和接受；实践中行之有效的辨证论治诊疗方法和中药配伍的用药方式、中药炮制等技术原理尚未得到现代科学语汇的清楚解析，中医药传统知识及技术体系尚难以与现代科学技术体系完美衔接，中医药与其他传统医药及现代医药间缺乏相互交流的共同语言，这都成为制约中医药现代化发展的深层瓶颈因素。在国内，中医药事业发展的质量和效益尚显薄弱，"中西医结合"的片面理解对中医科研造成的不利影响依然存在；相关法律工作尚未完成，中华原创医学在医疗和产业两方面的发展问题依然突出，中医药"走出去"基础工程有待加强；**中医药国际化人才缺乏**。国外从事中医药尤其是中医医疗活动的人员水平参差不齐，由于误诊、误用使得中医药疗效下降，严重影响中医药的国际声誉；掌握中医药专业知识、精通所在国语言和政策法规的专门人才缺乏。这些现象的根源在国内，在于我国人才培养输送不足，同时由于相关涉医法律的合宪性工作没有到位，影响了教育和从业规范，产生了人才培养速度慢、优质人才偏少、人才流失率偏高（尤其是离开医生岗位）等现象。致使现代科技不能及时惠及中医药产业的创新发展，严重影响中医药知识产权的保护和中医药资源的利用；**发达国家掌握了医药健康产业发展的国际主导权**。近代以来，欧美等西方国家凭借政治、经济和科技的强势地位，通过控制标准制定、设置技术壁垒、量身定制游戏规则，主导了包括医药产业在内的几乎所有国际产业的发展方向和利益分配。如美国食品药品监督管理局的一些标准规范对某些中药是没有必要的，甚至是错误的，使我国的药监工作受到了一定影响。尽管我国中医药产品的研发和生产能力居世界领先水平，但由于产品注册、医疗保险准入等话语权仍为西方所掌握，对我国将中医药资源优势转化为经济优势构成了严峻挑战。

2. 中医药发展的硬障碍。**符合中医药特点的现代中医药研究方法学和国际标准规范尚待建立**。中医药学历经数千年的发展，其自身标准体系已经非常成熟，但和西方医学有着根本不同的表达方式，因而中医药的发展受到了极大的干扰。中医药的安全性、有效性研究及其评价标准、方法与植物药、西药有着很大的不同。实践证明，中医药相关产品的质量控制、生产工艺、药理毒理、临床评价和产品注册等标准不能完全仿照西药和植物药。具备中医药特点的标准规范需要在法律制度层面上完善和确立，进而推动建立国际社会普遍认可的标准规范；**中医药企业和产品国际竞争力弱，中医药尚未进入国际医药保健业主流市场**。虽然我国中医药现代化水平得到不断提高，但对重大疾病和疑难病具有显著疗效且市场认可的中药新产品较少，市场营销和售后服务意识不足，中成药出口依赖老品种的局面依然没有明显改观，中药产品在发达国家进行药品注册仍没有取得实质性突破；国际市场深度开发刚刚起步，中药产业国际竞争力偏低。尽管 2015 年国内中药产值和销售额超过 7000 亿元，但出口量占国际草药市场份额依然偏低，并且主要是以原料形式出口。

除针灸外，中医医疗未获得大多数国家的法律承认，仅有极少数中药作为药品在欧美等发达国家注册上市，而大多中药产品作为保健食品及食品添加剂等形式进入国际市场，且主要应用于华人、华侨，70%左右的中药产品出口仍以受中华传统文化影响比较深的亚洲传统市场为主，我国十大出口地区中亚洲地区占半数以上（见图 12—3—4）。此外，随着国际社会普遍重视生态药物，世界各国对中医药理念的崇尚热度提升，发达国家大举进军中药行业，"洋中药"对我国医药行业构成严重的冲击，尤其是高附加值的中药产品，对我国中药行业的发展形成了一定的障碍（见表12—3—6）。

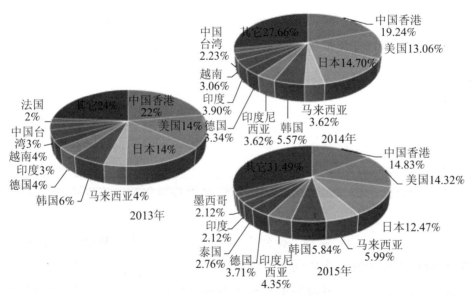

图 12—3—4　中药产品出口十大地区出口额占比

表12—3—6 "洋中药"与中国中药优势劣势分析

	全球中成药市场占比（年均销售额约160亿美元）	在中国市场占比	优势	劣势	主要国家和地区及其代表产品		
"洋中药"的表现	95%~97%	占中成药高端市场份额近1/3	精美，附加值高；工艺先进；标准规范；应用指导性强；定位明确；服用策略完善；量少；营销策略完善	研发、生产均缺乏中医药理论支撑；性价比低、消费市场局限；缺失中医药文化深厚背景、文化可信度和美誉度低	欧洲（德国为主）	德国	必泰成、金纳多片、心脑灵
						法国	达纳康
					东南亚（日本为主）	日本（占全球七成多）	救心丹、正露丸、无比膏
						中国香港	正红花油、保济丸
						韩国	福满参精
						泰国	整肠丸、行军散
						新加坡	万金油、菁草油
					北美	加拿大	疣必治
中国中药的表现	仅3%~5%	在亚太及欧美国家的表现 注册产品少。片仔癀、清凉油、安宫牛黄丸等拳头产品	以中医理论为指导的制剂更适应病症；治疗范围广；疑难病症有疗效；有中医药文化背景，美誉度强	成分、药理机制不明确；工艺及配套产业薄弱；经营模式落后；高端市场匮乏；急需打造"中国牌"高档中成药产品方阵	中国中成药仅占3%原因分析		
					科研实力、技术创新能力不足；中药国际认可度及标准问题；欧美日等国基础研究粗细、产品质量标准化、配套产业全面、善经营；中国中药缺乏知识产权保护和必要的机制；中国中药材资源被过度采挖、破坏，资源量锐减；中医药学人才缺失、学成时间成本高，从业待遇低等		

3. 协同应对挑战。未来医学发展的显著特点是：从疾病诊疗医学向健康医学转变，医学模式从生物医学向生物—心理—社会模式转变。人类的发展需要东西方文明与医学智慧的协同。继承和发展中医药的绿色健康理念、人天合一的整体观念、辨证施治和综合施治的诊疗模式，运用自然的防治手段和全生命周期的健康服务，充分遵循中医药自身发展规律，推进继承创新，提高中医药发展水平，完善符合中医药特点的管理体制和政策机制，全面增进和维护广大人民群众的身体健康。

（二）积极把握重大机遇

随着经济社会的发展和现代科技的进步以及老龄化社会的到来，人类疾病谱、医学模式和医疗模式发生着重大转变，人类对健康的追求日益增强，现代医疗模式正向预防、保健和康复为重点的防治结合模式转变，人类健康保健需求不断增长。传统医药以其源自天然、安全有效的养生防病、促进疾病康复理念，日益受到国际社会的重点关注，国际市场正孕育着一场以中医药为引领的传统医药产业重大变革和成长机会。

1. 软实力发展机遇。**世界各国政府和国际组织加大了对传统医药的支持力度。**面对不断扩大的国际传统医药市场和各国日益增长的医疗费用，现代医学仍然对许多重大疾病良策不多的情况，世界各国纷纷从法律、标准制定以及市场准入等方面加大了对传统医药的支持，为中医药全面进入国际医药保健主流市场提供了可能。2014年世界卫生组织发布的《2014—2023传统医学战略》中明确提出建立传统医药疗效、安全和质量评价技术规范，促进药用植物资源可持续利用，推动传统医药成为民众基本卫生健康服务体系的重要组成部分。当前，全球具有传统医学政策的国家达到69个，监管草药会员国数量有119个，针刺疗法已经在世界卫生组织103个成员国认可；**中医药对外交流与合作水平进一步提升，在服务国家外交中发挥独特作用。**截至目前，我国与沿线国家签订的政府间中医药合作协议已达85个，中医药在世界传统医学领域话语权得到加强。中医药已经传播到世界上183个国家和地区。全球中医针灸诊所已达10万多家，针灸师超过30万人，注册中医师超过5万人，每年约有30%的当地人和超过70%的华人接受中医医疗保健服务。中医药服务贸易成为促进经济转型和结构调整的独特动力，以丰富的内容和方式服务于国家公共外交和经济外交，连续数年纳入中美战略经济对话、中英经济财经对话框架，成为与大国开展战略经济对话的重要内容；**中医药在"一带一路"范围的传播与影响日益扩大。**中医药在"一带一路"沿线国家和地区有着良好的发展基础及广阔的前景。我国香港、澳门和台湾地区，中医药一直是民众重要的医疗服务手段，港澳台特殊的地理位置和活跃的国际交往能力，使得这一地区成为我国中药集散出口的重要基地；东北亚地区受我国文化和儒家文化影响较深，其传统医学主要源自我国传统医学。日本和韩国是我国中药材产品出口最多的两个国家：日本天然药物产品年销售额稳定在60亿美元左右；韩国是世界上除中国之外，传统医学与西医享有同等法律地位的国家，韩中两国有共同的文化背景和开展传统医学合作的基础。朝鲜传统医学是我国中医学与当地文化融合的产物，以中医药为基础形成的东医学是朝鲜基本的医疗服务体系；东南亚地区一些国家有自己的传统医学，但受我国传统文化和传统医学影响较大，民众对中医药尤其是中成药容易接受。新加坡华人人口比例高，中医药在新加坡历史悠久，中医药正式进入国立和私人西医院及其他医疗机构，中医药本科教育得到政府的正式承认，拥有强大影响力的民间中医药团体和成熟的国际管理体制。泰国重视与我国在中医药方面的合作，注重加强传统医药知识产权的保护。越南民间有用中药治病的习惯，98%的中成药来自我国，有完善的传统医药管理系统；南亚的巴基斯坦政府和民间与我国有着长期的友好关系，希望利用我国在传统医药方面的经验，合作建立中医药医疗、教育、研发机构，制定传统医药国家标准；海湾地区各国经济收入高，社会福利完善，但慢性病、疑难病等多见，加上官方对中医药有着良好的期望值，GCC（海湾阿拉伯国家合作委员会）各国的市场又有相互准入制度，一些海湾国家已给予了中医药法律地位，注册药品相对容易。中药进入海湾阿拉伯国家市场有着巨大的开发潜力；非洲蕴藏着丰富的药用植物资源，当前非洲大陆80%的人口仍使用传统医药，在保护人们身体健康方面发挥着重要作用。中非之间中医药的应用与合作有着雄厚的民间基础。

中医药在欧盟地区的发展，将产生全球影响。 欧盟正对中医药开始立法管理工作，针灸已获得合法地位并列入医疗保险体系；有20多所西医大学设立了中医课程；中药产品进口批发商500多家；中医药学术团体150多个，对当地政府有相当影响；受过培训的中医药人员、中医药诊疗机构、中医教学机构逐年增多，中医药教育发展速度加快，本土化程度逐步提高。欧洲是世界上最大的植物药市场，共有1272种植物药品种在市场流通，超过60%的欧洲人使用过植物药。资料显示，2014年以药品形式存在的植物药产品市场份额为59.3亿美元，占整个OTC药品市场的22%，且每年保持6%~7%的增长速度。德国学术界非常注重中医药的研究；英国中医药产业是华人在英除餐饮业之外的最大产业；意大利政府非常重视与我国开展中医药合作；丹麦组建了政府支持的丹麦王国中医药集团，计划将丹麦建设成欧洲中医药研发和流通中心。

随着"一带一路"的深化建设，全方位、多层次、宽领域的中医药深度国际合作将全面形成。

2. 硬实力建设机遇。**我国政府高度重视中医药发展**。20世纪50年代初，毛泽东号召"西学中用"，倡导中西医结合。1982年宪法明确"发展现代医药和我国传统医药"，1997年《中共中央国务院关于卫生改革与发展的决定》明确将"中西医并重"作为我国新时期卫生工作方针之一，2009年国务院《关于扶持和促进中医药事业发展的若干意见》，明确党和政府坚持中西医并重的决心。在政府投入上，中央财政对中医药投资额度由2007年的8亿元逐年增加到2014年的63亿元，全国超过一半的公立中医医院得到国家重点支持建设。中医药服务领域也得到全面拓展，中医药呈现出医疗、保健、科研、教育、产业、文化"六位一体"持续健康发展的良好局面；**中医药产业发展迅速**。中医药作为我国独特的卫生资源，具有临床疗效确切、治疗方式灵活、费用低廉等特点。全国中医总诊疗人次占全国门急诊人次的五分之一，中医药以较少资源总量提供了较多服务份额，为探索医疗改革"中国式办法"发挥独特作用。中医药覆盖一、二、三产业，我国构建了完善的中医药医疗保健、教育、研发和生产体系，在国际传统医药领域首屈一指。200多种常用大宗中药材实现规模化种养殖，全国种植面积超过3000万亩，减少了对野生中药材资源的依赖，对西部地区农业经济发展、带动农民增收致富作用突出，中医药资源优势转化为产业优势，成为新常态下新的经济增长点。中药工业总产值以每年20%以上速度递增，2014年工业总产值超过7300亿元（1200亿美元），占医药工业总值近三分之一；**中医药科学研究愈发受到"一带一路"各国政府、国际组织的高度关注**。从2006年我国发布首个大科学计划——"中医药国际科技合作计划"，意大利、奥地利、英国等国家开始将中医药纳入重点支持领域。卢森堡政府强化同我国业务主管部门的沟通。欧盟科研总署设立了有史以来专门以中医药为专题的科技合作项目——GP－TCM（后基因组时代的中医药规范化研究）、TCMCANCER（中药抗肿瘤先导化合物寻找）。巴基斯坦卡拉奇大学与我国联合开展了中药（维吾尔草药）——尤纳尼草药药效和安全性评价。2015年，世界卫生组织聘请我国专家为主的顾问团队，起草了世界卫生组织草药—药物相互作用技术指南、世界卫生组织草药标准物质体系建设规划，中国、印度和美国被列为开展世界卫生组织传统医药标准研究合作的重点国家。以我国科学家中药研究获得诺贝尔科学奖为标志，中医药的科学内涵正成为现代科学体系的前沿。

三、强化现代中医中药发展体系

2015 年 4 月国务院印发《中医药健康服务发展规划（2015—2020 年)》，2016 年 2 月，国务院办公厅印发《中医药发展战略规划纲要（2016—2030 年)》。文件提出：中医药与"丝绸之路经济带"、21 世纪"海上丝绸之路"沿线国家开展中医药交流与合作，提升中医药健康服务国际影响力。

（一）沿线地区中医药发展方兴未艾

"一带一路"区域集中了世界主要的传统医药研发、教育、生产大国，有着良好的中医药合作基础，中医药事业发展前景广阔。

1. 人民健康全面建设需求迫切，中医药走向世界正当时。"一带一路"沿线国家和地区大多为发展中国家和欠发达国家，缺医少药现象普遍，人民健康水平亟待提高，国家整体医疗体系建设需要进一步强化。通过中西医诊疗费用对比，不难看出中医药价廉物美的特点，为沿线地区人民解决健康问题提供了良好途径，为广大发展中国家构建新型保健体系提供了解决方案。具体说来，中医医院住院费用根据治疗方法的不同，分为中医治疗、西医治疗、中西医两法治疗三类，并根据住院天数进行分析，可以发现中医医院大多数单病种的住院费用要低于相应综合性医院水平，其中综合性医院的检查费要远远高于中医医院（10~30 倍）。综合性医院的检查费和药费基本上处于 1∶1 的比例，而中医医院的检查费不及药费的 1/10。与单纯的文化体育交流不同，以中医药为载体，为"一带一路"沿线国家民众进行防病治病、养生保健，在服务民众健康的同时，传播中医药文化和中国文化，更容易为国际社会所接受和理解。

2. 沿线地区中医药资源独特、发展前景广阔。"一带一路"区域集中了世界主要的传统医药研发、教育、生产大国。处于"一带一路"战略关键位置的印度、俄罗斯、巴基斯坦、韩国、东盟、中亚和非洲等国家和地区，或受中华文化和中医药影响较大，或本身就是传统医药大国，容易理解和接受中医药，尤其是具有丰富的草药资源，将为中药产品国际化提供可持续发展的重要资源支撑（见表 12—3—7）。

3. 现代中医中药发展助推沿线国家和谐发展。随着"一带一路"的深化，沿线各国和国际社会对中医药的需求将更加迫切，找寻合作平台发挥整个社会的积极力量，制定中医药医疗、教育、科研、产业和文化"五位一体"发展计划，推进中医药产品进入国际医药保健主流市场，使中医药更好造福于"一带一路"沿线广大民众的医药卫生健康事业，实现沿线国家和地区的互利共赢。

表 12—3—7 "一带一路"沿线地区和国家中药资源

地区	主要药用资源	向我国出口的主要药用资源
东南亚	肉豆蔻、丁香、红尖椒、生姜、肉桂、乳香、没药、石斛、砂仁、儿茶、石决明、蛤蚧、海马、胖大海、荜拔、小茴香、檀香、沉香、穿心莲、姜黄、三七、郁金、金鸡纳、黄连、金樱子、红豆蔻、番木瓜、槐花、鸡蛋花、天然冰片、鹿尾、鹿鞭、海龙、穿山甲、石决明、槟榔等	肉豆蔻、丁香、胡椒、生姜、石斛、砂仁、槟榔、石决明、蛤蚧、海马、胖大海、小茴香、檀香、沉香、血竭、熊胆等
南亚	母丁香、诃子、西青果、小茴香、檀香、辣木籽、干海马、胡黄连、槟榔、砂仁、番泻叶、金鸡纳、印度萝芙木、长春花、蛇根木、长叶紫荆木、印度枸橘、穿心莲、印度人参、芦荟、积雪草、大麻、颠茄、啤酒花、蜘蛛香、桃木、姜黄、小豆蔻、相思子、印度胡椒、牛黄等	母丁香、诃子、西青果、小茴香、檀香、干海马、猴枣、胡黄连、槟榔、砂仁、番泻叶、牛黄、马钱子、胡椒、千年健等
东北亚	人参、西红花、砂仁、石决明、穿山龙、五味子、防风、当归、柴胡、芍药、番红花、枸杞子、山茱萸、甘草等	麝香、高丽参等
中亚	大腹皮、小茴香、乳香、肉苁蓉、伊贝母、甘草、尖叶番泻、短叶不枯、南非钩麻等	大腹皮、小茴香、乳香、肉苁蓉、伊贝母、甘草等
西亚	西红花、没食子、苏合香、阿魏、尖叶番泻、短叶不枯、阿米芹、南非钩麻、罂粟、阿拉伯金合欢、白柳、巧茶、瓜尔豆、葫芦巴、曼陀罗、莨菪、大阿米、黑种草等	西红花、没食子、苏合香、没药、阿魏等
欧洲	西红花、苏合香、山金车、金盏菊、母菊、土木香、小茴香、香蜂花、甘草、欧当归、水飞蓟、欧益母草等	西红花、弗朗鼠李皮（粉）、苏合香等
非洲	乳香、没药、海龙、长春花、余甘子、诃子、相思子、巴豆、曼陀罗、异边大戟、球腊菊等	海龙、乳香、没药等

　　中医中药文化建设是紧密沿线国家和地区血脉相连的最佳路径。中华原创医学是自然科学与人文科学结合的产物，与单纯的现代医学和自然科学内容既有相同的部分又有显著的区别，与中医药科学性并存的文化性，其蕴含的智慧和思想精髓在科技与文明高度发展的今天仍具先进性。"民族的才是世界的"。中医药文化由于其本身的特点和先进性，其传播将改变西方文化渗透控制的传统模式，在"德实力"思想的指引下，和沿线国家本地文化充分结合，丰富人们的自我保健、升级医疗实践，助推各国建立独立和相互协作的现代医疗保障和现代医药产业体系；**发挥中医药在慢性病、急性传染病等方面的优势，强化沿线地区和谐建设。**在现代医学发展遇到瓶颈之际，中医药的疗效进一步凸显，尤其是在老年病、神经精神疾病（老年性痴呆、抑郁症）、代谢性疾病（糖尿病、高血脂）、慢性疲劳综合征和免疫系统疾病等方面，在临床治疗上大都具有比较显著的优势。选择一些中医药临床治疗优势领域的相关技术并结合

"一带一路"沿线各国疾病谱，有针对性地开展医疗科研攻关和临床诊疗服务，将大幅提升沿线各国对中医药的兴趣和关注，提高沿线各国对中医药医疗保健服务的主动参与度。中医药还具有更深远的国际化意义。我国的中医是援外医疗的主力，以其"简便廉验"获得了亚非拉国家的赞誉和友谊，建立了良好的国家关系。

"中医外交"之所以上升到国家安全的高度，主要原因之一就是中医模式打破了由资本控制的西方医疗模式。20世纪50年代，白喉在苏联肆虐。由于当时苏联生物制药技术欠发达，再加上西方的封锁，致使苏联罹患白喉者死亡率极高。当时恰在苏联留学的中国医生冯理达向当地医生传授以针灸治白喉，无痛苦且效果极佳，轰动了苏联医学界，针灸治白喉方法被列入全苏的医疗规范之中。另外，中华原创医学针对脑膜炎、出血热、SARS等急性传染病做了大量工作，取得了辉煌成果。在2003年"非典"（SARS）肆虐期间，香港（病例1800余）同一墙之隔的广州（病例1700余）病例数很接近，香港患者病死率在13%以上，而广州仅为3.6%。客观地说，香港的西医水平优于广州，不同的是当时广州中医力量的全方位投入。急性传染病对当今世界各国都威胁极大，直接威胁到国家安全。仍以SARS举例，2003年春夏之际，我国染病人数全部不超过6000人，却因此支出180亿元（地方政府的投入、各行各业的损失没有统计在内），而广州花费最多的一位患者只花了5000元。我国是一个抗击打能力较强的大国，已然伤筋动骨，沿线国家大都是中小国家，如遇此变故，将会是灭顶之灾。SARS的经验告诉我们，中西医两条腿一起走——既关心得病的"人"，也注重人所得的"病"——将事半功倍。另外，我们在发挥中华原创医学的比较优势之时，一定要统筹兼顾，既要推广药物疗法，还要大力推广非药物疗法，是中医药向文化领域和新兴产业领域进军的又一关键。

（二）深化产业布局，强化中医中药发展体系，实现互惠共惠

1. 中医中药发展体系建设势在必行。建立中医药国际合作网络。在国内建立高水平的中医药国际医疗中心，吸引海外患者来我国接受中医药服务。同时，利用我国多年积累的防治疑难病、难治病方面确有疗效和特色的中医技术、与当地政府合作，建立官方认可的、可纳入医疗保险体系的联合中医医疗保健医院和中心，利用中医药在防治当地疾病的独特疗效和中药产品安全有效的优势，宣传中医药。以中药企业为主体，在海外建立当地政府支持的中药产品注册、生产和销售企业，推进中药产品进入国际市场，提高中药产品的国际市场份额；建立"一带一路"中医药标准和认证认可体系。长期以来，我国中医药产品和技术一直未能进入国际社会的医药保健主流市场，中医药产业的国

际市场长期受到不公正的挤压，严重制约了我国中医药产业的国际竞争力。因此，亟待建立符合中华原创医学评价体系的标准和认证认可体系，构建反垄断的新型标准体系，消除国际传统医药市场技术贸易壁垒，推进中医药进入"一带一路"沿线国家医疗卫生体系，打造良好的国际政策和法律法规环境；**研发一批国际市场需求的中医药产品，培育一批具国际竞争力的中医药企业**。充分利用数千年积累的中医药资源，结合现代科学技术，研制开发一批适合国际市场需求的中医药产品，培育一批具较强国际竞争力的中医药跨国企业集团，增加中医药在国际医药保健市场的份额，将中医药知识和资源优势转化为现实的经济优势；**加强中医药资源和知识产权保护**。中医药是我国数千年积累的宝贵财富，蕴含着丰富的自主知识产权和中医药资源。在开展中医药对外交流与合作中要增强知识产权保护意识，加强适合中医药特点的知识产权的方法和手段研究，在推动中医药国际化过程中形成比较完整的中医药知识产权保护体系，发挥我国中医药产业优势参与国际市场竞争；**建立中医药信息资源国际共享服务平台**。随着中医药产业国际化进程的加快，国内多部门多机构的全方位协同需要进一步加强。同时，需要强化同国际组织和地区性多边组织以及沿线各国的合作，强化中医药产品法律地位，加大对世界各种先进力量的吸引力，使中医药得到更加广泛的应用、获得全球合理的尊重地位，使中医药更加高效地为沿线国家和全人类提供优质服务。

2. 中医中药发展产业布局原则。依据沿线各国和地区文化医疗卫生和经济发展情况，结合中医药自身特点，进行重点布局，提高中医药在国际传统医药市场和新兴市场上的占有率。

因地制宜，因势利导，全球布局。受我国传统文化影响比较深的东北亚和东南亚地区，以制定中医药区域标准为重点。巴基斯坦、海湾和非洲等国家和地区以促使制定有利于中医药纳入医疗卫生保健体系为重点。在欧洲地区，利用欧盟目前制定传统草药名录的时机推荐中药名录。以中亚、非洲区域为重点，发展药用植物资源种植、栽培和生产基地。俄罗斯等独联体国家是中医药推广的重点地区，如俄罗斯有70%的药品从欧美进口，欧美对俄制裁后，俄国内药品大幅涨价，用药难的矛盾日益凸显，这为中医药推广提供了重要机遇。充分发挥上合组织等相关平台作用，加速中医药产业全球布局；**发挥中华原创医学在非药物和文化领域的先发优势**。在医疗系统进行布局的同时，还要充分发扬中华原创医学在非药物和文化领域的优势。据不完全统计，食品行业在各国的 GDP 均在20%以上，因此在"食药同源"原则的指导下，各国的食品行业将会成为中医药广阔的"蓝海市场"，这一庞大的产业体系，将成为全球传统产业体系中的"朝阳产业",中医药在这一"看似传统""实则新兴"的产业体系中拥有有得天独厚的优势。"药食同源"是一个古老而新颖的话题,首先反映着中西医的不同理念和差异(见图12—3—5):横坐标是中医标准(寒、凉、平、温、热),纵坐标是西医标准(营养值),在中医标准上有差异的两种食品未必能在西医标准上体现出来,反之亦然。当下,纵坐标的价值已经开发到极致,横坐标的价值则被严重低估,"似在深闺人未识"。在中华"食药同源"理念引领下,推动完善保健品相关法律,以区别欧美的"功能食品法"。加速中医药价值推动下的食品相关行业发展,发展中医药业引领下的"食药同源"业态,将推动我国现代中医药产业呈现出更加广阔的未来;**创新中医药发展,强化"中医药＋"**。中医药产业博大而深邃,与服务业、文化业、地产业、旅游业密切关联,形成"一带一路"国家和地区稳健发展的助推器。随着中医药产业的深化,"中医药＋"将相伴而生,与互联网、制造业、现代大农业、航空业、航天业、海洋业、教育业等将融合发展,源于中华原创医学的哲学基础和深邃文化,必将催生更多的新兴产业,为"一带一路"国家和地区提供国家发展"新动力"。

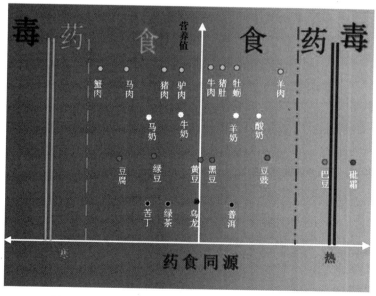

图12—3—5 东西方医学不同标准下食品价值的体现

3. 中医药产业优先发展方向。充分发挥深厚的中医药资源,结合现代科学技术,开展多种模式的中药新药研发,研制一批适合国际市场需求的中医药产品,培育一批较强国际竞争力的中医药跨国企业集团。

指导企业研发具有时代特征的中医药产品。产品研发方向要注意三个结合：基础性研究与开发性研发相结合，治疗与服务相结合，长短结合。基础性研究与开发性研发结合，基础研究如中药原药的"指纹识别"、标准化等项目。开发性研发主要是对研究工作已完成实验阶段或小批量生产阶段的产品，进行工业规模生产的开发。治疗与服务相结合，是中医特有的优势。在做好治病环节的同时，"治未病"，将食疗、文化传播等内容均可纳入"服务"产业的范畴。长短结合，即长线产品与短线产品结合；**中医药产业肩负重任、前景广阔**。在食药同源、长寿产业、养生文化服务系统建设以及康养评价服务智能设备的产业化，中药新剂型、制药设备智能化等方面，都展示出深邃而庞大的发展空间（见表12—3—8）。研发时代特征的中医药产品，从市场营销角度看，分为价值定位和价值传播两部分。价值定位方面，真正突出中医特色的不多，大都是被西医牵着鼻子走，同时缺乏对一些细分市场的关注。价值传播层面，缺失足够而有效的咨询、跟踪和维护力量，在整个服务环节没有有效跟进和前瞻性

表12—3—8 中医药产业前景广阔

发展方向	具体内容
中药资源开发、保护及其标准化	1. 中药原材标准化（质量、产地、加工、识别"指纹"、全链条服务系统）； 2. 中药原材现代化精选工艺（单味和复方）； 3. 中药（成药及饮片）非防腐剂保存技术及标准； 4. 高品位中医矿石药的精炼、提纯及标准确立； 5. 野生中药材基因保护基地，中药原材生物高科技综合利用； 6. 酶降解工艺、基因重组技术等生物工程方法生产名贵稀缺中药。
中药方剂新剂型及制药设备	1. 中药（原材及复方）剂型现代技术及设备研究及开发； 2. 中医辨证模型方剂系统标准系列研发。明末，已载方剂6000余首，清末10万余首。1959年全国献方30余万首，优选出一二百种组合，在"丝路"沿线各国做定制研发； 3. 经络非针灸新型激动剂。
新型中医诊疗、服务智能设备（以相关健康物联网、云计算为基础）	1. 中医药诊断、处方综合电子硬软件系统； 2. 中医非药物保健诊疗系统（含普及型、医院型、袖珍型）； 3. 全球时序"子午流注"定位系统； 4. 声、光、电、热、磁非损伤高效经络信息激发探针标准化研发； 5. 低能耗、高信息密度分子频谱康复仪； 6. 各类疑难病，中医特效治疗仪器及设备（机器人中医药级大师）。
食疗及养生文化服务系统	评价、调味、配餐等"食药同源"大众化、长寿型及服务系统。
时代病康复工程	糖尿病、肿瘤、心脏病、神经退行性等常见疾病康复系列产品及技术。

布局。因此在这两大环节上中医药产业有很大的作为空间，以便更加"突出特色"；**强化企业知识产权保护意识，探索建立公益知识产权体系**。在开展中医药对外交流与合作中要加强适应国际法律法规，积极推动适合中医药特点的知识产权方法和手段研究，形成比较完整的中医药知识产权保护体系，以利于我国中医药企业参与国际市场竞争。为避免出现类似西方那样的知识产权霸权，应探索建立公益知识产权和公益版权制度。我国很早就有公益版权的具体实践，如《黄帝内经》等书籍作者并不具名，伪托先贤所作更好传播。在现代社会条件下，可以中医药为切入点，联合沿线国家，根据商业和公益两类社会价值交换的形式，探索建立商业知识产权和公益知识产权相结合的机制。

（三）强化政府和社会全方位合作，推动互惠共赢

1. 开展中医药科技合作研究。科学研究与学术的深入交流是中外同行对中医药科学价值达成基本共识的必要基础。以中医药临床治疗优势为依托，以国际关注的重大疾病和现代难治病为切入口，以养生保健为基础服务，以形成符合中医药特点的技术标准为取向，广泛联合"一带一路"国家的研究力量开展国际合作研究，促进形成中医药与其他传统医药、现代医药间相互交流的共同语言，使中华文明整体观的哲学思想与促进人体自康复能力的方法论成为人类新医学的奠基石。

中华原创医学对外学术交流具有历史传统和先发优势。大批非本土原产的植物药，如枸杞、西洋参等按照中医标准进入了中医体系；一些特色的非药物疗法，如拔罐等起源于阿拉伯医学。利用中华原创医学基本原理，中医科研人员用阴阳五行学说，将重血液流通的"杯吸疗法"，改造成了今天重穴位脏腑的"拔罐疗法"，学术交流成果至今惠及大众。此外，部分西方国家和沿线国家化学化工的技术发达，对植物药的处理有些独到的方法，为未来中药新剂型提供了基础；**强化政府间的交流合作**。国家和政府层面的政策、法律支持，对中医药进入所在国主流医药保健市场是必不可少的。要充分利用现有政府间合作机制，搭建中医药机构"走出去"平台，深化与国际组织和相关国家多边合作机制探索，积极参与国际组织发展战略、运行规则的研究与制定，为中医药对外交流合作提供政策支持；**培养中医药国际化人才**。人力资源是获取竞争优势的最基本、最重要的生产要素。中医药在"一带一路"区域的国际化最终需要依靠人去实现和完成，中医药国际化人才需要精心培养，既要懂技术，又要懂经营，又要熟悉掌握国外的政策法规和市场游戏规则，还需要一定的外语交流能力和人际沟通及组织管理能力。新产业所需要优质人才，需要加大各类教育系统对人才的培养，强化中医药领军人才建设。借"一带一路"的东风，摆

脱国内科研人才和一线工作人员短缺的困境，同时加大对沿线国家自身人才的培养。培养各国自身需要的人才是"以德服人""合作共赢"外交理念和新型产业思想的重要体现。扩大我国现有中医药院校接收国外留学生人数，提高受教育水平，为沿线各国和地区培养本土化的高层次中医药人才队伍。

2. 建立中医药全方位的交流与协作。中医药事业的全面发展，需要统筹国内国际两个大局，强化科研工作和产业化集群建设，大力改善中医药科研环境与产业建设环境，全方位谋划同沿线国家和地区的交流与合作。

建立中医药国际官方与非官方合作网络。加强国际交流与合作，积极加强同相关国家政府部门、政府间国际组织的联系。同时，加强与相关非官方组织和民间的联系与沟通。我国的中医药类相关社会组织和团体要进一步激活自身能量，尤其是在"一带一路"沿线国家和地区，积极发展新会员和合作单位或设立相关的区域性产品联盟或项目合作联盟，扩大影响力；**促进中医药文化的国际交流与传播。**整合国内相关资源，加强与沿线各国科研机构、政府主管部门及国际组织的合作，宣传中医药的优秀理念和先进方法论，大力传播中医药文化和中华文明。

注重发挥沿线国家有影响的学术团体和专家的作用，利用中医药防治当地疾病的独特疗效宣传中医药。充分利用现代信息技术和网络技术，以及传统媒体，建立辐射全球的中医药宣传渠道，推进中医药科学的国际传播，促进中医药在沿线各国的广泛认同和普遍使用，在国际范围内引导中医药消费新潮流。

第四节 "一带一路"与新能源产业

进入 21 世纪以来，世界面临着一系列生存及发展问题，包括全球气候问题的日益凸显、能源供需矛盾的日益加剧、生态问题的日益突出、发展新动力源的日益缺失等全球生存与发展新问题，新能源日益成为系统集成解决方案的"主角"和"精灵"。世界各国从保障能源供给安全、提供新增长驱动，保持可持续发展的角度，纷纷调整能源政策，进一步将新能源纳入国家发展重要战略。能源是"一带一路"建设的重中之重，新能源发展更是"一带一路"建设的重要抓手。随着"一带一路"共建的深入，沿线国家和地区将迎来新能源发展的重大契机，从而推动广大发展中国家在以新能源产业为先导的全球新产业革命中，实现跨越式发展。

一、新能源产业

新能源主要包括非常规油气及太阳能、地热能、风能、海洋能、生物质能和核聚变能等（见图12—4—1）。可以说，新能源包括各种可再生能源、清洁能源和人类过去尚未发现尚未使用的能源。相对于传统能源，新能源普遍具有污染少、储量大的特点，对于解决当今世界严重的环境污染问题和资源（特别是传统化石能源）枯竭问题具有重要意义。

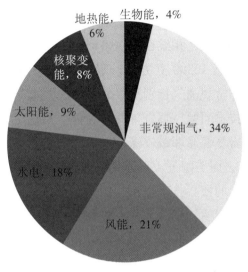

图12—4—1 新能源产业的主要分类

（一）非常规油气：现实的选择

非常规油气是指用传统技术无法获得或在过去未被人类利用和开采的准连续型聚集油气资源，主要包括煤层气、页岩气、页岩油、致密砂岩气、可燃冰等。全球页岩气资源量约为457万亿立方米，约占非常规天然气资源量的50%，与全球常规天然气资源量相当，主要分布在北美、中西亚、中国、拉美、中东、北非和俄罗斯。截至目前，只有美国和加拿大成功进行了页岩气商业开采。美国的"页岩气革命"正在动摇着世界液化天然气市场格局，这一影响还将愈发显著，进而改变世界能源格局。美国的页岩气成本仅仅略高于常规气，使美国成为世界上唯一实现页岩气大规模商业开采的国家。在过去五年里，美国页岩气产量增长超过20倍——2006年仅为其天然气总产量的1%，到2010年增长至美国天然气总产量的20%。从发展势头看，依靠页岩气的开发利用，在未来十年里，美国不仅可以一改天然气多数进口的局面，实现全面的自给自足，还将成为液化天然气出口大国。美国页岩气资源总储量约187.5万亿立方米，技术可开采量超过24万亿立方米，居世界前列。预计到2035年，美国页岩气产量将达4000亿立方米，占其天然气总产量的一半。因为美国在页岩气产业上的巨大技术优势，2009年美国以6240亿立方米的产量首次超过俄罗斯成为世界第一天然气生产国，产量地位的更替使美国天然气消费长期依赖进口的局面发生逆转。美国专家认为，有了页岩气，美国100 年无后顾之忧。

2013 年我国有关部门发布了《页岩气产业政策》，将页岩气开发正式纳入国家战略性新兴产业，加大对页岩气勘探开发的财政扶持力度，通过规范产业准入和监管，促进页岩气勘探开发健康发展。早在 20 世纪 80 年代以来，我国就开始了煤层气的勘探研究，相继在鄂尔多斯盆地东缘的河东等地区发现大规模煤层气田，日产气高达 16300 立方米。事实证明，中国煤层气资源量巨大，开发潜力巨大。虽然非常规油气特别是页岩气的发展前景光明，但道路依然漫长，任务依然艰巨：技术问题，页岩气藏物性差，渗透率极低，开发技术要求高，难度大。我国页岩气普遍埋藏较深，增加了开发难度。如四川盆地页岩气层埋深 2000～3500 米，而美国五大页岩系统埋深在 800～2600 米。目前，我国尚缺乏商业开发页岩气的核心技术体系，制约了页岩气的开发；政策问题，页岩气属于非常规低品位天然气资源，开发投资大、风险也大，需要积极有效的政策支持，发达国家对于油气开采、加工都有非常细致的税收制度，对非常规油气资源有多项财税政策。随着非常规油气资源开发步伐的加快，我国需要制定针对性强的税收政策、定向财政补贴政策；管理体制问题，我国需要创新油气资源管理体制，为页岩气开发的实际需要开拓"绿色通道"。从长远看，我国现行的天然气价格体制机制和上下游协调需要进一步完善，以利于页岩气的大规模开发。另外，我国基础性页岩气资源调查和评价工作，明显滞后于页岩气开发的实际需要，在一定程度上制约了页岩气资源的开发。

为此，我国应加强非常规油气资源开发的宏观调控，将非常规油气资源开发纳入能源发展中长期发展规划体系。在《能源法》中，进一步明确非常规油气资源开发的法律地位。

（二）风电：目前新发电形式中最廉价的选择

风电快速发展始于 1973 年的世界石油危机。此后，风电发展不断超越预期发展速度，一直保持着世界增长最快的能源地位。自 21 世纪初始，全球累计装机容量达到 432419 兆瓦，实现了 22% 的年增长率。2015 年，我国风能发电装机总量达到 1.3 亿千瓦，"十二五"年均增速为 34.3%，风力发电具有广阔的发展空间和应用前景。

目前，世界风电行业呈现出以下发展趋势：风电主要市场向亚洲转移。随着亚洲新兴市场国家风电的发展及各国对清洁能源重视程度的提高，世界风电发展中心从欧美等传统风电大国向以中印日为首的亚洲地区转移。其中，中国作为世界风电发展的主要力量，在近几年内实现了爆发式的增长。截至2015年末，全球风电装机前十位国家占全球总装机量达90%，中国占将近一半（见图12—4—2）；风电发展空间巨大。风能作为目前除水能之外的最可实现市场化运营的清洁能源，在世界主要国家与地区实现了大规模的产业化运营。从全球主要国家产业规划情况看，未来风电在世界范围内发展空间巨大。据预测，欧洲到2020年实现可再生能源占总发电量的34%，其中风电占比16.9%。未来，亚洲、北美及欧洲等主要风电市场将成为推动全球风电发展的主要力量。最新预测数据，自2015年至2019年，全球新增装机容量将以3%～7%的速度增长。到2019年，全球累计装机容量将达到约666GW；海上风电兴起。随着欧洲市场的回暖，海上风电将继续保持快速增长。根据欧洲风能协会（EWEA）最新统计，2015年上半年欧洲新增海上风电装机容量达2.3GW，同比增长200%，为有史以来最高。截至2015年6月30日，欧洲共有3072座海上风电机组并网发电，总装机容量达10.4GW，占全球装机容量的91%。欧洲市场将引领全球海上风电进一步发展。我国东南沿海及其附近岛屿是海上风能资源丰富地区。借助海上资源优势，我国提出了2020年完成海上风电30GW的目标。"十三五"规划中，明确提出重点发展海上风电技术和应用，未来几年我国海上风电将会实现跨越式增长；单机容量大幅提升。从全球看，风电单机发电容量从最初的几十千瓦，增长到8MW，未来有望单机容量突破20MW。2015年，我国新增装机的风电机组平均功率达到1837kW，与2014年的1768kW相比增长3.9%，累计装机风电机组平均功率为1563kW，同比增长4%。

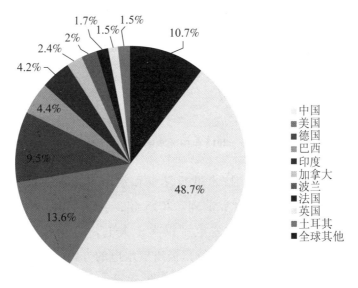

图12—4—2 2015年全球风电累计装机前十名国家市场份额

（三）水电：仍然是行业巨头

水电发展的优势和稀缺性都很突出。水电具有一系列的比较优势：与火电相比更为清洁，和其他清洁能源相比成本较低，同时具有光伏、风电不具备的稳定性，以及相对核电的安全性和调峰性能。水电因高度依赖于自然环境，具备较高的稀缺性和较明显的行业壁垒。世界水电发展保持较快增长态势。我国水电目前总装机容量已达3.19亿千瓦，占全球水电装机容量的1/4。"十二五"期间，我国常规水电新增装机约9800万千瓦，2015年底总装机达到2.97亿千瓦，完成率达115%。发电量约1.1万亿千瓦时，高于规划目标，占全国发电量的19.9%，在非化石能源中的比重达到73.9%。目前水电发展面临着新的环境监管制度。新技术的发展，特别是抽水蓄能技术与风电、光伏发电的互补调节，有助于可再生资源的进一步整合和利用。

我国水力发电走在世界前列。我国的西部地区水能储量丰富，其中西北黄河上游地区具备较高的水能储量，西南地区也是我国水能最丰富的地区之一（见图12—4—3）。

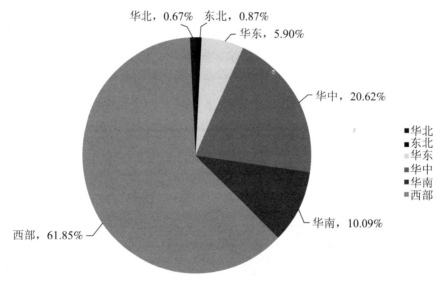

图 12—4—3 2015 年中国水电发电区域分布图

我国水电经济可开发量、技术可开发量和水力资源理论蕴藏量分别为4亿、5.4亿和6亿 kW，位居世界前列。2015 年，我国水电（包括抽水蓄能）发电装机总量达到3.2亿千瓦，发电量仅次于火电，"十二五"年均增速为8.1%。"十三五"期间，我国将坚持积极发展水电的方针，做好生态环境保护和移民安置工作，积极有序推进大型水电基地建设，加强水电科技创新和国际合作，积极推动水电开发技术和重大装备走出去。

（四）太阳能

全球太阳能发电规模迅猛增长。随着发电成本的迅速下降，光伏发电颇具成本竞争力。截至 2015 年，全球累计光伏装机容量为 169100MW，同比增长 23.25%。从装机增长看，2015 年中国、日本和美国引领新增装机排名前三的位置，欧盟市场出现了连续三年的下滑。从总装机容量看，中国、德国分别位居全球第一位、第二位。从全球新装机增长看，中东地区出现了新兴市场的迅速崛起，拉丁美洲和一些非洲国家也出现了大量的新增装机，新增装机的分布区域在全球不断扩张。

中国太阳能发电装机迅猛增长。近几年来光伏产业作为我国战略性新兴产业的一部分，发展迅速但同时也出现了供大于求的迹象。截至 2015 年底，我国光伏发电累计装机容量 4318 万千瓦，成为全球光伏发电装机容量最大的国家。数据显示，2015 年新增装机容量约为 15000 兆瓦，完成了 2015 年度新增并网装机 1500 兆瓦的目标，占全球新增装机的 1/4 以上，占我国光伏电池组件年产量的 1/3，为我国光伏制造业提供了有效的市场支撑（见图 12—4—4）。根据"十三五"规划，新能源产业发展中，太阳能产业成为增长最快的新兴产业，太阳能发电到 2020 年装机容量为 1 亿 kW，6 年增长 311.9%（见表 12—4—1）。

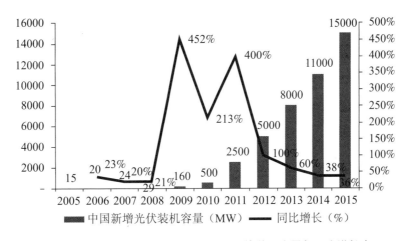

图 12—4—4 2005—2015 年我国新增光伏装机容量与同比增长率

表 12—4—1 中国电力发电分种类预测表

类别（单位：万千瓦）	2014 年	2020 年	增长空间
常规水电	28000	34732	24.0%
抽水蓄能	2183	4938	126.2%
燃煤	85128	119784	40.7%

（续表）

类别（单位：万千瓦）	2014 年	2020 年	增长空间
燃气	5567	8637	55.1%
核电	1988	5820	192.8%
风能	9581	20000	108.7%
太阳能	2428	10000	311.9%
生物质能	920	1700	84.8%
总计	135795	205612	51.4%

（五）核电：机遇与挑战并存

世界范围内的核电发展史，大致走过了五个阶段：1954—1965 年的验证示范阶段、1966—1980 年的高速发展阶段、1981—2000 年受美国三里岛和苏联切尔诺贝利核事故影响导致的滞缓发展阶段、21 世纪初受世界能源日趋紧张和温室气体减排压力形成的恢复发展阶段、2011 年以来因日本福岛核事故形成的世界各国分化发展阶段和近年来转型升级阶段。2012 年，美国相继批准建设四台AP1000 机组；2013 年，英国、法国、西班牙等 12 个国家联合签署部长级联合宣言，将继续维持核能发电；俄罗斯、印度等发展中大国也都积极增加核电投资。另外，越来越多的发展中国家正在安排核电计划，核电发展重心进一步向金砖及东盟等新兴经济体拓展或转移（见图 12—4—5）。

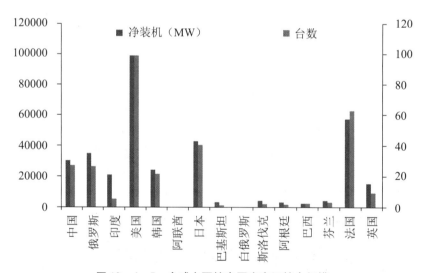

图 12—4—5　全球主要核电国家在运核电规模

我国核能发展迅速。我国核能历经起步、适度发展、积极发展和安全高效发展 4 个阶段。一是核电起步阶段。从 20 世纪 70 年代初，我国核电开始起步。1985 年第一座自主设计和建造的核电站——秦山核电站破土动工，1991 年 12月成功并网发电；二是适度发展阶段。党的十五届五中全会提出"适度发展核电"的方针后，我国相继建成浙江秦山二期、广东岭澳一期等核电站；三是积极发展阶段。进入新世纪，中国核电迈入批量化、规模化的快速发展阶段。截至目前，我国已成为世界上在建核电机组规模最大的国家；四是安全高效发展阶段。党的十七届五中全会提出"在确保安全基础上高效发展核电"的方针，中国核电由此进入了安全高效、稳步发展的新阶段。根据核电中长期发展规划，2015年前我国在运核电装机达到4000万千瓦，在建1800万千瓦。到2020年我国在运核电装机达到5800万千瓦，在建3000万千瓦。"核电出海""走出去"战略是中国核电发展的新举措。中国核电技术的安全性和经济性已逐渐获得国际认可，为中国核电"造船出海"提供了强劲动力。国家主席习近平、国务院总理李克强多次为中国核电"代言"，力推中国核电"走出去"，与国际核电强国合作，提升中国核电的核心竞争力。

（六）地热能：缓慢但稳定的增长

地热能的开发利用与其他现有新能源相比，规模较少、速度较慢。但2014年，全球地热能发电新增装机达到了创纪录的887MW，同比增长83.6%，新兴经济体的迅速发展是地热开发的强大动力。从区域分布看，地热能在全球的开发利用主要集中北半球，北美洲和亚洲的地热发电装机占全球的3/4。北美洲、亚洲、西欧与北欧是地热利用的主要地区，约占全球80%。目前虽然地热能开发利用规模不大，但国际上对地热能发电的前景普遍看好。根据国际能源署（IEA）的研究，到2020年全球地热能发电总装机容量将达到200GW。按单位投资成本6000美元/kW的标准保守估计，形成的投资需求将超过1万亿美元。

我国的地热资源分布，温地热资源主要集中在环太平洋地热带通过的台湾省，地中海—喜马拉雅地热带通过的西藏南部和云南、四川西部。温泉几乎遍及全国各地。我国400万平方千米的沉积盆地的地热资源也比较丰富，但差别十分明显，除青藏高原外，地温梯度是由东向西逐渐变小，总的看，我国地热资源开发前景广阔，根据我国发布的《能源发展战略行动计划2014—2020》，到2020年，地热能利用规模达5000万吨标煤，将极大促进地热能产业的发展。

（七）生物质能：生物质能用于供热、发电和运输

生物质能产业是指利用可再生或循环的有机物质，包括农作物、林木和其他植物及其残体、畜禽粪便、有机废弃物以及利用边际性土地和水面种植能源植物为原料，通过工业加工转化，生产和提供能源产品的一种新兴产业。生物质能源产品分为固体类、液体类及气体类。经过多年的发展，生物质能源在全球能源供应中的地位大幅提高。生物质液体燃料是生物质能源最具前景的利用方

向。以生物质液体燃料中最主要的两种产品乙醇和生物柴油为例。2014年全球燃料乙醇产量为892.5亿升，与2006年相比，八年间增加一倍多；生物柴油2004年全球产量189万吨，2015年增至2910万吨，增势迅猛（见图12—4—6）。其中，燃料乙醇主要集中在美国和巴西，生物柴油主要集中于欧盟和美国。

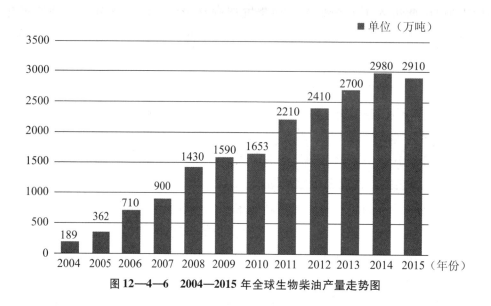

图12—4—6　2004—2015年全球生物柴油产量走势图

目前，我国的燃料乙醇行业尚处于起步阶段，未来具备广阔的市场空间。我国制定的《可再生能源中长期发展规划》《生物质能"十二五"规划》明确提出，将加快发展非粮生物液体燃料，2015年生物燃料乙醇年产量可达400万吨。我国生物柴油步入快速发展阶段。2014年，我国生物柴油产量约为121万吨，年产5000吨以上的厂家超过40家，并向大规模化趋势发展。当前国内生物柴油总产能约300~350万吨，行业缺口达400多万吨，市场空间广阔。2014年我国生物柴油行业销售市场规模约112.9亿元，比2013年的68.37亿元增长了65.1%，与同属清洁车用替代燃料的生物燃料乙醇相比，我国生物柴油生产发展相对缓慢。我国生物柴油原料供应问题十分突出，但资源没有得到合理的引导和配置。以"地沟油"为代表的废弃油脂原本是生物柴油的主要原料，却被流向食用油市场。中国科学院2010年启动了"微藻生物柴油成套技术的研发"项目，拟加速解决生物柴油全产业链相关问题。为此，我国需要进一步强化产业政策、规范行业秩序、提高扶持政策，强化这一变废为宝、"趋利避害"的有益产业。

（八）海洋能：进展缓慢但充满希望

2014年海洋能的装机容量维持在约530MW，主要是潮汐发电，几乎所有的新增装机量都在试点或示范项目上。目前为止，潮汐能和波浪能装置是在所有海洋能技术中最先进的技术。世界上大规模利用海洋能始于 1968 年，法国建立了装有 24 台功率相同的朗斯潮汐电站，总装机 24 万千瓦。随后，加拿大、日本和美国也先后通过了海洋能发电。国际海洋能利用正向着深层次、大型化和商业化的方向发展。但是目前，海洋能面临着经济效益差、成本高、技术不过关等问题制约。为此，不少国家强化科技创新、制定宏伟的海洋能利用规划。法国计划到 21 世纪末利用潮汐能发电 350 亿千瓦时，英国准备修建一座 100 万千瓦的波浪能发电站，美国在东海岸建造 500 座海洋热能发电站。从发展趋势上来看，海洋能必然成为沿海国家，尤其是发达沿海国家的重要能源之一。

我国海洋能发展前景。我国近海的潮汐能、潮流能、波浪能、温差能、盐差能的理论潜在量约 6.97 亿千瓦，技术可开发量约 0.76 亿千瓦。我国海洋可再生能源发展正迎来新的战略机遇期，海洋能开发利用技术和成果整体水平提升迅速，区域布局和产业链条已现雏形。我国的部分海洋能技术国际领先，海洋能整体水平提升明显：浙江温岭江厦潮汐能发电站总装机 4100 千瓦，年平均发电量为 720 万千瓦时，代表我国潮汐电站的最高技术水平；在浙江舟山研建的 3.4 兆瓦模块化潮流能发电机组总装平台成功下水，有望成为目前全球正在运行的装机容量最大的潮流能发电机组（见图 12—4—7）；中国科学院研建的 100 千瓦鹰式波浪能发电装置 "万山号" 在珠海市万山海域成功投放，并在 0.5 米的微小波况下实现了蓄能发电，输出电力质量达到了市电标准，标志着我国波浪能应用技术已具备远海岛礁应用能力，为我国波浪能装备走向世界奠定了坚实基础。

图 12—4—7　世界首座 3.4 兆瓦海洋潮流能发电机组（舟山岱山）

海洋能利用前景广阔，海洋能利用对"海洋强国"建设影响重大。为此，需要建立与海洋能产业化发展相适应的激励配套政策和管理体制，强化海洋能技术成果转化和产业化发展，加快出台激励配套政策，进一步完善海洋能开发利用公共支撑服务体系。

二、"一带一路"沿线国家新能源产业合作

新能源作为新兴产业在替代现有传统石化能源产业及节能环保方面有着重要的战略意义。对此，全球已形成重大共识，世界各国纷纷出台政策推动新能源产业发展。随着"一带一路"建设的深化，沿线国家和地区将进一步加大新能源产业合作，推动区域持续发展。

（一）新能源成为重要的基础产业

21世纪以来，全球新能源产业发展迅猛，尤其是美国实现页岩气开采技术突破，掀起了一场"页岩气革命"，使新能源发展在全球进入了一个新的成长空间，一批新兴国家成为新能源产业发展的有生力量（表12—4—2）。从全球发展态势看，预计到2025年，非常规油气能源、太阳能、风能等可再生能源产业将成为人类能源体系十分重要的组成部分。

表12—4—2　2014年新能源产业全球排名前五的国家

2014年度投资/新增净产能/产量				
可再生能源电力和燃料的投资（包括50MW以上的水电）	中国	美国	日本	英国	德国
每单位GDP可再生能源的投资	布隆迪	肯尼亚	洪都拉斯	约旦	乌拉圭
地热发电装机量	肯尼亚	土耳其	印尼	菲律宾	意大利
水电装机量	中国	巴西	加拿大	土耳其	印度
光伏装机量	中国	日本	美国	英国	德国
CSP装机量	美国	印度	—	—	—
风电装机量	中国	德国	美国	巴西	印度
太阳能热利用容量	中国	土耳其	巴西	印度尼西亚	德国
生物柴油	美国	巴西	德国	加拿大	阿根廷
燃料乙醇	美国	巴西	中国		泰国
可再生能源发电（含水电）	中国	美国	巴西	德国	加拿大
可再生能源风电（不含水电）	中国	美国	德国	西、加	日、意
人均可再生能源发电容量（位居前20，不包括水电）	丹麦	德国	瑞典	西班牙	葡萄牙

（续表）

2014 年底累计装机量或发电量、电力				
生物质发电量	美国		中国	巴西	日本
地热发电容量	美国	菲律宾	印度尼西亚	墨西哥	新西兰
水电装机量	中国	巴西	美国	加拿大	俄罗斯
水电发电量	中国	巴西	加拿大	美国	俄罗斯
聚光太阳能热发电（CSP）	西班牙	美国	印度	阿联酋	阿尔及利亚
光伏（PV）发电容量	德国	中国	日本	意大利	美国
人均光伏发电容量	德国	意大利	比利时	希腊	捷克
风电容量	中国	美国	德国	西班牙	印度
人均风电容量	丹麦	瑞典	德国	西班牙	爱尔兰
供　　热				
太阳能热水器容量	中国	美国	德国	土耳其	巴西
人均太阳能热水器容量	塞浦路斯	奥地利	以色列	巴巴多斯	希腊
地热供热容量	中国	土耳其	日本	冰岛	印度
人均地热供热容量	冰岛	新西兰	匈牙利	土耳其	日本

我国将新能源战略作为重要的新兴发展产业。在我国远期能源构成方面，据预测，2050 年煤炭占全国总能耗的份额将由 2005 年的 70% 降至 40%，石油约占 20%，天然气约占 10%，水电约占 6%，核电约占 9%，其余 15% 将来源于太阳能、风能及生物质能等可再生能源。2010 年 10 月，国务院发布《关于加快培育和发展战略性新兴产业的决定》，将节能环保、新一代信息技术、生物、高端装备制造、新能源、新材料、新能源汽车七大产业确定为国家未来发展的战略性新兴产业。国家有关部门深化出台了《新能源产业振兴和发展规划》，进一步推动新能源的发展。预计到 2020 年，我国在新能源领域的总投资将超过 3 万亿元。作为新兴产业，借势而起的新能源产业必将成为我国经济增长的重要引擎。

（二）"一带一路"沿线国家新能源产业合作空间广阔

目前，世界各国都在加快可再生能源的发展。20 世纪 80 年代，联合国在内罗毕召开了新能源和可再生能源会议，加速了国际社会对替代能源的研究与发展，进一步推动了利用新能源和可再生能源的发展。随着"一带一路"共建深化，将会为沿线广大发展中国家和地区新能源产业提供更加广阔的合作与发展空间。

1. 沿线国家新能源产业现状。近年来，在化石能源渐趋枯竭、环境压力日益沉重，面临世界能源资源博弈愈发激烈的情势下，可再生能源的快速发展已成为世界发展的重大趋势（见图12—4—8）。美国：美国对可再生能源发展高度重视。美国政府将推广可再生能源作为保障国家安全、提供就业机会、降低二氧化碳排放量、净化空气、减小对进口石油依赖的重要途径之一。美国政府明确提出，把"绿色能源计划"作为美国复兴和再投资计划的重要内容，将投入上千亿美元支持新能源技术的研发和推广。欧洲国家：以德国为例，德国2000年通过了再生能源法，明确重点发展风能，促进现有风力设备的更新换代，将清洁电能的使用率由2004年的12%提高到2020年的25%～30%。至2020年，建筑取暖中使用太阳能、生物燃气、地热等清洁能源比例由2004年6%提高至2020年14%；东南亚国家：在"一带一路"战略影响下，全球舆论聚焦中国提出的"加强全方位基础设施与互联互通建设"。随着东南亚地区经济崛起、能源缺口的扩大，中国与该地区在新能源等方面的合作将全面提速。中亚西亚国家：中亚西亚是全球最重要的能源出口地区。"新能源在这些国家没有发展前景"的说法甚嚣尘上。但中亚西亚国家已经认识到对传统能源掠夺性使用将面临重大发展问题和重大污染。为此，发挥当地丰富的光热和土地资源优势，甚至大面积的沙漠也成为发展新能源产业的有利条件。南亚国家：以印度为例，印度是继中国和美国之后的世界第三大电力市场，起步较晚，但可再生能源发展较快。2016年4月，作为世界第三大电力市场，印度的装机容量已突破300GW大关，其中，可再生能源容量超过

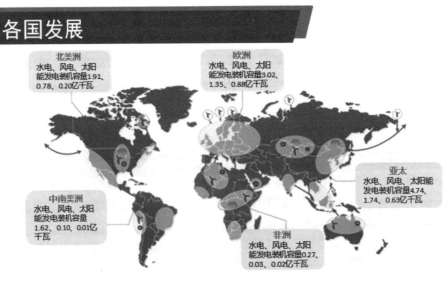

图12—4—8　新能源产业的全球分布图

40GW，占总装机容量的 13%。2017 年后，印度计划将以每年 10GW 的速度不断扩充国内的可再生能源容量，并在 2030 年将该国 GDP 的排放密度从 2005 年水平降低 33% ~ 35%。

2. 沿线国家与地区主要新能源技术发展强劲。新能源技术是"一带一路"沿线国家强力发展的重点之一。近年来，各国纷纷加大了扶持力度，强化新能源技术的研发及应用。非常规油气产业：油气产业在"一带一路"建设中，规模大、投资大、影响力大、产业拉动力强。在"一带一路"建设实施中，我国将实施油气先行战略，在现有基础上，完善上中游及包括技术服务体系，强化顶层设计、加大页岩气开发，重点推动气的产量增长；太阳能光热发电产业。太阳能光热发电是一项复杂的综合技术，全面掌握该技术的主要有美国、德国、西班牙等发达国家。但从太阳能光热发电技术主要国家/地区技术专利申请情况看，中国、日本、韩国、印度等国家近年来申请专利数量持续上升，并占据着全球前十的位置。"一带一路"沿线地区太阳能光热发电产业潜力巨大，太阳能光热发电将得到蓬勃发展；核电安全技术：2009 年开始，全球核安全技术进入快速发展阶段。从全球核电安全技术主要国家/地区专利申请情况看，日本的申请量达到 3627 件，占据全球专利申请量的 43.39%，美国、俄罗斯、中国属于第二梯队，申请量都达到了 10% 以上。随着核安全技术的创新与推进，中国近些年核安全技术专利申请量呈爆发式增长。2011 年 3 月，日本福岛核泄漏事件，再一次敲响了人类核电安全的警钟，核电安全技术的进一步升级成为全球长期关注的焦点；新能源汽车：新能源汽车产业主要包括混合动力汽车、纯电动汽车、燃料电池汽车、动力电池、驱动电机以及控制技术等产业。近年来，美欧日为代表的发达国家和中国、巴西等发展中国家都积极推动新能源汽车产业发展，不断加大对新能源汽车产业的支持力度。日本在混合动力汽车产业方面居世界领先地位，具有绝对的领先优势，美国次之，中国混合动力汽车处于快速发展阶段。在燃料电池汽车方面日本已经形成集团优势，丰田公司掌握着一大批关键核心技术，进一步确立了其在行业内的领先地位。美国位于日本之后，通用汽车和福特汽车在整车生产方面居于领先地位。

总的来看，"一带一路"沿线国家与地区拥有先进的技术与广阔的发展空间。在全球新能源发展浪潮的推动下，沿线国家需要进一步加强互助与合作，加大新能源技术的投入，强化政策协调，实现新能源产业的跨越式发展。

3. 我国与沿线国家新能源合作发展迅速。新能源设备出口：随着我国新能源产业的迅猛发展，可再生能源与新能源国际科技合作计划增多。就风电机组出口而言，截至 2014 年底，我国风电机组制造商出口的风电机组共计 937 台，累计容量达到 1761.3MW；我国风电机组出口国家扩展到 28 个，其中向美国出口的风电机组累计达 357.8MW，占出口总容量的 20.3%，其次是巴拿马、埃塞俄比亚。我国风电机组产业，全球市场迅速扩展；全球能源互联网：全球能源互联网就是"智能电网 + 特高压电网 + 清洁能源"，是以特高压电网为骨干网架、全球互联的坚强智能电网，是清洁能源在全球范围大规模开发、配置、使用的基础平台。构建全球能源互联网是应对资源紧张、环境污染、气候变化挑战的必由之路。至 21 世纪中期，全球能源互联网将历经国内互联、洲内互联、洲际互联，到 2050 年基本建成全球能源互联网。届时，全球清洁能源比重达到 80% 以上，二氧化碳排放仅为 1990 年的一半，实现全球温升控制在 2℃ 以内的目标。构建全球能源互联网，将有效降低能源成本，强化增进南南合作、南北合作，将资源优势转化为经济优势，缩小地区差距，实现人人享有清洁能源。中国能源互联网是全球能源互联网的重要组成部分，中国（除台湾地区）已经实现全国联网。到 2020 年，国家电网将形成东部、西部两个同步电网，2025 年，形成一个同步电网，基本建成中国能源互联网，为构建全球能源互联网提供中国方案、更卓越的奉献中国智慧（见图 12—4—9）。

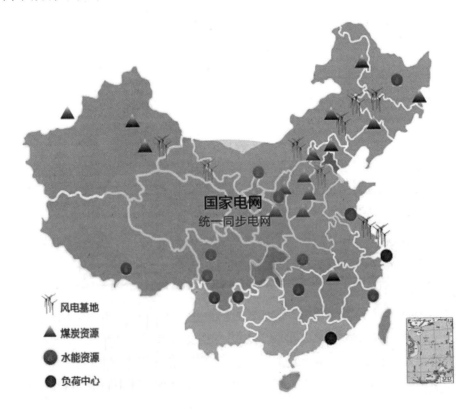

图 12—4—9　2025 年中国电网规划图

三、我国新能源产业发展机遇和挑战

近年来，我国新能源行业进入了快速发展时期，与之相关的上下游产业也得到快速发展。随着"一带一路"沿线市场的开发与建设，新能源产业将给我国关联产业和沿线地区带来新的发展机遇。《中共中央关于制定国民经济和社会发展第十三个五年计划的建议》对整个国计民生的十大方面做出了全面部署，几乎每一项都和新能源密切相关，大力推动了新能源产业的发展。

（一）推动我国能源发展转型

中国作为一个发展中大国，截止到 2015 年，全年能源消费总量 43 亿吨标准煤，同比增长 0.9%。其中，煤炭消费量下降 3.7%，原油消费量增长 5.6%，天然气消费量增长 3.3%，电力消费量增长 0.5%。煤炭消费量占能源消费总量的 64.0%，水电、风电、核电、天然气等清洁能源消费量占能源消费总量的 17.9%。中国作为一个负责任的大国，承诺到 2020 年非化石能源消费将占到一次能源消费的 15%，2030 年达到 20%。在此过程中，新能源产业扮演着越来越重要的角色。

新世纪以来，我国政府高度重视新能源的发展，相继出台了一系列鼓励新能源发展的激励政策，培育形成了可再生能源体系。实践表明，经过近十几年的超速发展，新能源已不再是传统意义上的补充能源，"十三五"期间，新能源将呈现规模化替代传统能源、供给侧和消费侧可再生能源全面转型的明显特征。新能源的开发和利用将改变我国目前的能源消费结构，降低煤炭等高排放化石能源的使用，实现真正意义上的节能减排。新能源的发展将有效促进我国产业结构升级，推进低碳经济发展，新能源产业正成为最富活力、最具前景的战略性新兴产业。

（二）打造经济增长新引擎

经济的发展离不开能源，能源是经济发展的命脉与物质基础。我国正处在工业化发展进程中，需要稳定的能源供给支撑经济的稳健发展。我国经济增长对能源消耗有较高的依赖性，但同时能源利用效率又偏低，经济增长方式过于粗放，经济高速增长背后的成本过高，这种以大量消耗资源为代价的高增长是难以持续的。我们要按照全面、协调、可持续发展的要求，建立有利于优化能源结构、节约能源消耗的机制，加快能源技术进步，加强能源管理，妥善解决能源供给所面临的一系列问题。与发达国家相比，我国能源利用效率很低，每单位能源消耗生产的 GDP 仅相当于发达国家的 1/4 左右。我国能源利用效率低，关键在于产业结构低度化，高耗能的产业如钢铁、电解铝、水泥等比重过高，而低耗能、高附加值的产业如电子信息、精密制造和第三产业比重过低。2010 年，中国首次超过美国成为世界上最大的能源消费国，能源消费总量占到世界能源消费总量的 20.3%，达到了 32.5 亿吨标准煤。至今，中国已经是世界上最大的能源消费国，能源需求过快增长给经济运行造成了诸多压力，煤电油气持续紧张，安全生产事故时有发生。中国能源消费总量增长更为迅速，2002—2015 年平均年增长率超过 15%。中国是能源生产大国，但能源生产仍难以满足巨大的能源需求。按照国家确定的经济发展战略，即使能源效率达到目前日本和德国的水平，2030 年以后中国石油消费需求也将超过 7 亿吨，天然气消费需求超过 5500 亿立方米，石油对外依存度超过 70%，天然气对外依存度接近 50%，国内能源的供需缺口量将达到 8.9 亿吨标煤，2050 年将扩大到 10.5 亿吨标煤。根据我国的发展趋势，国内能源的供需缺口不会缩小，供需缺口的逐年扩大将使得中国能源对外依存度继续保持在较高水平。能源安全成为我国发展经济、使用能源的首要问题。为了缓解能源危机，保证社会经济的可持续发展，新能源产业在能源行业中异军突起，战略作用凸显。

新能源产业成为创新型社会建设的"新引擎"。新能源产业促进区域经济增长和社会事业发展，主要表现在：一是投资拉动。通过中央、地方和社会投资，加速新能源产业发展，创造产值，带动就业，增加税收；二是能源供给。新能源将为各产业发展提供替代性能源，特别是对解决偏远地区的用电用能问题，以及促进农村电气化发展并将进一步改善农村及城镇生产、生活用能条件；三是促进技术进步。新能源产业及其全链条发展，将大力吸引人才，建立研究和开发机构，推动相关技术创新和进步，提升社会技术发展潜力。

（三）促进产能释放，深化国际合作

目前，我国光伏产业产能过剩比较严重，主要受两方面的影响：一是欧洲债务危机。对于光伏发电，前几年发展最快的欧洲市场，为了引导光伏发电的发展和使用，给予了很大的财政补贴。由于欧洲主权债务危机，构成了极大的财政压力，政府为了加速增收节支、降低债务负担，大幅削减财政支出，包括光伏发电新能源补贴，使光伏发电市场需求大幅下滑；二是美国页岩气的发展，这是影响光伏产业发展较大的因素。近年来，美国页岩气不但产量大幅度增长，而且价格比传统天然气还低。由于国际环境变化，美国对我国光伏产品出口实施"双反"。欧洲光伏发电困难的相关产业，也随之"起哄"——提出对出口到欧洲的中国光伏产品也实施"双反"措施。以上因素，使我国主要依赖于出口的光伏发电产品受到重大影响。

加快新能源发展有利于解决产能过剩、促进国际产能合作。从国内看，我国作为世界第一能源消费大国，能源消费结构中煤炭占比近70%，为了缓解光伏能源的"供大于求"，我国要加速优化能源结构。客观上，我国发展对清洁、可再生的新能源需求非常大。随着我国新能源市场的扩大，将对光伏产业提供更加稳定的需求环境和发展环境；从国际市场看，世界新能源加快发展拉动了对光伏、风机等装备产业的需求，对于我国新能源产业是重大利好，有利于同广大发展中国家和"一带一路"沿线地区深化梯度合作，扩大海外市场，促进国际产能全链条的升级发展。

四、世界新一轮发展与新能源

能源是人类文明发展的源泉。今天，人类对能源的开发和利用已经步入一个全新的时代，现代能源担负着改变社会重大变革及人类迈入新时代的重大使命，现代能源将全面带动新一轮产业革命，加速社会实现崭新的飞跃。

（一）世界发展的"动力源"

能源被称作经济发展的血液，是社会发展和经济增长的最基本驱动力。人类历史上每一次重大经济转型的背后，都离不开能源的发展与推动。

18世纪至19世纪的第一次产业革命，以改良蒸汽机的出现为标志，大机器生产取代人的手工劳动，人类步入机械时代。蒸汽机的背后，是煤炭对木材的替代，推动产业前进的驱动力由以木材为主的植物能源过渡到了以煤炭为主的化石能源。可以说，是煤炭推动了近代工业文明的第一次飞跃，与此同时造就了当时视煤炭为"制造业灵魂"的英国的崛起。

19世纪后半期至20世纪的第二次产业革命以电力应用为特点，电气、钢

铁和化工三大技术及汽车、飞机和无线电三大发明，一起推动着社会发生巨变。电力应用的背后，是石油的崛起，它促使内燃机取代蒸汽机，催生了现代工业。石油成为最基本的燃料来源，不仅引领交通新纪元的到来和化工业的发展，还促成了美国的兴盛。

煤炭替代木材，推动着机械时代来临；石油崛起与煤炭并行，推动着电气时代的发展。两次产业革命进程表明，能源替代是产业革命的主要驱动力。当今，作为"第三次产业革命"的主要"新宠儿"——现代新能源，正在逐渐替代石油与煤炭等传统石化能源，成为世界发展的主要"动力源"（见表12—4—3）。

表12—4—3 能源是人类社会发展的"动力之源"

能源类型	时间	能源技术代表
薪柴	史前	原始人类利用火
煤炭	18—19世纪	1785年蒸汽机问世
煤和石油	19—20世纪	石油开采技术
石油	20—21世纪	低成本炼油技术
清洁燃料	21世纪	绿色燃料技术
新能源	21世纪	风能、核能、水电、太阳能等

（二）新能源驱动我国"第三次工业革命"

今天，人类又一次站在了能源替代的十字路口。传统能源资源的枯竭和生态环境的日益恶化，使世界经济前进的动力渐失。为此，人类改变自我、新能源促进新动力生成、世界改变发展模式的大戏悄然上演。这部大戏将促使能源发展思维、体制机制以及技术路线发生重大变化，推动能源生产和消费模式发生巨大变革，同时促进信息技术、材料和生物等产业的发展，使全球经济摆脱下行空间，进而实现世界经济的转型与升级。国际社会普遍认为，新能源将引领第三次工业革命，可再生新能源与互联网技术的深度融合，将开启人类生活方式、商业模式乃至社会结构变革的新时代。"肯取势者可为人先，能谋势者必有所成"。我国能源问题、环境问题突出，大力谋划新能源发展尤为紧迫。新能源的发展对于推动"第三次工业革命"发展至关重要。新能源的迅速崛起使人们对化石能源的需求进一步减少，加速"小煤窑""小矿山""小电厂""小炼厂"等"四小"的"关停并转"，大幅降低对环境的影响。新能源产生新动力，推动社会发展。我国高度重视新能源发展，制定了三步走发展战略：第一，到2010年实现部分新能源技术的商业化；第二，到2020年大批新能源技术达到商业化水平，新能源占一次能源总量的18%以上；第三，全面实现新能源的商业化，大规模替代化石能源，到 2050 年在能源消费总量中达到 30%以上。目前，我国正处于工业化、城市化加速发展的关键阶段，能源需求增长空间巨大。为抑制高耗能行业过快增长，我国将加速建立能源消费总量控制制度，加速实现开征化石能源消费税，实现原油、天然气和煤炭资源税从价计征，加快完善新能源发展政策。

（三）"新能源 +"推动沿线地区跨越式发展

随着新能源产业大发展，"新能源 +"应运而生。新能源产业与传统产业的结合，为传统产业升级注入了新"活力"，催生着新兴产业或新兴业态的生成。随着"一带一路"战略的深化，无处不在的"新能源 +"将为沿线地区带来跨越式的发展。

"新能源 +"加速沿线地区新产业发展。"新能源 +"已经悄悄步入我们的生活，并在改变着世界。如"新能源" + 传统交通业，实现节能减排，新概念汽车下的交通运输将彻底改变人们的日常出行。"新能源" + 传统制造业，降低生产成本，运用新科技、新技术优化产业结构，实现智慧制造。"新能源" + 航天业，缩短空间距离，改变人类的时空观念，为人类探索更加广阔的世界插上了翅膀。能源是"一带一路"建设中的先行领域。无论从资源禀赋还是可持续发展角度，"一带一路"沿线国家和地区的能源发展路径，不会完全重复"过去的故事"：先建一个传统的化石能源产业，过几年再把它改成绿色能源。为此，"新能源 +"产业布局就显得尤为重要，面向未来构建可持续发展的新能源发展产业，使"新能源 +"逐步成为基础产业的基石。"一带一路"建设为各国政府与新能源企业提供了难得的发展契机，为各国积极应对市场挑战提供了有力的支撑。"新能源 +"开启了沿线国家更加广阔的发展空间，有效促进各国实现保障能源安全、新能源发展以及新型产业之间全维度多层次的合作。

新能源产业发展任重而道远。展望未来，新能源产业发展依然任重而道远，"新能源 +"业态的发展伟大而又艰巨。新能源产业未来发展将呈现四大趋势，为"新能源 +"的发展提供了强大的发展支撑：一是光伏产业领跑新能源产业，全球光伏产业新增装机将保持在 30%以上的增速；二是风电行业新增装机将稳定增长，全球风电年新增装机将保持 10%以上的增速，我国风电产业盈利能力将保持稳定增长和健康发展；三是新能源成本不断下降，随着科学技术的进步和全球流通的便利化，新能源成本将大幅降低；四是新能源工业加速调整，企业重组或转型加剧，全球新能源工业产能过剩，致使大量新能源企业兼并重组或转型升级。我国采取综合措施推动包括光伏企业在内的关联产业重组或转型，将提升新能源产业核心竞争力。

"新能源＋"为全球碳排放提供有效解决方案。全球碳排放问题，没有哪一项技术或方案能够独立的解决或完成。全球碳排放问题必须与运输业、制造业、能源行业、农林业、房地产、金融业等相互结合，以"新能源＋"为基础形成全链条互动，才是解决之道。"十三五"期间低碳环保将是发展主线。为此，需要加速我国生态产业的全链条建设，推动"新能源＋"发展新模式。例如，在冬奥会助力下，张家口将建设可再生能源示范区就是一种良好的尝试，为京津冀的协同发展提供全维度生态保护与经济发展新模式，加速在全国形成示范效应。

（四）人类进步的"新灯塔"

每一次能源革命都在推动着人类社会的变革和进步，虽然人类已经开始大范围、深层次挖掘和利用各种传统能源和新能源，但人类在新能源的利用与探索上其实才刚刚起步，尚有更广阔的世界、更深邃的空间、更宽阔的领域等待人类的探索与发现。例如，量子纠缠技术、引力波技术、宇宙暗物质、暗能量等。"真知等待发现""未来等待探索"，未来新能源的发现之旅为人类展示着一幅壮美而迷人的画卷，未来新能源的运用将从根本上改变整个人类的历史发展历程，未来新能源的创新将成为人类进步与人类走向自由王国的一座崭新的"灯塔"。

超新能源技术在向我们频频召唤。

新能量技术——量子纠缠。在科幻电影和小说的情节中，星球战士从某一地点突然消失，而瞬间出现在遥远的另一地点。通过科学家的研究，这个幻想是可以实现的，这就是量子隐形传态。1993年，来自四个国家的六位科学家将这一神奇的现象在理论上进行了科学揭示，在这个神奇之旅中，"量子纠缠"起着至关重要的作用，而这种"纠缠"显然需要"动能"。而这种"能"等待着人类的发现、探索和作用。

神奇的宇宙新能量——"暗能量"。"暗能量""暗物质"正在科学界逐步形成共识，一大批科学家进行着深化研究和探索。自21世纪初科学家发现，宇宙的膨胀在加速进行，而非许多传统中认为的宇宙的膨胀在变慢或开始收缩。这一发现带来了巨大的影响：广袤的宇宙间不仅存在着一种比引力更强大的反作用力（"暗能量"），而且组成这种"力"的物质（"暗物质"）占据了整个宇宙的3/4还要多（见图12—4—10），而这些物质的作用显然是需要"能量"的。还有科学家们正在"兴奋而激动"探索的链接宇宙中两个不同时空隧道的"虫洞"以及宇宙时空弯曲中带有能量涟漪的"引力波"，都在等待着人类去探索、去打开超新能源、超新未来——那扇耀眼而辉煌的大门。

图12—4—10　宇宙"暗物质"、"暗能量"

这些似乎科幻的情节，随着人类的不断探索和发现，正在被科学家一步步所证实。我们有理由相信，这些伟大技术的突破以及"超新能源"的运用，终将成为改写人类发展进程的新篇章。

随着"一带一路"的深化建设，新能源产业面临重大发展契机，更肩负着重大的发展责任。人类的进步与世界的发展，都在推动着新能源产业的蓬勃发展，任何一项新能源探索的突破，都将丰富"新能源＋"的内涵、催生一场崭新的产业革命，推动人类生活和世界发展的重大变革，开启人类崭新的未来，从而，照亮人类踏上更加伟大的征程。

第五节　新兴产业发展方兴未艾

随着人类社会的全面发展，新兴技术对新兴产业的生成愈发重要。发展新技术、培育新产业愈发成为经济增长的新动能，新兴产业对基础产业的拉动作用愈发明显。"一带一路"共建，将进一步强化沿线国家和地区的全面合作，推动新技术创新、优化新产业发展布局，抢占世界新一轮经济增长的战略制高点。

一、全球重大新兴产业发展态势

近年来，全球经济增长速度逐步放缓，主要发达国家纷纷推出一系列重大增长战略,加大对新兴技术和产业发展的布局,力争通过发展新技术、培育新产业、创造新经济增长点,力保强势地位。新一轮工业革命的到来,为发展中国家加速实现现代化进程提供了"另辟蹊径"的重大契机,在推动传统工业转型升级和健稳发展的同时,强力推动新技术革命、创新新兴产业增长,加速高端产业跨越式发展,全面实现"弯道超车"。

(一) 发达国家抢先谋划,抢占制高点

发达国家经济体,面对新兴产业的迅速成长,纷纷推出多项政策措施,鼓励和支持本国战略性新兴产业发展抢占新一轮经济增长的战略制高点,试图在全球新兴产业新一轮增长竞赛方面保持绝对优势地位。例如,美国政府推出的《先进制造业国家战略计划》《美国创新战略:推动可持续增长和高质量就业》以及《出口倍增计划》等诸多法案,提出优先支持高技术清洁能源产业,大力发展生物产业、新一代互联网产业,振兴汽车工业;德国政府积极推进以"智能工厂"为核心的工业4.0战略,支持工业领域新一代革命性技术的研发与创新;日本推出新增长战略,提出发展环保型汽车、电力汽车和太阳能发电等产业;韩国颁布《新增长动力规划及发展战略》,重点发展能源与环境、新兴信息技术、生物产业等六大产业。

目前,以中国为代表的新兴市场和以美国为代表的守成国家将在世界新一轮经济增长中展开激烈博弈。根据全球战略性新兴产业专利技术动向相关研究表明,美国居于绝对主导地位,德、日、韩居第二梯队,中国紧随其后,其他新兴市场国家扮演"跟随者"的角色。从专利数量看,目前中国专利占比仍然远远落后于美国,如中国在物联网方面的专利为美国的1/4,生物技术药物方面专利为美国的1/7,而在大型飞机方面的专利仅为美国的1/20。

2010年以来,中国大力发展新兴产业,积极进行战略布局,重点培育和发展节能环保、新一代信息技术、生物、高端装备制造、新能源、新材料、新能源汽车七大战略性新兴产业,强化新一轮技术变革,争取在新兴国家经济体中率先实现转型升级,在世界新产业变革中大幅缩短与发达国家差距,抢占新兴产业制高点。

(二) 发展中国家"弯道超车"的利器

2008年国际金融危机之后,世界经济格局深刻调整,全球整体进入速度放缓的"弯道",全球新兴产业竞争悄然升级。发达国家推动"再工业化"和"制造业回归"、发展中国家加速工业化进程,各国纷纷通过各种经济政策试图实现经济复苏,占领未来竞争的先机。

中国作为全球第一制造大国,现在正面临着发达国家先进技术再崛起和发展中国家低成本竞争的"双向挤压"。面对新的历史机遇，中国制定了《中国制造2025》及一系列战略布局，迎接机遇，直面挑战。中国经历了30多年快速经济增长，已经具备完整的工业制造体系、庞大的市场规模、颇具实力的科技创新能力，建立了多元人才储备，经济发展业已具备充分的回旋余地，并且已经实现部分优势领域、优势技术及优势产品稳居世界前列的骄人成就。特别是高技术产业的快速发展，总体规模已跻身世界前列，为战略性新兴产业加快发展奠定了较好基础。

作为世界第二大经济体，中国将更加积极地融入全球创新进程，坚持互动创新，利用好新兴技术发展的重大契机和发达国家经济体经济振荡期，实现"转升并重"，站在世界新兴产业发展的前列。此刻，我们需要清晰认识我国新兴技术产业发展面临的突出问题：如企业技术创新能力不强、关键核心技术突破不够、支持新技术新产品进入市场的政策法规体系不健全、支持创新创业的投融资和财税政策及体制机制有待完善等。为此，我们要深化落实党中央提出的创新、协调、绿色、开放、共享五大发展理念，顺应新工业革命发展方向，强化资源配置、加大经济政策上的保障措施，进一步夯实创新基础。

以"一带一路"共建为纽带，同沿线国家和地区一起，切实把握历史机遇，强化协同发展，坚持创新驱动，加快新兴产业发展，推动广大发展中国家社会经济转型与升级，实现跨越发展。

二、新兴产业强大的壁垒突破效应

伴随着世界各国沟通和交流的加强，一股逆向风潮骤起，从发达国家发端的经济贸易保护手段日趋复杂化、多样化，反倾销、反补贴、技术性壁垒、环境壁垒等贸易保护主义手法被肆意运用。随着经济全球化、贸易自由化程度不断提升，与传统贸易壁垒相比，技术性贸易壁垒愈加普遍，全球性技术性贸易壁垒（TBT）数量快速倍增，愈发成为发达国家限制发展中国家出口贸易的重要手段。有资料显示，中国对外贸易遭受的壁垒有80%来自技术性贸易壁垒，技术性贸易壁垒已超越"反倾销"成为我国出口最大的一道"门槛"。

新兴产业是指正处于产业生命周期中成长期阶段的产业，现代科技的发展使新兴产业不断涌现，发展新兴产业对于我国及广大发展中国家赶超发达国家实现跨越型发展、争取公平发展意义重大。新兴产业市场愈早进入，市场商机愈巨大，新兴市场国家强化新兴产业发展，加大"正博弈"竞争，有助于突破传统贸易壁垒。为了实现经济增长和可持续发展，世界各国纷纷将战略性新兴产业作为未来经济发展的重心，发展中国家更将新兴产业作为突破传统壁垒的有效手段。近几年来，美国、德国、日本等国持续加大工业智慧化进程，强推制造业复兴，以此巩固并提升制造业的优势控制地位。中国等发展中国家，多由于核心技术和关键零部件缺失、产业链高端缺位、缺乏具有核心优势的支柱型跨国企业，通常存在着技术对外依存度偏高等一系列掣肘。为此，中国及"一带一路"沿线国家和地区，需要进一步强化自主研发产业，在创新能力上实现质的突破。在"一带一路"沿线国家率先实现新兴产业链的突破效应，为进军全球新兴产业高端圈子奠定良好基础，通过新兴产业突破壁垒效应，推动世界新一轮发展新秩序建设与完善。"一带一路"共建的深化，将全面带动新兴产业发展，其中，新一代信息技术产业、新能源产业、高端装备制造产业、节能环保产业等成为重要的切入点。

（一）新一代信息技术产业

以物联网、云计算、下一代通信网络为代表的新一轮信息技术革命，正在成为后金融危机时代全球发展共同关注的重点。随着高新技术、新兴经济的快速发展，信息技术产业与传统产业不断融合，新的商务模式和服务业态不断催生，对实体经济拉动作用显著增长。

1. 物联网。物联网发展迅速，应用前景非常广阔，受到世界各国的普遍关注。美日韩等国掌握物联网核心关键技术，拥有较强的实力。中国与国际巨头相比还有一定的差距，但物联网研发水平提升迅速。从全球物联网专利申请国家分布情况看，美国专利申请数量为6641件，占比达34%，居世界第一。中国专利申请量为1594件，占美国1/4。在物联网核心技术方面，如RFID技术作为构建"物联网"的关键技术，射频标签是产品电子代码（EPC）的物理载体，附着于可跟踪的物品上，可全球流通并对其进行识别和读写。非接触式智能卡、应答装置、发射接收器等其他关键技术，美日韩等国核心优势明显。中国对物联网的研发主要集中在拓展物联网的实际应用层面，需要大力强化核心关键技术的协同攻关；从全球物联网技术主要申请人专利申请情况（见图12—5—1）看，排名第一的是美国讯宝公司，有249件专利，在无线传感方面拥有世界领先地位，但其申请量也仅占1.2%，说明该领域专利分布分散，还没有形成一家独大的现象。从前十名的分布看，美日韩一批实力雄厚的大型跨国企业触角延伸至产业链各方面。目前中国还没有进入专利申请量前十的企业。

2. 云计算。目前，云计算正处于发展起步阶段，市场规模相对较小，但前景诱人。其中，美日韩欧等国家和地区在该领域占据领先地位，拥有较大市场空间。从全球云计算技术专利产出国家和地区构成比例看（见图12—5—2），美国、日本、中国、韩国和欧洲的专利申请占到云计算技术申请总数的90%，

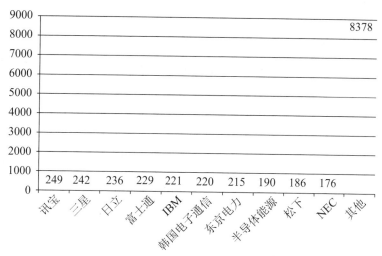

图 12—5—1　全球物联网技术申请人专利申请排序图

这五个国家和地区成为云计算领域的主要技术力量。特别是美国占据总量的50%，是名副其实的云计算技术强国。中国在申请量上占有一定的优势，但质量表现参差不齐；另一方面，经过对全球各技术主题主要申请人分析显示，在云计算领域内，IBM、微软、日立制作所、惠普等重复出现多次，显示这些企业占据领先竞争优势。值得注意的是，中国"华为"在多个技术主题上名列全球主要申请人前十名，"华为"已经成为云计算领域一匹强劲的"黑马"，引人注目，在全球范围内具有一定的竞争优势和发展潜质。

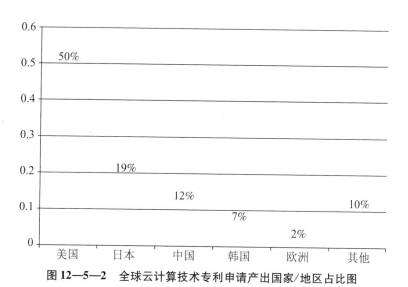

图 12—5—2　全球云计算技术专利申请产出国家/地区占比图

3. IPv6 技术。当今世界数字设备使用率迅速提高，截至 2016 年，世界网民数量达到 30 亿，网民人口近全球人口的一半，并且普及率迅速蹿升。目前全球使用的第二代互联网 IPv4 核心技术属于美国，网络地址资源极为有限，从理论上讲，可用的网络地址和主机地址数目将大为受限，以致目前的 IP 地址已于2011 年分配完毕。其中北美占有 3/4，约 30 亿个，而人口最多的亚洲只有不到4 亿个，中国截至 2010 年 6 月 IPv4 地址数量达到 2.5 亿，远远不能适应中国网民迅速增长的需求（截至 2015 年 12 月，中国网民规模达 6.88 亿）。地址不足严重制约中国及其他国家互联网的应用和发展。同时，随着物联网和智慧工业的发展，网络使用将全面进入社会生活，世界上的所有人与物都将连入因特网。为此，功能强大的 IPv6 应运而生（见图 12—5—3），单从数量级上来说，IPV4 中规定 IP 地址长度为 32，最大地址个数为 2^{32}；而 IPv6 中的 IP 地址长度为 128，最大地址个数为 2^{128}。在一定程度上说，拥有 IPv6 技术核心，将拥有未来网络世界的核心，从而影响在全球的话语地位。在全球云计算领域主要专利申请产出地区，美、日比较突出。从 IPv6 技术全球专利申请国家分布（见图12—5—4）看，美国的专利申请量达 6895 件，占专利申请总量的 53%，位居世界第一，是第二名日本的四倍，体现出美国的绝对技术优势。中国在该领域的专利申请量为 843 件，约为美国的 1/8，日本的 1/2；从 IPv6 技术领域的主要申请人的申请情况看，该领域全球排名前十的申请者主要集中在美日欧韩，进入全球前十的中国企业只有"华为"；进一步分析发现，排名前十的专利申请总量为 3369 件，仅占全球专利申请总量的 28%。充分说明，全球 IPv6 技术分布松散，技术凝聚性、强大引领性不足，发展空间十分巨大。

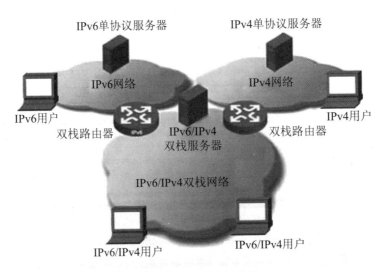

图 12—5—3　IPv6 示意图

随着我国强化互联网发展，以及物联网应用的加速，尤其是智慧城市和智慧制造的全面建设，将有大规模的传感器广泛应用，需要 IPv6 网络进行全面连接，IPv6 的全面普及更需要大规模的应用支撑。随着 2020 年 IPv4 地址的完全退网，我国 IPv6 网络的应用将全面加速。

（二）节能环保产业

1. 环境检测技术。在环境检测领域，日本优势最为明显。从全球环境监测技术专利申请产出国家/地区（见图 12—5—4）看，日本以 38079 项申请遥遥领先。美俄德中属于第二梯队，专利产出量较大，专利总产出量都超过了 5000 项，在环境监测技术领域占有一定的优势；从全球环境监测技术领域主要申请人来看，在全球排名前十的申请人中，日本占六席、欧洲占三席、美国占一席。尽管美国申请人优势不明显，但美国的研发团队类型多样，包括电子产品企业、汽车生产企业、高校以及政府部门。近年来，中国全面强化"APCE 蓝"建设，深化环境污染治理、加大环境检测技术研发投入，在环境建设领域保持着快速增长势头。

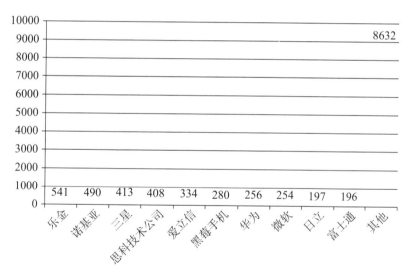

图 12—5—4　全球环境检测技术专利申请国家排序图

2. 土壤生态修复。在土壤生态修复技术领域，日本申请人专利申请总量远高于其他国家和地区，美国、欧洲近些年申请量有所降低，中国增速迅猛，但缺乏全球竞争力的跨国企业。从全球土壤生态修复技术专利申请分布情况看，日本的专利申请量为 6172 项，约占全球申请总量的 50%，其申请总量超过美德中俄韩等国的总和，在该领域占据绝对主导地位。美国、俄罗斯是第二梯队，德国、中国是第三梯队；从全球土壤生态修复技术领域主要申请人情况看，日本申请人占据了绝大多数席位，美国仅有国际壳牌公司进入前九名。近年来，中国该领域申请量激增，但申请人较为分散，需要培植具有国际竞争力的领军企业。

（三）"一带一路"共建将全面带动新兴产业发展

20世纪中后期以来，科技进步对人类社会产生着深刻的影响。"科技是第一生产力"已经成为当今世界的共识，"一带一路"共建，将大力助推广大沿线国家和地区携手创新，全面带动新兴产业发展。尤其是新材料产业、生物产业等现代高新技术产业的发展，对社会基础产业发展将产生深刻的影响。

1. 新材料产业。以新型合金材料、高性能纤维及复合材料、半导体照明材料为核心的新材料产业在众多领域发挥着越来越重要的作用。日美两国在新材料领域拥有领先优势。近年来，中国的新材料产业发展迅速，规模不断扩大。但我国新材料产业仍然存在着自主开发能力薄弱、产业发展模式不完善、产业链条短、大型材料企业创新动力不足等问题，严重困扰着行业的发展。一是高性能纤维及复合材料。在高性能纤维及复合材料领域，日本、美国、中国是主要的研究主体和市场。从全球高性能纤维及复合材料专利主要申请人分布来看，全球排名前十的专利申请人主要集中在日本和美国。其中，日本申请人占七个席位，日本在该领域拥有强大的集团优势。在前十强中美国杜邦公司名列榜首，反映其超强的创新能力。值得注意的是我国东华大学榜上有名，国内科研院所也展现出不俗的创新实力；二是新型合金材料。从全球新型合金材料领域专利申请的国家看，日本原创申请量最大，占五个国家和地区原创总量的1/2，具有较大优势。美国、中国分别位居第二、第三，但都与日本存在巨大的差距，分别仅为日本的27%、17%。其中，美国的专利主要集中在生物医用、电子信息、新能源、航空航天、资源环境等；中国主要侧重于生物医用、电子信息、新能源等，与美国的交叉性强。从专利的主要申请人分布看，日本申请人占据了全球前十申请人的前九名，具有绝对优势。美国的通用电气公司位列第十。日本公司的研究领域广泛分布在新能源、生物医用、电子信息、资源环境、高端制造等各领域，且在各领域都有突出的表现。

2. 生物产业。生物产业主要包括生物医药、生物农业、生物制造、生物医学工程四个子产业领域。其中，美国不仅是现代生物技术的发源地，更是世界生物技术的"领头羊"。目前，美国生物产业发展势头强劲，已形成相当规模，生物技术已成为美国战略性新兴产业发展的核心动力之一。相比之下，中国的生物产业起步较晚、初具规模，和国际水平还存在一定的差距。但在部分领域发展较快，已经处于世界领先水平，如杂交水稻的研究和产业化。一是生物技术药物。在生物技术药物领域，美国、欧洲、日本技术竞争力最强。从生物技术药物国家和地区专利申请分布看，美国、日本、欧洲、中国四国中，美国申请量最大，占全球专利申请总量的一半以上，创新、研发优势显著，中国仅占10%；二是转基因育种。全球范围内，美国、澳大利亚、西欧、中国、日本是转基因技术投放的主要目的地国家和地区。其中，美国的孟山都、杜邦—先锋，以及欧洲的巴斯夫和先正达在转基因育种方面的研究涉及转基因育种产业全流程，技术优势十分明显。就整体研究而言，中国与美国、欧洲有较大的差距，我国在杂交技术、组织培养等方面具备一定的优势。通过全球转基因育种技术的主要目标市场国家/地区排序表（见图12—5—5）显示，美国、澳大利亚、西欧、中国、日本是主要的国家和地区，尤其是美国，申请量占据全球申请总量的34%，是转基因育种技术的第一大主要市场。近年来，中国和加拿大专利申请量增速迅猛，是转基因技术应用的新兴市场。另一方面，在全球转基因育种技术主要申请人专利排序中，美国企业占四席，位居第一。并且杜邦—先锋和孟山两家占据全球申请总量的24%，这批大型育种公司推动技术产业化的能力强劲，也处于世界领先水平。中国排名第一的中国科学院及其研究所的专利申请量位居全球第16位，与世界大型育种公司有着不小的差距；三是核磁共振成像（MRI）技术。近年来，MRI逐渐成为主流临床诊断工具。美国、德国、日本等大型医疗公司在MRI领域占据垄断地位。从MRI领域专利申请量的分布情况（见图12—5—6）看，美国、日本专利申请量处于前两位，美日两国申请量占总申请量半成以上，集团优势十分明显。中国申请量仅有828项，约为美国的1/9，占世界专利申请总量3.1%。另外，从全球MRI领域主要申

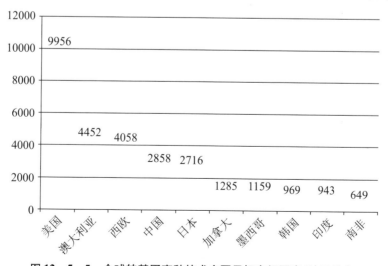

图12—5—5　全球转基因育种技术主要目标市场国家/地区排序

请人申请情况看，全球前十名被美日德三国的大型医疗公司全部包揽，显示其在 MRI 技术领域难以撼动的垄断地位。其中，西门子和 GE 长期占据申请量的前两名，在全球拥有庞大的市场占有率。中国在该领域起步较晚，长期发展缓慢，近年来呈现出活跃态势，增长加快，但需要进一步培育世界一流的大型医疗公司。

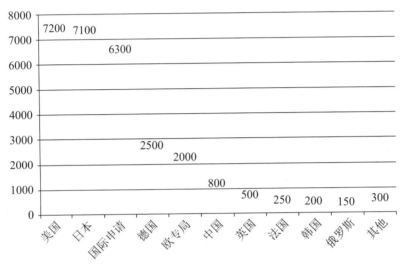

图 12—5—6　MRI 领域专利申请主要国家/地区分布排序

三、新兴产业促进基础产业升级发展

创新驱动新兴产业发展，新兴产业发展升级基础产业。新兴产业的发展对于基础产业的升级发展发挥着重大作用，新兴产业的发展离不开科技创新，尤其需要高新技术的创新催生新兴产业的诞生与壮大。"科技确定国家发展格局、科技影响国家命运"，在全球高新技术发展日益迅猛、高新技术产业的生成日新月异的大势下，我国政府于 2016 年颁布《国家创新驱动发展战略纲要》指出，到 2020 年我国要进入创新型国家行列，到 2030 年时我国要进入创新型国家前列，到新中国成立 100 年时我国要成为世界科技强国。为此，我们必须紧紧抓住科技创新这个核心，破解基础发展瓶颈，全面推动科技强国战略，强化基础产业升级发展。

（一）新兴技术促进新兴产业生成

20 世纪中叶以来，科学技术取得突飞猛进的发展，人类社会进入了技术革命的崭新阶段。新技术的开始往往发端于一种知识形态，新产业的开始往往蕴藏于新技术的萌芽中。在一定程度上说，新技术是新产业的"生成之母"，新产业是新技术的延伸、继续和"结晶"。

1. 制定新兴技术发展布局，全面推动新兴产业发展。随着新的科研成果和新兴技术的发明与应用，新兴产业及其关联的部门新行业应运而生。新兴产业总是伴随着新兴技术的出现与发展，逐步壮大逐步成熟，同时促进新兴产业的全面生成。根据我国科技强国发展战略，我国高新技术发展将进一步增强自主研发能力、多维度促进新兴产业的诞生，为"一带一路"沿线地区新兴产业发展带来重大历史机遇，全面促动沿线国家和地区新兴产业的联动发展。新兴技术对社会经济的贡献，首先表现为创立新兴产业。在新兴技术的作用下，新的产业及其生产部门的创立，往往遵循两种行进路径：一是分解原有产业。某些产品、部件或原有生产过程的某一阶段，随着生产技术的变革和社会需求的扩大或分离出来或脱逸，单独形成新产业。二是新产业的形成，由于新产品、新工艺、新材料、新能源、新技术的发明和利用，扩大了社会分工的范围，创造了生产活动的新领域，形成了原来没有的新产业和生产部门。例如，生物工程技术在五六十年代只是一项技术，经过长期发展，逐步成为生物工程产业，形成非常有前景的新兴产业；发展新兴技术，改造提升传统产业。新兴技术对于传统产业的改造具有明显的功效，不仅经济效益有着较大幅度的提高，对人民的社会生活也将产生全面影响。经过新兴技术的渗透或改革，传统产业以新面貌出现在新的产业结构中，甚至转型成为新兴产业发展的重要基础。同时，传统产业经过高新技术的改造，形成新产业。例如，传统钢铁行业改造，衍生形成了复合材料以及抗酸、抗碱、耐磨、柔韧性好的新兴材料产业。同样，新兴技术改造传统商业，形成现代物流产业，为现代物联网产业提供坚实的发展基础。

2. 新兴产业形成先进产能，提前谋划传统产业发展。新兴技术可以改变各个产业之间的相互关系，新兴技术生成的新兴产业，往往生产效率高、增长速度快，逐步形成先进产能。而传统产业生产效率的提高比较缓慢，发展处于比较稳定、甚至出现衰落状态，逐步形成落后产能。例如，IT产业从诞生到逐步发展，经过长时间的研究积累，随着数字技术的发展，已经成为一个极其庞大的现代产业。面对新兴技术和新兴产业，訇然倒下的庞大产业不胜枚举（见表12—5—1）。颇具典型意义的代表，如曾经拥有无比辉煌历史的百年巨头美国柯达，这家总部位于美国纽约州罗彻斯特市在纽约证券交易所挂牌的上市公司，业务曾遍布全球150多个国家和地区，全球员工约8万人，因其面对新兴技术反应迟钝，拥有130多年历史的柯达于2012年1月宣告破产。

表 12—5—1 被新技术新产业淘汰的部分知名企业

企业名称	企业规模	倒闭时间	倒闭主因
柯达	柯达曾经是世界上最大的影像产品公司，占有全球2/3的胶卷市场	2012年1月申请破产保护	不愿放弃既有市场，希望通过专利保护阻挡新技术，但被数码技术颠覆
诺基亚	曾经是手机的代名词，曾经连续14年占据市场份额第一	2007年以72亿美元价格被微软公司收购	智能手机技术出现后，依然固守传统思维
摩托罗拉	注重以技术推动创新，发明第一部寻呼机、第一部手机、第一部车载电话	2011年8月15日被谷歌收购	忽视消费驱动，未根据市场变化调整产品研发和营销方式
读者文摘	曾经风行60多个国家，有1.3亿读者	2008年起发行量和广告收入大幅下滑，2009年8月在美国申请破产保护	互联网的冲击下无法突破原有的商业模式，无力应对产业的变革
百代唱片	成立于1897年的百年老店，曾经是全球五大唱片公司之一	2011年2月被花旗集团收购	面对数字音乐冲击，未能突破传统盈利模式
瑞星	曾经靠成功的营销方式连续9年蝉联杀毒市场第一，占有率超过60%	2008年受360免费杀毒的影响收入减半，2009年再次减半甚至出现亏损，2010年底360杀毒市场份额70%而瑞星仅剩20%	销售杀毒软件和收费升级模式被互联网免费杀毒模式颠覆
苏宁电器	1990年创办，2004年7月上市，2014年以2798.13亿元的营业收入和综合实力名列中国民营500强第一		零售业的店面模式正在被电商挤压，苏宁选择了自我颠覆

可见，世界的发展已经形成了一种规律：先进产能淘汰落后产能、新兴产业替代传统产业。

（二）新兴产业强化基础设施建设

基础设施是指以保证社会经济活动、改善生存环境、克服自然障碍、实现资源共享等目的而建立的公共服务设施，包括交通运输、水利、环保等硬性基础设施，以及医疗卫生、社会福利、公共管理等社会性基础设施，是生产环境和生活环境极其重要的组成部分。新兴产业的发展将改善并提升基础设施构筑的社会生产和生活条件、进一步强化基础设施建设，为经济发展和社会繁荣提供强大的支撑。

1. 强化新兴产业发展，夯实基础产业，提升国际竞争力。科技创新能力的提高离不开新兴产业的发展，新兴产业的发展离不开基础设施的支持与保障，基础设施的建设和完善作为产业发展的基础条件，是产业发展中不可或缺的重要因素。良好的基础设施能够促进产业的发展，完善的基础设施建设将降低新兴产业发展中经济活动的成本，提高产业生产效率，同时减少管理与交易成本，促进管理效率提高。通常，增加基础设施建设投资，扩大基础设施规模、推新基础设施水平必将推动产业结构升级，强化构筑国民经济新成长点，驱升国民经济增长。基础设施的发展通过产业间的关联效应带动并推进其他产业结构升级，其关联效应包括为国民经济其他产业部门提供基础性服务，从而推升相关产业竞争力的前向关联效应，如道路贯通、管线铺设、环境改善等，为社会生产和人民生活提供种种便利和服务从而创造间接效益，体现着基础设施产业对其他产业的根本支撑和竞争力的攀升；基础设施发展还包括后向关联效应主要是指基础设施产业的发展需要相关部门提供必要的原材料、资金、技术和服务，有着足够的空间吸纳关联要素，进一步夯实基础，使基础产业带动相关产业产出的增加。

2. 深化新兴产业发展，促进基础产业转型升级。新兴技术的出现、新兴产业的发展促进着基础设施建设的大力发展。基础产业建设中技术革新的广泛应用，促进着基础产业的转型升级。同时，全面提升着基础设施的服务范围和力度，改变着基础设施的服务方式。新兴技术的发展为基础设施建设提供新技术支持与保障，也对基础设施建设提出了新要求，这就需要针对新兴技术的产业特点，以新兴产业的发展需求为导向，建设与之相适应的基础设施，促进新兴产业的发展。基础设施建设的发展将促进产业结构升级，提高结构效益，推动经济增长；新兴产业的发展将加速基础设施建设的升级、完善，为下一轮新产业发展奠定新基础。例如，网络传输技术初期仅仅作为一种单纯的传输技术，而后经过发展、壮大形成一种崭新的基础产业，前所未有地改变着人类的工作生活方式。另外，铁路运输业的迅速发展推动了钢铁冶金、通信技术及运输制造业的大力发展，同时高新材料技术的发展及运输设备的革新为铁路运输业的发展注入了强大的活力，极大地促进了运输业的发展，实现了基础产业的转型升级。

（三）破解发展基础"瓶颈"，推升经济全面发展

发展新兴产业，一是找准问题，破解发展"瓶颈"。二是根据市场需求变化和技术发展趋势，强化关键技术研发、实现重点领域突破、走出技术"低端锁定"困境，让企业真正成为技术创新的主体，全面强化新兴技术和新兴产业创新氛围建设，加快将新兴产业培育成为先导产业和支柱产业，全面推升经济发展。

1. 全面分析发展形势，客观认识发展"瓶颈"。从国内发展形势看，我国物质基础雄厚、人力资本丰富、市场空间广阔、发展潜力巨大，经济发展方式转变加快，新的增长动力正在孕育形成。但发展不平衡、不协调、不可持续问题仍然突出，主要存在着：发展方式粗放、创新能力不足，部分行业产能过剩严重、企业效益下滑，重大安全事故频发；全国东西部发展、南北发展及城乡发展不平衡；资源约束趋紧，生态环境恶化趋势尚未得到根本扭转；基本公共服务供给不足、收入差距较大、人口老龄化加快，消除贫困任务艰巨。破解如上发展难题与瓶颈需要厚植发展优势，坚持创新发展和科技创新；从国际发展形势看，新一轮科技革命和产业变革蓄势待发，全球治理体系深刻变革，发展中国家群体力量继续增强，国际力量对比逐步趋向平衡。但国际金融危机深层次影响在相当长时期依然存在，全球经济贸易增长乏力、保护主义抬头，地缘政治关系愈加复杂，传统安全威胁和非传统安全威胁交织频发，外部环境不稳定、不确定因素增多。特别是美国以我国为"假想敌"而在科技文化、经济军事以及政治外交等方面实施的一系列不当政策和为了自身利益产生的利己"冲动"，千方百计给我国的和平与发展出难题、造麻烦，在这种背景下实现强国富民，践行民族复兴，实施科技支撑是我国破解"瓶颈"、实现和平崛起的有力保障。

2. 全面构建科技创新支撑体系，营造一流的国际创新发展氛围。依据我国的比较优势，结合现有的产业基础、科技资源和技术积累，分清发展时序，分层次部署近期中期和远期产业发展政策，选择发展重点。综合考虑全球科技和产业发展大趋势、未来产业分工格局等因素，挖掘我国产业发展潜力，集中科研力量进行重大攻关，实现我国科技前沿领域研发取得重大突破。全面营造科技创新支撑新体系。进一步营造有利于新兴产业发展的政策支持环境，不断完善科技创新建设体系，搭建政府、金融机构和企业"三位一体"的联动发展体系和政策性金融支撑体系。世界金融危机之后，发达国家对战略性新兴产业的资金投入方式呈现出新特点：领域更加集中、额度大幅提升、数量更加明确。为此，需要针对我国当前新兴产业发展资金投入不足、财税政策引导社会投资主动性不强、社会激励企业创新积极性不够、多层次资本市场发育不完善等突出问题，应进一步加大对战略性新兴产业的投入和政策支持，加强发挥"三个方面"的支撑作用：发挥中央财政资金的引导作用、国家税收政策的激励作用、多层次资本市场的支撑作用。进一步建立健全政策体系，创新支持方式，加大财税金融政策扶持力度。强化设立战略性新兴产业投资基金，合理引导社会资本流向。在金融机构层面，围绕服务实体经济深化推进金融改革，主动为新兴产业提供"一站式服务"。在企业层面，聚焦产业链核心环节，集中力量占据产业链高端位置，加快向个性化生产营销、精准化服务模式转变；实施创新人才突破战略，全面强化重点领域人才储备。围绕重点领域，增强人力资源储备和人才引进。我国人力资源储备丰富，但仍然存在着一系列亟待完善的问题：学科领域不健全、教育培训体系不发达、吸引高端人才的设施及其制度环境不完善等问题，依靠传统教育培训方式和人才供给渠道难以满足新兴产业快速发展的要求。为此，需要不断增强人力资源储备，加大人才引进力度，制定全社会尊重创新、投身创新的政策法规。鼓励政府机关、事业单位、社会团体与大中小企业、科研院所人才双向互动与交流，尽快完善技术创新活动激励机制，充分激发科研人员创新积极性，充分释放科研创新红利。进一步创新风险投资和战略投资，完善并升级政府引导基金，积极引导并鼓励"风投""战投"等机构参与科技成果转化项目；抓住"一带一路"建设机遇，为新兴产业"走出去"提供全方位的创新支撑。需要营造一流的国际创新环境，全面塑造强国建设发展氛围。人才是创新实现的第一要素，创新环境是实现人才集聚的必要条件。我国需要在政府层面和企业层面实施双轮驱动政策，全面营造"纳四方人才"的创新氛围。鼓励有条件的企业以及条件具备的政府机构和事业单位在全球招聘人才，强化政府扶持力度，加快企业全球创新能力建设进度。深化企业依托"一带一路"建设开展国际合作，鼓励同沿线国家和地区的相关产业实施融合，推进同沿线国家和地区在多领域开展务实合作，实现人才的互利共赢，进一步树立我国在沿线国家和地区的大国风范。积极参与全球经济治理，推动完善全球经贸规则和金融规则，为我国企业"走出去"和各国人才"走进来"营造有利的国际环境。着力吸引全球优秀人才来华创业，全面推进世界一流的创新机制建设，打破思维定式，创新采取团队引进、系统引进、核心人才引进和连带引进、培植引进、种子引进、项目引进以及政策引进等多种方式的引进战略，大幅度吸引全世界优秀人才，全力吸纳全球人才来华创新创业，使我国真正成为世界一流的人才高地和卓越人才集聚地。

第十三章 "一带一路"与世界金融秩序

2015 年，国际金融领域发生了两大标志性事件：一是中国加入 SDR，二是美元加息。前者的意义，如国际货币基金组织总裁拉加德所言，"将人民币纳入特别提款权货币篮子的决定，是中国经济融入全球金融体系的一个重要里程碑。它是对中国当局在过去多年来在改革其货币和金融体系方面取得的成就的认可。"人民币"入篮"意味着，自二战以来，首次有新兴市场国家货币加入到对世界有重大影响的货币金融俱乐部。至于美元加息，的确会对国际金融走向产生较大影响。但由于中国资本市场的稳定性、人民币尚没有完全自由兑换，中国具有庞大的外汇储备和多项政策对冲工具，因此，美国加息对中国的影响有限。正如一位经济学家所讲，因为中国的经济规模很大，影响资本流动的因素也比较多，美元利率是重要的，但只是因素之一，更何况它已经有很长时间的讨论，市场已经逐渐地消化了。"进入 2016 年，国际金融危机的深层次影响还在继续，世界经济仍然处于缓慢复苏期和深度调整期（见图 13—1）。受加息的"溢回效应"影响，美国经济复苏放缓，加息步伐被迫大幅减慢。"英

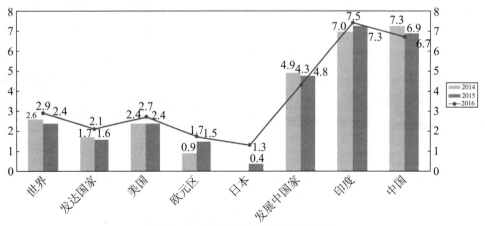

图 13—1　世界银行的全球经济分析

国脱欧"进一步放大了欧元区乃至全球经济的不确定性。世界经济发展到今天，上一轮科技和产业革命所提供的动能已经接近尾声，传统经济体制和发展模式潜能趋于消退。发展不平衡问题远未解决，现有经济治理机制和架构缺陷逐渐凸显，既有的世界金融秩序和金融话语权分配需要重新适应世界经济发展的需要。

随着"一带一路"战略的实施，"亚投行"和"丝路基金"等金融支撑平台相伴启动。"一带一路"战略所倡导的"开放性"和"包容发展"精神内核，必将在世界金融秩序变革及完善构建中，发挥越来越重大的作用。

第一节 创新资金融通，开辟发展新通道

"一带一路"建设中，"规划先行、金融先导"的基本原则将有效坚持和发扬，金融的引领作用将得到更好的发挥。

一、资金融通是创新建设重要支撑

2014 年，习近平总书记在 APEC 工商领导人峰会主旨演讲中提出，设立400 亿美元的丝路基金，为"一带一路"沿线国家和地区基础设施建设、资源开发、产业合作等有关项目提供投融资支持。至此，连同已成立的金砖国家开发银行、亚投行以及将要设立的上合组织开发银行，中国全球金融布局加速，有效推动着世界金融新秩序的完善进程。

（一）强化资金融通，扎实创新建设

伴随经济规模迅速扩大，中国自身的经济改革、经济结构调整、对外开放都将成为推动"APEC"与"一带一路"贸易投资自由化进程的重要引擎。为此，中国将进一步加快对外开放的步伐，经济增长模式、经济管理体制也将做出重大改革。

没有大量的资金投进去，"一带一路"就只能停留在图纸上和口头上。现代经济中，货币资金作为重要的经济资源和财富，成为沟通整个社会经济生活的命脉和媒介。从国内看，金融是国家管理、监督和调控国民经济运行的重要杠杆和手段；从国际看，金融成为国际政治经济文化交往，实现国际贸易、对外投资、加强国际间经济技术合作的纽带。作为现代经济的核心要素之一，金融在社会资源配置中发挥着重大作用。同时，对产业变革、社会演化、文化传播、信息交流和国家安全同样具有重要影响，资金流引导物质流和信息流已成为时代主流。

（二）加速多边金融体系建设，强化保障功能

"一带一路"沿线国家和地区众多，存在着几十种货币以及复杂的货币管理制度。很多国家和地区在金融系统化、制度化方面发展滞后，存在着法律法规不健全、信用体系不完善、汇率波动较大等问题，导致资金成本上升，信贷风险增加，整体跨境金融合作层次较低。同时，由于货币流通事关国家利益的再分配格局，在"一带一路"沿线国家和地区实现资金融通，面临着一系列地缘政治、大国博弈以及民族宗教冲突等复杂政治因素的干扰，在金融水平不一和社会情况复杂的众多国家和地区间实现资金融通，是一项"瓷器活"，更是一项长远大计。从本质上讲，资金融通将加速构建包括货币稳定体系、投融资体系和信用体系等多个方面在内的系统化、统一标准的多边金融体系。

二、金融合作是创新建设的基本保障

金融合作的主要目的是服务实体经济建设，发挥金融的资源配置能力，规划整合各方资源，统筹带动中国技术、装备、标准等中国因素和企业"走出去"。同时，借助金融手段积极引导沿线国家产业发展，推动广泛参与，建立在沿线各国政府（包括中央政府和地方政府）、投资者（包括企业和个人）和各类金融服务机构（包括银行和非银行）密切合作的基础上，使各类金融工具与相应的政策工具密切配合，相互协调，形成联动。

（一）金融合作是建设资金的重要来源

解决"一带一路"建设所需的资金来源问题，包括推进亚洲货币稳定体系、投融资体系和信用体系建设；扩大沿线国家双边本币互换、结算范围和规模；推动亚洲债券市场的开放和发展；支持沿线国家政府和信用等级较高的企业以及金融机构在中国境内发行人民币债券，支持符合条件的中国境内金融机构和企业在境外发行人民币债券和外币债券，鼓励在沿线国家使用所筹资金等。

（二）金融合作强化风险防范

跨境金融合作是有效防控风险、保障贸易和投资利益的重要手段。推动签署双边监管合作谅解备忘录，逐步在区域内建立高效监管协调机制，完善风险应对和危机处置制度安排，构建区域性金融风险预警系统，形成应对跨境风险和危机处置的交流合作机制，加强征信管理部门、征信机构和评级机构之间的跨境交流与合作，充分发挥"丝路基金"以及各国主权基金作用，引导商业性股权投资基金和社会资金共同参与"一带一路"重点项目建设。

（三）金融合作有利于合作升级

根据不同国家的不同特质，实行"规则统一、形式各异"的区别推进政

策，深化务实合作。制定和实施有所区别的国别政策，充分掌握信息、正确评估风险收益，合理把握投资尺度。围绕加强货币流通，扩大人民币跨境使用，通过强化人民币国际化增加中国贸易投资便利性和商品劳务输出，深化沿线国家的经济融合度，推动人民币成为区域中心货币；以服务实体经济、贸易和投融资为根本出发点，推进跨境产业、贸易和投资合作的可及性、便利性和安全性。

三、经贸合作是实现创新建设的基础先导

（一）经贸合作与金融合作紧密相关

伴随着规模庞大的贸易流、投资流的快速增长，愈加频繁、巨额的资金流增长迅速。据商务部统计，2004—2013 年十年间，中国对"一带一路"沿线国家直接投资年均增长 46%，大幅高于同期对外贸易、对外直接投资年均增速。2014 年中国对沿线国家投资 136.6 亿美元，2015 年达到 148.2 亿美元，2016 年前三季度即达到 110 亿美元。随着与沿线国家经贸往来的快速增长，中国与沿线国家金融合作需求将不断增加，更加快捷、多样的资金融通服务也将更加迫切。

同时，必须认识到，"一带一路"是个系统工程，金融合作可以为经贸合作提供多维度的支撑。金融作为全方位的资源配置手段，不仅可以满足直接融资需求，还能提供融资顾问、投资和租赁以及风险管理等综合服务，并通过这些服务有序推进"一带一路"建设不断向纵深发展。

（二）经贸合作的重点领域

跨境通道、资源能源、基础设施将是"一带一路"建设的重点，这些项目普遍具有投入规模大、周期长、回报不确定性高等特点，建设初期尤其需要大规模的资金投入。仅基础设施一项，缺口就相当巨大。根据 2009 年亚洲开发银行（亚行）发布的《亚洲基础设施建设》报告显示，2010—2020 年亚洲基础设施投资总需求预计为 8.28 万亿美元。其中，国别投资需求约为 8 万亿美元，区域投资需求为 2800 亿美元。"丝绸之路经济带"跨越的中亚、俄罗斯等地区，矿产、石油、天然气等资源储量丰富，开发潜力巨大，同样需要巨额资金投入。

第二节　改革完善国际金融体系

国际金融危机以来，以美国为代表的"守成国家"主导的国际货币金融体系缺陷显现，对世界经济格局变化的反应明显不足。面对全球新的增长趋势，

世界金融体系需要打破小圈子，加强新兴经济体国家和发展中国家话语权，完善国际金融体系，推动世界持续发展。

一、发达国家小圈子依旧

在世界经济持续低迷的情势下，发达国家体系对国际金融体系在一定程度上做了一些修补，在危机高峰期推动 IMF 和世行等布雷顿森林体系机构改革、扩大新兴市场和发展中国家的话语权，但明显基于小圈子利益安排，不足于振兴全球经济。

（一）G7 建立排外的货币金融体系

近几年来，国际金融体系做了一些修修补补，但多数口惠而实不至，如 IMF 份额改革等受美国干扰难以落实。近期美国等"守成国家"弱化 G20 作用，重新借重 G7，建立发达七国无上限、网络化货币互换体系，研究探索新型金融定价机制等举措，显示了发达国家在后危机时代，重新加强小圈子经济金融合作的动向，一些"守成国家"罔顾新兴市场和发展中国家的利益及其更加明显的新兴驱动作用。显然，若任这一"守成"和"自利"小圈子趋势蔓延，新兴市场和发展中国家将难以获得国际货币金融体系中的应有权利，布雷顿森林体系等已延续 70 年的国际货币金融旧秩序中，不合理、不完善、不公平的制度安排将难以有效改变和完善。

（二）"一带一路"有助于完善现有国际金融体系

"一带一路"有助于发展中国家进一步完善和改革现有国际金融体系，推动新兴经济体发展。随着"一带一路"建设的推进，亚投行、丝路基金、金砖国家开发银行和上合组织开发银行的支撑作用凸显，将进一步为新兴市场和发展中国家经济合作提供有力的金融保障。金砖国家应急储备机制将成为发展中国家和地区国际收支和金融发展的稳定器之一。随着人民币国际化步伐加快，中国与发达国家和发展中国家的本、外币互换也将不断扩容，服务于相关国家实体经济的金融助推器和金融安全网络将更加完善，现有国际金融体系也将得到多方面的完善和深化。

二、美国继续强化美元金融体系

美元作为美国主权货币的同时兼具国际通用货币作用，无一不体现着美元强大的腾挪空间。从二战前的金本位——到战后的布雷顿森林体系——到牙买加体系等，仅仅反映出一种对强势支撑下的美元路径依赖。近年来，无论是美元作为国际通用货币在安排国际金融规则时，还是作为美国主权货币，美元这

张 "纸" 与世界其他国家 "实物" 进行交换并通过这种交换对其他国家和地区经济产生深刻的影响时，都表现出了更多的任性与 "利我"。尤其是随着世界经济格局的急剧变化，美国对美元体系的软件强化了 "硬保护" 措施。

（一）输出监管规则

美国 "境外打击" 名为打击逃税，实则是增强美国对全球金融信息的控制能力。2014 年 5 月，瑞士等 47 个国家签署宣言，同意实施 "银行信息自动交换" 标准，承诺联手打击跨国逃税行为。根据该标准，各国将按年度收集其他签约国公民和企业在本国设立的银行账户信息，并与相应的国家自动交换。这一标准看似是经济合作组织（OECD）成员国与新加坡等其他 13 个国家共同商定产生的成果，实则是脱胎于美国打击跨境逃税的《海外账户纳税法》（FAC-TA），意味着美式规则上升为主要国家的共同规则。

（二）主导制定新金融定价规则

2014 年 7 月，金融稳定理事会（FSB）报告称，将逐渐改革基准利率体制，将 IBORs 基准利率变为多利率体系 IBOR +，引入美国国债等无风险利率。同年 9 月，美联储即率先提出具体改革意见，作为伦敦同业拆借利率 "原产地" 的欧洲却反应平淡，在未来金融定价体系的设计上近乎失声。若美国在这一领域从欧洲手中夺过制度设计的主导权，必将进一步 "乘胜前进"，进而加强对全球金融定价体系的掌控。

三、新兴市场和发展中国家地位凸显

伴随经济规模迅速扩大，中国的新兴市场将成为推动 APEC 与 "一带一路" 贸易和投资自由化进程的重要引擎。显然，世界新兴经济体推动的新型金融机构随着 "一带一路" 共建地位将更加重要、作用将更加凸显。

（一）建立服务新兴市场的金融机制势在必行

国际金融危机之后，建立一套更加适应新兴市场和发展中国家持续发展和应急救助体制机制的紧迫性加强。这既需要各国继续推动在国际金融机构做出有利于发展中国家的改革，又需要新兴市场走出自身所需的金融发展特色之路。

（二）新型金融机构将在 "一带一路" 建设中发挥重要作用

亚投行、丝路基金、金砖国家开发银行、上合组织开发银行等新兴经济体推动的新型金融机构，将在 "一带一路" 共建中发挥作用，同时经受考验和锻炼。为此，需要结合地区实际和国际形势，不断做出调整，形成更适合新兴经济体和发展中国家的金融创新体制，助推全球金融体系的平衡和稳定，促进世界的发展。

第三节　创新国际金融合作

创新金融合作，推动中国与"一带一路"沿线国家金融机构互相设立跨境分支机构，提高沿线国家的金融一体化程度。全面防范金融风险，深化"一带一路"建设。

一、专业化的货币流通系统

（一）满足多国货币的结算和互换需求

大规模的基础设施建设和频繁的贸易流动，必然伴随着大规模的货币流通，如果不能实现货币币值稳定，或者货币因无法及时结算而不能支付，就会带来交易成本的上升，增加贸易和投资的风险。"一带一路"沿线国家货币众多，要在众多货币篮子中实现大规模支付，必须要求建立专业化的发达货币流通系统，包括本币结算、货币互换、离岸市场以及利率、汇率、准备金率等金融工具之间的科学搭配，满足货币流通的基础需求。

（二）防范金融风险

全球金融危机给人们留下的教训在于：面对金融监管放松后释放的巨大规模资金流动性给经济发展造成的巨大干扰，必须建立以预警、防范和危机处理为主要内容的地区金融安全网。"一带一路"带来的庞大资金流动，客观上要求沿线国家在货币价格稳定、投融资平台和信用评级等领域的务实合作，形成应对跨境资本流动风险和危机处置的合作机制，防范一国突发风险在沿线国家的快速传导，切断"多米诺骨牌"效应。

二、发展中国家新型国际标准

（一）提高沿线国家一体化程度

促进金融机构双向进入。一方面，鼓励国内金融机构"走出去"，通过在沿线国家设立银行分支机构，配合装备产能输出，增进对当地经济金融环境、投融资政策的了解，与当地金融机构开展银团贷款、并购债券、融资代理等金融合作，以银行的跨境一体化经营服务于跨境产业链。目前我国主要金融机构工农中建四大行已在海外设立各类金融机构181家（见表13—3—1）；另一方面，欢迎沿线国家和地区金融机构"走进来"。沿线国家和地区金融机构来华设立分支机构，将为我国企业利用其海外丰富网点资源和地缘优势"走出去"提供直接触点，为跨境商业合作提供跨境结算、资金池、内保外贷等金融服务,丰富我国跨境金融支持载体。截至 2015 年底,沿线国家和地区及港澳台地区在我国大陆地区开办各类银行和金融机构 412 家(见图 13—3—1)。

表 13—3—1 中国主要银行海外金融机构数量一览表

银行＼地区	中国港澳台	亚太	欧洲	美洲	非洲	总计
中国银行	9	48	27	18	4	106
中国工商银行	2	20	12	7	2	43
中国农业银行	3	6	1	2	0	12
中国建设银行	4	7	7	2	0	20
总计	18	81	47	29	6	181
占比(%)	9.94	44.75	25.97	16.02	3.32	100

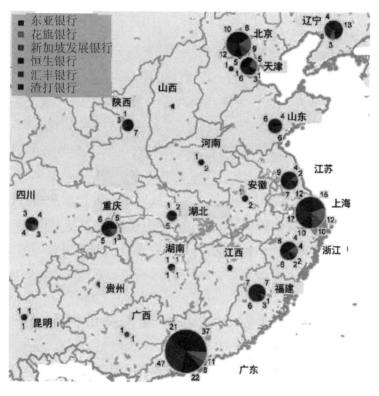

图 13—3—1 驻我国外资金融机构分布示意图

(二)做大做强多边金融机构

成立多边金融机构是促进区域金融合作的重要手段。我国已牵头构建亚洲基础设施投资银行和丝路基金,旨在以共同出资、共同受益的多边金融合作方式,向"一带一路"沿线国家和地区的基础设施、资源开发、产业合作等有关

项目提供资金支持。国际金融机构正式运作后，要充分发挥金融支持"一带一路"共建中的领军作用，重点引导各国、各界资本共同参与。坚持持续扩大业务范围、提升服务价值、强化协调能力，以丰厚回报凝聚各国金融资源。保持开放、包容、公平的市场化运作模式，增强自身信誉、稳定资金来源。

（三）提升沿线国家话语权

"一带一路"强大的正能量来自新兴经济体的群体性崛起，尤其是中国经济愈来愈成为世界经济增长的主要引擎之一，客观上要求在国际经济治理方面拥有更大的话语权，国际金融体系是这种话语权建设的主要表现之一。沿线国家的金融合作并非脱离现有国际金融体系，更不是另起炉灶取代现有国际金融体系，而是通过发挥各自优势，补充和发展现有国际金融体系，在投资、环境、劳工标准、知识产权等领域探索新的务实办法，建立相应的投融资争端解决机制、政治风险防范机制以及其他各种争端解决机制等，为发展中国家提供新的更适合的国际标准。

（四）整合传统金融与互联网金融

互联网金融的发展直接催生了"互联网＋"新模式，涉及众多行业，推动着工业互联网、能源互联网、贸易互联网等经济网络化的进程。"一带一路"沿线国家面临着传统金融形态和新兴金融形态并行发展的问题，客观上要求各国将传统行业、传统金融和互联网金融全面整合，实现金融资源的优化配置。以中国银联和支付宝领军的中国互联网金融企业，近年来已经在"一带一路"沿线国家迈出了重要一步，中国游客在境外使用中国银联刷卡消费已经成为时尚，如2013年外国游客在韩国的刷卡消费额中，中国银联卡占40%，跃居第一位。在俄罗斯、哈萨克斯坦、日本、新加坡等国，中国银联的网络化发展也十分迅速。

第四节　世界金融合作与人民币国际化

"一带一路"沿线国家金融合作水平不高，合作需求迫切。多数国家是中低收入国家，尚未或刚刚启动工业化进程，借助金融合作促进基础设施建设和产业发展的愿望强烈，随着"一带一路"共建的加速，沿线金融合作风起云涌，全面推动着人民币国际化进程。

一、强化金融合作创新

"一带一路"沿线60多个国家多为新兴和发展中国家，经济、金融发展阶段各有不同。如 2012 年中国与东盟各国人均 GDP 的差距超过 50 倍，远高于欧盟内部 16 倍和北美自由贸易区内部 30 倍的差距水平。区域各国经济发展水平的差距会影响各国经济合作的步伐，导致金融合作基础薄弱，使得金融合作停留在简单的协商对话、政策性协议的签署等初级层面，实质性的金融合作很难广泛展开，进而影响区域金融合作的进一步深化。如新加坡金融市场发展程度较高，而老挝等国的资本市场尚未成型，各国在制定金融政策时多从本国利益出发，导致金融市场的开放步伐不一，金融政策协调难度增大，加大了实现区域货币金融合作的难度。

（一）控风险动因

受经济发展水平的影响，部分沿线国家系统性风险高，金融机构资本充足水平、资产质量、抗风险能力都比较低，银行信用等级差，汇率不稳定，各国（尤其是相对落后国家）对金融服务业承诺的开放程度也存在一定限制。同时政治风险不容小觑，部分国家政局不稳、地缘政治冲突或者域外大国对其有着特殊影响力，如美国在东盟、俄罗斯在欧亚地区，都是对"一带一路"框架下加强金融合作的重要关联因素。

（二）增实力动因

"一带一路"沿线国家总体金融实力有限，对投融资期限较长、未来收益不确定、资金需求量大、回报期长的互联互通项目建设缺乏资金和融资支持；沿线许多新兴市场国家资本市场发展较为缓慢，金融对外开放却过快，国内优质企业缺少安全和高效的直接融资渠道，而市场环境欠缺、制度不完善导致商业贷款也不愿介入相关领域。"一带一路"涉及多个国家、多个币种的广泛跨境金融合作，目前仍缺乏有效的多边合作框架，建设并完善区域货币稳定体系、投融资体系和信用体系存在着一系列现实困难，需要稳步推进。

（三）促合作动因

目前中国与沿线国家的金融合作还处于一个相对较低的层次。如中国与东盟和中亚等国的金融合作，在长远规划及分阶段实施的具体措施上尚未取得重大进展。各国进行货币互换等合作时，更多是迫于当前防范金融危机的需要，对长远的金融与货币一体化目标考虑不足，具体步骤需要进一步磨合。同时，中国对大部分国家的贷款业务主要集中在油气资源开采、管道运输等能源领域，其他行业并未形成真正满足银行要求的有效现金流。较为单一的信用结构会造成贷款集中度过高，对贷款风险的缓释带来不利影响。

二、中国与沿线国家金融合作

"一带一路"持续深入，将加速沿线国家和地区的金融合作，强化金融能力的增长。中国主导的"亚投行"的运行也促动了"亚行"的改革。2015 年 5 月，亚行出台改革方案，将自身贷款能力扩大了 50%，最大出资国日本也宣布要设立 1000 亿美元的基建基金。

（一）强化政策措施实施

维护区域金融稳定的多边合作稳步推进。主要体现在东亚及太平洋中央银行行长会议组织（EMEAP）、东盟与中日韩（10 + 3）金融合作机制等区域合作机制。EMEAP 机制下，2007 年成立副行长级别的货币与金融稳定委员会，逐步构建区域危机管理框架，定期发布宏观监测报告，关注全球及地区经济金融风险。10 + 3 机制下，2000 年 5 月各方通过《清迈倡议》，建立双边货币互换协议网络。2010 年 3 月，清迈倡议实现多边化（CMIM），总规模 1200 亿美元。2011 年 5 月，10 + 3 宏观经济研究办公室（AMRO）作为 CMIM 经济监督机构开始运营。2012 年 5 月，CMIM 资金规模扩大到 2400 亿美元，新增危机预防功能。

（二）区域投融资机构快速增长

区域投融资机构如火如荼。2010 年 9 月，中国首次正式提出设立上合组织开发银行（上合银行）的倡议。2014 年 7 月，中国、巴西、俄罗斯、印度和南非在巴西福塔莱萨签署协议，成立金砖国家开发银行，建立金砖国家应急储备安排。2014 年 10 月，包括中国、印度、新加坡等在内 21 个首批意向创始成员国的财长和授权代表在北京签约，共同决定成立亚洲基础设施投资银行（亚投行，AIIB），2016 年 1 月 16 日，亚投行开业仪式暨理事会和董事会成立大会在北京举行，亚投行进入正式运转。2016 年 6 月 24 日，亚投行董事会批准了首批项目贷款，贷款额度为 5.09 亿美元，共计四个项目，其中有三个为与现有国际多边组织联合融资项目。首批参与贷款项目包括，孟加拉国电力输配系统升级扩建项目（贷款额度 1.65 亿美元）、印度尼西亚国家贫民窟改造升级项目（贷款额度 2.16 亿美元，与世行联合融资）、巴基斯坦国家高速公路 M-4 的 Shorkot-Khanewal 路段（贷款额度 1 亿美元，与亚行、英国国际开发部联合融资），杜尚别—乌兹别克斯坦边界道路塔吉克斯坦境内路段改善项目（贷款额度 2750 万美元，与欧洲复兴开发银行联合融资）。

三、双边货币互换和人民币清算

近年来，中国人民银行与"一带一路"沿线多个国家和地区中央银行签订了双边本币互换协议和双边贸易本币结算协议。2014 年，我国先后与瑞士、斯里兰卡、俄罗斯、卡塔尔、加拿大五个国家的中央银行新签了双边本币互换协议；与新西兰、阿根廷、蒙古、韩国、哈萨克斯坦、泰国、巴基斯坦等七个国家和地区及中国香港的中央银行或货币当局续签了双边本币互换协议。

（一）货币互换快速发展

截至 2015 年 12 月，中国人民银行已经和境外 33 个国家和地区的中央银行或货币当局签署了双边本币互换协议，总额度超过 3.3 万亿人民币。本币互换协议的签署标志着央行间务实合作迈上新台阶。2014 年以来，中国人民银行先后与英国、德国、韩国、法国、卢森堡、卡塔尔、加拿大、澳大利亚、马来西亚、泰国和智利 11 个国家的中央银行签署了关于在当地建立人民币清算安排的合作备忘录，约定双方将充分协商和相互合作，做好相关业务工作及政策完善工作。截至 2015 年 5 月末，中国人民银行共在相关 15 个国家和地区建立了人民币清算安排，覆盖东南亚、西欧、中东、北美、南美和大洋洲等。人民币清算安排，有利于上述国家和地区的企业和金融机构使用人民币进行跨境交易，进一步促进贸易投资便利化。

（二）互设金融机构与项目融资合作

目前，我国与沿线多个国家广泛开展了互设金融机构与项目融资的合作。在互设金融机构方面，我国主要金融机构在"一带一路"沿线的俄罗斯、新加坡、越南等 14 个国家开设了分支机构；"一带一路"沿线的俄罗斯、泰国等八个区域内国家的 31 家银行机构在我国设立了 72 家机构。在项目融资合作方面，中资金融机构对"一带一路"沿线主要国家合作项目和基础设施建设提供了有力的金融支持。

（三）银行间债券市场不断开放

亚洲债券市场的发展促进各国债券市场的不断开放，推动区域金融市场合作加深。在 EMEAP 机制下的亚洲债券基金和"10＋3"金融合作机制下的亚洲债券倡议推动了亚洲债券市场的发展。随着人民币国际化的推进和离岸人民币清算中心的建立，人民币合格境外机构投资者 RQFII 资格的申请标准已经放宽到多个设有离岸人民币清算中心的国家和地区的金融机构。截至 2015 年 1 月，我国已有 14 家 QFII，62 家 RQFII，95 家境外银行，11 家境外保险公司成为本币市场成员，此外，还有多个境外央行委托中国人民银行进行银行间债券市场的投资，这些境外央行以及投资机构中来自"一带一路"国家和地区的数量在不断增加。

四、稳健推进人民币国际化

当前，中国正与世界经济深度融合，特别是与"一带一路"沿线国家在贸易金融领域的合作不断加强。沿线国家的大宗商品贸易、基础设施融资、产业园区建设、跨境电子商务等业务拥有庞大的规模，亚投行、丝路基金等多边金融机构在其中发挥着重要作用，国际上对人民币的需求持续增加，随之，迎来了人民币国际化进一步升级发展的新机遇。

（一）放宽跨境资本交易限制

稳步放宽跨境资本交易限制，满足日益增长的人民币可自由兑换需求。引导证券市场和个人资本项目的逐步开放，制定外汇应急措施，放开对直接投资方不必要的管制和限制，发挥市场自由机制作用。加强管理资本账户中不能开放的交易项目，审慎放开货币市场等短期资本账户。提升资本账户开放与国内金融整体改革的协同度，走稳对内对外的双向金融开放步伐。

（二）提高人民币跨境结算系统效用

发挥人民币跨境结算系统（CIPS）对人民币国际化的推动作用。近年来，随着跨境人民币业务各项政策相继出台，跨境人民币业务规模不断扩大，人民币已经成为全球第四大支付货币及第二大贸易融资货币。人民币跨境支付结算需求的迅速增长，对金融基础设施的要求越来越高，建立起独立的人民币跨境支付系统、完善人民币全球清算服务体系，成为一个必然的趋势。在此背景下，2015年10月中国人民银行开发的人民币跨境结算系统（CIPS）正式在全球上线运行（见图13—4—1）。

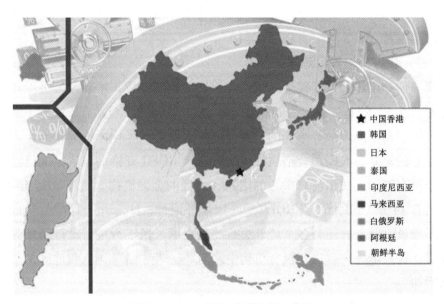

图13—4—1　CIPS全球分布示意图

截至2016年4月，CIPS共有27家直接参与者、387家间接参与者（其中亚洲 260 家、欧洲 59 家、北美洲 20 家、大洋洲 12 家、南美洲 16 家、非洲 20 家)。一方面,CIPS 的上线运行有助于整合现有人民币跨境支付结算渠道和资源,提高跨境清算效率,满足各主要时区人民币业务发展需要,提高交易的安全性,构建公平的国际市场竞争环境;另一方面,CIPS 系统将与国际通行的美元结算系统 SWFIT 平行运行,不再受美国安全局的监督和管控,大幅增强中国国际金融和国际贸易的独立性和信息保护程度。

(三)促进汇率形成机制改革

加大"一带一路"主要国家货币在人民币汇率形成机制中的权重。不能简单地将美元与人民币的双边汇率作为人民币整体的对外汇率,需要用一篮子货币,特别是"一带一路"主要贸易伙伴的货币来衡量人民币汇率,也就是要使用实际有效汇率来判断人民币的升值或贬值。时机成熟时,可以吸纳国际货币基金组织特别提款权模式,在亚投行内确立成员国中的几种主要货币作为储备货币,包括人民币、欧元、英镑和卢布等,构成新的特别提款权。

(四)发挥亚投行对人民币国际化的作用

鼓励成员国使用人民币、欧元、英镑和卢布等亚投行成员国主要货币入股,加大人民币与各成员国货币的互换额度,建立人民银行与亚投行的货币互换机制。增强亚投行的人民币债券发行功能,借此设立投资基金为成员国的经济建设项目提供融资便利。发行长期债券,构建亚投行成员国区域债券市场,推动各成员国之间债券投融资方面的合作,提升人民币的国际影响力。

第五节 优化金融资源配置

"一带一路"金融体系建设是一项系统工程,既要发挥好市场在金融资源配置中的基础性、决定性作用,也要做好顶层设计,从体制、机制上推进金融创新,强化金融资源配置,优化经济发展格局。

一、基础设施建设需求强劲

基础设施建设是"一带一路"互联互通的重点和优先领域,是加强沿线国家合作的空间载体和重要基础。只有疏通经络、畅通血脉,打通制约经济发展的诸多瓶颈,"一带一路"才能活起来。

(一)经济发展的需求

"一带一路"沿线国家总人口众多,多属于发展中国家。这些国家普遍处于经济增长的上升期、产业结构的调整期、经济社会转型的调整期,具有强劲的发展需求。一些国家出台了经济发展规划，但却面临基础设施不够完善、发展资金捉襟见肘等问题。它们对改变既有基础设施落后和缺失状态需求强烈，亟须构筑经济起飞的金融平台。

（二）基础设施建设的需求

基础设施不完善制约着沿线国家的深化合作，交通基础设施水准的提升将大大提高物资、人员和信息流动便利化，促进全方位互联互通。目前区域内多数国家和地区受经济发展水平和经济发展差异化的制约，基础设施建设还存在"联而不通、通而不畅"的问题。"一带一路"沿线国家和地区，渴望通过"一带一路"共建，改善积弱的基础设施建设，金融合作也应责无旁贷将资源向基础设施建设倾斜，准确把握基础设施融资需求。

"一带一路"沿线国家基础设施融资需求主要集中在三方面：一是交通基础设施需求。其中，公路、铁路、港口和机场等在内的基础设施互联互通是"一带一路"的主要着力点之一；二是资源能源网络建设融资需求。包括能源与其他矿产资源的勘探开发、电网建设及扩容改造、专用运输管线建设与拓展、冶炼加工产能增容升级等；三是通信网络建设需求。"硬件"联通在对接沿线各国发展战略的同时，也为实现区域联动发展和共同繁荣注入新活力，给当地的基础设施建设企业带来了庞大的市场机会。以全方位基础设施建设为突破，实现互联互通，是"一带一路"实施的基石。

二、贸易融资与金融创新

"一带一路"沿线国家和地区经济资源、产业结构互补性强，随着区域一体化、贸易自由化进程的推进，各国家地区在农业、工业、能源、科技等众多领域开展贸易的前景广阔。

（一）金融创新支撑贸易增长

2013 年，我国与"一带一路"沿线国家的贸易总额超过 1 万亿美元，占我国外贸总额的 1/4。未来十年，我国与"一带一路"沿线国家的年均贸易增长将持续增强，其中蕴含着海量的贸易融资需求。相对于"一带一路"沿线各国，我国商业银行在贸易融资方面具备领先优势，可通过提供出口信贷、服务贸易项融资、成套设备信保融资、跨境供应链金融等服务，占有更多国际市场，改善信贷资产结构，对冲国内经济增速换挡和利率市场化带来的不利影响。

"一带一路"共建，金融合作将起到助推沿线国家经济发展放大器的作用。一是沿线国家中，发展中国家居多，总体经济实力有限，投融资渠道不足，融资能力较弱，基础设施建设缺乏资金和融资支持；二是许多国家包括我国，在双边金融合作中，主要集中于贸易结算、货币互换等方面，范围和规模均较有限，互设金融机构更是很少，跨境金融服务网络建设普遍滞后，很大程度上制约了贸易和投资合作的深化和发展；三是域内国家多边合作在推进区域货币稳定体系、投融资体系和信用体系建设等方面，都存在着一些现实困难，影响了区域经济的一体化进程。

此外，我国对沿线国家投资的金融服务需求也在涌现。2015 年我国非金融类对外直接投资达 1180.2 亿美元，2016 年同比增长 44.1% 至 1700.11 亿美元（商务部数据）创历史新高。在"一带一路"战略带动下，我国对外直接投资仍将出现爆发式增长，巨大的资金需求，我国银行、信托、金融租赁等开发性金融行业将迎来巨大发展机会。

（二）新型银行与"一带一路"高度吻合

近年来，涌现出亚投行、金砖国家开发银行以及正在组建的上合组织开发银行等一批新型银行，都是"一带一路"战略的天然合作者、推动者和协同者。亚洲很多国家正处在工业化、城市化的起步或加速阶段，对能源、通信、交通等基础设施需求量大，但供给严重不足，普遍面临建设资金短缺、技术和经验缺乏的困境。亚投行等新型银行明确提出"金融服务实体经济发展"的口号，并将投资基础设施作为打破发展瓶颈的重要突破口，未来，还将为沿线重点项目提供优惠贷款和融资安排，帮助降低运营成本，推动地区基础设施互联互通，这与我国"一带一路"战略的目标高度吻合。

三、推动经贸合作的关键节点

"一带一路"秉承"丝绸之路"精神，紧密结合各国各方发展实际，推动实施一批影响力大、带动力强的重大合作项目，以点带面、从线到片，共同打造沿线区域合作的贸易流、产业带以及联通网和人文圈，以更广范围、更高水平的经贸合作加快推动"一带一路"建设。

（一）挖掘区域贸易新增长点

相互扩大市场开放，深化海关、质检、电子商务、过境运输等全方位合作，提高沿线国家贸易便利化水平。积极开展面向沿线国家的贸易促进活动，优化会展布局，搭建更多更有效的贸易促进平台。稳定劳动密集型产品等优势产品对沿线国家出口，扩大机电产品和高新技术产品出口，通过对外投资和工程承包带动大型成套设备出口。增加沿线国家能源资源和农产品进口，加大非资源类产品进口力度，促进贸易平衡发展。大力发展国际营销和跨境电子商务，推动企业在沿线交通枢纽和节点建立仓储物流基地和分拨中心，完善区域营销网络。培育具有丝绸之路特色的国际精品旅游线路和旅游产品，发展现代服务贸易。

（二）扩大双向投资合作

推动沿线国家经贸合作由简单商品贸易向更高级的相互投资转变，形成贸易与投资良性互动、齐头并进的良好局面。引导我国传统优势产业"走出去"，带动沿线国家产业升级和工业化水平提升。加强与沿线国家能源资源开发合作，鼓励重化工产业加大对矿产资源富集和基础设施建设需求较旺的沿线国家投资，推动上下游产业链融合。深化与农业资源丰富的沿线国家农业种植和畜牧业养殖合作。鼓励企业到沿线国家扩大对外工程承包业务，积极参与沿线国家基础设施建设。在"一带一路"主要交通节点和港口共建一批经贸合作园区，吸引各国企业入园投资，形成产业示范区和特色产业园，带动沿线国家增加就业、改善民生。

（三）推进区域基础设施互联互通

抓住关键通道、关键节点和重点工程，加快构建紧密衔接、畅通便捷、安全高效的互联互通网络。统筹推动骨干通道建设，努力打通缺失路段、畅通瓶颈路段，加强海上港口建设及运营管理，增加海上航线和班次，畅通陆水联运通道，拓展建立民航全面合作的平台和机制。加强各国各方之间交通规划、技术标准体系的对接，推进建立统一的全程运输协调机制，降低国际货物运输成本，提高运输效率。

提高区域经济一体化水平。推进区域全面经济伙伴关系协定、中国—巴基斯坦第二阶段自贸谈判，尽快实施亚太贸易协定第四轮关税减让成果，推动重启中国—海合会自贸谈判，打造中国—东盟自贸区升级版，推进与斯里兰卡等国家的自贸进程，积极与沿线有关国家和地区发展新的自贸关系，逐步形成立足周边、辐射"一带一路"、面向全球的高标准自贸区网络。

四、多元化融资支撑金融合作

"一带一路"战略构想宏伟、工程庞大，需"八方纳贤"，调动包括国家财政资金、银行资金、地区合作资金、民间资金等各方积极参与。发挥各类资金的自身优势和特点，充分展示各业其能，使各业充分融合、密切合作，共同推动"一带一路"建设。

（一）财政资金发挥引领作用

鉴于财政资金的政府背景，加强政府购买、财政贴息、公私合营等多种方式，充分发挥引领、规划、推动等作用，"撬动"更多资金参与到"一带一路"建设中。

（二）银行资金发挥中坚作用

"一带一路"项目大多带有公共品属性，社会效益高，但经济效益偏低、投资周期长。应进一步丰富政策性金融手段，鼓励政策性等金融机构立足自身职能定位，创新服务方式，多渠道开辟和增加长期低成本资金来源。

（三）发挥地区合作资金的凝聚作用

"一带一路"战略既是中国在新时期提出的对外经济合作宏伟构想，也是周边和地区经济合作发展到新阶段的产物和载体，需要聚拢多方合力。亚投行、金砖国家新开发银行、中国—欧亚经济合作基金、中国—东盟银行联合体、上合组织银行联合体等，都是推动"一带一路"建设的重要力量，不仅是地区共识的凝聚者、关键项目的策划者和执行者，也是调动地区资金积极参与"一带一路"建设的平台和纽带。

（四）私人资金发挥积极作用

私人资金的参与，既可弥补财政资金的不足，消除经济发展瓶颈，实现"引资入实"、健康增长的政策目标，更可发挥社会资本的积极性和能动性。在开放背景下，"一带一路"融资还应实现国内金融市场和国际金融市场共用，直接融资与间接融资并举，充分利用国内外各种资金分享"一带一路"收益。此外，应充分发挥多边和双边基金作用，引导境内外商业性股权投资基金和沿线国家社会资金，共同参与"一带一路"重点项目建设。

五、资金融通强化结构性金融

强化结构性金融安排，是资金融通的另一关键。

（一）新型银行助力跨境合作

"一带一路"战略是我国政府提出的地区经济合作构想，其成功实施离不开地区其他国家的积极支持和大力合作。作为地区金融合作的重要载体，新型银行将成为地区共识的凝聚者和主要项目的推动者。例如，在亚投行平台上，成员国可在充分磋商与沟通的基础上，支持"一带一路"战略中的重点项目，有力推动"一带一路"战略的实施和落实；同时，亚投行通过制定自身阶段性规划和确定重点融资项目，也能对"一带一路"战略起到重要的补充和促进作用，发挥"一带一路"战略国际协调者的作用。一方面，新型银行开放式的股权结构为其他国家加入银行和参与"一带一路"沿线建设提供平台；另一方面，新型银行可通过联合融资等方式加强与现有多边开发银行的合作，使二者形成互补的良性合作关系。

（二）加强国际区域金融合作

"一带一路"战略涉及众多国家和地区，包含多样化的金融市场环境和制度安排，仅靠单边努力难以发挥协同作用、应对风险挑战，必须建立健全多边金融合作机制。这一合作机制的架构不仅顺应国际金融危机后金融区域化发展的客观现状，更奠定了我国金融国际化的坚实基础。一是强化区域监管当局间的协调一致，进一步加强与"一带一路"沿线国家监管当局间的沟通互动，逐步在区域内建立高效监管协调机制；二是构建区域性金融风险预警体系，实现对"一带一路"区域内各类金融风险的有效分析、监测和预警，及时发现风险隐患，确保区域金融安全稳健运行；三是形成应对跨境风险和危机处置的交流合作机制，完善共同应对风险和处置危机的制度安排，协调各方的行动，共同维护区域金融稳定。

（三）发挥丝路基金的重要作用

丝路基金（Silk Road Fund）是我国政府为推进"一带一路"建设提供支持而筹建的、以基金形式运作的融资平台（见图13—5—1）。

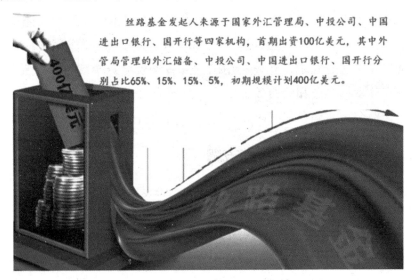

丝路基金发起人来源于国家外汇管理局、中投公司、中国进出口银行、国开行等四家机构，首期出资100亿美元，其中外管局管理的外汇储备、中投公司、中国进出口银行、国开行分别占比65%、15%、15%、5%，初期规模计划400亿美元。

图13—5—1　丝路基金构成

丝路基金与我国政府主导筹建的其他融资平台（如亚投行）不同，丝路基金目标明确指向"一带一路"建设，而且该平台的运作方式也非政府间开发性融资银行，而是以投资基金的形式运营。利用中国自身强大的资金实力，引导带动私人资本加入，盘活存量资本，打开中国资本"走出去"的新渠道。近30年来，我国积累了5万多亿美元的对外金融资产，包括近4万亿美元的外汇储备，而我国对外直接投资累积余额仅约 5000 亿美元，资本配置需要进一步合理和多元化。丝路基金的设立，有利于盘活资金，提高资产收益率，降低对美元资产的依赖。

第六节 "亚投行" 与世界金融秩序

一、国际金融体系孕育完善与变革

国际金融危机以来，国际货币金融体系弊端凸显，各方对调整和修补既有体系的愿望上升，然而美国等西方国家把持的世界金融秩序并未发生大的变化。目前，随着美国经济向好趋势，欧洲经济低向回稳，"守成国家"回应发展中国家完善世界金融秩序的诉求、改革国际货币金融体系的动力衰退，反而有试图进一步巩固旧有世界金融秩序的动向。其主要表现为，既要让发展中国家负担国际金融体系运行成本，又不愿发展中国家拥有世界金融秩序调整变化的话语权。

（一）国际货币金融体系改革治标未治本

与国际金融危机前相比，当前国际金融体系基本面貌没变，引发此次金融危机的"病根"并未解除。一是整体改革框架缺失。国际金融改革的三大方面，即货币体系、国际机构和金融监管等各领域的改革局部有起色，但整体性"顶层设计"迟滞；二是国际金融体系本质未变。美元独霸格局依旧，甚至有所加强。国际机构和货币改革无实质性进展，美国等西方国家拥有绝对的主导地位。目前发达国家在国际货币基金组织中的投票权占比仍超过 60%，新兴经济体的地位和话语权缺失；三是影响经济金融稳定的痼疾仍在。虚拟经济与实体经济持续失衡，据麦肯锡估算，全球金融资产总值超 200 万亿美元，对冲基金总值达 2.5 万亿美元，创历史新高。国际资金无序流动加剧，金融交易不透明，影子银行问题频现。据 IMF 估算，自 2011 年至 2012 年，美国、日本、英国、欧元区大型银行享受的隐性补贴分别为 150 亿美元至 700 亿美元、250 亿美元至 1100 亿美元、200 亿美元至 1100 亿美元、900 亿美元至 3000 亿美元。巨额隐性补贴加大了大型银行享有不公平竞争的优势，强化其从事风险更高活动的意愿，进一步加剧全球金融体系的系统性风险。当前，西方主导的国际政经格局未有改变，美欧对改革意愿不强。国际金融改革"换汤不换药"，发展中国家的国际地位改善之路艰难，下一轮国际金融危机复发风险仍难除其根。

目前，部分改革已由"制定标准"向"推动执行"阶段迈进，但 G20 缺乏执行机构和问责机制，峰会多项决议成为一纸空文。银行监管方面，巴塞尔委员会 27 个成员国中，目前仅 11 国批准实施"巴塞尔Ⅲ"协议；非银行金融监管方面，金融稳定委员会针对金融衍生品柜台交易、对冲基金、信用评级公司、金融机构破产清算、大型跨国金融机构治理等提出新标准，但 G20 成员国应和者寥寥无几。国际机构改革"雷声大雨点小"，IMF 改革决议至今无法落实。

（二）国际货币金融体系新伤旧痛并存

近年来，美国经济复苏趋稳，有逐步走出危机的迹象，美国金融业去杠杆化进程基本结束，盈利能力增强，金融企业正重新积蓄力量，收复"失地"，单边行动能力上升。同样，欧盟最艰难时期似乎成为过去，加速地区改革和整合已成共识。在这样的情况下，美欧开始逐步淡化 G20 的国际经济政策协调主平台作用，突出 G7，牢牢抓住联合主导权。目前，欧美"守成国家"认为，国际金融改革最大受益者可能是新兴成员而非自身，因此对 G20 倚重降低。美欧试图将全球金融政策制定权变相带回 G7 系列会议，对冲 G20，形成攻防联盟。

美欧认识到，在 G20 平台上讨论金融监管改革，不仅赋予新兴成员"评头论足"的权利，削弱自身规则制定权，还会将其内部矛盾暴露于外，不利于其联手加固金融特权。2013 年以来，美欧内部金融监管改革提速，相互政策协调加强，但主要通过 G7 和双边渠道进行，G20 被排除在外。同时，美欧日集体滥用货币权利，施行无度的量化宽松政策，却利用财长与央行行长会议公报，否认其负面外溢影响，无视新兴经济体被危机化的巨大潜在风险。面对新兴成员合理改革诉求（如加强资本跨境流动监管、制定储备货币发行纪律等），美欧选择将之"下放"到金融稳定委员会讨论，然后束之高阁。

发达国家在国际货币金融体系改革上对发展中国家虚与委蛇，实则是在强化这一体系的旧风险，并突出新风险。国际金融危机已经将这些旧风险暴露无遗，目前看新风险主要包括：一是金融监管的空白点增多。IMF 总裁拉加德警告，当前国际金融监管存在诸多"空白点"，国际游资呈向国际金融薄弱环节转移聚集，新风险积酿；二是国际货币基金组织的"最后贷款人"角色失效风险上升。国际机构改革久无起色，致使国际货币基金组织等机构权威性流失，地位下滑，执行能力下降，损害全球风险抵御力和免疫力；三是国际金融秩序更加混乱。各国对金融改革分歧加大，落实力度不足，对国际金融规则主导权争夺加剧，致使国际金融市场进一步分化，"金融保护主义"抬头；四是货币纪律废弛。改革国际货币体系的呼声长期遭忽视，发达国家肆意推出和收缩"量宽"，已成国际金融动荡的主要源头。

二、世界金融秩序完善与变革的大幕开启

近70年来，世界上还没有因为一家多边银行的成立，引发如此巨大的热议与瞩目，亚投行以这种姿态呈现在人们眼前，确实超乎了世人的想象。至此，57家创始成员国遍布世界各地，预计2017年成员国规模将"扩容"增加到90个左右，亚投行一瞬间成为全球瞩目的焦点。

（一）中国在新一轮完善世界金融秩序建设中的作用重大

当前，世界经济仍处于国际金融危机后的深度调整中，面临着GDP低增长、低贸易流动、低投资、低利率、低通货膨胀、低物价、高债务等风险。在此背景下，作为2016年G20峰会的"东道主"，中国提出振兴全球经济的"中国方案"，既维护自身的金融稳定，同时，为完善世界金融新秩序贡献更多的责任。

2016年7月22日，李克强总理同世界银行（World Bank）行长金墉、国际货币基金组织（IMF）总裁拉加德、世界贸易组织（WTO）总干事阿泽维多、国际劳工组织（ILO）总干事莱德、经济合作与发展组织（OECD）秘书长古里亚、金融稳定理事会（FSB）主席卡尼举行"1+6"圆桌对话会，各方在金融监管方面达成了有效共识：促进既定改革措施，为投资、贸易和经济增长提供开放稳健的金融体系；促进相关国际金融组织实施有效的宏观审慎政策；积极支持FSB在不断识别新型风险和促进国际合作方面所做的努力。同时，FSB通过了金融改革实施与效果等多份重要文件，这些文件成为G20（杭州）峰会金融改革领域的重要成果。

（二）亚投行是完善世界金融秩序变革的里程碑

在中国国际金融地位稳步上升之际，亚投行的提议和设立具有地区和全球层面的重要影响。亚投行的时代特征、代表性、潜在影响力和对未来中国的发展都有着非凡的意义。亚投行定位清晰，这是一个由中国倡议、发展中国家主导、发达和发展中经济体平等参与的多边开发金融机构。从本质上讲，亚投行是中国提供的全球公共品，是中国在其中拥有重大影响力的国际组织，是中国与世界关系深度发展的一个重要标志和里程碑。

中国等发展中国家通过亚投行展现了参与塑造国际金融秩序的意愿与能力，开始了从被动的全球化参与者向主动引领者的转变，开启了世界经济秩序良性变化的新篇章。英国《金融时报》指出，亚投行或许会成为撬动二战后美国一家独大的国际金融治理结构的杠杆。美国前财长、哈佛大学教授萨默斯指出，亚投行的建立标志着美国失去了其"全球经济体系担保人的地位"。显然，

西方某些人习惯于把中国等发展中国家的一举一动都解读为对美国主导地位的挑战。当下，多数新兴市场和发展中国家还处在发展阶段。但从经济全球化的角度看，对新兴市场和发展中国家而言，不存在打破甚至瓦解旧体系的迫切性和必要性。然而，包括中国在内的所有新兴国家，正在现有秩序中推动完善新秩序的建立。中国抓住有利时机，提出亚投行并有效运行，拿捏到位，起到了良好的国际效应。

（三）亚投行任重而道远前景广阔

现有国际经济体系中，一方面美国领导力减弱，欧洲陷入衰退甚至变成了债务国，可谓心有余而力不足；另一方面发达国家又不能纳贤和让步，如奥巴马曾不止一次地宣称，美国决不做"老二"。这两个方面的矛盾，自然促使国际多极化趋势增强，也促使西方国家之间的分化加剧。

"英国脱欧"，对欧元区影响明显，对国际金融市场也造成了一定的影响，对于尚未走出低谷正处于寒冷期的世界经济而言，无异于"浇了一瓢冷水"，全球经济发展的不确定性进一步增加。显然，这将进一步增加全球对作为最大发展中国家和深邃发展底蕴的中国的青睐。此时，中国需要进一步积极推动亚投行的深化运营，强化"一带一路"沿线国家和地区共同应对挑战，提振亚太和全球发展信心。

就目前而言，亚投行在将相关机制用好、用足方面还有相当的空间。如适时、适机倡议召开"亚投行首脑峰会"，打造新型且颇具特色的全球治理与发展平台，推动亚太与世界的发展。

亚投行旨在建立一个真正的多国协商共治的全球性开发银行，特别是为全球金融改革合作赋予新意与实质内容，既需要脚踏实地稳步推进，也需要寻找新的突破口。作为多边开发金融机构，亚投行应坚持发展中国家主导和亚洲基础设施投融资平台的特色，与其他决策领域相比，基础设施政策受意识形态和特别利益集团的影响尚小。当前，亚洲的可持续性发展仍然受到基础设施投资方面巨大资金缺口的制约，而亚洲国家从现有国际开发机构中获得的基建贷款明显不足，而亚投行具有充分利用自身资本优势，进一步发挥更大作用的广阔空间。

结　语

"一带一路"

——伟大的中华民族奉献给世界人民的"发展牌""和平号"巨轮，扬帆起航！

"发展牌""和平号"巨轮扬帆起航

　　"一带一路"战略，这一穿越时空隧道的宏伟构想，从千古人类历史的深处走来，融通古今、横贯东西、连接中外，顺应和平发展、合作共赢的时代潮流，承载着丝绸之路沿线国家和地区及世界各国人民共同繁荣富强的发展之梦、和平之梦、幸福之梦！

新时代的梦想，赋予了古代"丝绸之路"以崭新的时代内涵，开启了欧亚大陆乃至整个世界发展的新征程。中国人民有梦想，"一带一路"沿线国家人民有梦想，世界各国人民也有梦想，建设"一带一路"的构想，共同承载着中国、"一带一路"沿线以及世界各国人民的共同梦想，将给世界带来无限生机和美好前景。

今天的中国，又站在了推动世界发展历史舞台的中央。这一由中国倡议的"一带一路"战略与宏伟愿景，犹如一条巨龙，寄予伟大的中国梦腾空而起；又像一只优雅的和平鸽，秉承和平发展的愿景，展翅飞翔；更似一艘超级巨轮，承载着中华民族的重托，已在世界的东方鸣笛起航。

斗转星移，沧桑巨变。两千多年前，中国古代"丝绸之路"在世界版图上延伸，"一带一路"沿线各国人民通过丝绸之路开展商贸往来。从张骞二出西域到郑和七下西洋，海陆两条丝绸之路把中国的丝绸、茶叶、瓷器等输往沿途各国，带去了中华民族灿烂的东方文明，带回来亚、非、欧等西域国家的香料、珠宝、医药、汗血马以及多元化的西方文明。古代"丝绸之路"，编织了沿途各国人民许许多多和平共处的动人故事，赢得了各国人民的赞誉和喜爱，其特殊地位无法撼动，已经彪炳在人类互联互通、和平发展的世界文明史上。

"丝绸之路经济带"起始于西部，也主要经过西部通向西亚和欧洲，这必将使得我国对外开放的地理格局发生重大调整，使广大中西部地区由原先的"内陆腹地"变成现在的"开放前沿"，由中西部地区作为新的牵动者，承担起开发与振兴占国土面积2/3广大区域的重任。为中西部地区进一步提高对外开放水平、促进经济平稳健康发展提供了契机。

"21世纪海上丝绸之路"，以点带线、以线带面，连通东盟、南亚、西亚、北非、欧洲等各大经济板块的市场链，发展面向南海、太平洋和印度洋的战略合作经济带，从规模和内涵上进一步提升太平洋和印度洋沿线国家与中国的贸易政治关系。"一路"作为重要推力和载体，推动海上丝绸之路文化国际交流、国际金融合作创新、制造业绿色转型等方面发挥先行先试作用，全面提升与"一路"相关国家和地区战略合作伙伴的开放合作水平。

天下兼相爱则治，交相恶则乱。中国站在世界发展和人类和平道义的制高点，提出具有恒世意义的共同价值观，制定"和平包容、合作共赢"战略，而其策略意义在于打破传统的"两个阵营"的对抗方式，破解霸权压力于无形，"化危为机"，打破有史以来世界发展中趋向于弱肉强食的"丛林法则"，为全球发展与人类和平创造更好的国际生态环境。

"孤举者难起，众行者易趋"。在经济全球化时代，没有哪一个国家可以独善其身，今天的世界已经成为"你中有我，我中有你"的新格局，协调合作才是我们的必然选择。今天，中国通过"一带一路"为世界的和谐和平、繁荣发展秩序提供一种"义利并举合作共赢"新模式，高度契合世界发展潮流，加强经济合作和文化经贸交流，高度吻合沿线国家和地区推动发展与和平繁荣的夙愿。

世界经济处于亚健康状态，而发展是解决一切问题的总钥匙。构建人类发展史上共同治理体系，是全人类一个古老而又崭新的课题，伟大的中国人民已经开启这扇通往公平、公正与共同治理之路的大门——"一带一路"战略：中国和平与发展全球战略、全球和谐与共赢发展战略。

协同保持"四力"，全面和平崛起。**第一，保持稳健的定力。**在我国周边地区进一步推动和谐发展，稳步抵制国际霸权势力和"超级大国"美国及其追随者在这一地区的狂想与不切实际的冲动。淡定保稳定，保有我国最大的发展红利；**第二，保持适度的张力。**有序强化发挥在世界重点区域——"五中"（中东、中亚、中欧、中美洲、中非）地区的力度，提升"五轮"（政治、军事、经济、科技、文化）融合并转强度。**第三，保持远行的强力。**凝心聚力推进"一带一路"，突破国际不良势力对我国的"C"型挤压、防止"C"变"D"图谋，完善和平亚太新秩序，推动新的全球一体化进程。**第四，保持高远的"德实力"。**"德要配位"，不做老大，胜似老大，发挥"中华力"，构建颇具世界"老大"的"德实力"，占据全球发展的道义制高点，奠定中国全球和平发展战略的基石，引领世界新一轮公正发展与繁荣。

大格局的蓝图已经绘就，大时代已经到来。"丝绸之路"绵延两千多年，悠扬的驼铃声时断时续，忍辱负重的中华民族送给世界人民的"大道"从未间断，饱经风霜的中华民族带给世界人民的"厚德"从未放弃。

在发展与和平这两个世界永恒的主题都面临着重大考验之际，中华儿女为人类的和平与发展送来了极为华彩的乐章："一带一路"。

"君子之道，利而不害"，人类进入全新的一页以来，世界走过了"炮与血"的"大英帝国"时代、"巧与毒"的美利坚独霸一方的时代。

"俱往矣，数风流人物还看今朝"！

以德致远，持力致衰。"一带一路"，我国开放重大纲领，全球发展共同愿景。自此，"一带一路"——中国奉献给世界人民的"和平号"巨轮、"发展牌"巨轮，带着全人类的世界梦，扬帆起航！

附：

"一带一路"大事记

——2013年9月7日，习近平总书记访问哈萨克斯坦时提出，要用创新的合作模式，共同建设"丝绸之路经济带"，以点带面，从线到片，逐步形成区域大合作。中国首次提出共建"丝绸之路经济带"的重大战略构想。

——2013年10月3日，习近平总书记在印度尼西亚国会发表演讲时提出，中国致力于加强同东盟国家互联互通建设，倡议筹建亚洲基础设施投资银行，愿同东盟国家发展好海洋合作伙伴关系，共同建设"21世纪海上丝绸之路"。

——2013年11月，党的十八届三中全会通过《中共中央关于深化改革若干重大问题的决定》进一步明确提出"加快同周边国家和区域基础设施互联互通建设，推进丝绸之路经济带、海上丝绸之路建设，形成全方位开放新格局。"自此，"一带一路"战略构想正式成为国家政策。

——2013年12月，习近平总书记在中央经济工作会议上提出，推进"丝绸之路经济带"建设，抓紧制定战略规划，加强基础设施互联互通建设。建设"21世纪海上丝绸之路"，加强海上通道互联互通建设，拉紧相互利益纽带。

——2014年2月，国家主席习近平与俄罗斯总统普京就建设"丝绸之路经济带"和"21世纪海上丝绸之路"以及俄罗斯跨欧亚铁路与"一带一路"的对接达成了共识。

——2014年3月，李克强总理在《政府工作报告》中介绍2014年重点工作时提出，抓紧规划建设"丝绸之路经济带"、"21世纪海上丝绸之路"，推进孟中印缅、中巴经济走廊建设，推出一批重大支撑项目，加快基础设施互联互通，拓展国际经济技术合作新空间。

——2014年4月，博鳌亚洲论坛，多国领导人对"一带一路"积极发声，提出合力打造平等互利、合作共赢的"利益共同体"和"命运共同体"。

——2014 年 5 月，"丝绸之路经济带"实体平台，中国—哈萨克斯坦（连云港）物流合作基地启用。

——2014 年 11 月，习近平总书记在中央财经领导小组第八次会议中强调，"丝绸之路经济带"和"21 世纪海上丝绸之路"倡议顺应了时代要求和各国加快发展的愿望，提供了一个包容性巨大的发展平台，具有深厚历史渊源和人文基础，能够把快速发展的中国经济同沿线国家的利益结合起来。

——2014 年 11 月，习近平总书记在 2014 年中国 APEC 峰会上宣布，中国将出资 400 亿美元成立丝路基金，为"一带一路"沿线国家有关项目提供投融资支持。同时，"亚投行"创始成员国在北京签署了政府间谅解备忘录。

——2014 年 12 月，中央经济工作会议提出优化经济发展空间格局，重点实施"一带一路"、京津冀协同发展、长江经济带三大战略。

——2015 年 3 月，《推动共建丝绸之路经济带和 21 世纪海上丝绸之路的愿景与行动》公布。

——2015 年 5 月，中俄双方共同签署并发表了《关于丝绸之路经济带建设与欧亚经济联盟建设对接合作的联合声明》，"一带一路"战略与"欧亚经济联盟"战略实现对接。

——2015 年 6 月，中共中央政治局常委、全国政协主席俞正声主持召开调研协商座谈会，邀请社会各界代表，就推进"一带一路"建设建言献策，号召大家积极献计出力。

——2015 年 10 月，在博鳌亚洲论坛 2015 年年会上习近平主席指出，"一带一路"建设秉持共商共建共享原则弘扬开放包容、互学互鉴的精神，坚持互利共赢、共同发展的目标，奉行以人为本、造福于民的宗旨，将给沿线各国人民带来实实在在的利益。

——2015 年 11 月，结合"一带一路"合作倡议和《中欧合作 2020 战略规划》，中国和中东欧 16 国共同发表《中国—中东欧国家中期合作规划》，明确广大领域合作。

——2015 年 12 月，亚洲基础设施投资银行正式成立，全球首个由中国倡议设立的多边金融机构正式运营。

——2016 年 1 月，中共中央政治局常委、国务院副总理张高丽主持推进"一带一路"建设工作会议强调：推进同有关国家和地区多领域互利共赢的务实合作，打造陆海内外联动、东西双向开放的全面开放新格局。

——2016 年 1 月，习近平主席在埃及《金字塔报》发表题为"让中阿友谊如尼罗河水奔涌向前"的署名文章指出："一带一路"追求的是百花齐放的大利，不是一枝独秀的小利。中国拥有广阔市场、充裕资金、先进技术、优势产能，提出创新、协调、绿色、开放、共享的发展理念。

——2016年5月，中共中央政治局常委、全国人大常委会委员长张德江出席香港政府举办的首届"一带一路高峰论坛"，并作主题发言，强调"香港未来靠的是经济地位和品牌实力"。

——2016年7月，中共中央政治局常委、中央书记处书记刘云山会见来华参加2016"一带一路"媒体合作论坛外方代表，希望各国媒体聚焦"一带一路"主题，弘扬丝绸之路精神，为携手打造绿色、健康、智力、和平的丝绸之路营造良好舆论环境。

——2016年8月17日，国家主席习近平在人民大会堂出席推进"一带一路"建设工作座谈会并发表重要讲话强调，把"一带一路"建设推向前进，让"一带一路"建设造福沿线各国人民。

——2016年9月3日，二十国集团工商峰会上，习近平向世界承诺："中国的发展得益于国际社会，也愿为国际社会提供更多公共产品。我提出'一带一路'倡议，旨在同沿线各国分享中国发展机遇，实现共同繁荣。"

——2016年9月13日，中共中央政治局常委、国务院副总理张高丽在推进"一带一路"建设工作会议中强调，进一步做好"一带一路"建设工作，必须认真学习领会习近平总书记在推进"一带一路"建设工作座谈会上的重要讲话精神，不折不扣抓好贯彻落实。要加强顶层设计、规划引领，适应沿线国家发展要求，进一步研究出台推进"一带一路"建设的政策措施，尽快形成"一带一路"建设规划实施体系和政策保障体系。

——2016年10月13日，国家主席习近平在金边同柬埔寨首相洪森举行会谈。中柬、中孟确认了加强发展战略对接、深化务实合作的努力方向，制定并实施共同推进"一带一路"建设合作规划纲要，签署了一系列合作文件；尼泊尔、斯里兰卡表示支持并积极参加"一带一路"建设；中缅就深化新时期全面战略合作达成重要共识。

——2016年11月23日，习近平主席出席APEC利马峰会并访问美三国，"一带一路"再次成为拉美国界热议的焦点话题。

——2017年1月17日，国家主席习近平在达沃斯出席世界经济论坛2017年年会开幕式并发表主旨演讲时指出，"一带一路"倡议提出3年多来，已经有100多个国家和国际组织积极响应支持，40多个国家和国际组织同中国签署合作协议，"一带一路"的"朋友圈"正在不断扩大。

　　——2017 年 1 月 18 日，国家主席习近平在联合国日内瓦总部发表题为《中国构建人类命运共同体》的主旨演讲时指出："我提出一带一路倡议，就是要实现共赢共享发展。目前，已经有 100 多个国家和国际组织积极响应支持，一大批早期收获项目落地开花。中国支持建设好亚洲基础设施投资银行等新型多边金融机构，为国际社会提供更多公共产品。"

参考文献

[1]《中共中央关于全面深化改革若干重大问题的决定》（中国共产党第十八届中央委员会第三次全体会议通过，新华社，2013 年 11 月 12 日）。

[2] 国家发展改革委、外交部、商务部联合发布《推动共建丝绸之路经济带和 21 世纪海上丝绸之路的愿景与行动》，新华社，2015 年 3 月 28 日。

[3] 国防科工局和国家发展改革委：《关于加快推进"一带一路"空间信息走廊建设与应用的指导意见发布》，国家发展改革委网站，2016 年 11 月 23 日。

[4] 交通运输部：《以"四个全面"为统领 落实"一带一路"战略规划》，中国交通新闻网，2015 年 6 月 1 日。

[5] 国家卫计委：《推进"一带一路"卫生交流合作三年实施方案（2015—2017）》，中国政府网，2015 年 10 月 23 日。

[6] 国家中医药管理局、国家发展和改革委员会：《中医药"一带一路"发展规划（2016—2020 年）》，国家中医药管理局官网，2017 年 2 月 10 日。

[7] 文化部：《文化部"一带一路"文化发展行动计划（2016—2020 年）》，文化部网站，2017 年 1 月 5 日。

[8] 国家开发银行编著：《"一带一路"国家法律风险报告（上下卷）》，法律出版社 2016 年版。

[9] 国家信息中心：《"一带一路"大数据报告》，商务印书馆 2016 年版。

[10] 中国银监会国际部编：《"一带一路"金融合作概览》，中国金融出版社 2016 年版。

[11] 中国现代国际关系研究院：《"一带一路"读本》，时事出版社 2015 年版。

[12] 陈元、钱颖一主编：《"一带一路"金融大战略》，中信出版社 2016

年版。

　　［13］刘伟、郭濂主编：《一带一路：全球价值双环流下的区域互惠共赢》，北京大学出版社 2016 年版。

　　［14］金立群、林毅夫等：《"一带一路"引领中国——国家顶层战略设计与行动布局》，中国文史出版社 2015 年版。

　　［15］厉以宁等：《读懂"一带一路"》，中信出版社 2015 年版。

　　［16］胡正塬：《生态文明与生态产业》，中国农业科技出版社 2008 年版。

　　［17］胡正塬：《构建经济腾飞新泵战　深化"一带一路"建设》，《中国经贸导刊》2015 年第 12 期。

　　［18］胡正塬：《第四极：黄河几字湾战略经济区》，中共中央党校出版社 2016 年版。

　　［19］〔美〕威廉·恩道尔著，戴健译：《"一带一路"：共创欧亚新世纪》，中国民主法制出版社 2016 年版。

　　［20］〔英〕彼得·弗兰科潘著，邵旭东、孙芳译：《丝绸之路——一部全新的世界史》，浙江大学出版社 2016 年版。

后　记

　　《"一带一路"战略》收笔之时，恰逢习近平总书记分别在达沃斯论坛年会上和联合国日内瓦总部演讲时再一次就新的国际情势下加速"全球化进程"提出"中国方案"，从此，一个响亮的声音在全球唱响："一带一路"。

　　"不忘初心，继续前进"。"一带一路"战略是中国共产党人带领各族人民踏上实现民族复兴历史使命新征程的嘹亮号角，是中国政府和中国人民奉献给世界人民实现和平与发展的倡议与宣言。

　　"一带一路"战略推动着世界共同繁荣的未来，实现人类"更高更远更辽阔的天空"，这就是《"一带一路"战略》一书所书写的世界、所践行的明天。

　　此刻，掩卷长思，首先感念的是"丝绸之路"曾经的辉煌，张骞策马西行、郑和扬帆南下，一个悠远的故事、一段让人感怀的沧桑。纵观世界版图，惊叹中华民族开辟的两条"丝绸之路"绵延万里、陆海相通，恢宏而壮美，惊叹中华儿女所延续的"丝绸之路"绵延数千年、文明相连，博大而致远，惊叹中国共产党人面对当今翻云覆雨的世界，"一带一路"战略为民族复兴、为世界和平提供了伟大的方略。

　　"善学者尽其理，善行者究其难。"从理想到现实，立于诚，行于诚，成于诚。世界瞩目中国之诚，周边信任中国之诚。"陆地丝绸之路"——"丝绸之路经济带"走陆地，从中国内陆出发，一路向西，跨越高原峡谷，穿越沙漠盆地，深入中亚腹地，通连欧洲。"海上丝绸之路"——"21世纪海上丝绸之路"跨海洋，自中国东部沿海起航，经马六甲海峡，过印度洋，直抵大西洋彼岸。"一带一路"的建设，为亚太、为世界带来了更多的发展机遇，也带来了和平、带来了希望。

　　"唯有美国第一"这是发生在地球另一端刚当选美国总统的特朗普宣誓就职及其执政的核心理念，民粹主义因此而再度抬头，新的世界格局将更加扑朔迷离，中美大国关系将走向更为复杂的新进程。

当今世界依旧处于经济危机后的深度调整期，大国权利转移、经济结构调整、金融制度变革、政治规则重构……成为当今最鲜明的时代特征和主题。

"一带一路"战略构想的提出恰逢其时，一个宏大的经济和社会发展空间随之豁然开朗，一幅由中华文明浸染的贯穿欧亚、影响世界的壮丽画卷徐徐展开。

今天，中国距离民族伟大复兴的中国梦，已然如此之近。中国人民同周边国家和世界人民携手圆梦的意愿，已然如此之强烈。显然，"一带一路"事业不是中国一家之事，而是各国共同之业，不是中国一家利益独享地带，而是各国利益共享平台。

"一带一路"战略高瞻远瞩地统筹了国际国内两个发展大局，赋予了我国改革开放新内涵，标志着我国区域经济发展步入一个全新升级平衡发展新阶段，步入一个全球视觉下谋划我国区域发展实现国内国际协同发展的崭新阶段，从而开启了我国创新发展更加广阔的崭新空间。

"一带一路"战略既是中国从大国向强国发展的必然逻辑，也是在新的历史条件下引领我国全方位深化改革重构对外开放新格局的重大战略举措。在全面深化改革开放的关键时期，"一带一路"战略作为我国新的国家对外开放战略将发挥至关重要的作用。

"一带一路"战略展现出古老而青春的中国迈向世界强国扎实而自信的步伐，作为负责任世界大国的战略抱负、坚韧意志彪炳天下，对完善并建设新的国际政治经济新秩序必将产生深远的影响。

"一带一路"开启了欧亚大陆乃至世界发展的新征程，中国再一次站在推动世界发展的最前沿。"一带一路"以诚待人、以信取人的相处之道植根于中华民族血脉，"亲诚惠容"国际交往思维引领下的当代中国，恰如一只展翅翱翔的"和平鸽"为世界人民送来翠绿的"橄榄枝"。

草原枯荣反复，大海潮涨潮落。"一带一路"从古至今，络绎于道，接踵叩关，互信、互鉴、互利的"丝绸之路"，经风沐雨，历久弥新。中国，从强盛到衰落，又从抗争到复兴，一路走来，追求从未止息。

今天，我们有幸走在中华民族复兴的关键时代，今天，我们正擎起深化改革共谋发展的旗帜，此刻，"一带一路"战略为新时代的共产党人提供了前所未有的舞台，也拷问着每一位共产党人的使命与担当。

"一人拾柴火不旺，众人拾柴火焰高"。本书的出版是众多同志共同努力的结晶。首先感谢中央党校出版社对我的信赖，如此重大的任务交付于我，一年多来加班加点，诚愿交出一份合格的答卷。同时，致谢中央和国务院相关部委对本书研究提供的支持，感谢一批国有大型企业和有关省市（区）对本书深化提供的帮助，尤其要感谢一大批来自党政军企研等不同机构而颇负情怀的专家和学者提供的数据和素材、积极参与本课题相关研究，感谢中国"一带一路"战略发展研究中心的领导、专家对本研究提出的建议，感谢创新型国家区域发展委员会的同志们所做的大量基础性工作，尤其感谢一批学者和美工为本研究提供了热忱帮助，特别是中央党校出版社的编辑们付出了巨大心血，在此一并躬身致谢。

十分感谢中国国际经济交流中心领导和专家提供的支持，尤其感谢常务副理事长魏礼群同志为本书作序支持。

同时，在长达一年半的时间里，几乎夜夜秉灯夜烛，向长期支持我工作、给予默默关怀的家人，道一声感谢！

"一带一路"战略宏伟而浩瀚、博大而精深，本书仅为"一带一路"战略的初步研究，难免挂一漏万，希望能为广大同志的深化研究铺石筑路。谨望本书为各级领导干部和广大同仁在践行中央"一带一路"战略决策中提供有益的参考和借鉴。

胡正塬

2017 年 1 月 20 日于北京

特别鸣谢：

中国国际经济交流中心

中国"一带一路"战略发展研究中心

创新型国家区域发展委员会

北京未来之声科学文化发展中心